CALCUL

Puissances entières

Définitions	Puissance d'un produit ou d'un quotient	Produit et quotient de puissances	Puissance d'une puissance
Pour n entier naturel non nul ■ $a^n = \underbrace{a \times a \times \ldots \times a}_{n \text{ facteurs égaux}}$ avec a réel ■ Pour $a \neq 0$, $a^0 = 1$, $a^{-n} = \dfrac{1}{a^n}$ ■ $10^n = \underbrace{100\ldots00}_{n \text{ zéros}}$ ■ $10^{-n} = \underbrace{0,00\ldots01}_{n \text{ zéros}}$	Pour n entier relatif et a et b réels non nuls ■ $(a \times b)^n = a^n \times b^n$ ■ $\left(\dfrac{a}{b}\right)^n = \dfrac{a^n}{b^n}$	Pour n entier relatif et a réel non nul ■ $a^n \times a^p = a^{n+p}$ ■ $\dfrac{a^n}{a^p} = a^{n-p}$ ■ $10^n \times 10^p = 10^{n+p}$ ■ $\dfrac{10^n}{10^p} = 10^{n-p}$	Pour n et p entiers relatifs et a nombre réel non nul ■ $(a^n)^p = a^{np}$ ■ $(10^n)^p = 10^{np}$

Statistiques

Effectif	Fréquence	Moyenne
■ L'**effectif** d'une valeur est le nombre d'individus chez lesquels on observe cette valeur. ■ L'**effectif total** est le nombre total d'individus de la population.	La **fréquence** f d'une valeur est le quotient de l'effectif n de cette valeur par l'effectif total N. On a $f = \dfrac{n}{N}$	La **moyenne pondérée** d'une série de données est obtenue en effectuant la somme des produits de chaque valeur par son effectif, puis en divisant le résultat par l'effectif total.

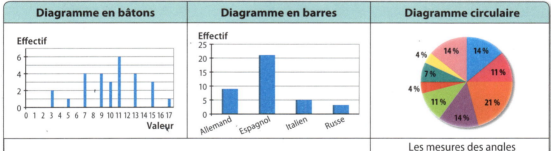

Les hauteurs des bâtons ou des barres sont proportionnelles aux effectifs des catégories représentées.

Les mesures des angles des secteurs sont proportionnelles aux fréquences des catégories représentées.

Repérage dans le plan

Dans un repère du plan, tout point M est repéré par un couple de deux nombres $(x\,;y)$.

■ le premier nombre est appelé l'**abscisse** de **M** ;

■ le deuxième nombre est appelé l'**ordonnée** de **M**.
Le couple $(x\,;y)$ est le couple des **coordonnées** du point **M**.

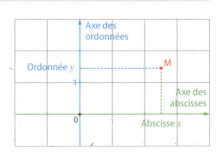

Rabat B

SOMMAIRE

ALGORITHMIQUE

A Des exemples d'algorithmes — II-III

B Variables – Affectation — IV-V

C Écriture d'un algorithme — VI-VII

D Programmation d'un algorithme — VIII-IX

E Instruction conditionnelle — X-XI

F Calcul itératif : boucle « Pour » — XII-XIII

G Calcul itératif : boucle « Tant que » — XIV-XV

H Programmation sur calculatrices ou logiciels — XVI-XVII

I Exercices récapitulatifs — XVIII-XIX

Algorithmique (objectifs pour le lycée)

Il s'agit de familiariser les élèves avec les grands principes d'organisation d'un algorithme : gestion des entrées-sorties, affectation d'une valeur et mise en forme d'un calcul. Dans le cadre de cette activité algorithmique, les élèves sont entraînés à décrire certains algorithmes en langage naturel ou dans un langage symbolique, à en réaliser quelques-uns à l'aide d'un tableur ou d'un petit programme réalisé sur une calculatrice ou avec un logiciel adapté et à interpréter des algorithmes plus complexes. […] À l'occasion de l'écriture d'algorithmes et de petits programmes, il convient de donner aux élèves de bonnes habitudes de rigueur et de les entraîner aux pratiques systématiques de vérification et de contrôle.

Instructions élémentaires (affectation, calcul, entrée, sortie)

Les élèves, dans le cadre d'une résolution de problèmes, doivent être capables :

– d'écrire une formule permettant un calcul ;

– d'écrire un programme calculant et donnant la valeur d'une fonction ;

ainsi que les instructions d'entrées et sorties nécessaires au traitement.

Boucle et itérateur, instruction conditionnelle

Les élèves, dans le cadre d'une résolution de problèmes, doivent être capables :

– de programmer un calcul itératif, le nombre d'itérations étant donné ;

– de programmer une instruction conditionnelle, un calcul itératif, avec une fin de boucle conditionnelle.

ENSEMBLES – RAISONNEMENT LOGIQUE

A Ensembles — XX

B Connecteurs logiques : ET – OU — XX

C Quantificateurs : Quel que soit – Il existe — XXI

D Négation d'une proposition — XXI

E Implication – Réciproque – Équivalence – Contraposée — XXII

F Raisonnements — XXIII

G Exercices récapitulatifs — XXIV

Notations et raisonnement mathématiques (objectifs pour le lycée)

Notations mathématiques

Les élèves doivent connaître les notions d'élément d'un ensemble, de sous-ensemble, d'appartenance et d'inclusion, de réunion, d'intersection et de complémentaire et savoir utiliser les symboles de base correspondant : $\in$, $\subset$, $\cup$, $\cap$, ainsi que la notation des ensembles de nombres et des intervalles.

Pour le complémentaire d'un ensemble A, on utilise la notation des probabilités $\bar{A}$.

Pour ce qui concerne le raisonnement logique, les élèves sont entraînés, sur des exemples :

– à utiliser correctement les connecteurs logiques « et », « ou » et à distinguer leur sens des sens courants de « et », « ou » dans le langage usuel ;

– à utiliser à bon escient les quantificateurs universel, existentiel (les symboles $\forall$, $\exists$ ne sont pas exigibles) et à repérer les quantifications implicites dans certaines propositions et, particulièrement, dans les propositions conditionnelles ;

– à distinguer, dans le cas d'une proposition conditionnelle, la proposition directe, sa réciproque, sa contraposée et sa négation ;

– à utiliser à bon escient les expressions « condition nécessaire », « condition suffisante » ;

– à formuler la négation d'une proposition ;

– à utiliser un contre-exemple pour infirmer une proposition universelle ;

– à reconnaître et à utiliser des types de raisonnement spécifiques : raisonnement par disjonction des cas, recours à la contraposée, raisonnement par l'absurde.

Extraits du programme issu du BO spécial n° 30 du 23 juillet 2009

ALGORITHMIQUE

A Des exemples d'algorithmes

I. Des exemples d'algorithmes

Sans le savoir, nous utilisons quotidiennement des algorithmes comme la recette de cuisine ci-dessous.

EXEMPLE 1 : UNE RECETTE DE CUISINE

Voici une recette tirée d'un livre de cuisine :
Se procurer 250 g de chocolat noir, 250 g de beurre, 4 œufs, 250 g de sucre et 75 g de farine.
a. Faire fondre le chocolat au bain-marie ; ajouter le beurre, mélanger ; ajouter la farine.
b. Battre les œufs en omelette ; ajouter le sucre et mélanger.
c. Mélanger les deux préparations.
d. Verser dans un moule et faire cuire 45 minutes au four à 220 °C.
Laisser refroidir, puis servir le gâteau.

Ce texte décrit les opérations à réaliser successivement pour faire un moelleux au chocolat.
À partir des ingrédients de la recette, avec les quantités requises, le texte donne les règles à suivre : il s'agit des étapes **a**, **b**, **c** et **d** qui s'enchaînent. Enfin, le résultat est le gâteau fini.

EXEMPLE 2 : LA TIRELIRE DE CORALIE

Pour ses 7 ans, Coralie reçoit une tirelire contenant 10 €.
Pour ses 8 ans, elle reçoit 20 € qu'elle met dans la tirelire.
Pour ses 9 ans, elle reçoit 30 € qu'elle met dans la tirelire.
Elle casse alors sa tirelire et récupère l'argent.

Au départ, Coralie a une tirelire garnie. Après deux étapes au cours desquelles le contenu de la tirelire se modifie, elle découvre le résultat en cassant sa tirelire.

EXEMPLE 3 : UN PROGRAMME DE CALCUL

Choisir un nombre de départ
Multiplier ce nombre par -2
Ajouter 5 au produit
Multiplier le résultat par 3
Écrire le résultat obtenu

Ce programme de calcul demande d'abord de choisir un nombre.
Si on choisit 10, on calcule d'abord : $10 \times (-2) = -20$. Puis on ajoute 5, ce qui donne -15. On multiplie le nombre par 3, ce qui donne -45.
L'application de la suite des règles données a conduit au résultat que l'on écrit : -45.

II. Une définition d'un algorithme

Tous les exemples ci-dessus constituent des algorithmes : à partir de données (ingrédients de la recette, état initial de la tirelire, nombre de départ), le texte décrit les règles à suivre, étape par étape, pour arriver au résultat.

Définition   Un **algorithme** est une suite finie d'instructions à appliquer dans un ordre déterminé à un nombre fini de données pour arriver, en un nombre fini d'étapes, à un certain résultat.

Les suites d'instructions données dans ces exemples sont écrites dans le langage naturel. On verra dans les pages suivantes une formalisation de ces algorithmes.

LE SAVIEZ-VOUS ?

Le mot « algorithme » vient du nom du mathématicien persan **Al-Khuwarizmi** (780 – 850).
Il a écrit en langue arabe le plus ancien traité d'algèbre dans lequel il décrivait des procédures de résolution pas à pas d'équations.

II

1 On donne le programme de construction suivant :

> Placer deux points A et B
> Construire la médiatrice (d) de [AB]
> Placer un point C sur (d)
> Tracer les segments [AB], [AC] et [BC]

1. Réaliser cette construction.

2. Qu'obtient-on comme figure ?

2 Écrire un programme de construction permettant de construire un triangle équilatéral connaissant deux sommets de ce triangle.

3 On donne le programme de calcul suivant :

> Choisir deux nombres
> Calculer le carré de ces deux nombres
> Ajouter les deux nombres obtenus
> Écrire le résultat

1. Appliquer ce programme de calcul aux nombres 2 et 3.

2. Dire par une phrase ce que fait ce programme de calcul.

EXERCICE RÉSOLU

4 **Énoncé**

Écrire un programme de calcul permettant le calcul du carré de la somme des inverses de deux nombres non nuls.

Solution commentée

Après avoir choisi les deux nombres, il faut d'abord calculer les inverses de ces nombres, puis les ajouter ; on peut alors calculer le carré du nombre obtenu.

> Choisir deux nombres x et y non nuls
> Calculer $\dfrac{1}{x} + \dfrac{1}{y}$
> Calculer le carré du nombre précédent
> Écrire le résultat trouvé.

5 **1.** Écrire la suite des instructions nécessaires pour rechercher le mot INDICE dans un dictionnaire.

2. Écrire en langage naturel l'algorithme décrivant la recherche d'un mot de quatre lettres dans le dictionnaire.

6 On donne le programme de construction :

> Construire un triangle équilatéral ABC
> Construire les deux demi-droites qui partagent $\widehat{ABC}$ en trois angles égaux
> Faire de même pour $\widehat{ACB}$ et $\widehat{BAC}$.
> Tracer le triangle obtenu avec les points d'intersection des demi-droites les plus voisines

1. Réaliser cette construction.

2. Qu'obtient-on ?

3. Obtient-on le même résultat si le triangle ABC est quelconque ?

7 Écrire un programme de construction d'un carré connaissant deux sommets consécutifs de ce carré.

8 Écrire en langage naturel l'algorithme permettant d'additionner deux entiers à deux chiffres :
a. dans le cas d'une addition sans retenue ;
b. dans le cas général.

9 **1.** Convertir 2 480 secondes en minutes et secondes.

2. Écrire en langage naturel un algorithme qui convertit une durée inférieure à 3 600 secondes en minutes et secondes.

10 On donne le programme de calcul suivant :

> Choisir un nombre
> Ajouter 4 à ce nombre
> Multiplier le résultat par 2
> Écrire le résultat obtenu

1. On choisit 5.
Quel est le résultat obtenu ?

2. On appelle a le nombre choisi au départ.
Exprimer le résultat obtenu en fonction de a.

11 **1.** Écrire la suite des instructions décrivant la résolution de l'équation :
$$5x - 2 = 0.$$

2. Écrire en langage naturel l'algorithme de résolution de l'équation :
$$ax + b = 0,$$
où a et b sont des nombres donnés ($a \neq 0$).

12 Condorcet, en 1794, propose une technique pour réaliser des soustractions.
On donne ci-dessous sa méthode pour effectuer la soustraction :
$$61\,234 - 27\,523.$$

> 61 234 → 1 235 (1 234 + 1)
> 59 999 ⎤
> −   ⎥ 32 476
> 27 523 ⎦ ‾‾‾‾‾‾‾
>   33 711

1. Écrire la suite des instructions qui permettent d'effectuer cette soustraction.

2. Quel est l'avantage de cette technique par rapport à la technique usuelle ?

Algorithmique **III**

ALGORITHMIQUE

B Variables – Affectation

I. La notion de variable

EXEMPLE 1 : LA TIRELIRE DE CORALIE

Dans cet algorithme, il y a une variable : la somme C qui se trouve dans la tirelire de Coralie.
Au départ, cette somme est 10 € : la première valeur de C est donc 10.
Au bout d'un an, on ajoute 20 €, cette somme devient égale à 30 : la variable C est alors égale à 30.
Puis, elle devient égale à 60, et c'est la valeur de la variable C en sortie, quand Coralie casse sa tirelire.

Une **variable** est désignée par un nom. Elle contient une valeur : celle-ci peut être un nombre, un mot, une liste de valeurs…

On peut se représenter une variable comme une « boîte » portant une étiquette (nom de la variable), à l'intérieur de laquelle on peut placer un contenu.

La première chose à faire avant de pouvoir utiliser une variable est de créer « la boîte » et de lui « coller » une étiquette. Ceci se fait tout au début de l'algorithme, avant même les instructions proprement dites. C'est ce que l'on appelle la déclaration des variables.

II. L'affectation

EXEMPLE 2 : LA TIRELIRE DE CORALIE

Dans la tirelire, on met 10 € au départ : C prend la valeur 10.
L'année d'après, la valeur de C augmente de 20 € : elle prend donc la valeur $C + 20$.
On dit que C prend la valeur $C + 20$, ou qu'on affecte $C + 20$ à C.
L'année suivante, la valeur de C augmente de 30 € : elle prend la valeur $C + 30$. Sa valeur est alors 60.

Âge	7 ans	8 ans	9 ans
C	10 €	30 €	60 €

C a la valeur 10.
Le contenu de C est 10 €.

C prend la valeur $C + 20$.
Le contenu de C est 30 €.

C prend la valeur $C + 30$.
Le contenu de C est 60 €.

Affecter X à Y, c'est donner à la variable Y la valeur de la variable X. On dit aussi que Y **prend la valeur X**.

*Affecter une valeur à une variable Y, cela revient à « remplir la boîte » de la variable Y.
Si la variable Y avait une valeur, celle-ci est perdue : toute affectation dans la variable Y « détruit » la valeur précédente de la variable Y.*

EXEMPLE 3 : UN PROGRAMME DE CALCUL

X est une variable entière.
(1) X prend la valeur $X + 1$.
(2) X prend la valeur $3X - 1$.

On donne la suite d'instructions ci-contre. On va exécuter ces instructions avec 3 comme valeur initiale de la variable X.
À l'étape **(1)**, on affecte à X la valeur $X + 1$: la valeur de X devient 4 après l'étape **(1)**.
À l'étape **(2)**, on affecte à X la valeur $3X - 1$: puisque X a pris la valeur 4, la nouvelle valeur de X après l'étape **(2)** est : $3 \times 4 - 1$, soit 11.
À chaque étape, la valeur précédente de X a été effacée.
On peut construire un tableau qui, pour différentes valeurs initiales de la variable X, donne les valeurs de X après chaque étape.

Début	Étape (1)	Étape (2)
3	4	11
8	9	26
–2	–1	–4

13 Fred et Ahmed ont chacun une tirelire. La tirelire de Fred contient au départ 10 €, puis Fred y ajoute 20 €. La tirelire d'Ahmed contient au départ 5 €, puis Ahmed y ajoute 40 €.

Les deux amis décident de regrouper leurs économies.

On nomme A, B et C les variables respectivement égales au contenu de la tirelire de Fred, à celui de la tirelire d'Ahmed et à la somme regroupée.

Donner la suite des instructions qui décrivent la situation.

14 On donne la suite des instructions :

> A prend la valeur 7
> B prend la valeur $2 \times A$
> C prend la valeur $A + B$

1. Quelles sont les variables dans cette suite d'instructions ?

2. Qu'obtient-on comme valeurs de A, B et C après exécution de cette suite d'instructions ?

EXERCICE RÉSOLU

15 **Énoncé**

Soit trois variables entières x, y, z et t.
On donne la suite des instructions :

> Affecter à y la valeur x^2
> Affecter à z la valeur $2 \times x$
> Affecter à t la valeur $y - z + 1$

1. Pour $x = 5$, qu'obtient-on pour t ?

2. Pour $x = -1$, qu'obtient-on pour t ?

Solution commentée

1. Pour $x = 5$, la variable y prend la valeur $5^2 = 25$, et la variable z prend la valeur $2 \times 5 = 10$, donc t prend la valeur : $25 - 10 + 1 = 16$.

2. Pour $x = -1$, on trouve 1 pour y, puis -2 pour z et ainsi $1 - (-2) + 1$, soit 4 pour t.

16 Quelle est la valeur de la variable réelle X après exécution des instructions suivantes ?

> X prend la valeur 2
> X prend la valeur $5 \times X$
> X prend la valeur $2X - 15$

17 Quelles sont les valeurs des variables A et B après exécution des instructions suivantes ?

> A prend la valeur 1
> B prend la valeur $A + 3$
> A prend la valeur 2

18 On donne le programme de calcul suivant :

> Multiplier un nombre par -2
> Ajouter 5 au produit
> Multiplier le résultat par 3

1. Écrire la suite de ces instructions en utilisant des affectations.

2. a. Qu'obtient-on comme résultat si la valeur initiale choisie pour le nombre est 2 ?

b. Qu'obtient-on si la valeur initiale choisie est a, où a est un réel donné ?

19 On donne le programme de calcul suivant :

> Multiplier un nombre par 3
> Ajouter 7 à ce produit
> Élever au carré le résultat

Écrire la suite de ces instructions en utilisant des affectations.

20 Soit a un nombre réel non nul.
On donne la suite des instructions :

> a prend la valeur $\dfrac{1}{a}$
> b prend la valeur $\dfrac{1}{a}$
> c prend la valeur $a \times b$

1. Quelle est la valeur de la variable c lorsque $a = 3$.

2. Déterminer la valeur de la variable c pour d'autres valeurs initiales de a.

3. Expliquer le résultat observé.

21 On considère des variables entières a et b, et la suite d'instructions suivante :

> b prend la valeur $a \times a$
> b prend la valeur $b \times a$

1. Quelle est la valeur de la variable b après cette suite d'instructions pour $a = 3$? pour $a = 5$? pour $a = 10$?

2. Pour un nombre quelconque a, quelle est la valeur finale de b ?

22 Les variables réelles a et b contiennent initialement les dimensions d'un rectangle.

1. Est-ce que, à l'issue des instructions ci-dessous, la variable a contient l'aire du rectangle et la variable b le périmètre du rectangle ?

> a prend la valeur $a \times b$
> b prend la valeur $2a + 2b$

2. Modifier cette suite d'instructions afin d'obtenir le résultat voulu.

Algorithmique **V**

ALGORITHMIQUE

C Écriture d'un algorithme

I. Structure d'un algorithme

Un algorithme comprend :
- une phase d'**initialisation** : on *initialise* les variables et on *entre* les données ;
- une phase de **traitement** du problème ;
- une phase de **sortie** des résultats.

EXEMPLE 1 : LA TIRELIRE DE CORALIE

- La phase d'initialisation est la réception par Coralie de sa tirelire, avec 10 euros à l'intérieur. L'argent présent dans la tirelire est une variable C : cette variable est initialisée à 10 au début. On écrira : C prend la valeur 10 (ou bien : affecter à C la valeur 10).
- La phase de traitement décrit l'évolution de ce que contient la tirelire au fil des années : on ajoute d'abord 20 € au contenu initial, puis 30 €.
- La phase de sortie des résultats est la découverte du contenu de la tirelire lorsque celle-ci est cassée : il y a alors 10 € + 20 € + 30 €, soit 60 € : le nombre 60 est une sortie de cet algorithme.

EXEMPLE 2 : UN ALGORITHME DU PRODUIT

Soit deux nombres réels a et b.
(1) Calculer $(a + b)^2$ et affecter à c le résultat.
(2) Calculer $(a - b)^2$ et affecter à d le résultat.
(3) Calculer $\frac{c - d}{4}$ et affecter à s le résultat.
Donner le résultat obtenu.

- La phase d'initialisation est le choix de a et b : on dit qu'on entre les données a et b. On écrira : **Saisir a, b**.
- La phase de traitement est formée des trois calculs successifs décrits en **(1)**, **(2)**, **(3)**.
- La phase de sortie permet de donner le nombre obtenu après cette suite de calculs. On écrira : **Afficher s**.
On a utilisé dans cet algorithme les variables a, b, c, d et s.

II. Les entrées – sorties

Instruction d'entrée

Pour entrer une donnée A en début d'algorithme, on écrit l'instruction : **Saisir A**.
Cette instruction crée la variable nommée A et lui donne la valeur entrée par l'utilisateur.

On peut aussi écrire : **Demander A** ou **Lire A**.

Instruction de sortie

Pour « sortir » la valeur d'une variable B en fin d'algorithme, on écrit l'instruction : **Afficher B**.
Cette instruction affiche la valeur de la variable B.

Écriture d'un algorithme en langage naturel

Variables	On cite les variables utilisées en donnant leur type (entier, réel…)
Initialisation	X **prend la valeur** ....
Entrée	**Saisir** ....
Traitement	On donne la suite des calculs ou des instructions qui permettent, à partir des données, d'arriver au résultat
Sortie	**Afficher** ....

EXEMPLE 1

Variable	C est un entier
Initialisation	C prend la valeur 10
Traitement	C prend la valeur $C + 20$
	C prend la valeur $C + 30$
Sortie	Afficher C

On initialise C à 10 : on n'a pas à « entrer » 10, on parle d'**initialisation** au lieu d'entrée.

EXEMPLE 2

Variables	a, b, c, d, s sont des réels
Entrées	Saisir a et b
Traitement	Affecter à c la valeur $(a + b)^2$
	Affecter à d la valeur $(a - b)^2$
	Affecter à s la valeur $(c - d)/4$
Sortie	Afficher s

EXERCICE RÉSOLU

23 **Énoncé**

Voici un algorithme.

> (1) x, y et z sont des nombres réels
> (2) Saisir x et y
> (3) z prend la valeur $x + y$
> (4) x prend la valeur $x^2 + 1$
> (5) y prend la valeur z/x
> (6) Afficher y

1. Quelles sont la (ou les) variable(s) ?

2. Déterminer dans l'algorithme la (ou les) ligne(s) qui correspondent aux trois étapes suivantes : les entrées, le traitement et la sortie.

Solution commentée

1. Les variables sont x, y et z.

2. La ligne **(2)** comprend les entrées ; les lignes **(3)**, **(4)** et **(5)** forment le traitement ; la ligne **(6)** constitue la sortie de cet algorithme.

24 Voici un algorithme :

Variables	u, x et y sont des entiers
Entrée	Saisir x
Traitement	u prend la valeur $x + 4$
	y prend la valeur $u \times x$
Sortie	Afficher y

Donner la valeur obtenue en sortie pour $x = 3$, puis pour $x = -1$.

25 Voici un algorithme :

Variables	A, B, C sont des entiers
Initialisation	A prend la valeur 5
	B prend la valeur de 3
Traitement	C prend la valeur $A + B$
	B prend la valeur $B + A$
	A prend la valeur C
Sorties	Afficher A, B, C

Donner les valeurs de A, B et C obtenues après l'exécution de cet algorithme.

26 On donne l'algorithme suivant.

> (1) A et B sont des nombres entiers
> (2) Saisir A et B
> (3) A prend la valeur $A + B$
> (4) B prend la valeur $A - B$
> (5) A prend la valeur $A - B$
> (6) Afficher A et B

1. Déterminer dans cet algorithme la (ou les) ligne(s) correspondant aux trois étapes suivantes : les entrées, le traitement et la sortie.

2. Compléter le tableau ci-contre.

3. Recommencer avec :
$A = 7$ et $B = 1$.

4. Qu'effectue cet algorithme ?

Étape	A	B
(2)	3	5
(3)		
(4)		
(5)		

27 Voici un algorithme écrit en langage naturel.

> Choisir un nombre
> Lui ajouter 1
> Doubler le résultat précédent
> Enlever 3 au résultat
> Donner le résultat obtenu

Réécrire l'algorithme précédent en utilisant la structure ci-dessous.

Variable	x est ....
Entrée	Saisir ....
Traitement	x prend la valeur ....
	x prend la valeur ....
	....
Sortie	Afficher ....

28 Voici un algorithme écrit en langage naturel.

> Choisir deux nombres x et y
> Ajouter 1 à x
> Tripler la valeur de y
> Ajouter les deux résultats précédents
> Multiplier cette somme par 2
> Afficher le résultat R

Réécrire cet algorithme en utilisant la structure « *Variables-Entrée-Traitement-Sortie* ».

Pour les exercices 29 ***à*** 31***, on utilisera la structure*** « ***Variables-Entrée-Traitement-Sortie***».

29 Écrire un algorithme affichant en sortie la somme S et le produit P de deux entiers a et b donnés.

30 Écrire un algorithme qui demande une température C (exprimée en degrés Celsius), puis la transforme en degrés Fahrenheit F, sachant que l'on a la relation $F = 1,8 \times C + 32$.

31 Un magicien demande à un spectateur :
– de penser à un nombre ;
– de le remplacer par son triple ;
– d'ajouter 2 au résultat obtenu ;
– de multiplier le résultat obtenu par 2 ;
– d'annoncer le résultat trouvé.

1. Écrire un algorithme lisant dans la variable N le nombre pensé par le spectateur et affichant le résultat final.

2. Écrire un algorithme qui retrouve le nombre pensé par le spectateur à partir du résultat donné au magicien.

Algorithmique **VII**

ALGORITHMIQUE

D Programmation d'un algorithme

I. La programmation

Les algorithmes étudiés dans les pages précédentes peuvent être programmés sur une calculatrice ou un ordinateur en utilisant un langage de programmation adapté.

Programmer un algorithme, c'est le traduire dans un langage compréhensible par un logiciel donné.

Nous allons aborder dans ces pages le langage de programmation des calculatrices Casio, des calculatrices Texas, du logiciel AlgoBox et du logiciel Xcas.

II. Les commandes pour démarrer

Les commandes indispensables pour élaborer un programme sont les suivantes :
– les commandes permettant de créer un programme à partir de l'algorithme déjà fait ;
– les instructions d'entrée et de sortie des données ;
– l'instruction d'affectation ;
– les commandes permettant d'exécuter le programme réalisé.

	Casio	Texas	AlgoBox	Xcas
Créer un nouveau programme	Icône [PRGM], puis [NEW] (touche [F3])	Touche [prgm], puis **NOUV**	Cliquer sur [Nouveau]	Sélectionner le menu [Prg] dans la barre d'outils, puis [Nouveau programme]
Saisir A	$? \rightarrow A$	Input A		saisir(A)
Saisir A, en affichant « $A = ?$ »	"$A=$"? $\rightarrow A$	Prompt A	[+ Ajouter LIRE variable]	saisir("$A = ?$",A)
Afficher A	A ◢	Disp A	[+ Ajouter AFFICHER Variable]	afficher(A)
Afficher un texte, par exemple « oui »	« oui »	Disp « oui »	[+ Ajouter AFFICHER Message]	afficher("oui")
Affecter à B la valeur de A	Taper A puis la touche [→] et enfin B	Taper A puis la touche [sto →] et enfin B	[+ AFFECTER valeur à variable]	$B := A$
Exécuter un programme	Touche [MENU], puis icône [PRGM], choisir le programme voulu, puis [EXE] ([F1])	Touche [prgm], puis choisir le programme voulu, puis **EXEC**	Cliquer sur [▶ Tester Algorithme], puis sur [▶ Lancer Algorithme]	Cliquer sur [OK] dans la barre d'outils du programme

On peut aussi éditer un programme, afin de le relire ou de le modifier.

	Casio	Texas	AlgoBox	Xcas
Éditer un programme	Touche [MENU], puis icône [PRGM], choisir le programme voulu, puis [EDIT] ([F2])	Touche [prgm], choisir le programme voulu, puis **EDIT**	Ouvrir le fichier contenant le programme	Ouvrir le fichier contenant le programme

VIII

32 Programmer l'algorithme suivant :

Variable	X est un nombre entier
Entrée	Saisir X
Traitement	X prend la valeur 2^{X-4}
Sortie	Afficher X

33 Programmer l'algorithme suivant :

Variables	a et b sont des entiers
Entrée	Saisir a
Traitement	b prend la valeur $2 \times a$
Sortie	Afficher b

34 Programmer l'algorithme suivant :

Variable	x est un réel positif
Entrée	Saisir x
Traitement	Affecter à x la valeur $\sqrt{x}$
Sortie	Afficher x

EXERCICE RÉSOLU

35 **Énoncé**
On a saisi les programmes suivants sur deux modèles de calculatrices. Écrire l'algorithme correspondant en mettant en évidence les différentes étapes.

Casio   Texas

Solution commentée
Une seule variable X est utilisée. Les instructions ? →X et Input X permettent de saisir une valeur pour X. Après une affectation, les instructions ◢ et **Disp** X demandent l'affichage de X.
L'algorithme est le suivant :

Variable	X est un nombre réel
Entrée	Saisir X
Traitement	X prend la valeur $2X - 7$
Sortie	Afficher X

36 Programmer l'algorithme suivant :

Variables	A et B sont des entiers
Entrée	Saisir A
Traitement	Affecter à B la valeur A^3
	Affecter à A la valeur $A + B$
Sortie	Afficher A

37 On donne l'algorithme suivant :

Variables	R, A, P sont des nombres réels
Entrée	Saisir R
Traitement	A prend la valeur $\pi \times R^2$
	P prend la valeur $2 \times \pi \times R$
Sorties	Afficher A, P

1. Quel est le rôle de cet algorithme ?
2. Le programmer.

38 On a saisi le programme ci-dessous sur une calculatrice Texas. Écrire l'algorithme correspondant en mettant en évidence les différentes étapes.

39 On a saisi le programme ci-dessous sur une calculatrice Casio. Écrire l'algorithme correspondant en mettant en évidence les différentes étapes.

40 On donne l'algorithme suivant :

Variables	A, B, C, D sont des nombres réels
Entrées	Saisir A, B, C
Traitement	D prend la valeur $(A+B+C)/3$
Sortie	Afficher D

1. Quelle est la fonction de cet algorithme ?
2. Le programmer.

41 On donne l'algorithme suivant :

Variables	A, B sont des entiers
Entrées	Saisir A, B
Traitement	A prend la valeur B
	B prend la valeur A
Sortie	Afficher A, B

1. Programmer cet algorithme, puis le tester.
2. Expliquer les résultats obtenus.

42 Une association organise un séjour balnéaire dans un hôtel. Le coût journalier par personne de la pension à l'hôtel est 80 € et celui du voyage est 300 €. L'algorithme suivant donne en sortie le prix de revient P du séjour selon le nombre J de jours réservés et le nombre N d'adhérents participants.

Variables	....
Entrée	Saisir ....
Traitement	P prend la valeur ....
Sortie	Afficher ....

1. Compléter cet algorithme.
2. Programmer cet algorithme.

Algorithmique **IX**

ALGORITHMIQUE

E. Instruction conditionnelle

I. Structure d'une instruction conditionnelle

EXEMPLE : LA TIRELIRE DE CORALIE

Le jour de ses 9 ans, Coralie a cassé sa tirelire et dépensé tout l'argent qui y était. Ses parents lui achètent une nouvelle tirelire et imaginent plusieurs façons de la remplir. Leur première idée est de mettre 3 € par année écoulée depuis sa naissance à chacun de ses anniversaires à partir du dixième et jusqu'au quinzième, puis 50 € à chaque anniversaire à partir du seizième.
On veut élaborer un algorithme donnant, à partir de son dixième anniversaire, le montant ajouté dans la tirelire de Coralie en fonction de son âge A.
Pour cela, on doit introduire une instruction conditionnelle dans l'algorithme :
– si l'âge de Coralie est inférieur ou égal à 15 ans, celle-ci recevra en euros $3 \times A$ puisque jusqu'à son quinzième anniversaire, ses parents lui donnent 3 € par année écoulée depuis sa naissance ;
– si l'âge de Coralie est supérieur ou égal à 16, Coralie recevra 50 €.

Entrée
  Saisir A ← On demande d'entrer l'âge A de Coralie.
Traitement
  Si $A \leq 15$ ← Début de l'instruction conditionnelle.
    Alors M prend la valeur $A \times 3$ ← alors le montant ajouté M lorsque la condition est vérifiée est : $A \times 3$.
    Sinon M prend la valeur 50 ← sinon le montant ajouté lorsque la condition n'est pas vérifiée est : 50.
  Fin Si ← Fin de l'instruction conditionnelle.
Sortie
  Afficher M ← On affiche le montant ajouté dans la tirelire.

C'est la **structure alternative** « Si … Alors … Sinon … » qui permet d'écrire l'instruction conditionnelle dans l'algorithme. Le résultat du test effectué sur la condition C décide de l'exécution de la phase de traitement.

Si {condition C}
  Alors {instructions A}
  Sinon {instructions B}
Fin Si

Si la condition C est vérifiée, seules les instructions A sont exécutées.
Si la condition C n'est pas vérifiée, seules les instructions B sont exécutées.

Remarque : on peut aussi utiliser la structure incomplète : « Si … Alors … » : dans ce cas, si la condition C n'est pas vérifiée, l'exécution de l'algorithme continue après le Fin Si.

II. Programmation

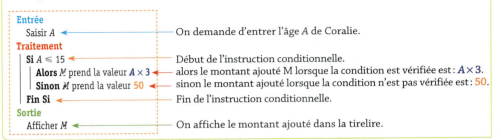

Programmes relatifs à l'algorithme vu en exemple :

43 Comprendre un algorithme

On considère l'algorithme ci-dessous :

Variables	X et Y sont des entiers
Entrée	Saisir X
Traitement	**Si** X est pair
	Alors Y prend la valeur $X/2$
	Sinon Y prend la valeur $3X+1$
	Fin Si
Sortie	Afficher Y

Faire fonctionner cet algorithme pour les valeurs suivantes de la variable X saisies en entrée :

a. $X = 8$ **b.** $X = 5$ **c.** $X = 28$
d. $X = 7$ **e.** $X = 21$ **f.** $X = 2012$

EXERCICE RÉSOLU

44 Comprendre un algorithme

Énoncé

On considère l'algorithme ci-dessous :

Variables	A et B sont des nombres réels
Entrées	Saisir A et B
Traitement	**Si** $A < B$
et sortie	**Alors** afficher A
	Sinon afficher B
	Fin Si

1. Pour chacune des entrées suivantes, déterminer la valeur affichée par l'algorithme en sortie :
a. $A = 4$ et $B = 7$;   **b.** $A = 12$ et $B = 9.2$.

2. Dans le cas général, que permet d'afficher cet algorithme ?

Solution commentée

1. a. Puisque $A = 4$ et $B = 7$, et $4 < 7$, la condition $A < B$ est vérifiée : ainsi, la valeur affichée est la valeur de A, soit 4.
b. Ici, la condition $A < B$ n'est pas vérifiée, donc c'est la valeur de B qui est affichée : 9.

2. Cet algorithme affiche le plus petit des deux nombres A et B saisis en entrée.

45 Compléter un algorithme

Compléter l'algorithme ci-dessous pour qu'il affiche en sortie le nombre saisi si celui-ci est positif et son opposé s'il est négatif.

Variable	A est un réel
Entrée	Saisir A
Traitement	**Si** A ... 0
et sortie	**Alors** afficher ....
	Sinon afficher ....
	Fin Si

46 Écrire un algorithme

Eugène a fait des économies. Ses parents décident de doubler ces économies si elles sont inférieures à 50 € et d'y ajouter 50 € dans le cas contraire.
Écrire un algorithme qui permet, selon les économies actuelles d'Eugène, d'afficher leur nouvelle valeur après le versement des parents.

47 Comprendre et modifier un algorithme

La directrice d'un commerce de reprographie a créé un algorithme permettant de déterminer le montant payé par un client à partir du nombre de photocopies effectuées.

Variables	A est un entier, P est un nombre réel
Entrée	Saisir A
Traitement	**Si** $A < 30$
	Alors P prend la valeur $A \times 0{,}2$
	Sinon P prend la valeur $6 + (A - 30) \times 0{,}1$
	Fin Si
Sortie	Afficher P

1. Quel est le prix payé par un client effectuant :
a. 28 photocopies ?   **b.** 30 photocopies ?
c. 52 photocopies ?

2. Déterminer le prix unitaire des 30 premières photocopies et celui des photocopies suivantes.

3. La commerçante décide de changer ses tarifs : les 20 premières photocopies seront facturées 0,25 € et les suivantes 0,10 €. Modifier l'algorithme.

48 Comprendre un algorithme

Voici un algorithme :

Variables	A, B, C et D sont des réels
Entrées	Saisir A et B
Traitement	C prend la valeur $A - B$
	Si $C \leqslant 0$
	Alors Affecter à D la valeur $B - A$
	Sinon Affecter à D la valeur $A - B$
	Fin Si
Sortie	Afficher D

1. Pour chacune des entrées suivantes, déterminer la valeur affichée en sortie.
a. $A = 5$ et $B = 9$;   **b.** $A = -3$ et $B = 7$;
c. $A = 2$ et $B = -2$;   **d.** $A = 8$ et $B = 2$.

2. Que fait cet algorithme ?

49 Écrire un algorithme

Écrire un algorithme permettant de calculer le prix à payer pour un utilisateur de téléphone portable lorsque celui-ci bénéficie d'un forfait 2 heures pour 18 € et où chaque minute au-delà du forfait est facturée 0,20 €.

Algorithmique **XI**

ALGORITHMIQUE

F Calcul itératif : boucle « POUR »

I. Structure de la boucle POUR

EXEMPLE : LA TIRELIRE DE CORALIE

Les parents de Coralie changent d'avis : le jour de ses 9 ans, ils placent 20 € dans la tirelire, et y ajoutent 30 € par an. On veut élaborer un algorithme donnant la somme dans sa tirelire N années après ses 9 ans. On initialise la somme C à 20 ; puis on répète N fois l'opération qui consiste à ajouter 30 à C : le nombre de répétitions (ou « itérations ») est *connu au départ* puisque c'est le nombre d'années. On parle de « calcul itératif ».

Entrée
  Saisir N ← On demande d'entrer N, le nombre d'années.
Initialisation
  C prend la valeur 20 ← Le montant initial C dans la tirelire est 20 €.
Traitement
  Pour I variant de 1 à N **faire** ← Début de la boucle : I prend la valeur 1…
    C prend la valeur $C + 30$ ← On ajoute 30 € à la somme C pour avoir la nouvelle valeur de C.
  Fin Pour ← Fin de la boucle : Si I est inférieur à N, I augmente de 1, sinon on sort de la boucle.
Sortie
  Afficher C ← On obtient en sortie la somme gagnée C au bout de N années.

	I	C
Début		20
Fin de la 1re boucle	1	50
Fin de la 2e boucle	2	80
…	…	…

C à la valeur 20. $I = 1$ C prend la valeur $C + 30$. $I = 2$ C prend la valeur $C + 30$. $I = 3$ C prend la valeur $C + 30$.   … $I = N$ C prend la valeur $C + 30$.

C'est la **boucle « Pour I variant de … à … »** qui permet de répéter ce calcul. Cette boucle est utilisée lorsque l'on veut *recommencer plusieurs fois un même bloc d'instructions*.

La variable I contrôle le nombre de répétitions. Dans l'exemple, I prend 1 pour valeur initiale et N pour valeur finale en augmentant de 1 à chaque fois. (Cette augmentation constante de 1 est appelée « pas ».)

Remarque : la variable d'itération a été notée ici I. N'importe quel nom de variable peut convenir.

> **Pour** *variable* variant de *début* à *fin* **faire**
> | *instruction(s)*
> **Fin Pour**

II. Programmation

	Casio	Texas	AlgoBox	Xcas
Pour I variant de I_0 à N | Faire {instructions} Fin Pour	For $I_0 \to I$ to N {instructions} Next (**PRGM**, puis **COM**)	For (I, I_0, N) {instructions} End (touche **prgm**, puis **CTL**)	Ajouter POUR…DE…A	pour I de I_0 jusque N faire {instructions}; fpour

Programmes relatifs à l'algorithme vu en exemple :

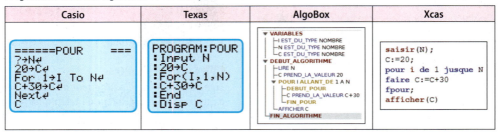

On exécute cet algorithme : pour $N = 5$, on a $C = 170$. Ainsi, au bout de 5 ans, Coralie aura 170 € dans sa tirelire.

XII

50 Comprendre un algorithme

Que permet d'obtenir l'algorithme suivant ?

Traitement et sortie	**Pour** i variant de 1 à 5 **faire**
	Afficher « bonjour ! »
	Fin Pour

51 Comprendre un algorithme

Voici un algorithme :

Variables	n et S sont des entiers
Entrée	Saisir n
Initialisation	S prend la valeur 0
Traitement	**Pour** i variant de 1 à n **faire**
	S prend la valeur $S + i$
	Fin Pour
Sortie	Afficher S

1. Exécuter cet algorithme avec $n = 5$ en entrée en remplissant un tableau du type suivant, où chaque colonne correspond à une étape :

i	1	2	3	4	5
S					

2. Que calcule cet algorithme ?

EXERCICE RÉSOLU

52 Compléter et modifier un algorithme

Énoncé

1. Compléter l'algorithme suivant afin qu'il affiche les cinq nombres qui suivent un entier A donné.

Variable	A est un entier
Entrée	Saisir A
Traitement et sortie	**Pour** .... **faire**
	Affecter à A la valeur ....
	Afficher A
	Fin Pour

2. Le modifier pour qu'il affiche les dix nombres qui précèdent un entier donné.

Solution commentée

1. Pour afficher les cinq entiers voulus, on utilise une boucle « **Pour** » et on saisit : « Pour I variant de 1 à 5 faire ».
Dans la boucle, on affecte à la variable A la valeur $A+1$ afin de calculer les entiers qui suivent l'entier A, puis on affiche chacun de ces entiers.

2. Il suffit de faire varier I de 1 à 10, et d'affecter à A la valeur $A - 1$.

53 Écrire un algorithme

Écrire un algorithme qui affiche tous les entiers compris entre 1 et 10.

---

54 Compléter un algorithme

Compléter la deuxième ligne de l'algorithme suivant pour qu'il affiche successivement :
a. 0, 7, 14, 21 et 28 ;   **b.** 21, 28, 35, 42, 49, 56 et 63.

Variable	P est un entier
Traitement et sortie	**Pour** i variant de ... à ... **faire**
	P prend la valeur $7 \times i$
	Afficher P
	Fin Pour

55 Modifier un algorithme

1. Exécuter l'algorithme suivant avec $n = 6$ en entrée.

Variables	E et n sont des entiers
Entrée	Saisir n
Initialisation	E prend la valeur 1
Traitement	**Pour** i variant de 1 à n **faire**
	E prend la valeur $E + 10^i$
	Fin Pour
Sortie	Afficher E

2. Modifier cet algorithme pour qu'il affiche « 6363...63 » avec n tranches de « 63 ».

56 Écrire un algorithme

1. Écrire un algorithme qui permette d'obtenir la somme des n premiers carrés $1^2 + 2^2 + 3^2 + ... + n^2$.

2. Programmer cet algorithme, puis l'exécuter avec $n = 2\,014$.

57 Comprendre un algorithme

Que permet d'obtenir l'algorithme suivant ?

Variables	n, P et x sont des entiers
Entrées	Saisir n et x
Initialisation	P prend pour valeur 1
Traitement	**Pour** i variant de 1 à n **faire**
	P prend la valeur $P \times x$
	Fin Pour
Sortie	Afficher P

58 Écrire un algorithme

On définit la *factorielle* d'un entier naturel non nul n, notée $n!$, par : $n! = 1 \times 2 \times 3 \times ... \times n$.
Par exemple, $5! = 1 \times 2 \times 3 \times 4 \times 5 = 120$.

1. Écrire un algorithme qui demande un entier, puis qui calcule sa factorielle.

2. Programmer cet algorithme sur la calculatrice.

59 Écrire un algorithme

Une machine-outil coûte au départ 32 000 € et perd 8 % de sa valeur chaque année.

1. Écrire un algorithme qui permet de calculer sa valeur vingt ans après son achat.

2. Programmer cet algorithme et conclure.

Algorithmique **XIII**

ALGORITHMIQUE

G Calcul itératif : boucle « TANT QUE »

I. Structure de la boucle TANT QUE

EXEMPLE : LA TIRELIRE DE CORALIE

Finalement, le jour de ses 9 ans, les parents de Coralie ont placé 100 € dans la tirelire. Mystérieusement, à chaque fin d'année, la somme placée est multipliée par 1,05. On veut élaborer un algorithme qui donne le nombre d'années au bout duquel la somme dans sa tirelire dépassera 300 €.
On appelle C la variable égale à la somme présente dans la tirelire. On doit répéter plusieurs fois l'instruction « C prend la valeur $1,05 \times C$ », sans savoir à l'avance le nombre de répétitions.
Pour cela, on teste la condition $C < 300$ en début de boucle et le traitement dans la boucle est réalisé tant que la condition est vérifiée.
Pour compter le nombre d'années écoulées, on introduit un « compteur » N : il est initialisé à 0, et, chaque fois que la boucle est parcourue, sa valeur augmente d'une unité.

Initialisation
  C prend la valeur 100 ← C est la somme initiale.
  N prend la valeur 0 ← On initialise à 0 le nombre N d'années.
Traitement
  Tant que $C < 300$ **faire** ← On entre dans la boucle si la somme C est inférieure à 300 €.
  | N prend la valeur $N + 1$ ← Il y a une année de plus, donc N augmente d'une unité.
  | C prend la valeur $1,05 \times C$ ← La somme C est multipliée par 1,05 chaque année.
  Fin Tant que ← On revient au début de la boucle pour tester si la somme est ou non inférieure à 300 €.
Sortie
  Afficher N ← On affiche le nombre N d'années écoulées.

C'est la **boucle « Tant que... »** qui permet de répéter ce calcul. Cette boucle est utilisée lorsque l'on veut *recommencer un même bloc d'instructions jusqu'à valider une condition de sortie donnée à l'avance*.
Avec un capital initial de 100, les valeurs des variables N et C (en euros) pour les différentes étapes sont données ci-contre.

Étapes	N	C
0	0	100
1	1	105
2	2	110,25
...	...	...

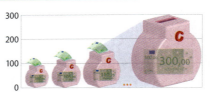

C'est la **structure itérative avec fin de boucle conditionnelle** qui permet de résoudre ce problème.
Remarque : La condition C est testée en début de boucle, donc si la condition n'est pas vérifiée au départ, la boucle n'est jamais exécutée.

Tant que {condition C vraie} **faire**
  | instruction(s)
  Fin Tant que

II. Programmation

	Casio	Texas	AlgoBox	Xcas
Tant que {condition C} | Faire {instructions} Fin Tant que	While {condition C} {instructions} WhileEnd (dans **PRGM**, puis *COM*)	While {condition C} {instructions} End (dans prgm, puis *CTL*)	Ajouter TANT QUE...	Tantque {condition C}; faire {instructions}; ftantque

Programmes relatifs à l'algorithme vu en exemple :

On trouve $N = 23$. Ainsi, la tirelire contiendra plus de 300 € au bout de 23 ans : Coralie aura 32 ans.

EXERCICE RÉSOLU

60 Compléter un algorithme

Énoncé
Compléter l'algorithme suivant afin qu'il affiche tous les multiples entiers naturels de l'entier A strictement inférieurs à 1 000.

Variables	A, K et M sont des entiers
Entrée	Saisir A
Initialisation	K prend la valeur 0
	M prend la valeur 0
Traitement	**Tant que** .... **faire**
	Afficher M
	Affecter à K la valeur $K + 1$
	M prend la valeur ....
	Fin Tant que

Solution commentée
Les multiples de A sont de la forme $K \times A$, avec K entier.
Puisqu'on veut ceux qui sont inférieurs à 1 000, on saisit « Tant que $M < 1\,000$ faire » en début de boucle, et en fin de boucle : « M prend la valeur $K \times A$ ».
Pour $K = 0$, il s'affiche $M = 0$; pour $K = 1$, il s'affiche $M = 1 \times A = A$…
Quand M devient au moins égal à 1 000, l'algorithme s'arrête.

61 Comprendre un algorithme

On considère l'algorithme suivant :

Variable	U est un entier
Entrée	Saisir U
Traitement	**Tant que** $U > 7$ **faire**
	U prend la valeur $U - 7$
	Fin Tant que
Sortie	Afficher U

1. Faire fonctionner cet algorithme avec $U = 25$.

2. Proposer deux nombres entiers différents qui donnent le nombre 5 en sortie.

3. Peut-on obtenir le nombre 11 en sortie ? Justifier.

62 Écrire un algorithme

En 2014, Alia verse sur un livret d'épargne la somme de 1 000 €.
Ce compte est rémunéré au taux de 1,5 % annuel.

1. Écrire un algorithme donnant l'année pour laquelle Alia disposera pour la première fois de plus de 1 500 €.

2. Programmer cet algorithme à l'aide d'un logiciel ou d'une calculatrice et conclure.

63 Compléter un algorithme

Compléter l'algorithme suivant afin qu'il donne en sortie la plus petite valeur de l'entier N pour laquelle la somme des N premiers entiers naturels dépasse 10 000.

Variables	N et S sont des entiers
Initialisation	S prend la valeur 0
	N prend la valeur 0
Traitement	**Tant que** .... **faire**
	N prend la valeur $N + 1$
	S prend la valeur ....
	Fin Tant que
Sortie	Afficher N

64 Compléter un algorithme

On veut utiliser une calculatrice comme caisse enregistreuse. Pour cela, l'algorithme ci-dessous additionne tous les nombres entrés un par un dans la machine : chaque nombre X saisi est suivi de la touche Entrée (on ne se sert pas de la touche +). Pour signaler que la saisie est terminée, on saisit le nombre 0.
La machine fournit alors la somme totale.
Compléter cet algorithme.

Variables	X et S sont des nombres réels
Initialisation	S prend la valeur 0
	X prend la valeur 1
Traitement	**Tant que** .... **faire**
	Saisir X
	Affecter à S la valeur ....
	Fin Tant que
Sortie	Afficher ....

65 Modifier un algorithme

Modifier l'algorithme de l'exercice **64** de manière à compter le nombre d'articles, puis l'afficher en sortie, ainsi que le prix moyen d'un article.

66 Comprendre un algorithme

Voici un programme réalisé sur deux modèles de calculatrice :

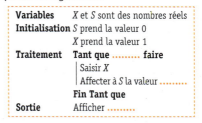

1. Écrire l'algorithme correspondant.

2. Programmer et tester cet algorithme. Qu'affiche-t-il ?

3. Écrire un algorithme permettant d'afficher la liste des nombres entiers impairs entre 51 et 100, puis le programmer sur calculatrice.

ALGORITHMIQUE

H Programmation sur calculatrices ou logiciels

I. Utilisation des calculatrices

	Casio	Texas
Choisir le mode « Programme »	Touche `MENU` icône ▦. Si des programmes sont déjà présents dans la calculatrice, leur liste apparaît à l'écran.	Touche `prgm`, Si des programmes sont déjà présents dans la calculatrice, leur liste apparaît à l'écran.
Créer un nouveau programme	La dernière ligne de l'écran affiche : `EXE EDIT NEW DEL DEL-A ▷` Choisir `NEW` (Touche `F3`).	La première ligne de l'écran affiche : `EXEC EDIT NOUV` `1:Nouveau` À l'aide des flèches, choisir **NOUV**.
Nommer un programme	L'affichage indique : `Program Name [A        ]` Donner le nom choisi (max 8 caractères), puis `EXE`. *Le mode alphanumérique est automatiquement activé.*	L'affichage indique : `PROGRAMME Nom=` Donner le nom choisi (max 8 caractères), puis `entrer`. *Le mode alphanumérique est automatiquement activé.*
Accéder aux instructions	Instruction **PRGM** (touches `SHIFT` `VARS`) La dernière ligne de l'écran affiche : `COM CTL JUMP ? ▲ ▷` Le menu `COM` permet d'accéder aux instructions : **If, Then, Else, I.End, For, To, Step, Next, Whle, Wend, Do, Lp.W.** `►` (touche `F6`) donne accès à d'autres instructions.	Touche `prgm` La première ligne de l'écran affiche : `CTL E/S EXEC` Le menu **CTL** permet d'accéder aux instructions : **If, Then, Else, For, While, Repeat, End, Pause…** Le menu **E/S** permet d'accéder aux instructions : **Input, prompt, Disp…**
Écrire des lignes d'instructions	Après chaque ligne d'instruction, appuyer sur `EXE`. Le caractère ↵ s'affiche en fin de ligne et le pointeur passe à la ligne suivante.	Chaque ligne de programme débute par ▪. Taper `entrer` après chaque ligne d'instruction pour passer à la ligne suivante.
Accéder aux opérateurs relationnels = ≠ < > ≤ ≥	Menu `REL` Obtenu, en mode édition de programme, à l'aide des touches `SHIFT` `VARS` `F6` `F3`.	Menu **TEST** Obtenu à l'aide des touches `2nde` `math`.
Quitter l'éditeur de programmes	Touche `EXIT`.	Instruction **quitter** (touches `2nde` `mode`).
Exécuter un programme	Touche `MENU` icône ▦. `Program List` `PROG1    : 32` `PROG2    : 32` `PROG3    : 32` Sélectionner le programme dans la liste qui apparaît à l'écran, puis taper sur `EXE` ou `F1`.	Touche `prgm`, choisir le menu **EXEC**. `EXEC EDIT NEW` `1:PROG1` `2:PROG2` `3:PROG3` Sélectionner le programme dans la liste qui apparaît à l'écran, puis taper sur `entrer` ou taper directement le numéro du programme.
Éditer et modifier un programme	Touche `MENU` icône ▦. Sélectionner le programme dans la liste qui apparaît à l'écran. Choisir `EDIT` (touche `F2`).	Touche `prgm`, choisir le menu **EDIT**. Sélectionner le programme dans la liste qui apparaît à l'écran, puis taper sur `entrer` ou taper directement le numéro du programme.

XVI

II. Utilisation du logiciel AlgoBox

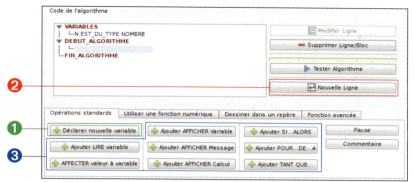

1/ Saisir l'algorithme

❶ Pour utiliser une variable, il faut d'abord la déclarer. Pour cela, cliquer sur le bouton Déclarer nouvelle variable.
Une fenêtre s'ouvre : saisir le nom de la variable puis choisir son type dans le menu déroulant.
La plupart des variables utilisées en Seconde sont du type NOMBRE.
❷ Pour ajouter une nouvelle instruction à l'algorithme, il faut d'abord insérer une nouvelle ligne.
Pour cela, placer le pointeur à l'endroit voulu et cliquer sur Nouvelle Ligne.
Une ligne vide est créée au-dessous de la ligne sélectionnée.
❸ Les différentes instructions sont désormais disponibles en bas de l'écran : il suffit de cliquer sur le bouton correspondant à l'instruction souhaitée.

2/ Exécuter l'algorithme

Cliquer sur Tester Algorithme, puis sur Lancer Algorithme dans la fenêtre qui s'est ouverte.

III. Utilisation du logiciel Xcas

1/ Saisir le programme

1. Ouvrir une fenêtre de programmation : Menu **Prg** puis **Nouveau programme** (ou taper Alt + P).
On obtient une fenêtre demandant le nom du programme, les arguments, les variables locales, et la valeur renvoyée.
Dans un premier temps, on laissera vide tous les champs, sauf le nom comme ci-contre.

On obtient une fenêtre avec le squelette du programme.

2. Écrire le programme : la plupart des commandes de programmation se trouvent dans le menu **Scolaire**, puis **Algorithmique**. On peut aussi utiliser le menu **Aide**, puis **Index**.
Terminer chaque ligne par un point-virgule ;.
Une fois reconnues par le langage, les instructions sont affichées en rouge sombre.
3. Cliquer sur OK pour valider et permettre au logiciel de vérifier la présence d'éventuelles erreurs.
S'il n'y a pas de problèmes, le logiciel affiche « Done ».

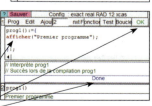

2/ Exécuter le programme

Saisir le nom du programme dans une ligne de commande et valider. Le programme s'exécute.

ALGORITHMIQUE

Exercices récapitulatifs

67 Compléter un algorithme
Arthur aimerait qu'en saisissant l'heure sous le format heures minutes, son ordinateur affiche l'heure qu'il sera dans 1 minute.

1. Pour chacune des heures ci-dessous, indiquer ce qui devra être affiché.
a. 6 h et 46 min
b. 7 h et 59 min
c. 23 h et 00 min
d. 23 h et 59 min

2. Compléter l'algorithme ci-dessous qui permet cet affichage où Arthur saisit un nombre d'heures H et un nombre de minutes M.

68 Écrire un algorithme
Écrire un algorithme qui demande en entrée les longueurs des côtés d'un triangle et qui établit si ce triangle est rectangle ou non.

69 Compléter un algorithme
Yasmine calcule souvent sa moyenne, car ses parents ont décidé de lui offrir une place de cinéma si sa moyenne du trimestre est supérieure à 11.
Compléter l'algorithme ci-dessous afin de permettre à Yasmine de saisir le nombre de notes dont elle souhaite calculer la moyenne, de saisir ces notes et de savoir si, pour l'instant, elle gagne ou non une place de cinéma.

Variables	N est un entier
	S, A et M sont des nombres réels
Entrée	Saisir N
Initialisation	S prend la valeur 0
Traitement	Pour .... faire
et sortie	│ Saisir A
	│ Affecter à S la valeur ....
	Fin Pour
	Affecter à M la valeur S/N
	Si ....
	│ Alors Afficher ....
	│ Sinon Afficher ....
	Fin Si

70 Compléter un algorithme
Compléter l'algorithme ci-dessous afin qu'il affiche le plus grand des trois nombres A, B, C saisis.

Variables	A, B, C et D sont des réels
	Saisir A, B et C
Traitement	D prend la valeur A
	Si $A < B$
	│ Alors D prend la valeur B
	Fin Si
	Si ....
	│ Alors ....
	Fin Si
Sortie	Afficher D

71 Comprendre un algorithme
1. Voici le début d'une suite de nombres :
1 ; 1 ; 2 ; 3 ; 5 ; 8 ; 13 ; 21 ; 34 ; 55.
Comment obtient-on successivement les 3e, 4e…, 10e nombres de cette suite à partir des deux précédents ?

2. Voici un algorithme incomplet.

Variables	A, B et C sont des nombres réels
Initialisation	Affecter à A la valeur 1
	Affecter à B la valeur 1
Traitement	Pour I variant de 1 à 8 faire
	│
	Afficher B
	Fin Pour

Quelle partie **T1** ou **T2** ci-après permet de compléter la partie grisée de l'algorithme afin qu'il calcule les huit nombres de la question **1** ?

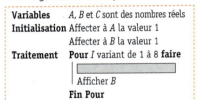

> **LE SAVIEZ-VOUS ?**
> Cette suite de nombres s'appelle la **suite de Fibonacci**. Elle est très célèbre en mathématiques, notamment car elle a un lien étroit avec le **nombre d'or**.

72 Comprendre un algorithme
On considère l'algorithme suivant :

Variables	N est un entier strictement positif
	A et P sont des nombres réels
Entrées	Saisir A et N
Initialisation	P prend la valeur 0
Traitement	Pour I variant de 1 à N faire
	│ P prend la valeur $P + A$
	Fin Pour
Sortie	Afficher P

1. Dans chacun des cas suivants, dire ce qu'affiche cet algorithme en sortie.

a. $A = 7$ et $N = 2$

b. $A = 7$ et $N = 4$

c. $A = 2,5$ et $N = 5$

d. $A = 1,5$ et $N = 6$

2. Quel est le rôle de cet algorithme ?

3. Que doit-on saisir pour que soit affichée la valeur de 49^2 ?

73 Écrire un algorithme

À l'aide des instructions ci-dessous, écrire un algorithme qui, à partir de la saisie dans cet ordre de trois nombres A, B et C, affiche B, C et A dans cet ordre.

Affecter à B la valeur C

Saisir A, B, C

Affecter à D la valeur A

Affecter à C la valeur D

Affecter à A la valeur B

Afficher A, B, C

74 Compléter un algorithme

Nicolas s'installe dans un appartement.

Le loyer est de 800 € par mois, mais l'agence de location prévoit d'augmenter chaque année le loyer de 2 %.

Nicolas décide qu'il quittera cet appartement juste avant que le loyer ne dépasse 1 000 €.

Compléter l'algorithme suivant afin qu'il affiche combien d'années Nicolas va rester dans cet appartement et la somme totale qu'il aura versée à l'agence depuis son installation.

Variables	N est un entier
	L et S sont des nombres réels
Initialisation	L prend la valeur 800
	S prend la valeur 0
	N prend la valeur 0
Traitement	**Tant que** .... **faire**
	Fin Tant que
Sortie	Afficher N, S

75 Écrire un algorithme

Reprendre l'exercice **74** en modifiant les augmentations annuelles prévues par l'agence de location : « un loyer inférieur à 900 € sera augmenté de 2,5 %, et un loyer strictement supérieur à 900 € sera augmenté de 1,5 % ».

76 Comprendre et modifier un algorithme

f est une fonction définie sur $\mathbb{R}$ qui semble avoir un maximum dans l'intervalle $[2 ; 3]$.

On donne ci-dessous un algorithme :

Variables	A et M sont deux nombres réels
Initialisations	A prend la valeur 2
	M prend la valeur $f(A)$
Traitement	**Pour** I variant de 1 à 5 **faire**
	A prend la valeur $A + 0,2$
	Si $f(A) > M$
	Alors M prend la valeur $f(A)$
	Fin Si
	Fin Pour
Sortie	Afficher M

1. Voici un tableau de valeurs de la fonction f.

x	2	2,2	2,4	2,6	2,8	3
$f(x)$	11	14	10	12	9	8

a. Quelle est la valeur affichée en sortie ?

b. Quel est le rôle de cet algorithme ?

c. Que peut-on modifier pour améliorer la précision du résultat trouvé ?

2. Modifier cet algorithme afin qu'il affiche également une valeur approchée du minimum de f sur l'intervalle $[2 ; 3]$.

77 Comprendre et modifier un algorithme

1. La partie entière (notée ENT par la suite) d'un nombre est le premier entier inférieur ou égal à ce nombre.

a. Déterminer $\text{ENT}\left(\dfrac{15}{5}\right)$, $\text{ENT}\left(\dfrac{16}{5}\right)$ et $\text{ENT}\left(\dfrac{20}{5}\right)$.

b. Que peut-on dire des nombres $\text{ENT}\left(\dfrac{A}{B}\right)$ et $\dfrac{A}{B}$ lorsque B est un diviseur de A ?

2. Voici un algorithme :

Variables	A et N sont des entiers strictement positifs
Entrée	Saisir A
Initialisation	N prend la valeur A
Traitement	**Pour** I variant de 1 à N
et sortie	**Si** $\text{ENT}(A/N) = A/N$
	Alors Afficher N
	Fin Si
	Fin Pour

a. Quelles sont les valeurs affichées lorsque $A = 6$? lorsque $A = 12$?

b. Quel est le rôle de cet algorithme ?

3. Un nombre entier est dit parfait s'il est égal à la somme de ses diviseurs excepté lui-même.

Modifier l'algorithme ci-dessus afin qu'il affiche si l'entier naturel A est parfait ou non.

ENSEMBLES – RAISONNEMENT

A Ensembles

Un **ensemble** est une collection d'objets, appelés **éléments**.
Lorsque a est un élément de A, on dit que a **appartient** à A et on note $a \in A$.

EXEMPLES
- L'ensemble des entiers naturels : {0 ; 1 ; 2 ; 3 ; ...} est noté $\mathbb{N}$.
- L'ensemble des réels strictement positifs est l'intervalle $]0 ; +\infty[$.
- L'ensemble des quatre couleurs d'un jeu de cartes est : {♦ ; ♣ ; ♥ ; ♠}.
- L'**ensemble vide** ne comporte aucun élément. On le note $\emptyset$.

Soit A et B deux ensembles.
- A est **inclus** dans B lorsque tous les éléments de A appartiennent à B. On note $A \subset B$.
- L'**intersection** de A et de B est l'ensemble, noté $A \cap B$, des éléments communs à A et à B.
- La **réunion** de A et de B est l'ensemble, noté $A \cup B$, des éléments qui appartiennent à A, à B ou aux deux à la fois.
- Lorsque A est inclus dans B, le **complémentaire** de A dans B est l'ensemble, noté $\overline{A}$, des éléments de B qui n'appartiennent pas à A.

EXEMPLES
- Comme tous les entiers naturels sont des nombres réels, on a : $\mathbb{N} \subset \mathbb{R}$.
- On note E l'ensemble des élèves d'un lycée, A l'ensemble des élèves bruns et B l'ensemble des élèves qui ont les yeux verts.

L'ensemble $A \cap B$ est l'ensemble des élèves bruns aux yeux verts.

L'ensemble $A \cup B$ contient les élèves bruns, les élèves qui ont les yeux verts et les élèves bruns aux yeux verts.

Dans E, l'ensemble $\overline{A}$ est l'ensemble des élèves qui ne sont pas bruns.

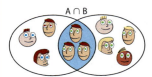
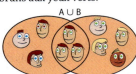
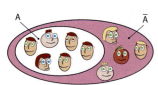

B Connecteurs logiques : ET – OU

EXEMPLES
- Soit x un réel. « x est positif **ET** inférieur à 5 » signifie que « x est **à la fois** positif et inférieur à 5 », c'est-à-dire qu'il est compris entre 0 et 5.
Remarque : les réels positifs et inférieurs à 5 sont les réels qui appartiennent **à la fois** à l'intervalle $[0 ; +\infty[$ **et** à l'intervalle $]-\infty ; 5]$; ce sont donc les réels qui appartiennent à l'intersection des intervalles $[0 ; +\infty[$ et $]-\infty ; 5]$.

- Un joueur lance un dé à six faces. Il gagne lorsqu'il obtient « un nombre pair **OU** un multiple de 3 ».
Cela signifie que le joueur gagne lorsqu'il obtient « **soit** un nombre pair, **soit** un multiple de 3, **soit** un nombre pair multiple de 3 ».
Le joueur gagne lorsqu'il obtient « 2 », « 4 », « 6 » ou « 3 ».
Remarque : il s'agit des nombres qui appartiennent à la réunion des ensembles {2 ; 4 ; 6} et {3 ; 6}.

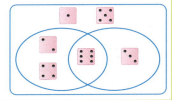

LOGIQUE

C Quantificateurs : Quel que soit – Il existe

Les expressions : « **Quel que soit** » ou « **Il existe** » permettent de préciser quels sont les objets que l'on considère dans un énoncé.
« **Quel que soit** » signifie « **Pour tout** », « **Pour n'importe quel** ».
« **Il existe** » signifie « **il existe au moins** ».

EXEMPLES

- « **Quel que soit** le réel x, $x^2 \geq 0$ » signifie que **tous** les réels ont un carré positif.
On écrit aussi « **Pour tout** réel x, $x^2 \geq 0$ ».
« Quel que soit le réel x, $x^2 \geq 0$ » est une proposition **universelle**.
- « Les diagonales d'un carré sont perpendiculaires » signifie, *de manière implicite*, que tous les carrés ont leurs diagonales perpendiculaires.
- « **Il existe** un nombre entier inférieur à 10 » signifie qu'**il existe au moins** un nombre entier inférieur à 10.
« Il existe un nombre entier inférieur à 10 » est une proposition **existentielle**.

D Négation d'une proposition

Une proposition **P** peut être *vraie* ou *fausse*.
La **négation** d'une proposition **P** est une proposition (notée **non P**) *fausse* lorsque **P** est *vraie*, et *vraie* lorsque **P** est *fausse*.

EXEMPLES

- La **négation** de la proposition : « 12 est divisible par 2 » est : « 12 n'est pas divisible par 2 ».
La proposition « 12 est divisible par 2 » est *vraie*. Sa négation est *fausse*.
- **Négation d'une proposition contenant les connecteurs « et », « ou ».**
On considère la proposition « cet élève est brun et a les yeux verts ».
Bob, ci-dessous, est brun et a les yeux verts.

Bob   Ali   Yann   Paco

Pour Ali, Yann et Paco, il est faux de dire qu'ils sont bruns et ont les yeux verts : Ali est brun mais n'a pas les yeux verts, Yann a les yeux verts mais n'est pas brun et Paco n'est pas brun et n'a pas les yeux verts.
La négation de la proposition : « cet élève est brun **et** a des yeux verts »
est : « cet élève n'est pas brun **ou** n'a pas les yeux verts ».
Remarque : la négation de la proposition : « cet élève n'est pas brun **ou** n'a pas les yeux verts »
est : « cet élève est brun **et** a des yeux verts ».
- **Négation d'un énoncé contenant les quantificateurs « quel que soit », « il existe ».**
Un sac contient des jetons. La proposition : « **Quel que soit** le jeton du sac, ce jeton est rouge » signifie que tous les jetons du sac sont rouges.
Tous les jetons sont rouges dans le sac n°1 ci-dessous. Dans les autres sacs, dire que tous les jetons sont rouges est faux, puisque dans ces sacs, il y a au moins un jeton qui n'est pas rouge.

Sac n° 1   Sac n° 2   Sac n° 3

La négation de la proposition : « **Quel que soit** le jeton du sac, ce jeton est rouge »
est : « **Il existe** un jeton du sac qui n'est pas rouge ».
Remarque : La négation de la proposition : « **Il existe** un jeton du sac qui n'est pas rouge »
est : « **Quel que soit** le jeton du sac, ce jeton est rouge ».

Ensembles - Raisonnement logique

ENSEMBLES – RAISONNEMENT

E Implication – Réciproque – Équivalence – Contraposée

I. Implication

Une **implication** est une proposition de la forme « si **P**, alors **Q** ».
Une implication « si **P**, alors **Q** » est *vraie* lorsque l'hypothèse « **P** est *vraie* » entraîne la conclusion « **Q** est *vraie* ».

EXEMPLES

• « Si une personne est française , alors cette personne est européenne » est une implication.
                P   Q
Cette implication est *vraie*.
En effet, si l'on sait qu'une personne est française, alors nécessairement cette personne est européenne.
• L'implication : « Si une personne est européenne, alors cette personne est française » est *fausse*.
En effet, le fait qu'une personne soit européenne n'entraîne pas obligatoirement qu'elle soit française.
Prenons le cas d'une personne italienne. Cette personne est européenne mais n'est pas française.

On peut montrer que l'implication « si P, alors Q » est *fausse*, en cherchant un cas pour lequel la proposition P est *vraie* et la proposition Q est *fausse*.

VOCABULAIRE

On considère les propositions P et Q du premier exemple.
Il suffit de savoir qu'une personne est française, pour pouvoir dire qu'elle est européenne : on dit que P est une **condition suffisante** pour Q.
Une personne ne peut pas être française, si elle n'est pas européenne : **il faut** qu'une personne soit européenne, pour qu'elle puisse être française. On dit que Q est une **condition nécessaire** pour P.

II. Réciproque

La **réciproque** de l'implication « si **P**, alors **Q** » est l'implication « si **Q**, alors **P** ».
La réciproque d'une implication *vraie* peut être *vraie* ou *fausse*.

EXEMPLE

La réciproque de « Si une personne est française , alors cette personne est européenne »
                           P   Q
est : « Si une personne est européenne , alors cette personne est française »
                      Q   P
Ici, la première proposition est *vraie*, sa réciproque est *fausse*.

III. Équivalence

Lorsque les propositions « si **P**, alors **Q** » et « si **Q**, alors **P** » sont toutes les deux *vraies*, on dit que les propositions **P** et **Q** sont **équivalentes**.

EXEMPLES

• Les propositions P et Q de l'exemple précédent ne sont pas équivalentes.
• Soit x un réel. L'implication : « si $3x = 6$, alors $x = 2$ » et sa réciproque : « Si $x = 2$, alors $3x = 6$ » sont vraies.
Les propositions « $3x = 6$ » et « $x = 2$ » sont donc équivalentes.
On peut écrire « $3x = 6$ **si et seulement si** $x = 2$ » ; « $3x = 6$ **équivaut à** $x = 2$ ».

LOGIQUE

IV. Contraposée

La **contraposée** de l'implication « Si **P**, alors **Q** » est l'implication « Si *non* **Q**, alors *non* **P** ».
Si une implication est *vraie*, sa contraposée est *vraie* ; si une implication est *fausse*, sa contraposée est *fausse*.

> **EXEMPLE**
>
> La contraposée de « Si une personne est française, alors cette personne est européenne »
>   P   Q
> est : « Si une personne n'est pas européenne, alors cette personne n'est pas française »
>   non Q   non P
> La première proposition étant *vraie*, sa contraposée est également *vraie*.

F Raisonnements

I. Raisonnement à l'aide d'un exemple ou d'un contre-exemple

1/ Utilisation d'un exemple

Un **exemple** permet de montrer qu'une proposition existentielle est *vraie*.

> **EXEMPLE**
>
> On considère la proposition P : « Il existe un entier naturel différent de 1 et de 147 qui divise 147 ».
> Pour montrer que P est *vraie*, il suffit de trouver un **exemple**.
> $147 = 7 \times 21$ donc 7 divise 147. Il existe bien (au moins) un entier naturel différent de 1 et de 147 qui divise 147 : la proposition P est *vraie*.

2/ Utilisation d'un contre-exemple

Un **contre-exemple** est un exemple qui met en défaut une proposition universelle : il permet de montrer qu'une proposition n'est pas toujours vraie.

> **EXEMPLE**
>
> On considère la proposition P : « Quel que soit le réel x, $-x < 0$ ».
> Pour montrer que P est *fausse*, il suffit de trouver un **contre-exemple**, c'est-à-dire un réel x dont l'opposé $-x$ n'est pas strictement négatif.
> Pour $x = -3$, on a $-x = -(-3) = 3$.
> Comme $-(-3)$ est positif, il existe un réel x tel que $-x \geq 0$: la proposition P est *fausse*.
> **Remarques : (1)** On a montré que la proposition P est *fausse* en montrant que sa négation est *vraie*.
> **(2)** Un exemple ne permet pas de montrer qu'une proposition universelle est vraie. La proposition « $-x < 0$ » est vraie pour $x = 2$ puisque $-2 < 0$, mais elle n'est pas vraie pour tous les réels x.

II. Raisonnement à l'aide de la contraposée

Lorsque l'on sait qu'une implication : « Si P, alors Q » est *vraie*, on peut utiliser sa contraposée : « *Si non* Q, alors *non* P » qui est également *vraie*.

> **EXEMPLE**
>
> On veut montrer que : « Le polygone ABCDE ci-contre n'est pas un polygone régulier ». Pour cela, on considère l'implication suivante : « Si un polygone est un polygone régulier, alors tous ses côtés ont la même longueur » ; cette implication est *vraie*, donc sa contraposée aussi.
> Ici, AB = 2 et BC = 3. Puisque AB est différent de BC, tous les côtés de ABCDE n'ont pas la même longueur, donc ABCDE n'est pas un polygone régulier.

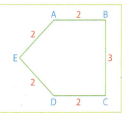

ENSEMBLES – RAISONNEMENT

III. Raisonnement par l'absurde

Montrer qu'une proposition P est *vraie* en **raisonnant par l'absurde** consiste à supposer que P *est fausse* et à montrer qu'avec cette hypothèse, on aboutit à une contradiction.

EXEMPLE

Pour montrer que : « il n'existe pas de triangle ABC tel que AB = 5, BC = 3 et AC = 10 », on peut faire un raisonnement par l'absurde.
On suppose qu'un tel triangle existe.
D'après l'inégalité triangulaire : AC ≤ AB + BC. On a donc AC ≤ 5 + 3 et par conséquent AC ≤ 8. On aboutit à une contradiction puisque AC = 10.
On en déduit qu'il n'existe pas de triangle tel que AB = 5, BC = 3 et AC = 10.

IV. Raisonnement par disjonction des cas

Montrer qu'une proposition est *vraie* en **raisonnant par disjonction des cas** consiste à montrer qu'elle est *vraie* dans un nombre fini de cas, ces cas recouvrant tous les cas possibles.

EXEMPLE

On considère la proposition P : « Pour tout entier naturel n, n^2 et n ont la même parité ».
Un entier naturel étant, soit pair, soit impair, on examine chacun de ces deux cas.

Si n est pair, n peut s'écrire sous la forme $2k$, avec $k \in \mathbb{N}$.
On a alors $n^2 = (2k)^2 = 4k^2 = 2(2k^2)$. Donc n^2 est pair.
Si n est impair, n peut s'écrire sous la forme $2k + 1$, avec $k \in \mathbb{N}$.
On a alors $n^2 = (2k+1)^2 = 4k^2 + 4k + 1 = 2(2k^2 + 2k) + 1$.
Donc n^2 est impair.
Dans tous les cas, n^2 et n ont la même parité : P est *vraie*.

Entiers naturels	
Pairs : 0 ; 2 ; 4 ; 6...	Impairs : 1 ; 3 ; 5 ; 7...

G Exercices récapitulatifs

1 Soit A, B et C, trois points du plan distincts et non alignés.

1. Dire en le justifiant, si les propositions suivantes sont *vraies*.
P_1 : « Si le triangle ABC est équilatéral, alors ce triangle est isocèle »
P_2 : « Si le triangle ABC est isocèle, alors $\hat{A} = \hat{B}$ »
2. Pour chacune des propositions P_1 et P_2, dire en le justifiant si sa réciproque est *vraie*.
3. Énoncer la contraposée de chacune des propositions P_1 et P_2 et dire en le justifiant si ces nouvelles propositions sont *vraies*.

2 **1.** Dire, en le justifiant, si les propositions suivantes sont *vraies*.
P_1 : « Il existe un réel x tel que $x^2 < x$ »
P_2 : « Quels que soient les points A, B et C du plan,
$$AB + BC = AC »$$
P_3 : « Quels que soient les réels a et b,
$$(a + b)^3 = a^3 + 3a^2b + 3ab^2 + b^3 »$$
2. Énoncer la négation de chacune des propositions P_1, P_2 et P_3.

Dire, en le justifiant, si ces nouvelles propositions sont *vraies*.

3 On considère un parallélogramme ABCD de centre O tel que :

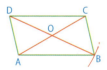

AC = 4 et BD = 6.
Montrer que le point A n'est pas sur le cercle de centre O passant par B.

4 Montrer, à l'aide d'un raisonnement par disjonction des cas, que, quels que soient deux entiers naturels distincts de 0 et de 1 et dont la somme est égale à 11, lorsque l'on multiplie chacun d'eux par 9, on obtient deux nombres formés des mêmes chiffres.

5 Montrer, à l'aide d'un raisonnement par disjonction des cas que, quel que soit l'entier naturel n, $n(n + 1)$ est un entier pair.

Maths

2de

Collection INDICE

nouvelle édition 2014

Sous la direction de :
Michel PONCY
Marie-Christine RUSSIER
Denis VIEUDRIN

Jean-Louis BONNAFET
Sébastien CANTE
Arnaud GAZAGNES
Catherine LEBERT

Sommaire

1 Fonctions 8
Réactiver les savoirs 8
Activités 10
Cours et savoir-faire
1 Intervalles et fonctions 12
2 Différentes façons de définir une fonction 14
3 Courbe et résolution graphique 16
Notations Les ensembles 18
TICE Construire un tableau de valeurs d'une fonction 19
Exercices 20
TP L'aire d'un rectangle variable 30

2 Variations d'une fonction 32
Réactiver les savoirs 32
Activités 34
Cours et savoir-faire
1 Variations d'une fonction 36
2 Graphiques et inéquations 38
3 Comparaison d'images 40
Notations Relation entre les ensembles 42
TICE Construire la courbe représentative d'une fonction 43
Exercices 44
TP 1 Le meilleur moment pour récolter 54
TP 2 Où construire le pont ? 55

3 Problèmes du premier degré 58
Réactiver les savoirs 58
Activités 60
Cours et savoir-faire
1 Fonctions affines – Signe de $ax + b$ 62
2 Expressions algébriques 64
3 Résolution de problèmes du premier degré 66
TICE Fonctions et tableur 68
Calcul formel 69
Exercices 70
TP 1 Des périmètres évolutifs 80
TP 2 Repos optimal au camping 81

4 Problèmes du second degré 84
Réactiver les savoirs 84
Activités 86
Cours et savoir-faire
1 Fonction carré 88
2 Fonctions polynômes du second degré 90
3 Équations et inéquations 92
TICE Algorithme de dichotomie 94
Exercices 95
TP 1 À la recherche de la bonne trajectoire 106
TP 2 Optimisation d'une aire 107

5 Fonction inverse et fonctions homographiques 110
Réactiver les savoirs 110
Activités 112
Cours et savoir-faire
1 La fonction inverse 114
2 Fonctions homographiques – Équations et inéquations 116
Exercices 118
TP 1 Une propriété de l'hyperbole 128
TP 2 La duplication du cube 129

6 Trigonométrie 132
Réactiver les savoirs 132
Activités 134
Cours et savoir-faire
1 Repérage sur un cercle 136
Exercices 138

7 Statistique descriptive 144
Réactiver les savoirs 144
Activités 146
Cours et savoir-faire
1 Effectifs – Fréquences – Représentations 148
2 Caractéristiques d'une série statistique 150
TICE Étude d'une série statistique 152
Statistique et tableur 153
Exercices 154
TP 1 Une étude des entreprises en région Rhône-Alpes 164
TP 2 Étude d'une répartition des salaires 165

8 Échantillonnage 168
Réactiver les savoirs 168
Activités 170
Cours et savoir-faire
1 Fluctuation d'échantillonnage 172
2 Intervalle de fluctuation d'une fréquence 174
TICE Simulations sur calculatrice ou tableur 176
Exercices 177
TP 1 Pollution et sex-ratio 182
TP 2 Problèmes de dés 183

9 Probabilités 186
Réactiver les savoirs 18
Activités ....
Cours et savoir-faire
1 Vocabulaire des probabilités ....
2 Calculs de probabilités ....
Exercices ....
TP Le problème du grand-du

© Bordas/SEJER, Paris 2014 – ISBN : 978-2-04-733126

Sommaire

10 Repérage et configurations du plan 206
Réactiver les savoirs 206
Activités 208
Cours et savoir-faire
1. Coordonnées d'un point dans le plan 210
2. Triangles et cercles 212
3. Quadrilatères et symétries 214
TICE Constructions avec GeoGebra TICE 216
Exercices 217
- TP 1 Le trésor des pirates 228
- TP 2 La droite d'Euler 229

11 Droites dans le plan repéré 232
Réactiver les savoirs 232
Activités 234
Cours et savoir-faire
1. Équation d'une droite 236
2. Parallélisme et intersection 238
Exercices 240
- TP 1 Les bus et le tramway parisiens bientôt saturés ? 250
- TP 2 Une condition de perpendicularité 251

12 Vecteurs 254
Réactiver les savoirs 254
Activités 256
Cours et savoir-faire
1. Translation et vecteurs 258
2. Vecteurs dans un repère 260
3. Somme de vecteurs 262
4. Produit d'un vecteur par un réel 264
Exercices 266
- TP 1 La chasse aux trésors 276
- TP 2 Des vecteurs avec un logiciel de géométrie 277

13 Géométrie dans l'espace 280
Réactiver les savoirs 280
Activités 282
Cours et savoir-faire
1. Les solides de l'espace 284
2. Droites et plans de l'espace 286
3. Parallélisme dans l'espace 288
TICE Constructions avec Geospace TICE 290
Exercices 291
- TP 1 La chenille et la feuille de persil 302
- TP 2 Le coffret de parfum 303

Les compléments
Rappels du collège 308
- Priorité des opérations 308
- Comparaison de nombres 308
- Encadrements et valeurs approchées 308
- Arithmétique 309
- Fractions 309
- Proportionnalité 310
- Pourcentages 310
- Puissances 311
- Racines carrées 311
- Calcul littéral 311
- Équations et inéquations 312
- Systèmes 312
- Statistiques descriptives 313
- Probabilités 313
- Quadrilatères 314
- Polygones réguliers 314
- Symétries axiale et centrale 314
- Cercle et tangente à un cercle 315
- Cercle et triangle rectangle 315
- Angles 315
- Trigonométrie : cosinus, sinus, tangente 316
- Théorème de Pythagore 316
- Droite des milieux – Théorème de Thalès 316
- Médiatrice et bissectrice 316
- Sections planes de solides 317

Fiches TICE
- Tableurs 318
- GeoGebra 320
- Geoplan 322
- Geospace 323
- Xcas 324
- AlgoBox 325
- Calculatrices Casio 326
- Calculatrices Texas 327

Corrigés 328
Index 336

Les pictos du manuel

 Utilisation de la calculatrice

 Utilisation de logiciels

 Mise en œuvre d'algorithmes

 Notations et raisonnement logique

 Animation

Pour découvrir votre manuel

Au début du manuel, le livret Algorithmique & Logique

Un livret dédié à l'apprentissage des notions fondamentales d'**algorithmique** et de **raisonnement logique**, notions que l'on retrouvera tout au long de l'ouvrage.

L'ouverture des chapitres

Un **QCM** et des **exercices** pour se tester avant de commencer le chapitre, retrouvez les corrections détaillées sur www.bordas-indice.fr

Les **notions** du chapitre

Les activités

Des activités de découverte pour préparer les notions du chapitre (avec des **fichiers à télécharger** sur www.bordas-indice.fr et sur le manuel numérique premium pour réaliser certaines activités)

Un cours simple et complet

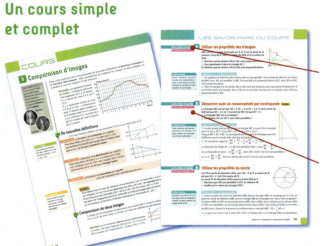

Les **savoir-faire** indispensables pour assimiler les notions du cours

Des renvois à des exercices reprenant ces savoir-faire

Dans certains chapitres, des **fiches TICE** sur l'utilisation des calculatrices et des logiciels

4

Les exercices

POUR DÉMARRER
Un grand choix
d'exercices **très simples**
pour démarrer le chapitre

POUR S'ENTRAÎNER
De nombreux exercices,
regroupés par **objectifs**
et de **difficultés graduées**,
avec des exercices corrigés

Un **parcours en autonomie**
pour maîtriser les bases et
préparer le contrôle.

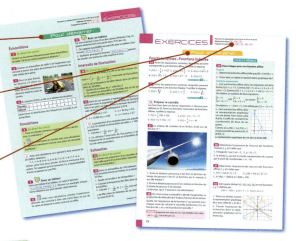

POUR APPROFONDIR
Des exercices
d'**approfondissement**
pour aller plus loin

FAIRE LE POINT
Un QCM corrigé sur les notions
fondamentales du chapitre,
retrouvez les corrections détaillées
sur www.bordas-indice.fr

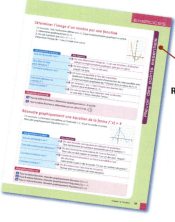

REVOIR DES POINTS ESSENTIELS
Pour travailler
deux capacités en
accompagnement
personnalisé

TRAVAUX PRATIQUES
Des TP qui combinent
l'expérimentation avec
des logiciels et la résolution
théorique (des fichiers sont
à télécharger sur le site
www.bordas-indice.fr
et sur le manuel numérique
premium pour réaliser
certains TP)

Sur www.bordas-indice.fr, découvrez

58 tutoriels vidéos

pour apprendre à utiliser votre calculatrice et les logiciels
de mathématiques utilisés en classe de Seconde.
Vous pouvez aussi flasher les QR codes du manuel.

Accédez directement
à la vidéo
depuis votre smartphone
en scannant le code*

*Au préalable, vous devez avoir téléchargé une application gratuite permettant la lecture de QR Code.

5

Correspondances entre le manuel

Introduction

La Seconde est une classe de détermination. Le programme de mathématiques y a pour fonction :
– de conforter l'acquisition par chaque élève de la culture mathématique nécessaire à la vie en société et à la compréhension du monde ;
– d'assurer et de consolider les bases de mathématiques nécessaires aux poursuites d'étude du lycée ;
– d'aider l'élève à construire son parcours de formation.
Pour chaque partie du programme, **les capacités attendues sont clairement identifiées** et l'accent est mis systématiquement sur les types de problèmes que les élèves doivent savoir résoudre. L'acquisition de techniques est indispensable, mais doit être au service de la pratique du raisonnement qui est la base de l'activité mathématique des élèves. Il faut, en effet, que chaque élève, quels que soient ses projets, puisse faire l'expérience personnelle de l'efficacité des concepts mathématiques et de la simplification que permet la maîtrise de l'abstraction.

1. Fonctions

CONTENUS	CAPACITÉS ATTENDUES
Fonctions Image, antécédent, courbe représentative.	• Traduire le lien entre deux quantités par une formule. Savoir-Faire 2 p. 13 Pour une fonction définie par une courbe, un tableau de données ou une formule : • identifier la variable et, éventuellement, l'ensemble de définition ; Savoir-Faire 3 p. 15 • déterminer l'image d'un nombre ; Savoir-Faire 4 p. 15 • rechercher des antécédents d'un nombre. Savoir-Faire 5 p. 15
Étude qualitative de fonctions Fonction croissante, fonction décroissante ; maximum, minimum d'une fonction sur un intervalle.	• Décrire, avec un vocabulaire adapté ou un tableau de variations, le comportement d'une fonction définie par une courbe. Savoir-Faire 1 et 2 p. 37 • Dessiner une représentation graphique compatible avec un tableau de variations. Savoir-Faire 3 p. 37 Lorsque le sens de variation est donné, par une phrase ou un tableau de variations : • comparer les images de deux nombres d'un intervalle ; Savoir-Faire 7 p. 41 • déterminer tous les nombres dont l'image est supérieure (ou inférieure) à une image donnée. Exercice Résolu 75 p. 51
Expressions algébriques Transformations d'expressions algébriques en vue d'une résolution de problème.	• Associer à un problème une expression algébrique. Exercice Résolu 41 p. 23 • Identifier la forme la plus adéquate (développée, factorisée) d'une expression en vue de la résolution du problème donné. Savoir-Faire 6 p. 65 • Développer, factoriser des expressions polynomiales simples ; transformer des expressions rationnelles simples. Savoir-Faire 4 et 5 p. 65 et Savoir-Faire 4 p. 117
Équations Résolution graphique et algébrique d'équations.	• Mettre un problème en équation. Savoir-Faire 9 p. 67 • Résoudre une équation se ramenant au premier degré. Savoir-Faire 7 p. 67 • Encadrer une racine d'une équation grâce à un algorithme de dichotomie. Savoir-Faire 5 p. 93
Fonctions de référence Fonctions linéaires et fonctions affines. Variations de la fonction carré, de la fonction inverse.	• Donner le sens de variation d'une fonction affine. Savoir-Faire 2 p. 63 • Donner le tableau de signes de $ax + b$ pour des valeurs numériques données de a et b. Savoir-Faire 3 p. 63 • Connaître les variations des fonctions carré et inverse. Savoir-Faire 1 p. 89 et Savoir-Faire 1 p. 115 • Représenter graphiquement les fonctions carré et inverse. Savoir-Faire 2 p. 89 et Savoir-Faire 2 p. 115
Études de fonctions Fonctions polynômes de degré 2. Fonctions homographiques.	• Connaître les variations des fonctions polynômes de degré 2 (monotonie, extremum) et la propriété de symétrie de leurs courbes. Savoir-Faire 3 et 4 p. 91 • Identifier l'ensemble de définition d'une fonction homographique. Savoir-Faire 3 p. 117
Inéquations Résolution graphique et algébrique d'inéquations.	• Modéliser un problème par une inéquation. Exercice Résolu 76 p. 125 • Résoudre graphiquement des inéquations de la forme : $f(x) < k$; $f(x) < g(x)$. Savoir-Faire 5 p. 39 • Résoudre une inéquation à partir de l'étude du signe d'une expression produit ou quotient de facteurs du premier degré. Savoir-Faire 6 p. 93 et Savoir-Faire 5 p. 117 • Résoudre algébriquement les inéquations nécessaires à la résolution d'un problème. Exercice Résolu 76 p. 125
Trigonométrie « Enroulement de la droite numérique » sur le cercle trigonométrique et définition du sinus et du cosinus d'un nombre réel.	• On fait le lien avec les valeurs des sinus et cosinus des angles de 0°, 30°, 45°, 60°, 90°. Savoir-Faire 2 p. 137

et le programme

Extrait du programme issu du BO spécial n° 30 du 23 juillet 2009

2. Géométrie

CONTENUS	CAPACITÉS ATTENDUES
Coordonnées d'un point du plan Abscisse et ordonnée d'un point dans le plan rapporté à un repère orthonormé. Distance de deux points du plan. Milieu d'un segment.	• Repérer un point donné du plan, placer un point connaissant ses coordonnées. Savoir-Faire 1 p. 211 • Calculer la distance de deux points connaissant leurs coordonnées. Savoir-Faire 2 p. 211 • Calculer les coordonnées du milieu d'un segment. Savoir-Faire 3 p. 211
Configurations du plan Triangles, quadrilatères, cercles.	Pour résoudre des problèmes : • Utiliser les propriétés des triangles, des quadrilatères, des cercles. Savoir-Faire 4, 5 et 7 p. 213 et 215 • Utiliser les propriétés des symétries axiale ou centrale. Savoir-Faire 8 et 9 p. 215
Droites Droite comme courbe représentative d'une fonction affine. Équations de droite. Droites parallèles, sécantes.	• Tracer une droite dans le plan repéré. Savoir-Faire 1 p. 237 • Interpréter graphiquement le coefficient directeur d'une droite. Savoir-Faire 3 p. 237 • Caractériser analytiquement une droite. Savoir-Faire 2 p. 237 • Établir que trois points sont alignés, non alignés. Savoir-Faire 6 p. 239 • Reconnaître que deux droites sont parallèles, sécantes. Savoir-Faire 4 p. 239 • Déterminer les coordonnées du point d'intersection de deux droites sécantes. Savoir-Faire 5 p. 239
Vecteurs Définition de la translation qui transforme un point A du plan en un point B. Vecteur $\overrightarrow{AB}$ associé. Égalité de deux vecteurs : $\vec{u} = \overrightarrow{AB} = \overrightarrow{CD}$. Coordonnées d'un vecteur dans un repère. Somme de deux vecteurs. Produit d'un vecteur par un nombre réel. Relation de Chasles.	• Savoir que $\overrightarrow{AB} = \overrightarrow{CD}$ équivaut à ABDC est un parallélogramme, éventuellement aplati. Savoir-Faire 1 p. 259 • Connaître les coordonnées $(x_B - x_A, y_B - y_A)$ du vecteur $\overrightarrow{AB}$. Savoir-Faire 3 p. 261 • Calculer les coordonnées de la somme de deux vecteurs dans un repère. Savoir-Faire 7 p. 263 • Utiliser la notation $\lambda\vec{u}$. Savoir-Faire 8 p. 265 • Établir la colinéarité de deux vecteurs. Savoir-Faire 9 p. 265 • Construire géométriquement la somme de deux vecteurs. Savoir-Faire 5 p. 263 • Caractériser alignement et parallélisme par la colinéarité de vecteurs. Savoir-Faire 10 p. 265
Géométrie dans l'espace Les solides usuels étudiés au collège : parallélépipède rectangle, pyramides, cône et cylindre de révolution, sphère. Droites et plans, positions relatives. Droites et plans parallèles.	• Manipuler, construire, représenter en perspective des solides. Savoir-Faire 1 et 2 p. 285

3. Statistiques et probabilités

CONTENUS	CAPACITÉS ATTENDUES
Statistique descriptive, analyse de données Caractéristiques de position et de dispersion • médiane, quartiles ; • moyenne.	• Utiliser un logiciel (par exemple, un tableur) ou une calculatrice pour étudier une série statistique. Fiches TICE p. 152 et 153 • Passer des effectifs aux fréquences, calculer les caractéristiques d'une série définie par effectifs ou fréquences. Savoir-Faire 1 p. 149 et Savoir-Faire 4 p. 151 • Calculer des effectifs cumulés, des fréquences cumulées. Savoir-Faire 2 p. 149 • Représenter une série statistique graphiquement (nuage de points, histogramme, courbe des fréquences cumulées). Savoir-Faire 3 p. 149
Échantillonnage Notion d'échantillon. Intervalle de fluctuation d'une fréquence au seuil de 95 %. Réalisation d'une simulation.	• Concevoir, mettre en œuvre et exploiter des simulations de situations concrètes à l'aide du tableur ou d'une calculatrice. Savoir-Faire 1 et 2 p. 173 et Fiche TICE p. 176 • Exploiter et faire une analyse critique d'un résultat d'échantillonnage. Savoir-Faire 4 et 5 p. 175
Probabilité sur un ensemble fini Probabilité d'un événement. Réunion et intersection de deux événements, formule : $p(A \cup B) + p(A \cap B) = p(A) + p(B)$.	• Déterminer la probabilité d'événements dans des situations d'équiprobabilité. Savoir-Faire 5 p. 193 • Utiliser des modèles définis à partir de fréquences observées. Savoir-Faire 2 p. 191 • Connaître et exploiter cette formule. Savoir-Faire 3 p. 193

Réactiver les savoirs

➤ Voir les réponses, p. 328

Interpréter un graphique

Exercice Le graphique ci-contre donne la consommation d'électricité en gigawattheures (GWh) dans une ville française un jour donné de l'année, en fonction de l'heure.

1. Quelle est la consommation à 8 h ?
2. Quelle est la consommation à 20 h ?
3. À quelle(s) heure(s) la consommation est-elle de 39 GWh ?
4. À quelle(s) heure(s) la consommation est-elle de 36 GWh ?
5. Recopier et compléter le tableau de données suivant :

Heure	0	...	10	...	22
Consommation (en GWh)	...	28	...	39	...

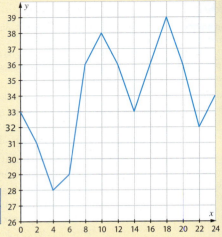

➜ Pour vous aider, voir l'Essentiel du collège, Rabat B

Utiliser un repère COLLÈGE

Vrai ou faux ?

6. Le point A a pour abscisse 1.
7. Le point G a pour abscisse 0.
8. Les points C et E ont même ordonnée.
9. Le point B a pour coordonnées (1 ; −2).
10. Le point D appartient à l'axe des abscisses.
11. Les coordonnées $(x\ ;\ y)$ des points A et G vérifient la relation $y = -2x + 4$.
12. Les coordonnées $(x\ ;\ y)$ des points A et F vérifient la relation $y = -x^2 + x + 2$.

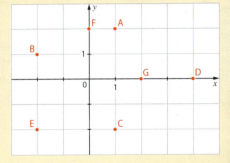

➜ Pour vous aider, voir l'Essentiel du collège, Rabat B

Utiliser une expression littérale

QCM Choisir la (ou les) bonne(s) réponse(s).

	A	B	C	D
13. Soit $A = x^2 - x + 1$. Si $x = 3$, alors A est égal à :	1	3	4	7
14. Soit un nombre x. On lui ajoute 2, puis on multiplie le nombre trouvé par 3 et on enlève au résultat le double du nombre de départ. On obtient :	$4x$	$x + 2$	$x + 6$	$-x + 6$
15. Soit un rectangle de côtés x et y, de périmètre $\mathcal{P}$ et d'aire $\mathcal{A}$. Alors :	$y = \mathcal{P} - x$	$\mathcal{A} = \dfrac{\mathcal{P}}{2} x - x^2$	$x = \mathcal{A} - y$	$\mathcal{P} = 2\left(x + \dfrac{\mathcal{A}}{x}\right)$

➜ Pour vous aider, voir les rappels, p. 311

8

Fonctions

CHAPITRE 1

Cette chronophotographie permet de voir la courbe décrite par ce *rider* de BMX *freestyle* lors de son saut. En analysant cette courbe, il pourra améliorer sa performance : à chaque distance horizontale parcourue, on peut associer la hauteur du pied droit de ce jeune sportif et définir ainsi une fonction.

Les notions du chapitre
- Intervalles de $\mathbb{R}$
- Définition d'une fonction
- Représentation graphique d'une fonction
- Résolution graphique de l'équation $f(x) = k$
- Les ensembles
- Tableau de valeurs avec une calculatrice

Logique Notations et raisonnement
p. 18, 20, 22, 27

Algo Les algorithmes
p. 20, 21, 23, 24, 26

TICE Utilisation de logiciels
p. 10, 11, 30, 31

ACTIVITÉS

ACTIVITÉ 1 — L'indice de masse corporelle

Objectif
Découvrir la notion de fonction.

Cours 1
Notion de fonction

L'indice de masse corporelle, noté I, est une grandeur qui permet d'estimer la corpulence d'une personne. Cet indice est obtenu à partir de la masse m (en kilogrammes) et de la taille T (en mètres) grâce à la formule suivante : $I = \dfrac{m}{T^2}$.

1. On a relevé la taille et la masse de dix personnes âgées de 20 à 65 ans :

Masse (en kg)	78	79	65	82	82	55	62	104	51	85
Taille (en m)	1,71	1,80	1,71	1,80	1,92	1,65	1,60	1,95	1,64	1,73

On dit qu'une personne est en surpoids lorsque son indice de masse corporelle est supérieur à 25. Vérifier que l'une des deux personnes pesant 82 kg est en surpoids.

2. On considère une nouvelle personne mesurant 1,80 m.
a. On note x la masse de cette personne. Justifier la formule $I = \dfrac{x}{3,24}$.
b. Déterminer la masse de cette personne si I est égal à 20.
c. Quelle formule permet de calculer la masse de cette personne à partir de son indice I ?
Lorsque l'on peut déterminer une grandeur à partir d'une ou plusieurs autres grandeurs, on dit que l'on définit une fonction. Ainsi, I est une fonction de la taille et de la masse d'un individu ; lorsque la taille est connue, la masse m de l'individu est une fonction de I.

3. On choisit une personne dont la masse est 75 kg.
a. Pour cette personne, quelle formule permet de calculer I à partir de T ?
b. Quelle formule permet de calculer la taille T de cette personne à partir de I ?

ACTIVITÉ 2 — L'aire de baignade

Objectif
Résoudre un problème en utilisant différents aspects d'une fonction.

Cours 2
Différentes façons de définir une fonction

Fichier logiciel
→ www.bordas-indice.fr

Un maquettiste veut créer un décor de cinéma représentant une rivière et une zone de baignade surveillée de forme rectangulaire. Il dispose d'un cordon de 16 m de longueur, et de deux plots N et P pour matérialiser la zone de baignade. Il souhaite placer les plots N et P de façon à ce que l'aire de baignade soit égale à 25 m².

1. a. Si la distance du plot N à la rive est de 2 m, quelle est la longueur NP de la zone de baignade ? Quelle est alors l'aire de cette zone de baignade ?
b. En effectuant différents essais, ou en observant le fichier obtenu avec un logiciel de géométrie dynamique, recopier et compléter le tableau suivant :

Distance de la rive au plot N	1	1,5	3	4,5	6
Aire de la baignade					

2. On appelle x la distance (en m) du plot N à la rive ; x peut prendre toutes les valeurs de l'intervalle $]0\ ;8[$.
a. Expliquer pourquoi la longueur NP (en m) de la zone de baignade est égale à $16 - 2x$.
b. À chaque nombre x de l'intervalle $]0\ ;8[$ correspond l'aire $A(x)$, en m², de cette zone. Vérifier que $A(x) = x(16 - 2x)$. *On définit ainsi une fonction A.*
c. Calculer l'aire de la baignade lorsque la distance du plot N à la rive est égale à 2,14 m.
On a ainsi calculé l'image de 2,14 par la fonction A.

3. La courbe obtenue à l'aide du logiciel définit aussi cette fonction A.
a. Expliquer comment lire graphiquement l'aire de cette zone de baignade lorsque $x = 5$.
b. Peut-on utiliser cette courbe pour déterminer la (ou les) position(s) approximative(s) des plots N et P telle(s) que l'aire de la zone de baignade soit égale à 25 m² ?

ACTIVITÉS

ACTIVITÉ 3 — Un ensemble de points

Objectif
Comprendre la notion d'appartenance à un ensemble de points.

Cours 3
Représentation graphique d'une fonction

On se place dans le plan rapporté à un repère d'origine O d'unités 3 cm sur les deux axes.

1. Recopier, puis compléter le tableau ci-dessous en calculant les expressions $x + y - 1$ et $xy - 1$ pour chacun des points donnés de coordonnées $(x\,;y)$.

	A(1 ; 1)	B(0 ; 1)	C(–1 ; 2)	D(–1 ; –1)	E(1 ; 0)	F(2 ; 0,5)	G$\left(3\,;\dfrac{1}{3}\right)$
$x + y - 1$							
$xy - 1$							

2. a. Entourer en vert les points du tableau tels que $x + y - 1 = 0$ puis construire ces points dans le plan.
b. On peut remarquer que ces points sont alignés. Est-il vrai que ces points appartiennent à la représentation graphique de la fonction affine f définie par :
$$f(x) = -x + 1\ ?$$

3. a. Entourer en rouge les points du tableau tels que $xy - 1 = 0$ puis construire ces points dans le plan.
b. Ces points rouges sont-ils alignés ?

4. a. Pour x différent de 0, utiliser la relation $xy - 1 = 0$ pour exprimer y en fonction de x.
b. La question précédente permet de définir une fonction g qui, à chaque réel non nul, fait correspondre son inverse. Cette fonction g est-elle une fonction affine ?

ACTIVITÉ 4 — Des aires égales

Objectif
Utiliser des graphiques pour résoudre un problème.

Cours 3
Résolution graphique d'équations

Fichier logiciel
→ www.bordas-indice.fr

[AB] est un segment de longueur 10 cm et M est un point de ce segment distinct de A et B.
À chaque position du point M, correspondent un carré AMDC et un triangle BME rectangle en M.
L'objectif de cette activité est de savoir s'il existe une (ou plusieurs) position(s) du point M telle(s) que les aires du carré AMDC et du triangle BME soient égales.

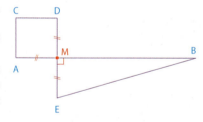

1. Choisir trois positions différentes du point M et déterminer à chaque fois les valeurs de l'aire du carré AMDC et les valeurs correspondantes de l'aire du triangle BME. Ces valeurs permettent-elles de répondre à la question posée ?

2. On décide d'appeler x la longueur AM, f la fonction qui au réel x fait correspondre l'aire du carré AMDC et g la fonction qui au réel x fait correspondre l'aire du triangle BME.
a. À quel intervalle appartient x ?
b. Sur le graphique ci-contre, on a tracé les courbes représentatives des fonctions f et g.
Quelle courbe représente la fonction f ? Justifier.
c. Utiliser ce graphique pour déterminer s'il existe un réel x tel que les aires de AMDC et BME soient égales. Donner un encadrement de ce réel par deux entiers consécutifs.

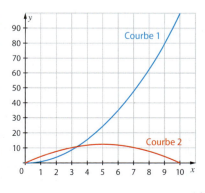

Chapitre 1 ■ Fonctions   11

COURS

1 Intervalles et fonctions

L'ensemble ℝ et les intervalles de ℝ

Définition L'ensemble des abscisses des points d'une droite graduée est appelé l'**ensemble des nombres réels**. On note ℝ l'ensemble des nombres réels.

Définitions Soit a et b deux nombres réels.
L'**intervalle** $[a\,;b]$ est l'ensemble des réels x tels que $a \leqslant x \leqslant b$.
De même, on définit les intervalles $[a\,;b[$, $]a\,;b]$ et $]a\,;b[$.

Intervalle	Ensemble des réels x tels que…	Représentation graphique
$[a\,;b[$	$a \leqslant x < b$	
$]a\,;b]$	$a < x \leqslant b$	
$]a\,;b[$	$a < x < b$	

À noter
Le sens des crochets indique si la borne de l'intervalle appartient ou non à l'intervalle.

Exemple : 0,5 et 3 appartiennent à l'intervalle $]-2\,;3]$ mais la borne -2 n'appartient pas à cet intervalle.

Vocabulaire
$+\infty$ se lit « **plus l'infini** ».
$-\infty$ se lit « **moins l'infini** ».

Définitions Soit a un nombre réel.
L'**intervalle** $[a\,;+\infty[$ est l'ensemble des réels x tels que $x \geqslant a$.
On définit de la même façon les intervalles $]-\infty\,;a]$, $]a\,;+\infty[$ et $]-\infty\,;a[$.

Intervalle	Ensemble des réels x tels que…	Représentation graphique
$]-\infty\,;a]$	$x \leqslant a$	
$]a\,;+\infty[$	$x > a$	
$]-\infty\,;a[$	$x < a$	

Remarque : l'ensemble ℝ des nombres réels est l'intervalle $]-\infty\,;+\infty[$.

Notion de fonction

Notation
Pour traduire le fait qu'à chaque x de D on associe un nombre, on utilise aussi la notation $f : x \mapsto f(x)$.

Définitions (1) Soit D un sous-ensemble de ℝ. On définit une **fonction** f sur D en associant à chaque nombre réel x de D un nombre réel et un seul noté $f(x)$.
(2) D est l'**ensemble de définition** de f.
(3) x s'appelle la **variable** et $f(x)$ est l'**image** de x par f.

Exemple : en associant au côté x d'un carré l'aire de ce carré, on définit une fonction f sur l'intervalle $]0\,;+\infty[$. L'image d'un réel x par cette fonction est le réel x^2.
L'aire d'un carré de côté 3 est 9, donc l'image de 3 par f est 9 : $f(3) = 3^2 = 9$.

Définition Soit f une fonction définie sur un ensemble D et b un réel.
On appelle **antécédent** de b par f, tout réel x de l'ensemble D dont l'image par f est b, c'est-à-dire tout réel x de D vérifiant $f(x) = b$.

À noter
Un réel peut avoir plusieurs antécédents ou ne pas en avoir.

Exemple : si v est la fonction définie sur l'intervalle $[0\,;24]$ qui, à chaque instant t (exprimé en heure), associe la vitesse d'une voiture (en km/h), les antécédents de 60 par v sont les instants durant lesquels la voiture roule à 60 km/h.

LES SAVOIR-FAIRE DU COURS

SAVOIR-FAIRE 1 — Traduire une inégalité par un intervalle

Voir les exercices 25 et 26, p. 22

1. Dans chacun des cas suivants, représenter l'ensemble des nombres vérifiant la condition donnée sur une droite graduée.

2. Écrire sous forme d'intervalle cet ensemble.

  a. $-2 < x \leq 5$ **b.** $x > -1$ **c.** $x \leq \dfrac{1}{2}$

Méthode

Lorsque la condition est donnée par une double inégalité, on la traduit par un intervalle dont les bornes sont les deux réels encadrant le réel x.
Il faut rester très attentif à l'orientation des crochets car ils indiquent si la borne appartient ou non à l'intervalle.

Solution commentée

1. L'ensemble des nombres est représenté en rouge.

2. a. L'ensemble cherché est constitué des nombres réels compris entre −2 et 5 : il s'agit donc d'un intervalle dont les bornes sont −2 et 5.

L'inégalité stricte à gauche ($<$) implique que −2 n'appartient pas à l'intervalle tandis que l'inégalité « large » de droite ($\leq$) implique que 5 appartient à cet intervalle qui est donc $]-2\,;5]$.

b. L'ensemble cherché est constitué des nombres réels strictement supérieurs à −1 : il s'agit donc d'un intervalle dont les bornes sont −1 et $+\infty$. L'inégalité stricte ($>$) implique que le réel −1 n'appartient pas à l'intervalle qui est donc $]-1\,;+\infty[$.

c. L'ensemble cherché est constitué des nombres réels inférieurs ou égaux à $\dfrac{1}{2}$: il s'agit donc d'un intervalle dont les bornes sont $-\infty$ et $\dfrac{1}{2}$.

L'inégalité « large » ($\leq$) implique que le réel $\dfrac{1}{2}$ appartient à l'intervalle qui est donc $\left]-\infty\,;\dfrac{1}{2}\right]$.

SAVOIR-FAIRE 2 — Traduire le lien entre deux quantités par une formule

Voir les exercices 36 et 37, pp. 22 et 23

On considère un triangle ABC dont l'aire est égale à 5.
On note x la longueur AB et h la longueur de la hauteur de ce triangle issue du point C.

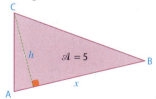

1. Exprimer la longueur h en fonction de la longueur x.

2. Quelle est la longueur de la hauteur issue de C lorsque le segment [AB] a pour longueur 20 ?

Méthode

Pour exprimer une quantité en fonction d'une autre, on isole cette quantité dans un des membres de l'égalité qui les met en relation.

Solution commentée

1. La formule de l'aire d'un triangle conduit à la relation $\dfrac{x \times h}{2} = 5$. Puis, en multipliant chaque membre de l'égalité par 2, on obtient $x \times h = 10$.

En divisant par x chaque membre de cette nouvelle égalité, on en déduit que $h = \dfrac{10}{x}$.

2. Lorsque $x = 20$, on a $h = \dfrac{10}{20} = \dfrac{1}{2}$.

Lorsque la longueur de la base [AB] est 20, la hauteur issue de C mesure 0,5.

Chapitre 1 ■ Fonctions

COURS

2 Différentes façons de définir une fonction

Une fonction est définie sur un ensemble D en associant à chaque nombre réel x de D un nombre réel et un seul. Cette association peut se faire, soit à l'aide d'une **courbe**, soit à l'aide d'un **tableau de valeurs**, soit à l'aide d'une **formule**.

▶ Fonction définie à l'aide d'une courbe

Exemples :

● L'enregistrement de la température peut se faire à l'aide d'un logiciel qui trace une courbe.

● Le graphique ci-contre définit une fonction f.
Les points placés aux extrémités de la courbe permettent de dire que l'**ensemble de définition de f** est $[-1 ; 2]$.
– L'**image de 1** par f s'obtient en repérant le nombre 1 sur l'axe des abscisses puis en déterminant le point de la courbe qui a pour abscisse 1. L'ordonnée de ce point est l'image de 1 par f, on en déduit $f(1) = 2$.
– Pour trouver **le (ou les) antécédent(s) de 3 par f**, on repère le nombre 3 sur l'axe des ordonnées et on cherche s'il existe des points de la courbe qui ont une ordonnée égale à 3. Par lecture, 3 a deux antécédents par f : le nombre 2 et un nombre dont on peut donner simplement une valeur approchée, 1,3.

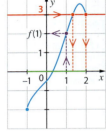

> **À noter**
> Seuls les points situés sur un nœud du quadrillage permettent de lire des valeurs exactes.

▶ Fonction définie à l'aide d'un tableau de valeurs

Exemples :

● Afin de mieux régler son chauffage, on peut relever la température tous les jours à une heure donnée à l'aide d'un simple thermomètre, et placer ces données dans un tableau. Voici le relevé pour la première semaine d'avril :

Numéro du jour	1	2	3	4	5	6	7
Température relevée (en °C)	8	3	11	5	0	–1	3

On lit dans le tableau que la température a été égale à 11 °C le 3e jour de cette semaine.
On lit aussi que la température a été égale à 3 °C les 2e et 7e jours de cette semaine.

● Le tableau de valeurs suivant permet d'associer, à chacun des nombres x du tableau, un nombre $g(x)$.

x	–3	–1	0	1	1,5	2
$g(x)$	5	2	1	0,5	2	3

On définit ainsi une fonction g sur l'ensemble D = $\{-3 ; -1 ; 0 ; 1 ; 1,5 ; 2\}$.
D'après ce tableau, le nombre **1 a pour image 0,5 par cette fonction g**.
Ce tableau permet aussi de déterminer **le (ou les) antécédent(s) de 2 par g**.
Le nombre 2 admet deux antécédents par g : les nombres –1 et 1,5.

▶ Fonction définie à l'aide d'une formule

Exemple :

Soit h la fonction associant à chaque réel x le triple de son carré augmenté de lui-même.
L'ensemble de définition de h est $\mathbb{R}$ et la **formule** définissant h est $h(x) = 3x^2 + x$.
L'image d'un nombre par h se calcule en remplaçant x par ce nombre.
Ainsi l'image de –2 par h est : $h(-2) = 3 \times (-2)^2 + (-2) = 12 - 2 = 10$.

> **À noter**
> Lors du calcul d'une image, il faut être attentif aux priorités des opérations.

LES SAVOIR-FAIRE DU COURS

SAVOIR-FAIRE 3 — Identifier la variable et l'ensemble de définition

Voir l'exercice 44, p. 23

Fichier logiciel : www.bordas-indice.fr

Dans la figure ci-contre, ABCD est un rectangle tel que AB = 6 et BC = 4 ; I est le milieu de [AB] et M est un point qui décrit le segment [AI] privé de A.

1. Exprimer l'aire du triangle rectangle MBC en fonction de MB.
2. **a.** Si l'on note x la longueur AM, à quel intervalle appartient x ?
   b. La fonction f associe au réel x l'aire du triangle MBC. Donner l'expression de $f(x)$ et son ensemble de définition.

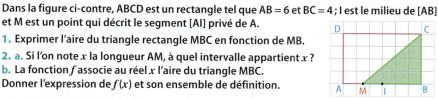

Conseil
Quand un point M décrit un segment, imaginer plusieurs positions de ce point peut aider à répondre à la question posée (voir fichier).

Solution commentée

1. L'aire de MBC est égale à $\dfrac{4 \times MB}{2} = 2MB$.

2. **a.** Le point M appartient à [AI] privé de A et AI = 3, donc la variable x appartient à]0 ; 3].
   b. En posant AM = x, on a MB = 6 − x donc l'aire du triangle MBC est égale à 2(6 − x).
   Ainsi : $f(x) = 12 - 2x$. D'après **a**, l'ensemble de définition de f est l'intervalle]0 ; 3].

SAVOIR-FAIRE 4 — Déterminer l'image d'un nombre par une fonction

Voir les exercices 46 et 47, p. 24

La fonction f est définie sur [−1,5 ; 2,5] par la courbe ci-contre.
1. Par lecture graphique, déterminer l'image de 1 par f, puis $f(-1)$ et $f(0)$.
2. En utilisant le tableau de valeurs, déterminer l'image de −1,5 par f.

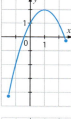

x	−1,5	−0,5	0,5	1	1,5	2,5
$f(x)$	−4,25	−0,25	1,75	2	1,75	−0,25

3. On donne maintenant la formule définissant la fonction f :
$$f(x) = -x^2 + 2x + 1.$$
Calculer l'image de 1 par f, puis calculer $f(-1,5)$.

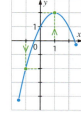

Méthode
Pour calculer l'image d'un nombre a par une fonction dont on connaît la formule, on remplace x par ce nombre a dans la formule.

Solution commentée

1. On lit en vert l'image de 1 par f : elle est égale à 2.
De même, par lecture graphique : $f(-1) = -2$ et $f(0) = 1$.

2. D'après le tableau, l'image de −1,5 par f est égale à −4,25.

3. $f(x) = -x^2 + 2x + 1$ donc $f(1) = -1 + 2 + 1 = 2$
et $f(-1,5) = -(-1,5)^2 + 2(-1,5) + 1 = -2,25 - 3 + 1 = -4,25$.

SAVOIR-FAIRE 5 — Rechercher des antécédents d'un nombre par une fonction

Voir les exercices 52 à 54, p. 25

La fonction f est définie sur [−1,5 ; 2,5] par la courbe donnée dans le **Savoir-Faire 4**.
1. Par lecture graphique, déterminer le (ou les) antécédent(s) de 2 par f.
2. **a.** En utilisant le tableau de valeurs donné dans le **Savoir-Faire 4**, déterminer le (ou les) antécédent(s) de −0,25 par f.
   b. En utilisant l'expression de la fonction f donnée dans le **Savoir-Faire 4**, vérifier que 2,5 est un antécédent de −0,25 par f.

Méthode
Pour déterminer par lecture graphique, le (ou les) antécédent(s) de b par f, on place sur l'axe des ordonnées le point d'ordonnée b et on cherche s'il existe des points de la courbe qui admettent b comme ordonnée.

Solution commentée

1. Par lecture graphique, 2 admet un antécédent : le nombre 1.

2. **a.** Dans le tableau de valeurs, on repère deux fois −0,25 dans la deuxième ligne. Les antécédents de −0,25 par f sont : −0,5 et 2,5 (on peut vérifier le résultat par lecture graphique).
   b. $f(2,5) = -2,5^2 + 2 \times 2,5 + 1 = 6 - 6,25 = -0,25$ donc 2,5 est un antécédent de −0,25.

Chapitre 1 ■ Fonctions   **15**

COURS

3 Courbe et résolution graphique

Courbe représentative d'une fonction

Le plan est muni d'un repère d'origine O.
Soit f une fonction définie sur un ensemble D.

Vocabulaire
$y = f(x)$ est une **équation** de la courbe $\mathscr{C}$ dans le repère d'origine O.

Définition Dans un repère, on appelle **courbe représentative de** f, ou représentation graphique de f notée $\mathscr{C}$ ou $\mathscr{C}_f$, l'ensemble des points M de coordonnées $(x\,;y)$ tels que :
– l'abscisse x appartient à l'ensemble de définition de f ;
– l'ordonnée y est l'image de x par la fonction f, c'est-à-dire $y = f(x)$.

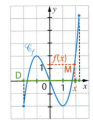

À noter
La courbe représentative d'une fonction constante est une droite parallèle à l'axe des abscisses. Si $f(x) = k$, alors l'équation de cette droite est $y = k$.

Exemple
Soit f la fonction définie sur $[-1\,;1]$ par : $f(x) = x^2 + x$.
Sa courbe représentative est l'ensemble des points de coordonnées $(x\,;y)$ tels que x appartient à $[-1\,;1]$ et $y = x^2 + x$.
Un tableau de valeurs permet d'obtenir des points :

x	–1	–0,5	0	0,5	1
$f(x)$	0	–0,25	0	0,75	2

Le tableau donne cinq points :
A $(-1\,;0)$, B $(-0,5\,;-0,25)$, C $(0\,;0)$, D $(0,5\,;0,75)$, E $(1\,;2)$.
On place ces cinq points et on les relie par une courbe car il y a une infinité de points.

À noter
La réciproque de la proposition « Si P alors Q » est la proposition « Si Q alors P ».

Logique
Soit f une fonction définie sur un ensemble D et soit x appartenant à D.
• La définition précédente signifie :
M $(x\,;y)$ appartient à la courbe représentative de f équivaut à $y = f(x)$.
• Cette équivalence traduit les deux propositions suivantes :
(1) Si M $(x\,;y)$ appartient à la courbe représentative de f, alors $y = f(x)$.
(2) Si $y = f(x)$, alors le point M $(x\,;y)$ appartient à la courbe représentative de f.
Remarque : la proposition **(2)** est la **réciproque** de la proposition **(1)**.

À noter
Conséquence : le point M $(x\,;y)$ n'appartient pas à la courbe représentative de f équivaut à $y \neq f(x)$.

Exemple
Soit la fonction f définie sur $[-1\,;1]$ par : $f(x) = x^2 + x$ et $\mathscr{C}$ sa courbe représentative.
• Le point A $(1\,;2)$ appartient à la courbe $\mathscr{C}$ car 1 appartient à $[-1\,;1]$ et $f(1) = 2$.
• Le point B $(0,3\,;0,5)$ n'appartient pas à $\mathscr{C}$, car $f(0,3) = 0,39$ et $0,39 \neq 0,5$.

Résolution graphique d'équations

À noter
Trouver les nombres x de D tels que $f(x) = k$ revient à trouver les antécédents de k par f.

Propriétés Soit f et g deux fonctions de courbes représentatives $\mathscr{C}_f$ et $\mathscr{C}_g$ dans un repère.
(1) Les solutions de l'équation $f(x) = k$, où k est un réel, sont les abscisses des **points d'intersection** éventuels de la courbe $\mathscr{C}_f$ et de la droite parallèle à l'axe des abscisses d'équation $y = k$.
(2) Les solutions de l'équation $f(x) = g(x)$ sont les abscisses des **points d'intersection** éventuels des courbes $\mathscr{C}_f$ et $\mathscr{C}_g$.

Exemples

Équation $f(x) = k$

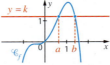

Dans cet exemple, la droite et la courbe se coupent en deux points donc l'équation $f(x) = k$ admet deux solutions : a et b.

Équation $f(x) = g(x)$

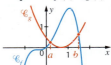

Dans cet exemple, les courbes $\mathscr{C}_f$ et $\mathscr{C}_g$ se coupent en deux points donc l'équation $f(x) = g(x)$ admet deux solutions : a et b.

LES SAVOIR-FAIRE DU COURS

SAVOIR-FAIRE 6
Voir l'exercice 62, p. 26

Tracer et utiliser la courbe représentative d'une fonction

f est la fonction définie sur l'ensemble D = [−1 ; 2] par : $f(x) = -x^2 + 2x + 1$.

1. Construire le tableau de valeurs de f pour x variant de −1 à 2 avec un pas de 0,5.
2. Placer dans un repère les points correspondants au tableau de valeurs précédent, puis tracer la courbe représentative $\mathscr{C}$ de f.
3. Quelle est l'ordonnée du point K de la courbe $\mathscr{C}$ d'abscisse 1,7 ?
4. Le point L de coordonnées (0,2 ; 1,44) appartient-il à la courbe $\mathscr{C}$?

Solution commentée

1.

x	−1	−0,5	0	0,5	1	1,5	2
$f(x)$	−2	−0,25	1	1,75	2	1,75	1

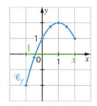

2. D'après ce tableau, les points A (−1 ; −2), B (−0,5 ; −0,25), C (0 ; 1), D (0,5 ; 1,75), E (1 ; 2), F (1,5 ; 1,75) et G (2 ; 1) appartiennent à la courbe représentative $\mathscr{C}$ de f.

3. Le point K d'abscisse 1,7 appartient à $\mathscr{C}$, donc son ordonnée est égale à $f(1,7)$. Or $f(1,7) = -1,7^2 + 2 \times 1,7 + 1 = 1,51$ donc le point K a pour ordonnée 1,51.

4. $f(0,2) = -0,2^2 + 2 \times 0,2 + 1 = -0,04 + 0,4 + 1 = 1,36$; or 1,36 est différent de 1,44 donc le point L n'appartient pas à $\mathscr{C}$.

Méthode
Lorsque l'on connaît l'abscisse d'un point de la courbe représentative d'une fonction, on trouve son ordonnée en déterminant l'image de cette abscisse par la fonction.

SAVOIR-FAIRE 7
Voir les exercices 67 et 68, p. 26

Résoudre graphiquement une équation

La fonction f est définie sur [−4,5 ; 4] par sa courbe représentative $\mathscr{C}_f$ ci-contre.

1. Reproduire cette courbe $\mathscr{C}_f$.
2. a. Résoudre graphiquement l'équation $f(x) = -2$.
b. Quel est le nombre de solutions de l'équation $f(x) = 0$? Donner un encadrement de chacune des solutions trouvées par deux entiers consécutifs.
3. a. Placer les points A (−1 ; −3) et B (3 ; 1) puis tracer la droite (AB).
Cette droite est la représentation graphique d'une fonction g définie sur $\mathbb{R}$.
b. Résoudre graphiquement l'équation $f(x) = g(x)$.

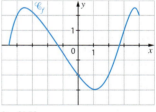

Méthode
Pour résoudre graphiquement l'équation $f(x) = k$, on trace la droite parallèle à l'axe des abscisses d'équation $y = k$, puis on lit les abscisses des points d'intersection de cette droite avec la courbe représentative de la fonction f.

Solution commentée

1. Voir le graphique ci-contre.

2. a. On trace la droite (d) d'équation $y = -2$. Cette droite (d) coupe la courbe $\mathscr{C}_f$ en deux points, les abscisses de ces deux points sont les solutions de l'équation $f(x) = -2$. L'équation $f(x) = -2$ admet donc deux solutions : 0 et 2.
b. La courbe $\mathscr{C}_f$ coupe l'axe des abscisses en trois points donc l'équation $f(x) = 0$ admet trois solutions a, b et c.
Par lecture graphique, a est compris entre −5 et −4 ; b est compris entre −2 et −1 ; c est compris entre 2 et 3.

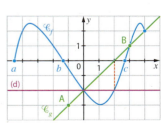

3. a. Voir le graphique ci-dessus.
b. La droite (AB) coupe la courbe $\mathscr{C}_f$ en trois points, donc l'équation $f(x) = g(x)$ admet trois solutions qui sont les abscisses de ces points.
Les solutions obtenues par lecture graphique sont : 0, 3 et 4.

Chapitre 1 ■ Fonctions   **17**

NOTATIONS

Les ensembles

Lors d'un concert, on peut s'intéresser à l'ensemble formé par tous les instruments (noté E) ou à l'ensemble formé par tous les violons (noté V). Chacun des violons est un élément de l'ensemble V.
L'ensemble V est lui une partie de l'ensemble E ou un sous-ensemble de E.

Ensembles de nombres

- Les **entiers naturels** sont les nombres 0, 1, 2, 3… Ils constituent un ensemble que l'on note $\mathbb{N}$.
- L'ensemble des **entiers relatifs** (ou des entiers) est l'ensemble formé des entiers naturels (positifs) et des entiers négatifs. On note $\mathbb{Z}$ l'ensemble des entiers relatifs.
- Les nombres **décimaux** sont les nombres de la forme $\frac{a}{10^n}$, où a est un entier et n un entier naturel. Ils s'écrivent sous forme décimale avec un nombre fini de chiffres après la virgule.
On note $\mathbb{D}$ l'ensemble des nombres décimaux.

Exemple : le nombre $\frac{17}{100}$ est un nombre **décimal** : il s'écrit aussi 0,17 sous forme décimale.
On dit que 0,17 est un élément de l'ensemble $\mathbb{D}$ ou qu'il appartient à $\mathbb{D}$; on note $0,17 \in \mathbb{D}$.

- L'ensemble des nombres de la forme $\frac{a}{b}$, où a et b sont des entiers, b étant non nul, est **l'ensemble des rationnels**. On note $\mathbb{Q}$ cet ensemble.

Exemple : le nombre $\frac{2}{7}$ est un **rationnel** car c'est le quotient de deux entiers. Ce n'est pas un décimal, car son écriture décimale ne comprend pas un nombre fini de chiffres après la virgule.
Le nombre $\frac{2}{7}$ appartient à $\mathbb{Q}$ mais n'appartient pas à $\mathbb{D}$; on note $\frac{2}{7} \in \mathbb{Q}$ et $\frac{2}{7} \notin \mathbb{D}$.

- Certains nombres ne peuvent pas s'écrire sous la forme $\frac{a}{b}$ avec a et b entiers : ces nombres sont dits **irrationnels**.

Exemple : le nombre $\sqrt{2}$ est un **irrationnel** car il n'est pas rationnel ; on peut démontrer qu'il ne peut pas s'écrire sous la forme $\frac{a}{b}$ avec a et b entiers.

- L'ensemble formé des nombres rationnels et des nombres irrationnels est l'ensemble des **réels** noté $\mathbb{R}$.

Exemple : le nombre $\sqrt{2}$ appartient à $\mathbb{R}$ **mais n'appartient pas à $\mathbb{Q}$; on note $\sqrt{2} \in \mathbb{R}$ et $\sqrt{2} \notin \mathbb{Q}$.**
Remarque : on note $\mathbb{R}^*$ l'ensemble des réels **privé de 0**.

Des ensembles emboîtés

Tout **entier naturel** est un **entier relatif**.
Tout **entier relatif** est un **nombre décimal**.
Tout **nombre décimal** est un **nombre rationnel**.
Tout **nombre rationnel** est un **nombre réel**.

18

FICHE TICE

Construire un tableau de valeurs d'une fonction

Flasher pour voir les 2 vidéos

On va construire un tableau de valeurs de la fonction f telle que $f(x) = x^2 + x - 3$ pour x compris entre -2 et 5 avec un pas de 1, c'est-à-dire pour les valeurs -2, -1, 0, 1, 2, 3, 4, 5.

Avec une calculatrice Casio

1 Appuyer sur la touche **MENU** et choisir le mode **TABLE**.

2 Saisir l'expression de la fonction étudiée en **Y1** (par exemple).
- La variable x est obtenue en appuyant sur la touche **X,θ,T**.

Remarque : pour supprimer une fonction, utiliser l'instruction **DEL** (touche **F2**) puis confirmer par **YES** (touche **F1**).

3 Choisir l'instruction **SET** (touche **F5**).
Régler les paramètres de la table : « valeur initiale » (**Start**), « valeur finale » (**End**) et « pas » (**Step**). Valider par **EXE**.

4 La table est obtenue par l'instruction **TABL** (touche **F6**).
On se déplace dans les colonnes de la table en utilisant les touches ◄, ►, ▲ et ▼ du pavé directionnel.

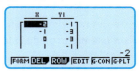

Avec une calculatrice Texas

1 À l'aide de la touche **mode**, sélectionner **FONC** ou **Fct** selon le modèle (4ᵉ ligne), puis valider avec la touche **entrer**.

2 Accéder à l'**éditeur de fonctions** en appuyant sur la touche **f(x)**.
- Saisir l'expression de la fonction étudiée en **Y1** (par exemple).
- La variable x est obtenue en appuyant sur la touche **x, t, θ, n**.

Remarque : pour supprimer une fonction sélectionnée, appuyer sur la touche **annul**.

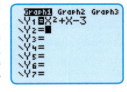

3 Choisir l'instruction **déf table** (touches **2nde** **fenêtre**).
Régler les paramètres de la table : « valeur initiale » (**DébTbl**) et « pas » (**Pas**). Valider par **entrer**.

4 La table est obtenue par l'instruction **table** (touches **2nde** **graphe**).
On se déplace dans les colonnes de la table en utilisant les touches ◄, ►, ▲ et ▼ du pavé directionnel.

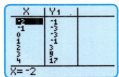

Chapitre 1 ■ Fonctions

EXERCICES

Parcours en autonomie (corrections en fin de manuel)
Maîtriser les bases 9 . 12 . 15
Préparer le contrôle 27 . 38 . 48 . 56 . 63 . 69

Pour démarrer

Intervalles

1 En direct du cours !
On a représenté sur la droite graduée ci-dessous un ensemble de réels I en bleu :

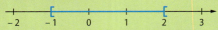

1. Écrire sous la forme d'un intervalle cet ensemble I.
2. Trois des nombres réels suivants appartiennent à cet intervalle I. Lesquels ?
$$-1 \,;\, 1{,}5 \,;\, 2 \,;\, \sqrt{3}$$

2 On a représenté sur la droite graduée ci-dessous un ensemble de réels I en bleu :

1. Écrire sous la forme d'un intervalle cet ensemble I.
2. Trois des nombres réels suivants appartiennent à cet intervalle I. Lesquels ?
$$-4 \,;\, -2 \,;\, 3 \,;\, 4.$$

3 Représenter sur une droite graduée les intervalles suivants : I =]–3 ; –2[et J = [–1 ; +∞[.

4 Logique Parmi les affirmations suivantes, préciser celles qui sont justes.
1. $-5 \in \mathbb{N}$ 2. $-5 \in [-5\,;3]$ 3. $-5 \in \,]-\infty\,;-5]$

5 Dans chacun des cas suivants, représenter sur un axe l'ensemble des réels x donné puis l'écrire sous la forme d'un intervalle.
1. L'ensemble des réels x supérieurs ou égaux à 4.
2. L'ensemble des réels x strictement compris entre –2 et 5.
3. L'ensemble des réels x strictement inférieurs à 1.

Lien entre deux quantités

6 Maud est une jeune artiste qui fabrique des bagues. Elle les vend 15 euros pièce.
1. Quelle est sa recette en euros pour la vente de deux bagues ?
2. On appelle $R(x)$ la recette en euros pour la vente de x bagues. Donner l'expression de $R(x)$ en fonction de x.

7 On s'intéresse à un carré de côté de longueur x cm.
1. Exprimer son périmètre $\mathcal{P}$ en fonction de x.
2. Exprimer son aire $\mathcal{A}$ en fonction de x.
3. Exprimer son aire $\mathcal{A}$ en fonction de son périmètre $\mathcal{P}$.

8 Algo Comprendre un algorithme
Voici un algorithme de calcul :

Variable	x est un réel
Entrée	Saisir un nombre x
Traitement	Élever le nombre x au carré
	Multiplier le résultat par 2
	Ajouter 3
Sortie	Afficher le résultat obtenu

1. Quel est le nombre affiché lorsqu'on choisit au départ 4 ?
2. Quelle formule donne le résultat obtenu en fonction de x ?

9 Dans un carré de 21 cm de côté, on découpe un triangle isocèle rectangle de côté x cm.
Donner l'expression de l'aire de la surface colorée en bleu en fonction de x.

Définition d'une fonction

10 En direct du cours !
Soit f une fonction telle que $f(2) = 3$.
1. Traduire cette égalité par une phrase de la forme « … a pour image … par f ».
2. Traduire cette égalité par une phrase de la forme « … a pour antécédent … par f ».

11 Soit f la fonction définie par la courbe ci-dessous.

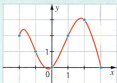

1. Expliquer pourquoi l'ensemble de définition de cette fonction est égal à l'intervalle [–2 ; 3].
2. Par lecture graphique, quelle est l'image de 1 par f ?
3. Par lecture graphique, que vaut $f(3)$?
4. Recopier et compléter le tableau de valeurs ci-dessous grâce à des lectures graphiques.

x	–2	–1	0	1	2	3
$f(x)$	…	…	…	…	…	…

12 Soit f la fonction définie par la courbe ci-dessous.

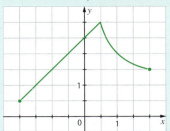

1. Lire graphiquement l'ensemble de définition de f.
2. Lire graphiquement l'image de –1 par f.
3. Cette image appartient-elle à l'ensemble $\mathbb{Z}$?

13 Soit f une fonction donnée par le tableau de valeurs ci-dessous :

x	–2	0	1
$f(x)$	3	–1	3

D'après ce tableau, on a l'égalité :
$$f(-2) = 3.$$

1. Traduire cette égalité par une phrase, en utilisant l'expression « a pour image ».
2. Traduire cette égalité par une phrase, en utilisant l'expression « a pour antécédent ».
3. Combien 3 admet-il d'antécédents par f ?

14 On a construit le tableau de valeurs de la fonction f définie sur [–2 ; 2] par : $f(x) = x^2 - 3$.

	A	B
1	x	f(x)
2	-2	1
3	-1	-2
4	0	-3
5	1	-2
6	2	

1. a. En utilisant ce tableau, donner l'image de 1 par f.
b. Comment peut-on vérifier ce résultat par un calcul ? Effectuer ce calcul.
2. a. Effectuer le calcul pour déterminer l'image de 2 par f.
b. Vérifier les résultats en construisant ce tableau à l'aide d'une calculatrice.

15 Le scooter de Yasmina consomme 2,6 litres de carburant aux 100 kilomètres.
1. Calculer la consommation de ce scooter pour un parcours de 300 km.
2. On appelle f la fonction qui associe, au nombre x de kilomètres parcourus, le nombre de litres de carburant consommés.
a. Donner l'expression de $f(x)$ en fonction de x.
b. Que représente $f(300)$ pour le scooter de Yasmina ?

16 **Algo** Comprendre un algorithme
Voici un algorithme :

Variables	a et b sont des réels
Entrée	Saisir a
Traitement	b prend la valeur $a \times a + 3$
Sortie	Afficher b

1. On saisit le nombre 5. Quel est alors le nombre affiché à la sortie de l'algorithme ?
2. Cet algorithme permet de calculer l'image d'un nombre quelconque par une fonction f.
a. Que vaut $f(5)$?
b. Donner l'expression de $f(x)$ en fonction de x.

17 h est la fonction définie sur [0 ; 3] par :
$$h(x) = x^2 + 2x + 1.$$
1. Écrire les calculs permettant de vérifier que l'image de 3 par cette fonction h est égale à 16.
2. Construire un tableau donnant les images par h des entiers 0, 1, 2 et 3.

Représentation graphique

18 En direct du cours !
Pour chacune des situations suivantes, une seule des propositions est juste, laquelle ?
1. f est une fonction de courbe représentative $\mathscr{C}$ telle que $f(4) = 1$.
a. Le point A (1 ; 4) appartient à $\mathscr{C}$.
b. Le point B (4 ; 1) appartient à $\mathscr{C}$.
2. g est une fonction dont la courbe représentative coupe l'axe des abscisses au point d'abscisse 2.
a. 0 a pour image 2 par g. **b.** $g(2) = 0$.

19 Soit f une fonction définie sur [–2 ; 3] dont voici le tableau de valeurs :

x	–2	–1	0	1	2	3
$f(x)$	–1	0,5	2	3	2	–1

1. Placer dans un repère les six points correspondants à ce tableau de valeurs.
2. Construire une courbe pouvant représenter la fonction f.

20 f est une fonction dont on donne la représentation graphique ci-contre.
1. Quel est l'ensemble de définition de f ?
2. a. Expliquer pourquoi l'équation $f(x) = -1$ admet une unique solution.
b. Donner une valeur approchée de cette solution.

EXERCICES

Parcours en autonomie (corrections en fin de manuel)
Maîtriser les bases 9 · 12 · 15
Préparer le contrôle 27 · 38 · 48 · 56 · 63 · 69

Pour s'entraîner

Utiliser les intervalles

21 *Logique*
Recopier et compléter avec le symbole d'appartenance ∈ ou de non-appartenance ∉ :
a. 3 ...]–1 ; 5]
b. –2 ...]–1 ; 0]
c. 10^{-3} ... [0 ; +∞[
d. π ...]3,14 ; 3,15[
e. 7 ...]–∞ ; 7[
f. 0 ... [$-\sqrt{3}$; $\sqrt{3}$ [

22 Déterminer tous les nombres entiers relatifs appartenant à l'intervalle]–2 ; 9].

23 Déterminer deux nombres décimaux appartenant à l'intervalle]3,7 ; 3,8[.

24 Déterminer un intervalle contenant $\sqrt{3}$ et dont les bornes sont deux nombres entiers consécutifs.

25 **1.** Dans chacun des cas suivants, représenter l'ensemble des nombres vérifiant la condition donnée sur une droite graduée.
2. Écrire sous forme d'intervalle cet ensemble.
a. $-4 < x \leq 1$
b. $x > \dfrac{3}{2}$
c. $x \leq -1$

SAVOIR-FAIRE **1** p. 13

26 **1.** Dans chacun des cas suivants, représenter l'ensemble des nombres vérifiant la condition donnée sur une droite graduée.
2. Écrire sous forme d'intervalle cet ensemble.
a. $-0{,}2 \leq x \leq 0$
b. $x < 4$
c. $-5 \leq x < -2$

SAVOIR-FAIRE **1** p. 13

27 **Préparer le contrôle**
Dans chacun des cas suivants, écrire sous forme d'intervalle l'ensemble des nombres vérifiant la condition donnée.
a. $x \geq 1$
b. $2 < x$
c. $11 > x \geq 10$

28 *Logique*
Traduire chacune des informations ci-dessous par une ou des inégalités :
a. $x \in [-1 ; 7[$
b. $x \in]-\infty ; -5]$
c. $x \in [-2 ; +\infty[$

29 *Logique*
Traduire chacune des informations ci-dessous par une ou des inégalités :
a. $x \in \left]0{,}5 ; \dfrac{2}{3}\right[$
b. $x \in]3 ; +\infty[$
c. $x \in \left]-\infty ; \dfrac{\pi}{3}\right[$

EXERCICE RÉSOLU

30 Utiliser les intervalles
Énoncé
Écrire, sous forme d'un intervalle, l'ensemble des nombres réels x tels que $-3x + 7 < -5$.

Solution commentée
Il s'agit de transformer l'inégalité donnée à l'aide des opérations en isolant le réel x. En ajoutant –7 aux deux membres de l'inégalité, on obtient : $-3x + 7 + (-7) < -5 + (-7)$, soit $-3x < -12$. Le sens de l'inégalité reste inchangé puisque l'on a effectué une addition. Pour isoler x, on divise les deux membres de l'inégalité par –3. On effectue une division par un nombre réel négatif donc on doit changer le sens de l'inégalité. On obtient $x > \dfrac{-12}{-3}$, soit $x > 4$.
L'ensemble cherché est donc l'intervalle $]4 ; +\infty[$.

31 Écrire, en utilisant un intervalle, chacun des ensembles suivants :
a. l'ensemble des réels x tels que $x - 3 > -2$;
b. l'ensemble des réels x tels que $x + 5 > 7$;
c. l'ensemble des réels x tels que $2x \leq 9$;
d. l'ensemble des réels x tels que $-3x \geq 1$.

VRAI - FAUX

Pour les exercices **32** *à* **35**, *indiquer si les affirmations sont vraies ou fausses, puis justifier.*

32 π appartient à l'intervalle]3 ; 3,14].

33 L'ensemble des réels x tels que $3 \leq x$ est l'intervalle $]-\infty ; 3]$.

34 $x \in [-1 ; 7[$ est équivalent à $7 > x \geq -1$.

35 25 est un nombre rationnel.

Exprimer le lien entre deux quantités

36 Un conducteur de taxi applique le tarif suivant pour chacune de ses courses : 2 euros de prise en charge du client puis 1,50 euro par kilomètre parcouru. On note x le nombre de kilomètres parcourus par un client.

1. Exprimer le prix P payé par le client en fonction de x.
2. Calculer P lorsque x est égal à 12.

SAVOIR-FAIRE **2** p. 13

EXERCICES

37 On considère un rectangle ABCD d'aire 30 cm². On note x la longueur en centimètres du segment [AB] et y la longueur en centimètres du segment [AD].

1. Exprimer la longueur y en fonction de x.
2. Calculer la longueur AD si le segment [AB] mesure 8 cm.

SAVOIR-FAIRE **2** p. 13

38 **Préparer le contrôle**
On considère un triangle ABC rectangle en A tel que le segment [AB] mesure 3 centimètres. On note x la longueur en centimètres du segment [AC] et h la longueur en centimètres du segment [BC].

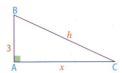

1. Exprimer la longueur h en fonction de x.
2. Calculer la valeur de h lorsque x est égal à 4.

39 Le circuit ci-contre est constitué d'un générateur délivrant une tension U aux bornes d'une résistance. La tension U aux bornes de la résistance est proportionnelle à l'intensité I du courant qui la traverse : $U = RI$. C'est la loi d'Ohm avec U en volts, I en ampères et R la valeur de la résistance en ohms. On suppose que $U = 2$.

1. Exprimer I en fonction de R.
2. Calculer I lorsque $R = 500$.

POINT HISTOIRE
La loi d'Ohm a été nommée ainsi en l'honneur du physicien allemand **Georg Simon Ohm** (1789-1854).

40 Algo **Comprendre et modifier un algorithme**
On considère l'algorithme suivant :

Variables	x et y sont des nombres réels
Entrée	Saisir x
Initialisation	y prend la valeur 1
Traitement	**Pour** I variant de 1 à 2 **faire**
	$\quad y$ prend la valeur $y \times x$
	Fin Pour
Sortie	Afficher y

1. Déterminer la valeur affichée lorsque l'on saisit la valeur 5.
2. Exprimer la valeur y affichée en fonction de la valeur x saisie.
3. Modifier cet algorithme pour qu'il affiche x^4.

EXERCICE RÉSOLU

41 Associer à un problème une expression algébrique

Énoncé
Dans la figure ci-contre, ABCD est un carré de côté 6 et de centre O. 𝒞 est un cercle de centre O non réduit à un point et situé strictement à l'intérieur du carré. On note x le rayon de 𝒞.

1. Déterminer l'intervalle I dans lequel le réel x peut varier.
2. Exprimer l'aire de la surface colorée en orange en fonction de x.

Solution commentée

1. Le nombre x est le rayon d'un cercle non réduit à un point. Il désigne donc une longueur non nulle ; par conséquent, x est strictement positif. D'autre part, 𝒞 doit être situé strictement à l'intérieur du carré : son rayon doit donc être strictement inférieur à la moitié du côté du carré, c'est-à-dire 3. Le réel x est donc compris strictement entre 0 et 3 : il peut donc varier dans l'intervalle]0 ; 3[.

2. L'aire du carré est égale à 6^2 soit 36. L'aire du disque de rayon x est πx^2, donc l'aire de la surface colorée en orange est $36 - \pi x^2$.

VRAI - FAUX

Pour les exercices 42 et 43, indiquer si les affirmations sont vraies ou fausses, puis justifier.
ABCDE est une pyramide de base carrée ABCD et de hauteur 9 cm. On note x la longueur en centimètres du segment [AB] et V le volume en cm³ de cette pyramide.

42 L'expression de V en fonction de x est $V = 3x^2$.

43 Pour $x = 2$, le volume V de la pyramide est égal à 36.

Définir une fonction de différentes façons

44 Dans la figure ci-dessous, ABCD est un rectangle tel que AB = 5 et AD = 2. M est un point situé sur le segment [AB] et distinct de A et B. N est le point du segment [DC] tel que MBCN soit un rectangle.

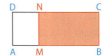

On note a la longueur AM.

1. À quel intervalle appartient a ?
2. Donner l'expression de l'aire du rectangle MBCN en fonction de a.

SAVOIR-FAIRE **3** p. 15

Chapitre 1 ■ Fonctions **23**

EXERCICES

45 Dans la figure ci-contre, ABCD est un rectangle tel que AB = 3 et BC = 4. M est un point situé sur le segment [AB] et distinct de A et B.

1. Jessie note a la longueur AM.
a. À quel intervalle appartient a ?
b. Donner l'expression de l'aire du triangle ADM en fonction de a.
c. Donner l'expression de l'aire du quadrilatère BCDM en fonction de a.

2. Alice a fait un autre choix de variable. En appelant b cette variable, elle dit que l'expression donnant la longueur AM en fonction de b est $3 - b$.
a. Que représente la variable b choisie par Alice ?
b. À quel intervalle appartient b ?
c. Donner l'expression de l'aire du quadrilatère BCDM en fonction de b.

46 **1.** Une fonction f est définie par la courbe ci-contre.
a. Quel est l'ensemble de définition I de f ?
b. Quelle est l'image de –1 par f ?
c. Déterminer $f(1)$, $f(0)$ et $f(2)$.

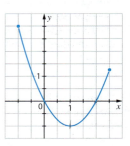

2. On donne maintenant la formule définissant la fonction f sur I : $f(x) = x^2 - 2x$.
a. Calculer l'image de 1 par f.
b. Calculer $f(-1)$.
c. Calculer $f(2,5)$.

SAVOIR-FAIRE **4** p. 15

47 **1.** Une fonction f est définie par la courbe ci-dessous :

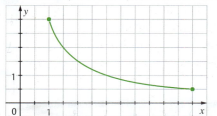

a. Quel est l'ensemble de définition I de f ?
b. Quelle est l'image de 1 par f ?
c. Déterminer $f(2)$, $f(3)$ et $f(6)$.

2. On donne maintenant la formule définissant la fonction f sur I : $f(x) = \dfrac{3}{x}$.
a. Calculer l'image de 4 par f.
b. Calculer $f(5)$.

3. Construire un tableau de valeurs pour la fonction f avec x appartenant à I et un pas égal à 1.

SAVOIR-FAIRE **4** p. 15

48 **Préparer le contrôle**

f est la fonction définie sur [–2 ; 2] par l'expression :
$$f(x) = x^3 - 2x.$$

1. a. En utilisant le tableau de valeurs ci-dessous, déterminer l'image de –1 par f :

x	–1	0	1
$f(x)$	1	0	–1

b. Calculer l'image de –1 par la fonction f.
2. Calculer $f(2)$ et $f(-2)$.

EXERCICE RÉSOLU

49 **Construire un tableau de valeurs avec la calculatrice**

Énoncé
f est la fonction définie sur l'intervalle [–1 ; 2] par :
$$f(x) = x^2 + x + 5.$$
À l'aide de la calculatrice, construire un tableau de valeurs de f avec un pas égal à 0,5.

Solution commentée
On saisit l'expression de la fonction dans Y1 puis on règle les paramètres de la table en prenant comme valeur initiale –1 et comme pas 0,5. Pour les calculatrices CASIO, on précise de plus la valeur finale : 2 (voir page calculatrice, p. 19). On obtient alors la table :

x	–1	–0,5	0	0,5	1	1,5	2
$f(x)$	5	4,75	5	5,75	7	8,75	11

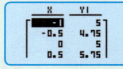

50 Pour les fonctions définies ci-dessous, construire un tableau de valeurs de la fonction sur l'intervalle I donné, avec le pas p donné.
a. $f(x) = 4x^2 - 3x - 1$ sur I = [1 ; 4] avec $p = 0,5$.
b. $g(x) = 3 + \dfrac{2}{x + 3}$ sur I = [–1 ; 2] avec $p = 0,25$.

51 **Algo** **Comprendre un algorithme**
On donne l'algorithme suivant :

Variable	x est un nombre réel
Entrée	Saisir x
Traitement	x prend la valeur $x + 1$
	x prend la valeur x^2
Sortie	Afficher x

1. On saisit la valeur 1. Quel est l'affichage en sortie ?
2. Cet algorithme définit une fonction f, donner l'expression de $f(x)$.

24

52 Une fonction f est définie sur l'intervalle [1 ; 6] par la courbe donnée ci-dessous :

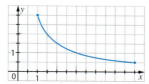

1. Par lecture graphique, déterminer le (ou les) antécédent(s) de 2 par f.

2. Par lecture graphique, déterminer le (ou les) antécédent(s) de 1 par f.

3. Par lecture graphique, combien 0,5 admet-il d'antécédent(s) ?

SAVOIR-FAIRE **5** p. 15

53 f est une fonction dont on connaît le tableau de valeurs ci-dessous :

x	−3	−1	0	1
$f(x)$	−1	3	−1	−3

1. Déterminer le (ou les) antécédent(s) de −3 par f.

2. Déterminer le (ou les) antécédent(s) de −1 par f.

SAVOIR-FAIRE **5** p. 15

54 Une fonction f est définie sur [−5 ; 4] par la courbe donnée ci-dessous :

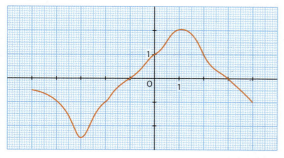

1. Par lecture graphique, déterminer le (ou les) antécédent(s) de 1 par f.

2. Par lecture graphique, déterminer le (ou les) antécédent(s) de −1 par f.

3. Par lecture graphique, combien 0,5 admet-il d'antécédents ?

SAVOIR-FAIRE **5** p. 15

55 Soit f la fonction définie sur [−3 ; 3] par :
$$f(x) = x^2 + x - 2.$$

1. Calculer l'image de 1 par la fonction f.

2. Vérifier que −2 est un antécédent de 0 par f.

3. Donner deux antécédents de 0 par f.

Dans les exercices 56 et 57, on s'intéresse à la fonction f dont un tableau de valeurs et la courbe sont donnés ci-dessous.

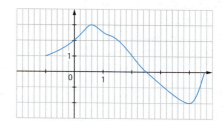

x	−1	0	0,5	1	1,5	2,5	3	4	4,5
$f(x)$	1	2	3	2,5	2	0	−0,75	−2	0

56 Préparer le contrôle
En utilisant le tableau de valeurs ou la courbe ci-dessus, vérifier que les affirmations suivantes sont vraies, puis les traduire par une égalité.

a. L'image de 4 par f est −2.

b. Un antécédent de 1 par f est −1.

c. $f : 2 \mapsto 1$.

57 En utilisant le tableau de valeurs ou la courbe ci-dessus, vérifier que les affirmations suivantes sont vraies, puis les traduire par une égalité.

a. Le nombre qui a pour image 3 par f est 0,5.

b. $f : 0 \mapsto 2$.

c. 3 est l'un des antécédents de −0,75 par la fonction f.

58 Soit f la fonction définie sur $\mathbb{R}$ par :
$$f(x) = 3x^4.$$

1. Calculer l'image de 0,1 par f, puis donner le résultat en utilisant l'écriture scientifique.

2. Vérifier que 1 et −1 ont la même image par f.

3. a. Vérifier que −2 est un antécédent de 48 par f.

b. Déterminer un autre antécédent de 48 par f.

VRAI - FAUX

Pour les exercices 59 à 61, indiquer si les affirmations sont vraies ou fausses, puis justifier.
f est la fonction définie par le tableau de valeurs suivant :

x	0	1	2	3	4	5
$f(x)$	1	3	−1	5	0	2

59 L'image de 2 par f est 5.

60 Un antécédent de 3 par f est 5.

61 0 a deux images par f : 1 et 4.

EXERCICES

Construire et utiliser la courbe représentative d'une fonction

62 f est la fonction définie sur $[-2\ ;\ 0{,}5]$ par :
$$f(x) = 2x^2 + 6x.$$
1. Construire le tableau de valeurs de f pour x variant de -2 à $0{,}5$ avec un pas de $0{,}5$.
2. Placer, dans un repère d'unités 1 cm sur les deux axes, les points correspondants au tableau de valeurs précédent puis construire la courbe représentative $\mathscr{C}$ de f.
3. Quelle est l'ordonnée du point K de la courbe $\mathscr{C}$ d'abscisse $0{,}3$?

SAVOIR-FAIRE **6** p. 17

63 **Préparer le contrôle**
f est la fonction définie sur $[-1\ ;\ 3]$ par $f(x) = x(4-x)$.
1. Construire le tableau de valeurs de f pour x variant de -1 à 3 avec un pas de 1.
2. Placer, dans un repère d'unités 1 cm sur les deux axes, les points correspondant au tableau de valeurs précédent, puis construire la courbe représentative $\mathscr{C}$ de f.
3. Le point L $(2{,}5\ ;\ 3{,}75)$ appartient-il à la courbe $\mathscr{C}$?

64 **Algo** **Compléter et modifier un algorithme**
Soit f la fonction définie sur $[0\ ;\ 1]$ par : $f(x) = x^3 - x$.
On va élaborer un algorithme qui permet de placer plusieurs points de la courbe représentative de la fonction f dans le plan. Pour cela, on va donner à la variable x des valeurs successives à partir de 0 avec un pas de $\frac{1}{10}$.

```
Variables       x et y sont des nombres réels
Traitement et sortie
    Pour i variant de ... à ... faire
        x prend la valeur i/10
        y prend la valeur x³ - x
        Placer le point de coordonnées (x ; y)
    Fin Pour
```

1. Recopier et compléter cet algorithme.
2. Combien de points vont-ils être placés ?
3. Comment peut-on modifier cet algorithme afin de placer 101 points de la représentation graphique de f ?

VRAI - FAUX
Pour les exercices **65** et **66**, indiquer si les affirmations sont vraies ou fausses, puis justifier.
La fonction f est définie sur l'intervalle $[1\ ;\ 12]$ par :
$$f(x) = x + 1 - \frac{3}{x}.$$
On appelle $\mathscr{C}$ sa courbe représentative.

65 Le point A $(1\ ;\ -1)$ appartient à $\mathscr{C}$.

66 Le point de $\mathscr{C}$ d'abscisse 3 a pour ordonnée 4.

Résoudre graphiquement des équations

67 f est une fonction dont on connaît la représentation graphique ci-contre.
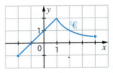
1. Reproduire cette courbe.
2. a. Résoudre graphiquement l'équation $f(x) = 2$.
b. Résoudre graphiquement l'équation $f(x) = 1$.
3. L'abscisse du point d'intersection de la courbe $\mathscr{C}$ et de l'axe des abscisses est la solution d'une équation de la forme $f(x) = k$.
a. Préciser la valeur de k.
b. Quelle est la solution de cette équation ?

SAVOIR-FAIRE **7** p. 17

68 La fonction f est définie sur $[0\ ;\ 3]$ par sa courbe représentative ci-contre.

1. Reproduire cette courbe.
2. a. Résoudre graphiquement l'équation $f(x) = 0$.
b. Quel est le nombre de solutions de l'équation $f(x) = 2$? Donner un encadrement de chacune des solutions par deux entiers consécutifs.
3. a. Placer les points A $(0\ ;\ 4)$ et B $(3\ ;\ 2)$ puis tracer la droite (AB). Cette droite est la représentation graphique d'une fonction g définie sur $\mathbb{R}$.
b. Déterminer graphiquement le nombre de solutions de l'équation $f(x) = g(x)$.

SAVOIR-FAIRE **7** p. 17

69 **Préparer le contrôle**
Les fonctions h et j sont définies ci-dessous par leurs représentations graphiques :

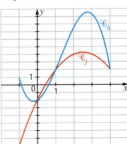

1. Déterminer l'image de -1 et de 2 par la fonction j.
2. Déterminer $h(-1)$ et $h(4)$.
3. Résoudre graphiquement l'équation $j(x) = 4$.
4. Résoudre graphiquement l'équation $h(x) = j(x)$.

EXERCICES

70 Une souche de la bactérie *Acetobacter* est cultivée dans un milieu liquide approprié.

La fonction N qui, au temps t (exprimé en heures), associe le nombre de bactéries de cette souche, est donnée par la courbe ci-dessous :

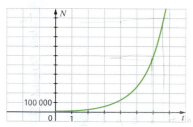

1. Résoudre graphiquement l'équation $N(t) = 600\,000$. Interpréter la solution.

2. Au bout de combien de temps la souche contient-elle un million de bactéries ?

71 **Logique**

Voici deux propositions. Préciser celles qui sont vraies.

1. Si f est définie sur $\mathbb{R}$ par $f(x) = x^2 + x$, alors le point de coordonnées $(-1 ; 0)$ appartient à la courbe représentative de f.

2. Si $f(-1) = 0$, alors f est définie sur $\mathbb{R}$ par $f(x) = x^2 + x$.

VRAI - FAUX

Pour les exercices 72 et 73, indiquer si les affirmations sont vraies ou fausses, puis justifier.

La fonction f est définie sur $\mathbb{R}$ par : $f(x) = 3x^2 + 2x + 1$ et la fonction g est définie sur $[-1 ; 4]$ par : $g(x) = \dfrac{x+3}{x+2}$.

72 L'abscisse du point A $(-2 ; 0)$ est une solution de l'équation $f(x) = 7$.

73 L'abscisse du point B $(-1 ; 2)$ est une solution de l'équation $f(x) = g(x)$.

74 L'offre est la quantité d'articles qu'une entreprise désire vendre sur le marché en fonction du prix, et la demande est la quantité d'articles que les consommateurs veulent et peuvent acheter en fonction du prix. Après une étude de marché, l'entreprise a modélisé l'offre par la fonction f et la demande par la fonction g, le prix unitaire x de l'article étant exprimé en euros. Les représentations graphiques de ces fonctions sont données figure suivante.

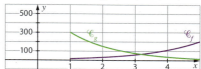

1. Quel est l'ensemble de définition de chacune des fonctions f et g ?

2. Déterminer $g(2)$. Interpréter le résultat.

3. a. Déterminer le nombre d'articles que peut proposer l'entreprise lorsque le prix unitaire est fixé à 5 €.
b. Dans ce cas, l'entreprise peut-elle espérer vendre tous les articles qu'elle aura fabriqués ? Justifier.

4. Déterminer le prix d'équilibre de l'article, c'est-à-dire la valeur de x pour laquelle $f(x) = g(x)$.

TOP CHRONO

Résoudre chacun des exercices suivants en 10 minutes maximum.

75 f est la fonction définie sur I = $[-0,5 ; 2,5]$ par l'expression : $f(x) = \dfrac{2x+1}{x+1}$.

1. a. Calculer l'image de 0 par la fonction f.
b. Calculer $f(0,5)$ et $f(1)$.

2. Construire le tableau de valeurs de la fonction f pour x appartenant à l'intervalle I avec un pas de 0,5.

76 On considère un cercle de rayon R. On note L la circonférence de ce cercle.

1. Exprimer L en fonction de R.
2. Exprimer R en fonction de L.

77 f est la fonction définie sur $[-1 ; 3]$ par : $f(x) = x^2(3 - x)$ et $\mathscr{C}$ est sa représentation graphique.

1. Quelle est l'ordonnée du point A de la courbe $\mathscr{C}$ d'abscisse 1 ?

2. a. Calculer l'image de 0 et l'image de 3 par f.
b. Que peut-on en déduire pour la courbe $\mathscr{C}$?

3. Le point B de coordonnées $(2 ; 4)$ appartient-il à $\mathscr{C}$?

EXERCICES

Faire le point

Choisir la (ou les) bonne(s) réponse(s).

Utiliser un tableau de valeurs d'une fonction

Pour vous aider **SAVOIR-FAIRE 4 à 6** pp. 15 et 17

Pour les questions ❶ et ❷, on considère la fonction f dont on donne un tableau de valeurs ci-dessous :

x	–4	–3	–2	–1	0	1	2	3	4
$f(x)$	1	2	0	–2	–1	0	1	0	–1

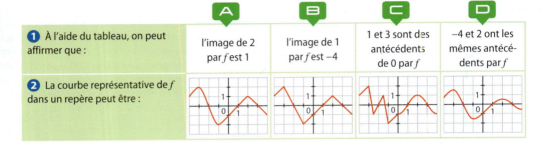

	A	B	C	D
❶ À l'aide du tableau, on peut affirmer que :	l'image de 2 par f est 1	l'image de 1 par f est –4	1 et 3 sont des antécédents de 0 par f	–4 et 2 ont les mêmes antécédents par f
❷ La courbe représentative de f dans un repère peut être :	(courbe A)	(courbe B)	(courbe C)	(courbe D)

Utiliser la courbe représentative d'une fonction

Pour vous aider **SAVOIR-FAIRE 3, 4, 5 et 7** pp. 15 et 17

Pour les questions ❸ et ❹, on considère la fonction f définie par la représentation graphique donnée ci-contre.

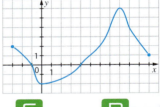

	A	B	C	D
❸ Graphiquement, on détermine que :	l'image de –3 par f est 2	$f(0) = -1$	2 a trois antécédents par f	l'ensemble de définition de f est [–3 ; 11]
❹ L'équation $f(x) = k$ admet :	une seule solution si $k = 6$	–1 et 4 comme solutions si $k = 0$	3 comme unique solution si $k = -1$	deux solutions si $k = 2$

Déterminer des images et des antécédents par le calcul

Pour vous aider **SAVOIR-FAIRE 4, 5 et 7** pp. 15 et 17

	A	B	C	D
❺ Soit f la fonction définie sur l'intervalle [–2 ; 5] par $f(x) = 3x^2 + 2x - 1$, alors :	l'image de –1 par f est 0	$f(2) = 39$	–2 est un antécédent de 7 par f	0,75 est l'image de $\frac{1}{2}$ par f
❻ Soit g la fonction définie sur $]3 ; +\infty[$ par $g(x) = \frac{2x+1}{x-3}$, alors :	10 est une solution de l'équation $g(x) = 3$	3 est l'image de 4 par g	un antécédent de 8 par g est 3,4	2 n'a pas d'image par g

Voir les corrigés, page 328

28

EXERCICES

Déterminer l'image d'un nombre par une fonction

Un exemple : Soit f la fonction définie sur $[-2\ ;2]$ par la représentation graphique ci-contre.
1. Déterminer graphiquement $f(-1)$.
2. On sait à présent que $f(x) = x^2 - x - 1$.
Déterminer l'image de -1 par f à l'aide d'un calcul.

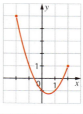

Les questions à se poser	Des réponses
Que me demande-t-on ?	→ On veut déterminer l'image de -1 par une fonction f, d'abord en utilisant sa représentation graphique, puis par un calcul.
Que doit-on faire pour démarrer ?	→ On doit repérer -1 sur un des axes. Lequel ? Le faire.
Comment continue-t-on ?	→ On trace une parallèle à l'axe des ordonnées. Quelle est l'ordonnée du point d'intersection de cette parallèle avec la représentation graphique de f ? Donner alors la valeur de $f(-1)$.
Comment démarrer la question 2 ?	→ On remplace x par -1 dans l'expression donnée de f. Faire le calcul et donner $f(-1)$.
Peut-on vérifier ?	→ On s'assure que les deux réponses sont cohérentes. Le sont-elles ? Sinon, chercher l'erreur.

Applications

78 Pour la même fonction f, déterminer graphiquement $f(-2)$ et $f(0)$.

79 Pour la même fonction f, déterminer par un calcul $f(1)$ et $f\left(\dfrac{1}{2}\right)$.

Résoudre graphiquement une équation de la forme $f(x) = k$

Un exemple : La fonction f est définie sur l'intervalle $[-2\ ;4]$ par la courbe ci-contre.
Résoudre graphiquement l'équation $f(x) = 1$.

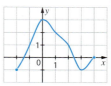

Les questions à se poser	Des réponses
Que me demande-t-on ?	→ On veut résoudre une équation en utilisant un graphique. Que représentent les solutions éventuelles pour le nombre 1 ?
Que doit-on faire pour démarrer ?	→ On doit chercher les antécédents de 1 par la fonction f. Pour cela, on doit repérer le nombre 1 sur un des axes. Lequel ?
Comment continue-t-on ?	→ À partir du point ainsi placé, on trace la parallèle à l'axe des abscisses. Cette droite coupe-t-elle la courbe ? Si oui, en combien de points ?
Comment conclure ?	→ On doit déterminer l'abscisse de ces points. Donner alors les solutions de cette équation.

Applications

80 Pour la même fonction, résoudre graphiquement l'équation $f(x) = 3$.
81 Pour la même fonction, résoudre graphiquement l'équation $f(x) = -1$.
82 Pour la même fonction, résoudre graphiquement l'équation $f(x) = 0$.

EXERCICES

TP — L'aire d'un rectangle variable

 Utiliser un logiciel de géométrie dynamique pour étudier l'aire d'un rectangle en fonction de la position d'un point.

Dans la figure ci-contre, ABC est un triangle rectangle en B tel que AB = 3 et BC = 6. M est un point variable sur le segment [AB]. On considère le point N du segment [AC] et le point P du segment [BC] tel que MNPB est un rectangle. On souhaite étudier l'aire du rectangle MNPB pour différentes positions du point M.

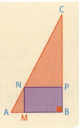

A Construction de la figure

1. À l'aide d'un logiciel de géométrie dynamique, placer les points A (0 ; 0), B (3 ; 0) et C (3 ; 6) dans un repère.

2. Construire le triangle ABC.

3. a. Créer le point M sur le segment [AB].
b. Faire afficher la longueur AM.

4. Construire la perpendiculaire à la droite (AB) passant par M, puis le point d'intersection de cette droite avec la droite (AC). Nommer N ce point.

5. Terminer la construction du rectangle MNPB et faire afficher son aire.

B Observations et conjectures

1. Quelle est l'aire du rectangle MNPB lorsque la longueur AM est égale à 2 ?

2. Peut-on trouver des positions du point M telles que l'aire du rectangle MNPB soit égale à 2 ?
Préciser à chaque fois l'abscisse du point M.

3. Peut-on trouver des positions du point M telles que l'aire du rectangle MNPB soit égale à la moitié de celle du triangle ABC ?
Préciser alors l'abscisse du point M.

4. L'aire du rectangle MNPB peut-elle être égale à 5 ?

C Utilisation de la courbe représentative d'une fonction

Soit x la longueur AM et $f(x)$ l'aire du rectangle MNPB.

1. Donner l'ensemble de définition de la fonction f.

2. a. Avec le théorème de Thalès, démontrer que :
$$MN = 2x.$$
b. En déduire que :
$$f(x) = -2x^2 + 6x.$$
c. Calculer $f(2)$. Quel résultat retrouve-t-on ?

3. a. À l'aide du logiciel de géométrie, tracer la courbe représentative de f.
b. Comment se traduisent graphiquement les résultats conjecturés aux questions **B. 2**, **B. 3** et **B. 4** ?

Aide pour les logiciels

GeoGebra
- **A. 1.** Pour créer le point A, taper `A=(0,0)` dans la ligne de saisie.
- **A. 2.** Pour créer le triangle ABC, utiliser l'outil `Polygone`.
- **A. 3. a.** Pour créer le point M, utiliser l'outil `Nouveau point`, puis cliquer sur le segment [AB]. Renommer le point créé M en cliquant-droit sur ce point.
- **A. 3. b.** Pour afficher la longueur AM, utiliser l'outil `Distance ou Longueur`.
- **A. 4.** Utiliser l'outil `Perpendiculaire`, puis `Intersection de deux objets`.
- **A. 5.** On crée le rectangle MNPB, l'aire est alors affichée dans la fenêtre d'algèbre.
- **C. 3. a.** Saisir `f=fonction[-2x^2+6x,0,3]`.

Geoplan
- **A. 1.** Choisir le menu `Créer` `Point` `Point repéré` `Dans le plan`.
- **A. 2.** Pour créer un polygone, choisir le menu `Créer` `Ligne` `Polygone` `Polygone défini par ses sommets`.
- **A. 3. a.** Pour créer le point M, choisir le menu `Créer` `Point` `Point libre` `Sur un segment`.
- **A. 3. b.** Pour afficher la longueur AM, choisir le menu `Créer` `Affichage` `Longueur d'un segment`.
- **A. 4.** Utiliser le menu `Créer` `Ligne` `Droite(s)` `Perpendiculaire`, puis `Créer` `Point` `Intersection de deux droites`.
- **A. 5.** Pour faire afficher l'aire de MNPB, utiliser le menu `Créer` `Numérique` `Calcul algébrique`, puis afficher la valeur de l'aire en utilisant le menu `Créer` `Affichage` `Variable numérique déjà définie`.
- **C. 3. a.** Utiliser le menu `Créer` `Ligne` `Courbe Graphe d'une fonction`.

Voir **FICHES TICE**, pages 320 et 322

EXERCICES

Pour approfondir

83 Le dernier chiffre des carrés
Soit C l'ensemble des entiers compris entre 0 et 9 et k la fonction de C dans C qui associe à tout entier n de C le dernier chiffre du carré de n.
1. Donner le tableau des valeurs de cette fonction.
2. Quels sont les antécédents par la fonction k de 1 ? de 2 ? de 5 ?
3. Soit p la fonction de C dans C telle que $p(n) = k(k(n))$. Quels sont les antécédents par p de 1 ? de 6 ?

Aide question 3. Utiliser la question 2 pour démarrer.

84 **PROBLÈME DE SYNTHÈSE**
Soit [AB] un segment de longueur 8 cm et M un point quelconque de ce segment. Soit C un point tel que le triangle AMC soit équilatéral et D et E deux points tels que le quadrilatère MBDE soit un carré. On veut déterminer s'il existe une position du point M telle que l'aire du triangle AMC soit égale à l'aire du quadrilatère MBDE.
On appelle x la distance AM.
1. a. Exprimer la hauteur du triangle équilatéral AMC en fonction de x.
b. Exprimer l'aire du triangle AMC et l'aire du quadrilatère MBDE en fonction de x.
2. On appelle f la fonction qui, à chaque réel x associe l'aire du triangle AMC et g la fonction qui, à chaque réel x, fait correspondre l'aire du quadrilatère MBDE.
a. Quel est l'ensemble de définition de ces deux fonctions ?
b. En utilisant un logiciel de géométrie dynamique, déterminer s'il existe une valeur de x telle que les aires du triangle AMC et du quadrilatère MBDE soient égales. Donner une valeur approchée.

85 $\sqrt{2}$ est irrationnel
On suppose que $\sqrt{2}$ s'écrit sous la forme d'une fraction irréductible $\dfrac{p}{q}$ avec p et q entiers, q non nul.
1. Montrer que $p^2 = 2q^2$.
2. Montrer que p est pair.
3. En écrivant $p = 2k$ avec k entier, montrer que q est pair.
4. Conclure.

Logique Dans cet exercice, pour démontrer que $\sqrt{2}$ est irrationnel, on a supposé qu'il était rationnel et on a abouti à une absurdité. On dit qu'on a effectué un raisonnement par l'absurde.

86 Périmètre d'un quadrilatère
On considère un rectangle ABCD de dimensions données, AB = 6 cm et BC = 8 cm. Sur le petit côté [AB], on choisit un point M quelconque. On considère ensuite les points N sur [BC], P sur [CD] et Q sur [DA] tels que AM = BN = CP = DQ.
1. On appelle x la distance AM. Calculer le périmètre du quadrilatère MNPQ en fonction de x.
2. Soit p la fonction qui, à la distance AM, associe le périmètre de ce quadrilatère.
a. Quel est son ensemble de définition ?
b. Dresser un tableau de valeurs de p pour les valeurs entières de AM. On arrondira à 0,1 près.
c. Représenter graphiquement p.

PRISES D'INITIATIVES

87 A-t-on pour toute fonction f définie sur un intervalle $[a\,;b]$, $f\left(\dfrac{a+b}{2}\right) = \dfrac{f(a)+f(b)}{2}$?

88 On tend une corde non élastique entre deux clous plantés dans le sol en la tirant verticalement par son milieu aussi haut que possible. La corde mesure un mètre de plus que la distance entre les deux clous.
Quelle doit être cette distance pour qu'un homme de 1,80 m puisse passer sous la corde sans se baisser ? de même pour une girafe de 5 m de haut ? et pour une grue de chantier de 30 m de haut ?

89 On considère un récipient en forme de cône tronqué de hauteur 60 cm, de diamètre de base 30 cm et de diamètre de la partie supérieure 40 cm.
On verse un liquide dans ce récipient et à la hauteur x du liquide dans le récipient on associe son volume $V(x)$.

1. Déterminer l'ensemble de définition de la fonction V, puis l'expression de $V(x)$ en fonction de x.
2. Déterminer le pourcentage de remplissage du récipient lorsque le niveau du liquide est à mi-hauteur.

Réactiver les savoirs

➤ Voir les réponses, p. 328

Dans les exercices suivants, on considère la fonction f définie sur l'intervalle [0 ; 8] par la courbe $\mathcal{C}_f$ donnée ci-contre dans un repère du plan.

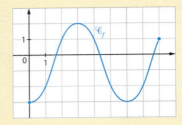

Lire l'image d'un réel par une fonction

Exercice

1. À l'aide du graphique, déterminer les valeurs de $f(4)$ et de $f(5)$.
2. Quelle est l'image de 1 par f ?
3. Recopier et compléter le tableau de valeurs ci-dessous.

x	0	1	2	3	4
$f(x)$	−3				

4. Existe-t-il un réel qui a une image par f supérieure à 4 ?
5. Citer deux réels qui ont la même image par f.

➤ Pour vous aider, voir le chapitre 1, p. 14

Exploiter une courbe

Vrai ou faux ?

6. Les abscisses des points de la courbe $\mathcal{C}_f$ appartiennent à l'intervalle [0 ; 8].
7. Le point de coordonnées (1 ; 2) est un point de la courbe $\mathcal{C}_f$.
8. Le point de la courbe $\mathcal{C}_f$ qui a pour abscisse 0 a pour ordonnée $f(0)$.
9. Il existe un point de la courbe $\mathcal{C}_f$ qui a une ordonnée supérieure à 6.
10. Trois points de la courbe $\mathcal{C}_f$ ont une ordonnée égale à −1.
11. Tous les points de la courbe $\mathcal{C}_f$ ont une ordonnée inférieure à 3.
12. Pour tout réel x de l'intervalle [0 ; 3], $f(x) \geq 0$.

➤ Pour vous aider, voir le chapitre 1, p. 16

Résoudre graphiquement une équation

QCM Choisir la (ou les) bonne(s) réponse(s).

		A	B	C	D
13.	Le réel 2 est solution de l'équation :	$f(x) = 0$	$f(x) = 1$	$f(x) = 2$	$f(x) = 3$
14.	L'équation $f(x) = -2$ possède :	exactement deux solutions	au moins une solution	trois solutions	une unique solution
15.	Les solutions de l'équation $f(x) = 1$ sont :	2 et 4	2, 4 et 8	−2	1, 5 et 7

➤ Pour vous aider, voir le chapitre 1, p.16

Variations d'une fonction

CHAPITRE 2

Au refuge du Goûter (à 3835 m d'altitude), un alpiniste peut observer qu'il est plus long de cuire un œuf dur qu'à Chamonix (à 1035 m). En effet, lorsque l'altitude augmente, la température d'ébullition de l'eau baisse et, donc, le temps de cuisson augmente. Au refuge, l'œuf cuit dans une eau à 87 °C alors qu'à Chamonix, il cuit dans une eau à 97 °C. Ce sont ces variations d'une quantité en fonction d'une autre que nous allons étudier dans ce chapitre.

Les notions du chapitre
- ✔ Sens de variation d'une fonction
- ✔ Extremum
- ✔ Résolution graphique d'inéquations
- ✔ Comparaison d'images
- ✔ Relations entre les ensembles
- ✔ Tracé d'une courbe avec une calculatrice

Logique Notations et raisonnement
p. 38, 40, 41, 42, 45, 47, 48, 50, 57

Algo Les algorithmes
p. 56

TICE Utilisation de logiciels
p. 34, 35, 43, 46, 54, 55

ACTIVITÉS

ACTIVITÉ 1 — La démographie de Toulon

Objectif
Introduire les notions de fonction croissante et de fonction décroissante.

Cours 1 Variations d'une fonction

Un graphique de l'évolution démographique de la ville de Toulon entre 1962 et 2010 est donné ci-dessous.

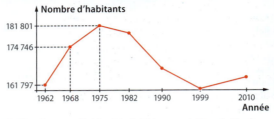

1. Pendant quelle(s) période(s) la population de Toulon :
a. a-t-elle augmenté ?   **b.** a-t-elle diminué ?

2. On note $f(x)$ le nombre d'habitants en l'année x (x étant compris entre 1962 et 2010). Par exemple, d'après le graphique, on a $f(1962) = 161\,797$.
a. Donner les valeurs de $f(1968)$ et de $f(1975)$.
b. Comment évoluent les valeurs de $f(x)$ lorsque x augmente de 1962 à 1975 ?
On dit que la fonction f est **croissante** sur l'intervalle [1962 ; 1975].
c. Sur quel autre intervalle la fonction f est-elle croissante ?

3. Comment évoluent les valeurs de $f(x)$ lorsque x augmente de 1975 à 1999 ?
On dit que la fonction f est **décroissante** sur l'intervalle [1975 ; 1999].

ACTIVITÉ 2 — Des aires en évolution

Objectif
Introduire la notion de sens de variation d'une fonction.

Cours 1 Variations d'une fonction

Fichier logiciel
→ www.bordas-indice.fr

ABC est un triangle isocèle en C tel que AB = 6 et AC = 5.
Un point N se déplace sur le segment [AB] en restant différent de A et de B.
M et P sont les points respectivement sur [BC] et [AC] tels que ANMP est un parallélogramme.

1. On pose AN = x.
a. Dans quel intervalle varie le réel x ?
b. En imaginant que le point N se déplace de A vers B, et donc que x augmente, décrire l'évolution de l'aire :
– du triangle ABC ;
– des triangles PMC et NBM ;
– du parallélogramme ANMP.
c. On donne ci-contre les représentations graphiques $\mathcal{C}_1$, $\mathcal{C}_2$, $\mathcal{C}_3$ et $\mathcal{C}_4$ des quatre fonctions qui à x associent chacune des aires de la question précédente.
Associer à chaque fonction sa représentation graphique.

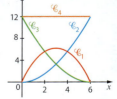

2. Afin de vérifier les réponses apportées à la question **1**, on utilise un logiciel de géométrie.
On déplace le point N de A vers B.
a. Observer les aires affichées par le logiciel et leur évolution.
Cela confirme-t-il les réponses données à la question **1. b** ?
b. On active le tracé des représentations graphiques des quatre fonctions associées à ces aires. Vérifier les réponses trouvées à la question **1. c**.

ACTIVITÉS

ACTIVITÉ 3 — Le choix d'un patron

Objectif
Introduire la notion de maximum.

Cours 2
Graphiques et inéquations

Fichier logiciel
→ www.bordas-indice.fr

Pour fabriquer une boîte dans une feuille carrée de 32 cm de côté, on dispose du patron ci-contre où x, y et h sont les longueurs (en cm) de trois arêtes consécutives de la boîte. Un logiciel de géométrie dynamique permet d'afficher (à 0,1 près) la valeur de x et celle du volume $V(x)$ de la boîte, ainsi que la représentation graphique de la fonction V qui à x associe le volume de la boîte.

Côté $x = 6{,}2$ cm
Volume $V(x) = 750{,}2$ cm^3

1. En déplaçant le **point C**, on fait varier x de 0 à 16.
Faire une conjecture sur :
a. les variations de la fonction V ;
b. le volume maximal que peut atteindre la boîte ;
c. la valeur de x pour laquelle le volume est maximal.

2. On admet que $V(x) = 2x^2(16 - x)$ et que le volume est maximal pour $x = \dfrac{32}{3}$.

a. À l'aide de la calculatrice, donner une valeur approchée de $V\left(\dfrac{32}{3}\right)$ à 0,0001 près.
b. La conjecture faite dans la question **1. b** est-elle juste ?

ACTIVITÉ 4 — Une belle journée d'été !

Objectif
Introduire la résolution graphique d'inéquations, ainsi que la définition formelle de la croissance d'une fonction.

Cours 2
Graphiques et inéquations

Cours 3
Comparaison d'images

Voici le relevé des températures, le 22 juillet dans une ville du Rhône.

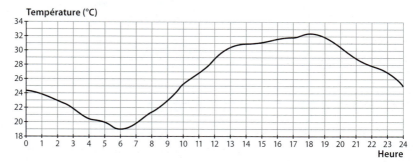

1. Sur quel(s) créneau(x) horaire(s) a-t-il fait :
a. moins de 23 °C ?   **b.** plus de 23 °C ?   **c.** moins de 29 °C ?   **d.** plus de 29 °C ?

2. On note f la fonction qui, à chaque heure, fait correspondre la température (en °C).
a. La question : « Quels sont tous les réels x tels que $f(x) < 23$? » est une formulation mathématique de l'une des questions précédentes. Laquelle ?
b. Que représentent les variables x et $f(x)$?
c. Reformuler de même les trois autres questions en utilisant x et $f(x)$.

3. a. Quel est le sens de variation de la fonction f sur l'intervalle $[6\,;18]$?
b. Donner les valeurs de $f(9)$ et de $f(14)$, puis recopier et compléter par $\leqslant$ ou $\geqslant$:
$$9 \ldots 14 \text{ et } f(9) \ldots f(14).$$
On dit que $f(9)$ et $f(14)$ sont **rangés dans le même ordre** que 9 et 14.
c. Choisir dans l'intervalle $[6\,;18]$ deux réels a et b.
$f(a)$ et $f(b)$ sont-ils rangés dans le même ordre que a et b ?

Chapitre 2 ■ Variations d'une fonction   **35**

COURS

1 Variations d'une fonction

▶ Premières définitions

Exemple : le graphique ci-dessous indique la vitesse du vent une certaine journée d'août à Carcassonne. On appelle f la fonction qui, à l'heure de la journée, fait correspondre la vitesse du vent (en km/h).

> **À noter**
> En allant de la gauche vers la droite, la courbe représentative d'une fonction croissante « monte » et celle d'une fonction décroissante « descend ».

Lorsque l'heure augmente de 0 à 15 heures, la vitesse du vent augmente.
On dit que la fonction f est **croissante** sur l'intervalle [0 ; 15].

Lorsque l'heure augmente de 15 à 24 heures, la vitesse du vent diminue.
On dit que la fonction f est **décroissante** sur l'intervalle [15 ; 24].

> **À noter**
> La courbe représentative d'une fonction constante est parallèle à l'axe des abscisses.

Définitions f est une fonction définie sur un ensemble D et I est un intervalle de D.
(1) La fonction f est **croissante** sur I signifie :
    si les valeurs de x augmentent dans I, alors les valeurs de $f(x)$ augmentent.
(2) La fonction f est **décroissante** sur I signifie :
    si les valeurs de x augmentent dans I, alors les valeurs de $f(x)$ diminuent.
(3) La fonction f est **constante** sur I signifie :
    sur I, les valeurs de $f(x)$ restent égales à un même nombre.

Décrire les variations d'une fonction f, c'est indiquer sur quel(s) intervalle(s) f est croissante, décroissante ou constante.

▶ Tableau de variation

> **À noter**
> Une flèche ↗ indique que la fonction est croissante, une flèche ↘ qu'elle est décroissante.

Les variations d'une fonction f peuvent être « résumées » dans un tableau, appelé **tableau de variation**.
La première ligne du tableau contient les bornes des intervalles sur lesquels f est croissante, décroissante ou constante.
La deuxième ligne contient les flèches qui symbolisent le sens de variation de f, et les images par f des valeurs de x mises dans la première ligne.

Exemple : le tableau de variation de la fonction f de l'exemple précédent est :

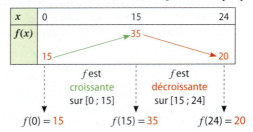

LES SAVOIR-FAIRE DU COURS

SAVOIR-FAIRE 1 — Décrire les variations à partir d'une situation
Voir l'exercice 22, p. 46

À 9 h du matin, Gabin commence à monter les escaliers de la Tour Eiffel. Il arrive au deuxième étage à 10 h et regarde le panorama pendant une heure. Puis il redescend et retrouve la terre ferme à 11 h et 30 min.
Décrire les variations de la fonction f qui, à l'heure, associe la distance séparant Gabin du sol.

Conseil
Pour décrire les variations d'une fonction, on identifie la variable, puis on décrit l'évolution de la quantité étudiée.

Solution commentée
De 9 h à 10 h, Gabin monte les escaliers : la distance qui le sépare du sol augmente et f est croissante sur l'intervalle [9 ; 10].
De 10 h à 11 h, il reste au sommet : f est constante sur l'intervalle [10 ; 11].
De 11 h à 11 h 30, il descend : la distance qui le sépare du sol diminue et f est décroissante sur l'intervalle [11 ; 11,5].

SAVOIR-FAIRE 2 — Dresser un tableau de variation à partir d'une courbe
Voir l'exercice 23, p. 46

f est la fonction définie sur l'intervalle [−2 ; 5] par sa courbe représentative $\mathcal{C}_f$. Décrire par des phrases les variations de f, puis dresser son tableau de variation.

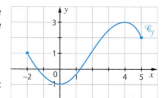

Conseil
Pour décrire les variations d'une fonction définie par sa courbe, on « parcourt » cette dernière en allant de la gauche vers la droite.

Solution commentée
Pour des valeurs de x allant de −2 à 0, $\mathcal{C}_f$ « descend » : f est décroissante sur l'intervalle [−2 ; 0].
Pour x allant de 0 à 4, $\mathcal{C}_f$ « monte » : f est croissante sur l'intervalle [0 ; 4].
Pour x allant de 4 à 5, $\mathcal{C}_f$ « descend » : f est décroissante sur l'intervalle [4 ; 5].
Le tableau de variation de la fonction f est :

x	−2		0		4		5
$f(x)$	1	↘	−1	↗	3	↘	2

SAVOIR-FAIRE 3 — Tracer une courbe à partir d'un tableau de variation
Voir les exercices 27 et 28, p. 46

f est une fonction dont le tableau de variation est donné ci-dessous.
1. Quel est l'ensemble de définition de f ?
2. Tracer dans un repère deux courbes pouvant représenter f.

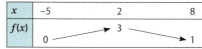

Méthode
Pour tracer une courbe à partir d'un tableau de variation, on commence par déterminer les points de la courbe donnés par le tableau.

Solution commentée
1. D'après la 1ᵉ ligne du tableau, les valeurs prises par x sont comprises entre −5 et 8 : l'ensemble de définition de f est l'intervalle [−5 ; 8].
2. D'après le tableau, $f(-5) = 0$, $f(2) = 3$ et $f(8) = 1$.
On en déduit que les points C (−5 ; 0), D (2 ; 3) et E (8 ; 1) sont des points de la courbe représentative de f.
On place ces points et on les relie en tenant compte du sens de variation de f : du point C au point D, la courbe doit « monter » ; du point D au point E, la courbe doit « descendre ».
Les deux courbes $\mathcal{C}_1$ et $\mathcal{C}_2$ ci-contre peuvent représenter f.

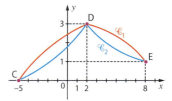

Chapitre 2 ■ Variations d'une fonction   **37**

COURS

2. Graphiques et inéquations

Extremum : maximum ou minimum

> **À noter**
> Sur un intervalle I, le maximum de f est l'ordonnée du point « le plus haut » de la courbe et le minimum est l'ordonnée du point « le plus bas ».

Le maximum (*respectivement le minimum*) d'une fonction f sur un intervalle donné est la plus grande (*respectivement la plus petite*) valeur prise par f sur cet intervalle.

Définitions Soit f une fonction définie sur un ensemble D, I un intervalle de D et a et b deux réels de l'intervalle I.
(1) f admet un **maximum** en a sur I signifie que, pour tout réel x de I : $f(x) \leqslant f(a)$.
$f(a)$ est le maximum de f sur I.
(2) f admet un **minimum** en b sur I signifie que, pour tout réel x de I : $f(x) \geqslant f(b)$.
$f(b)$ est le minimum de f sur I.

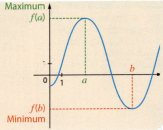

> **Vocabulaire**
> **Pour tout** signifie : *quel que soit*, ou encore : *pour n'importe quel*. Ces expressions sont des **quantificateurs**.

> **À noter**
> On utilise un **contre-exemple** pour montrer qu'une proposition définie pour tout réel x est fausse.

Logique Pour montrer qu'un réel n'est pas le maximum (*ou le minimum*) d'une fonction sur un intervalle, on peut utiliser un **contre-exemple**, comme dans la situation suivante.

f est la fonction définie sur $\mathbb{R}$ par : $f(x) = -x^2 + 4x - 0{,}9$.
D'après la courbe représentative de f, on conjecture que f admet un maximum égal à 3.
Si 3 est le maximum de f sur $\mathbb{R}$, alors on doit avoir, pour tout réel x : $f(x) \leqslant 3$. À l'aide d'une calculatrice, on dresse un tableau de valeurs de f. On remarque que $f(2) = 3{,}1$.
Or $3{,}1 > 3$ donc 3 n'est pas le maximum de f sur $\mathbb{R}$.
On a montré que la proposition « **pour tout** réel $x, f(x) \leqslant 3$ » est fausse en donnant un **contre-exemple**, c'est-à-dire en trouvant **un** réel qui n'a pas une image par f inférieure ou égale à 3.

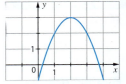

Résolution graphique d'inéquations

Propriétés Soit f et g deux fonctions définies sur un même ensemble D et $\mathcal{C}_f$ et $\mathcal{C}_g$ les courbes représentatives respectives de f et g dans un repère.
(1) Soit k un réel. Les solutions de l'inéquation $f(x) \geqslant k$ sont les abscisses des points de la courbe $\mathcal{C}_f$ qui ont une ordonnée supérieure ou égale à k.
(2) Les solutions de l'inéquation $f(x) \geqslant g(x)$ sont les abscisses des points de la partie de la courbe $\mathcal{C}_f$ située « au-dessus » de la courbe $\mathcal{C}_g$ (les points d'intersection éventuels des deux courbes étant compris).

> **À noter**
> Pour résoudre l'inéquation $f(x) > k$, on considère uniquement les points de la courbe dont l'ordonnée est strictement supérieure à k.

Exemples :

Inéquation $f(x) \geqslant k$

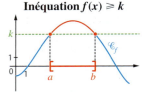

Inéquation $f(x) \geqslant g(x)$

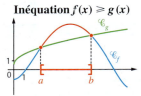

On a coloré en rouge les points de $\mathcal{C}_f$ qui ont une ordonnée supérieure ou égale à k. Leurs abscisses, c'est-à-dire les réels de l'intervalle $[a\,;\,b]$, sont les solutions de l'inéquation $f(x) \geqslant k$.

On a coloré en rouge la partie de $\mathcal{C}_f$ située « au-dessus » de $\mathcal{C}_g$ ainsi que les points d'intersection des deux courbes. Les abscisses des points colorés, c'est-à-dire les réels de l'intervalle $[a\,;\,b]$, sont les solutions de l'inéquation $f(x) \geqslant g(x)$.

LES SAVOIR-FAIRE DU COURS

SAVOIR-FAIRE 4 — Déterminer un extremum
Voir les exercices 39 et 40, p. 47

1. f est la fonction définie sur l'intervalle [0 ; 9] par la courbe ci-contre. Déterminer le maximum et le minimum de f sur l'intervalle [0 ; 9] et les valeurs de x pour lesquelles ces extremums sont atteints.

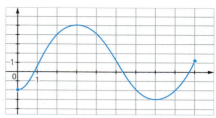

2. Voici le tableau de variation d'une fonction g :

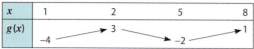

Déterminer, en précisant pour quelles valeurs de x ils sont atteints, le maximum et le minimum de g : **a.** sur l'intervalle [1 ; 8] ; **b.** sur l'intervalle [2 ; 8].

Solution commentée

1. Le maximum de f est l'ordonnée du point le « plus haut » de la courbe et le minimum est l'ordonnée du point le « plus bas ».
Sur l'intervalle [0 ; 9], le maximum de f est égal à 5. Il est atteint pour $x = 3$. Le minimum de f est égal à -3. Il est atteint pour $x = 7$.

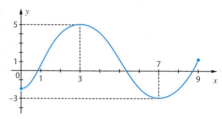

2. a. Sur l'intervalle [1 ; 8], g admet un maximum égal à 3 pour $x = 2$ et un minimum égal à -4 pour $x = 1$.
b. Sur l'intervalle [2 ; 8], g admet un maximum égal à 3 pour $x = 2$ et un minimum égal à -2 pour $x = 5$.

Méthode
Pour déterminer le maximum à partir d'un tableau de variation, on repère dans la 2ᵉ ligne du tableau la plus grande valeur prise par la fonction.

SAVOIR-FAIRE 5 — Résoudre graphiquement une inéquation
Voir l'exercice 53, p. 48

f et g sont deux fonctions définies sur l'intervalle [0 ; 5] par leurs courbes respectives $\mathcal{C}_f$ (en vert) et $\mathcal{C}_g$ (en bleu).
Résoudre graphiquement dans l'intervalle [0 ; 5] les inéquations suivantes : **a.** $f(x) \geqslant 2$; **b.** $f(x) < g(x)$.

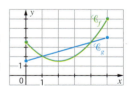

Méthode
Lorsque les solutions d'une inéquation sont tous les réels de différents intervalles, l'ensemble des solutions est la réunion de ces intervalles.

Solution commentée

a. Les solutions de l'inéquation $f(x) \geqslant 2$ sont les abscisses des points de $\mathcal{C}_f$ dont l'ordonnée est supérieure ou égale à 2 (en rouge sur le graphique ❶).
Leurs abscisses appartiennent à l'intervalle [0 ; 1] ou à l'intervalle [3 ; 5], donc l'ensemble des solutions est [0 ; 1] $\cup$ [3 ; 5].

b. On repère la partie de $\mathcal{C}_f$ « strictement au-dessous » de $\mathcal{C}_g$ (en rouge sur le graphique ❷).
Les points d'intersection des deux courbes ne sont pas compris puisque l'inégalité $f(x) < g(x)$ est une inégalité stricte. L'ensemble des solutions est l'intervalle]1 ; 4[.

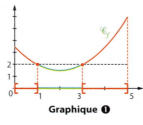
Graphique ❶

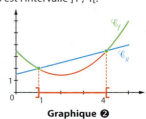
Graphique ❷

Chapitre 2 ■ Variations d'une fonction

COURS

3 Comparaison d'images

POINT HISTOIRE
C'est au XVIIe siècle que se développe l'étude des variations d'une fonction, avec notamment les travaux de **Newton** et de **Leibniz**.

Newton
Leibniz

Dans cette partie du cours sont présentées de nouvelles définitions de **fonction croissante** et de **fonction décroissante** : elles permettront de comparer les images de deux nombres et d'étudier le sens de variation d'une fonction.

Exemple : on reprend la fonction du **Cours 1**. Comme la vitesse du vent augmente de 0 à 15 heures, il y a moins de vent à 6 h qu'à 12 h.
Il y a également moins de vent à 9 h qu'à 10 h… et finalement, pour n'importe quels nombres a et b compris entre 0 et 15, lorsque a est inférieur à b, on peut dire qu'il y a moins de vent à a heures qu'à b heures.

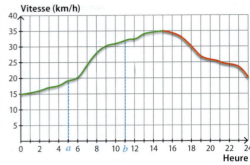

De nouvelles définitions

f est une fonction définie sur un ensemble D et I est un intervalle de D.

À noter
On aurait pu nommer les deux réels a et b par d'autres lettres : c et d, x_1 et x_2 etc.

Définition La fonction f est **croissante** sur I *signifie* :
Pour tous réels a et b de I, si $a \leq b$, alors $f(a) \leq f(b)$.
Les nombres $f(a)$ et $f(b)$ sont rangés dans le même ordre que a et b : on dit que f **conserve l'ordre**.

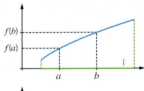

Définition La fonction f est **décroissante** sur I *signifie* :
Pour tous réels a et b de I, si $a \leq b$, alors $f(a) \geq f(b)$.
Les nombres $f(a)$ et $f(b)$ sont rangés dans l'ordre contraire de a et b : on dit que f **change l'ordre**.

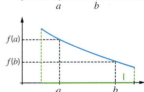

Définition La fonction f est **monotone** sur I *signifie* :
f est soit croissante sur I, soit décroissante sur I.

Logique
Pour montrer qu'une fonction n'est pas croissante, il suffit de donner un **contre-exemple**.

Logique
Pour déterminer le sens de variation d'une fonction f sur un intervalle I, il est essentiel de comparer $f(a)$ et $f(b)$ et ceci **pour tous** les réels a et b de I. **Un exemple ne suffit pas**. Pour la fonction de l'exemple, $f(6) = 20$ et $f(18) = 30$. On a donc $f(6) \leq f(18)$. Les réels 6 et 18 appartiennent à [0 ; 24] et $f(6)$ et $f(18)$ sont rangés dans le même ordre que 6 et 18. Pourtant, la fonction f n'est pas croissante sur l'intervalle [0 ; 24] !

Comparaison de deux images

Lorsque qu'une fonction f est monotone sur un intervalle I, on peut comparer les images $f(a)$ et $f(b)$ de deux réels a et b de I à l'aide des définitions précédentes.

Exemple : f est la fonction définie par la courbe donnée ci-contre. On veut comparer $f(4)$ et $f(5)$: $4 \leq 5$ et f est décroissante sur l'intervalle [4 ; 5] donc $f(4) \geq f(5)$.

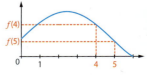

LES SAVOIR-FAIRE DU COURS

SAVOIR-FAIRE 6 — Utiliser un contre-exemple pour démontrer *Logique*

Voir l'exercice 66, p. 50

La fonction f est définie sur l'intervalle $[-1\,;3]$ par : $f(x) = -x^2 + 4x + 1$.

1. Recopier et compléter le tableau de valeurs de f ci-dessous.

x	–1	0	1	2	3
$f(x)$	…	…	…	…	…

2. Montrer que la fonction f n'est pas croissante sur l'intervalle $[-1\,;3]$.

Méthode
Pour montrer qu'une fonction n'est pas croissante sur un intervalle, il suffit de trouver deux réels a et b de cet intervalle tels que $a \leqslant b$ et $f(a) > f(b)$.

Solution commentée

1. $f(-1) = -(-1)^2 + 4 \times (-1) + 1 = -1 - 4 + 1 = -4$

On calcule de la même façon $f(0), f(1), f(2)$ et $f(3)$ et on obtient le tableau de valeurs ci-dessous.

x	–1	0	1	2	3
$f(x)$	–4	1	4	5	4

2. $f(2) = 5$ et $f(3) = 4$ donc $f(2) > f(3)$. On a $2 \leqslant 3$ et $f(2) > f(3)$: il existe donc deux réels 2 et 3 de l'intervalle $[-1\,;3]$ qui n'ont pas leurs images rangées dans le même ordre qu'eux.

On a montré que la proposition « Pour tous réels a et b de $[-1\,;3]$, si $a \leqslant b$, alors $f(a) \leqslant f(b)$ » est fausse.

On en déduit que la fonction f n'est pas croissante sur l'intervalle $[-1\,;3]$.

Remarque : la proposition « Pour tous réels a et b de $[-1\,;3]$, si $a \leqslant b$, alors $f(a) \leqslant f(b)$ » est fausse car la proposition « Il existe des réels a et b de $[-1\,;3]$ pour lesquels $a \leqslant b$ et $f(a) > f(b)$ » est vraie.

SAVOIR-FAIRE 7 — Comparer les images de deux nombres

Voir les exercices 70 et 71, p. 50

1. f est une fonction décroissante sur l'intervalle $[7\,;12]$.
Comparer les réels $f(8)$ et $f(10)$.

2. g est une fonction définie sur l'intervalle $[-2\,;9]$.
Son tableau de variation est donné ci-contre.
Comparer (si c'est possible) les réels suivants :
a. $g(6)$ et $g(8)$; **b.** $g(2)$ et $g(8)$.

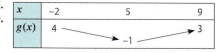

Conseil
Pour comparer les images de deux nombres par une fonction à partir du tableau de variation, on peut « placer » ces deux nombres et leurs images dans le tableau.

Solution commentée

1. Les réels 8 et 10 appartiennent à l'intervalle $[7\,;12]$. Sur cet intervalle, f est décroissante, donc f change l'ordre : comme $8 \leqslant 10$, on en déduit que $f(8) \geqslant f(10)$.

2. a. Pour s'aider, on peut « placer » les réels 6 et 8 et leurs images $g(6)$ et $g(8)$ dans le tableau :

Les réels 6 et 8 appartiennent à l'intervalle $[5\,;9]$. Sur cet intervalle, g est croissante, donc g conserve l'ordre : comme $6 \leqslant 8$, on en déduit que $g(6) \leqslant g(8)$.

b. La fonction g n'est pas monotone sur l'intervalle $[2\,;8]$: sans autre information sur g, on ne peut pas comparer $g(2)$ et $g(8)$.

Voici deux exemples de courbes pouvant représenter la fonction g :

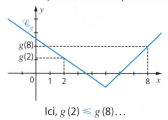

Ici, $g(2) \leqslant g(8)$…

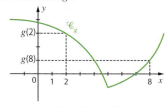

et là, $g(2) \geqslant g(8)$.

Chapitre 2 ■ Variations d'une fonction

NOTATIONS

Relations entre les ensembles

Les mots « inclus », « intersection », « réunion » et « complémentaire » sont utilisés couramment : « le prix du vol aller-retour est **inclus** dans le prix du séjour » ; « on s'attend à l'**intersection** des deux routes », « la **réunion** des pièces du dossier est faite » ; « ces personnes sont **complémentaires** »… Le sens de ces mots dans le langage mathématique est proche du sens qu'on peut leur donner dans ces phrases. Dans ce qui suit, A et B désignent des ensembles.

Inclusion

A est **inclus** dans B lorsque tous les éléments de A appartiennent à B. On note $A \subset B$.

Exemples : ● Tous les pays de la zone euro sont dans l'Union européenne. L'ensemble des pays de la zone euro est **inclus** dans l'ensemble des pays de l'Union européenne.

● **Inclusion des ensembles de nombres** : on a vu au chapitre précédent (p. 18) que tout entier naturel est un entier relatif, que tout entier relatif est un nombre décimal, que tout décimal est un rationnel et que tout rationnel est un réel, soit : $\mathbb{N} \subset \mathbb{Z} \subset \mathbb{D} \subset \mathbb{Q} \subset \mathbb{R}$.

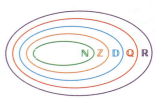

Intersection et réunion

L'**intersection** de A et de B est l'ensemble des éléments communs à A et à B. On note cet ensemble $A \cap B$ et on lit « A inter B ».

Exemples : ● L'**intersection** de l'ensemble des mammifères et de l'ensemble des ovipares est l'ensemble formé des deux mammifères qui pondent des œufs : l'ornithorynque et l'échidné.

● Soit $I = [2 ; 5]$ et $J = [4 ; 9]$:

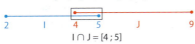

La **réunion** de A et de B est l'ensemble des éléments qui appartiennent à A ou à B, ou aux deux à la fois. On note cet ensemble $A \cup B$ et on lit « A union B ».

Exemples : ● La **réunion** de l'ensemble des fruits que l'on peut manger pendant les grandes vacances et de l'ensemble des fruits que l'on peut manger en septembre est l'ensemble des fruits que l'on peut manger en été.

● Soit les intervalles $I = [2 ; 5]$ et $J = [4 ; 9]$:

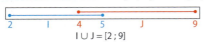

Complémentaire

Lorsque A est inclus dans B, le **complémentaire** de A dans B est l'ensemble des éléments de B qui n'appartiennent pas à A. On note cet ensemble $\overline{A}$.

Exemple : le **complémentaire** de l'ensemble des vertébrés dans le monde animal est l'ensemble des invertébrés.

FICHE TICE

Construire la courbe représentative d'une fonction

Flasher pour voir les 2 vidéos

Dans cette page, on considère la fonction f définie sur $\mathbb{R}$ par : $f(x) = x^2 - 2x - 5$.

Avec une calculatrice Casio

1 Choisir une fenêtre d'affichage
Appuyer sur **MENU** et choisir le mode **GRAPH**.

a. Choisir la fenêtre standard
Aller dans le menu **V-Window** (touches **SHIFT** **F3**), choisir *STD* (touche **F3**). Valider avec **EXE**. La **fenêtre standard** d'affichage est : Xmin = –10, Xmax = 10, Ymin = –10 et Ymax = 10.

b. Choisir une autre fenêtre d'affichage
Utiliser l'instruction **V-Window** (touches **SHIFT** **F3**) et saisir les paramètres souhaités, en validant avec **EXE**.

2 Tracer la courbe
Appuyer sur **MENU** et choisir le mode **GRAPH**.
Saisir l'expression de la fonction étudiée en **Y1** (par exemple), en utilisant **X,θ,T** pour obtenir la variable. Valider avec **EXE**.
Choisir alors *DRAW* (touche **F6**).

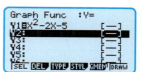

3 Utiliser la fonction Trace
La courbe étant affichée à l'écran, utiliser la commande **Trace** (touches **SHIFT** **F1**). Déplacer la croix à l'aide des flèches horizontales du pavé directionnel. Celle-ci parcourt la courbe. Les coordonnées du pointeur sont affichées au bas de l'écran.

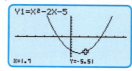

4 Utiliser le menu Zoom
La courbe étant affichée à l'écran, accéder au menu **Zoom** (touches **SHIFT** **F2**). Choisir **BOX** (touche **F1**). Avec les flèches du pavé directionnel, construire un rectangle contenant la partie désirée de la courbe : valider (avec **EXE**) le premier, puis le dernier sommet du rectangle.

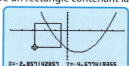

Avec une calculatrice Texas

1 Choisir une fenêtre d'affichage

a. Choisir la fenêtre standard
Appuyer sur **zoom**. Choisir *6:ZStandard*. Valider avec **entrer**.
La **fenêtre standard** d'affichage est :
Xmin = –10, Xmax = 10,
Ymin = –10 et Ymax = 10.

b. Choisir une autre fenêtre d'affichage
Appuyer sur **fenêtre** et saisir les paramètres souhaités.

2 Tracer la courbe
Appuyer sur **f(x)**.
Saisir l'expression de la fonction étudiée en **Y1** (par exemple), en utilisant **x, t, θ, n** pour obtenir la variable.
Appuyer alors sur **graphe**.

3 Utiliser la fonction Trace
Appuyer sur **trace**.
Déplacer la croix à l'aide des flèches du pavé directionnel. Celle-ci parcourt la courbe. Les coordonnées du pointeur sont affichées au bas de l'écran.

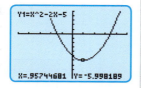

4 Utiliser le menu Zoom
Appuyer sur **zoom**.
Choisir *1:Zboîte*.
Valider avec **entrer**.
Avec les flèches du pavé directionnel, construire un rectangle contenant la partie désirée de la courbe : valider avec **entrer** le premier, puis le dernier sommet du rectangle.

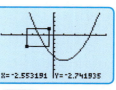

Chapitre 2 ■ Variations d'une fonction

EXERCICES

Parcours en autonomie (corrections en fin de manuel)
Maîtriser les bases 5 • 9 • 11 • 18
Préparer le contrôle 24 • 41 • 54 • 72

Pour démarrer

Variations d'une fonction – Extremum

1 En direct du cours !
La courbe ci-contre représente une fonction f.

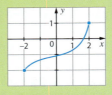

1. Sur l'intervalle $[-2 ; 2]$, lorsque x augmente, les valeurs de $f(x)$ augmentent-t-elles ou diminuent-t-elles ?

2. Quel est le sens de variation de f sur $[-2 ; 2]$?

2 Voici le tableau de variation d'une fonction g définie sur l'intervalle $[-2 ; 3]$:

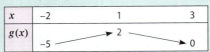

1. Indiquer un intervalle sur lequel g est décroissante.
2. Quelle est la valeur de $g(3)$?

3 Lorsque l'altitude augmente, la température d'ébullition de l'eau baisse et le temps de cuisson d'un œuf augmente.

Quel est le sens de variation des fonctions qui, à l'altitude, associent :
1. la température d'ébullition de l'eau ?
2. le temps de cuisson d'un œuf ?

4 Parmi les courbes $\mathcal{C}_1$, $\mathcal{C}_2$ et $\mathcal{C}_3$ suivantes, laquelle ne représente pas une fonction croissante sur l'intervalle $[-1 ; 2]$? Justifier la réponse.

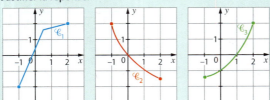

5 Voici la courbe représentative d'une fonction f.
Quel est le sens de variation de f :

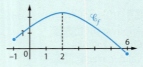

1. sur l'intervalle $[-1 ; 2]$?
2. sur l'intervalle $[2 ; 6]$?

6 Tracer dans un repère une courbe pouvant représenter une fonction f décroissante sur l'intervalle $[1 ; 4]$ et telle que $f(1) = 3$ et $f(4) = 2$.

7 La fonction f est définie sur l'intervalle $[1 ; 6]$ par la courbe $\mathcal{C}_f$ ci-contre.

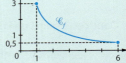

1. Quel est le sens de variation de f sur l'intervalle $[1 ; 6]$?
2. Quelles sont les valeurs de $f(1)$ et de $f(6)$?
3. Parmi les deux tableaux de variation ci-dessous, quel est celui qui correspond à la fonction f ?

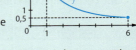

8 Voici la courbe représentative $\mathcal{C}_f$ d'une fonction f.

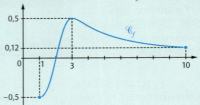

1. Quel est le sens de variation de f :
a. sur l'intervalle $[1 ; 3]$? **b.** sur l'intervalle $[3 ; 10]$?
2. Quelles sont les valeurs de $f(1)$, de $f(3)$ et de $f(10)$?
3. Recopier et compléter le tableau de variation suivant.

9 On donne le tableau de variation d'une fonction f :

1. Quel est l'ensemble de définition de f ?
2. Quel est le sens de variation de f sur $[-2 ; 3]$?
3. a. Indiquer les valeurs de $f(-2)$ et de $f(3)$.
b. En déduire les coordonnées de deux points de la courbe représentative de f.

10 Voici le tableau de variation d'une fonction f :

1. Quel est le sens de variation de f :
a. sur l'intervalle $[0 ; 1]$ **b.** sur l'intervalle $[1 ; 5]$?
2. Dans un repère, tracer une courbe pouvant représenter f.

EXERCICES

11 *f* est une fonction définie par la courbe $\mathcal{C}_f$ ci-contre.

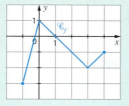

1. Quel est le maximum de *f* sur l'intervalle [−1 ; 4] ? Pour quelle valeur de *x* est-il atteint ?

2. Quel est le minimum de *f* sur l'intervalle [−1 ; 4] ?
Pour quelle valeur de *x* est-il atteint ?

12 *f* est la fonction de l'exercice **11**.
1. Reproduire la courbe de *f* sur l'intervalle [1 ; 4].
2. Déterminer le maximum et le minimum de *f* sur [1 ; 4].

Résolution graphique d'inéquations

13 **En direct du cours !**
f est la fonction définie sur l'intervalle [0 ; 6] par la courbe $\mathcal{C}_f$ ci-contre.

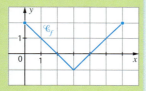

1. Reproduire la courbe et colorer en rouge tous les points qui ont une ordonnée inférieure ou égale à 1.

2. En déduire les solutions de l'inéquation $f(x) \leq 1$.

14 La fonction *f* est définie sur [1 ; 8] par la courbe $\mathcal{C}_f$ ci-contre.

1. Reproduire la courbe et colorer en rouge tous les points qui ont une ordonnée supérieure ou égale à 2.

2. En déduire les solutions de l'inéquation $f(x) \geq 2$.

15 On suppose que le graphique ci-dessous représente, pour une année donnée, la croissance moyenne de la population (en %) selon la proximité avec la ville de Poitiers.

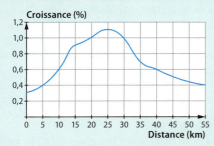

1. À quelles distances de Poitiers se trouvent les zones où la croissance a été supérieure à 1 % ?

2. À quelles distances de Poitiers se trouvent les zones où la croissance a été inférieure à 0,6 % ?

Comparaison d'images

16 **En direct du cours !**
Soit *f* la fonction définie sur l'intervalle [−3 ; 3] par la courbe ci-contre.

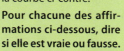

Pour chacune des affirmations ci-dessous, dire si elle est vraie ou fausse.

1. Sur l'intervalle [1 ; 3], *f* conserve l'ordre.

2. $f(2) \leq f(3)$ **3.** $f(-3) \leq f(-1)$

17 Voici la courbe $\mathcal{C}_f$ représentative d'une fonction *f*.

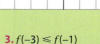

1. Quel est le sens de variation de *f* sur l'intervalle [0 ; 5] ?

2. a. Reproduire ce graphique et le compléter en plaçant $f(4)$.
b. Le nombre $f(4)$ est-il supérieur ou inférieur au nombre $f(2)$?

3. Recopier et compléter par $\leq$ ou $\geq$.
a. $f(2) ... f(4)$ **b.** $f(1) ... f(3)$ **c.** $f(4) ... f(1)$

18 Voici le tableau de variation d'une fonction *f*.

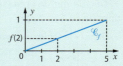

1. Tracer dans un repère une courbe pouvant représenter *f* et placer sur l'axe des ordonnées les nombres $f(3)$ et $f(6)$.

2. Comparer $f(3)$ et $f(6)$.

Notations mathématiques

19 **Logique**
1. Sur un même axe, et avec des couleurs différentes, représenter les intervalles I = [−3 ; 5], J =]0 ; 2] et K = [0 ; +∞[.
2. Parmi les affirmations ci-dessous, lesquelles sont justes ?
a. I ⊂ J **b.** J ⊂ I **c.** J ⊂ K **d.** I ⊂ K

20 **Logique**
Dans chaque cas, déterminer les ensembles I ∩ J et I ∪ J.
a. I =]1 ; 3] et J = [0 ; 2].
b. I =]−∞ ; 3] et J = [1 ; 5].
c. I = {2 ; 4 ; 6} et J = {1 ; 2 ; 4 ; 8}.

21 **Logique**
Dans chacun des cas suivants, déterminer le complémentaire de l'ensemble A dans E.
a. A =]−∞ ; 3] et E = ℝ.
b. A =]2 ; +∞[et E = ℝ.
c. A = {1 ; 2 ; 3} et E = {0 ; 1 ; 2 ; 3 ; 4}.

EXERCICES

Parcours en autonomie (corrections en fin de manuel)
Maîtriser les bases 5 . 9 . 11 . 18
Préparer le contrôle 24 . 41 . 54 . 72

Pour s'entraîner

Variations d'une fonction

22 On dissout 300 g de sucre en le recouvrant d'eau. Déterminer le sens de variation des fonctions qui, au temps écoulé depuis le moment où on a mis l'eau, associent :
a. la quantité de sucre dissous ;
b. la quantité de sucre non dissous.

SAVOIR-FAIRE **1** p. 37

23 f est la fonction définie sur l'intervalle $[-1\,;5]$ par la courbe $\mathscr{C}_f$ ci-contre.
1. Décrire par des phrases les variations de f.
2. Dresser le tableau de variation de f.

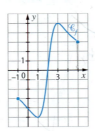

SAVOIR-FAIRE **2** p. 37

24 **Préparer le contrôle**
Reprendre l'exercice précédent avec la fonction f définie sur l'intervalle $[-4\,;7]$ par la courbe $\mathscr{C}_f$ ci-dessous.

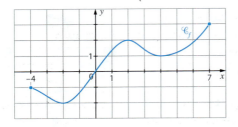

25 Tracer dans un repère une courbe pouvant représenter une fonction f croissante sur $[-5\,;-2]$ et sur $[1\,;5]$ et décroissante sur $[-2\,;1]$ telle que $f(-5) = f(1) = 0$ et $f(-2) = f(5) = 3$.

26 Dans un repère, on considère les points A(0 ; 1) et B(5 ; 4).
1. Tracer une courbe passant par les points A et B et représentant une fonction croissante sur $[0\,;5]$.
2. Tracer une courbe passant par les points A et B et représentant une fonction qui n'est pas croissante sur $[0\,;5]$.

27 Voici le tableau de variation d'une fonction f.

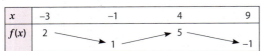

1. Quel est l'ensemble de définition de f ?
2. Décrire par des phrases les variations de f.
3. Tracer dans un repère une courbe pouvant représenter f.

SAVOIR-FAIRE **3** p. 37

28 Reprendre l'exercice précédent avec le tableau de variation ci-dessous.

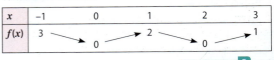

SAVOIR-FAIRE **3** p. 37

29 Soit x un réel strictement compris entre 0 et 10.

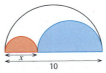

1. Décrire l'évolution de l'aire du demi-disque rouge et celle de l'aire du demi-disque bleu lorsque x augmente.
2. Soit f, g et h les fonctions définies sur $]0\,;10[$ qui à x associent respectivement l'aire du demi-disque rouge, l'aire du demi-disque bleu et l'aire de la partie colorée.
Voici les courbes représentatives de ces trois fonctions :

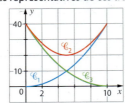

a. Associer à chacune des fonctions f et g sa courbe représentative.
b. En déduire quelle courbe représente la fonction h.
c. Avec la précision permise par le graphique, décrire les variations de la fonction h.

30 TICE OABC est un rectangle tel que OA = 3 et OC = 4. M est un point qui se déplace sur le segment [OC]. On pose OM = x. On note $f(x)$ l'aire du triangle OAM, $g(x)$ l'aire du triangle MBC et $h(x)$ l'aire du triangle ABM.

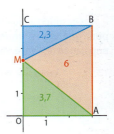

1. À l'aide d'un logiciel de géométrie dynamique :
a. Construire les points O, A, B et C.
b. Construire le segment [OC], puis le point M sur ce segment.
c. Construire les polygones OAM, MBC et ABM, et faire afficher leur aire.
d. Déplacer le point M sur le segment [OC] et faire une conjecture sur le sens de variation de chacune des fonctions f, g et h.
2. Exprimer $f(x)$, $g(x)$ et $h(x)$ en fonction de x. Que peut-on penser des conjectures faites dans la question précédente ?

EXERCICES

31 La fonction f est définie sur l'intervalle $[-3\,;4]$ par :
$$f(x) = -4x^2 + 16x + 50.$$
1. Construire le tableau de valeurs de f pour x variant de -3 à 4 avec un pas de 1.
2. Choisir une fenêtre qui permettra d'afficher toute la courbe représentative de f sur l'écran de la calculatrice.
3. Tracer la courbe et faire une conjecture sur les variations de la fonction f.

32 f est la fonction définie sur $[-4\,;4]$ par :
$$f(x) = x^4 - 18x^2.$$
1. Trouver la fenêtre qu'il faut choisir sur la calculatrice pour voir afficher l'écran ci-contre.
2. Faire une conjecture sur les variations de f.

33 f est une fonction définie sur $[-1\,;4]$.
À l'aide de la calculatrice, faire une conjecture sur les variations de f lorsque l'expression de f est :
a. $f(x) = -x^3 + 3x^2$ **b.** $f(x) = \dfrac{1}{x^2 + 25}$

VRAI - FAUX

Pour les exercices **34** *à* **38**, *indiquer si les affirmations sont vraies ou fausses puis justifier.*
f est une fonction dont le tableau de variation est donné ci-dessous.

34 f est définie sur l'intervalle $[0\,;9]$.

35 $f(1) = 3$

36 Le point de coordonnées $(0\,;2)$ est un point de la courbe représentative de f.

37 f est croissante sur l'intervalle $[1\,;5]$.

38 Sur l'intervalle $[1\,;3]$, f est décroissante.

Extremum d'une fonction

39 La fonction f est définie sur l'intervalle $[-1\,;5]$ par la courbe ci-contre.
Déterminer le maximum et le minimum de f sur l'intervalle $[-1\,;5]$ et les valeurs de x pour lesquels ils sont atteints.

SAVOIR-FAIRE **4** p. 39

40 Voici le tableau de variation d'une fonction f.

Déterminer, en précisant pour quelles valeurs de x ils sont atteints, le minimum et le maximum de f :
a. sur l'intervalle $[0\,;7]$;   **b.** sur l'intervalle $[1\,;7]$.

SAVOIR-FAIRE **4** p. 39

41 **Préparer le contrôle**
f est la fonction définie sur l'intervalle $[-3\,;3]$ par :
$$f(x) = -x^3 + 3x.$$
Son tableau de variation est donné incomplet ci-dessous.

1. Recopier et compléter le tableau de variation de f.
2. Déterminer le minimum et le maximum de f sur $[-3\,;3]$.
3. Recopier et compléter les propositions ci-dessous.
a. Si $1 \leq x \leq 3$, alors $\ldots \leq f(x) \leq \ldots$.
b. Si $x \in [-3\,;3]$, alors $f(x) \in \ldots$.

42 **Logique**
Voici le tableau de variation d'une fonction f.

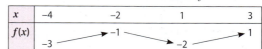

Dire, en justifiant, si les énoncés suivants sont vrais ou faux.
1. Pour tout réel x tel que $-4 \leq x \leq 3$, on a $f(x) \leq 2$.
2. Il existe un réel x de $[-4\,;1]$ tel que $f(x) \geq 0$.
3. Pour tout réel x tel que $-4 \leq x \leq 3$, on a $f(x) \geq -3$.
4. Pour tout réel x tel que $-2 \leq x \leq 3$, on a $f(x) \leq 0$.

43 f est la fonction définie sur l'intervalle $[-3\,;2]$ par :
$$f(x) = 9x^4 + 27x^3 - 100.$$
1. Avec un tableur, on a obtenu un tableau de valeurs de f et la courbe ci-dessous.

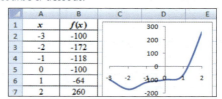

En utilisant les résultats de la feuille de calcul ci-dessus, indiquer quel semble être le minimum de f sur l'intervalle $[-3\,;2]$.
2. a. Calculer $f(-2{,}25)$.
b. Que peut-on penser de la conjecture faite dans la question **1** ? Justifier la réponse.

Chapitre 2 ■ Variations d'une fonction **47**

EXERCICES

EXERCICE RÉSOLU

44 Déterminer algébriquement un extremum

Énoncé
f est la fonction définie sur $\mathbb{R}$ par : $f(x) = (x-2)^2 + 5$.
1. Calculer $f(2)$, puis $f(x) - f(2)$.
2. Montrer que la fonction f admet un minimum sur $\mathbb{R}$.

Solution commentée
1. $f(2) = (2-2)^2 + 5 = 5$
$f(x) - f(2) = (x-2)^2 + 5 - 5 = (x-2)^2$
2. Pour tout réel x, $(x-2)^2 \geq 0$ donc $f(x) - f(2) \geq 0$ et $f(x) \geq f(2)$. On en déduit (d'après la définition du minimum) que f admet un minimum en 2 et que ce minimum est égal à $f(2)$, soit 5.

45 f est la fonction définie sur $\mathbb{R}$ par : $f(x) = (x+3)^2 - 7$.
1. Calculer $f(-3)$, puis $f(x) - f(-3)$.
2. Montrer que la fonction f admet un minimum sur $\mathbb{R}$.

46 f est la fonction définie sur $\mathbb{R}$ par : $f(x) = 9 - (x-1)^2$.
1. Calculer $f(1)$, puis $f(x) - f(1)$.
2. Montrer que la fonction f admet un maximum sur $\mathbb{R}$.

47 Un joueur de pétanque veut envoyer sa boule près du cochonnet qui est à une distance de 6 m. Il lâche la boule à une hauteur de 1,5 m du sol. On suppose que la hauteur (en mètres) de la boule est donnée par : $f(x) = -0,18x^2 + 0,84x + 1,5$ où x appartient à l'intervalle $[0 ; 6]$.

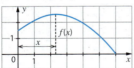

1. Avec la précision permise par le graphique, indiquer le maximum de f sur l'intervalle $[0 ; 6]$.
2. Pour ne pas toucher les branches d'un arbre, la boule ne doit pas dépasser une hauteur de 2,5 mètres.
Peut-on penser que la boule va respecter cet objectif ?
3. Avec un logiciel de calcul formel, on a factorisé $f(x) - f\left(\dfrac{7}{3}\right)$ et obtenu l'écran ci-dessous :

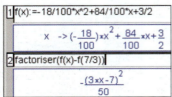

a. En déduire la hauteur maximale exacte atteinte par la boule lors du lancer.
b. Que peut-on penser de la réponse apportée à la question 2 ?

48 Logique 1. Soit f une fonction définie sur $\mathbb{R}$.
La proposition suivante est-elle vraie ?
« Si f admet un maximum égal à 2, alors $f(4) \leq 2$. »
2. Énoncer la réciproque de cette proposition.
3. Cette nouvelle proposition est-elle vraie ?

Aide Pour prouver qu'une proposition est fausse, on peut chercher un contre-exemple.
Ici, on peut imaginer une fonction définie par sa courbe.

VRAI - FAUX

Pour les exercices **49** à **52**, indiquer si les affirmations sont vraies ou fausses, puis justifier.
f est une fonction définie sur $\mathbb{R}$ qui admet un maximum égal à 5 pour x égal à 2 et telle que, pour tout réel x, on a $f(x) \geq f(7)$.

49 $f(2) = 5$

50 Pour tout réel x, $f(x) \leq 2$.

51 f admet un minimum égal à 7.

52 Pour tout réel x, $f(7) \leq f(x) \leq f(2)$.

Résolution graphique d'inéquations

53 Voici la courbe représentative d'une fonction f définie sur l'intervalle $[-3 ; 6]$.

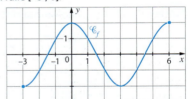

Résoudre graphiquement dans l'intervalle $[-3 ; 6]$ les inéquations suivantes.
1. $f(x) > 1$ 2. $f(x) \leq 1$ 3. $f(x) > -1$

SAVOIR-FAIRE **5** p. 39

54 Préparer le contrôle
f et g sont deux fonctions définies sur l'intervalle $[-2 ; 4]$ par leurs courbes représentatives respectives $\mathcal{C}_f$ et $\mathcal{C}_g$.

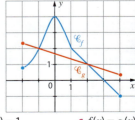

1. Résoudre graphiquement dans l'intervalle $[-2 ; 4]$ les équations suivantes.

a. $f(x) = 2$ b. $g(x) = 1$ c. $f(x) = g(x)$

2. Résoudre graphiquement dans l'intervalle $[-2 ; 4]$ les inéquations suivantes.

a. $f(x) \leq 2$ b. $g(x) > 1$ c. $f(x) > g(x)$ d. $f(x) \leq g(x)$

EXERCICES

55 f et g sont deux fonctions définies sur l'intervalle $[-1 ; 6]$ par $f(x) = -x + 3$ et $g(x) = x^2 - 6x + 7$.
On a tracé sur une calculatrice les courbes représentatives de f et g. En utilisant la fonction **Trace** de la calculatrice, on a obtenu les écrans ci-dessous :

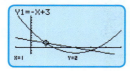 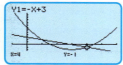

1. Résoudre graphiquement l'équation $f(x) = g(x)$.
2. Résoudre graphiquement l'inéquation $f(x) \geq g(x)$.

Aide question 2. Remarquer que f est une fonction affine et en déduire quelle courbe représente f et quelle courbe représente g.

56 f et g sont les fonctions définies sur $[-2 ; 2]$ par :
$f(x) = 3x^2 + 1$ et $g(x) = x^3 - x + 4$.
Résoudre graphiquement à l'aide d'une calculatrice les inéquations ci-dessous.
a. $f(x) < g(x)$ **b.** $f(x) > g(x)$

EXERCICE RÉSOLU

57 **Résoudre un problème avec une inéquation**

Énoncé

Une entreprise fabrique de la peinture. On note $B(x)$, le bénéfice (en centaines d'euros) réalisé pour x hectolitres de peinture vendus, avec x appartenant à l'intervalle $[0,5 ; 5]$. La courbe $\mathcal{C}_B$ représentative de la fonction B qui à x associe $B(x)$, est donnée ci-après.

Pour quelles quantités de peinture vendues l'entreprise réalise-t-elle un bénéfice supérieur à 200 € ?

Solution commentée

Les quantités x de peinture à vendre pour que l'entreprise réalise un bénéfice supérieur à 200 €, c'est-à-dire à deux centaines d'euros, sont celles qui vérifient $B(x) \geq 2$.
D'après le graphique, l'ensemble des solutions de cette inéquation est $[2 ; 3,5]$: le bénéfice est supérieur à 200 euros lorsque l'entreprise vend entre 2 et 3,5 hectolitres de peinture.

58 Un fournisseur d'accès à internet a mené une enquête auprès de ses abonnés.
On note f la fonction qui, à l'âge x d'un abonné (exprimé en années), associe la durée moyenne de connexion en fin de semaine (exprimée en minutes). La courbe représentant f est donnée ci-dessous.

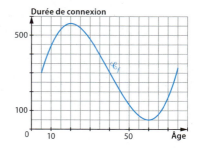

Avec la précision permise par le graphique, répondre aux questions suivantes.
1. a. Résoudre graphiquement l'inéquation $f(x) \leq 180$.
b. Que signifie pour le distributeur d'accès à internet la réponse à la question précédente ?
2. Quelle est la tranche d'âge des internautes qui se sont connectés au moins 6 heures en fin de semaine ?

59 Un artisan achète du bois, soit dans une grande surface au prix de 52 € le m³, soit dans une scierie où le prix est donné par : $g(x) = x^3 - 18x^2 + 108x$, où x désigne la quantité de bois achetée, exprimée en m³, avec $0 < x \leq 15$.

1. Déterminer en fonction de x le prix $f(x)$ du bois acheté en grande surface.

2. Les courbes $\mathcal{C}$ et (d) des fonctions f et g sont représentées ci-contre. Quelle courbe représente f ?

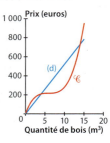

3. Déterminer graphiquement quel fournisseur propose le prix le plus bas si l'artisan achète 10 m³ de bois.

4. a. Vérifier que $f(4) = g(4)$.
b. Calculer $f(14)$ et $g(14)$.
c. Résoudre l'inéquation $f(x) \geq g(x)$.
d. En déduire pour quelles quantités il est plus avantageux pour l'artisan d'acheter son bois à la scierie.

60 f est une fonction définie sur $\mathbb{R}$. L'ensemble des réels x tels que $f(x) \leq 0$ est l'intervalle $I = [5 ; +\infty[$.
1. Quel est le complémentaire de l'intervalle I dans $\mathbb{R}$?
2. En déduire l'ensemble des réels x tels que $f(x) > 0$.

Chapitre 2 ■ Variations d'une fonction

EXERCICES

61 f est une fonction définie sur $\mathbb{R}$. On sait que l'ensemble des solutions de l'inéquation $f(x) \geq 3$ est l'intervalle $I = [1 ; +\infty[$ et que l'ensemble des solutions de l'inéquation $f(x) \leq 7$ est l'intervalle $J =]-\infty ; 5]$.

1. Déterminer $I \cap J$.

2. En déduire l'ensemble des réels x qui vérifient $3 \leq f(x) \leq 7$, c'est-à-dire qui vérifient à la fois $f(x) \geq 3$ et $f(x) \leq 7$.

VRAI - FAUX

Pour les exercices **62** à **65**, indiquer si les affirmations sont vraies ou fausses, puis justifier.

Les courbes représentatives de deux fonctions f et g définies sur l'intervalle $[-1 ; 4]$ sont données ci-contre.

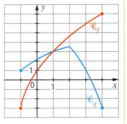

62 Le réel -1 est solution de l'inéquation $f(x) > 0$.

63 Le réel 2 est solution de l'inéquation $g(x) < 3$.

64 L'ensemble des solutions de l'inéquation $f(x) \leq g(x)$ est l'intervalle $[-3 ; 3]$.

65 L'ensemble des solutions de l'inéquation $f(x) > g(x)$ est l'intervalle $]1 ; 4]$.

Comparaison d'images

66 f est la fonction définie sur l'intervalle $[1 ; 5]$ par :
$$f(x) = -x^2 + 8x - 3.$$

1. Recopier et compléter le tableau de valeurs de f ci-dessous.

x	1	2	3	4	5
$f(x)$	...	...	...	...	...

2. Montrer que la fonction f n'est pas croissante sur $[1 ; 5]$.

SAVOIR-FAIRE **6** p. 41

67 f est une fonction définie sur l'intervalle $[1 ; 15]$. Sa courbe représentative $\mathcal{C}_f$ passe par les points $A(1 ; 7)$, $B(5 ; 2)$ et $C(15 ; 4)$.
Montrer que la fonction f n'est pas décroissante sur $[1 ; 15]$.

68 **Logique** **1.** Soit f une fonction définie sur $\mathbb{R}$.
La proposition suivante est-elle vraie ?
« Si f est croissante sur l'intervalle $[1 ; 5]$, alors $f(1) \leq f(5)$. »

2. Énoncer la proposition réciproque de cette proposition.

3. Cette nouvelle proposition est-elle vraie ?

Aide Se rapporter à l'aide de l'exercice **48**.

69 Jusqu'à l'âge de 20 ans, le nombre de neurones de Pollux a augmenté, puis a diminué jusqu'à ses 70 ans.

Soit f la fonction qui, à l'âge de Pollux, associe le nombre de ses neurones.

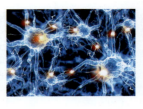

1. Décrire les variations de la fonction f sur l'intervalle $[0 ; 70]$.

2. Comparer en justifiant les réels $f(7)$ et $f(11)$.

3. Comparer en justifiant les réels $f(27)$ et $f(59)$.

4. Que signifient pour Pollux les réponses aux questions **2** et **3** ?

LE SAVIEZ-VOUS ?

Un neurone est une cellule du système nerveux qui transmet et propage, en fonction des informations qu'il reçoit, des signaux électriques. Le cerveau serait composé d'environ 100 milliards de neurones.

70 f est une fonction croissante sur l'intervalle $[-9 ; 9]$. Comparer les réels suivants.

a. $f(-8)$ et $f(-5)$. **b.** $f(-1)$ et $f(1)$. **c.** $f(7)$ et $f(2)$.

SAVOIR-FAIRE **7** p. 41

71 f est une fonction décroissante sur l'intervalle $[-3 ; 5]$. Comparer les réels suivants.

a. $f(-2)$ et $f(0)$. **b.** $f(3)$ et $f(4)$. **c.** $f(-2)$ et $f(2)$.

SAVOIR-FAIRE **7** p. 41

72 **Préparer le contrôle**
Voici le tableau de variation d'une fonction f.

Comparer, si c'est possible, les réels suivants.

a. $f(-7)$ et $f(-2)$. **b.** $f(6)$ et $f(8)$. **c.** $f(0)$ et $f(5)$.

73 Voici le tableau de variation d'une fonction f.

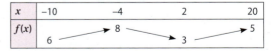

1. a. Donner les valeurs de $f(-10)$ et de $f(20)$.
b. Comparer les réels $f(-10)$ et $f(20)$.

2. a. Justifier que le réel $f(-5)$ appartient à l'intervalle $I = [6 ; 8]$.
b. Justifier que le réel $f(4)$ appartient à l'intervalle $J = [3 ; 5]$.
c. Comparer en justifiant les réels $f(-5)$ et $f(4)$.

Aide question 2. c.
Représenter sur une même droite les intervalles I et J.

EXERCICES

74 La distance d'arrêt d'un véhicule est la somme de la distance parcourue pendant le temps de réaction du conducteur (dans les encadrés bleus sur le schéma ci-dessous) et de la distance de freinage (dans les encadrés rouge). Les distances de réaction, de freinage et d'arrêt augmentent en fonction de la vitesse du véhicule.

En utilisant les informations présentes sur le schéma ci-dessus, déterminer toutes les vitesses (comprises entre 0 km/h et 200 km/h) pour lesquelles :
a. la distance parcourue pendant le temps de réaction est inférieure à 36 m ;
b. la distance de freinage est supérieure à 14 m ;
c. la distance d'arrêt est supérieure à 70 m.

LE SAVIEZ-VOUS ?
La distance de freinage est la distance parcourue entre le moment où le conducteur appuie sur la pédale de frein et l'arrêt complet du véhicule.

EXERCICE RÉSOLU

75 Déterminer tous les réels qui ont une image supérieure à une image donnée

Énoncé
Soit f une fonction croissante sur $\mathbb{R}$. Déterminer tous les réels qui ont une image supérieure à $f(2)$.

Solution commentée
La fonction f conserve l'ordre donc, quel que soit le réel x, si $x \geq 2$, alors $f(x) \geq f(2)$, et si $x < 2$, alors $f(x) < f(2)$. Les réels supérieurs à 2 ont une image supérieure à $f(2)$ et ce sont les seuls. On en déduit que tous les réels qui ont une image supérieure à $f(2)$ sont les réels supérieurs à 2.

76 f est une fonction croissante sur $\mathbb{R}$. Déterminer tous les réels qui ont une image par f supérieure à $f(6)$.

77 f est une fonction décroissante sur $\mathbb{R}$. Déterminer tous les réels qui ont une image par f supérieure à $f(4)$.

VRAI - FAUX

Pour les exercices 78 à 80, indiquer si les affirmations sont vraies ou fausses, puis justifier.
f est une fonction croissante sur l'intervalle $[-5 ; 2]$ et décroissante sur l'intervalle $[2 ; 7]$.

78 $f(0) \leq f(1)$ **79** $f(4) \geq f(6)$

80 On ne peut pas comparer $f(3)$ et $f(5)$.

TOP CHRONO
Résoudre chacun des exercices suivants en 10 minutes maximum

81 Voici la courbe représentative d'une fonction f.

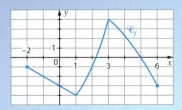

1. Quel est l'ensemble de définition de f ?
2. Dresser le tableau de variation de f.
3. Quels sont le maximum et le minimum de f sur l'intervalle $[-2 ; 6]$? Pour quelles valeurs de x sont-t-ils atteints ?

82 Voici le tableau de variation d'une fonction f.

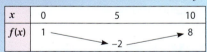

1. Quel est l'ensemble de définition de f ?
2. Décrire les variations de la fonction f.
3. Tracer une courbe pouvant représenter f.
4. Comparer les réels $f(2)$ et $f(4)$.

83 f est une fonction définie sur l'intervalle $[0 ; 5]$ par la courbe ci-contre.

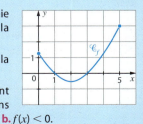

1. Décrire les variations de la fonction f.
2. Résoudre graphiquement dans $[0 ; 5]$ les inéquations suivantes :   **a.** $f(x) \geq 0$;   **b.** $f(x) < 0$.

Chapitre 2 ■ Variations d'une fonction   51

EXERCICES

Faire le point

Choisir la (ou les) bonne(s) réponse(s).

Utiliser un tableau de variation

Pour vous aider : SAVOIR-FAIRE 3 et 4 pp. 37 et 39

On considère une fonction f définie sur l'intervalle $[-2 ; 5]$, dont le tableau de variation est donné ci-contre.

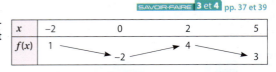

	A	B	C	D
1 La fonction f est croissante sur l'intervalle :	$[-2 ; 4]$	$[0 ; 2]$	$[3 ; 4]$	$[-2 ; 5]$
2 Soit l'intervalle $I = [2 ; 3]$. On peut affirmer que :	sur I, f est croissante	lorsque x augmente dans I, les valeurs de $f(x)$ diminuent	sur I, le maximum de f est 2	sur I, le minimum de f est $f(3)$
3 La courbe représentative de f passe par le point :	de coordonnées $(-2 ; 0)$	de coordonnées $(2 ; 4)$	de coordonnées $(1 ; 5)$	de coordonnées $(5 ; 3)$
4 Pour tout réel x de $[-2 ; 5]$:	$f(x) \geqslant -3$	$f(x) > -2$	$f(x) \geqslant -2$	$f(x) \leqslant 4$

Résoudre graphiquement une inéquation

Pour vous aider : SAVOIR-FAIRE 5 p. 39

f et g sont deux fonctions définies sur l'intervalle $[-3 ; 4]$ par leurs courbes représentatives respectives $\mathcal{C}_f$ et $\mathcal{C}_g$ données ci-contre.

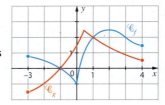

	A	B	C	D
5 L'ensemble de tous les réels x tels que $g(x) \geqslant 0$ est :	$[-1 ; 4]$	$[0 ; 4]$	$[0 ; 2,5]$	$[-3 ; 0]$
6 Le réel 2 est solution de l'inéquation :	$f(x) \geqslant g(x)$	$f(x) \geqslant 3$	$g(x) < 2$	$f(x) < g(x)$
7 L'inéquation $f(x) < g(x)$ a pour ensemble de solutions :	$]-3 ; 4[$	$]-1 ; 1[$	$[-1 ; 1]$	$]-3 ; -1[$

Comparer des images

Pour vous aider : SAVOIR-FAIRE 7 p. 41

f est une fonction définie sur l'intervalle $[-5 ; 5]$, croissante sur l'intervalle $[-5 ; 1]$ et décroissante sur l'intervalle $[1 ; 5]$.

	A	B	C	D
8 Sur l'intervalle $[-5 ; 1]$:	f conserve l'ordre	f change l'ordre	f est monotone	f n'est pas monotone
9 On peut affirmer que :	$f(1) < f(2)$	$f(-2) \geqslant f(-3)$	$f(-1) \leqslant f(0)$	$f(3) \geqslant f(4)$

Voir les corrigés, page 329

EXERCICES

Dresser un tableau de variation à partir d'une courbe

Un exemple : f est la fonction définie sur l'intervalle $[-6\,;\,7]$ par sa courbe représentative $\mathcal{C}_f$.
Dresser le tableau de variation de la fonction f.

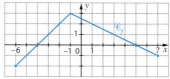

Les questions à se poser	Des réponses
Que me demande-t-on ?	→ On doit dresser le tableau de variation de la fonction f. Recopier le tableau ci-contre et le compléter en y plaçant les bornes de l'ensemble de définition de f.
Comment sont symbolisées les variations d'une fonction f dans un tableau de variation ?	→ Les variations de f sont symbolisées par des flèches. Mettre dans le tableau les deux flèches symbolisant les variations de f. Repérer le point de $\mathcal{C}_f$ à partir duquel la courbe « commence à descendre » et déterminer son abscisse. Compléter la première ligne du tableau avec cette valeur.
Quelles sont les valeurs que l'on met aux extrémités des flèches ?	→ On met les images par f des valeurs de x mises dans la première ligne. Lire graphiquement les valeurs de $f(-6)$, de $f(-1)$ et de $f(7)$. Terminer le tableau de variation de f.

x	...	...
$f(x)$		

Application

84 Dresser le tableau de variation des fonctions g, h et k définies par les courbes $\mathcal{C}_g$, $\mathcal{C}_h$ et $\mathcal{C}_k$ ci-dessous.

Résoudre graphiquement une inéquation

Un exemple : f est la fonction de l'exemple précédent.
Résoudre graphiquement dans l'intervalle $[-6\,;\,7]$, l'inéquation $f(x) \geqslant 1$.

Les questions à se poser	Des réponses
Que me demande-t-on ?	→ On doit déterminer en utilisant le graphique, tous les réels x de l'intervalle $[-6\,;\,7]$ tels que $f(x) \geqslant 1$. Rappeler ce qu'est $f(x)$ pour un point de la courbe $\mathcal{C}_f$ d'abscisse x.
Que peut-on dire de l'ordonnée d'un point de $\mathcal{C}_f$ dont l'abscisse x est solution de l'inéquation $f(x) \geqslant 1$?	→ L'ordonnée de ce point est supérieure ou égale à 1. Reproduire la courbe $\mathcal{C}_f$ et tracer dans le même repère la droite (d) parallèle à l'axe des abscisses et passant par le point de coordonnées $(0\,;\,1)$.
Où se situent par rapport à (d) les points de $\mathcal{C}_f$ qui ont une ordonnée supérieure ou égale à 1 ?	→ Ces points se situent au-dessus de la droite (d) ou sur la droite (d). Colorer tous ces points et déterminer à quel(s) intervalle(s) appartiennent leurs abscisses. Conclure.

Application

85 g, h et k sont les fonctions de l'exercice précédent **84**. Résoudre graphiquement les inéquations suivantes :
a. $g(x) \leqslant 3$ **b.** $g(x) < 3$ **c.** $h(x) < -2$ **d.** $h(x) \geqslant 1$ **e.** $k(x) > 2$ **f.** $k(x) \leqslant 2$

Chapitre 2 ■ Variations d'une fonction

EXERCICES

TP 1 — Le meilleur moment pour récolter

 Utiliser un tableur pour optimiser une recette.

Au 1er juin, un producteur peut récolter dans son champ 1 200 kg de pommes de terre et les vendre un euro le kilogramme. S'il retarde sa récolte, chaque jour la récolte augmente de 60 kg mais le prix de vente baisse de 0,02 € par kg et par jour.
L'objectif de ce travail est de déterminer quel jour le producteur devra récolter et vendre ses pommes de terre afin d'obtenir la recette maximale.

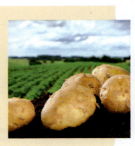

A Premiers calculs

1. Calculer la recette qu'obtient le producteur s'il récolte et vend ses pommes de terre le 1er juin.

2. Si le producteur récolte et vend ses pommes de terre le 2 juin :
a. Quelle sera la quantité récoltée ?
b. Quel sera le prix du kilogramme de pommes de terre ?
c. Quelle sera la recette obtenue par la vente de cette récolte ?

3. Calculer la recette qu'obtient le producteur s'il récolte et vend ses pommes de terre le 3 juin.

B Résolution à l'aide d'un tableur

On va utiliser un tableur pour calculer la recette qu'obtient le producteur, s'il récolte et vend ses pommes de terre n jours après le 1er juin, n étant compris entre 0 et 35.

	A	B	C	D
1	n	Quantité de pommes de terre (kg)	Prix d'un kilogramme (euros)	Recette (euros)
2	0	1200	1	
3	1			
4	2			

1. Ouvrir une feuille de calcul dans un tableur au choix. Compléter la plage de cellules **A1:D2** comme ci-dessus.

2. a. Quelles formules, destinées à être recopiées vers le bas jusqu'à la ligne 37, peut-on saisir dans les cellules **A3**, **B3** et **C3** ?
b. Compléter la plage de cellules **A3:C37**.

3. Dans la colonne **D**, on désire que soit affichée la recette obtenue par la vente de toute la production n jours après le 1er juin.
a. Quelle formule destinée à être recopiée vers le bas peut-on saisir dans la cellule **D2** ?
b. Compléter la colonne **D** jusqu'à la ligne 37.

4. En utilisant les résultats donnés par le tableur, indiquer combien de jours après le 1er juin, la recette est :
a. supérieure à 1 400 € ;
b. maximale.

C Résolution à l'aide d'une calculatrice

1. On suppose que le producteur récolte et vend ses pommes de terre n jours après le 1er juin, où n est un entier compris entre 0 et 35. Exprimer en fonction de n :
a. le nombre de kilogrammes à vendre ;
b. le prix du kilogramme.

2. Montrer que la recette (en euros) obtenue par la vente de toutes les pommes de terre n jours après le 1er juin est :
$$P(n) = -1{,}2n^2 + 36n + 1\,200.$$

3. Soit f la fonction définie sur l'intervalle [0 ; 35] par :
$$f(x) = -1{,}2x^2 + 36x + 1\,200.$$
À l'aide de la calculatrice, faire une conjecture sur les variations de la fonction f.

4. a. Développer $(x-15)^2$.
b. Montrer que $f(x) - f(15) = -1{,}2(x-15)^2$.
c. En déduire le maximum de f sur l'intervalle [0 ; 35] et la valeur de x pour laquelle il est atteint.

5. Quel jour le producteur obtiendra-t-il la plus grande recette ?

Aide pour les logiciels

Excel / OpenOffice

B. 2. a. La valeur affichée dans la cellule **A3** est celle affichée dans la cellule **A2** à laquelle on ajoute 1. On saisit dans la cellule **A3** la formule `=A2+1`.

Chaque jour, la récolte augmente de 60 kg : la valeur qui doit être affichée dans la cellule **B3** est celle affichée dans la cellule **B2** à laquelle on ajoute 60.

B. 3. a. La recette est le produit de la quantité vendue et du prix d'un kilogramme : on saisit dans la cellule **D2** la formule `=B2*C2`.

Voir **FICHE TICE**, page 318

EXERCICES

TP 2 — Où construire le pont ?

TICE — Utiliser un logiciel de géométrie pour minimiser une distance.

Fichier logiciel : www.bordas-indice.fr

Dans une ville nouvelle, le lycée et le stade se trouvent de part et d'autre d'une rivière. Il est envisagé de construire un pont (entre les points A et B) et deux routes, l'une joignant le lycée au pont et l'autre le stade au pont. La directrice des travaux se fixe comme objectif de rendre le trajet du lycée au stade le plus court possible. Où doit-on construire le pont ?

Les indications dont on dispose sont données sur le schéma ci-après, l'unité de longueur étant la centaine de mètres.

A — Résolution à l'aide d'un logiciel de géométrie

On utilise un logiciel de géométrie pour calculer la longueur du trajet lycée-stade.

1. Ouvrir le fichier **02_seconde_TP2**.
Le point E représente le lycée ; le point S, le stade ; les droites (AB) et D, les bords de la rivière.
Le point P construit sur le segment [AB] est le « point de départ » du pont.

2. Construire la parallèle à l'axe des ordonnées passant par le point P, puis le point d'intersection de cette droite et de la droite D. Nommer ce point F.

3. Construire les segments [EP], [PF] et [FS].

4. Calculer et afficher la somme des longueurs de ces trois segments.

5. Déplacer le point P sur le segment [AB] et faire une conjecture sur l'endroit où doit être construit le pont afin que le trajet lycée-stade soit le plus court possible.

B — Résolution à l'aide d'une calculatrice

Sur la figure ci-après, le point E représente le lycée, le point S le stade et le segment [PF] le pont.

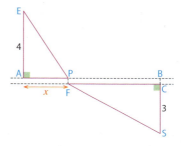

On a AB = 8, PF = 0,4 et on pose AP = x, x étant compris entre 0 et 8.

1. En utilisant le théorème de Pythagore dans le triangle AEP rectangle en A, exprimer EP en fonction de x.

2. a. Justifier que FC = $8 - x$.
b. Montrer que FS = $\sqrt{9 + (8-x)^2}$.

3. Soit t la fonction qui, à x associe la longueur du trajet lycée-stade, x appartenant à [0 ; 8]. Montrer que :
$$t(x) = \sqrt{16 + x^2} + 0{,}4 + \sqrt{9 + (8-x)^2}.$$

4. À l'aide de la calculatrice, tracer la courbe représentative de t et faire une conjecture sur le minimum de la fonction t et la valeur de x pour laquelle il est atteint.

5. Où doit être construit le pont afin que le trajet lycée-stade soit le plus court possible ?
Quelle est alors la longueur de ce trajet ?

Aide pour les logiciels

GeoGebra	**A. 2.** Utiliser l'outil `Parallèle`, puis l'outil `Intersection entre deux objets`. **A. 4.** Repérer dans la fenêtre d'affichage le nom des segments. Pour calculer la somme de b, c et d, écrire `t=b+c+d` dans la ligne de saisie. Pour afficher la longueur du trajet, utiliser l'outil `Insérer Texte` et écrire `trajet=t`, t étant à sélectionner dans `Objets`.
Geoplan	**A. 2.** `Créer` puis `Ligne` puis `Droite(s)` puis `Parallèle`. `Créer` puis `Point` puis `Intersection 2 droites`. **A. 4.** `Créer` puis `Numérique` puis `Calcul géométrique` puis `Longueur d'un segment`. `Créer` puis `Numérique` puis `Calcul algébrique`. `Créer` puis `Affichage` puis `Variable numérique déjà définie`.

Voir **FICHE TICE**, page 320

EXERCICES

Pour approfondir

86 **Algo** **Comprendre un algorithme**
La fonction f est définie sur $\mathbb{R}$ par : $f(x) = x^2 - 10x + 22$.
On donne ci-dessous un algorithme.

```
Variable      A est un réel
Traitement    Pour k variant de 0 à 5 faire
et sortie
                 A prend la valeur k² − 10k + 22
                 Si A > 0
                    Alors Afficher k
                 Fin Si
              Fin Pour
```

1. Quelles sont les valeurs affichées par l'algorithme ?
2. Quel est le rôle de cet algorithme ?

87 **Algo** **Modifier un algorithme** TICE
On reprend la fonction f de l'exercice précédent.
Modifier l'algorithme afin qu'il affiche :
1. tous les entiers naturels de l'intervalle [0 ; 20], solutions de l'inéquation $f(x) > 0$;
2. tous les entiers naturels de l'intervalle [0 ; 5], solutions de l'inéquation $f(x) < 0$.

88 **Que d'espace sous la tente !**
Une tente a la forme d'un prisme droit dont deux des faces sont rectangulaires de 3 m de long sur 2 m de large :

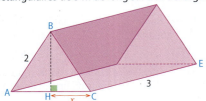

Le triangle ABC est isocèle en B. On pose la distance HC = x.
On souhaite obtenir le volume maximal sous la tente.
1. À quel intervalle I appartiennent les valeurs possibles de x ?
2. Montrer que le volume sous la tente (en m³) est :
$V(x) = 3x\sqrt{4 - x^2}$ avec x appartenant à l'intervalle I.
3. À l'aide de la calculatrice, faire une conjecture sur les variations de la fonction V qui, à x, associe $V(x)$.
4. On pose $f(x) = 9x^2(4 - x^2)$.
a. Montrer que $f(x) - f(\sqrt{2}) = -9(x^2 - 2)^2$.
b. En déduire que, pour tout réel x, $f(x) \leq f(\sqrt{2})$.
5. On admet que, pour tous réels a et b positifs, si $a \leq b$, alors $\sqrt{a} \leq \sqrt{b}$. En déduire le volume maximal sous la tente.

> **Aide** question 4. a. Calculer $f(\sqrt{2})$, puis montrer que les formes développées de $9x^2(4 - x^2) - f(\sqrt{2})$ et de $-9(x^2 - 2)^2$ sont identiques.
> question 5. Remarquer que, pour tout réel x de I, on a $V(x) = \sqrt{f(x)}$.

89 **Le flash d'un radar**
Un radar utilise l'effet Doppler pour mesurer la vitesse d'un véhicule.
L'antenne du dispositif émet une onde électromagnétique puis capte sa réflexion par le véhicule en mouvement. La comparaison de ces deux ondes permet de calculer la vitesse v du véhicule.

On suppose que lorsque le véhicule se rapproche du radar, la formule permettant de calculer v (en km/h) est :
$v = \dfrac{0{,}596 \times 10^9 (f - f_e)}{f}$, où f est la fréquence de l'onde réfléchie par le véhicule (en Hz) et f_e la fréquence de l'onde émise par le radar (en Hz).
On donne $f_e = 24{,}125 \times 10^9$ Hz.

1. Sur une autoroute, où la vitesse est limitée à 130 km/h, un radar mesure une différence de fréquence par rapport à l'émission de 5 690 Hz.
a. Justifier que $f = 5690 + 24{,}125 \times 10^9$ Hz.
b. Le véhicule est-il en excès de vitesse ?

2. On pose $d = f - f_e$.
a. Montrer que $v = \dfrac{0{,}596 \times 10^9 d}{d + f_e}$.
b. Sur l'écran de la calculatrice, faire afficher la courbe représentant la vitesse v en fonction de d ($0 \leq d \leq 10\,000$).

3. À l'aide de la calculatrice et à l'unité près, déterminer à partir de quelle valeur de d un véhicule est en excès de vitesse :
a. sur autoroute ;
b. en ville (où la vitesse est limitée à 50 km/h).

> **Aide** question 3. Utiliser les fonctions TRACE, puis TABLE de la calculatrice.

POINT HISTOIRE

Le mathématicien et physicien autrichien **Christian Andreas Doppler** (1803-1853) a découvert que lorsqu'un corps s'approche (ou s'éloigne) d'un observateur, la fréquence de l'onde émise par ce corps varie en augmentant (ou en diminuant).

56

EXERCICES

90 Une corde de guitare

Une guitare classique possède six cordes. La relation qui lie la fréquence f d'une note émise (en hertz), la tension T de la corde (en newton), la longueur L de la corde (en mètre) et sa masse linéique μ (en kilogramme par mètre) est : $f = \dfrac{1}{2L\sqrt{\mu}}\sqrt{T}$.

A. Fréquence en fonction de la tension

Chaque corde est reliée à une clé permettant de régler sa tension. On suppose que l'une des cordes mesure 0,65 m et a pour masse linéique $22,8 \times 10^{-4}$ kg/m (cela signifie qu'un mètre de corde a une masse de $22,8 \times 10^{-4}$ kg).

1. Justifier qu'à 0,01 près, $f = 16,11\sqrt{T}$.
2. Afficher sur l'écran de la calculatrice la courbe de la fonction qui, à T, associe f, pour T variant de 10 à 60.
3. Comment évolue la fréquence lorsque la tension augmente ?
4. Déterminer graphiquement une valeur (approchée à l'unité près) de la tension que doit avoir la corde pour obtenir la fréquence de 110 Hz (fréquence de la note La$_1$).

B. Fréquence en fonction de la longueur

On donne $\mu = 22,8 \times 10^{-4}$ kg/m et $T = 46,6$ N.
1. Justifier qu'à 0,01 près, $f = \dfrac{71,48}{L}$.
2. Afficher sur l'écran de la calculatrice la courbe de la fonction qui, à L associe f, pour L variant de 0,10 à 0,65.
3. Le guitariste raccourcit la longueur de la corde en la bloquant sur une des cases du manche. On sait que plus la fréquence est élevée, plus le son est aigu. Le son est-il plus aigu lorsque le guitariste appuie sur la corde dans la zone 1 ou lorsqu'il appuie sur la corde dans la zone 2 ?

91 PROBLÈME DE SYNTHÈSE

Une usine fabrique des boîtes de conserve cylindriques de volume 1 litre, soit 1 000 cm^3. Une étude est faite pour minimiser la quantité d'acier utilisée pour la fabrication d'une boîte.

On note x le rayon de la base (en cm) et $h(x)$ la hauteur de la boîte (en cm).

1. a. Montrer que $h(x) = \dfrac{1000}{\pi x^2}$.
b. Afficher sur l'écran de la calculatrice la courbe de la fonction h qui, à tout réel x de [1 ; 20], associe $h(x)$.
c. Des contraintes de fabrication imposent que la hauteur de la boîte soit comprise entre 3 cm et 40 cm. Déterminer graphiquement l'ensemble I des valeurs possibles de x, en choisissant comme bornes de I des entiers naturels.

2. Soit $S(x)$ l'aire de la surface d'acier (en cm^2) nécessaire à la fabrication d'une boîte.
a. Montrer que $S(x) = 2\pi x^2 + \dfrac{2000}{x}$.
b. Afficher sur l'écran de la calculatrice la courbe de la fonction S, qui à tout réel x de I, associe $S(x)$.
c. Déterminer une valeur approchée du minimum de la fonction S sur I et, à 0,1 près, la valeur de x pour laquelle il est atteint.
d. En déduire les dimensions (au mm près) de la boîte qui possède la plus petite surface d'acier.

> **LE SAVIEZ-VOUS ?**
> En 1795, **Nicolas Appert** (1749-1841) découvre et met au point une méthode de mise en conserve des aliments (aujourd'hui appelée l'appertisation).

PRISES D'INITIATIVES

92 Logique
La proposition suivante est-elle vraie pour toute fonction f définie sur $\mathbb{R}$? « Si pour tout réel a de [1 ; 5], $f(a) \leqslant f(5)$, alors f est croissante sur [1 ; 5] ».

93
Un bac à fleurs ayant la forme d'un parallélépipède rectangle a un volume de 5 litres, soit 5 dm^3. Les côtés de la base sont x et $2x$ (en dm). Le coût de fabrication de la base est 0,05 €/dm^2 et celui de la surface latérale est 0,04 €/dm^2. Déterminer une approximation de la valeur de x pour laquelle le coût de fabrication de la boîte est minimal.

94
Un terrain de sport a la forme d'un rectangle de longueur L et de largeur ℓ (en m), avec deux demi-cercles aux extrémités.

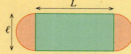

Le périmètre du terrain doit être égal à 400 m.
Donner une valeur approchée des valeurs de L et de ℓ pour lesquelles l'aire de la partie rectangulaire :
a. est maximale ;
b. est supérieure à 5 000 m^2.

Réactiver les savoirs

➤ Voir les réponses, p. 329

Utiliser la représentation graphique d'une fonction

Exercice Dans cet exercice, f et g sont les fonctions affines définies sur $\mathbb{R}$ par les courbes $\mathcal{C}_f$ et $\mathcal{C}_g$ données dans le repère ci-contre.

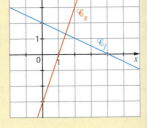

1. Décrire par des phrases les variations des fonctions f et g.
2. Résoudre graphiquement les équations $f(x) = 0$ et $g(x) = 0$.
3. Pour quelles valeurs de x a-t-on $f(x) < 0$?
4. Pour quelles valeurs de x a-t-on $g(x) < 0$?
5. La fonction f est définie par l'expression : $f(x) = -\dfrac{1}{2}x + 2$.
   Calculer $f(2)$, $f(0)$ et $f(-2)$.
6. On donne $g(x) = 3x - 3$. Vérifier par le calcul que $f\left(\dfrac{10}{7}\right) = g\left(\dfrac{10}{7}\right)$.

➤ Pour vous aider, voir le chapitre 1, pp. 14 et 16 et le chapitre 2, pp. 36 et 38.

Équations-inéquations **COLLÈGE**

Vrai ou faux ?

7. Le nombre -3 est solution de l'équation $3x(x + 1) = 0$.
8. L'équation $4x + 8 = 0$ a la même solution que l'équation $7x + 3 = 3x - 5$.
9. Le nombre -2 est solution de l'inéquation $-2x + 1 < 0$.
10. L'inéquation $2x + 8 < 0$ a les mêmes solutions que l'inéquation $x < -6$.
11. Les nombres strictement inférieurs à -1 sont représentés sur la droite ci-contre par la partie colorée en rouge.
12. Les nombres surlignés en rouge sur la droite ci-dessous sont solutions de l'inéquation : $3x + 6 > 0$.

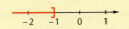

➤ Pour vous aider, voir le chapitre 1 p. 12 et les rappels p. 312.

Développer-factoriser **COLLÈGE**

QCM Choisir la (ou les) bonne(s) réponse(s).

	A	B	C	D
13. Une expression développée de $(2 + x)(2 - x)$ est :	$4 + x^2$	$(2 - x)^2$	$4 - x^2$	$-x^2 + 4$
14. Une expression développée de $(3x - 4)^2$ est :	$9x^2 - 24x + 16$	$9x^2 - 16$	$(3x - 4)(3x - 4)$	$3x^2 - 24x + 16$
15. Une expression factorisée de $25x^2 - 4$ est :	$(5x - 4)^2$	$(5x - 2)^2$	$(5x - 2)(5x + 2)$	$(5x + 2)^2$
16. Une expression factorisée de $x(x + 1) + 2x$ est :	$x^2 + 3x$	$x(3 + x)$	$x(x + 3)$	$x(2 + x)$

➤ Pour vous aider, voir les rappels, p. 311.

Problèmes du premier degré

CHAPITRE 3

Dans de nombreux pays, comme en France, l'unité de mesure de la température est le degré Celsius. Dans les pays anglo-saxons, c'est le degré Fahrenheit.

Dans l'échelle Fahrenheit, la température de l'eau du geyser Old Faithfull du parc de Yellowstone est de 264 °F, ce qui correspond à 129 °C. La fonction qui permet d'obtenir une température en degrés Fahrenheit à partir d'une température en degrés Celsius est une fonction affine.

Les notions du chapitre

- ✔ Sens de variation d'une fonction affine
- ✔ Signe de $ax + b$
- ✔ Développements – Factorisations
- ✔ Équations se ramenant au premier degré
- ✔ Mise en équation d'un problème
- ✔ Fonctions avec un tableur
- ✔ Fonctions avec un logiciel de calcul formel

Logique Notations et raisonnement
p. 66, 73

Algo Les algorithmes
p. 61, 70, 73, 82, 83

TICE Utilisation de logiciels
p. 60, 61, 68, 69, 73, 80, 81, 83

ACTIVITÉS

ACTIVITÉ 1 — Croissante ou décroissante ?

Objectif
Observer le sens de variation d'une fonction affine.

Cours 1
Fonctions affines et linéaires

Fichier logiciel
→ www.bordas-indice.fr

Avec un logiciel de géométrie dynamique, on crée deux variables réelles nommées a et b, comprises entre -10 et 10, puis on trace la représentation graphique de la fonction f définie sur $\mathbb{R}$ par : $f(x) = ax + b$.

1. La figure ci-contre représente graphiquement la fonction f avec $a = 2$ et $b = -1$. Déterminer le sens de variation de f.

2. a. Ouvrir le fichier fourni. On choisit $a = 2$. Avec le logiciel, on fait varier la valeur de b.
Quelle est l'influence de cette valeur sur le sens de variation de f ?
b. Reprendre la question précédente en prenant $a = -1$.

3. a. On choisit à présent $b = 2$ et on fait varier la valeur de a.
Quelle est l'influence de cette valeur sur le sens de variation de f ?
b. Reprendre la question précédente en prenant $b = -1$.

4. Quelles conjectures peut-on faire concernant les variations de la fonction f définie sur $\mathbb{R}$ par : $f(x) = ax + b$?

5. Dans cette question, l'expression de f est : $f(x) = 3x - 5$.
a. Montrer que, pour tous réels u et v, si $u \leq v$, alors $f(u) \leq f(v)$.
b. Que peut-on en déduire pour le sens de variation de la fonction f ?

6. Dans cette question, on prend pour expression de f : $f(x) = -\dfrac{1}{2}x + 2$.
a. Comparer $f(u)$ et $f(v)$ pour tous réels u et v tels que $u \leq v$.
b. En déduire que f est une fonction décroissante sur $\mathbb{R}$.

ACTIVITÉ 2 — À la recherche de signes

Objectif
Introduire la notion de tableau de signes.

Cours 1
Signe de $ax + b$

1. Soit f la fonction définie sur $\mathbb{R}$ par : $f(x) = 4x - 2$.
a. Construire le tableau de valeurs de $f(x)$ pour x allant de -2 à 3, avec un pas de $0,5$.
b. Entourer en vert les nombres de ce tableau qui ont une image strictement positive et entourer en rouge ceux qui ont une image strictement négative.

2. a. Construire la droite représentant cette fonction et déterminer les coordonnées de N, point d'intersection de cette droite avec l'axe des abscisses.
b. Préciser le sens de variation de la fonction f.
c. Colorier en vert les points de la droite ayant une ordonnée strictement positive et, en rouge, ceux qui ont une ordonnée strictement négative.

3. Recopier et compléter le tableau ci-contre (appelé tableau de signes) en plaçant les symboles $+$ et $-$ pour indiquer le signe de l'expression $4x - 2$.

Valeurs de x	$-\infty$		$\dfrac{1}{2}$		$+\infty$
Signe de $4x - 2$		...	0	...	

4. a. Résoudre l'inéquation $4x - 2 < 0$.
b. Expliquer comment on peut retrouver les solutions de cette inéquation dans le tableau précédent.

5. a. Reprendre les questions **1** et **2** avec la fonction g définie sur $\mathbb{R}$ par $g(x) = -2x + 3$.
b. Recopier et compléter le tableau de signes ci-contre en déterminant la valeur de x manquante et en plaçant les symboles $+$ et $-$ pour indiquer le signe de l'expression $-2x + 3$.

Valeurs de x	$-\infty$		...		$+\infty$
Signe de $-2x + 3$		...	0	...	

c. Utiliser ce tableau de signes pour déterminer les solutions de l'inéquation $-2x + 3 > 0$.

ACTIVITÉS

ACTIVITÉ 3 — Algorithmes en série

Objectif : Découvrir les différentes formes d'une expression algébrique.

Cours 2 : Transformations d'une expression algébrique.

Fichiers logiciels : www.bordas-indice.fr

Un professeur de mathématiques a donné deux algorithmes aux élèves de sa classe.

Algorithme A	Algorithme B
Choisir un nombre de départ	Choisir un nombre de départ
Ajouter 1	Elever ce nombre au carré
Calculer le carré du résultat obtenu	Ajouter le double du nombre de départ
Soustraire 4	Soustraire 3
Ecrire le résultat obtenu	Ecrire le résultat obtenu

Karim dit : « Lorsque je choisis 2 comme nombre de départ, j'obtiens 5 avec les deux algorithmes ! »
Adèle lui répond : « Oui, c'est bizarre, j'ai essayé avec plusieurs nombres de départ et les deux algorithmes me donnent à chaque fois des résultats identiques. »

1. En choisissant au hasard quelques valeurs comme nombre de départ, vérifier que les affirmations de chacun des deux élèves sont bien exactes.

2. Soit x le nombre de départ.
a. Vérifier que le résultat obtenu avec l'algorithme A est $(x+1)^2 - 4$.
b. Exprimer, en fonction de x, le résultat final obtenu avec l'algorithme B.

3. Le professeur demande aux élèves : « Pouvez-vous me dire quels sont tous les nombres de départ pour lesquels le résultat obtenu est 0 ? »
Adèle observe ceci : « Oui mais pour cela, il faut commencer par factoriser l'expression $(x+1)^2 - 4$ ». À l'aide de cette observation, répondre à la question posée par le professeur.

ACTIVITÉ 4 — Problèmes en stock

Objectif : Travailler sur la mise en équation d'un problème.

Cours 3 : Résolution de problèmes du premier degré.

Voici trois énoncés…

❶ Un tiers de la surface d'un jardin est recouverte par une piscine et 4 m² sont utilisés par un local technique. Il reste alors 380 m². Quelle est l'aire en m² de ce jardin ?

❷ Une entreprise de 380 employés souhaite recruter 4 personnes. La responsable du recrutement fait observer que si ces 4 personnes sont des hommes, il y aura seulement un tiers de femmes dans l'entreprise. Combien y a-t-il actuellement d'hommes dans cette entreprise ?

❸ On partage une somme entre trois personnes. La première personne reçoit un tiers de la somme, la deuxième reçoit 380 € et la troisième reçoit 4 € de plus que la première personne. Quel est le montant, en euros, de la somme partagée ?

… et voici trois équations :

❶ $\frac{1}{3}x + 380 + \frac{1}{3}x + 4 = x$ ❷ $\frac{1}{3}x + 4 + 380 = x$ ❸ $x + 4 = \frac{2}{3}(380 + 4)$

1. a. Associer à chaque énoncé l'équation qui lui correspond.
b. Dans chaque cas, préciser ce que représente l'inconnue x.

2. Résoudre chacune des équations précédentes et répondre aux questions posées dans chacun des trois énoncés.

COURS

1 Fonctions affines – Signe de $ax + b$

Fonction affine et fonction linéaire

Définition Une **fonction affine** est une fonction définie sur $\mathbb{R}$ par $f(x) = ax + b$, où a et b sont des nombres réels donnés.

Cas particuliers
- Cas où $b = 0$: pour tout réel x, $f(x) = ax$; f est une **fonction linéaire**.
- Cas où $a = 0$: pour tout réel x, $f(x) = b$; f est une **fonction constante**.

Propriété Dans un repère (O, I, J), la représentation graphique de la fonction affine f telle que $f(x) = ax + b$ est une **droite**. Cette droite a pour équation $y = ax + b$.

Exemples : $f(x) = 2x - 4$ $g(x) = -3x$ $h(x) = 4$

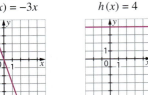

> **À noter**
> Lorsqu'une fonction g est linéaire, $g(x)$ est proportionnel à x.

> **À noter**
> Une fonction **linéaire** est représentée par une droite passant par l'origine du repère.
> Une fonction **constante** est représentée par une droite parallèle à l'axe des abscisses.

Sens de variation d'une fonction affine

Le sens de variation de la fonction affine f telle que $f(x) = ax + b$ dépend du signe de a.

Propriétés
(1) Si $a > 0$, alors f est **croissante** sur $\mathbb{R}$.
(2) Si $a < 0$, alors f est **décroissante** sur $\mathbb{R}$.

Démonstration Soit u et v deux nombres réels tels que $u < v$.
(1) Si $a > 0$: $u < v$ équivaut à $au < av$, donc à $au + b < av + b$, soit $f(u) < f(v)$.
Donc f est croissante sur $\mathbb{R}$.
(2) Si $a < 0$: $u < v$ équivaut à $au > av$, donc à $au + b > av + b$, soit $f(u) > f(v)$.
Donc f est décroissante sur $\mathbb{R}$.

> **Vocabulaire**
> Le nombre a est appelé le **coefficient directeur de la droite**, le nombre b est appelé l'**ordonnée à l'origine**.

> **À noter**
> Si $a = 0$, f est constante sur $\mathbb{R}$.

Signe de $ax + b$

L'expression $f(x) = ax + b$, avec a non nul, s'annule pour $x = -\dfrac{b}{a}$.
L'étude de son signe dépend du signe de a.

Si $a > 0$, f est croissante sur $\mathbb{R}$:

Valeurs de x	$-\infty$	$-\dfrac{b}{a}$	$+\infty$
Variations de f		0	

Si $a < 0$, f est décroissante sur $\mathbb{R}$:

Valeurs de x	$-\infty$	$-\dfrac{b}{a}$	$+\infty$
Variations de f		0	

Tableau de signes de $ax + b$

Si $a > 0$:

Valeurs de x	$-\infty$	$-\dfrac{b}{a}$	$+\infty$
Signe de $ax + b$	$-$	0	$+$

Si $a < 0$:

Valeurs de x	$-\infty$	$-\dfrac{b}{a}$	$+\infty$
Signe de $ax + b$	$+$	0	$-$

> **Vocabulaire**
> Ces tableaux sont appelés **tableaux de signes**.

LES SAVOIR-FAIRE DU COURS

SAVOIR-FAIRE 1
Voir les exercices 34 et 35, p. 72

Reconnaître une fonction affine

Parmi les fonctions suivantes, reconnaître les fonctions affines. Pour celles qui sont affines, écrire leurs expressions sous la forme $ax + b$.

1. $f(x) = \frac{1}{2}x + 3$ 2. $g(x) = 1 - x$ 3. $h(x) = 3x^2$ 4. $k(x) = \frac{2x+3}{5}$ 5. $\ell(x) = \frac{x}{2}$

Méthode
Pour déterminer si une fonction f est affine, on essaye de l'écrire sous la forme $f(x) = ax + b$.

Solution commentée

1. f est une fonction affine avec $a = \frac{1}{2}$ et $b = 3$.
2. $g(x)$ peut s'écrire $g(x) = -x + 1$. Donc g est une fonction affine avec $a = -1$ et $b = 1$.
3. $h(x) = 3x^2$ ne peut pas s'écrire sous la forme $ax + b$. Ainsi, h n'est pas une fonction affine.
4. $k(x)$ peut s'écrire $k(x) = \frac{2}{5}x + \frac{3}{5}$; k est une fonction affine avec $a = \frac{2}{5}$ et $b = \frac{3}{5}$.
5. $\ell(x) = \frac{1}{2}x$; ℓ est une fonction affine avec $a = \frac{1}{2}$ et $b = 0$; ℓ est aussi une fonction linéaire.

SAVOIR-FAIRE 2
Voir l'exercice 54, p. 73

Donner le sens de variation d'une fonction affine

Soit f et g les fonctions définies sur $\mathbb{R}$ par : $f(x) = -x + 2$ et $g(x) = 2x$.
1. Étudier les variations de ces deux fonctions sur $\mathbb{R}$.
2. Tracer les représentations graphiques de ces fonctions dans un repère.

Méthode
Pour déterminer les variations d'une fonction affine f telle que $f(x) = ax + b$, on s'intéresse au signe du coefficient de x.

Solution commentée

1. f est une **fonction affine** de la forme $f(x) = ax + b$ avec $a = -1$. Ce coefficient étant négatif, f est une fonction décroissante sur $\mathbb{R}$.
g est une **fonction linéaire** de la forme $g(x) = ax$ avec $a = 2$. Ce coefficient étant positif, g est une fonction croissante sur $\mathbb{R}$.

2. f étant une fonction affine, sa représentation graphique est une droite $\mathcal{D}_f$. $f(0) = 2$ et $f(3) = -1$, donc A $(0 ; 2)$ et B $(3 ; -1)$ sont deux points de $\mathcal{D}_f$.
Comme g est une fonction linéaire, sa représentation graphique est une droite $\mathcal{D}_g$ qui passe par l'origine du repère.
On a : $g(2) = 4$, donc le point C $(2 ; 4)$ est un point de $\mathcal{D}_g$.

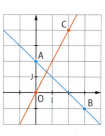

SAVOIR-FAIRE 3
Voir l'exercice 64, p. 74

Donner le tableau de signes de $ax + b$

1. Étudier le signe des expressions : $f(x) = 2x + 1$ et $g(x) = -\frac{1}{3}x + 1$.
2. Dans un repère, tracer les deux courbes représentatives de f et de g et retrouver les résultats de la question 1.

Méthode
Pour déterminer le signe de $ax + b$, on commence par déterminer la valeur de x pour laquelle $ax + b = 0$.

Solution commentée

1. • $2x + 1 = 0$ quand $2x = -1$ soit $x = -\frac{1}{2}$.
Le coefficient de x étant positif ($a = 2$), on obtient le tableau ci-contre.

Valeurs de x	$-\infty$		$-\frac{1}{2}$		$+\infty$
Signe de $2x + 1$		$-$	0	$+$	

• $-\frac{1}{3}x + 1 = 0$ quand $-\frac{1}{3}x = -1$ soit $x = 3$.
Le coefficient de x étant négatif ($a = -\frac{1}{3}$), on obtient le tableau ci-contre.

Valeurs de x	$-\infty$		3		$+\infty$
Signe de $-\frac{1}{3}x + 1$		$+$	0	$-$	

2. On retrouve les résultats précédents sur les représentations graphiques ci-contre :

 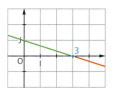

Chapitre 3 ■ Problèmes du premier degré

COURS

2 Expressions algébriques

Les formes d'une expression algébrique

POINT HISTOIRE

Muhammad Ibn Moussa Al-Khwarizmi (783-850), est un mathématicien perse dont les écrits ont permis l'introduction de l'algèbre en Europe.

Une expression algébrique contient des nombres et des lettres (qui symbolisent des nombres), ainsi que des opérations et des parenthèses.

Il est important de savoir reconnaître la forme d'une expression algébrique. Le tableau ci-contre présente les principales formes rencontrées.

Nom	Forme	Exemple
Somme	A + B	$2x^2 + 5x$
Produit	A × B	$(2x+3)(3x-1)$
Carré	A^2	$(2x+1)^2$
Quotient	$\dfrac{A}{B}$	$\dfrac{5x+\sqrt{3}}{x^2-1}$

Remarque : la différence de deux expressions A − B peut être considérée comme la somme A + (−B).

Vocabulaire : A et B sont les *termes* de la somme A + B ; C et D sont les *facteurs* du produit C × D.

Exemples :
- $x^2 + 2x - 5$ est la somme des termes : x^2, $2x$ et -5.
- $3(x-4)$ est le produit des facteurs : 3 et $(x-4)$.

Transformations d'une expression algébrique

Une expression algébrique peut s'écrire de plusieurs façons ; il faut savoir la transformer afin d'utiliser la forme la plus adaptée au travail à effectuer.

POINT HISTOIRE

François Viète (1540–1603), a été l'un des premiers à utiliser les lettres en mathématiques.

Définitions

(1) **Développer un produit**, c'est écrire ce produit sous la forme d'une somme.
(2) **Factoriser une somme**, c'est écrire cette somme sous la forme d'un produit.

Exemples
(1) $(2x+1)(3-x)$ est un produit qui se développe sous la forme : $6x - 2x^2 + 3 - x$, puis qui se réduit et s'ordonne sous la forme : $-2x^2 + 5x + 3$.
(2) $x^2 + 3x$ est une somme qui se factorise sous la forme : $x(x+3)$.

Pour développer ou factoriser une expression algébrique, on utilise les propriétés suivantes :

Propriétés Pour tous nombres réels a, b et k, on a :

→ Développement

Nombres	$k(a+b)$	=	$ka + kb$
Identités remarquables	$(a+b)^2$	=	$a^2 + 2ab + b^2$
	$(a-b)^2$	=	$a^2 - 2ab + b^2$
	$(a+b)(a-b)$	=	$a^2 - b^2$

← Factorisation

Vocabulaire

On dit que la multiplication est **distributive** par rapport à l'addition.

A noter

Pour tous nombres a, b, c et d, on a :
$(a+b)(c+d)$
$= ac + ad + bc + bd$.

Exemples

● **Développements**

$5(3x-1) = 5 \times 3x - 5 \times 1 = 15x - 5$ — On développe $k(a+b)$
$(2x+3)^2 = (2x)^2 + 2 \times (2x) \times 3 + 3^2 = 4x^2 + 12x + 9$ — On applique l'identité $(a+b)^2 = a^2 + 2ab + b^2$
$(6x-4)^2 = (6x)^2 - 2 \times (6x) \times 4 + 4^2 = 36x^2 - 48x + 16$ — On applique l'identité $(a-b)^2 = a^2 - 2ab + b^2$
$(4x+1)(4x-1) = (4x)^2 - 1^2 = 16x^2 - 1$ — On applique l'identité $(a+b)(a-b) = a^2 - b^2$

● **Factorisations**

$x^2 - 3x = x \times x - x \times 3 = x(x-3)$ — On factorise $ka + kb$
$25x^2 + 20x + 4 = (5x)^2 + 2 \times (5x) \times 2 + 2^2 = (5x+2)^2$ — On applique l'identité $a^2 + 2ab + b^2 = (a+b)^2$
$9x^2 - 30x + 25 = (3x)^2 - 2 \times (3x) \times 5 + 5^2 = (3x-5)^2$ — On applique l'identité $a^2 - 2ab + b^2 = (a-b)^2$
$4x^2 - 9 = (2x)^2 - 3^2 = (2x+3)(2x-3)$ — On applique l'identité $a^2 - b^2 = (a+b)(a-b)$

LES SAVOIR-FAIRE DU COURS

SAVOIR-FAIRE 4
Voir l'exercice 74, p. 75

Développer une expression

Développer, réduire et ordonner les expressions suivantes :
$A = 3x(x - 6)$; $B = (x - 5)(2x + 3)$; $C = (3x + 2)^2 - (x - 4)$.

Méthode
Lorsqu'on supprime des parenthèses qui sont précédées d'un signe −, on change tous les signes à l'intérieur de cette parenthèse.

Solution commentée

- $A = 3x(x - 6) = 3x \times x - 3x \times 6$ soit $A = 3x^2 - 18x$.

- $B = (x - 5)(2x + 3) = x \times 2x + x \times 3 - 5 \times 2x - 5 \times 3 = 2x^2 + 3x - 10x - 15$ soit $B = 2x^2 - 7x - 15$.

- $C = (3x + 2)^2 - (x - 4) = (3x)^2 + 2 \times (3x) \times 2 + 2^2 - x + 4 = 9x^2 + 12x + 4 - x + 4$

On développe $(a + b)^2$ avec $a = 3x$ et $b = 2$

soit $C = 9x^2 + 11x + 8$.

SAVOIR-FAIRE 5
Voir les exercices 79 et 80, p. 76

Factoriser une expression

Factoriser les expressions suivantes :
$A = -4x^2 + 4x$; $B = (2x - 5)^2 - (2x - 5)(x + 3)$; $C = (2x + 1)^2 - (x - 3)^2$.

Méthode
Pour factoriser une expression, il faut faire apparaître un facteur commun ou utiliser une identité remarquable.

Solution commentée

- A est une **somme de deux termes** : $4x$ est un facteur de chacun des termes de la somme, c'est donc un facteur commun. Ainsi $A = -4x^2 + 4x = 4x \times (-x) + 4x \times 1 = 4x(-x + 1)$.

- B est une **somme de deux termes** : $(2x - 5)$ est un facteur de chacun des termes de la somme, c'est donc un **facteur commun**.
$B = (2x - 5)^2 - (2x - 5)(x + 3) = (2x - 5)(2x - 5) - (2x - 5)(x + 3) = (2x - 5)[(2x - 5) - (x + 3)]$
$= (2x - 5)(2x - 5 - x - 3) = (2x - 5)(x - 8)$

- C est la **différence de deux carrés** : on peut utiliser l'**identité remarquable** suivante :
$a^2 - b^2 = (a + b)(a - b)$ avec $a = (2x + 1)$ et $b = (x - 3)$.
$C = (2x + 1)^2 - (x - 3)^2 = [(2x + 1) + (x - 3)] \times [(2x + 1) - (x - 3)]$
$= (2x + 1 + x - 3) \times (2x + 1 - x + 3) = (3x - 2)(x + 4)$

SAVOIR-FAIRE 6
Voir l'exercice 86, p. 76

Choisir la forme la mieux adaptée

Soit f la fonction définie sur $\mathbb{R}$ par : $f(x) = (x + 3)^2 - 16$.
1. Développer, puis factoriser $f(x)$.
2. Calculer $f(0)$ et $f(-3)$ en utilisant à chaque fois la forme la mieux adaptée.
3. Résoudre l'équation $f(x) = -16$.

Conseil
Penser à choisir la forme la mieux adaptée avant d'effectuer un calcul avec une expression algébrique.

Solution commentée

1. Pour développer $(x + 3)^2$, on applique l'identité $a^2 + 2ab + b^2 = (a + b)^2$.
Ainsi : $f(x) = (x + 3)^2 - 16 = x^2 + 2 \times x \times 3 + 3^2 - 16 = x^2 + 6x + 9 - 16 = x^2 + 6x - 7$.
Pour factoriser $f(x)$, on peut observer que l'expression de l'énoncé est la **différence de deux carrés**.
Ainsi, on peut utiliser l'**identité remarquable** $a^2 - b^2 = (a + b)(a - b)$ avec $a = x + 3$ et $b = 4$.
$f(x) = (x + 3)^2 - 16 = (x + 3)^2 - 4^2 = [(x + 3) + 4] \times [(x + 3) - 4] = (x + 3 + 4)(x + 3 - 4) = (x + 7)(x - 1)$

2. • Pour calculer $f(0)$, la forme la plus adaptée est la forme développée, car c'est celle qui nécessite le moins de calculs : $f(0) = (0)^2 + 6 \times 0 - 7 = -7$.
• Pour calculer $f(-3)$, la forme la plus adaptée est la forme de l'énoncé, car $x + 3$ est égal à 0 quand on remplace x par -3 : $f(-3) = (-3 + 3)^2 - 16 = 0^2 - 16 = -16$.

3. $f(x) = -16$ équivaut à $(x + 3)^2 - 16 = -16$ soit $(x + 3)^2 = 0$ donc -3 est solution de l'équation $f(x) = -16$.

COURS

3 Résolution de problèmes du premier degré

Généralités sur les équations

A noter

Dans l'équation $f(x) = 0$, x est l'inconnue et peut être remplacée par toute autre lettre : $y, z, t\dots$

Définitions

(1) Résoudre une équation (*une inéquation*), c'est déterminer l'ensemble de toutes les solutions de cette équation (*cette inéquation*).
(2) Deux équations équivalentes (*deux inéquations équivalentes*) sont deux équations (*deux inéquations*) ayant le même ensemble de solutions.

Propriétés

(1) Si on ajoute (ou on retranche) un même nombre aux deux membres d'une équation, on obtient une équation équivalente.
(2) Si on multiplie (ou on divise) les deux membres d'une équation par un même nombre non nul, on obtient une équation équivalente.

Équations se ramenant au premier degré

Vocabulaire

Une telle équation, où l'un des membres est un produit et où l'autre membre est 0, est appelée **équation produit**.

Dans certains cas, il est possible de résoudre des équations qui ne sont pas du premier degré. Une méthode consiste à regrouper tous les termes dans le même membre puis à factoriser ce membre.

Propriété L'équation $A(x) \times B(x) = 0$ est **équivalente** à $A(x) = 0$ ou $B(x) = 0$.

Exemple : l'équation $x^2 = 2x$ est équivalente à l'équation $x^2 - 2x = 0$ soit à $x(x - 2) = 0$.
L'équation $x(x - 2) = 0$ est équivalente à $x = 0$ ou $x - 2 = 0$ donc à $x = 0$ ou $x = 2$.

Logique

Vocabulaire

On dit aussi : « P est vrai **si et seulement si** Q est vrai » pour signifier que les énoncés P et Q sont équivalents.

● Dans la propriété précédente, on a utilisé une **équivalence** entre deux énoncés. Pour **prouver que deux énoncés P et Q sont équivalents**, on peut montrer que « si l'énoncé P est vrai, alors l'énoncé Q est lui aussi vrai » et, réciproquement, que « si l'énoncé Q est vrai, alors l'énoncé P est lui aussi vrai ».
On dit alors que les énoncés P et Q sont **équivalents** et l'on peut noter $P \Leftrightarrow Q$.
● Dans la propriété précédente, on utilise le **connecteur logique « ou »**.
Utilisé en mathématiques, ce mot signifie : « soit l'un, soit l'autre, soit les deux à la fois ».
Ainsi, quand on écrit « $A(x) = 0$ ou $B(x) = 0$ », cela signifie qu'on peut avoir :
– soit $A(x) = 0$ et $B(x) \neq 0$;
– soit $A(x) \neq 0$ et $B(x) = 0$;
– soit $A(x) = 0$ et $B(x) = 0$.
Dans le langage usuel, « ou » n'a pas toujours cette signification.

Généralités sur les inéquations

Propriétés

(1) Si on **ajoute** ou si on **soustrait** un même nombre aux deux membres d'une inéquation, on obtient une **inéquation de même sens**.
(2) Si on **multiplie** ou si on **divise** les deux membres d'une inéquation par un même nombre strictement **positif**, on obtient une inéquation de **même sens**.
(3) Si on **multiplie** ou si on **divise** les deux membres d'une inéquation par un même nombre strictement **négatif**, on obtient une inéquation de **sens contraire**.

Exemple : l'inéquation $-2x + 6 > 0$ est équivalente à $-2x > -6$ (on soustrait 6 aux deux membres de l'inéquation) donc à : $x < 3$ (on divise par -2 les deux membres de l'inéquation).

LES SAVOIR-FAIRE DU COURS

SAVOIR-FAIRE **7**
Voir les exercices 91 et 92, p. 76

Résoudre une équation se ramenant au premier degré

Résoudre chacune des équations suivantes dans $\mathbb{R}$:
1. $(2x + 1)(-x + 3) = 0$ **2.** $(2x - 1)^2 = 9$

Méthode
Pour résoudre une équation qui n'est pas du premier degré, on peut regrouper tous les termes dans le même membre puis factoriser.

Solution commentée

1. L'équation $(2x + 1)(-x + 3) = 0$ est équivalente à $2x + 1 = 0$ ou $-x + 3 = 0$ donc à $2x = -1$ ou $-x = -3$. Ainsi, les solutions de l'équation $(2x + 1)(-x + 3) = 0$ sont $x = -\dfrac{1}{2}$ et $x = 3$.

2. On commence par **regrouper tous les termes dans le même membre de l'équation**, ce qui donne : $(2x - 1)^2 - 9 = 0$. Ensuite, on peut **factoriser le premier membre** afin d'obtenir une équation produit : $(2x - 1)^2 - 3^2 = 0$ équivaut à $[(2x - 1) - 3][(2x - 1) + 3] = 0$ soit $(2x - 4)(2x + 2) = 0$. Cette équation est équivalente à $2x - 4 = 0$ ou $2x + 2 = 0$ soit à $x = 2$ ou $x = -1$. Ainsi, l'ensemble des solutions est $\{2 ; -1\}$.

SAVOIR-FAIRE **8**
Voir les exercices 99 et 100, p. 77

Résoudre une inéquation du premier degré

Résoudre dans $\mathbb{R}$ les inéquations : **1.** $3x - 5 \geqslant 0$;   **2.** $-2x + 3 < 0$.

Conseil
Être très attentif au sens de l'inégalité quand on multiplie les deux membres d'une inéquation par un même nombre.

Solution commentée

1. On ajoute 5 aux deux membres de l'inéquation, donc on obtient une inéquation de même sens : $3x \geqslant 5$. On divise ensuite par 3 les deux membres de l'inéquation, on obtient une inéquation de même sens : $x \geqslant \dfrac{5}{3}$. Ainsi, l'ensemble des solutions est $\left[\dfrac{5}{3} ; +\infty \right[$.

2. On soustrait 3 aux deux membres de l'inéquation, donc on obtient une inéquation de même sens : $-2x < -3$. On divise par -2 les deux membres de l'inéquation, on obtient une inéquation de sens contraire : $x > \dfrac{3}{2}$. Ainsi, l'ensemble des solutions est $\left] \dfrac{3}{2} ; +\infty \right[$.

SAVOIR-FAIRE **9**
Voir les exercices 103 et 104, p. 77

Mettre un problème en équation

Un loueur de VTT veut construire un entrepôt pour ranger ses vélos. Il a commencé par envisager de lui donner une forme carrée mais, finalement, il a choisi d'augmenter un côté de 4 mètres et de diminuer l'autre côté de 2 mètres afin d'obtenir une forme rectangulaire mieux adaptée à ses besoins. Il constate alors que l'aire de son entrepôt a augmenté de 6 m². Quelles sont finalement les dimensions de son entrepôt ?

Conseil
Lors de la résolution d'un problème, il faut vérifier que les solutions obtenues sont compatibles avec les contraintes de l'énoncé.

Solution commentée

Étape 1 : choix de l'inconnue
On appelle x la longueur en mètres du côté du carré initial.
Comme le côté est diminué de 2 mètres, on doit avoir $x > 2$.

Étape 2 : mise en équation
L'aire du carré initial est x^2. Comme les dimensions du rectangle sont $x - 2$ et $x + 4$, son aire est donc $(x - 2)(x + 4)$. Lors du changement de dimensions, l'aire initiale ayant augmenté de 6 m², elle est devenue $x^2 + 6$. On obtient l'équation : $x^2 + 6 = (x - 2)(x + 4)$.

Étape 3 : résolution
$x^2 + 6 = (x - 2)(x + 4)$ équivaut à $x^2 + 6 = x^2 + 4x - 2x - 8$ soit $x^2 + 6 = x^2 + 2x - 8$ ce qui équivaut à $6 = 2x - 8$ soit $2x = 14$. Ainsi, $x = 7$.

Étape 4 : conclusion et réponse au problème
La valeur obtenue pour x est strictement supérieure à 2, elle est donc compatible avec les contraintes de l'énoncé. Comme $x = 7$, les dimensions en mètres du rectangle sont $7 + 4 = 11$ et $7 - 2 = 5$. L'entrepôt aura une longueur de 11 m et une largeur de 5 m.

Chapitre 3 ■ Problèmes du premier degré **67**

FICHE TICE

Fonctions et tableur

On va construire avec un tableur un tableau de valeurs et une représentation graphique de la fonction f telle que $f(x) = x^2 + x - 3$, pour x compris entre -5 et 5 avec un pas de $0,5$.

Flasher pour voir les 2 vidéos

Construire un tableau de valeurs de la fonction

1 Obtenir les valeurs de x dans la colonne A

- Entrer `x` et `f(x)` dans les cellules **A1** et **B1**.
- Saisir la première valeur du tableau dans **la cellule A2**, et la formule `=A2+0,5` dans **la cellule A3**.
- Recopier **la cellule A3** vers le bas jusqu'à **la cellule A22**.

A3		=	=A2+0,5
	A	B	C
1	x	f(x)	
2	-5		
3	-4,5		
4	-4		
5	-3,5		

Le pas entre deux valeurs est ici 0,5. Il est possible de choisir un autre pas : il suffit pour cela de remplacer `0,5` par la valeur souhaitée dans la formule saisie dans **la cellule A3**.

2 Obtenir les valeurs de $f(x)$ dans la colonne B

- Saisir dans **la cellule B2** la formule correspondant à l'expression de la fonction `=A2^2+A2-3`.
- Recopier **la cellule B2** vers le bas jusqu'à **la cellule B22**.

B2		=	=A2^2+A2-3
	A	B	C
1	x	f(x)	
2	-5	17	
3	-4,5	12,75	
4	-4	9	

On obtient ainsi le tableau de valeurs de la fonction f sur l'intervalle $[-5\ ;\ 5]$ avec un pas de $0,5$.
Il est possible de modifier la valeur de départ dans **la cellule A2** et le nombre de valeurs calculées en effectuant, par exemple, les recopies au-delà de la ligne **22**.

Construire une représentation graphique de la fonction

Avec OpenOffice

- Sélectionner la zone **A1:B22** qui contient les valeurs à représenter.
- Cliquer sur (Diagramme).
Comme type de diagramme, choisir `XY (dispersion)`, puis cliquer sur (Points et lignes).
- Cliquer sur `Terminer`.

Avec Excel

- Sélectionner la zone **A1:B22** qui contient les valeurs à représenter.
- Ouvrir le menu **Insertion**, puis choisir **Graphiques**.
Comme type de diagramme, choisir `Nuage de points (XY)`, puis choisir `Avec courbes lissées et marqueurs`.

On obtient alors un nuage de points reliés entre eux : celui-ci correspond à la représentation graphique souhaitée.

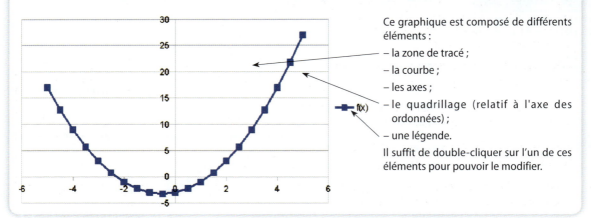

Ce graphique est composé de différents éléments :
– la zone de tracé ;
– la courbe ;
– les axes ;
– le quadrillage (relatif à l'axe des ordonnées) ;
– une légende.
Il suffit de double-cliquer sur l'un de ces éléments pour pouvoir le modifier.

FICHE TICE

Calcul formel

Un logiciel de calcul formel possède quelques instructions qui permettent de transformer des expressions ou de résoudre des équations et des inéquations.

Flasher pour voir les 2 vidéos

On considère la fonction f définie sur $\mathbb{R}$ par l'expression : $f(x) = 4x^2 - (x - 1)^2$.
Développer puis factoriser $f(x)$. Résoudre ensuite l'équation $f(x) = 0$ et l'inéquation $f(x) \leq 4$.

Avec le logiciel Xcas

- On définit la fonction f en saisissant l'expression $\boxed{\texttt{f(x):=4x^2-(x-1)^2}}$.
- Les instructions permettant de transformer les expressions, ou de résoudre des équations et des inéquations, sont dans le menu « **Scolaire** ».
- Il suffit ensuite de mettre entre parenthèses l'expression souhaitée comme dans l'écran ci-contre.

Remarques :
- L'instruction $\boxed{\texttt{développer}}$ ne simplifie pas nécessairement l'expression obtenue ; il faut alors utiliser l'instruction $\boxed{\texttt{simplifier}}$.
- $\boxed{\texttt{[(x>=(-5/3))and(x<=1)]}}$ signifie « $x \geq \dfrac{-5}{3}$ » et « $x \leq 1$ », c'est-à-dire : $-\dfrac{5}{3} \leq x \leq 1$.

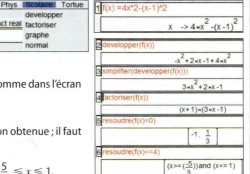

Avec GeoGebra

- Cliquer sur le petit triangle du bord droit de la fenêtre GeoGebra et choisir la disposition $\boxed{\texttt{x =}}$ $\boxed{\texttt{CAS & Graphique}}$.
- Dans la barre d'icônes en haut de la fenêtre, cliquer sur $\boxed{\texttt{Conserver la saisie}}$ $\boxed{\checkmark}$ pour éviter que l'expression saisie ne soit automatiquement simplifiée.
- Définir l'expression de la fonction en saisissant $\boxed{\texttt{f(x):=4x^2-(x-1)^2}}$ dans la première ligne de la fenêtre **Calcul formel**, suivi de $\boxed{\texttt{Entrée}}$. En plus de l'expression qui est affichée dans la fenêtre **Calcul formel**, une représentation graphique de la fonction est affichée dans la fenêtre **Graphique**.

Pour transformer une expression, il faut saisir cette expression dans une ligne de saisie de la fenêtre **Calcul formel** puis cliquer sur l'icône permettant d'effectuer la transformation souhaitée. Ainsi :

- **Pour développer l'expression :** on saisit $\boxed{\texttt{f(x)}}$ dans la 2${}^\text{nde}$ ligne de calcul, puis on clique sur l'icône $\boxed{\texttt{(())}}$.

- **Pour factoriser l'expression :** on saisit $\boxed{\texttt{f(x)}}$ dans la 3${}^\text{e}$ ligne de calcul, puis on clique sur l'icône $\boxed{\texttt{15/3·5}}$.

- **Pour résoudre l'équation :** on saisit $\boxed{\texttt{f(x)=0}}$ dans la 4${}^\text{e}$ ligne de calcul, puis on clique sur l'icône $\boxed{\texttt{x =}}$.

- **Pour résoudre l'inéquation :** on saisit $\boxed{\texttt{f(x)<=4}}$ dans la 5${}^\text{e}$ ligne de calcul, puis on clique sur l'icône $\boxed{\texttt{x =}}$.

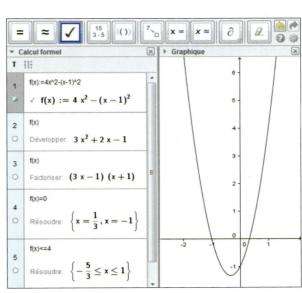

Chapitre 3 ■ Problèmes du premier degré

EXERCICES

Parcours en autonomie (corrections en fin de manuel)
Maîtriser les bases 4 . 10 . 16
Préparer le contrôle 36 . 55 . 65 . 87 . 95

Pour démarrer

Fonctions affines – Fonctions linéaires

En direct du cours !

1 Chacune des fonctions ci-dessous est sous la forme $f(x) = ax + b$. Identifier a et b.
1. $f_1(x) = 3x + 2$ 2. $f_2(x) = -2x + 1$ 3. $f_3(x) = -5x$

2 Les fonctions f, g, h, i ci-dessous sont définies sur $\mathbb{R}$ par les expressions :
$f(x) = 2x$; $g(x) = -7$; $h(x) = 3x^2$; $i(x) = -5x + 2$.
1. Reconnaître celles qui sont affines.
2. Reconnaître celles qui sont linéaires.

3 On donne ci-dessous les courbes représentatives de quatre fonctions f, g, h et k.
Lesquelles représentent une fonction affine ?

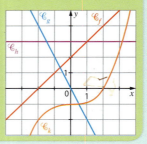

4 Chacune des fonctions ci-dessous est sous la forme :
$$f(x) = ax + b.$$
Identifier a et b.
1. $f_1(x) = -x + 2$ 2. $f_2(x) = x + 4$
3. $f_3(x) = 3$ 4. $f_4(x) = 5x - 1$

5 Dans un marché, des grenades bio sont vendues 5,25 € le kilogramme. On désigne par $p(x)$ le prix, en euros, de x kilogrammes de grenades.
a. Donner l'expression de $p(x)$ en fonction de x.
b. La fonction p est-elle affine ? Est-elle linéaire ?

6 **Algo** Compléter un algorithme
Voici un algorithme de calcul :

Variable	x est un réel
Entrée	Saisir un nombre x
Traitement	Multiplier le nombre x par -2
	Ajouter 3
Sortie	Afficher le résultat obtenu

1. Quel est le nombre affiché lorsque l'on prend au départ le nombre 4 ?
2. Montrer que le résultat obtenu est l'image de x par une fonction affine dont on précisera l'expression.

7 Soit la fonction f définie sur $\mathbb{R}$ par $f(x) = 2x + 3$.
a. Calculer l'image par f de chacun des réels :
$$0 ; 5 ; 0,5 ; -0,5 ; \sqrt{2}.$$
b. Quel réel a pour image 5 par f ? Quel réel a pour image 0 par f ?

Variations de fonctions affines

En direct du cours !

8 f est la fonction affine définie sur $\mathbb{R}$ par :
$$f(x) = ax + b.$$
Pour chacune des valeurs de a suivantes, donner le sens de variation de f.
a. $a = 3$ b. $a = -2$ c. $a = \sqrt{2}$
d. $a = 0$ e. $a = -\frac{1}{2}$ f. $a = -0,12$

9 Soit f la fonction définie sur $\mathbb{R}$ par : $f(x) = 2x - 8$.
1. L'expression de f est sous la forme $f(x) = ax + b$. Identifier a et préciser son signe.
2. En déduire le sens de variation de f.

10 Déterminer le sens de variation de chacune des fonctions affines suivantes, définies sur $\mathbb{R}$ par :
a. $f(x) = -5x + 3$ b. $g(x) = \frac{1}{2}x - 4$
c. $h(x) = -\frac{3}{5}x$ d. $i(x) = x$

11 $\mathcal{D}_f, \mathcal{D}_g, \mathcal{D}_h, \mathcal{D}_i$ et $\mathcal{D}_k$ sont les représentations graphiques de cinq fonctions affines f, g, h, i et k.
Déterminer le sens de variation de chacune de ces fonctions.

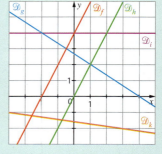

12 Voici quatre fonctions f, g, h, i définies sur $\mathbb{R}$ par :
$f(x) = -3x$; $g(x) = -x + 1$; $h(x) = 2x + 1$; $i(x) = 3$.
On donne aussi leurs tableaux de variation :

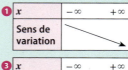

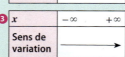
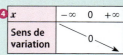

Associer à chaque fonction son tableau de variation.

EXERCICES

Signe de $ax + b$

En direct du cours !

13 Soit f la fonction définie sur $\mathbb{R}$ par : $f(x) = 4x - 8$.
1. L'expression de f est sous la forme $f(x) = ax + b$. Identifier a et préciser son signe.
2. Déterminer la valeur de x pour laquelle $f(x) = 0$.
3. En déduire le tableau de signes de l'expression $4x - 8$.

14 Compléter les tableaux de signes suivants :

a.
x	$-\infty$	...	$+\infty$
Signe de $x - 3$		$-$ 0 $+$	

b.
x	$-\infty$	...	$+\infty$
Signe de $-x + 2$		$+$ 0 $-$	

15 Compléter les tableaux de signes suivants :

a.
x	$-\infty$	-2	$+\infty$
Signe de $2x + 4$		... 0 ...	

b.
x	$-\infty$	$1,5$	$+\infty$
Signe de $-2x + 3$		... 0 ...	

16 1. Déterminer la valeur de x pour laquelle $2x - 6 = 0$.
2. En déduire le tableau de signes de l'expression $2x - 6$.

17 1. Déterminer la valeur de x pour laquelle $-x + 5 = 0$.
2. En déduire le tableau de signes de l'expression $-x + 5$.

18 $\mathcal{D}_f$, $\mathcal{D}_g$ et $\mathcal{D}_h$ sont les représentations graphiques de trois fonctions affines f, g et h.
Utiliser ces représentations graphiques pour dresser le tableau de signes de chacune des expressions $f(x)$, $g(x)$ et $h(x)$.

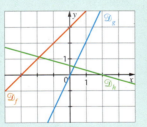

Transformations d'écritures

En direct du cours !

19 Indiquer pour chaque expression s'il s'agit d'une somme ou d'un produit.
a. $(x - 5)(x + 8)$ b. $(x - 5) + (x + 8)$
c. $(x + 3)^2$ d. $x^2 + 3$
e. $x(2 + 3x)$ f. $4x^2 - 9$

20 Parmi les expressions suivantes, reconnaître les formes développées.
a. $(x - 5)(4x - 7)$ b. $(x - 5)(4x - 7) + 3$
c. $2x - 5$ d. $x^3(1 - x)$
e. $x^2 - 5x + 6$ f. $(3x + 4)^2$

21 Parmi les expressions de l'exercice **20**, reconnaître les formes factorisées.

22 Développer l'expression $x(2x - 3)$.

23 Utiliser les identités remarquables pour développer les expressions suivantes :
a. $(x + 1)^2$ b. $(x - 1)^2$ c. $(x + 1)(x - 1)$

24 Soit f la fonction définie sur $\mathbb{R}$ par :
$$f(x) = (x + 4)(2x - 3) - 2x(2x - 3).$$
1. $f(x)$ est une somme. Préciser chacun de ses termes et vérifier que $(2x - 3)$ est un facteur commun à chacun de ses termes.
2. Factoriser $f(x)$ par $(2x - 3)$.

25 Utiliser l'identité remarquable donnant $(a + b)^2$ pour factoriser l'expression : $x^2 + 2x + 1$.

26 Utiliser l'identité remarquable donnant $a^2 - b^2$ pour factoriser l'expression : $x^2 - 4$.

Problèmes se ramenant au 1er degré

En direct du cours !

27 Sans résoudre les équations suivantes, trouver celles dont -2 est une solution.
a. $x + 2 = 0$ b. $-x + 2 = 0$ c. $\frac{1}{2}x + 1 = 0$

28 Résoudre dans $\mathbb{R}$ les équations suivantes :
a. $2x - 4 = 0$ b. $3x + 5 = 0$ c. $-x + 5 = 0$

29 Sans résoudre les inéquations suivantes, trouver celles dont 4 est une solution.
a. $2x + 1 > 0$ b. $2x - 5 < 0$ c. $-x - 5 > 0$

30 Résoudre dans $\mathbb{R}$ les inéquations suivantes :
a. $3x + 1 < 0$ b. $2x + 5 > 0$ c. $-x + 3 < 0$

31 On considère l'expression $(x + 3)(2x - 6)$.
1. Cette expression est le produit de deux facteurs. Préciser chacun de ces deux facteurs.
2. Résoudre dans $\mathbb{R}$ les équations $x + 3 = 0$ et $2x - 6 = 0$.
3. En déduire les solutions dans $\mathbb{R}$ de l'équation :
$$(x + 3)(2x - 6) = 0.$$

32 Résoudre dans $\mathbb{R}$ les équations suivantes :
a. $(x + 1)(x - 4) = 0$ b. $(2x + 1)(2 - x) = 0$

33 On considère l'équation $2x^2 = 3x$.
1. Vérifier que cette équation est équivalente à :
$$2x^2 - 3x = 0, \text{ puis à : } x(2x - 3) = 0.$$
2. En déduire les solutions dans $\mathbb{R}$ de l'équation $2x^2 = 3x$.

Chapitre 3 ■ Problèmes du premier degré

EXERCICES

Parcours en autonomie (corrections en fin de manuel)
Maîtriser les bases 4 · 10 · 16
Préparer le contrôle 36 · 55 · 65 · 87 · 95

Pour s'entraîner

Fonctions affines – Fonctions linéaires

34 Parmi les expressions suivantes, lesquelles peuvent correspondre à une fonction affine ? Justifier la réponse.
1. $f(x) = -\dfrac{2}{5}x + 0{,}7$ **2.** $g(x) = 3 \times \dfrac{1}{x} - 2$ **3.** $h(x) = 2\sqrt{x} + 5$
4. $i(x) = \sqrt{2}x - 3$ **5.** $k(x) = 2x^2 - 5$ **6.** $\ell(x) = 0$
SAVOIR-FAIRE 1 p. 63

35 Parmi les expressions suivantes, lesquelles peuvent correspondre à une fonction linéaire ? Justifier la réponse.
1. $f(x) = \dfrac{4x}{9}$ **2.** $g(x) = x \times \dfrac{2}{7}$ **3.** $h(x) = \dfrac{3}{8x}$
SAVOIR-FAIRE 1 p. 63

36 Préparer le contrôle
Les fonctions dont on donne l'expression ci-dessous sont définies sur $\mathbb{R}$. Parmi ces fonctions, reconnaître les fonctions affines. Justifier la réponse.
1. $f(x) = \dfrac{1}{5}(10x + 20)$ **2.** $g(x) = x(x-1) - x^2$
3. $h(x) = (x+1)(x-1)$ **4.** $i(x) = \dfrac{1}{2}(-x-4)$

37 La vitesse de croisière d'un Airbus A320 est de 855 km·h^{-1}.

1. Écrire la distance parcourue d (en km) en fonction du temps de parcours t (en h). La fonction, qui à t associe d, est-elle linéaire ?
2. Écrire la distance parcourue D (en mètres) en fonction de la durée de parcours T en minutes.
La fonction, qui à T associe D, est-elle linéaire ?

38 Un constructeur automobile a décidé d'augmenter sa production de véhicules de 3 % dans chacune de ses usines.
Quelle est l'expression de la fonction f qui permet pour chaque usine de calculer la nouvelle production $f(x)$ en fonction de x, où x est la production actuelle ?

> **Aide** Augmenter une valeur de 3 %, c'est multiplier cette valeur par $1 + \dfrac{3}{100}$, c'est-à-dire par 1,03.

EXERCICE RÉSOLU

39 Deux images pour une fonction affine
Énoncé
1. Déterminer la fonction affine f telle que $f(0) = 5$ et $f(2) = 1$.
2. Tracer dans un repère la représentation graphique de f.
Solution commentée
1. f est une fonction affine, donc son expression est de la forme $f(x) = ax + b$. Comme $f(0) = 5$, on a $a \times 0 + b = 5$ soit $b = 5$. Comme $f(2) = 1$, $a \times 2 + b = 1$ soit $2a + b = 1$.
On obtient un système de deux équations :
$$\begin{cases} b = 5 \\ 2a + b = 1 \end{cases} \text{ soit } \begin{cases} b = 5 \\ 2a + 5 = 1 \end{cases} \text{ ou encore } \begin{cases} b = 5 \\ 2a = -4 \end{cases}$$
On obtient $a = -2$ et $b = 5$. f est définie par $f(x) = -2x + 5$.
2. f est une fonction affine, donc sa représentation graphique est une droite. Pour tracer cette droite, il suffit de connaître les coordonnées de deux de ses points.
Comme on a $f(0) = 5$ et $f(2) = 1$, on peut prendre les points A (0 ; 5) et B (2 ; 1).
La représentation graphique de f est alors la droite (AB).

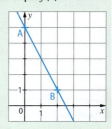

40 Déterminer l'expression de chacune des fonctions linéaires f, g et h telles que :
1. l'image de 1 par f est -2 ; **2.** $g(-3) = 5$;
3. la droite $\mathcal{D}_h$ qui est la courbe représentative de h passe par le point de coordonnées $(-4 ; -6)$.

41 Déterminer l'expression de chacune des fonctions affines f, g et h telles que :
1. $f(1) = 3$ et $f(-1) = 5$; **2.** $g(0) = 3$ et $g(-5) = 0$;
3. $h(100) = 1\,000$ et $h(1\,000) = 100$.

42 Voici quatre droites (d$_1$), (d$_2$), (d$_3$), (d$_4$) et trois fonctions f, g, h définies par :
$$f(x) = -0{,}5x \; ; \; g(x) = 1 - x \; ; \; h(x) = 2x + 1.$$

1. Parmi ces droites, trouver la représentation graphique de f, puis celles de g et de h.
2. Trouver l'expression de la fonction dont la représentation graphique est la droite (d$_4$).

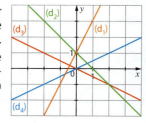

72

EXERCICES

43 f est une fonction affine telle que $f(0) = 3$ et $f(2) = 2$. Calculer $f(6)$.

44 Sachant que f et g sont des fonctions affines, recopier et compléter les tableaux de valeurs suivant :

x	1	2	4
$f(x)$	2	0	...

x	0	0,5	2
$g(x)$	2	3	...

45 Un commercial loue un véhicule pendant une journée. Le prix de la location est constitué d'une partie fixe de 50 € et d'une partie proportionnelle à la distance parcourue au coût de 0,20 € par kilomètre.
1. Quel est le coût de la location pour un parcours de 300 km ?
2. Donner le prix, en €, de la location $P(x)$ en fonction de la distance x parcourue (en km).
3. Quelle a été la distance parcourue pour le prix de 95 € ?

46 Algo **Modifier un algorithme**

L'algorithme ci-contre permet de calculer les images par une fonction affine d'un réel donné.

Variables	X et Y sont des nombres réels
Entrée	Afficher « Valeur de x ? » Saisir X
Traitement	Y prend la valeur $2 \times X + 3$
Sortie	Afficher Y

1. Quelle est l'expression de cette fonction ?
2. Programmer cet algorithme sur la calculatrice.
3. Modifier cet algorithme afin qu'il affiche les images d'un réel par la fonction affine g définie sur $\mathbb{R}$ par :
$$g(x) = -\frac{2}{3}x + \frac{1}{3}.$$

47 Algo **Compléter un algorithme**

Le taux normal de TVA (taxe sur la valeur ajoutée) s'appliquant à la majorité des biens et des prestations de service est de 20 %.

Variables	X et T sont des nombres réels
Entrée	Afficher « Valeur de x ? » Saisir X
Traitement	....
Sortie	Afficher T

1. On note x le prix hors taxes (en euros) d'un article et $t(x)$ son prix toutes taxes comprises (TTC).
Exprimer $t(x)$ en fonction de x.
2. Compléter l'algorithme ci-dessus permettant de calculer $t(x)$ (la valeur de x ayant été saisie par l'utilisateur).
3. Programmer cet algorithme sur la calculatrice.

48 TICE Un professeur a créé une feuille de calcul sur un tableur pour construire le tableau de valeurs de trois fonctions : f, g et h. On peut voir dans l'écran ci-après les formules utilisées pour calculer les images de x par chacune de ces trois fonctions.

	A	B	C	D
1	x	f(x)	g(x)	h(x)
2	-5	=3*A2-2	=2*A2*A2	=-2*A2+$A$2
3	-4			

Parmi ces trois fonctions, lesquelles sont des fonctions affines ? Donner alors leur expression en fonction de x.

49 Logique
On considère les deux énoncés P et Q suivants, avec P : « f est une fonction linéaire définie sur $\mathbb{R}$ » et Q : « f est une fonction définie sur $\mathbb{R}$ telle que $f(0) = 0$ ».
1. Est-il possible d'affirmer que si « f est une fonction linéaire définie sur $\mathbb{R}$ », alors « f est une fonction définie sur $\mathbb{R}$ telle que $f(0) = 0$ » ?
2. Peut-on affirmer que si « f est une fonction définie sur $\mathbb{R}$ telle que $f(0) = 0$ » alors « f est une fonction linéaire définie sur $\mathbb{R}$ » ?
3. Les deux énoncés P et Q sont-ils équivalents ? Justifier.

50 Logique
Dire si chacun des deux énoncés suivants est vrai ou faux. Justifier la réponse.
1. Toute fonction affine est une fonction linéaire.
2. Il existe une fonction affine qui est une fonction linéaire.

VRAI - FAUX

Pour les exercices 51 et 52, indiquer si les affirmations sont vraies ou fausses, puis justifier.

51 Si f est une fonction linéaire alors, pour tous nombres u et v, $f(u + v) = f(u) + f(v)$.

52 Si f est une fonction affine alors, pour tous nombres u et v, $f(u + v) = f(u) + f(v)$.

Variations de fonctions affines

53 Soit f la fonction définie sur $\mathbb{R}$ par : $f(x) = 7x - 4$.
1. Construire le tableau de variation de f sur $[-6 ; 6]$.
2. Sans calculs, comparer $f(1)$ et $f(5)$.

54 Soit f et g les fonctions définies sur $\mathbb{R}$ par :
$$f(x) = -3x + 6 \quad \text{et} \quad g(x) = \frac{1}{3}x.$$
1. Étudier les variations de ces deux fonctions sur $\mathbb{R}$.
2. Tracer les représentations graphiques de ces fonctions dans un repère.

 p. 63

55 Préparer le contrôle
Soit f et g les fonctions définies sur $\mathbb{R}$ par :
$$f(x) = -2x \quad \text{et} \quad g(x) = 2x + 8.$$
1. Dresser le tableau de variation de f ainsi que celui de g.
2. Dans un même repère, tracer les représentations graphiques de ces deux fonctions.
3. Calculer les coordonnées du point commun aux deux représentations graphiques.

Chapitre 3 ■ Problèmes du premier degré

EXERCICES

56 Voici cinq droites $\mathcal{D}_f, \mathcal{D}_g, \mathcal{D}_h, \mathcal{D}_i$ et $\mathcal{D}_k$ qui sont les représentations graphiques respectives de cinq fonctions affines f, g, h, i et k.

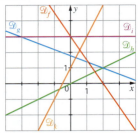

1. Déterminer les variations de chacune de ces fonctions.
2. Quel est le coefficient directeur des droites $\mathcal{D}_f, \mathcal{D}_i$ et $\mathcal{D}_k$?

57 On donne les tableaux de valeurs de trois fonctions affines obtenus à l'aide d'une calculatrice, ainsi que les représentations graphiques de ces trois fonctions.

Ⓐ Tableau A Ⓑ Tableau B Ⓒ Tableau C

❶ Graphique 1 ❷ Graphique 2 ❸ Graphique 3

Associer chaque tableau de valeurs à la représentation graphique qui lui correspond.

EXERCICE RÉSOLU

58 Étude de variations pour un problème concret

Énoncé
Le 1ᵉʳ janvier, un fabriquant de tablettes tactiles augmente tous ses prix de 2 %.
1. Exprimer, en fonction du prix noté x (en euros), le montant $H(x)$ de la hausse, puis le nouveau prix $P(x)$, avec $x \geq 0$.
2. Déterminer les variations de chacune de ces fonctions H et P.

Solution commentée
1. La hausse représente 2 % du prix x, soit $\frac{2}{100}x$.
Ainsi, $H(x) = 0{,}02x$. Le nouveau prix est :
$P(x) = x + H(x) = x + 0{,}02x$, soit $P(x) = 1{,}02x$.
2. H est une fonction linéaire de la forme $H(x) = ax$, avec $a = 0{,}02$. Ce coefficient a étant positif, H est une fonction croissante pour $x \geq 0$. Il en est de même pour la fonction P dont le coefficient est 1,02 qui est lui aussi positif.

59 Déterminer le sens de variation de chacune des fonctions affines suivantes.
1. f est telle que $f(1) = 0$ et $f(3) = 2$.
2. g est telle que $g(2) = 3$ et $g(1) = 4$.

60 Déterminer le sens de variation de chacune des fonctions linéaires suivantes.
1. f est telle que $f(1) = 3$.
2. g est telle que $g(2) = -6$.

61 Pendant les soldes, une commerçante baisse le prix de tous ses articles de 30 %.
1. Exprimer, en fonction du prix x (en euros), le montant $B(x)$ de la baisse, puis le prix réduit $R(x)$.
2. Déterminer les variations de chacune de ces fonctions B et R.

VRAI - FAUX

Pour les exercices **62** et **63**, indiquer si les affirmations sont vraies ou fausses, puis justifier.

62 Si f est une fonction affine croissante telle que $f(-2) = 5$, alors $f(-3) \geq 5$.

63 Si f est une fonction linéaire décroissante alors $f(-3) \geq 0$.

Signe de $ax + b$

64 1. À l'aide d'un tableau de signes, étudier le signe de $f(x)$ et de $g(x)$, où f et g sont les fonctions définies sur $\mathbb{R}$ par :
$$f(x) = 7 - x \quad \text{et} \quad g(x) = \frac{1}{3}x.$$
2. Tracer dans un repère les représentations graphiques des fonctions f et g. Retrouver les résultats de la question **1**.

SAVOIR-FAIRE **3** p. 63

65 Préparer le contrôle
1. À l'aide d'un tableau de signes, étudier le signe de $f(x)$ et de $g(x)$, où f et g sont les fonctions définies sur $\mathbb{R}$ par :
$$f(x) = -2x + 3 \quad \text{et} \quad g(x) = \frac{1}{2}x + 1.$$
2. Tracer dans un repère les représentations graphiques des fonctions f et g.
3. Calculer les abscisses des points d'intersection de chacune de ces courbes avec l'axe des abscisses et retrouver les résultats de la question **1**.

66 Dresser le tableau de signes sur $\mathbb{R}$ de chacune des expressions suivantes :
a. $f(x) = 2 + 3x$ **b.** $g(x) = -9 - 4x$ **c.** $h(x) = -x$

67 Associer, à chacune des expressions suivantes, le tableau de signes qui lui correspond.
$f_1(x) = 3{,}5x - 7$ $f_2(x) = 5x - 2{,}5$
$f_3(x) = -4x + 2$ $f_4(x) = -2x + 4$

74

EXERCICES

1

Valeurs de x	$-\infty$		2		$+\infty$
Signe de $f(x)$		+	0	−	

2

Valeurs de x	$-\infty$		$\frac{1}{2}$		$+\infty$
Signe de $g(x)$		−	0	+	

3

Valeurs de x	$-\infty$		$\frac{1}{2}$		$+\infty$
Signe de $h(x)$		+	0	−	

4

Valeurs de x	$-\infty$		2		$+\infty$
Signe de $i(x)$		−	0	+	

68 f, g, h et i sont des fonctions affines. À chaque tableau de signes, associer la représentation graphique qui lui correspond.

1

Valeurs de x	$-\infty$		5		$+\infty$
Signe de $f(x)$		−	0	+	

2

Valeurs de x	$-\infty$		0		$+\infty$
Signe de $g(x)$		−	0	+	

3

Valeurs de x	$-\infty$		0		$+\infty$
Signe de $h(x)$		+	0	−	

4

Valeurs de x	$-\infty$		5		$+\infty$
Signe de $i(x)$		+	0	−	

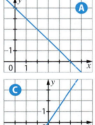
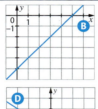
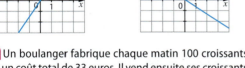

69 Un boulanger fabrique chaque matin 100 croissants pour un coût total de 33 euros. Il vend ensuite ses croissants dans la journée à 1,10 € pièce.

1. On note x le nombre de croissants vendus dans la journée avec $x \geq 0$. Quelle est la recette issue de la vente de ces x croissants ?

2. Expliquer pourquoi le bénéfice du boulanger, pour la vente de ces croissants, est $B(x) = 1{,}1x - 33$.

3. a. Étudier le signe de l'expression $B(x)$.
b. En déduire le nombre minimum de croissants que le boulanger doit vendre pour ne pas perdre d'argent sur cette vente.

LE SAVIEZ-VOUS ?

Le croissant n'est pas d'origine française. La célèbre viennoiserie proviendrait de l'époque où les Turcs assiégeaient Vienne, la capitale de l'Autriche, en 1683.

VRAI - FAUX

Pour les exercices 70 et 71, indiquer si les affirmations sont vraies ou fausses, puis justifier.

70 Le tableau de signes ci-contre est celui de l'expression $f(x) = 5 - x$.

Valeurs de x	$-\infty$		5		$+\infty$
Signe de $f(x)$		−	0	+	

71 Les expressions $f(x) = 10 - 4x$ et $g(x) = -2x + 5$ ont le même tableau de signes.

Transformations d'écritures

EXERCICE RÉSOLU

72 Traduire algébriquement un énoncé
Énoncé
Écrire chacune des phrases suivantes en utilisant une expression mathématique.
1. La somme du carré de x et de 5.
2. L'inverse de la somme de x et de 5.
Solution commentée
1. Le carré de x est x^2. Donc, la somme du carré de x et de 5 est $x^2 + 5$.
2. La somme de x et de 5 est $x + 5$. Donc, l'inverse de la somme de x et de 5 est $\dfrac{1}{x+5}$.

73 Écrire chacune des phrases suivantes en utilisant une expression mathématique.
1. L'opposé du carré de x.   **2.** Le carré de l'opposé de x.
3. La somme du carré de $x - 3$ et de l'inverse de x.
4. L'inverse de la somme de x et du carré de x.

74 Développer et réduire chacune des expressions :
$A = (x + 4)(2x - 3)$; $B = x - 2(x - 5) - (3 - 2x)$;
$C = x(x + 5) + 8(3 + 2x)$; $D = a + 2(a - 5) + 8(3 - 2a)$.

SAVOIR-FAIRE **4** p. 65

75 Développer puis réduire les expressions :
$A = (2x - 4)^2 + (x + 1)^2$; $B = (x - 1)^2 - (2x + 5)^2$.

76 Parmi les expressions suivantes, reconnaître celles qui sont la différence de deux carrés.
$A = x^2 - 16$; $B = (1 + x)^2 - (5 - 2x)^2$;
$C = (1 + x)^2 + (2x)^2$; $D = -x^2 - 4$;
$E = (x - 5)^2 + 9$; $F = -x^2 + 9$.

77 Soit le programme de calcul ci-contre.
1. Quel est le résultat obtenu si on prend 5 comme nombre de départ ?

- Choisir un nombre de départ
- Ajouter 1
- Multiplier le résultat par 2
- Soustraire 4
- Écrire le résultat obtenu

2. On note x le nombre de départ et $f(x)$ le résultat obtenu. Exprimer $f(x)$ en fonction de x, puis réduire l'expression.

Chapitre 3 ■ Problèmes du premier degré **75**

EXERCICES

78 Utiliser les identités remarquables pour factoriser :
$A = 4x^2 + 4x + 1$; $B = x^2 - 6x + 9$; $C = 9x^2 - 4$.

79 Factoriser les expressions suivantes.
1. $A = x(x-1) + 2x(x-3)$
2. $B = (2x+3)(x-4) + (2x+3)(x+1)$
3. $C = (3x-1)(5x+2) - (5x+2)(2-x)$

SAVOIR-FAIRE **5** p. 65

80 Factoriser les expressions suivantes.
1. $A = (x+5)^2 - (2x+7)^2$
2. $B = 4x^2 + 20x + 25$

SAVOIR-FAIRE **5** p. 65

EXERCICE RÉSOLU

81 Factoriser une expression

Énoncé
Factoriser les expressions suivantes.
1. $A = x(x-4) - 5(4-x)$
2. $B = (3x+6)(x-4) - (x+2)(x+1)$

Solution commentée
1. Comme $-(4-x) = (-1) \times (4-x) = +(x-4)$, on a :
$x(x-4) - 5(4-x) = x(x-4) + 5(x-4)$. A peut alors se factoriser par $(x-4)$, et on obtient : $A = (x-4)(x+5)$.
2. Comme $(3x+6) = 3(x+2)$, on peut écrire :
$B = 3(x+2)(x-4) - (x+2)(x+1)$. B peut alors se factoriser par $(x+2)$, et on obtient :
$B = (x+2)[3(x-4) - (x+1)]$ soit $B = (x+2)(3x-12-x-1)$.
$B = (x+2)(2x-13)$.

82 Factoriser les expressions suivantes.
1. $A = x^3 - 12x^2$
2. $B = x(1-x) + (x-1)(x+2)$
3. $C = (5x+1)(-3x+4) + x(10x+2)$

83 Soit f la fonction définie sur $\mathbb{R}$ par :
$f(x) = (3x+2)^2 - 16$.
À l'aide d'un logiciel de calcul formel, on a obtenu les résultats ci-contre.
Effectuer les calculs nécessaires pour retrouver ces résultats.

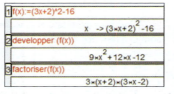

84 Soit x un réel strictement compris entre 0 et 10.
Calculer le périmètre de la figure colorée en fonction du réel x.
Que constate-t-on ?

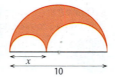

85 Soit x un réel compris entre 0 et 10.

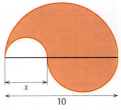

1. Calculer l'aire de la surface colorée ci-contre en fonction de x et vérifier que l'expression obtenue, une fois simplifiée, est celle d'une fonction affine.
2. En déduire les variations de l'aire de la surface colorée en fonction de x.

86 Soit f la fonction définie sur $\mathbb{R}$ par : $f(x) = (x-5)^2 - 49$.
1. Développer, puis factoriser $f(x)$.
2. Calculer $f(0), f(12)$ et $f(5)$, en utilisant chaque fois la forme la mieux adaptée.

SAVOIR-FAIRE **6** p. 65

87 Préparer le contrôle
On considère les fonctions f et g définies sur $\mathbb{R}$ par :
$f(x) = (x-5)(5x-3) - (x-5)(2x+3)$ et $g(x) = (2x-3)^2 - (x+2)^2$.
1. Développer, puis factoriser $f(x)$.
2. Développer, puis factoriser $g(x)$.
3. Calculer $f(2), f(0)$ et $g(\sqrt{3})$ en utilisant chaque fois la forme la mieux adaptée.

88 Soit f la fonction définie sur $\mathbb{R}$ par :
$f(x) = 3(x+2)^2 - 27$.
À l'aide d'un logiciel de calcul formel, on a obtenu les résultats ci-contre.

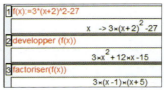

Calculer $f(-5), f(-2)$ et $f(\sqrt{3})$ en utilisant chaque fois la forme la mieux adaptée.

VRAI - FAUX

Pour les exercices **89** et **90**, indiquer si les affirmations sont vraies ou fausses, puis justifier.

89 $(x-3)^2$ est une forme factorisée de $x^2 - 9$.

90 Pour tout réel x, les expressions $2(x-3)^2 - 4$ et $2x^2 - 12x + 14$ sont égales.

Problèmes se ramenant au premier degré

91 Résoudre dans $\mathbb{R}$ les équations suivantes.
a. $11x - (x+1) = x - 1$ b. $(x-1)(x+2) = 0$
c. $(10x-7)(3x+1) = 0$ d. $3x^2 = 12$

SAVOIR-FAIRE **7** p. 67

92 Résoudre dans $\mathbb{R}$ les équations suivantes.
a. $3x - (5x+7) = 2x - 3$ b. $5x(6x-1) = 0$
c. $\left(\dfrac{1}{3}x + 5\right)(4x) = 0$ d. $(1-3x)^2 = 4$

SAVOIR-FAIRE **7** p. 67

EXERCICES

93 Après avoir développé et simplifié, résoudre dans $\mathbb{R}$ les équations suivantes.
a. $(x-1)(x+3) = x^2$ **b.** $5x(6x-1) = (10x-7)(3x+1)$

94 Après avoir factorisé, résoudre dans $\mathbb{R}$ les équations :
a. $x^2 - 3x = 0$ **b.** $-2x^2 + 8x = 0$ **c.** $3x^2 = 18x$

95 Préparer le contrôle
Résoudre dans $\mathbb{R}$ les équations suivantes :
a. $x(2x-1) = x + 2x^2 + 1$ **b.** $(2x+3)(4-7x) = 0$
c. $(x-1)^2 - 9 = 0$ **d.** $(2x-1)(x+1) - (2x-1)(3x-5) = 0$

96 Résoudre dans $\mathbb{R}$ les équations suivantes.
a. $\dfrac{3}{7}x = 0$ **b.** $\dfrac{2x-3}{7} = 1$
c. $(2x+3)(x+5) = 15$ **d.** $(-3x+2)(x+1) = 2$

97 Logique
Dire si chacun des deux énoncés suivants est vrai ou faux. Justifier la réponse.
1. Pour tous réels x et y, on a $(x+y)^2 = x^2 + y^2$.
2. Il existe des réels x et y tels que $(x+y)^2 = x^2 + y^2$.

98 Pour résoudre une équation, Sophia a utilisé un logiciel de calcul formel. Elle a obtenu les résultats ci-dessous.

Donner une écriture simplifiée des deux solutions obtenues, puis vérifier les réponses données par le logiciel.

99 Résoudre dans $\mathbb{R}$ les inéquations suivantes.
a. $-2x + 3 \geqslant x + 4$ **b.** $2x + 5 \leqslant x$ **c.** $-2x < 0$
SAVOIR-FAIRE **8** p. 67

100 Résoudre dans $\mathbb{R}$ les inéquations suivantes.
a. $3x - (5x - 4) < x$ **b.** $3x - (5x + 7) \geqslant 2x - 3$
SAVOIR-FAIRE **8** p. 67

101 Résoudre dans $\mathbb{R}$ les inéquations suivantes.
a. $\dfrac{2}{3}x + 8 < 0$ **b.** $\dfrac{2x-5}{3} \geqslant 0$ **c.** $\dfrac{2x-5}{3} \leqslant \dfrac{2x-3}{7}$

102 Lucile dépense le quart de son salaire pour se loger, les deux cinquièmes pour se nourrir. Il lui reste 616 € pour les autres dépenses. Quel est son salaire ?
1. Si on note x le salaire de Lucile, laquelle des équations suivantes traduit le problème posé ?
a. $\dfrac{1}{4}x + \dfrac{2}{5}x = 616$ **b.** $\dfrac{1}{4}x + \dfrac{2}{5}x + 616 = 0$
c. $\dfrac{1}{4}x + \dfrac{2}{5}x + 616 = x$ **d.** $\dfrac{1}{4}x + \dfrac{2}{5} + 616 = x$
2. Résoudre l'équation choisie dans la question précédente.
3. Répondre à la question posée dans le problème.

103 Merlin et son chien pèsent 35 kg à eux deux. Merlin pèse 20 kg de plus que son chien. Quel est le poids du chien ? Quel le poids de Merlin ?

SAVOIR-FAIRE **9** p. 67

104 Trouver les nombres réels dont le double est égal à leur cube.
SAVOIR-FAIRE **9** p. 67

105 Les deux côtés d'un rectangle ont pour longueurs respectives 4,5 cm et x cm. Déterminer x pour que le périmètre de ce rectangle soit inférieur ou égal à 24 cm.

VRAI - FAUX

Pour les exercices 106 et 107, indiquer si les affirmations sont vraies ou fausses, puis justifier.

106 L'équation $(x-1)^2 = 9$ est équivalente à l'équation $x - 1 = 3$.

107 Il existe un nombre strictement inférieur à (-3) solution de l'inéquation $-5x > 15$.

TOP CHRONO

Résoudre chacun des exercices suivants en 15 minutes maximum.

108 Dresser le tableau de signes de chacune des expressions suivantes.
a. $f(x) = 3x - 1$ **b.** $g(x) = -5x - 7$
c. $h(x) = 6x$ **d.** $k(x) = 8 - 3x$

109 Développer puis réduire les expressions :
a. $A = 3x(x+7) - 5(7-2x)$ **b.** $B = (5-2x)(x-4)$
c. $C = (x-7)^2 - (3x+1)^2$ **d.** $D = (x+1)(2x-1)^2$

110 Factoriser les expressions suivantes :
a. $A = x(5x-2) + x$ **b.** $B = (3x-1) + (3x-1)(2x+3)$
c. $C = 200 - 18x^2$ **d.** $D = (x-1)^2 + 4(x-1)(x+5)$

111 Résoudre dans $\mathbb{R}$ les équations suivantes :
a. $7x^2 - 5x = 0$ **b.** $(-3x+1)(x-4) = 2x(x-4)$

112 Aux deux premiers contrôles de mathématiques du trimestre, Raphaël a obtenu les notes 11 et 6 sur 20. Quelle note a-t-il obtenue au troisième contrôle sachant que sa moyenne est égale à 10 ?

Chapitre 3 ■ Problèmes du premier degré **77**

EXERCICES

Faire le point

Choisir la (ou les) bonne(s) réponse(s).

Utiliser des fonctions affines

Pour vous aider
SAVOIR-FAIRE **1, 2 et 3** p. 63

	A	**B**	**C**	**D**
1 La fonction f définie sur $\mathbb{R}$ par $f(x) = \dfrac{-x+2}{7}$:	est une fonction affine	est une fonction linéaire	est une fonction croissante sur $\mathbb{R}$	est une fonction décroissante sur $\mathbb{R}$
2 L'expression $g(x) = 2 - 3x$:	est positive sur $\left]-\infty \,;\, \dfrac{2}{3}\right]$	est positive sur $\left]-\infty \,;\, \dfrac{3}{2}\right]$	est négative sur $\left[\dfrac{2}{3} \,;\, +\infty\right[$	est toujours négative
3 Le tableau : $\quad$ donne le signe de l'expression :	$f(x) = 0,5x$	$f(x) = 2x + 1$	$f(x) = -2x + 1$	$f(x) = 2 - 4x$
4 Si f est une fonction affine croissante telle que $f(3) = 0$, alors	$f(x) \geqslant 0$ sur $]-\infty \,;\, 3]$	$f(x) \leqslant 0$ sur $]-\infty \,;\, 3]$	$f(1)$ est positif	$f(x) \geqslant 0$ pour tout réel x

Tableau de l'exercice 3 :

x	$-\infty$		$0,5$		$+\infty$
Signe de $f(x)$		$+$	0	$-$	

Transformer une expression

Pour vous aider
SAVOIR-FAIRE **4, 5 et 6** p. 65

	A	**B**	**C**	**D**
5 En factorisant l'expression $2x(x-4) - (x-5)(x-4)$, on obtient :	$(x-4)(x-5)$	$3(x-4)(x-3)$	$(x-4)(x+5)$	$(4-x)(-x-5)$
6 En factorisant l'expression $4x^2 - (x+3)^2$, on obtient :	$(x+3)(3x+3)$	$(x-3)(3x+3)$	$(3x-3)(5x+3)$	$3(x+1)(x-3)$
7 $(x+1)^2 - (x+1)$ est égal à :	$x^2 + x$	$x^2 + 3x$	$x^2 + x + 2$	$x(x+1)$
8 Soit $f(x) = x^2 - 2x - 3$. Pour calculer $f(\sqrt{3} + 1)$, on utilise la forme :	$f(x) = x^2 - 2x - 3$	$f(x) = (x-1)^2 - 4$	$f(x) = x(x-2) - 3$	$f(x) = (x+1)(x-3)$

Résoudre un problème du premier degré

Pour vous aider
SAVOIR-FAIRE **7, 8 et 9** p. 67

	A	**B**	**C**	**D**
9 Les solutions de l'équation $(2x+5)(x-4) = 0$ sont :	-4 et $\dfrac{5}{2}$	$-\dfrac{5}{2}$	$-\dfrac{5}{2}$ et 4	-4
10 L'équation $2x(x^2+9) = 0$ admet pour solutions :	-2	-3 et 0	$\dfrac{1}{2}$	0
11 L'inéquation $3 - 4x \geqslant 0$ admet pour ensemble de solutions :	$\left]-\infty \,;\, \dfrac{3}{4}\right]$	$\left[\dfrac{3}{4} \,;\, +\infty\right[$	$\left[\dfrac{4}{3} \,;\, +\infty\right[$	$\left\{\dfrac{3}{4}\right\}$
12 $3x^2 + 6 \geqslant 3x(x-1)$ équivaut à :	$-3x \leqslant 6$	$x \in \,]-\infty \,;\, 9]$	$x \leqslant -2$	$x \in [-2 \,;\, +\infty[$

Voir les corrigés, page 329

78

EXERCICES

Déterminer le signe d'une expression $f(x) = ax + b$

Un exemple : Dresser le tableau de signes de l'expression $f(x) = 3x + 6$.

Les questions à se poser	Des réponses
Que me demande-t-on ?	Étudier le signe d'une expression de la forme $f(x) = ax + b$. Identifier les réels a et b.
Que doit-on faire pour démarrer ?	Chercher la valeur pour laquelle l'expression s'annule, c'est-à-dire la valeur de x pour laquelle $f(x) = 0$. Pour quelle valeur de x a-t-on $f(x) = 0$?
Comment continuer ?	On détermine le signe de a pour ensuite construire le tableau de signes. Préciser le signe de a pour l'expression $f(x)$, puis compléter le tableau de signes ci-contre :
Comment vérifier le résultat obtenu ?	On trace la représentation graphique de f sur la calculatrice et on regarde sa position par rapport à l'axe des abscisses. Pour l'expression $f(x) = 3x + 6$, on obtient l'écran ci-contre. Pour quelles valeurs de x la représentation graphique de f est-elle située au-dessus de l'axe des abscisses ?

Valeurs de x	$-\infty$	...	$+\infty$
Signe de $3x + 6$		0	

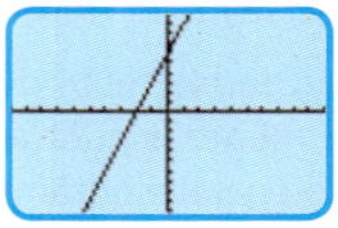

Applications

113 Dresser le tableau de signes des expressions : $f(x) = -2x + 5$, $g(x) = x - 3$ et $h(x) = -3x$.

114 À l'aide de la calculatrice, tracer les courbes représentatives de f, g et h et retrouver par lecture graphique les résultats de l'exercice précédent.

Résoudre une équation se ramenant au premier degré

Un exemple : Résoudre dans $\mathbb{R}$ l'équation : $x^2 = 3x$.

Les questions à se poser	Des réponses
Que doit-on faire pour démarrer ?	On se ramène à une équation de la forme $P(x) = 0$. Regrouper tous les termes de l'équation dans le premier membre de façon à obtenir un second membre égal à 0.
Comment continuer ?	Si cela est possible, on factorise l'expression obtenue. Vérifier que l'expression obtenue dans le premier membre peut se factoriser par x et effectuer la factorisation.
Et ensuite ?	On applique la règle : « Un produit est nul si et seulement si l'un de ses facteurs est nul. » Appliquer cette règle à l'expression obtenue précédemment.
Comment conclure ?	Pour chacun des facteurs de l'expression, on cherche la valeur de x pour laquelle cette expression est nulle. Un de ces facteurs étant x, on trouve comme solution $x = 0$. Trouver l'autre solution et conclure.
Comment vérifier le résultat obtenu ?	Dans l'équation de départ, on remplace x par chacune des solutions trouvées et on regarde si l'égalité est vérifiée. Vérifier que les valeurs trouvées sont bien solutions de l'équation.

Application

115 Résoudre dans $\mathbb{R}$: **a.** $(2x - 3)(5x - 4) = 0$ **b.** $2x(x - 5) = 6(x - 5)$ **c.** $(2x + 1)^2 = (7 - x)(2x + 1)$.

Chapitre 3 ■ Problèmes du premier degré **79**

Revoir des points essentiels

EXERCICES

TP 1 — Des périmètres évolutifs

TICE — Utiliser un logiciel de géométrie dynamique pour étudier l'évolution de périmètres.

ABC est un triangle isocèle en A tel que AC = 5 et BC = 6.
Un point M se déplace sur le segment [AB] en restant différent des points A et B.
On note N le point d'intersection de la droite (AC) et de la parallèle à (BC) passant par M. On désigne par Q le point du segment [BC] tel que le quadrilatère BMNQ soit un parallélogramme.
On pose AM = x, avec $0 < x < 5$, et on va étudier l'évolution des périmètres du triangle AMN, du triangle CNQ et du parallélogramme BMNQ en fonction de x.

A Construction de la figure

À l'aide d'un logiciel de géométrie dynamique :

1. Placer les points B (−8 ; 0) et C (−2 ; 0), puis construire le triangle ABC.

2. Placer un point M sur le segment [AB], puis construire le parallélogramme BMNQ.

3. Construire le segment [AM] et nommer d ce segment.

4. a. Calculer le périmètre p_1 du triangle AMN.
b. Calculer de même le périmètre p_2 du triangle CNQ et le périmètre p_3 du parallélogramme BMNQ.

B Observations - conjectures

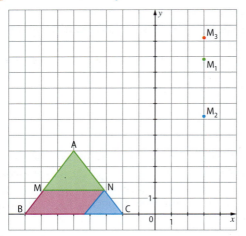

1. Modifier la fenêtre d'affichage de manière à pouvoir afficher des valeurs allant de −8 à 6 en abscisse et des valeurs allant de −1 à 16 en ordonnée (voir figure ci-dessus).

2. Construire les points **M1** de coordonnées (d ; p_1), **M2** de coordonnées (d ; p_2) et **M3** de coordonnées (d ; p_3).

3. a. Déplacer le point M et décrire l'évolution des trois points **M1**, **M2** et **M3**.
b. Quelles conjectures peut-on faire concernant les variations des périmètres des trois figures AMN, CNQ et BMNQ en fonction de la valeur de d ?

4. a. Activer la trace des trois points **M1**, **M2** et **M3** et déplacer de nouveau le point M. Quelles observations peut-on faire ?
b. Comparer graphiquement les valeurs des trois périmètres selon les valeurs de d.

C Étude mathématique

1. a. En utilisant le théorème de Thalès, exprimer MN en fonction de x.
b. Vérifier que le périmètre du triangle AMN est :
$$f_1(x) = \frac{16}{5}x.$$

2. a. Montrer que QC = $\frac{6}{5}(5-x)$.
b. En déduire la valeur $f_2(x)$ du périmètre du triangle CNQ.

3. Montrer que la valeur $f_3(x)$ du périmètre du parallélogramme BMNQ est $\frac{2}{5}x + 10$.

4. Tracer la représentation graphique des trois fonctions f_1, f_2 et f_3.

5. a. Comparer $f_1(x)$ et $f_2(x)$, puis $f_1(x)$ et $f_3(x)$ ainsi que $f_2(x)$ et $f_3(x)$.
b. En déduire, en fonction des valeurs de x, la figure ayant le plus grand périmètre et la figure ayant le plus petit périmètre.

Aide pour le logiciel

GeoGebra
- **A. 1.** Pour construire le triangle ABC, penser à utiliser l'outil [Cercle (centre-rayon)].
- **A. 2.** Pour placer M sur [AB], utiliser l'outils [Point sur Objet].
- **A. 4. a.** Saisir [p1=AM+MN+NA] dans la ligne de saisie.
- **B. 2. a.** Pour créer le point **M1**, taper [M1=(d,p1)] dans la ligne de saisie.
- **B. 4. a.** Pour activer la trace de **M1**, cliquer-droit sur ce point et sélectionner [Trace activée].
- **C. 4.** Pour tracer la représentation graphique de la fonction f_1, taper [f1(x)=16x/5] dans la ligne de saisie.

Voir **FICHE TICE**, page 320

EXERCICES

TP 2 — Repos optimal au camping

Utiliser un logiciel de géométrie dynamique pour minimiser la distance parcourue par un campeur.

Un campeur a décidé de passer ses vacances au camping. Il envisage de planter sa tente le long d'une allée rectiligne qui est longue de 500 mètres, partant de l'entrée E et aboutissant à la mer en M. Le long de cette allée se trouvent, à 100 m de la mer, les installations sanitaires S et, à 300 m de la mer, le centre commercial C. Pour s'éviter une fatigue inutile, le campeur souhaite déterminer où planter sa tente pour minimiser la distance parcourue chaque jour.

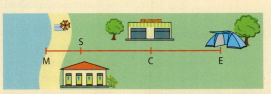

A — Premiers calculs

Le campeur prévoit qu'il fera quotidiennement :
– un aller-retour tente-mer ;
– trois allers-retours tente-installations sanitaires ;
– deux allers-retours tente-centre commercial.

1. Quelle distance parcourt-il chaque jour s'il plante sa tente à 200 m de la mer ?

2. Quelle distance parcourt-il chaque jour s'il plante sa tente à l'extrémité de l'allée, soit au point E ?

B — Conjectures à l'aide d'un logiciel

On représente la situation à l'aide d'un logiciel de géométrie dynamique. On prend comme échelle une unité pour 100 m.

1. Placer les points M (0 ; 0) et E (5 ; 0), et tracer le segment [ME].

2. Placer, sur le segment [ME], les points S et C.

3. Sur le segment [ME], placer un point T quelconque correspondant à l'emplacement de la tente.

4. Tracer les segments [TM], [TS] et [TC]. On les nomme respectivement d1, d2 et d3.

5. Créer le nombre $d=2*d1+6*d2+4*d3$.
À quoi correspond cette valeur ?

6. Créer le point P de coordonnées (d1 ; d). Il faudra veiller à choisir une graduation permettant d'afficher ce point.

7. Activer la trace du point P et déplacer le point T.

Nombre	Segment
d = 38,8	a = 5
Point	d1 = 4,73
C = (3 ; 0)	d2 = 3,73
E = (5 ; 0)	d3 = 1,73
M = (0 ; 0)	
P = (4,73 ; 38,8)	
S = (1 ; 0)	
T = (4,73 ; 0)	

a. Quelle est l'allure de la courbe obtenue ?
b. Décrire comment évolue la distance que doit parcourir chaque jour le campeur en fonction de la position de la tente sur le segment [ME].
c. Quel semble être le meilleur emplacement ?

C — Étude algébrique

On note x la distance TM en centaines de mètres et $f(x)$ la distance parcourue chaque jour par le campeur.

1. a. Expliquer pourquoi, si le point T est situé entre les points M et S, c'est-à-dire quand $0 \leq x \leq 1$, on a :
$$f(x) = 2x + 6(1-x) + 4(3-x).$$

b. Simplifier l'expression précédente.

2. Vérifier que si le point T est situé entre les points S et C, c'est-à-dire quand $1 \leq x \leq 3$, on a $f(x) = 4x + 6$.

3. Déterminer l'expression de $f(x)$ si T est situé entre les points C et E, c'est-à-dire si $3 \leq x \leq 5$.

4. Compléter l'expression de $f(x)$:
$$\begin{cases} \text{Si } 0 \leq x \leq 1 & f(x) = \ldots \\ \text{Si } 1 \leq x \leq 3 & f(x) = 4x + 6 \\ \text{Si } 3 \leq x \leq 5 & f(x) = \ldots \end{cases}$$

5. a. Étudier les variations de f dans l'intervalle [0 ; 5].
b. Où le campeur doit-il planter sa tente pour minimiser la distance parcourue chaque jour ?

6. Tracer la représentation graphique de f pour x appartenant à [0 ; 5].

D — Changement de trajet

Le campeur s'aperçoit qu'il fait chaque jour : 3 allers-retours tente-mer, 1 aller-retour tente-installations sanitaires, 4 allers-retours tente-centre commercial.

1. Déterminer l'expression de $g(x)$, distance parcourue chaque jour par le campeur en fonction de $x =$ TM.

2. Où le campeur doit-il planter sa tente ?

Aide pour le logiciel

GeoGebra
B. 1. Pour créer le point M, saisir dans la ligne d'édition : M=(0,0).
B. 7. Pour activer la trace de P, cliquer-droit sur ce point et sélectionner Trace activée.

Voir **FICHE TICE**, page 320

Chapitre 3 ■ Problèmes du premier degré

EXERCICES

Pour approfondir

116 Problèmes de températures

En France, les températures sont mesurées en degrés Celsius (° C). Les pays anglo-saxons utilisent le degré Fahrenheit (° F). La fonction qui, à une température x en degrés Celsius, associe cette température y en degrés Fahrenheit est une fonction affine.

1. On sait que 0 °C = 32 °F et 100 °C = 212 °F. Déterminer l'expression de la fonction g telle que $y = g(x)$.

2. Représenter g pour x variant de −20 °C à 100 °C.

3. a. Le thermomètre indique 15 °C.
Calculer la valeur correspondante en °F.
b. Le thermomètre indique 50 °F.
Calculer la valeur correspondante en °C.

4. a. Entre 25 °C et 75 °F, quelle est la température la plus élevée ?
b. Entre −20 °C et 0 °F, quelle est celle qui est la plus basse ?

5. Calculer la température à laquelle les deux échelles donnent la même valeur.

> **POINT HISTOIRE**
> Le degré Fahrenheit est une unité de mesure de la température, proposée par le physicien allemand **Daniel Gabriel Fahrenheit** en 1724. Dans cette échelle, le point de fusion de l'eau est de 32 degrés, et son point d'ébullition est d'environ 212 degrés.

117 Histoires maritimes

Un mille marin est la longueur d'un arc de une minute sur le méridien terrestre.

1. Sachant que le rayon de la Terre est en moyenne 6 370 km et que 60 minutes correspondent à 1° de latitude, trouver la valeur en kilomètres d'un mille marin.

2. Paris et Alger sont sur le même méridien. Sachant que la latitude d'Alger est 37° Nord environ et celle de Paris 49° Nord, déterminer la distance entre ces deux villes (en suivant le méridien) en milles marins, puis en kilomètres.

3. Le nœud est une unité de vitesse utilisée par les marins : 1 nœud équivaut à 1 mille marin par heure.
Sachant qu'un navire « file » 25 nœuds, quelle est sa vitesse en km·h^{-1} et en m·s^{-1} ?

> **LE SAVIEZ-VOUS ?**
> Un **méridien** est un cercle fictif reliant les deux pôles du globe terrestre. La **latitude** est une mesure angulaire correspondant au positionnement « nord-sud » d'un point sur Terre. Elle s'étend de 0° à l'équateur à 90° aux pôles.

118 Algo Quel antécédent ?

On considère une fonction affine dont l'expression est de la forme $f(x) = ax + b$ ($a \neq 0$).

1. Écrire un algorithme permettant de calculer l'antécédent de n'importe quel nombre y par f. Les entrées seront a, b et y.

2. Programmer cet algorithme sur la calculatrice.

119 Triangles et rectangles

ABCD est un rectangle avec AB = 9 et AD = 6. M est un point de [CD] et N le point de [BC] tel que les aires des triangles ADM et ABN soient égales. On pose DM = x.

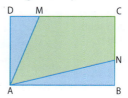

1. Calculer BN en fonction de x.
On prendra cette valeur pour BN dans la suite du problème.

2. Soit f la fonction qui, à x, associe l'aire du triangle ADM et g la fonction qui, à x, associe l'aire du quadrilatère ANCM pour $0 \leq x \leq 9$.
a. Conjecturer l'évolution de ces aires.
b. Déterminer les expressions de $f(x)$ et $g(x)$.
c. Représenter sur votre calculatrice les fonctions f et g.

3. Déterminer les coordonnées du point commun aux deux courbes. Pouvait-on prévoir ce résultat ?

120 Le « pair » et l'« impair » chez Euclide

Tout entier naturel pair peut s'écrire sous la forme $2p$, où p est un entier naturel.
Tout entier naturel impair peut s'écrire sous la forme $2p + 1$, où p est un entier naturel.
En utilisant ces formes, démontrer les propositions suivantes, énoncées dans le *Livre VII des Éléments* d'Euclide.

P21 : Toute somme de nombres pairs est paire.
P22 : La somme d'un nombre pair de nombres impairs est paire.
P24-26 : La différence de deux nombres de même parité est paire.
P28 : Le produit d'un nombre pair par un nombre pair est pair donc le carré d'un nombre pair est un nombre pair.

> **POINT HISTOIRE**
> L'œuvre fondamentale, nommée *Les éléments*, que nous a laissée **Euclide**, a servi de base à toute la géométrie depuis plus de 2 000 ans. C'est l'un des ouvrages qui possède le plus d'éditions.

EXERCICES

121 Trajet cycliste
Un cycliste monte une côte de 24 km à la vitesse moyenne de 12 km·h⁻¹, puis il la redescend à la vitesse moyenne de 36 km·h⁻¹.

1. a. Soit $d(t)$ la distance parcourue par le cycliste au bout de t heures. Donner l'expression de $d(t)$ pour $0 \leq t \leq 2$.
b. Pour $t \geq 2$, montrer que $d(t) = 24 + 36(t-2)$.
2. Représenter graphiquement la fonction d sur $\left[0 ; \dfrac{8}{3}\right]$.
3. Sur le même graphique, donner la représentation graphique de la fonction h qui, à t, associe la distance qu'il reste à parcourir pour terminer le parcours et revenir au départ. (Aide : La distance totale à parcourir est 48 km.)

122 PROBLÈME DE SYNTHÈSE
On veut déterminer le minimum de la somme des carrés de trois entiers consécutifs.

A. Expérimentation avec un tableur
1. Ouvrir une feuille de calcul d'un tableur. Faire afficher dans la colonne **A** les entiers de −10 à 10.
2. Dans la cellule **B1**, saisir la formule donnée ci-dessous.

B1		fx	=A1^2+(A1+1)^2+(A1+2)^2

	A	B	C	D	E	F
1	-10	245				
2	-9					
3	-8					

À quoi correspond alors la valeur affichée en **B1** ?
3. Recopier cette formule vers le bas jusqu'en **B21**.
4. Représenter le nuage de points associé à ces deux séries de nombres.
5. Faire une conjecture relative au problème posé.

B. Étude algébrique
1. Si l'on désigne par x le premier des trois entiers, comment s'écrivent les deux autres nombres ?
2. Soit $S(x)$ la somme des carrés de ces trois entiers. Exprimer $S(x)$ en fonction de x le plus simplement possible.
3. Montrer que $S(x) = 3(x+1)^2 + 2$.
4. Résoudre le problème posé.

123 Algo Écrire un algorithme
On considère les programmes de calcul suivants.

Programme de calcul A	Programme de calcul B
• Choisir un nombre de départ • Le multiplier par 10 • Soustraire deux fois le carré du nombre de départ • Écrire le résultat obtenu	• Choisir un nombre de départ • Le multiplier par $\sqrt{2}$ • Élever le résultat au carré • Prendre l'opposé • Ajouter 10 fois le nombre de départ • Écrire le résultat obtenu

1. Quel est le résultat donné par chacun de ces programmes de calcul si on prend 1 comme nombre de départ ? et si on prend −2 ?
2. Écrire un algorithme pour chacun des deux programmes afin d'effectuer les calculs demandés.
3. Programmer ces deux algorithmes sur la calculatrice ou sur un ordinateur. Quelle conjecture peut-on faire ?
4. Exprimer, en fonction de x, les résultats obtenus avec chacun des deux algorithmes puis démontrer la conjecture faite à la question précédente.

124 Tarifs de location
Pour la location mensuelle d'un véhicule, une entreprise propose trois options :
– **Tarif A :** un forfait de 250 € pour les 500 premiers kilomètres puis 0,40 € par kilomètre supplémentaire.
– **Tarif B :** 650 € par mois, kilométrage illimité.
– **Tarif C :** 0,50 € le kilomètre.

1. Si x désigne le nombre de kilomètres parcourus dans le mois, montrer que pour la première option, le prix de location s'exprime de la façon suivante :
– si $0 \leq x \leq 500 : f(x) = 250$;
– si $x > 500 : f(x) = 250 + 0,4(x - 500)$.
2. Écrire l'expression des fonctions g et h donnant, en fonction de x, les coûts de location pour les autres options.
3. Représenter ces fonctions pour $0 \leq x \leq 1\,800$ et en déduire la solution la plus avantageuse suivant le nombre de jours de location.
4. Retrouver par le calcul les résultats précédents.

PRISES D'INITIATIVES

125
Le grand carré a été divisé en sept morceaux, six carrés violets et un rectangle vert. L'aire du rectangle vert est de 168 cm². Quelle est l'aire du grand carré ?

126
Avec une feuille au format A4, on peut fabriquer deux cylindres dont ce rectangle constitue la surface latérale.

Quelle est la bonne proposition ? Justifier la réponse.
❶ Les deux cylindres ont le même volume
❷ Le cylindre le plus haut a le plus grand volume.
❸ Le cylindre le plus haut a le plus petit volume.
❹ On ne peut pas savoir quel cylindre a le plus grand volume.

Réactiver les savoirs

➤ Voir les réponses, p. 329

Faire des lectures graphiques

Vrai ou faux ?

Dans les questions **1** à **7**, on utilise la représentation graphique de la fonction f ci-contre dans un repère du plan.

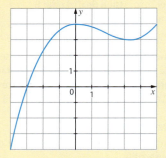

1. L'image de 5 par f est 4.
2. 3 a un unique antécédent par f.
3. $f(x)$ est positif sur $[-3\,;5]$.
4. f est croissante sur $[-3\,;5]$.
5. Sur $[-2\,;2]$, f admet un maximum égal à 4.
6. Si $-3 \leq x \leq 3$, alors $0 \leq f(x) \leq 4$.
7. Si $-4 \leq x \leq -3$, alors $-4 \leq f(x) \leq 0$.

➔ Pour vous aider, voir le chapitre 1 p. 14 et le chapitre 2 pp. 38 et 40.

Utiliser le signe et le sens de variation d'une fonction

QCM Choisir la (ou les) bonne(s) réponse(s).

	A	**B**	**C**	**D**
8. Sur l'intervalle $\left]-\infty\,;\dfrac{1}{2}\right]$, le signe de $-2x+1$ est :	strictement positif	strictement négatif	positif	négatif
9. Soit f une fonction décroissante sur $]0\,;+\infty[$; alors :	$f(1) \leq f(2)$	$f(1) \geq f(2)$	$f(\pi) \geq f(4)$	$f(\pi) \geq f(3)$
10. Soit $f(x) = 3x + 6$. Le tableau de signes de $f(x)$ sur $\mathbb{R}$ est :	$\begin{array}{c\|ccc} x & -\infty & 2 & +\infty \\ \hline f(x) & & -\ 0\ + & \end{array}$	$\begin{array}{c\|ccc} x & -\infty & -2 & +\infty \\ \hline f(x) & & -\ 0\ + & \end{array}$	$\begin{array}{c\|ccc} x & -\infty & -2 & +\infty \\ \hline f(x) & & +\ 0\ + & \end{array}$	$\begin{array}{c\|ccc} x & -\infty & -2 & +\infty \\ \hline f(x) & & +\ 0\ - & \end{array}$

➔ Pour vous aider, voir le chapitre 2 p. 40 et le chapitre 3 p. 62.

Utiliser des algorithmes **Algo**

Exercice

11. Exécuter les deux algorithmes donnés ci-dessous avec $a = 42$.
12. Expliquer le rôle de chacun de ces algorithmes.

Algorithme 1

Variable	a est un nombre entier positif
Entrée	Saisir a
Traitement et sortie	**Si** $a < 50$
	Alors afficher « le nombre est plus petit que 50 »
	Sinon
	Si $a < 101$
	Alors afficher « le nombre est entre 50 et 100 »
	Fin Si
	Fin Si

Algorithme 2

Variables	a, b sont des nombres entiers
Entrée	Saisir a
Initialisation	Affecter 0 à b
Traitement	**Tant que** $a \geq 5$ **faire**
	Affecter $b + 1$ à b
	Affecter $a - 5$ à a
	Fin Tant que
Sortie	Afficher b

➔ Pour vous aider, voir le livret algorithmique p. X et p. XIV.

84

Problèmes du second degré

CHAPITRE 4

Aux Jeux olympiques de Sotchi, en 2014, le ski-cross, nouvelle discipline de ces jeux d'hiver, a souri aux Français qui ont remporté les trois médailles de l'épreuve ! Cette épreuve est une course le long d'un parcours parsemé de bosses, de courbes relevées ou de tremplins.
Lors d'un saut, les trajectoires des skieurs sont des paraboles, représentations graphiques de fonctions polynômes du second degré.

Les notions du chapitre
- La fonction carré
- Les fonctions polynômes du second degré
- Équations et inéquations
- Algorithme de dichotomie

Logique Notations et raisonnement
p. 88, 99, 103, 108

Algo Les algorithmes
p. 92, 93, 94, 97, 101, 102, 103

TICE Utilisation de logiciels
p. 86, 94, 101, 106, 107, 108, 109

85

ACTIVITÉS

ACTIVITÉ 1 — Une nouvelle fonction

Objectif
Découvrir les propriétés de la fonction carré.

Cours 1
Fonction carré

Soit f la fonction qui, à tout réel x, associe son carré x^2.

1. À l'aide de la calculatrice, dresser un tableau de valeurs de la fonction carré pour x appartenant à l'intervalle $[-5\,;5]$ avec un pas de 1, puis le recopier.

2. Pourquoi aurait-il suffi de faire ce tableau pour x appartenant à l'intervalle $[0\,;5]$?
Que peut-on remarquer sur ce tableau ?

3. Conjecturer une propriété géométrique de la courbe représentative de la fonction carré.

4. Dans le tableau, on a l'égalité : $f(0) = 0$. Comment cela se traduit-il graphiquement ?

5. On règle à présent les paramètres de la fenêtre graphique avec Xmin = -5 et Xmax = 5. Quelles valeurs de Ymin et Ymax doit-on choisir pour que la calculatrice affiche la courbe en entier ?

6. Tracer la courbe représentative de la fonction carré $\mathscr{C}$ avec ces paramètres sur la calculatrice, puis conjecturer les variations de la fonction carré. Admet-elle un minimum ? un maximum ?

7. Tracer dans cette même fenêtre la droite $\mathscr{D}$ d'équation $y = 4$.
  a. Combien y a-t-il de points d'intersection de $\mathscr{D}$ avec $\mathscr{C}$?
  b. En déduire le nombre de solutions de l'équation $x^2 = 4$.

ACTIVITÉ 2 — Les pendentifs en fil d'argent

Objectif
Découvrir des propriétés des fonctions polynômes du second degré.

Cours 2
Fonctions polynômes de degré 2

Fichier logiciel
→ www.bordas-indice.fr

À ses heures perdues, Ève fabrique des bijoux. Elle décide de fabriquer des pendentifs rectangulaires en fil d'argent.
Pour des raisons de budget, elle utilise 40 mm de fil par bijou pour former le rectangle servant de cadre au pendentif.
Soit x la longueur du pendentif en millimètres, où x est compris entre 0 et 20.

1. a. Justifier que l'aire, délimitée par le rectangle, en fonction de x vaut
$\mathscr{A}(x) = -x^2 + 20x$.
  b. Pour des raisons de proportions, Ève se demande s'il existe une longueur telle que l'aire du pendentif soit maximale. À l'aide de la calculatrice, tracer la courbe représentative de la fonction $\mathscr{A}$, puis conjecturer la longueur qui rend l'aire du pendentif maximale.

2. a. Montrer que $\mathscr{A}(x) - 100 = -(x - 10)^2$.
  b. En déduire que le maximum de $\mathscr{A}(x)$ est 100 et que cette valeur est atteinte pour $x = 10$. Que va donc faire Ève ?

3. a. À l'aide du fichier fourni, on déplace le point mobile M sur l'axe des ordonnées. Observer l'abscisse du point I, milieu du segment [AB], où A et B sont les points d'intersection de la courbe représentative de la fonction $\mathscr{A}$ avec la droite parallèle à l'axe des abscisses passant par M.
  b. Que peut-on conjecturer pour la courbe représentative de la fonction $\mathscr{A}$?

4. a. La courbe tracée dans le fichier fourni est la courbe représentative de la fonction définie sur $\mathbb{R}$ par : $f(x) = ax^2 + bx + c$, avec $a = -1$, $b = 20$ et $c = 0$.
On modifie les valeurs prises par chaque curseur a, b et c.
Noter l'abscisse du point I et calculer dans chaque cas la valeur $-\dfrac{b}{2a}$. Que peut-on constater ?
  b. En résolvant l'équation $f(x) = c$, déterminer les abscisses des points d'intersection A et B de la droite d'équation $y = c$ avec la courbe représentative de f. Calculer alors l'abscisse du milieu I de [AB]. Que peut-on en déduire pour l'abscisse du sommet de la parabole ?

ACTIVITÉS

ACTIVITÉ 3 — Le jeu du nombre mystère

Objectif : Découvrir le principe de dichotomie.

Cours 3 : Équations et inéquations

Antonin a choisi un nombre entier compris entre 0 et 100 et souhaite le faire découvrir à Virginie. Pour cela, il répond uniquement par « oui » ou par « non » aux questions de Virginie, qui sont obligatoirement de la forme : « Antonin, le nombre mystère est-il inférieur ou égal à X ? », où X est un nombre entier ou un nombre décimal.
Virginie souhaite mettre en place une stratégie telle que, quel que soit l'entier choisi par Antonin, elle soit capable de trouver le nombre mystère avec le moins d'essais possibles.

1. Pourquoi le premier nombre que Virginie devrait proposer à Antonin est-il 50 ?
Illustrer la réponse en plaçant 0, 50 et 100 sur un axe gradué.
On suppose dans les questions suivantes que Virginie va choisir ce type de stratégie.

2. Si Antonin répond « oui » à la première question de Virginie, quel est le second nombre qu'elle doit proposer ? et s'il répond « non » ?

3. Si Antonin a répondu « oui » puis « non » aux deux premières questions de Virginie, que peut-on dire du nombre mystère ?

4. Antonin décide de ne donner que dix essais à Virginie.
a. Est-elle certaine de trouver le nombre mystère avec sa stratégie ?
b. Que se passe-t-il si Antonin ne lui donne que cinq essais ?

ACTIVITÉ 4 — À la recherche des signes

Objectif : Utiliser les tableaux de signes.

Cours 3 : Équations et inéquations

1. Soit f la fonction définie sur $\mathbb{R}$ par : $f(x) = -2x + 3$.
a. Quels sont les réels x tels que $f(x)$ est strictement positif ?
Quels sont ceux pour lesquels $f(x)$ est strictement négatif ?
b. Construire le tableau de signes de $f(x)$.

2. Soit g la fonction définie sur $\mathbb{R}$ par : $g(x) = x + 0{,}5$. Construire le tableau de signes de $g(x)$.

3. a. Quel est le signe de $f(x)$ pour $x > 1{,}5$?
Quel est le signe de $g(x)$ pour $x > 1{,}5$?
b. Quel est le signe de $f(x) \times g(x)$ lorsque x est strictement supérieur à 1,5 ?
c. Répondre aux deux questions précédentes quand x est strictement inférieur à $-0{,}5$, puis quand x appartient à l'intervalle $]-0{,}5\,;\,1{,}5[$.
d. Recopier le tableau de signes suivant et le compléter grâce à l'ensemble des réponses trouvées précédemment.

x	$-\infty$	...	...	$+\infty$
$f(x)$		...	... 0 ...	
$g(x)$		... 0 ...	...	
$f(x) \times g(x)$		... 0 ...	... 0 ...	

e. Résoudre alors l'inéquation $(-2x + 3)(x + 0{,}5) < 0$.

4. a. Construire sur la calculatrice la courbe d'équation :
$$y = (-2x + 3)(x + 0{,}5).$$
b. Par lecture graphique, résoudre l'inéquation $(-2x + 3)(x + 0{,}5) < 0$.
c. Comparer les résultats avec ceux obtenus à la question **3. e.**

Chapitre 4 ■ Problèmes du second degré 87

COURS

1 Fonction carré

▶ Définition et premières propriétés

Définition — La fonction f telle que $f(x) = x^2$ est appelée **fonction carré** : elle est définie sur $\mathbb{R}$.

La fonction carré est celle qui, à tout nombre réel x, associe son carré x^2.

Exemples
- $f(2) = 2^2 = 4$ donc l'image de 2 par la fonction carré est 4.
- $f(-3) = (-3)^2 = 9$ donc l'image de -3 par la fonction carré est 9.

Remarque : la fonction carré n'est pas linéaire.

Logique

Pour prouver que la fonction carré n'est pas linéaire, on effectue un raisonnement par l'absurde. Soit f la fonction carré ; supposons que f soit linéaire : il existe alors un nombre réel k tel que $f(x) = kx$. Donc $f(1) = k \times 1$ et $f(2) = k \times 2$. Or, on sait que le carré de 1 est égal à 1, c'est-à-dire $f(1) = 1$: k est donc égal à 1 d'où $f(2) = 2$, ce qui est absurde car $f(2) = 4$.

Propriété — La fonction carré est **croissante** sur l'intervalle $[0 ; +\infty[$ et **décroissante** sur $]-\infty ; 0]$. Son tableau de variation est :

Exemple : la fonction carré est croissante sur $[0 ; +\infty[$. Sachant que $1,3 < 2,1$, on en déduit que $1,3^2 < 2,1^2$.

Démonstration

Soit deux nombres réels a et b tels que $a \leq b$. Leurs images par la fonction carré sont $f(a) = a^2$ et $f(b) = b^2$. La différence de ces images est :
$f(a) - f(b) = a^2 - b^2 = (a + b)(a - b)$. Or $a \leq b$, donc $a - b \leq 0$.
- Si a et b sont tous les deux positifs, alors $a + b$ est positif : ainsi, $f(a) - f(b) \leq 0$ et donc $f(a) \leq f(b)$, soit $a^2 \leq b^2$. Les nombres a et b et leurs images a^2 et b^2 sont rangés dans le même ordre : f est croissante sur $[0 ; +\infty[$.
- Si a et b sont tous les deux négatifs, alors $a + b$ est négatif : ainsi, $f(a) - f(b) \geq 0$ et donc $f(a) \geq f(b)$, soit $a^2 \geq b^2$. Les nombres a et b et leurs images a^2 et b^2 ne sont pas rangés dans le même ordre : f est décroissante sur $]-\infty ; 0]$.

▶ Représentation graphique de la fonction carré

Propriété — Dans un repère orthonormé, la représentation graphique de la fonction carré est symétrique par rapport à l'axe des ordonnées et passe par l'origine du repère.
Elle est appelée **parabole de sommet O**.

Démonstration

Pour $a \neq 0$, les points M et N de coordonnées $(a ; a^2)$ et $(-a ; a^2)$ appartiennent à la représentation graphique de la fonction carré. Le milieu I de [MN] a pour coordonnées $\left(\dfrac{a + (-a)}{2}, \dfrac{a^2 + a^2}{2} \right)$ soit $(0 ; a^2)$; I appartient à l'axe des ordonnées et la droite (MN) est perpendiculaire à l'axe des ordonnées, donc celui-ci est la médiatrice de [MN] : M et N sont symétriques par rapport à cet axe.

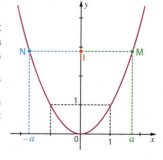

Vocabulaire
Pour tout réel a, on a $f(-a) = f(a)$. On dit que la fonction carré est paire.

Logique
Pour prouver qu'un énoncé est faux, on peut supposer qu'il est vrai, puis aboutir à une contradiction. Ce type de raisonnement est appelé **raisonnement par l'absurde**.

À noter
De même, on peut démontrer les propriétés suivantes :
• Si $0 \leq a < b$, alors $a^2 < b^2$.
• Si $a < b \leq 0$, alors $a^2 > b^2$.

Vocabulaire

Les antennes, fours et projecteurs paraboliques sont appelés ainsi car ils utilisent une propriété géométrique remarquable de la parabole.

LES SAVOIR-FAIRE DU COURS

SAVOIR-FAIRE 1 — Connaître et utiliser les variations de la fonction carré

Voir les exercices 41 et 42, p. 98

1. Rappeler les variations de la fonction carré f sur $\mathbb{R}$.

2. Dans chaque cas, comparer les nombres suivants :
a. $3,5^2$ et $4,3^2$;   **b.** $(2-\pi)^2$ et $(-2)^2$.

3. Sachant que $-3 < x < -1$, encadrer x^2.

4. En utilisant le tableau de variation de la fonction carré et sachant que $-2 \leq x \leq 1$, encadrer x^2.

Conseil
Pour comparer les carrés de deux nombres, on peut utiliser le tableau de variation de la fonction carré.

Solution commentée

1. La fonction carré est décroissante sur $]-\infty\,;0]$ et croissante sur $[0\,;+\infty[$.

2. a. Les nombres 3,5 et 4,3 sont tous deux positifs.
Sur $[0\,;+\infty[$, la fonction carré range les images de 3,5 et 4,3 dans le même ordre que les nombres 3,5 et 4,3.
Comme $3,5 < 4,3$, on peut affirmer que $3,5^2 < 4,3^2$.

b. On compare $2-\pi$ et -2 : $2-\pi \approx 2-3,14 \approx -1,14$ donc $2-\pi > -2$.
La fonction carré est décroissante sur $]-\infty\,;0]$. Puisque $2-\pi > -2$, on a $f(2-\pi) < f(-2)$ et donc $(2-\pi)^2 < (-2)^2$.

3. L'intervalle $]-3\,;-1[$ est inclus dans $]-\infty\,;0]$, intervalle où la fonction carré est décroissante : donc, si $-3 < x < -1$, alors $(-1)^2 < x^2 < (-3)^2$, ce qui équivaut à $1 < x^2 < 9$.

4. On se trouve ici dans un cas où la fonction carré n'est pas monotone : il faut s'aider du tableau de variation de la fonction carré.

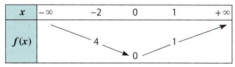

D'après ce tableau de variation, on peut affirmer que si $-2 \leq x \leq 1$, alors $0 \leq x^2 \leq 4$.

SAVOIR-FAIRE 2 — Représenter graphiquement la fonction carré

Voir les exercices 45 et 46, p. 98

1. Calculer les images par la fonction carré des réels suivants : $\dfrac{1}{2}$; -1 ; 2.

En déduire les coordonnées de trois points A, B et C appartenant à la courbe représentative $\mathcal{P}$ de la fonction carré.

2. Tracer la représentation graphique de la fonction carré, puis en déduire les solutions de l'équation $x^2 = 4$ et de l'inéquation $x^2 < 4$.

Conseil
Pour résoudre une équation du type $x^2 = k$ avec $k > 0$, on peut représenter graphiquement la fonction carré.

Solution commentée

1. $f\left(\dfrac{1}{2}\right) = \dfrac{1}{2^2} = \dfrac{1}{4}$, $f(-1) = (-1)^2 = 1$ et $f(2) = 2^2 = 4$. On en déduit que les points $A\left(\dfrac{1}{2}\,;\dfrac{1}{4}\right)$, $B(-1\,;1)$ et $C(2\,;4)$ appartiennent à la courbe $\mathcal{P}$.

2. • Pour résoudre l'équation $x^2 = 4$ on trace la droite d'équation $y = 4$ puis on cherche les abscisses des points d'intersection de la parabole $\mathcal{P}$ avec cette droite.
L'équation $x^2 = 4$ a deux solutions : 2 et -2.

• Résoudre l'inéquation $x^2 < 4$ revient à trouver les abscisses des points de la parabole $\mathcal{P}$ ayant une ordonnée strictement inférieure à 4.
L'ensemble des solutions de cette inéquation est l'intervalle $]-2\,;2[$.

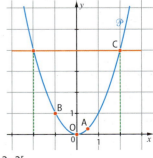

Chapitre 4 ■ Problèmes du second degré   **89**

COURS

2 Fonctions polynômes du second degré

Définition et variations

Définition — Soit a, b et c trois réels avec $a \neq 0$. La fonction f définie sur $\mathbb{R}$ par $f(x) = ax^2 + bx + c$ est appelée **fonction polynôme du second degré**.

Exemple
$f : x \mapsto x^2 + 3x - 1$ est une fonction polynôme du second degré car $f(x) = ax^2 + bx + c$ avec $a = 1$, $b = 3$ et $c = -1$.

Propriété — Soit f une fonction polynôme du second degré telle que $f(x) = ax^2 + bx + c$.
(1) Si $a > 0$, f est d'abord décroissante, puis croissante.
(2) Si $a < 0$, f est d'abord croissante, puis décroissante.

À noter
Deux cas sont possibles : soit la parabole est dans le même sens que celui de la représentation graphique de la fonction carré, soit elle est « renversée ».

Exemples
- $f : x \mapsto x^2 + 3x - 1$ est d'abord décroissante puis croissante car $a = 1$, donc $a > 0$.
- $g : x \mapsto -2x^2 + 5$ est d'abord croissante puis décroissante car $a = -2$, donc $a < 0$.

Représentation graphique

À noter
Si $a > 0$, on dit que la parabole est « tournée vers le haut ».

Propriétés — Soit f une fonction polynôme du second degré telle que :
$$f(x) = ax^2 + bx + c, \text{ avec } a \neq 0.$$
(1) Dans un repère orthonormé, la courbe représentative de cette fonction est une **parabole**. Elle admet un axe de symétrie parallèle à l'axe des ordonnées.
(2) Le minimum (si $a > 0$) ou le maximum (si $a < 0$) de f est atteint pour $x = -\dfrac{b}{2a}$.
(3) Le point d'intersection de la parabole et de son axe de symétrie s'appelle le **sommet de la parabole** : ce point a pour abscisse $-\dfrac{b}{2a}$.

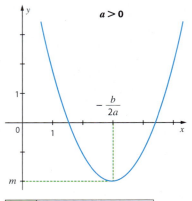

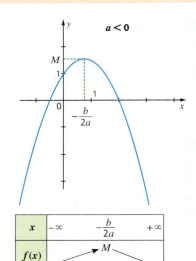

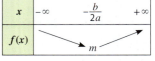

Exemples
- Le minimum de f est atteint pour $x = -\dfrac{3}{2}$, car $a = 1$ et $b = 3$.
- Le maximum de g est atteint pour $x = 0$, car $a = -2$ et $b = 0$.

LES SAVOIR-FAIRE DU COURS

SAVOIR-FAIRE 3
Voir les exercices 60 et 61, p. 99

Connaître les variations des fonctions polynômes de degré 2

Étudier les variations et dresser le tableau de variation de chacune des fonctions suivantes définies sur $\mathbb{R}$ par :   **1.** $f(x) = 2x^2 - 8x + 11$ **2.** $g(x) = -x^2 + 3x + 1$

Conseil
Pour déterminer les variations de la fonction $x \mapsto ax^2 + bx + c$, on commence par identifier les coefficients a, b et c.

Solution commentée

1. f est une fonction polynôme du second degré avec $a = 2$, $b = -8$ et $c = 11$. Puisque $a > 0$, la fonction f est d'abord décroissante, puis croissante. La fonction f admet donc un minimum.
Ce minimum est atteint pour : $x = -\dfrac{b}{2a} = -\dfrac{-8}{2 \times 2} = 2$
et $f(2) = 2 \times 2^2 - 8 \times 2 + 11 = 8 - 16 + 11 = 3$.
On obtient le tableau de variation ci-contre.

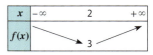

2. g est une fonction polynôme du second degré avec $a = -1$, $b = 3$ et $c = 1$. Puisque $a < 0$, la fonction g est d'abord croissante, puis décroissante : la fonction g admet donc un maximum.
Ce maximum est atteint pour : $x = -\dfrac{b}{2a} = -\dfrac{3}{2 \times (-1)} = \dfrac{3}{2}$ et
$g\left(\dfrac{3}{2}\right) = -\left(\dfrac{3}{2}\right)^2 + 3 \times \dfrac{3}{2} + 1 = -\dfrac{9}{4} + \dfrac{9}{2} + 1 = \dfrac{-9 + 18 + 4}{4} = \dfrac{13}{4}$.
On obtient le tableau de variation ci-contre.

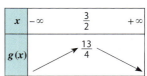

SAVOIR-FAIRE 4
Voir les exercices 65 et 66, p. 100

Connaître la propriété de symétrie des courbes des fonctions polynômes de degré 2

Soit f la fonction polynôme du second degré définie sur $\mathbb{R}$ par : $f(x) = -x^2 + 5x - 2$.
1. Dresser le tableau de variation de f.
2. Donner le tableau de valeurs de f pour x allant de 0 à 5 avec un pas de 1, puis tracer la représentation graphique de f.
3. En résolvant l'équation $f(x) = -2$, retrouver l'abscisse du sommet de la parabole représentant graphiquement cette fonction.

Conseil
On peut utiliser la propriété de symétrie des paraboles pour trouver leur sommet.

Solution commentée

1. f est une fonction polynôme du second degré avec $a = -1$, $b = 5$ et $c = -2$. Puisque $a < 0$, la fonction f est d'abord croissante, puis décroissante : la fonction f admet donc un maximum.
Ce maximum est atteint pour $x = -\dfrac{b}{2a} = -\dfrac{5}{2 \times (-1)} = \dfrac{5}{2}$. $f\left(\dfrac{5}{2}\right) = -\left(\dfrac{5}{2}\right)^2 + 5 \times \dfrac{5}{2} - 2 = \dfrac{17}{4}$.

On en déduit le tableau de variation ci-dessous.

x	$-\infty$		$\dfrac{5}{2}$		$+\infty$
$f(x)$		↗	$\dfrac{17}{4}$	↘	

2.

x	0	1	2	3	4	5
$f(x)$	-2	2	4	4	2	-2

3. $f(x) = -2$ équivaut à $-x^2 + 5x - 2 = -2$ soit $-x^2 + 5x = 0$ soit $x(-x + 5) = 0$ soit $x = 0$ ou $x = 5$.
Les points de coordonnées $(0\,;\,0)$ et $(5\,;\,0)$ appartiennent donc tous deux à la parabole et sont symétriques l'un de l'autre par rapport à l'axe de symétrie de cette parabole. En faisant la moyenne de ces deux abscisses, on retrouve celle du sommet de la parabole : $\dfrac{0 + 5}{2} = 2{,}5$. Son ordonnée est : $f(2{,}5) = \dfrac{17}{4}$.

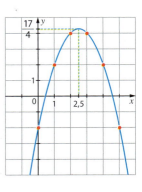

COURS

3 Équations et inéquations

▶ Encadrement d'une solution d'une équation du type $f(x) = 0$

Algo Quand on ne peut pas résoudre une équation par les méthodes usuelles, on peut tout de même trouver une valeur approchée de la solution éventuelle en utilisant l'algorithme de dichotomie.
Soit f une fonction monotone sur un intervalle $[a\ ; b]$. Si $f(x)$ change de signe sur l'intervalle $[a\ ; b]$, alors l'équation $f(x) = 0$ admet une unique solution α dans l'intervalle $[a\ ; b]$: on a donc un encadrement d'amplitude $b - a$ de α. En calculant $m = \dfrac{a+b}{2}$ puis en évaluant le signe de $f(m)$, on peut dire si α est dans l'intervalle $[a\ ; m]$ ou dans l'intervalle $[m\ ; b]$: on obtient alors un encadrement de α d'amplitude deux fois plus petite.
En itérant ce principe, on obtient un encadrement de plus en plus fin de α, en divisant l'amplitude de l'encadrement par deux à chaque étape.

Vocabulaire
Le mot **dichotomie** vient du grec *dicho* qui veut dire « en deux » et *tomê* qui veut dire « couper ».

À noter
L'**amplitude** d'un intervalle $[a\ ; b]$ est $b - a$.

À noter
Pour tester si $f(a)$ et $f(m)$ sont ou non de même signe, on évalue le signe du produit $f(a) \times f(m)$.

À noter
Dans l'algorithme présenté, on ne s'occupe pas du cas où une des valeurs de m est α.

Algorithme de dichotomie pour un nombre d'itérations donné

Variables	a, b, N, m sont des réels
Entrées	Saisir a, b, N, f
Traitement	**Pour** i allant de 1 à N **faire**
	$\quad m$ prend la valeur $\dfrac{a+b}{2}$
	$\quad$ **Si** $f(a) \times f(m) < 0$ alors b prend la valeur m
	$\quad\quad$ **Sinon** a prend la valeur m
	$\quad$ **Fin Si**
	Fin Pour
Sortie	Afficher a, b

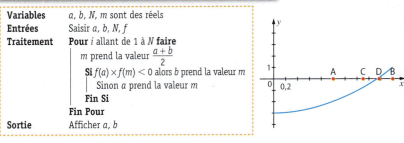

La fonction représentée ici est : $x \mapsto x^2 - 3$.
A et B ont pour abscisses a et b ; C a pour abscisse $\dfrac{a+b}{2}$ et correspond à la première itération de l'algorithme. Le point D correspond à la seconde itération.

Remarque : cet algorithme calcule la moyenne des valeurs a et b, puis affecte en fonction du signe de $f\left(\dfrac{a+b}{2}\right)$ de nouvelles valeurs à a ou b.

▶ Tableau de signes d'un produit de facteurs

Une inéquation produit est une inéquation de la forme $A(x) \times B(x) > 0$ ou $A(x) \times B(x) < 0$ (ou encore : $A(x) \times B(x) \geq 0$ ou $A(x) \times B(x) \leq 0$).

Règle des signes Le produit de deux facteurs non nuls est positif si et seulement si ces deux facteurs sont de même signe.
Dans le cas contraire, ce produit est négatif.

On sait (voir le chapitre 3, p. 62) dresser les tableaux de signes d'expressions algébriques de la forme $ax + b$. Grâce à cette propriété, on peut étudier le signe du produit d'un nombre quelconque de facteurs et donc résoudre des inéquations produit.

Exemple : réaliser le tableau de signes de $(x+2)(x+1)$.
$x + 2$ est négatif pour $x < -2$, s'annule pour $x = -2$ et est positif pour $x > -2$.
$x + 1$ est négatif pour $x < -1$, s'annule pour $x = -1$ et est positif pour $x > -1$.
On résume ces informations dans le tableau de signes suivant, en appliquant la règle des signes pour la dernière ligne :

x	$-\infty$		-2		-1		$+\infty$
$x+2$		$-$	0	$+$		$+$	
$x+1$		$-$		$-$	0	$+$	
$(x+2)(x+1)$		$+$	0	$-$	0	$+$	

LES SAVOIR-FAIRE DU COURS

SAVOIR-FAIRE 5
Voir les exercices 86 et 87, p. 102

Encadrer une racine d'une équation par dichotomie *Algo*

Soit f la fonction définie sur $[-1\,;2]$ par : $f(x)=x^3+3x-5$.

1. Vérifier graphiquement que l'équation $f(x)=0$ admet une unique solution appartenant à l'intervalle $[1\,;2]$. On appelle α cette solution.

2. Calculer $f(1,5)$. Que peut-on en déduire pour l'encadrement de α ?
Quelle est l'amplitude du nouvel intervalle auquel appartient α ?

3. Combien d'itérations de l'algorithme permettent d'obtenir un encadrement de α d'amplitude 0,125 ?

4. Programmer l'algorithme du cours. Que donne-t-il au bout de 10 itérations ?
Que peut-on en déduire ?

Conseil
À chaque itération de l'algorithme de dichotomie, on se place sur le demi-intervalle où $f(x)$ change de signe.

Solution commentée

1. La courbe représentative de f coupe l'axe des abscisses une unique fois dans l'intervalle $[1\,;2]$.

2. $f(1)=-1$ et $f(1,5)=2,875$; $f(1)$ et $f(1,5)$ sont de signes contraires, donc α appartient à l'intervalle $[1\,;1,5]$, qui est d'amplitude 0,5.

3. Après une itération, l'amplitude de l'intervalle $[a\,;b]$ est 0,5 ; après deux itérations, elle est de 0,25.
Après trois itérations, elle est de 0,125.

4. On programme l'algorithme de dichotomie, puis on exécute le programme en demandant 10 itérations. Le programme donne en sortie $a \approx 1{,}153\,320\,313$ et $b \approx 1{,}154\,296\,875$. On peut en déduire que 1,15 est une bonne approximation de la solution recherchée.

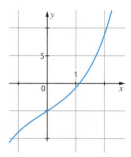

SAVOIR-FAIRE 6
Voir les exercices 89 et 90, p. 102

Résoudre une inéquation produit

1. Résoudre l'inéquation suivante : $(x+2)(1-2x)>0$.
2. En déduire les solutions de l'inéquation : $(x+2)(1-2x) \leqslant 0$.

Méthode
Pour résoudre une inéquation produit, on dresse un tableau présentant les signes de chacun des facteurs.

Solution commentée

1. On réalise tout d'abord le tableau de signes de $(x+2)(1-2x)$; $x+2$ est négatif pour $x<-2$, s'annule pour $x=-2$ et est positif pour $x>-2$.

$1-2x$ est positif pour $x<\dfrac{1}{2}$, s'annule pour $x=\dfrac{1}{2}$ et est négatif pour $x>\dfrac{1}{2}$.

On résume ces informations dans le tableau de signes suivant, en appliquant la règle des signes pour la dernière ligne :

x	$-\infty$		-2		$\dfrac{1}{2}$		$+\infty$
$x+2$		$-$	0	$+$		$+$	
$1-2x$		$+$		$+$	0	$-$	
$(x+2)(1-2x)$		$-$	0	$+$	0	$-$	

Par lecture du tableau de signes, on constate que l'ensemble des solutions de l'inéquation est l'intervalle $\left]-2\,;\dfrac{1}{2}\right[$.

2. On utilise le tableau de signes précédent.
L'ensemble des solutions de cette inéquation est : $]-\infty\,;-2] \cup \left[\dfrac{1}{2}\,;+\infty\right[$.

Chapitre 4 ■ Problèmes du second degré 93

FICHE TICE

Algorithme de dichotomie

Flasher pour voir les 4 vidéos

On présente dans cette page la programmation de l'algorithme de dichotomie sur les calculatrices ainsi que sur les logiciels AlgoBox et Xcas.
On propose ensuite une variante de l'algorithme présenté en Cours 3, p. 92.

Programmer l'algorithme de dichotomie

1 Programmer l'algorithme de dichotomie pour l'équation $x^3 + 3x - 5 = 0$ dans l'intervalle [1 ; 2].
2 Déterminer un encadrement de la solution de l'équation α à l'issue de 6 itérations de l'algorithme.

1 Sur la calculatrice, on doit d'abord saisir l'expression de la fonction dans l'éditeur de fonctions (touche f(x) pour Texas, menu **GRAPH** pour Casio). Pour la suite, on suppose qu'on a saisi l'expression en Y1.
– Sur **Texas** : Y1 s'obtient par la touche var , puis le menu **Y-VARS**, puis **1:Fonctions**.
– Sur **Casio** : Y1 s'obtient par la touche VARS , puis le menu **GRPH**.
– Sur **AlgoBox** : saisir la fonction notée **F1** avec l'onglet Utiliser une fonction numérique .
On obtient les programmes suivants :

Texas	Casio	AlgoBox	Xcas

PROGRAM:DICHO
:Prompt A,B,N
:For(I,1,N)
:(A+B)/2→M
:If Y1(A)*Y1(M)<0
:Then
:M→B
:Else
:M→A
:End
:End
:Disp A,B
	======DICHO
	"A="?→A
	"B="?→B
	"N="?→N
	For 1→I To N
	(A+B)÷2→M
	A→X:Y1→U
	M→X:Y1→V
	If U×V<0
	Then M→B
	Else M→A
	IfEnd
	Next
	A◢
	B◢
		▼ VARIABLES
		  a EST_DU_TYPE NOMBRE
		  b EST_DU_TYPE NOMBRE
		  N EST_DU_TYPE NOMBRE
		  I EST_DU_TYPE NOMBRE
		  m EST_DU_TYPE NOMBRE
		▼ DEBUT_ALGORITHME
		  LIRE a
		  LIRE b
		  LIRE N
		  ▼ POUR I ALLANT_DE 1 A N
		    DEBUT_POUR
		    m PREND_LA_VALEUR (a+b)/2
		    ▼ SI (F1(m)*F1(a)<0) ALORS
		      DEBUT_SI
		      b PREND_LA_VALEUR m
		      FIN_SI
		    ▼ SINON
		      DEBUT_SINON
		      a PREND_LA_VALEUR m
		      FIN_SINON
		    FIN_POUR
		  AFFICHER a
		  AFFICHER b
		FIN_ALGORITHME
			f(x):=x^3+3*x-5;
			saisir(a,b,N);
			pour I de 1 jusque N faire
			  m:=(a+b)/2;
			  si f(m)*f(a)<0
			    alors b:=m;
			    sinon a:=m;
			  fsi;
			fpour;
			afficher(a,b)

2 On saisit en entrée a=1 , b=2 et N=6 : l'algorithme retourne les valeurs 1,140625 et 1,15625.
L'encadrement recherché est : $1{,}140625 < α < 1{,}15625$.

Modifier l'algorithme de dichotomie pour atteindre une précision p donnée

1 Modifier l'algorithme de dichotomie afin d'obtenir un encadrement de la solution d'amplitude inférieure à un réel p, donné à l'avance.
2 Modifier le programme réalisé dans la première partie avec les entrées a, b et p. Le tester avec $p = 0{,}001$.

1 Il suffit pour cela de changer la boucle « **Pour** » en une boucle « **Tant que** » : celle-ci sera itérée tant que la différence $b - a$ sera supérieure à la précision p souhaitée au départ.
L'algorithme modifié est présenté ci-contre.
2 Avec la précision $p = 0{,}001$, on obtient l'encadrement :
$$1{,}1533 < α < 1{,}1543.$$

Variables	a, b, p, m sont des nombres réels
Entrées	Saisir a, b, p
Traitement	**Tant que** $b - a > p$ **faire**
	m prend la valeur $\frac{a+b}{2}$
	Si $f(a) \times f(m) < 0$
	Alors b prend la valeur m
	Sinon a prend la valeur m
	Fin Si
	Fin Tant que
Sortie	Afficher a, b

Pour démarrer

Fonction carré

1 En direct du cours !
1. Déterminer les images par la fonction carré des nombres réels suivants : 1 ; 3 ; −1 ; 0 ; −2.
2. Tracer la représentation graphique de la fonction carré pour x appartenant à l'intervalle [−3 ; 3].

Pour les exercices 2 à 4, déterminer les images par la fonction carré des nombres réels suivants.

2 $a = 2$; $b = -3$; $c = \frac{2}{3}$; $d = -\frac{3}{4}$.

3 $a = 1,1$; $b = -0,8$; $c = 10^2$; $d = -10^3$.

4 $a = \sqrt{3}$; $b = \sqrt{4}$; $c = 1 + \sqrt{2}$; $d = 1 - \sqrt{3}$.

5 Pour chacun des points suivants, dire s'il appartient ou non à la représentation graphique de la fonction carré :
A (4 ; 2) ; B (−1 ; 1) ; C (0 ; 0) ; D (−3 ; 9) ; E (1 ; −1) ; F ($\sqrt{3}$; 3).

6 Quel est le sens de variation de la fonction carré sur l'intervalle [0 ; 4] ? sur l'intervalle [−5 ; 0] ?

7 Recopier et compléter le tableau de variation suivant.

x	−2	0	3
x^2	...	...	...

8 Dresser le tableau de variation de la fonction carré sur chacun des intervalles suivants.
a. I = [1 ; 5]   **b.** J = [−3 ; 0]   **c.** K = [0 ; $\sqrt{3}$]

9 Recopier et compléter le tableau de valeurs suivant, où les valeurs de x sont rangées dans l'ordre croissant.

x	...	−2	...	...	...	2
x^2	9	...	1	0	2	...

10 À l'aide de la calculatrice, on souhaite représenter la fonction carré pour x appartenant à l'intervalle [−50 ; 50].
1. Quelles valeurs de Xmin et Xmax doit-on choisir ?
2. Quelles valeurs de Ymin et Ymax doit-on choisir pour observer la portion de parabole souhaitée en entier ?
3. Vérifier à l'aide de la calculatrice.

11 Reprendre l'exercice **10** avec x appartenant à l'intervalle [−0,2 ; 0,2].

12 1. Rappeler le sens de variation de la fonction carré sur l'intervalle [0 ; +∞[.
2. Comparer les nombres suivants sans utiliser de calculatrice.
a. 2^2 et 3^2.   **b.** $1,5^2$ et $0,5^2$.
c. $2,51^2$ et $2,59^2$.   **d.** π^2 et 4^2.

13 Sans calculatrice, ranger par ordre croissant les carrés des nombres réels suivants.
a. 1 ; 2,3 ; 1,1 ; 3.   **b.** 0,3 ; $\frac{1}{4}$; $\frac{1}{3}$.   **c.** −2 ; 3 ; $\frac{5}{2}$.

14 Recopier et compléter les phrases suivantes.
1. Si $x > 2$ alors $x^2 >$ ..., car la fonction carré est ...... sur [0 ; +∞[.
2. Si $x < -1$ alors $x^2 >$ ..., car la fonction carré est ...... sur]−∞ ; 0].

15 1. Quel est le maximum de la fonction carré sur [1 ; 5] ?
2. Quel est son minimum sur ce même intervalle ?

16 1. Quel est le maximum de la fonction carré sur [−4 ; −1] ?
2. Quel est son minimum sur ce même intervalle ?

17 Expliquer pourquoi chacune des courbes représentatives suivantes ne peut être la courbe représentative de la fonction carré.

❶ 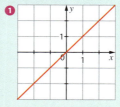   ❷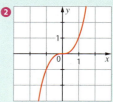

❸ 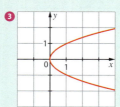   ❹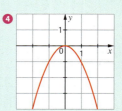

18 En s'aidant de la représentation graphique de la fonction carré donnée ci-contre, résoudre l'équation $x^2 = 4$.

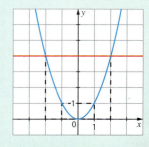

EXERCICES

Fonctions polynômes du second degré

19 **En direct du cours !**
1. Pour chacune des fonctions polynômes f de la forme $f(x) = ax^2 + bx + c$ données ci-après, identifier les nombres réels a, b et c.
   ❶ $f(x) = 2x^2 + 3x + 1$
   ❷ $f(x) = 3x^2 - x + 5$
   ❸ $f(x) = -x^2 - x + 1$
   ❹ $f(x) = 2x^2 - 1$
2. Pour chacune des fonctions f données, dire si elles sont d'abord croissantes puis décroissantes, ou le contraire.

20 Soit f la fonction définie sur $\mathbb{R}$ par :
$$f(x) = x^2 - 2.$$
1. Calculer les images par f des réels suivants : $1\ ;\ -1\ ;\ -2\ ;\ \sqrt{2}$.
2. Existe-t-il des réels dont l'image par f est -2 ?

21 Pour chacune des fonctions polynômes du second degré dont l'expression est donnée ci-dessous, déterminer l'image du réel x_0 donné :
1. $f(x) = x^2 - 4x + 3$ avec $x_0 = 2$.
2. $g(x) = -2x^2 + 3x + 1$ avec $x_0 = 1$.
3. $h(x) = x^2 - 4x + 5$ avec $x_0 = -3$.
4. $i(x) = 2x^2 - 4x - 7$ avec $x_0 = -2$.

22 Soit f la fonction définie sur $\mathbb{R}$ par :
$$f(x) = x^2 - 1.$$
Déterminer le (ou les) antécédent(s) éventuel(s) par f des nombres suivants : $0\ ;\ 3\ ;\ -2$.

23 Associer chacune des fonctions suivantes aux courbes tracées dans le repère ci-contre.
• $f_1(x) = x^2$
• $f_2(x) = x^2 - 3$
• $f_3(x) = 3x^2$
• $f_4(x) = -2x^2$
• $f_5(x) = 2 - 2x^2$

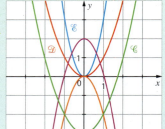

24 1. Soit f la fonction définie sur $\mathbb{R}$ par :
$$f(x) = x(1-x) + 3.$$
Est-ce une fonction polynôme du second degré ?
2. Même question pour la fonction g définie sur $\mathbb{R}$ par :
$$g(x) = x(x+1)^2 + 2.$$

25 Parmi les fonctions suivantes, identifier celles qui sont des fonctions polynômes du second degré :
a. $f(x) = 5x^3 + 3x + 1$
b. $g(x) = \sqrt{3}x^2 + x - 2$
c. $h(x) = \dfrac{3x^2 + 2x - 1}{5}$
d. $k(x) = x^2(x+1)$

26 Parmi les fonctions suivantes, identifier celles qui sont des fonctions polynômes du second degré :
a. $f(x) = (x-1)^2 - (x+1)^2$
b. $g(x) = x^2 + 2\sqrt{x} + 3$
c. $h(x) = 5x^2 - 7x$
d. $k(x) = (x+1)(x+2)$

27 Chacune des paraboles suivantes est la représentation graphique d'une fonction polynôme du second degré dont l'expression est : $f(x) = ax^2 + bx + c$.
Déterminer dans chaque cas le signe de a.

1.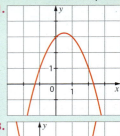
2.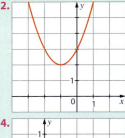
3.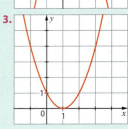
4.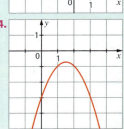

28 Pour chacune des fonctions représentées ci-dessous, indiquer celles qui peuvent être des fonctions polynômes du second degré sur un intervalle donné :

1.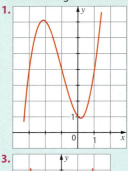
2.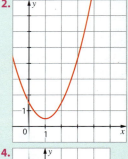
3.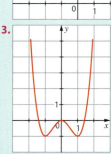
4.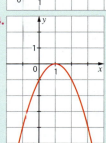

29 Pour chacune des fonctions polynômes du second degré dont on donne ci-dessous une expression, dire si elles sont d'abord croissantes puis décroissantes, ou le contraire :
a. $f(x) = 3x^2 - 2x + 1$
b. $g(x) = -x^2 + 2x + 3$
c. $h(x) = x^2 - x$
d. $k(x) = -4x^2 - 1$

EXERCICES

30 Pour chacune des fonctions polynômes du second degré dont l'expression $f(x) = ax^2 + bx + c$ est donnée ci-dessous, calculer la valeur de $-\dfrac{b}{2a}$.

a. $f(x) = 2x^2 - 3x + 7$ **b.** $g(x) = -x^2 + 2x + 5$
c. $h(x) = 16x^2 - 128x + 32$ **d.** $k(x) = x^2 + 6$

31 Pour chacune des fonctions polynômes du second degré dont on donne l'expression, déterminer les coordonnées du sommet de la parabole représentant cette fonction.

a. $f(x) = x^2 - 2x - 1$ **b.** $g(x) = -x^2 + 4x + 3$
c. $h(x) = x^2 - x$ **d.** $k(x) = -7x^2$

Équations et inéquations

32 En direct du cours !
Sans résoudre les inéquations suivantes, trouver celles dont −2 est une des solutions.
1. $(2x - 1)(x + 1) < 0$
2. $(3x + 8)(x + 5) > 0$
3. $-(2x - 1)(x + 2) \leq 0$

33 Tracer la représentation graphique de chacune des fonctions suivantes sur l'écran de la calculatrice, puis donner un encadrement par deux entiers consécutifs de la solution positive de l'équation $f(x) = 0$.
a. $f(x) = x^3 - 2$ **b.** $f(x) = -x^2 + x + 5$
c. $f(x) = -2x^2 + x + 16$ **d.** $f(x) = x^3 + x + 1$

34 *Algo* Soit f la fonction définie sur $\mathbb{R}$ par :
$$f(x) = x^2 - x - 1.$$
1. Calculer $f(1)$, $f(1,5)$ et $f(2)$.
2. Si on itère une seule fois l'algorithme de dichotomie en partant de l'intervalle [1 ; 2], quelles sont les valeurs renvoyées par l'algorithme ?

Aide question 2. Voir l'algorithme de dichotomie dans la fiche TICE de ce chapitre, p. 94.

35 Construire le tableau de signes correspondant à l'expression décrite par chacune de ces phrases :
1. $A(x)$ est positif sur]−1 ; 2[, nul pour $x = -1$ et $x = 2$, négatif ailleurs.
2. L'ensemble des solutions de l'inéquation $B(x) < 0$ est]−3 ; 5[, $B(x)$ s'annule en $x = -3$ et $x = 5$, et $B(x)$ est positif ailleurs.

36 On donne le tableau de signes d'une expression $A(x)$.

x	$-\infty$		-4		2		$+\infty$
$A(x)$		+	0	−	0	+	

1. Par lecture de ce tableau, déterminer le signe de $A(1)$, puis celui de $A(-5)$.
2. De la même façon, indiquer l'ensemble des solutions de l'inéquation $A(x) < 0$.
3. Indiquer de même l'ensemble des solutions de l'inéquation $A(x) > 0$.

37 Par lecture graphique, construire le tableau de signes de la fonction f dont voici la représentation graphique.

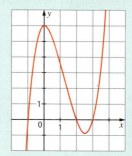

38 Recopier et compléter le tableau de signes donné ci-dessous.

x	$-\infty$		2		5		$+\infty$
$x - 2$		...	0	...		...	
$x - 5$		...		...	0	...	
$(x-2)(x-5)$		...		...		...	

39 Même énoncé que l'exercice précédent.

x	$-\infty$		$\dfrac{1}{2}$		3		$+\infty$
$-x + 3$		...		...	0	...	
$2x - 1$		...	0	...		...	
$(-x+3)(2x-1)$		...		...		...	

40 Même énoncé que l'exercice **38**.

x	$-\infty$		...		...		$+\infty$
$x + 1$		−	0	+		+	
$4 - x$		...		...	0	...	
$(x+1)(4-x)$		...		...		...	

Chapitre 4 ■ Problèmes du second degré **97**

EXERCICES

Parcours en autonomie (corrections en fin de manuel)
Maîtriser les bases 8 • 24 • 36
Préparer le contrôle 43 • 47 • 67 • 88 • 91

Pour s'entraîner

Fonction carré

41 1. Rappeler les variations de la fonction carré sur $\mathbb{R}$.
2. Dans chacun des cas suivants, on connaît un encadrement du nombre réel x.
En utilisant les variations de la fonction carré, déterminer un encadrement du nombre x^2.
a. $2 < x < 3$ b. $-3 < x < -2$
c. $-3 < x < 2$

SAVOIR-FAIRE **1** p. 89

42 1. Rappeler les variations de la fonction carré sur $\mathbb{R}$.
2. Comparer les deux nombres $(\sqrt{3} - 3)^2$ et $(-1)^2$.
3. Sachant que $-10^{-2} < x < -10^{-3}$, déterminer un encadrement de x^2.

SAVOIR-FAIRE **1** p. 89

43 **Préparer le contrôle**
Dans chacun des cas suivants, déterminer un encadrement du nombre réel x^2.
a. $1 < x < 4$
b. $-5 < x < -2$
c. $-4 < x < 1$

44 Soit g la fonction qui, au réel x de l'intervalle $[-2\,;3]$, associe x^2.
1. Au moyen de la calculatrice, dresser un tableau de valeurs de $g(x)$ pour x variant de -2 à 3 avec un pas de $0{,}5$.
2. Quels sont les antécédents de $0{,}25$?
3. Quel est le nombre d'antécédents de $6{,}25$ par g ?

45 1. Représenter graphiquement la fonction carré pour x appartenant à l'intervalle $[-3\,;3]$.
2. Résoudre l'équation $x^2 = 1$.
3. Résoudre l'inéquation $x^2 > 1$.

SAVOIR-FAIRE **2** p. 89

46 1. Représenter graphiquement la fonction carré pour x appartenant à l'intervalle $[-3\,;3]$.
2. Résoudre l'équation $x^2 = 5$.
3. Résoudre l'inéquation $x^2 < 5$.

SAVOIR-FAIRE **2** p. 89

47 **Préparer le contrôle**
En observant la représentation graphique de la fonction carré, déterminer pour chaque cas suivant un encadrement du nombre réel x.
a. $x^2 < 3$ b. $1 < x^2 < 2$

EXERCICE RÉSOLU

48 Résoudre graphiquement une inéquation

Énoncé
En s'aidant de la représentation graphique de la fonction carré, résoudre les inéquations suivantes :
a. $5 \leqslant x^2 \leqslant 9$ b. $x^2 \leqslant -1$

Solution commentée
a. On commence par résoudre les équations $x^2 = 5$ et $x^2 = 9$ à l'aide de la courbe représentative de la fonction carré :

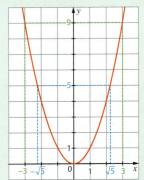

Ainsi, $-\sqrt{5}$ et $\sqrt{5}$ sont solutions de la première équation et -3 et 3 sont solutions de la deuxième équation.
Si $5 \leqslant x^2 \leqslant 9$ alors, d'après la représentation graphique de la fonction carré, on a $-3 \leqslant x \leqslant -\sqrt{5}$ ou $\sqrt{5} \leqslant x \leqslant 3$.
b. Un carré étant toujours positif, cette inéquation n'admet aucune solution ; graphiquement, cela se traduit par le fait qu'aucune droite parallèle à l'axe des abscisses et passant par un point d'ordonnée inférieure ou égale à -1 n'a d'intersection avec la courbe représentative de la fonction carré.

---

49 1. Quel est le maximum de la fonction carré sur l'intervalle $[-3\,;1]$?
2. Quel est son minimum sur cet intervalle ?

50 On suppose que a et b sont des réels tels que $a^2 < b^2$. Peut-on comparer a et b si :
1. a et b sont tous deux strictement positifs ?
2. a et b sont tous deux strictement négatifs ?
3. a et b sont de signes contraires ?

51 On cherche à tracer sur la calculatrice la courbe représentative de la fonction carré pour tout réel x appartenant à l'intervalle $[-3\,;7]$.
Quelles valeurs de Xmin, Xmax, Ymin et Ymax doit-on choisir ?

52 Reprendre l'exercice précédent avec x appartenant à l'intervalle $[-5\,;0,1]$.

53 Logique **1.** Dire si l'énoncé suivant est vrai ou faux, puis justifier : « si $x^2 = 4$, alors $x = 2$. »
2. La proposition réciproque est-elle vraie ?

54 Ben est un jeune artiste qui souhaite reproduire le dessin ci-contre à grande échelle. Pour cela, il souhaite estimer l'aire de chacune des surfaces colorées pour prévoir les quantités de peinture dont il aura besoin. Il veut d'abord évaluer la
quantité de couleur jaune nécessaire : il relève sur le dessin que les côtés des carrés jaunes mesurent tous entre 1,35 dm et 1,36 dm.

1. Donner un encadrement de l'aire d'un des carrés jaunes.
2. Donner un encadrement d'amplitude $0,1$ dm² de l'aire des deux carrés jaunes.
3. Ben souhaite multiplier par 10 la taille de son dessin et sait qu'une bombe de peinture couvre une surface de 2 m² environ.
Combien de bombes de couleur jaune lui faudra-t-il ?
4. On s'intéresse à la couleur rouge. Ben trouve, après mesure, que le diamètre du disque est compris entre 2,8 dm et 2,84 dm.
Combien de bombes de peinture rouge lui faudra-t-il ?

55 Lili, passionnée de jeux de réflexion, décide de remettre à la mode le *tangram* : c'est un casse-tête se composant de sept pièces, souvent en bois, qui peuvent se combiner pour former un carré. On peut réaliser des figures imposées, ou en créer de nouvelles.
Elle contacte donc un fournisseur qui lui propose de facturer les tangrams un centime d'euro au cm². Lili fait une étude de marché pour des tangrams mesurant entre 0 et 20 cm de côté. Soit x la largeur (en cm) du carré formé.

1. Dresser un tableau de valeurs de la fonction carré entre 0 et 20 avec un pas de 2,5.
2. À l'approche de Noël, Lili réfléchit à un pack de deux tangrams de formats différents, dont le prix de revient ne doit pas dépasser 5 €. Elle veut cependant proposer les plus grands tangrams possibles. Quel sera son choix ?

LE SAVIEZ-VOUS ?

L'origine du tangram nous fait remonter dans la Chine du XVIᵉ siècle, alors gouvernée par l'empereur Tan. Ce dernier fit tomber un carreau de faïence qui se brisa en 7 morceaux. Il n'arriva jamais à rassembler les morceaux pour reconstituer le carreau mais s'aperçut qu'avec les 7 pièces, il était possible de créer de nouvelles formes multiples. Ainsi naquit le jeu du **tangram**.

56 Dire, en justifiant la réponse, pourquoi aucune des courbes suivantes ne peut représenter la fonction carré.

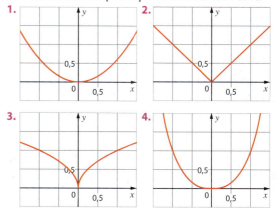

VRAI - FAUX

Pour les exercices **57** *et* **58**, *indiquer si les affirmations sont vraies ou fausses, puis justifier.*

57 Si a et b sont opposés, alors a^2 et b^2 sont égaux.

58 Si $-1 < x < 2$, alors $1 < x^2 < 4$.

Fonctions polynômes du second degré

59 Soit f la fonction définie sur $\mathbb{R}$ par :
$$f(x) = (x^2 + 1)^2 - (x^2 - 1)^2.$$
Est-ce une fonction polynôme du second degré ?

60 Étudier les variations, puis dresser le tableau de variation des fonctions f et g définies sur $\mathbb{R}$ dont voici les expressions :
1. $f : x \mapsto -3x^2 + x + 2$ **2.** $g : x \mapsto 5x^2 - 7x$
SAVOIR-FAIRE **3** p. 91

61 Étudier les variations, puis dresser le tableau de variation de chacune des fonctions définies sur $\mathbb{R}$ de la façon suivante :
1. $f : x \mapsto (1 - x)^2$ **2.** $g : x \mapsto 4 - x^2$
SAVOIR-FAIRE **3** p. 91

62 Le tableau de variation d'une fonction polynôme du second degré f est le suivant :

x	$-\infty$	2	$+\infty$
$f(x)$		3	

À quelle expression peut-il correspondre ?
1. $f_1 : x \mapsto x^2 - 4x + 7$
2. $f_2 : x \mapsto -3x^2 + 12x - 9$
3. $f_3 : x \mapsto -x^2 + 4x - 7$

EXERCICES

63 On cherche à tracer sur la calculatrice les courbes représentatives des fonctions polynômes du second degré f et g suivantes.
Quelles valeurs doit-on choisir pour que les paramètres Xmin, Xmax, Ymin et Ymax soient adaptés à ce tracé ?

1. $f : x \mapsto x^2 + 42$ **2.** $g : x \mapsto x^2 + 100x + 1$

64 Proposer des valeurs de Xmin, Xmax, Ymin et Ymax adaptées au tracé de la courbe représentative de chacune des fonctions polynômes du second degré données ci-dessous.

1. $f : x \mapsto -5 - x^2$ **2.** $g : x \mapsto 0{,}01x^2 - 7x$

65 Soit f la fonction polynôme du second degré définie sur $\mathbb{R}$ par : $f(x) = x^2 + 2x - 3$.

1. Dresser le tableau de variation de f.
2. Où se situe l'axe de symétrie de la courbe représentative de f ?
3. Recopier et compléter sans calcul ce tableau de valeurs :

x	–4	–3	–2	–1	0	1	2
$f(x)$	...	0	...	–4	...	0	5

SAVOIR-FAIRE **4** p. 91

66 Soit f la fonction polynôme du second degré définie sur $\mathbb{R}$ par : $f(x) = \frac{1}{2}x^2 + 3x + \frac{7}{2}$.

1. La fonction f admet-elle un minimum ou un maximum ?
2. Calculer $f(0)$ et $f(-6)$, puis en déduire l'abscisse du sommet de la parabole.

 SAVOIR-FAIRE **4** p. 91

67 Préparer le contrôle
Soit f la fonction polynôme du second degré définie sur $\mathbb{R}$ par : $f(x) = x^2 + 4x + 1$.
On nomme $\mathcal{C}$ sa courbe représentative dans un repère.

1. Comment s'appelle $\mathcal{C}$?
2. Dresser le tableau de variation de f et en déduire que cette fonction admet un minimum dont on précisera la valeur.
3. En résolvant l'équation $f(x) = 1$, retrouver l'abscisse du sommet de $\mathcal{C}$.
4. Tracer $\mathcal{C}$ dans un repère.

68 Soit f la fonction polynôme du second degré définie sur $\mathbb{R}$ par : $f(x) = x^2 - 2x + \frac{1}{3}$.

1. Calculer l'abscisse du sommet de la courbe représentant f.
2. Exprimer, en fonction du réel h, les expressions algébriques $f(1-h)$ et $f(1+h)$.
3. Que peut-on en déduire ?

69 Soit f la fonction polynôme du second degré dont la courbe est partiellement représentée ci-dessous.

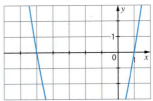

Déterminer l'abscisse du sommet de cette parabole.

EXERCICE RÉSOLU

70 Retrouver un minimum
Énoncé
Soit f la fonction polynôme du second degré définie sur $\mathbb{R}$ par :
$$f(x) = x^2 - 2x + 3.$$

1. Vérifier que $f(x) = (x-1)^2 + 2$.
2. Montrer que $f(x) \geqslant 2$ et en déduire le minimum de f sur $\mathbb{R}$.
3. Donner le tableau de variation de f.
4. En choisissant la forme la plus adaptée, résoudre l'équation $f(x) = 3$.

Solution commentée
1. $(x-1)^2 + 2 = x^2 - 2x + 1 + 2$
$= x^2 - 2x + 3$
$= f(x)$

2. $(x-1)^2 \geqslant 0$ car un carré est toujours positif.
En ajoutant 2 de chaque côté de cette inégalité, on obtient $(x-1)^2 + 2 \geqslant 2$ soit $f(x) \geqslant 2$.
Puisque $f(1) = 2$, on en déduit que $f(x) \geqslant f(1)$: ainsi, 2 est le minimum de f sur $\mathbb{R}$ et il est atteint pour $x = 1$.

3. Le coefficient du terme x^2 est positif, donc f est décroissante puis croissante :

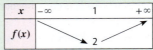

4. On choisit la forme développée de $f(x)$.
On résout l'équation $x^2 - 2x + 3 = 3$, qui équivaut à :
$$x^2 - 2x = 0, \text{ soit } x(x-2) = 0.$$
Les solutions de cette équation sont donc 0 et 2.

71 $\mathcal{C}$ est la courbe représentative de la fonction f définie sur $\mathbb{R}$ par :
$$f(x) = -3x^2 + 3x + 2.$$
La parabole $\mathcal{C}$ admet pour axe de symétrie la droite d'équation $x = 0{,}5$.

1. Déterminer les coordonnées du sommet S de $\mathcal{C}$.
2. Donner les variations de f.
3. Tracer la courbe $\mathcal{C}$ dans un repère orthonormé.

EXERCICES

72 Voici les représentations graphiques de trois fonctions f, g et h définies sur $\mathbb{R}$ par :
$$f(x) = -(x-1)^2 + 4 \; ; \; g(x) = x^2 + 2 \; ; \; h(x) = x^2 - 2x + 3.$$

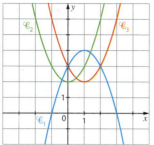

Associer chacune de ces fonctions à sa courbe représentative.

73 Construire avec la calculatrice les représentations graphiques des fonctions polynômes du second degré définies sur $\mathbb{R}$ par :
a. $f(x) = x^2 - 6x + 1$;
b. $g(x) = 2x^2 + 10x$.
Pour chacune d'elles, on précisera le sommet et l'axe de symétrie.

74 Construire avec la calculatrice les représentations graphiques des fonctions polynômes du second degré définies sur $\mathbb{R}$ par :
a. $f(x) = -x^2 + 5x + 4$;
b. $g(x) = -3x^2 + 6x - 2$.
Pour chacune d'elles, on précisera le sommet et l'axe de symétrie.

75 Soit f la fonction définie sur $\mathbb{R}$ par : $f(x) = -2x + 2$.
On appelle $\mathcal{D}$ sa représentation graphique dans un repère orthonormé (O, I, J) du plan.
$\mathcal{D}$ coupe les axes du repère en deux points A et B. Soit M un point du segment [AB]. On note P le point de [OA] et Q le point de [OB] tels que OPMQ soit un rectangle.
On note $(x \,;\, y)$ les coordonnées de M.
1. Exprimer y en fonction de x.
2. Calculer l'aire du rectangle OPMQ en fonction de x et y, puis en fonction de x seulement.
3. Pour quelle position de M l'aire de ce rectangle est-elle maximale ?

Aide question 3. Définir la fonction g qui, au réel x, associe l'aire du rectangle OPMQ.

76 Soit f une fonction polynôme du second degré qui admet un minimum en 1.
Une expression possible de $f(x)$ est :
1. $f(x) = x^2 + 1$
2. $f(x) = 3x^2 - 6x + 1$
3. $f(x) = 3x^2 - 6x + 3$
4. $f(x) = -2x^2 + 4x - 3$

77 Algo **Comprendre un algorithme**

Soit f la fonction polynôme du second degré définie sur $\mathbb{R}$ par : $f(x) = Ax^2 + Bx + C$. On considère l'algorithme suivant :

Variables	A est un nombre réel non nul
	B, C, D et E sont des nombres réels
Entrées	Saisir A, B, C
	Si $A > 0$
	Alors afficher «f admet un minimum
Traitement	égal à : »
	Sinon afficher «f admet un maximum
	égal à : »
	Fin Si
	Affecter $-\dfrac{B}{2A}$ à D.
	Affecter $AD^2 + BD + C$ à E
Sortie	Afficher E

1. Que représente pour la fonction f la valeur affectée à D ?
2. Que donne cet algorithme en sortie pour une fonction polynôme du second degré donnée ?
3. Programmer cet algorithme sur une calculatrice ou un logiciel.

78 **Logique** Dire si les affirmations suivantes sont vraies ou fausses, puis justifier.
1. Pour tout nombre réel x, $-2(x-1)^2 = 2x^2 - 4x - 2$.
2. Il existe un nombre réel x tel que :
$$-2(x-1)^2 = 2x^2 - 4x - 2.$$

79 Soit f la fonction polynôme du second degré définie sur $\mathbb{R}$ par :
$$f(x) = x^2 - 3x.$$
1. Montrer que la courbe représentative de f passe par les points A (0 ; 0) et B (3 ; 0).
2. Existe-t-il une autre fonction polynôme du second degré dont la représentation graphique passe par les points A et B ? Justifier.

80 Soit f et g les fonctions polynômes du second degré définies sur $\mathbb{R}$ par :
$$f(x) = x^2 + 4x - 8 \text{ et } g(x) = -2x^2 + x + 10.$$
1. Tracer les courbes représentatives des fonctions f et g sur l'écran de la calculatrice, puis conjecturer les coordonnées des points d'intersection de $\mathcal{C}_f$ et $\mathcal{C}_g$.
2. Montrer que, pour tout nombre réel x, on a l'égalité :
$$f(x) - g(x) = 3(x-2)(x+3).$$
3. Déterminer l'abscisse de chacun des points d'intersection de $\mathcal{C}_f$ et $\mathcal{C}_g$.
Vérifier les résultats trouvés à la question **1**.

Chapitre 4 ■ Problèmes du second degré **101**

EXERCICES

VRAI - FAUX

Pour les exercices 81 à 85, indiquer si les affirmations sont vraies ou fausses, puis justifier.
On donne ci-dessous la courbe représentative $\mathscr{C}_f$ d'une fonction polynôme du second degré f dans un repère.

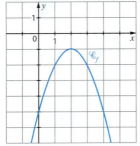

81 f est croissante sur $]-\infty\,;-1]$.

82 f admet un maximum en -1 égal à 2.

83 $\mathscr{C}_f$ a pour sommet le point $S(2\,;-1)$.

84 $\mathscr{C}_f$ est une courbe qui a pour axe de symétrie la droite d'équation $y=2$.

85 Pour tout réel x, $f(x) \leq 0$.

Équations et inéquations

86 **Algo** Soit f la fonction définie sur l'intervalle $[0\,;2]$ par : $f(x) = -x^3 - 2x^2 + 6$.
On admet que f est décroissante sur $[0\,;2]$.

1. À l'aide d'une lecture graphique, vérifier que l'équation $f(x) = 0$ admet une unique solution dans l'intervalle $[0\,;2]$; on appelle α cette solution.

2. Calculer $f(1)$. Que peut-on en déduire pour l'encadrement de α ? Quelle est l'amplitude du nouvel intervalle auquel appartient α ?

3. En appliquant la méthode de dichotomie, déterminer un encadrement de cette solution d'amplitude $0{,}5$.

SAVOIR-FAIRE **5** p. 93

87 **Algo** Soit f la fonction définie sur l'intervalle $[1\,;2]$ par : $f(x) = x^3 - x - 1$.

1. Représenter f sur l'écran de la calculatrice puis, à l'aide d'une lecture graphique, expliquer pourquoi l'équation $f(x) = 0$ admet une unique solution dans l'intervalle $[0\,;1]$.

2. Combien d'étapes de l'algorithme de dichotomie faut-il réaliser pour obtenir un encadrement d'amplitude $0{,}125$?

3. Appliquer l'algorithme de dichotomie et donner cet encadrement.

SAVOIR-FAIRE **5** p. 93

88 **Algo** **Préparer le contrôle**
Soit f la fonction définie sur $\mathbb{R}$ par : $f(x) = -x^2 - 2x + 4$.

1. Tracer la courbe représentative de f, puis vérifier que l'équation $f(x) = 0$ admet deux solutions : l'une dans l'intervalle $[1\,;2]$ et l'autre dans l'intervalle $[-4\,;-3]$.

2. En utilisant l'algorithme de dichotomie programmé dans la calculatrice, déterminer des valeurs approchées à $0{,}1$ près de chaque solution de l'équation $f(x) = 0$.

89 **1.** Résoudre l'équation : $(2x-3)(-x+5) = 0$.
2. Dresser le tableau de signes de l'expression $(2x-3)(-x+5)$.
3. Résoudre l'inéquation : $(2x-3)(-x+5) \leq 0$.

SAVOIR-FAIRE **6** p. 93

90 **1.** Résoudre l'équation : $(x-3)(x+1) = 0$.
2. Dresser le tableau de signes de l'expression $(x-3)(x+1)$.
3. Résoudre l'inéquation : $(x-3)(x+1) \leq 0$.
4. Soit f la fonction définie sur $\mathbb{R}$ par : $f(x) = (x-3)(x+1)$.
Vérifier que f est une fonction polynôme du second degré.
5. Comment la réponse à la question **3** se traduit-elle graphiquement sur la représentation graphique de f ?

SAVOIR-FAIRE **6** p. 93

91 **Préparer le contrôle**
1. Résoudre l'équation : $-3(3+4x)(x-6) = 0$.
2. Dresser le tableau de signes de l'expression :
$-3(3+4x)(x-6)$.
3. Résoudre l'inéquation : $-3(3+4x)(x-6) \geq 0$.

92 Déterminer le signe de chacune des expressions :
1. $x^2(x-3)$ **2.** $(x^2+1)(4-x)$

93 Déterminer le signe de chacune des expressions :
1. $-3(1-x)$ **2.** $x^3 + 2x^2$

94 Construire le tableau de signes de chacune des expressions suivantes, où x est un nombre réel.
1. $-x(2x+1)$ **2.** $3x(-x+7)$

95 Construire le tableau de signes de chacune des expressions suivantes, où x est un nombre réel.
1. $x^2 - 4x$ **2.** $-3x^2 + 5x$

Pour les exercices 96 à 98, résoudre dans $\mathbb{R}$ chacune des inéquations proposées.

96 **1.** $(x-4)(2-x) \leq 0$ **2.** $(-x+5)(2x+1) \geq 0$

97 **1.** $3(x-3)(x-7) < 0$ **2.** $-2(2x+3)(1-x) \geq 0$

98 **1.** $x(3x+1)(2x-1) \geq 0$ **2.** $2x^2(x-3)(x+1) < 0$

EXERCICES

EXERCICE RÉSOLU

99 Se ramener à une inéquation produit

Énoncé

1. Factoriser l'expression $(2x+3)^2 - (x+6)^2$ où x est un nombre réel.

2. En se ramenant à une inéquation produit, résoudre l'inéquation : $(2x+3)^2 - (x+6)^2 < 0$.

Solution commentée

1. En utilisant une identité remarquable, on obtient :
$(2x+3)^2 - (x+6)^2 = [(2x+3) - (x+6)] \times [(2x+3) + (x+6)]$
$= (x-3)(3x+9)$.

2. Résoudre $(2x+3)^2 - (x+6)^2 < 0$ revient donc à résoudre $(x-3)(3x+9) < 0$, qui est une inéquation produit. On étudie le signe de chacun des facteurs :
• $x-3$ est négatif pour $x < 3$, s'annule pour $x = 3$ et est positif pour $x > 3$.
• $3x+9$ est négatif pour $x < -3$, s'annule pour $x = -3$ et est positif pour $x > -3$.

On obtient le tableau de signes suivant :

x		-3		3	
$x-3$	$-$		$-$	0	$+$
$3x+9$	$-$	0	$+$		$+$
$(x-3)(3x+9)$	$+$	0	$-$	0	$+$

D'après ce tableau de signes, on en déduit que la solution de l'inéquation proposée est l'intervalle $]-3\,;3[$.

100 Après s'être ramené à une inéquation produit, résoudre dans $\mathbb{R}$ chacune des inéquations suivantes :

1. $2x > x^3$ **2.** $(x+2)(6x-1) < (x+2)(x-3)$

101 Après s'être ramené à une inéquation produit, résoudre dans $\mathbb{R}$ chacune des inéquations suivantes :

1. $(x+1)^2 < 9$ **2.** $(2x-1)^2 < (1-x)^2$

102 **Logique** **1.** Dire si l'énoncé suivant est vrai ou faux, puis justifier. « Si un nombre est solution de l'inéquation $x^2 \geqslant 4$, alors $x \geqslant 2$. »

2. L'énoncé réciproque est-il vrai ?

VRAI - FAUX

Pour les exercices **103** *et* **104**, *indiquer si les affirmations sont vraies ou fausses, puis justifier.*
On donne la courbe représentative de la fonction f définie sur $\mathbb{R}$ par : $f(x) = -0,5(x+1)(x-4) - 1$.

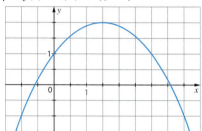

103 **Algo** En partant de l'intervalle $[0\,;4]$, il faut trois itérations de l'algorithme de dichotomie pour obtenir un encadrement d'amplitude $0,25$ de la racine de l'équation $f(x) = 0$ supérieure à 3.

104 L'inéquation $f(x) \geqslant -1$ a pour ensemble de solutions l'intervalle $[-1\,;4]$.

TOP CHRONO

Résoudre chacun des exercices suivants en 15 minutes maximum.

105 Soit la fonction f définie sur $\mathbb{R}$ par :
$f(x) = (2x-3)^2 - 4$.

1. Développer et réduire $f(x)$.
2. En déduire le tableau de variation de f.
3. Résoudre l'inéquation $f(x) < 0$.

106 Soit f et g les fonctions définies sur $\mathbb{R}$ par :
$f(x) = x^2$ et $g(x) = -2x + 3$.

1. Construire la représentation graphique de ces deux fonctions dans un même repère.

2. Résoudre graphiquement l'inéquation $f(x) \geqslant g(x)$.
3. Montrer que $f(x) - g(x) = (x+3)(x-1)$.
4. Retrouver le résultat de la question **2** par un calcul.

107 **Algo** Soit f la fonction définie sur $\mathbb{R}$ par :
$f(x) = x^2 - 4x + 1$.

1. Construire le tableau de variation de f.
2. Tracer la courbe représentative de f sur l'écran de la calculatrice, puis vérifier que l'équation $f(x) = 0$ admet exactement une solution dans l'intervalle $[0\,;1]$.
3. Par dichotomie, déterminer un encadrement d'amplitude $0,1$ de cette solution.

108 **1.** Factoriser l'expression $(x+1)(x-2) - (3x+1)(x+1)$.
2. Résoudre l'inéquation $(x+1)(x-2) \leqslant (3x+1)(x+1)$.

EXERCICES

Faire le point

Choisir la (ou les) bonne(s) réponse(s).

Utiliser la fonction carré

Pour vous aider SAVOIR-FAIRE 1 et 2 p. 89

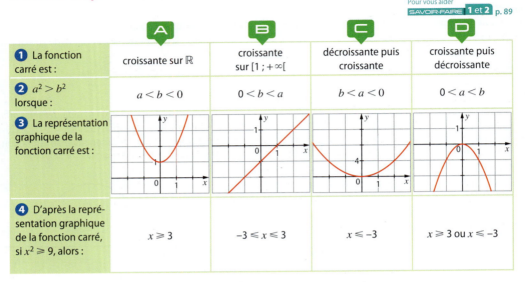

	A	B	C	D
1 La fonction carré est :	croissante sur $\mathbb{R}$	croissante sur $[1 ; +\infty[$	décroissante puis croissante	croissante puis décroissante
2 $a^2 > b^2$ lorsque :	$a < b < 0$	$0 < b < a$	$b < a < 0$	$0 < a < b$
3 La représentation graphique de la fonction carré est :				
4 D'après la représentation graphique de la fonction carré, si $x^2 \geq 9$, alors :	$x \geq 3$	$-3 \leq x \leq 3$	$x \leq -3$	$x \geq 3$ ou $x \leq -3$

Utiliser les fonctions polynômes de degré 2

Soit f, g et h les fonctions polynômes du second degré définies sur $\mathbb{R}$ par :
$f(x) = 3x^2 - 10x$, $g(x) = x^2 - 1$ et $h(x) = -x^2 + 2x$.

Pour vous aider SAVOIR-FAIRE 3 et 4 p. 91

	A	B	C	D
5 La fonction f admet un minimum en :	$\dfrac{3}{2}$	$\dfrac{5}{3}$	$\dfrac{11}{6}$	$1{,}7$
6 Le minimum de f est :	-8	$-\dfrac{33}{4}$	$-7{,}5$	$-\dfrac{25}{3}$
7 La fonction g est :	croissante sur $\mathbb{R}$	croissante sur $[1 ; +\infty[$	croissante sur $[-1 ; +\infty[$	croissante sur $[0 ; +\infty[$
8 Soit $\mathscr{C}$ la parabole représentative de la fonction h, alors :	le sommet de $\mathscr{C}$ a pour coordonnées $(2 ; 0)$	le sommet de $\mathscr{C}$ a pour coordonnées $(1 ; 1)$	l'axe de symétrie de $\mathscr{C}$ passe par le point de $\mathscr{C}$ d'abscisse 2	l'axe de symétrie de $\mathscr{C}$ est parallèle à l'axe des ordonnées

Résoudre des inéquations produit

Pour vous aider SAVOIR-FAIRE 6 p. 93

	A	B	C	D
9 $(x+3)(x+5) \geq 0$ lorsque :	$x \geq 0$	$x \leq 0$	$x \leq -5$	$x \leq -3$
10 Résoudre l'inéquation $(x-2)^2 \leq 9$ revient à résoudre :	$x - 2 \leq 3$	$(x-2)^2 - 9 \leq 0$	$(x-5)(x+1) \geq 0$	$(x-5)(x+1) \leq 0$
11 L'inéquation $(3-x)(1-2x) \geq 0$ a pour ensemble de solutions :	$\left\{\dfrac{1}{2} ; 3\right\}$	$\left]-\infty ; \dfrac{1}{2}\right] \cup [3 ; +\infty[$	$\left[\dfrac{1}{2} ; 3\right]$	$]-\infty ; 3] \cup \left[\dfrac{1}{2} ; +\infty\right[$

Voir les corrigés, page 330

EXERCICES

Savoir étudier une fonction polynôme du second degré

Un exemple : Soit f la fonction polynôme du second degré définie sur $\mathbb{R}$ par : $f(x) = 3x^2 - 6x + 2$.
1. Étudier les variations de f, puis dresser son tableau de variation.
2. Tracer $\mathscr{C}$, représentation graphique de f dans le plan muni d'un repère, ainsi que son axe de symétrie.

Les questions à se poser	Des réponses
Que me demande-t-on ?	→ On doit étudier les variations d'une fonction polynôme du second degré. Préciser les coefficients a, b, c dans l'expression $ax^2 + bx + c$ de cette fonction.
Comment faire pour démarrer ?	→ On doit déterminer le signe du coefficient a. Rappeler la propriété relative au sens de variation d'une fonction polynôme du second degré. En déduire le sens de variation de f sur $\mathbb{R}$ et en déduire que f admet un minimum.
Comment continuer ?	→ On doit déterminer en quelle valeur f admet son minimum. Calculer $-\dfrac{b}{2a}$, puis dresser le tableau de variation de f.
Comment tracer la courbe représentative de f ?	→ On doit faire un tableau de valeurs. Pour cela, utiliser le menu TABLE de la calculatrice. Quelles valeurs doit-on mettre dans ce tableau ? Tracer ensuite $\mathscr{C}$.
Comment trouver l'axe de symétrie de la parabole ?	→ Cet axe est parallèle à l'axe des ordonnées. Par quel point remarquable de la parabole passe cet axe ? Tracer alors cet axe sur le graphique.

Applications

Pour les exercices 109 et 110, on reprend l'énoncé de l'exemple ci-dessus avec :

109 $f(x) = 4x^2 + 2x - 1$ **110** $f(x) = -3x^2 + 4x + 1$

Savoir résoudre une inéquation produit

Un exemple : Résoudre l'inéquation $(x + 4)(x - 1) \leqslant 0$.

Les questions à se poser	Des réponses
Que me demande-t-on ?	→ On doit résoudre une inéquation. Observer que cette inéquation est une inéquation produit. Quels sont les deux facteurs de ce produit ?
Comment faire pour démarrer ?	→ On étudie le signe de chacun des facteurs qui composent le produit. Pour étudier le signe de $x + 4$, on résout d'abord l'équation $x + 4 = 0$. Ensuite, on utilise la règle donnant le signe d'une expression de la forme $ax + b$: rappeler cette règle et en déduire le signe de $x + 4$. Faire de même pour le signe de $x - 1$.
Comment trouver le signe du produit ?	→ On construit un tableau de signes. Sur la première ligne du tableau, on place les valeurs trouvées précédemment. Que contiennent les deux lignes suivantes du tableau ? Où trouve-t-on le signe de ce produit ?
Comment conclure ?	→ On doit utiliser le tableau de signes construit précédemment. Pour quelles valeurs de x la dernière ligne contient-elle un signe « $-$ » ? Conclure.

Applications

Dans chacun des exercices suivants, résoudre dans $\mathbb{R}$ l'inéquation donnée.

111 $(x - 5)(-x + 7) > 0$ **112** $(2x - 1)(3 + x) \geqslant 0$ **113** $5(2 - x)(x + 6) < 0$

Revoir des points essentiels

Chapitre 4 ■ Problèmes du second degré **105**

EXERCICES

TP 1 — À la recherche de la bonne trajectoire

Utiliser un logiciel de géométrie dynamique pour construire des courbes représentatives de fonctions polynômes du second degré à partir de la fonction carré.

Fichier logiciel
→ www.bordas-indice.fr

L'objectif de ce TP est d'observer comment le tracé d'une parabole est modifié lorsqu'on change les paramètres a, b et c dans l'expression
$$f(x) = a(x - b)^2 + c.$$
Nous allons voir comment l'étude des paramètres de la parabole permet de comprendre les trajectoires dans un jeu vidéo où on lance des oiseaux sur un château à l'aide d'un lance-pierre !

A — Des paraboles qui bougent

1. Ouvrir le logiciel de géométrie, puis tracer en rouge la courbe $\mathcal{C}$ représentant la fonction carré.

2. a. Créer un curseur a allant de 1 à 10 avec un pas de 1.
b. Dans la ligne de saisie, taper `a*x^2` puis valider. Qu'observe-t-on à l'écran ?
c. Quelle conjecture peut-on faire lorsque a augmente de 1 à 10 ?

3. a. Modifier le curseur pour que a prenne les valeurs entre 0,1 et 1 avec un pas de 0,1.
b. Quelles remarques peut-on faire sur les courbes obtenues quand a varie de 0,1 à 1 ?

4. a. En modifiant le curseur, comparer la courbe obtenue lorsque a prend la valeur −1 avec la courbe représentant la fonction carré.
b. Quelle conjecture peut-on faire lorsque a augmente de −10 à −1 ?

5. a. Créer un nouveau curseur b afin de faire apparaître différentes courbes représentatives des fonctions f définies sur $\mathbb{R}$ par : $f(x) = (x - b)^2$.
Observer les différentes courbes obtenues.
b. De même, observer les courbes correspondant aux fonctions g définies sur $\mathbb{R}$ par : $g(x) = x^2 + c$, avec c variant de −4 à 4.

B — La trajectoire de l'oiseau

Dans le jeu, on a lancé l'oiseau avec le lance-pierre et il atterrit sur le sommet du château, à l'extrémité droite de la plate-forme : sa trajectoire est une parabole (en pointillés blancs), représentation graphique d'une fonction f définie sur $\mathbb{R}$ par : $f(x) = a(x - b)^2 + c$.

1. Ouvrir le fichier **04_seconde_TP1** : on a créé trois curseurs a, b et c, ainsi que la courbe représentative de la fonction f. En manipulant les curseurs a, b, c, déterminer la trajectoire permettant à l'oiseau placé dans le lance-pierre en O d'atterrir au sommet du château en H.

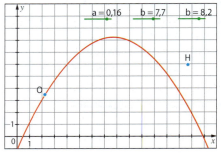

2. On veut préciser la fonction f modélisant la trajectoire de l'oiseau par un calcul.

a. L'oiseau est placé au point d'abscisse 2,2 et il atterrit au point d'abscisse 13,7.
À l'aide du graphique, donner $f(2,2)$ et $f(13,7)$ au dixième près.
b. Expliquer pourquoi $f(12) = 8,1$ en utilisant le graphique.
c. Avec un logiciel de calcul formel, déterminer a, b et c au centième près.
d. Donner l'expression de f.
e. En déduire le point le plus haut de la trajectoire de l'oiseau.

Aide pour les logiciels

GeoGebra	**A. 1.** Pour modifier la couleur du tracé, faire un clic droit sur la courbe, puis sélectionner `Propriétés`, puis `Couleur`. **A. 2. a.** Utiliser l'outil `Curseur`, puis cliquer sur une zone vide du graphique. **A. 3. a.** Cliquer-droit sur le curseur, puis choisir `Propriétés`.
Xcas	**B. 2. c.** Saisir d'abord `f(x):=a*(x-b)^2+c`, puis utiliser la commande `resoudre`, avec la syntaxe : `resoudre([équation1,équation2,équation3],[a,b,c])`. Dans cette saisie, l'équation 3 est : `f(12)=8,1`.

Voir **FICHES TICE**, pages 320 et 324

EXERCICES

TP 2 Optimisation d'une aire

Utiliser un logiciel de géométrie pour un problème d'optimisation.

La figure ci-contre a les caractéristiques suivantes :
– ABCD est un carré de centre O et de côté 4 ;
– M est un point du segment [AB], distinct de A et de B ;
– N est le point du segment [BC] tel que CN = AM ;
– E est le point d'intersection des droites (MN) et (BD) ;
– F est le point d'intersection de la droite parallèle à la droite (BD) passant par N et de la droite (AC).
L'objectif de ce TP est de déterminer la position du point M permettant d'obtenir le quadrilatère ENFO d'aire maximale.

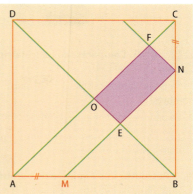

A Utilisation d'un logiciel

1. Ouvrir un logiciel de géométrie dynamique.
Construire les points A et B, puis le carré ABCD et les segments [AC] et [BD].
On placera A en (–10 ; 1) et B en (–6 ; 1).

2. Placer un point M sur le segment [AB], puis le point N de [BC] tel que CN = AM.

3. Construire le segment [MN], puis le point E.

4. Construire la parallèle à (BD) passant par N, puis le point F.

5. Construire le quadrilatère ENFO et le nommer.

6. Déplacer le point M : que peut-on dire de l'aire du quadrilatère ENFO ?

7. Soit le point P d'abscisse la longueur AM, et d'ordonnée l'aire de ENFO.
a. Construire le point P, puis activer sa trace.
b. Déplacer M sur [AB].
Que constate-t-on pour P ? Conjecturer pour quelle position de M l'aire du quadrilatère ENFO est maximale.

B Étude algébrique

1. a. Quelle est la nature du quadrilatère ENFO ?
b. Calculer la valeur exacte de OC.

2. On pose AM = x et on considère la fonction f qui, au réel x, associe l'aire du quadrilatère ENFO.
Quel est l'ensemble de définition D de f ?

3. Quelle est la nature du triangle CFN ?
En déduire NF en fonction de x.

4. Calculer OF en fonction de x.

5. En déduire que :
$$f(x) = -\frac{1}{2}x^2 + 2x.$$

6. Étudier les variations de f sur D.

7. En déduire la position du point M pour laquelle l'aire du quadrilatère ENFO est maximale.
Que peut-on dire de ce quadrilatère pour cette position de M ?

Aide pour les logiciels	
GeoGebra	**A. 1.** Entrer dans la ligne de saisie `A=(-10,1)`. Pour construire le carré, utiliser l'outil `Polygone régulier`. **A. 2.** Pour construire N, tracer le cercle de centre C et de rayon AM et déterminer son intersection avec le segment [BC]. **A. 5.** Utiliser l'outil `Polygone`. Pour le nommer, aller dans `Propriétés` après un clic-droit. **A. 7. a.** Par un clic-droit sur P, sélectionner `Trace activée`.
GeoPlan	**A. 1.** Utiliser le menu `Créer`, puis `Point`, `Point repéré`, `Dans le plan`. Pour créer les segments, utiliser le menu `Créer`, puis `Ligne`, `Segment`, `Défini par 2 points`. **A. 2.** Pour construire N, tracer le cercle de centre C et de rayon AM (dans le menu `Créer`, puis `Ligne`, `Cercle`, `Défini par centre et rayon`) et déterminer son intersection avec le segment [BC]. **A. 5.** Utiliser le menu `Créer`, puis `Ligne`, `Polygone`, `Polygone défini par ses sommets`. **A. 7. a.** Dans le menu `Afficher`, choisir `Sélection trace`, puis choisir le point P. Pour activer la trace de P, cliquer sur l'icône (mode **Trace**).

Voir **FICHES TICE**, pages 320 et 322

EXERCICES

Pour approfondir

114 **Logique** Comparer sans calculatrice
Soit A = $\sqrt{5} - 1$ et B = $\sqrt{6 + \sqrt{2}}$.

1. Sans calculatrice, calculer A^2 et B^2, puis comparer ces deux nombres.

2. En déduire une comparaison des nombres A et B.

Aide question 2. Utiliser un raisonnement par l'absurde et les variations de la fonction carré.

115 Retrouver une équation de parabole
1. Déterminer la fonction f définie sur $\mathbb{R}$ ayant pour courbe représentative la parabole dessinée ci-dessous.

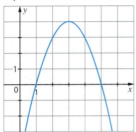

2. Préciser les coordonnées du sommet et les variations de f.

116 Un appareil photo
Une entreprise veut, avant commercialisation, déterminer le prix en euros d'un nouvel appareil photo. On note x le prix de vente unitaire
de cet appareil, x variant entre 6 et 20 €. La demande pour cet appareil est donnée en fonction du prix de vente par la fonction f définie sur l'intervalle [6 ; 20] par :
$$f(x) = -x^2 + 30x + 17.$$

1. Étudier les variations de f et dresser son tableau de variation sur l'intervalle [6 ; 20].
2. Tracer la courbe représentative $\mathscr{C}$ de f dans un repère du plan. On choisira comme unités 1 cm pour 2 € en abscisses, et 1 cm pour 20 appareils en ordonnées.
3. L'offre est représentée en fonction du prix de vente par le segment [AB], où A (6 ; 150) et B (20 ; 262). Tracer ce segment, puis déterminer une équation de la droite (AB).
4. Déterminer graphiquement les coordonnées du point d'intersection de la courbe $\mathscr{C}$ et du segment [AB]. En déduire le prix de vente unitaire de l'appareil photo que l'entreprise doit proposer afin que l'offre soit égale à la demande.

LE SAVIEZ-VOUS ?
En économie, la **demande** est la quantité d'un bien que les acheteurs sont disposés à acheter à des prix différents dans une période donnée.
L'**offre** est la quantité de ce bien que les vendeurs sont prêts à vendre à des prix différents.

117 Optimisation d'un bénéfice
Afin d'orienter au mieux ses investissements, une chaîne d'hôtels réalise une analyse sur le bénéfice par hôtel (en €), noté B (x), en fonction du taux d'occupation des chambres x (en %). Pour tout réel x appartenant à l'intervalle [20 ; 90], on a : $B(x) = -x^2 + 160x + c$, où c est un réel.

1. Calculer c sachant que, pour un taux d'occupation de 40 %, le bénéfice est égal à 900 €.

2. Étudier les variations sur [20 ; 90] de la fonction B qui, au taux d'occupation x, associe le bénéfice B (x).

3. En déduire pour quelle valeur du taux d'occupation le bénéfice est maximum.

118 L'apprenti bijoutier
Un artisan bijoutier débutant estime que son bénéfice dépend du nombre de pièces x qu'il produit en un mois, selon la fonction B définie pour x positif ou nul par :
$$B(x) = -50x^2 + 1\,000x - 3\,750.$$

1. Dresser le tableau de variation de la fonction B sur l'intervalle [0 ; +∞[.

2. Montrer que $B(x) = -50(x - 5)(x - 15)$. En déduire le nombre de pièces produites pour lequel le bénéfice de l'artisan est nul.

3. Pour combien de pièces produites l'artisan obtient-il un bénéfice positif ?

4. En utilisant les variations de la fonction B, déterminer le bénéfice maximum de l'artisan.

119 **TICE** Le parallélogramme qui tourne
Soit un rectangle ABCD tel que AB = 5 et BC = 3. Soit x un réel de l'intervalle [0 ; 3]. On place sur [AB], [BC], [CD] et [DA] respectivement les points A', B', C' et D' tels que :
$$AA' = BB' = CC' = DD' = x.$$

1. a. Construire la figure à l'aide d'un logiciel de géométrie dynamique.
b. Conjecturer la valeur de x pour laquelle l'aire du quadrilatère A'B'C'D' est minimale.

2. Montrer que l'aire du quadrilatère A'B'C'D' est égale à $2x^2 - 8x + 15$.

3. Quelle est la valeur de x pour laquelle l'aire de A'B'C'D' est minimale ?

Aide question 1. a. Utiliser un curseur pour x.
question 3. Utiliser f la fonction définie sur $\mathbb{R}$ par :
$$f(x) = 2x^2 - 8x + 15.$$

EXERCICES

120   Distance d'arrêt d'un véhicule

On étudie la fonction f, qui, à la vitesse v d'un véhicule (exprimée en mètres par seconde) associe la distance de freinage (exprimée en mètres). Cette fonction est définie sur $\mathbb{R}^+$ par : $f(v) = k \times v^2$, où k est un coefficient qui dépend notamment de l'état de la route.

A. Sur route sèche

Dans des conditions « normales » (route sèche), le coefficient k est égal à 0,08.

1. On utilise un tableur pour créer le tableau ci-dessous.

On veut qu'en modifiant la valeur de k en **B3**, les distances soient recalculées automatiquement. Donner une formule qui, saisie dans la cellule **B2**, puis recopiée vers la droite, permet de compléter la ligne **2**.

2. a. Calculer la distance de freinage sur route sèche pour une vitesse de 72 km/h.
b. À partir de quelle vitesse (arrondie à l'unité, en km/h) la distance de freinage sur route sèche est-elle supérieure à 45 m ?

B. Sur route mouillée

Sur une route mouillée, le coefficient k est différent de 0,08. Après avoir modifié la valeur de k dans la feuille de calcul précédente, on a construit la représentation graphique ci-contre qui donne la distance de freinage sur route mouillée en fonction de la vitesse.

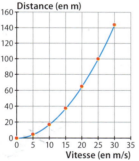

1. En utilisant cette représentation graphique, estimer la valeur du coefficient k sur route mouillée.
2. Où se situerait la représentation graphique donnant la distance de freinage sur route sèche en fonction de la vitesse, par rapport à la représentation graphique tracée ? Justifier la réponse par le calcul.

LE SAVIEZ-VOUS ?

La distance d'arrêt d'un véhicule est la somme de la distance de freinage et de la distance de perception–réaction (due au temps de réaction du chauffeur). Sur route sèche à 130 km/h, elle est de 169 m !

121 PROBLÈME DE SYNTHÈSE

Soit f et g deux fonctions polynômes du second degré définies sur $\mathbb{R}$ par : $f(x) = 0,5x^2$ et $g(x) = -0,5x^2 + x + 2$.

1. a. Étudier les variations des fonctions f et g, et dresser leurs tableaux de variations.
b. Représenter dans un repère du plan les fonctions f et g.

2. a. Vérifier que $x^2 - x - 2 = (x - 2)(x + 1)$.
b. Résoudre par le calcul l'équation : $f(x) = g(x)$.
c. Résoudre algébriquement l'inéquation : $f(x) > g(x)$.
d. Interpréter graphiquement les deux résultats précédents.

3. a. Vérifier que, pour tout réel x, on a l'égalité :
$$-0,5x^2 + x + 2 = 0,5[5 - (x - 1)^2].$$
b. Résoudre par le calcul l'équation : $g(x) = 0$, puis interpréter graphiquement le résultat.
c. Résoudre algébriquement l'inéquation : $g(x) > 0$, puis interpréter graphiquement le résultat.

PRISES D'INITIATIVES

122 Construction d'une boîte

Avec une feuille cartonnée de format A4 dont les dimensions sont 21 cm par 29,7 cm, on souhaite construire une boîte sans couvercle. Pour cela, dans chacun des angles de cette feuille, on découpe un carré de côté x, puis on plie la feuille afin d'obtenir une boîte de hauteur x.

1. À l'aide de la calculatrice, vérifier qu'il est possible d'obtenir par ce procédé une boîte dont le volume est égal à un litre pour deux valeurs différentes de x.
2. Déterminer un encadrement à 0,1 mm près de chacune de ces deux valeurs de x.

123 Des paraboles qui se déplacent

On considère les fonctions polynômes du second degré définies sur $\mathbb{R}$ par :
$$g(x) = x^2 + bx + 1,$$ où b est un nombre réel.

1. En donnant à b les valeurs 1, 2 et 3, afficher sur la calculatrice les paraboles représentant graphiquement les trois fonctions dans la fenêtre définie de la façon suivante :
Xmin = −3, Xmax = 2 ;
Ymin = −4 et Ymax = 4.

2. Vérifier graphiquement que les sommets des trois paraboles appartiennent à la courbe d'équation $y = -x^2 + 1$.
3. Démontrer ce résultat.

124 Recherche d'une fonction polynôme du second degré

Soit f une fonction polynôme du second degré.
1. Recopier et compléter le tableau de variation ci-contre.
2. Déterminer l'expression de f.

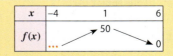

Réactiver les savoirs

➤ Voir les réponses, p. 330

Utiliser des fonctions affines et des signes

Exercice On s'intéresse aux fonctions affines f et g définies sur $\mathbb{R}$ par : $f(x) = 3x - 1$ et $g(x) = -x + 3$.

1. Déterminer l'image de $\dfrac{1}{7}$ par chacune de ces deux fonctions.

   Donner le résultat sous la forme d'une fraction irréductible.

2. Construire un tableau de signes du produit $f(x) \times g(x)$.
3. Résoudre les équations $f(x) = g(x)$ et $f(x) \times g(x) = 0$.
4. Sans effectuer de calcul, donner le signe de $f(3,7)$ et $g(3,7)$ puis le signe de $\dfrac{f(3,7)}{g(3,7)}$.

➔ Pour vous aider, voir les chapitres 3 et 4 et les rappels, p. 309

Transformer une écriture à l'aide de l'inverse d'un nombre

Vrai ou faux ?

5. L'inverse d'un nombre strictement positif est strictement négatif.
6. L'inverse d'un nombre réel non nul a est $\dfrac{1}{a}$.
7. L'inverse de $\dfrac{1}{2} + \dfrac{1}{3}$ est égal à 5.
8. Si x et y sont deux nombres tels que x est non nul et $\dfrac{2}{x} = \dfrac{y}{3}$, alors $y = \dfrac{6}{x}$.
9. **Algo** L'algorithme suivant affiche −2,9 lorsqu'on prend 7 comme nombre de départ.

   > Choisir un nombre
   > Lui ajouter 3
   > Prendre l'inverse du résultat
   > Soustraire 3
   > Afficher le résultat

10. L'inverse de la somme de deux nombres est égal à la somme des inverses de ces deux nombres.

➔ Pour vous aider, voir les rappels, p. 309

Utiliser les fonctions de référence

QCM Choisir la (ou les) bonne(s) réponse(s).

	A	B	C	D
11. Dans $\mathbb{R}$, l'équation $x^2 = 1$:	admet une solution	n'admet aucune solution	admet deux solutions	est équivalente à l'équation $x = 1$
12. La fonction carré est :	croissante sur $\mathbb{R}$	positive sur $\mathbb{R}$	négative sur $]-\infty\,;0]$	décroissante sur $]-\infty\,;0]$
13. L'image de −2 par la fonction f définie sur $\mathbb{R}$ par $f(x) = x^2 - 3x + 1$ est :	3	11	−8	0
14. La courbe représentant la fonction carré passe par le point :	A(1 ; 1)	B(−1 ; −1)	C(−2 ; 4)	D(0,5 ; 0,25)

➔ Pour vous aider, voir le chapitre 4, p. 88

Fonction inverse et fonctions homographiques

CHAPITRE 5

Dans la construction de nombreux monuments, la résistance est obtenue grâce à la forme donnée à l'ossature. C'est le cas pour la cathédrale métropolitaine de Brasilia, construite par l'architecte Oscar Niemeyer en 1970 : sa structure hyperboloïde est faite de colonnes incurvées reposant sur un socle circulaire. Dans ce chapitre, nous allons découvrir de nouvelles fonctions dont les courbes représentatives sont des hyperboles.

Les notions du chapitre

✔ La fonction inverse
✔ Fonctions homographiques
✔ Équations avec l'inconnue au dénominateur
✔ Inéquations avec l'inconnue au dénominateur

Logique **Notations et raisonnement**
p. 114, 116, 122, 124

Algo **Les algorithmes**
p. 119, 122, 124, 131

TICE **Utilisation de logiciels**
p. 121, 124, 128, 129, 131

ACTIVITÉS

ACTIVITÉ 1 — Des rectangles de toutes les formes

Objectif
Découvrir la fonction inverse.

Cours 1
Définition et variations de la fonction inverse

Fichier logiciel
www.bordas-indice.fr

Dans cette activité, nous allons faire varier les dimensions (longueur et largeur) de feuilles rectangulaires dont l'aire doit rester constante et égale à 1 dm².

1. Donner la longueur et la largeur de trois feuilles rectangulaires dont l'aire reste égale à 1 dm².

2. En se plaçant dans un repère orthonormé (O, I, J) d'unité 1 cm, on va étudier différents rectangles OMNP d'aire égale à 1 dm². Le point M appartient à l'axe (OI) et son abscisse x est strictement positive ; x correspond donc à la longueur (en décimètres) du segment [OM] et on nomme y la longueur (en décimètres) de [OP].

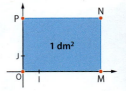

a. Que vaut la longueur OP si OM est égale à 0,5 ?
b. Que vaut y si x est égal à 4 ?
c. Recopier et compléter le tableau de valeurs ci-dessous.

x	0,5	1	1,6	2	2,5	3	4
y	...	...	...	...	...	...	...

d. Comment semblent évoluer les valeurs de y lorsque x augmente ?
e. Vérifier les réponses précédentes à l'aide de l'affichage donné par le logiciel.
f. Quelle formule lie x et y ? Donner l'expression de y en fonction de x.

3. On appelle f la fonction qui, à chaque réel x non nul, associe son inverse $\frac{1}{x}$.

a. D'après les questions précédentes, quelle conjecture peut-on émettre sur le sens de variation de cette fonction f sur $]0\,;+\infty[$?
b. Construire un nouveau tableau en plaçant en première ligne les opposés des nombres x du tableau précédent. Compléter ce tableau en déterminant les images de chacun de ces nouveaux nombres par la fonction f.
c. Quelle conjecture peut-on faire sur le sens de variation de cette fonction f sur $]-\infty\,;0[$?

ACTIVITÉ 2 — Planer comme les goélands

Objectif
Découvrir une nouvelle fonction et sa représentation graphique.

Cours 1
Représentation graphique de la fonction inverse

Gwénaëlle, une jeune infographiste, participe au projet d'un nouveau jeu pour smartphone. Le héros de ce jeu est un goéland qui cherche à pêcher le plus de poissons possible. Afin de concevoir l'animation du volatile, elle a longuement observé le plongeon des goélands suivi de leur vol plané qui leur permet de venir frôler la surface de la mer pour repérer, puis attraper, leur proie. Elle cherche à modéliser ce vol par la représentation graphique d'une fonction.

1. Cette fonction peut-elle être une fonction affine ? Justifier la réponse.

2. Gwénaëlle matérialise l'écran d'un smartphone par un carré de côté de longueur 10 cm, puis elle place quelques points qui semblent correspondre à la trajectoire qu'elle veut modéliser.

a. Recopier et compléter le tableau avec les coordonnées de ces points déterminés par lecture graphique.

x	0,1	0,2	0,5	1	2	4	5	10
y	10	5	...	...	...	0,25	0,2	0,1

b. Quel lien semble-t-il exister entre l'abscisse et l'ordonnée de chacun de ces points ?
c. Quelle est l'expression de la fonction qui pourrait modéliser cette trajectoire ?

ACTIVITÉS

ACTIVITÉ 3 — Une zone d'ombre

Objectif
Découvrir une fonction homographique.

Cours 2
Fonction homographique

Fichier logiciel
→ www.bordas-indice.fr

Pour son nouveau film, un réalisateur fait construire un mur de 2 mètres de haut qu'il veut éclairer sur toute sa hauteur. Il place un projecteur au sommet d'un mât télescopique de hauteur variable et installe ce mât à 3 m du mur. Ce projecteur est matérialisé par le point S sur la figure ci-contre.
Le mur est représenté par le segment [AB], et l'ombre du mur sur le sol par le segment [AC].

1. a. Que peut-on remarquer sur la longueur de cette ombre lorsque le mât est très haut?
b. Que peut-on remarquer sur la longueur de cette ombre lorsque le mât est à peine plus haut que le mur?
c. Que se passe-t-il si la hauteur du mât est la même que la hauteur du mur ?
d. À l'aide du fichier fourni, vérifier les réponses aux questions précédentes.

2. On appelle x la hauteur du mât (en mètre) et on admet que la longueur de l'ombre du mur sur le sol est égale à $\dfrac{6}{x-2}$ (en mètre). On appelle f la fonction qui, à chaque réel x appartenant à $]2\,;10]$, fait correspondre la longueur de l'ombre du mur.
a. Construire un tableau de valeurs pour x allant de 3 à 10 avec un pas de 1.
b. Construire la représentation graphique de la fonction f.
c. Déterminer pour quelle hauteur du mât la longueur de l'ombre est égale à 5 mètres.

ACTIVITÉ 4 — Un travail de groupe constructif

Objectif
Résoudre une inéquation où intervient une fonction homographique.

Cours 2
Résolution algébrique d'inéquations avec l'inconnue au dénominateur

Trois élèves d'une classe de seconde débattent pour résoudre l'exercice posé par leur enseignant : « Trouver tous les nombres réels dont l'inverse est strictement supérieur à 1. »

1. Elliot affirme : « Il n'existe auquel nombre réel répondant à cette condition » mais Malika lui répond : « Tu te trompes, j'ai trouvé un nombre réel qui convient ! » Qui a raison ?

2. Agathe propose : « On pourrait résoudre l'inéquation $\dfrac{1}{x} > 1$ en commençant par résoudre une inéquation de la forme $f(x) > 0$ où f est une fonction homographique. »
Justifier que cette fonction f est définie par $f(x) = \dfrac{1-x}{x}$ sur $]-\infty\,;0[\cup]0\,;+\infty[$.

3. Malika annonce : « C'est une bonne idée et on pourrait maintenant construire le tableau de signes suivant. »

x	$-\infty$		0		1		$+\infty$
$1-x$		+		+	0	−	
x		−	0	+		+	

a. Expliquer pourquoi ce tableau est juste.
b. Recopier et compléter ce tableau afin de déterminer le signe de $f(x)$.

4. Quelle réponse peuvent alors donner ces trois élèves à leur enseignant ?

Chapitre 5 ■ Fonction inverse et fonctions homographiques

COURS

1 La fonction inverse

▶ Définition et variations

Définition La fonction inverse est la fonction qui, à chaque réel x **non nul**, associe son inverse $\frac{1}{x}$. Elle est définie sur $]-\infty\,;0[\cup\,]0\,;+\infty[$ par $f(x)=\frac{1}{x}$.

> **À noter**
> Dans une fraction le dénominateur ne peut pas être égal à 0.

Exemple : l'image de 2 par la fonction inverse est $\frac{1}{2}$ soit 0,5 et l'image de -3 est $\frac{1}{-3}$, c'est-à-dire $-\frac{1}{3}$.

Remarque : la fonction inverse n'est pas linéaire.

Logique

Pour prouver que la fonction inverse n'est pas linéaire, on effectue un raisonnement par l'absurde : appelons f la fonction inverse et supposons que f soit linéaire. Il existe alors un réel k tel que $f(x)=kx$ donc $f(1)=k\times 1$ et $f(2)=k\times 2$.
Or, on sait que l'inverse de 1 est égal à 1, c'est-à-dire $f(1)=1$; k est donc égal à 1 d'où $f(2)=2$, ce qui est absurde car $f(2)=0,5$. La fonction inverse n'est donc pas linéaire.

> **À noter**
> La double barre verticale dans le tableau indique que 0 n'a pas d'image par la fonction inverse.

Propriétés La fonction inverse est décroissante sur l'intervalle $]-\infty\,;0[$ et décroissante sur l'intervalle $]0\,;+\infty[$.
Voici le tableau de variation de cette fonction :

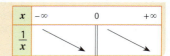

Démonstration

● Soit a et b deux nombres strictement positifs tels que $a\leqslant b$.
$f(a)-f(b)=\dfrac{1}{a}-\dfrac{1}{b}=\dfrac{b}{ab}-\dfrac{a}{ab}=\dfrac{b-a}{ab}$.
Puisque $a\leqslant b$ alors $b-a$ est positif.
Par ailleurs, a et b étant strictement positifs, le produit ab est strictement positif.
Donc, le quotient $\dfrac{b-a}{ab}$ est positif, c'est-à-dire que $f(a)-f(b)$ est positif.
Ainsi, pour tout a et b strictement positifs, si $a\leqslant b$ alors $f(a)\geqslant f(b)$. On vient de prouver que la fonction inverse est décroissante sur l'intervalle $]0\,;+\infty[$.
● On prouve de même que la fonction inverse est décroissante sur l'intervalle $]-\infty\,;0[$ car lorsque a et b sont strictement négatifs, le produit ab est strictement positif.

> **À noter**
> De même, on peut démontrer la propriété : si $0<a<b$ alors :
> $\dfrac{1}{a}>\dfrac{1}{b}$.

Remarque : $-3<2$ et pourtant $\dfrac{1}{-3}$ n'est pas supérieur à $\dfrac{1}{2}$. Ainsi, la fonction inverse n'est pas décroissante sur $]-\infty\,;0[\cup\,]0\,;+\infty[$.

▶ Représentation graphique

> **POINT HISTOIRE**
> **Apollonius de Perge** (–262 - –200 av. J.-C.), mathématicien grec, a nommé hyperbole certaines sections d'un cône par un plan.

Propriété Dans un repère orthonormé, la représentation graphique de la fonction inverse est symétrique par rapport à l'origine du repère et ne coupe pas l'axe des abscisses : elle est appelée **hyperbole**. Une équation de cette hyperbole est $y=\dfrac{1}{x}$.

Remarque : pour tracer la courbe représentative de la fonction inverse, on peut commencer par placer les points A(1 ; 1), B(2 ; 0,5), C(4 ; 0,25) et D(0,5 ; 2) puis on les relie par une courbe. On construit ensuite la courbe symétrique de cette courbe par rapport à l'origine du repère.

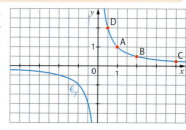

114

LES SAVOIR-FAIRE DU COURS

SAVOIR-FAIRE 1 — Utiliser les variations de la fonction inverse
Voir l'exercice 22, p. 120

1. Rappeler le sens de variation de la fonction inverse sur chacun des intervalles $]-\infty\,;0[$ et $]0\,;+\infty[$.

2. Comparer les réels $\dfrac{1}{3}$ et $\dfrac{1}{7}$ puis les réels $-\dfrac{1}{3,2}$ et $-\dfrac{1}{3}$.

Méthode
Pour comparer les inverses de deux nombres strictement positifs, on peut utiliser les variations de la fonction inverse sur l'intervalle $]0\,;+\infty[$.

Solution commentée

1. La fonction inverse est décroissante sur l'intervalle $]0\,;+\infty[$ et décroissante sur l'intervalle $]-\infty\,;0[$.

2. Les réels 3 et 7 sont strictement positifs et $3 < 7$. La fonction inverse étant décroissante sur l'intervalle $]0\,;+\infty[$, elle range les images de 3 et 7 dans l'ordre inverse des nombres. On obtient donc $\dfrac{1}{3} > \dfrac{1}{7}$.

$-\dfrac{1}{3,2}$ est égal à $\dfrac{1}{-3,2}$ donc $-\dfrac{1}{3,2}$ est égal à l'image de $-3,2$ par la fonction inverse.

De même, $-\dfrac{1}{3}$ est égal à $\dfrac{1}{-3}$ donc $-\dfrac{1}{3}$ est égal à l'image de -3 par la fonction inverse.

Or, $-3,2 < -3$ et, comme la fonction inverse est décroissante sur $]-\infty\,;0[$, on a $\dfrac{1}{-3,2} > \dfrac{1}{-3}$ d'où $-\dfrac{1}{3,2} > -\dfrac{1}{3}$.

SAVOIR-FAIRE 2 — Utiliser la représentation graphique de la fonction inverse
Voir les exercices 38 et 39, p. 121

1. Dans un repère (O, I, J), on considère les points $A(1\,;-1)$, $B(4\,;0,25)$ et $C(-5\,;-0,2)$. Parmi ces points, quels sont ceux qui appartiennent à la représentation graphique $\mathscr{C}_f$ de la fonction inverse notée f ?

2. a. Résoudre graphiquement l'équation $\dfrac{1}{x} = 2$.

b. Résoudre graphiquement l'inéquation $\dfrac{1}{x} < 2$.

c. Résoudre graphiquement l'inéquation $\dfrac{1}{x} \geqslant 2$.

Solution commentée

1. $f(1) = 1$. Or, $1 \neq -1$ donc -1 n'est pas l'image de 1 par la fonction inverse donc le point A n'appartient pas à la représentation graphique $\mathscr{C}_f$ de la fonction inverse ;

- $f(4) = \dfrac{1}{4} = 0,25$ donc le point $B(4\,;0,25)$ appartient à $\mathscr{C}_f$;

- $f(-5) = \dfrac{1}{-5} = -0,2$ donc le point $C(-5\,;-0,2)$ appartient à $\mathscr{C}_f$.

2. a. L'équation $\dfrac{1}{x} = 2$ est de la forme $f(x) = 2$, où f est la fonction inverse. On trace la représentation graphique de la fonction inverse puis on trace la droite (d) d'équation $y = 2$; (d) coupe la courbe $\mathscr{C}_f$ en un point A d'abscisse 0,5.

L'équation $\dfrac{1}{x} = 2$ admet donc une unique solution : 0,5.

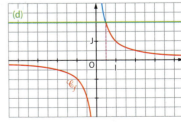

b. Les solutions de l'inéquation $f(x) < 2$ sont les abscisses des points de $\mathscr{C}_f$ dont l'ordonnée est strictement inférieure à 2 (en rouge sur le graphique). L'ensemble des solutions de cette inéquation est donc $]-\infty\,;0[\,\cup\,]0,5\,;+\infty[$.

c. Les solutions de l'inéquation $f(x) \geqslant 2$ sont les abscisses des points de $\mathscr{C}_f$ dont l'ordonnée est supérieure ou égale à 2 (en bleu sur le graphique). L'ensemble des solutions de cette inéquation est donc $]0\,;0,5]$.

Conseil
Lorsqu'une inéquation contient la fonction inverse, il faut penser à enlever 0 de l'ensemble de solutions.

COURS

2 Fonctions homographiques Équations et inéquations

Fonctions homographiques

À noter

La fonction inverse est la fonction homographique où $a = 0, b = 1, c = 1$ et $d = 0$.

Définition Soit a, b, c et d quatre réels, avec c non nul. La fonction f telle que $f(x) = \dfrac{ax + b}{cx + d}$ est appelée **fonction homographique**. L'ensemble de définition contient toutes les valeurs de x pour lesquelles le dénominateur $cx + d$ est différent de 0.

Remarque : $cx + d$ s'annule pour $x = -\dfrac{d}{c}$.

Exemple : la fonction f telle que $f(x) = \dfrac{x + 2}{x - 1}$ est une fonction homographique : il s'agit de celle pour laquelle $a = 1$, $b = 2$, $c = 1$ et $d = -1$. Elle est définie pour tout réel x tel que $x - 1$ est différent de 0, c'est-à-dire pour tout réel différent de 1.

Équations avec l'inconnue au dénominateur

Propriété L'équation $\dfrac{A(x)}{B(x)} = 0$ est appelée **équation quotient**.
Elle est équivalente à $A(x) = 0$ et $B(x) \neq 0$.

Logique

En effet, si le quotient est égal à 0, alors ce quotient existe (c'est-à-dire $B(x)$ est non nul) et le numérateur $A(x)$ est nul. Réciproquement, si $A(x) = 0$ et $B(x) \neq 0$, alors le quotient existe, et il est nul.

À noter

Les expressions $\dfrac{x + 2}{x - 1}$, $\dfrac{2}{x}$ et $\dfrac{x}{2}$ sont des expressions rationnelles.

Exemples
- L'équation $\dfrac{x + 2}{x - 1} = 0$ équivaut à $x + 2 = 0$ et $x - 1 \neq 0$. La solution de cette équation est $x = -2$.
- L'équation $\dfrac{2}{x} = \dfrac{x}{2}$ équivaut à $\dfrac{2}{x} - \dfrac{x}{2} = 0$; c'est-à-dire à $\dfrac{4 - x^2}{2x} = 0$.

Cette équation équivaut donc à $4 - x^2 = 0$ et $2x \neq 0$. Or, $4 - x^2 = 0$ équivaut à $4 = x^2$ c'est-à-dire à $x = 2$ ou $x = -2$. Pour ces deux nombres, la condition $2x \neq 0$ est respectée, donc les solutions de cette équation sont -2 et 2.

Inéquations avec l'inconnue au dénominateur

Propriétés **(1)** Le quotient de deux nombres de même signe est positif.
(2) Le quotient de deux nombres de signes contraires est négatif.

Les inéquations $\dfrac{A(x)}{B(x)} \geqslant 0$, $\dfrac{A(x)}{B(x)} > 0$, $\dfrac{A(x)}{B(x)} \leqslant 0$ et $\dfrac{A(x)}{B(x)} < 0$, appelées **inéquations quotient**, se résolvent après la détermination du signe du quotient $\dfrac{A(x)}{B(x)}$.

Exemple : soit f la fonction définie, pour tout x différent de 1, par : $f(x) = \dfrac{x + 2}{1 - x}$.
Le tableau de signes de $f(x)$ est :

À noter

La double barre verticale indique que $f(x)$ n'existe pas pour x égal à 1 : ce nombre 1 est une valeur **interdite** pour cette fonction f.

x	$-\infty$		-2		1		$+\infty$
$x + 2$		$-$	0	$+$		$+$	
$1 - x$		$+$		$+$	0	$-$	
$f(x)$		$-$	0	$+$		$-$	

L'ensemble de solutions de l'inéquation $f(x) \geqslant 0$ est donc $[-2 \,; 1[$ et celui de l'inéquation $f(x) < 0$ est $]-\infty \,; -2[\cup]1 \,; +\infty[$.

116

LES SAVOIR-FAIRE DU COURS

SAVOIR-FAIRE **3**
Voir les exercices 51 et 52, p. 122

Identifier l'ensemble de définition d'une fonction homographique

Pour chacune des fonctions suivantes, déterminer son ensemble de définition.

a. f telle que $f(x) = \dfrac{x-1}{x+2}$;   **b.** g telle que $g(x) = \dfrac{x-1}{2-3x}$.

Méthode

Pour trouver l'ensemble de définition d'une fonction homographique, on cherche quand le dénominateur s'annule.

Solution commentée

a. f est définie pour tous les réels x tels que $x + 2 \neq 0$. Or, $x + 2 = 0$ équivaut à $x = -2$. L'ensemble de définition de f est donc $]-\infty\,; -2[\,\cup\,]-2\,; +\infty[$.

b. g est définie pour tous les réels x tels que $2 - 3x \neq 0$. Or, $2 - 3x = 0$ équivaut à $2 = 3x$ soit $x = \dfrac{2}{3}$. L'ensemble de définition de g est donc $\left]-\infty\,; \dfrac{2}{3}\right[\,\cup\,\left]\dfrac{2}{3}\,; +\infty\right[$.

SAVOIR-FAIRE **4**
Voir l'exercice 62, p. 123

Transformer une expression avec x au dénominateur

Démontrer que, pour tout x différent de 1 : $\dfrac{2x+5}{x-1} - 2 = \dfrac{7}{x-1}$ et $\dfrac{3x+1}{x-1} = 3 + \dfrac{4}{x-1}$.

Méthode

Pour transformer une somme dans laquelle apparaît un dénominateur, on doit réduire au même dénominateur

Solution commentée

Lorsqu'on a une égalité à démontrer, on peut partir de l'un des membres et le transformer en réduisant au même dénominateur :

$$\dfrac{2x+5}{x-1} - 2 = \dfrac{2x+5}{x-1} - \dfrac{2(x-1)}{x-1} = \dfrac{2x+5-(2x-2)}{x-1} = \dfrac{2x+5-2x+2}{x-1} = \dfrac{7}{x-1}.$$

Donc, pour tout réel x différent de 1, $\dfrac{2x+5}{x-1} - 2 = \dfrac{7}{x-1}$.

$$3 + \dfrac{4}{x-1} = \dfrac{3}{1} + \dfrac{4}{x-1} = \dfrac{3\times(x-1)}{1\times(x-1)} + \dfrac{4}{x-1} = \dfrac{3\times(x-1)+4}{1\times(x-1)} = \dfrac{3x-3\times1+4}{x-1} = \dfrac{3x+1}{x-1}$$

Donc, pour tout réel x différent de 1, $\dfrac{3x+1}{x-1} = 3 + \dfrac{4}{x-1}$.

SAVOIR-FAIRE **5**
Voir les exercices 70 et 72, p. 124

Résoudre une équation ou une inéquation quotient

Soit la fonction f définie sur $]-\infty\,; 1[\,\cup\,]1\,; +\infty[$ par : $f(x) = \dfrac{-x+3}{x-1}$.

1. Résoudre l'équation $f(x) = 0$.

2. Résoudre les inéquations : **a.** $f(x) \leqslant 0$;   **b.** $f(x) > -1$.

Méthode

Pour résoudre une inéquation quotient, on commence par construire le tableau de signe du quotient.

Solution commentée

1. Pour $x - 1$ différent de 0, l'équation $f(x) = 0$ équivaut à $-x + 3 = 0$ c'est-à-dire $x = 3$; or 3 est différent de 1, la solution de cette équation est donc 3.

2. a. On construit le tableau de signes de $f(x)$ comme ci-dessous.

x	$-\infty$		1		3		$+\infty$
$-x+3$		$+$		$+$	0	$-$	
$x-1$		$-$	0	$+$		$+$	
$f(x)$		$-$	‖	$+$	0	$-$	

L'ensemble de solutions de l'inéquation $f(x) \leqslant 0$ est donc $]-\infty\,; 1[\,\cup\,[3\,; +\infty[$.

b. L'inéquation $f(x) > -1$ est équivalente à $f(x) + 1 > 0$.

Or, $f(x) + 1 = \dfrac{-x+3}{x-1} + 1 = \dfrac{-x+3+(x-1)}{x-1} = \dfrac{2}{x-1}$.

Pour x différent de 1, le signe de $f(x) + 1$ est le même que le signe de $x - 1$, donc l'inéquation $f(x) + 1 > 0$ a pour ensemble de solutions $]1\,; +\infty[$.

Chapitre 5 ■ Fonction inverse et fonctions homographiques **117**

EXERCICES

Parcours en autonomie (corrections en fin de manuel)
Maîtriser les bases 3 • 9 • 17
Préparer le contrôle 24 • 43 • 63 • 73

Pour démarrer

Fonction inverse

1 **En direct du cours !**
1. Quel est le réel qui n'a pas d'image par la fonction inverse ?
2. Quel est l'ensemble de définition de la fonction inverse ?
3. Quelle est l'image du réel −2 par la fonction inverse ?
4. Quel est le nom de la représentation graphique de la fonction inverse dans un repère donné ?
5. La représentation graphique de la fonction inverse coupe-t-elle l'axe des ordonnées ? Justifier la réponse donnée.

2 1. Construire le tableau de valeurs de la fonction inverse pour x variant de 0,5 à 3 avec un pas égal à 0,5.
2. Compléter ce tableau en déterminant les images des opposés de chacun des nombres précédents par la fonction inverse.

3 1. Recopier et compléter le tableau de valeurs suivant.

x	−4	−2	...	...	3	...	5
$\frac{1}{x}$	...	...	−1	0,5	...	0,25	...

2. Quel est l'antécédent de −0,5 par la fonction inverse ?
3. Quel est l'antécédent de 0,25 par la fonction inverse ?

4 1. Construire la représentation graphique de la fonction inverse sur [0,1 ; 5] dans un repère orthonormé d'unité 1 cm.
2. Déterminer graphiquement l'antécédent de 2 par la fonction inverse.

5 1. Construire le tableau de valeurs de la fonction inverse sur [−4 ; 4] avec un pas égal à 1.
2. Construire la représentation graphique de la fonction inverse sur [−4 ; 4] dans un repère orthonormé d'unité 1 cm.

6 Construire le tableau de variation de la fonction inverse sur chacun des intervalles suivants.
a. [1 ; 4]   b. [−10 ; −1]   c.]0 ; 5]

7 1. Rappeler le sens de variation de la fonction inverse sur]0 ; +∞[.
2. En utilisant le sens de variation de la fonction inverse sur]0 ; +∞[et sans effectuer de calculs, justifier l'inégalité $\frac{1}{6} > \frac{1}{7}$.

8 1. Rappeler le sens de variation de la fonction inverse sur]−∞ ; 0[.
2. Dresser son tableau de variation sur [−7 ; −3].
3. En utilisant le sens de variation de la fonction inverse sur]−∞ ; 0[et sans effectuer de calculs, justifier l'inégalité $\frac{1}{-3} < \frac{1}{-7}$.

9 1. Vérifier, en justifiant la réponse, que les points suivants appartiennent à la représentation graphique de la fonction inverse.
a. A(5 ; 0,2)   b. B(−1 ; −1)   c. C(−4 ; −0,25)
2. Expliquer pourquoi les points suivants n'appartiennent pas à la représentation graphique de la fonction inverse :
a. D(2 ; −2)   b. E(−5 ; 0,2)   c. F(3 ; 0,3)

10 Sur cette figure, on a tracé dans un repère la représentation graphique de la fonction inverse sur]0 ; 5]. La droite (d) tracée est parallèle à l'axe des abscisses et passe par le point de coordonnées (0 ; 0,5).

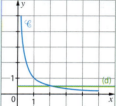

1. En utilisant ce graphique, justifier que l'équation $\frac{1}{x} = 0,5$ n'admet qu'une solution dans]0 ; 5] puis donner cette solution.
2. Par lecture graphique, justifier que l'ensemble de solutions de l'inéquation $\frac{1}{x} \leq 0,5$ dans]0 ; 5] est l'intervalle [2 ; 5].

Fonctions homographiques

11 **En direct du cours !**
1. On considère la fonction f dont l'expression est de la forme : $f(x) = \frac{ax+b}{cx+d}$. Pour chacun des cas suivants, identifier a, b, c et d en donnant leurs valeurs respectives.
a. $f(x) = \frac{2x+3}{5x+7}$ b. $f(x) = \frac{-3x+4}{x+9}$ c. $f(x) = \frac{x-4}{2x+3}$
2. Quelle équation doit-on résoudre pour trouver l'ensemble de définition de la fonction homographique dont l'expression est : $f(x) = \frac{x+4}{2x-3}$?

12 Pour chacune des fonctions f suivantes, dont l'expression est de la forme $f(x) = \frac{ax+b}{cx+d}$, identifier a, b, c et d.
a. $f(x) = \frac{5x}{-x+1}$ b. $f(x) = \frac{4-7x}{x}$ c. $f(x) = \frac{8-x}{-x+3}$

EXERCICES

13 Soit la fonction f définie sur $]-\infty\,;1[\cup]1\,;+\infty[$ par :
$$f(x) = \frac{2x}{x-1}.$$

1. Expliquer pourquoi cette fonction est une fonction homographique.

2. a. Calculer $f(0)$ et $f(0,5)$.

b. Calculer les images de 2 et 3 par la fonction f.

c. Vérifier que $f(2,5) = \frac{10}{3}$

3. a. À l'aide de la calculatrice, construire le tableau de valeurs de la fonction f sur $]1,5\,;3]$ avec un pas égal à 0,5.

b. Vérifier les réponses données à la question **2. b.**

14 La mère de Dalila doit se rendre en voiture à Lyon qui est à 140 km de son domicile. Sur ce trajet, sa vitesse moyenne est notée v (en km/h) et la durée du trajet est notée t (en heure).

1. Calculer la durée de son trajet si elle roule à la vitesse moyenne de 70 km/h.

2. Exprimer t en fonction de v.

3. Construire la représentation graphique de la fonction $f : v \mapsto t$ pour v appartenant à $[20\,;100]$.

15 Soit la fonction f définie sur $]-\infty\,;0[\cup]0\,;+\infty[$ par : $f(x) = \frac{7}{3} + \frac{1}{x}$.

1. L'expression $f(x)$ est donnée sous la forme d'une somme de deux fractions. Que doit-on faire pour la transformer sous la forme d'un quotient ?

2. Parmi les expressions suivantes, quelle est celle qui est égale à $f(x)$?

a. $\frac{8}{3+x}$ **b.** $\frac{7}{3x}$ **c.** $\frac{7x+1}{3x}$ **d.** $\frac{7x+3}{3x}$

3. a. Dans Y1 de l'éditeur de la calculatrice, placer l'expression $f(x)$ et dans Y2 placer l'expression choisie à la question **2.**

b. Faire afficher à l'écran les deux colonnes correspondantes à Y1 et Y2.

c. Cet affichage confirme-t-il le choix effectué à la question **2** ?

16 **Algo** **Comprendre un algorithme**

Voici un algorithme :

Variables	x est un réel non nul, y est un réel
Entrée	Saisir un nombre x
Traitement	Affecter $1/x$ à y
	Affecter $3+y$ à y
Sortie	Afficher y

1. Quel est le nombre affiché lorsque l'on saisit 2 ?

2. Quelle formule donne le résultat obtenu en fin d'algorithme en fonction de x ?

3. Écrire l'expression donnant y en fonction de x sous la forme d'une fraction.

17 Transformer chacune des expressions suivantes afin de l'écrire sous la forme d'un quotient pour $x \neq 0$.

a. $2 + \frac{1}{x}$ **b.** $\frac{1}{x} - 3$ **c.** $5 - \frac{4}{x}$

18 Pour chacune des fonctions f et g suivantes, justifier l'ensemble de définition D donné.

a. $f : x \mapsto \frac{x-3}{x-2}$ définie sur $D =]-\infty\,;2[\cup]2\,;+\infty[$.

b. $g : x \mapsto \frac{x-4}{x+4}$ définie sur $D =]-\infty\,;-4[\cup]-4\,;+\infty[$.

Équations et inéquations quotients

19 **En direct du cours !**

1. Sans résoudre les équations suivantes, reconnaître celles qui admettent 1 comme solution.

a. $\frac{x-1}{x} = 0$ **b.** $\frac{x-2}{x-1} = 0$ **c.** $\frac{4-4x}{x+1} = 0$

2. Sans résoudre les équations suivantes, reconnaître celle qui est une équation quotient :

a. $\frac{x-1}{x} = 2$ **b.** $x = \frac{1}{x}$ **c.** $\frac{2x-3}{x-1} = 0$

20 **1.** Résoudre dans $\mathbb{R}$ l'équation :
$$\frac{x+3}{x} = 0.$$

2. a. Avec la calculatrice, tracer la représentation graphique de la fonction f définie sur $]-\infty\,;0[\cup]0\,;+\infty[$ par :
$$f(x) = \frac{x+3}{x}.$$

b. Vérifier par une lecture graphique la réponse donnée à la question **1**.

21 **1.** Recopier puis compléter le tableau de signes suivant permettant d'obtenir le signe de $\frac{x-3}{x}$.

x	$-\infty$		...		...		$+\infty$
$x-3$		$-$		$-$	0	$+$	
x		...	0	...		...	
$\frac{x-3}{x}$		...		...		0	...

2. Avec la calculatrice, tracer la représentation graphique de la fonction f définie sur $]-\infty\,;0[\cup]0\,;+\infty[$ par :
$$f(x) = \frac{x-3}{x}.$$

3. Expliquer comment utiliser cette représentation graphique pour vérifier la réponse donnée à la question **1**.

Chapitre 5 ■ Fonction inverse et fonctions homographiques **119**

EXERCICES

Parcours en autonomie (corrections en fin de manuel)
Maîtriser les bases 3 • 9 • 17
Préparer le contrôle 24 • 43 • 63 • 73

Pour s'entraîner

Variations de la fonction inverse

22 1. Rappeler le sens de variation de la fonction inverse sur chacun des intervalles $]0\,;+\infty[$ et $]-\infty\,;0[$.

2. En déduire la comparaison des réels $\frac{1}{6}$ et $\frac{1}{11}$, puis des réels $-\frac{1}{5{,}4}$ et $-\frac{1}{6}$.

SAVOIR-FAIRE **1** p. 115

23 Justifier les quatre inégalités suivantes en utilisant les variations de la fonction f définie sur $]-\infty\,;0[\,\cup\,]0\,;+\infty[$ par :
$$f(x)=\frac{1}{x}.$$

a. $\frac{1}{5{,}7}<\frac{1}{3{,}3}$ **b.** $\frac{1}{69}>\frac{1}{74}$
c. $-\frac{1}{9}>-\frac{1}{8}$ **d.** $\frac{-1}{57}<\frac{-1}{83}$

24 **Préparer le contrôle**
À l'aide des variations de la fonction inverse, comparer les images des nombres a et b par cette fonction dans chacun des cas suivants.
1. $a=2{,}17\,;b=2{,}18$.   2. $a=-2{,}5\,;b=-2{,}9$.
3. $a=0{,}01\,;b=0{,}009$.   4. $a=-10^3\,;b=-10^4$.

25 1. Construire le tableau de variation de la fonction inverse sur l'intervalle $[1\,;3]$.
2. Comparer les images de 1 et 3 par la fonction inverse.
3. Justifier que $\sqrt{2}$ est inférieure à 3, puis comparer $\frac{1}{\sqrt{2}}$ et $\frac{1}{3}$.

26 1. Écrire chacun des deux réels $\frac{\sqrt{2}}{2}$ et $\frac{\sqrt{3}}{3}$ sous la forme de l'inverse d'un réel.
2. Comparer alors les nombres $\frac{\sqrt{2}}{2}$ et $\frac{\sqrt{3}}{3}$.

27 Soit n un entier naturel non nul.
1. Comparer n et $n+1$.
2. Comparer les inverses de n et $n+1$.

28 Soit x un réel positif.
1. Comparer $1+x$ et $1+2x$.
2. En déduire, à l'aide des variations de la fonction inverse, la comparaison de $\frac{1}{1+x}$ et $\frac{1}{1+2x}$.

29 Indiquer le minimum et le maximum de la fonction inverse sur chacun des intervalles suivants.
a. $I=[2\,;5]$ **b.** $J=[0{,}1\,;20]$ **c.** $K=[-4\,;-1]$

Aide On peut construire le tableau de variation de la fonction inverse sur chacun de ces intervalles.

30 Soit a un réel appartenant à chacun des intervalles donnés ci-dessous.
Dans chaque cas, donner un encadrement de l'inverse de a.
a. $I=[4\,;10]$ **b.** $J=[1\,;5]$ **c.** $K=[-3\,;-1]$

EXERCICE RÉSOLU

31 Encadrer à partir d'une inégalité

Énoncé
Démontrer que si x est un réel strictement supérieur à 2, alors $0<\frac{1}{x}<\frac{1}{2}$.

Solution commentée
Puisque x est strictement supérieur à 2, x appartient à $]0\,;+\infty[$. Sachant que la fonction inverse est décroissante sur cet intervalle, on en déduit que $\frac{1}{x}<\frac{1}{2}$.
Or, x étant strictement supérieur à 0, on obtient donc l'encadrement $0<\frac{1}{x}<\frac{1}{2}$.

32 Démontrer que si x est un réel inférieur ou égal à $-0{,}5$, alors $-2\leqslant\frac{1}{x}<0$.

33 1. Soit a et b deux réels strictement positifs tels que $a<b$. Comparer l'inverse de a et l'inverse de b en justifiant la réponse.
2. Soit a et b deux réels strictement négatifs tels que $a<b$. Comparer l'inverse de a et l'inverse de b en justifiant la réponse.

34 On s'intéresse à un triangle ABC rectangle en A d'aire égale à 0,5 cm². On appelle [AH] la hauteur de ce triangle issue du point A, h la longueur de cette hauteur en cm, et b la longueur BC en cm.

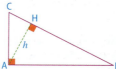

1. Exprimer la hauteur h en fonction de b.
2. Comment varie h en fonction de b ? Justifier.
3. On sait que b appartient à l'intervalle $[4\,;10]$. Quelle est la valeur maximale de h ?

VRAI - FAUX
Pour les exercices 35 à 37, indiquer si les affirmations sont vraies ou fausses, puis justifier.

35 La fonction inverse est croissante sur $]0\,;+\infty[$.

36 Si a appartient à $[-4\,;-2]$, alors $\frac{1}{a}$ appartient à $[-0{,}5\,;-0{,}25]$.

37 La fonction inverse a le même sens de variation que la fonction carré sur $]0\,;+\infty[$.

120

EXERCICES

Représentation graphique de la fonction inverse

38 Dans un repère (O, I, J), on considère les points A(2 ; −2), B(0,5 ; 0,25) et C(−4 ; −0,25).
Parmi ces points, quels sont ceux qui appartiennent à la représentation graphique de la fonction inverse ?

SAVOIR-FAIRE 2 p. 115

39 1. Soit (O, I, J) un repère orthonormé d'unité 1 cm. Construire la représentation graphique de la fonction inverse sur [−2 ; 0[∪]0 ; 2].

2. Résoudre graphiquement l'équation $\frac{1}{x} = 1$.

3. Résoudre graphiquement les inéquations :

a. $\frac{1}{x} < 1$;   b. $\frac{1}{x} \geq 1$.

SAVOIR-FAIRE 2 p. 115

40 1. Soit (O, I, J) un repère orthogonal d'unité 1 cm sur l'axe des abscisses et 10 cm sur l'axe des ordonnées. Construire la représentation graphique de la fonction inverse sur l'intervalle [1 ; 10].

2. Résoudre graphiquement sur [1 ; 10] l'équation $\frac{1}{x} = 0{,}5$ puis l'inéquation $\frac{1}{x} \leq 0{,}5$.

41 1. Construire la représentation graphique 𝒞 de la fonction inverse.

2. a. Placer les points A, B, C, D, E et F appartenant à la courbe 𝒞 d'abscisses respectives $a = -3$, $b = -2{,}5$, $c = -0{,}5$, $d = 1$, $e = 1{,}5$ et $f = 2$.

b. Classer par ordre croissant les inverses de ces six nombres.

42 1. Déterminer le minimum et le maximum de la fonction inverse sur [1 ; 100].

2. Après avoir choisi une fenêtre adaptée, représenter sur la calculatrice la fonction inverse sur [1 ; 100]. Préciser les valeurs de Xmin, Xmax, Ymin et Ymax choisies.

Aide question 2. Voir la fiche TICE *Construire la courbe représentative d'une fonction*, p. 43.

43 Préparer le contrôle
1. Dans un repère orthonormé (O, I, J) d'unité 1 cm, construire la représentation graphique 𝒞 de la fonction inverse et la représentation graphique (d) de la fonction f définie sur ℝ par : $f(x) = 2 - x$.

2. Quelle est l'ordonnée du point d'abscisse 2 appartenant à la courbe 𝒞 ?

3. Démontrer que le point de coordonnées (1 ; 1) appartient aux courbes 𝒞 et (d).

44 Avec un logiciel de géométrie
1. a. En utilisant un logiciel de géométrie dynamique, construire la courbe représentative 𝒞 de la fonction inverse.
b. Sur la courbe 𝒞, placer un point M d'abscisse x strictement positive.
c. Construire le point H de l'axe des abscisses ayant la même abscisse que le point M, puis le point K tel que le quadrilatère OHMK soit un rectangle, avec O origine du repère.
d. Construire le rectangle OHMK, puis faire afficher son aire.

2. a. En déplaçant le point M sur la courbe, quelle conjecture peut-on faire sur l'aire du rectangle OHMK ?
b. Exprimer la longueur MH en fonction de x, puis prouver la conjecture faite à la question **2. a.**

EXERCICE RÉSOLU

45 Comparaison graphique

Énoncé
1. Soit f la fonction inverse et g la fonction définie sur ℝ par : $g(x) = x$. Dans un même repère orthonormé, construire 𝒞$_f$ la représentation graphique de f et 𝒞$_g$ celle de g.

2. Utiliser ces représentations graphiques pour comparer a et $\frac{1}{a}$ dans chacun des deux cas suivants :

a. $a = 1{,}6$;   **b.** $a = 0{,}6$.

Solution commentée
1. La fonction g est une fonction linéaire : sa représentation graphique est la droite passant par l'origine du repère O (0 ; 0) et le point de coordonnées (1 ; 1). Voir la figure ci-contre.

2. a. Soit A le point de la courbe 𝒞$_f$ d'abscisse 1,6 et B le point de la courbe 𝒞$_g$ d'abscisse 1,6. Par lecture graphique, le point A est « au-dessous de B », donc $f(1{,}6)$ est inférieur à $g(1{,}6)$, c'est-à-dire $\frac{1}{1{,}6} < 1{,}6$.

b. De même, soit D le point de la courbe 𝒞$_f$ d'abscisse 0,6 et E le point de la courbe 𝒞$_g$ d'abscisse 0,6 : le point D est « au-dessus » de E, donc $f(0{,}6)$ est supérieure à $g(0{,}6)$, c'est-à-dire $\frac{1}{0{,}6} > 0{,}6$.

46 1. Dans un repère orthonormé, tracer les représentations graphiques de la fonction inverse et de la fonction carré.

2. Par lecture graphique, déterminer les coordonnées du point commun de ces deux courbes.

3. À l'aide de cette construction, comparer a^2 et $\frac{1}{a}$ pour chacun des cas suivants :
a. $a = 1{,}77$ **b.** $a = -1{,}77$
c. $a = 0{,}49$ **d.** $a = -0{,}49$

Chapitre 5 ■ Fonction inverse et fonctions homographiques **121**

EXERCICES

47 **Logique** Pour chacune des affirmations suivantes, dire si elle est vraie ou fausse en justifiant la réponse.

1. Pour tout nombre réel x non nul, $\frac{1}{x} \leq x$.

2. Il existe un réel x non nul tel que $\frac{1}{x} \leq x$.

3. Pour tout entier naturel x non nul, $\frac{1}{x} \leq x$.

4. Il existe un entier naturel x tel que $\frac{1}{x} \geq x$.

> **Aide** On pourra tracer dans un même repère la représentation graphique de la fonction inverse et celle de la fonction g définie sur $\mathbb{R}$ par : $g(x) = x$.

VRAI - FAUX

Pour les exercices 48 à 50, indiquer si les affirmations sont vraies ou fausses, puis justifier.

48 La représentation graphique de la fonction inverse est symétrique par rapport à l'axe des ordonnées.

49 La droite d'équation $y = 3$ coupe l'hyperbole d'équation $y = \frac{1}{x}$ en deux points symétriques par rapport à l'origine du repère.

50 L'ensemble des solutions de l'inéquation $\frac{1}{x} \geq 2$ est $]0 ; 0,5]$.

Fonctions homographiques

51 Déterminer les ensembles de définition respectifs des fonctions f et g suivantes.

a. $f : x \mapsto \frac{x+4}{x-3}$
b. $g : x \mapsto \frac{x+7}{6-3x}$

SAVOIR-FAIRE **3** p. 117

52 Déterminer l'ensemble de définition des fonctions f et g suivantes.

a. $f : x \mapsto \frac{x-3}{2x}$
b. $g : x \mapsto \frac{4x}{3x+2}$

SAVOIR-FAIRE **3** p. 117

53 **1.** Déterminer l'ensemble de définition de chacune des fonctions f et g telles que $f(x) = \frac{x-1}{x+1}$ et $g(x) = \frac{1-x}{x-2}$.

2. Parmi les représentations graphiques suivantes, quelle est celle qui correspond à la fonction f ? Justifier.

Courbe ❶

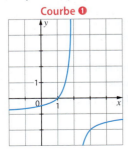

Courbe ❷

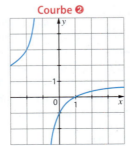

54 Soit f une fonction définie sur $[0 ; 10]$ par :
$$f(x) = \frac{100x}{x+1}.$$

1. Construire le tableau de valeurs de f pour x variant de 0 à 10 avec un pas de 1.

2. Après avoir choisi une fenêtre adaptée, représenter sur la calculatrice la fonction f. Préciser les valeurs de Xmin, Xmax, Ymin et Ymax choisies.

55 **Algo** Compléter un algorithme

1. Soit la fonction f telle que : $f(x) = \frac{ax+b}{cx+d}$.

a. Expliquer ce que représente la variable V dans l'algorithme ci-dessous.

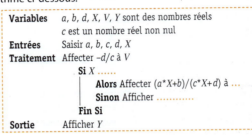

b. Recopier et compléter cet algorithme afin de tester si le nombre X saisi au départ a une image par la fonction f ou non.

2. Exécuter cet algorithme avec les valeurs $X = 2$ et $X = 3$ pour la fonction f telle que : $f(x) = \frac{3x-5}{x-3}$.

56 **1.** Sur le graphique ci-dessous, on a tracé la courbe nommée $\mathcal{C}$, qui représente une fonction homographique f telle que : $f(x) = \frac{ax}{x-2}$, où a est un réel.

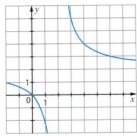

1. Déterminer l'ensemble de définition de f.

2. a. Lire graphiquement l'image de 3 par la fonction f.
b. En déduire la valeur du réel a.

3. a. Exprimer, en fonction de x et y, l'aire et le périmètre d'un rectangle de dimensions x et y.
b. On cherche à déterminer les rectangles dont l'aire est égale au périmètre. Écrire, en fonction de x et y, l'égalité correspondant à cette condition.
c. Justifier alors que $y = \frac{2x}{x-2}$ pour $x \neq 2$.
d. En utilisant la courbe $\mathcal{C}$ donnée, déterminer tous les rectangles de dimensions entières, comprises entre 1 et 8, répondant à la contrainte énoncée dans la question **3. b.**

122

EXERCICES

57 À Métropolis, lorsque l'on prend un taxi, la prise en charge coûte 2 €, puis 1,50 € à chaque km parcouru.
1. Écrire le prix à payer $P(x)$ pour x kilomètres parcourus.
2. Le coût moyen du kilomètre : $M(x)$ est le quotient du prix total de la course par le nombre de kilomètres parcourus.
a. Écrire $M(x)$ en fonction de x.
b. Afficher sur la calculatrice une représentation graphique de la fonction M sur l'intervalle $[1\,;20]$.
3. Répondre par lecture graphique aux questions suivantes :
a. Peut-on avoir un parcours tel que le prix moyen du kilomètre soit 1,70 € ?
b. Peut-on avoir un parcours tel que le prix moyen du kilomètre soit 1,40 € ?

58 Six jeunes musiciens décident de louer une fourgonnette pour transporter leur matériel afin de se rendre à un tremplin musical. La location coûte 61 €. Elle consomme 8 litres aux 100 km et le litre de carburant coûte 1,50 €.

1. Quel est le coût total pour cette fourgonnette lors d'un déplacement de 100 km ?
2. La distance qu'ils doivent parcourir avant d'arriver sur le lieu du concert est égale à 35 km.
a. Quel est le coût total pour leur déplacement aller et retour ?
b. Quel est le coût moyen de chaque kilomètre parcouru lors de ce déplacement aller et retour ?
3. Soit x le nombre de kilomètres parcourus lors de leur déplacement.
a. Exprimer, en fonction de x, le coût total du déplacement.
b. Exprimer, en fonction de x, le coût moyen $f(x)$ d'un kilomètre parcouru lors d'un déplacement de x km.
4. Tracer sur la calculatrice la représentation graphique de cette fonction f pour x compris entre 0 et 100.

VRAI - FAUX

Pour les exercices 59 et 60, indiquer si les affirmations sont vraies ou fausses, puis justifier.

59 La fonction f définie sur $]-\infty\,;0[\cup]0\,;+\infty[$ par : $f(x) = x + \dfrac{1}{x}$ est une fonction homographique.

60 L'ensemble de définition de la fonction f : $x \mapsto \dfrac{2x-4}{2x-3}$ est $]-\infty\,;2[\cup]2\,;+\infty[$.

LE SAVIEZ-VOUS ?

La réunion $]-\infty\,;2[\cup]2\,;+\infty[$ s'écrit aussi $\mathbb{R}\backslash\{2\}$: c'est la différence des deux ensembles, $\mathbb{R}$ et $\{2\}$.

Transformations d'écriture

61 On considère l'expression :
$$A = \dfrac{2x+1}{x+3}.$$
1. Pour quelles valeurs de x cette expression existe-t-elle?
2. Montrer qu'elle peut s'écrire sous la forme :
$$A = 2 - \dfrac{5}{x+3}.$$

62 Démontrer les égalités suivantes, pour tout réel $x \neq 2$:
a. $\dfrac{3x+4}{x-2} - 3 = \dfrac{10}{x-2}$
b. $\dfrac{x}{x-2} = 1 + \dfrac{2}{x-2}$

SAVOIR-FAIRE **4** p. 117

63 **Préparer le contrôle**
On considère la fonction f dont l'expression est :
$$f(x) = \dfrac{5x-2}{x+4}.$$
1. Déterminer son ensemble de définition D.
2. Calculer l'image de 2 par la fonction f (donner le résultat sous la forme d'une fraction irréductible).
3. Démontrer que, pour tout x appartenant à D, on a :
$$f(x) = 5 - \dfrac{22}{x+4}.$$

EXERCICE RÉSOLU

64 **Somme de deux fractions**
Énoncé
On considère l'expression :
$$A = \dfrac{3}{x} - \dfrac{4}{x+2}.$$
1. Déterminer les valeurs de x pour lesquelles A existe.
2. Donner l'expression de A sous la forme d'un quotient.

Solution commentée
1. A est la somme de deux fractions. A existe si x est différent de 0 et $x+2$ différent de 0, donc si x est différent de 0 et de -2.
2. Pour écrire A sous la forme d'un quotient, on réduit les deux fractions $\dfrac{3}{x}$ et $\dfrac{4}{x+2}$ au même dénominateur, en prenant pour dénominateur commun le produit $x(x+2)$. On obtient :
$$A = \dfrac{3}{x} - \dfrac{4}{x+2} = \dfrac{3\times(x+2)}{x\times(x+2)} - \dfrac{4\times x}{(x+2)\times x}.$$
Ainsi, $A = \dfrac{3\times(x+2) - 4\times x}{x(x+2)}$
$$= \dfrac{3\times x + 3\times 2 - 4\times x}{x(x+2)},$$
donc $A = \dfrac{-x+6}{x(x+2)}.$

Chapitre 5 ■ Fonction inverse et fonctions homographiques **123**

EXERCICES

65 **Avec un logiciel de calcul formel**

1. Écrire ces expressions sous la forme d'un quotient :
$$A = \frac{1}{x} + \frac{1}{x-3} \text{ et } B = \frac{2}{x+1} + \frac{1}{x-1}.$$

2. Vérifier les réponses données en utilisant un logiciel de calcul formel.

> **Aide** question 2. Sur Xcas, pour réduire au même dénominateur, il faut saisir `simplifier(expression)`.

66 Algo **Comprendre un algorithme**

L'algorithme ci-contre permet de calculer les images d'un réel X par une fonction.

Variables	X, Y sont des nombres réels
Entrée	Saisir X
Traitement	Affecter $X - 2$ à Y
	Affecter $3/Y$ à Y
	Affecter $1 + Y$ à Y
Sortie	Afficher Y

1. a. On exécute cet algorithme en saisissant en entrée la valeur « 5 ». Quel est alors le résultat affiché ?
b. Existe-t-il un nombre X pour lequel aucune valeur Y ne s'affiche ?
2. a. Exprimer le nombre affiché Y en fonction de X.
b. La fonction f telle que $Y = f(X)$ est-elle une fonction homographique ? Justifier la réponse.
3. Programmer cet algorithme sur la calculatrice.

67 Soit f et g les fonctions définies sur $]0 ; +\infty[$ par :
$$f(x) = x^2 \text{ et } g(x) = 3 + \frac{1}{x}.$$

1. Construire la représentation graphique de ces deux fonctions dans un même repère.
2. a. Vérifier graphiquement que l'équation $f(x) = g(x)$ admet une unique solution.
b. Donner un encadrement d'amplitude 1 de cette solution.
3. Montrer que l'équation $f(x) = g(x)$ est équivalente à l'équation :
$$x^3 - 3x - 1 = 0.$$
4. Avec la méthode de dichotomie, déterminer un encadrement d'amplitude 0,1 de la solution de l'équation.

VRAI - FAUX

Pour les exercices 68 et 69, indiquer si les affirmations sont vraies ou fausses, puis justifier.

68 Pour tout réel x différent de 5, on a :
$$\frac{3x}{x^2 - 5} = \frac{3}{x - 5}.$$

69 Pour tout réel x différent de 3, on a :
$$\frac{7x - 25}{x - 3} = 7 - \frac{4}{x - 3}.$$

Résolutions d'équations et d'inéquations

70 Soit la fonction f définie sur $]-\infty ; 2[\cup]2 ; +\infty[$ par :
$$f(x) = \frac{x - 7}{x - 2}.$$
Résoudre les équations $f(x) = 0$ et $f(x) = 3$.

> SAVOIR-FAIRE **5** p. 117

71 Construire le tableau de signe de chacune des expressions suivantes.

a. $A = \dfrac{x}{x - 2}$ **b.** $B = \dfrac{1 - x}{3x}$ **c.** $C = \dfrac{x - 4}{5 - x}$

> **Aide** On peut vérifier les réponses obtenues en traçant sur la calculatrice la représentation graphique de la fonction associée à chacune de ces expressions.

72 Soit la fonction f définie sur $]-\infty ; 6[$ par :
$$f(x) = \frac{2 - x}{x - 6}.$$

1. Résoudre l'équation $f(x) = 0$.
2. Résoudre les inéquations $f(x) \geqslant 0$ et $f(x) < -1$.

> SAVOIR-FAIRE **5** p. 117

73 **Préparer le contrôle**

Soit la fonction f telle que :
$$f(x) = \frac{x - 2}{4 + x}.$$

1. Déterminer l'ensemble de définition D de f.
2. Résoudre sur D l'équation $f(x) = 0$.
3. Soit g la fonction définie sur D par :
$$g(x) = f(x) - 1.$$
a. Démontrer que, pour tout x de D, $g(x) = \dfrac{-6}{4 + x}$.
b. Déterminer le signe de $g(x)$.
c. En déduire l'ensemble des solutions de l'inéquation $f(x) \geqslant 1$.

74 Résoudre les inéquations suivantes.

a. $\dfrac{x + 1}{x - 1} \leqslant 3$

b. $\dfrac{x^2 - 1}{2x} \geqslant 0$

> **Aide** question a. Commencer par déterminer le signe de $\dfrac{x+1}{x-1} - 3$.

75 Logique Pour chacune des affirmations suivantes, dire si elle est vraie ou fausse en justifiant la réponse.

1. Il existe une valeur de x pour laquelle $\dfrac{x - 3}{1 - x} = -1$.

2. Pour tout réel x, $\dfrac{x - 3}{1 - x} = \dfrac{3 - x}{x - 1}$.

EXERCICES

EXERCICE RÉSOLU

76 Modéliser et résoudre un problème à l'aide d'une inéquation

Énoncé
La scène de la salle de théâtre du lycée Ariane Mnouchkine est rectangulaire, de largeur 10 mètres et de longueur 15. Suite à une rénovation, la largeur de cette scène doit être diminuée de x mètres.
En revanche, cette scène doit conserver la même aire : la longueur va donc être augmentée de y mètres.

1. Montrer que y vérifie la relation : $y = -15 + \dfrac{150}{10-x}$.

2. La longueur de la scène ne peut pas être augmentée de plus de 5 m. Quelles sont alors les valeurs de x pouvant convenir ?

Solution commentée
1. L'aire initiale de la scène avant rénovation est : $10 \times 15 \ m^2 = 150 \ m^2$.
La largeur de la scène étant diminuée de x mètres, elle devient égale à $10-x$ mètres. La longueur de la scène étant augmentée de y mètres, elle devient égale à $y+15$ m. L'aire de la scène après rénovation est ainsi, en m^2 : $(10-x)(y+15)$. Cette aire étant inchangée, on a :
$(10-x)(y+15) = 150$, ce qui donne :
$y + 15 = \dfrac{150}{10-x}$, et donc $y = -15 + \dfrac{150}{10-x}$.

2. La longueur y ne pouvant être augmentée de plus de 5 m, on a : $y \leq 5$, ce qui conduit à l'inéquation :
$-15 + \dfrac{150}{10-x} \leq 5$, soit $\dfrac{150}{10-x} - 20 \leq 0$, c'est-à-dire
$\dfrac{150 - 20(10-x)}{10-x} \leq 0$, soit $\dfrac{20x-50}{10-x} \leq 0$ **(1)**.

On a supposé $x < 10$, donc $10 - x > 0$. L'inéquation **(1)** équivaut à : $20x - 50 \leq 0$, soit $x \leq 2,5$. Les valeurs de x qui conviennent sont les réels de l'intervalle $]0\ ;\ 2,5]$: la largeur doit être diminuée d'au plus 2,5 m.

77 Résoudre l'inéquation $x \geq \dfrac{1}{x}$.

78 Soit f la fonction définie sur $]-\infty\ ;\ 0[\ \cup\ ]0\ ;+\infty[$ par : $f(x) = \dfrac{4}{x}$ et g la fonction définie sur $\mathbb{R}$ par : $g(x) = 4x$.

1. Déterminer le signe de $f(x) - g(x)$.

2. Résoudre l'inéquation $f(x) < g(x)$ puis vérifier à l'aide d'une lecture graphique.

79 Un restaurateur fait une étude de marché afin de fixer le prix de ses menus.
Il s'intéresse à l'évolution du nombre de repas proposés (appelé offre) et du nombre de repas demandés (appelé demande) en fonction du prix des menus. Le prix x d'un menu est compris entre 20 et 50 €.
La demande, exprimée en centaine de repas, est une fonction du prix x, notée d. Elle est définie sur l'intervalle $[20\ ;\ 50]$ par : $d(x) = -0{,}75x + 45$. L'offre, exprimée en centaine de repas, est une fonction du prix x, notée f.
Elle est définie sur $[20\ ;\ 50]$ par :
$$f(x) = 35 - \dfrac{500}{x}.$$

1. Quelle est la demande et l'offre si le prix du menu est 20 € ? Comparer ces nombres et commenter les résultats.
2. Reprendre la question **1** quand on fixe le prix à 50 €.
3. a. Par un argument de nature économique, donner le sens de variation de ces deux fonctions.
b. Justifier le sens de variation de la fonction d.

VRAI - FAUX

Pour les exercices **80** *et* **81**, *indiquer si les affirmations sont vraies ou fausses, puis justifier.*

80 Les solutions de l'équation $\dfrac{x-4}{x+2} = 5$ sont les réels -2 et 4.

81 Tous les réels de l'intervalle $[2\ ;\ 3[$ sont solutions de l'inéquation $\dfrac{2-x}{x-3} \geq 0$.

TOP CHRONO

Résoudre chacun des exercices suivants en 15 minutes maximum.

82 **1.** Construire le tableau de variation de la fonction inverse sur $[4\ ;\ 7]$.

2. Soit a un réel appartenant à l'intervalle $[4\ ;\ 7]$. Donner un encadrement de l'inverse de a.

3. a. Soit b un réel supérieur ou égal à 4. À quel intervalle appartient l'inverse de b ?
b. Vérifier la réponse à l'aide d'une représentation graphique.

83 **1.** Déterminer l'ensemble de définition de la fonction $f : x \mapsto \dfrac{4x-3}{2x+5}$.

2. Construire sur la calculatrice la représentation graphique de cette fonction.

3. Déterminer graphiquement, puis algébriquement, le (ou les) antécédent(s) de 1 par f.

84 **1.** Déterminer le signe de $\dfrac{-2x+1}{x-3}$ pour tout réel x différent de 3.

2. Démontrer que $1 - \dfrac{3x-4}{x-3} = \dfrac{-2x+1}{x-3}$.

3. Résoudre l'inéquation $1 \leq \dfrac{3x-4}{x-3}$.

Chapitre 5 ■ Fonction inverse et fonctions homographiques **125**

EXERCICES

Faire le point

Choisir la (ou les) bonne(s) réponse(s).

Utiliser la fonction inverse

Pour vous aider — SAVOIR-FAIRE **1 et 2** p. 115

	A	**B**	**C**	**D**
1 Soit x un nombre réel appartenant à l'intervalle $]2\,;5]$. Alors :	$\dfrac{1}{2} < \dfrac{1}{x} \leqslant \dfrac{1}{5}$	$\dfrac{1}{x} \in [-5\,;-2[$	$\dfrac{1}{5} \leqslant \dfrac{1}{x} < \dfrac{1}{2}$	$0,5 > \dfrac{1}{x} \geqslant 0,2$
2 Si $a < b < 0$, alors :	$\dfrac{1}{a} < \dfrac{1}{b}$	$\dfrac{1}{a} > \dfrac{1}{b} > 0$	$\dfrac{1}{b} < \dfrac{1}{a} < 0$	$\dfrac{1}{b} < \dfrac{1}{a}$
3 La représentation graphique de la fonction inverse est :	toujours située au-dessus de l'axe des abscisses	formée de deux branches	une parabole	symétrique par rapport à l'origine du repère
4 L'ensemble de tous les réels x tels que $\dfrac{1}{x} \geqslant 10$ est l'intervalle :	$[10\,;+\infty[$	$]-\infty\,;0,1]$	$[0,1\,;+\infty[$	$]0\,;0,1]$
5 Par résolution graphique de l'inéquation $\dfrac{1}{x} \leqslant 2 - x$, on conclut :	cette inéquation n'admet pas de solution	cette inéquation admet une seule solution 1	tous les réels strictement négatifs sont solutions	l'ensemble des solutions est $S =]-\infty\,;0[\cup \{1\}$

Utiliser les fonctions homographiques

Pour vous aider — SAVOIR-FAIRE **3 et 4** p. 117

	A	**B**	**C**	**D**
6 La fonction f est une fonction homographique :	$f : x \mapsto \dfrac{x}{2x+5}$	$f : x \mapsto \dfrac{x}{x^2+1}$	$f : x \mapsto \dfrac{15}{x} + 6$	$f : x \mapsto \dfrac{x}{15} + 6$
7 L'ensemble de définition de la fonction $f : x \mapsto \dfrac{x+1}{2x+6}$ est :	$]-\infty\,;-3[\,]-3\,;+\infty[$	$]-\infty\,;-1[\cup]-1\,;+\infty[$	$]-\infty\,;0[\cup]0\,;+\infty[$	$\mathbb{R}$
8 Pour tout réel x différent de -3 :	$\dfrac{2x-1}{2x+6} = 1 - \dfrac{7}{2x+6}$	$\dfrac{2x-1}{2x+6} = \dfrac{x-1}{x+3}$	$\dfrac{x}{x+3} - \dfrac{1}{2x+6} = \dfrac{2x-1}{2x+6}$	$\dfrac{2x-1}{2x+6} = \dfrac{x-0,5}{x+3}$

Résoudre une équation ou une inéquation quotient

Soit f la fonction définie sur $]-\infty\,;-2[\cup]-2\,;+\infty[$ par : $f(x) = \dfrac{4-x}{3x+6}$.

Pour vous aider — SAVOIR-FAIRE **5** p. 117

	A	**B**	**C**	**D**
9 L'équation $f(x) = 1$:	a une solution $x = 4$	a une solution $x = -0,5$	a une solution $x = 2,5$	a deux solutions $x = 1$ et $x = -\dfrac{5}{3}$
10 L'équation $f(x) = -\dfrac{1}{3}$:	a une solution $x = -2$	a une solution $x = 1$	n'a pas de solution	a deux solutions $x = -1$ et $x = 5$
11 L'inéquation $f(x) \geqslant 0$ a pour ensemble de solutions :	$]-2\,;4]$	$]-2\,;4[$	$[-2\,;4]$	$]-\infty\,;-2[\cup[4\,;+\infty[$
12 L'inéquation $f(x) < 1$ a pour ensemble de solutions :	$]-2\,;-0,5[$	$]-\infty\,;-2[\cup]2,5\,;+\infty[$	$]-0,5\,;+\infty[$	$]-\infty\,;-2[\cup]-0,5\,;+\infty[$

Voir les corrigés, page 331

126

EXERCICES

Transformer une expression pour démontrer une égalité

Un exemple : Démontrer que, pour tout x différent de 5, on a l'égalité $-4 + \dfrac{1}{x-5} = \dfrac{-4x+21}{x-5}$.

Les questions à se poser	Des réponses
Que me demande-t-on ?	→ On doit démontrer une égalité. Préciser chacun des membres de cette égalité.
Quelle méthode peut-on utiliser pour démontrer une égalité ?	→ On peut partir de l'un des membres de l'égalité à démontrer et le transformer, afin d'obtenir l'autre membre de l'égalité. Dans cette égalité, quel est le membre dans lequel on peut effectuer une réduction au même dénominateur ?
Quel est le dénominateur commun ?	→ On choisit $x-5$ comme dénominateur commun. Expliquer pourquoi, puis effectuer la réduction au même dénominateur.
Comment terminer ?	→ Pour finir, on simplifie le numérateur de la fraction obtenue. Le faire et vérifier qu'on obtient bien le deuxième membre de l'égalité initiale.

Applications

Pour les exercices **85** à **87**, démontrer l'égalité donnée pour tout réel x différent de 7.

85 $-11 + \dfrac{3}{x-7} = \dfrac{-11x+80}{x-7}$　　**86** $\dfrac{3x+2}{x-7} = 3 + \dfrac{23}{x-7}$　　**87** $\dfrac{4x+5}{7-x} = -4 + \dfrac{33}{7-x}$

Résoudre une inéquation quotient

Un exemple : Résoudre l'inéquation $\dfrac{5-x}{x-2} \leqslant 0$.

Les questions à se poser	Des réponses
Que me demande-t-on ?	→ On doit résoudre une inéquation. Que peut-on remarquer sur le premier membre de cette inéquation et sur le deuxième membre ?
Comment faire pour démarrer ?	→ On doit commencer par déterminer l'ensemble de définition du quotient. Préciser à quelle condition ce quotient existe puis écrire l'ensemble de définition.
Que doit-on faire pour résoudre une inéquation quotient ?	→ On doit d'abord déterminer le signe du quotient. Donner dans un tableau de signes, le signe du numérateur et le signe du dénominateur puis déterminer le signe du quotient.
Comment conclure ?	→ On doit utiliser le tableau de signes précédent pour déterminer les valeurs de x telles que le quotient soit inférieur ou égal à 0. Préciser les solutions de l'inéquation donnée.
Comment peut-on vérifier le résultat obtenu ?	→ Résoudre l'inéquation donnée revient à déterminer les abscisses de tous les points de la courbe représentative d'une fonction homographique situés en-dessous de l'axe des abscisses. Préciser quelle est cette fonction homographique, puis la représenter sur la calculatrice. Résoudre ensuite graphiquement l'inéquation.

Applications

88 Résoudre l'inéquation : $\dfrac{7-x}{x+3} > 0$.

89 Vérifier que l'inéquation $\dfrac{2x-1}{x+5} < 1$ est équivalente à l'inéquation $\dfrac{x-6}{x+5} < 0$, puis résoudre cette inéquation.

Revoir des points essentiels

Chapitre 5 ■ Fonction inverse et fonctions homographiques **127**

EXERCICES

TP 1 — Une propriété de l'hyperbole

Utiliser un logiciel de géométrie dynamique et un logiciel de calcul formel pour découvrir une propriété de l'hyperbole.

Fichier logiciel
→ www.bordas-indice.fr

Dans la figure ci-contre, $\mathcal{H}$ (en bleu) est la courbe représentative de la fonction inverse, M est un point de l'axe des abscisses d'abscisse positive et N est un point de l'axe des ordonnées d'ordonnée positive. La droite (d) (en rouge) passe par les points M et N ; A et B sont les points d'intersection de la courbe $\mathcal{H}$ et de la droite (d). Le but de ce TP est de découvrir une propriété concernant les milieux des segments [MN] et [AB].

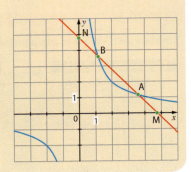

A Une première construction

1. À l'aide d'un logiciel de géométrie dynamique, construire la courbe représentative $\mathcal{H}$ de la fonction inverse.

2. Construire la droite (d) d'équation :
$$y = -2x + 3.$$

3. a. Construire le point d'intersection M de (d) avec l'axe des abscisses, puis le point d'intersection N de (d) avec l'axe des ordonnées.
b. Déterminer les coordonnées de ces deux points.

4. a. Par lecture graphique, vérifier qu'il existe deux points d'intersection de la courbe $\mathcal{H}$ et de la droite (d). Construire ces points et les nommer A et B.
b. Par lecture graphique, déterminer les coordonnées de ces deux points A et B.
c. Vérifier la réponse donnée en utilisant un logiciel de calcul formel.

5. a. Construire les milieux des segments [MN] et [AB]. Quelle conjecture peut-on faire ?
b. Vérifier cette conjecture en déterminant les coordonnées de ces deux milieux.

B Un cas plus général

1. Créer une nouvelle figure en construisant, à l'aide d'un logiciel de géométrie dynamique, la courbe représentative $\mathcal{H}$ de la fonction inverse.

2. Placer un point M sur l'axe des abscisses et un point N sur l'axe des ordonnées.

3. Construire la droite passant par les points M et N. On appelle (d) cette droite.

4. Déplacer les points M et N afin que la droite (d) coupe la courbe $\mathcal{H}$ en deux points. Ces deux points sont nommés A et B.

5. a. Construire les milieux des segments [MN] et [AB].
b. La conjecture faite en **A. 5. a** est-elle encore valable ?

C Avec un logiciel de calcul formel

On va maintenant utiliser le logiciel Xcas pour démontrer la conjecture faite dans les questions précédentes, en considérant que les deux points M et N ont pour coordonnées respectives $(a\,;0)$ et $(0\,;b)$.

1. Exprimer les coordonnées du milieu du segment [MN] à l'aide de a et b.

2. a. Ouvrir le fichier **05_seconde_TP1**.
b. Observer les instructions données en **ligne 3** et la figure construite.
c. À quels points de la **partie B** correspondent les points appelés r dans cette **ligne 3** ?

3. a. Quel est le dernier point défini dans la **ligne 3** ?
b. Saisir dans la **ligne 4** l'instruction $\boxed{\text{simplifier(coordonnees(s))}}$ qui permet de déterminer les coordonnées de ce point s.
c. Le résultat affiché confirme-t-il la conjecture émise dans les questions **A. 5. a** et **B. 5. b** ?

Aide pour le logiciel

GeoGebra

A. 1. Pour construire la courbe $\mathcal{H}$ entrer dans la ligne de saisie $\boxed{\text{y=1/x}}$.

A. 2. Pour construire la droite (d) entrer dans la ligne de saisie $\boxed{\text{y=-2x+3}}$.

A. 3. Créer les points M et N en utilisant l'outil $\boxed{\text{Intersection de deux objets}}$.

A. 4. c. Dans $\boxed{\text{Affichage}}$, cliquer sur $\boxed{\text{Calcul formel}}$, entrer dans la ligne de calcul $\boxed{\text{-2x+3=1/x}}$ puis cliquer sur l'icône $\boxed{\text{Résoudre}}$.

B. 2. Utiliser l'outil $\boxed{\text{Point sur objet}}$ pour construire des points M et N pouvant être déplacés sur les axes.

Voir **FICHE TICE**, page 320

EXERCICES

TP 2 — La duplication du cube

Déterminer, à l'aide d'une calculatrice ou d'un logiciel, une valeur approchée de la solution d'un problème historique qui passionna savants et mathématiciens pendant plusieurs siècles.

Fichier logiciel
→ www.bordas-indice.fr

Au VIe siècle av. J.-C., pour sauver la ville de Délos de la peste, un Oracle demanda que l'on construise à la gloire d'Apollon un autel cubique d'un volume double de celui existant.
Les habitants de Délos firent de nombreuses tentatives mais ne réussirent pas à construire ce nouvel autel.
Dans ce TP, on va s'intéresser à différentes approches de ce problème, appelé problème de la duplication du cube.

On prend comme unité l'arête de l'autel initial.

A Une première tentative

Les habitants de Délos commencèrent par construire un autel de côté double de l'autel précédent. Quel était le volume de ce nouvel autel ? Ont-ils ainsi répondu à la demande de l'Oracle ?

B Une valeur approchée de la longueur de l'arête du nouvel autel

1. On appelle a la longueur de l'arête du nouvel autel. Quelle est l'égalité que doit vérifier a pour répondre aux exigences de l'Oracle ?

2. Montrer que a est une solution de l'équation :
$$x^2 = \frac{2}{x}.$$

3. a. À l'aide de la calculatrice, construire les deux courbes d'équation $y = x^2$ et $y = \frac{2}{x}$ pour tout réel $x > 0$.
b. Par lecture graphique, quel est le nombre de solutions de l'équation $x^2 = \frac{2}{x}$ sur $]0\,;+\infty[$?

4. En utilisant le programme de la méthode de dichotomie saisi dans la calculatrice, déterminer un encadrement de a à $0{,}01$ près.

> **POINT HISTOIRE**
> En 350 av. J.-C., le mathématicien grec **Ménechme** proposa une solution approchée de ce problème en utilisant l'intersection d'une parabole et d'une hyperbole. **Érastothène**, en 205 av. J.-C., inventa une machine, le **Mésolabe**, permettant de construire une valeur approchée du nombre a.

C Principe du Mésolabe

1. a. Ouvrir le fichier **05_seconde_TP2**.
b. Déplacer les points **G** et **J** de sorte que les points N, O et M soient alignés.
c. Déterminer une valeur approchée de la longueur du segment [OH] lorsque les points N, O et M sont alignés.

2. On va ici justifier que la longueur du segment [OH] est la solution de l'équation $x^3 = 2$.
Dans cette figure, les points P, M, N, O et A sont alignés ainsi que les points P, K, H, F et B. Les droites (KO), (HN) et (FA) sont parallèles, ainsi que les droites (KM), (HO), (FN) et (BA). De plus, KM = 1 et BA = 2. On pose HO = x et FN = y.

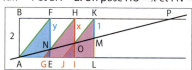

a. Justifier les égalités suivantes :

(1) $\dfrac{KM}{HO} = \dfrac{PK}{PH}$ (2) $\dfrac{PK}{PH} = \dfrac{PO}{PN}$ (3) $\dfrac{PO}{PN} = \dfrac{PH}{PF} = \dfrac{HO}{FN}$

(4) $\dfrac{PH}{PF} = \dfrac{PN}{PA}$ (5) $\dfrac{PN}{PA} = \dfrac{FN}{BA}$

b. Déduire des égalités précédentes que $\dfrac{1}{x} = \dfrac{x}{y} = \dfrac{y}{2}$.

c. Comment obtient-on alors $x^3 = 2$?

> **POINT HISTOIRE**
> Les Grecs auraient aimé construire a à l'aide de la règle et du compas… Mais, au XIXe siècle, le mathématicien français **Pierre Wantzel** démontra que c'était impossible !

Aide pour le logiciel

GeoGebra — **C. 1. c.** La longueur du segment [OH] apparaît dans la fenêtre **Algèbre**. On peut aussi utiliser l'outil `Distance ou longueur`.

Voir **FICHE TICE**, page 320

Chapitre 5 ■ Fonction inverse et fonctions homographiques   **129**

EXERCICES

Pour approfondir

90 Pression et volume d'un gaz

1. Soit k un nombre réel strictement positif et f la fonction définie sur $]0\,;+\infty[$ par : $f(x) = \dfrac{k}{x}$.

a. Soit a et b deux réels strictement positifs tels que $a < b$. Rappeler la comparaison de $\dfrac{1}{a}$ et $\dfrac{1}{b}$, puis en déduire la comparaison de $\dfrac{k}{a}$ et $\dfrac{k}{b}$.

b. En déduire le sens de variation de la fonction f sur $]0\,;+\infty[$.

2. Selon la loi de Boyle-Mariotte, le volume V d'un gaz est lié à la pression P de ce gaz par la formule : $V = \dfrac{k}{P}$, où k est une constante strictement positive.
Comment évolue le volume lorsque la pression diminue ?

LE SAVIEZ-VOUS ?
Les bulles d'air expirées par un plongeur sont de plus en plus grosses lorsqu'elles s'approchent de la surface de la mer ; c'est **la loi de Boyle-Mariotte**, qui explique ce phénomène car la pression est de moins en moins grande quand on s'approche de la surface.

91 Comme Omar Khayyâm

On s'intéresse aux solutions de l'équation **(1)** :
$$x^3 - 3x^2 - 9x + 15 = 0.$$

1. Prouver que cette équation équivaut, pour tout réel x différent de 3, à l'équation **(2)** :
$$x^2 = \dfrac{9x - 15}{x - 3}.$$

2. Soit f la fonction carré et g la fonction définie sur $]-\infty\,;3[\,\cup\,]3\,;+\infty[$ par : $g(x) = \dfrac{9x - 15}{x - 3}$.

a. Représenter sur la calculatrice les fonctions f et g.
b. Déterminer graphiquement le nombre de solutions de l'équation **(2)**.
c. Par lecture graphique, déterminer un encadrement par deux entiers de la solution positive de cette équation.

3. En utilisant le programme de la méthode de dichotomie saisi dans la calculatrice, déterminer un encadrement d'amplitude 0,1 de la solution positive de l'équation **(1)**.

POINT HISTOIRE
Omar Khayyâm, savant et poète persan du XIe siècle, a rédigé un traité d'arithmétique où il propose une méthode géométrique pour résoudre les équations du 3e degré : cette méthode utilisait les intersections de courbes.

92 Un quotient simplifiable

On considère l'expression $A = \dfrac{1 + \dfrac{1}{x}}{\dfrac{1}{x} - 1}$.

1. Déterminer pour quelles valeurs de x cette expression existe.
2. Écrire A sous la forme $\dfrac{ax + b}{cx + d}$.

93 PROBLÈME DE SYNTHÈSE

1. Tracer dans un même repère la représentation graphique de la fonction f définie sur $]-\infty\,;0[$ par : $f(x) = \dfrac{2}{x}$ et celle de la fonction g définie sur $\mathbb{R}$ par :
$$g(x) = x - 1.$$

2. Résoudre graphiquement l'inéquation $f(x) \geqslant g(x)$.

3. Démontrer les égalités suivantes pour tout réel $x < 0$.
a. $f(x) - g(x) = \dfrac{-x^2 + x + 2}{x}$.
b. $-x^2 + x + 2 = (x + 1)(-x + 2)$

4. a. Déterminer le signe de $(x + 1)(-x + 2)$.
b. En déduire le signe de $f(x) - g(x)$ sur $]-\infty\,;0[$.

5. a. Résoudre dans $]-\infty\,;0[$ l'inéquation $f(x) \geqslant g(x)$.
b. Comparer les réponses obtenues aux questions **2** et **5. a.**

94 Clôture d'enclos

Un éleveur souhaite aménager pour ses moutons un enclos rectangulaire de 3 200 m² contre une paroi abrupte de la montagne. Il veut déterminer les dimensions qu'il doit donner à cet enclos pour que la longueur de la clôture soit minimale. On désigne la longueur de cet enclos par x, en mètres, et sa largeur par y, en mètre (la clôture n'est placée que sur deux longueurs et une largeur du fait de la paroi).

1. Exprimer y en fonction de x.
2. Exprimer la longueur de la clôture en fonction de x.
3. On appelle f la fonction qui, à chaque réel x, fait correspondre la longueur de la clôture.

a. Représenter sur la calculatrice cette fonction pour x compris entre 1 et 60.
b. Faire une conjecture sur la valeur x_0 de x qui permet d'atteindre le minimum de f.

4. Prouver cette conjecture en démontrant que, pour tout réel x strictement positif, $f(x) \geqslant f(x_0)$.

EXERCICES

95   **Coût de production d'une farine**

A. Avec un logiciel de calcul formel
On considère la fonction f définie sur l'intervalle I = [0,3 ; 6] par :
$$f(x) = 4x + \frac{9}{x}.$$

1. Représenter graphiquement cette fonction f sur la calculatrice.
2. Quel semble être le minimum de cette fonction f sur I ?
3. En utilisant un logiciel de calcul formel, prouver la conjecture faite dans la question **2**.

B. Application à l'économie
Une entreprise agroalimentaire peut produire entre 0,3 et 6 tonnes de farine biologique par jour.
Le coût moyen de production d'une tonne de farine biologique pour x tonnes produites est $f(x)$, où f est la fonction définie dans la **partie A**.
Ce coût moyen est exprimé en centaines d'euros.
1. En utilisant les résultats de la **partie A**, déterminer le coût moyen minimal exprimé en centaines d'euros.
2. La tonne de farine biologique est vendue 20 centaines d'euros.
a. Calculer la recette correspondant à la vente de trois tonnes de farine vendues.
b. Calculer le coût total de production de trois tonnes de farine.
c. En déduire le bénéfice réalisé par l'entreprise pour la production et la vente de trois tonnes de farine.

96 `Algo` `TICE` **Écrire un algorithme**
On étudie le sens de variation des fonctions f définie sur $\left]-\infty;-\frac{d}{c}\right[\cup \left]-\frac{d}{c};+\infty\right[$ par : $f(x) = \frac{ax+b}{cx+d}$ avec $c \neq 0$.
Pour cela, on compare le signe de la différence $f(u) - f(v)$ avec le signe de la différence $u - v$ lorsque u et v sont deux réels appartenant au même intervalle $\left]-\infty;-\frac{d}{c}\right[$ ou $\left]-\frac{d}{c};+\infty\right[$.

1. Rappeler ce qu'on peut dire de la fonction f si la différence $f(u) - f(v)$ a le signe contraire de la différence $u - v$.
2. En utilisant un logiciel de calcul formel, on a obtenu l'écran ci-dessous.

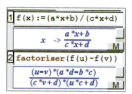

a. Justifier que $uc + d$ et $cv + d$ ont le même signe.
b. À quelle condition sur a, b, c et d la différence $f(u) - f(v)$ a-t-elle le signe contraire de $u - v$?
c. Conclure sur le sens de variation de la fonction f lorsque $ad - bc$ est non nul.
3. D'après l'étude précédente, quel est le sens de variation de la fonction f définie sur $\mathbb{R}\setminus\{2\}$ par $f(x) = \frac{9x-1}{5x-10}$.
4. Écrire un algorithme permettant d'afficher le sens de variation de la fonction homographique f telle que : $f(x) = \frac{ax+b}{cx+d}$ avec $c \neq 0$ et $ad - bc \neq 0$, une fois les variables a, b, c et d saisies.

PRISES D'INITIATIVES

97 Représenter dans un repère l'ensemble des points M de coordonnées $(x ; y)$ tels que $x^2y^2 = 1$.

98 Soit f la fonction définie sur $\mathbb{R}\setminus\{1\}$ par :
$$f(x) = \frac{1}{1-x}.$$
1. Calculer $f(f(x))$ puis $f(f(f(x)))$. Donner les résultats sous la forme la plus simple possible.
2. Calculer $f(f(f(........(x))...)$ où f apparaît 2 014 fois.

99 Un train effectue un trajet aller-retour entre deux villes. À l'aller, il roule à la vitesse moyenne de V_1 km/h et, au retour, à la vitesse moyenne de V_2 km/h.
Exprimer sa vitesse moyenne sur l'ensemble du parcours en fonction de V_1 et V_2.

100 Soit a et b deux réels strictement positifs. On sait que la moyenne arithmétique des nombres a et b est le réel m tel que $m = \frac{a+b}{2}$.
On définit la moyenne harmonique des nombres a et b comme étant le nombre h tel que $\frac{2}{h} = \frac{1}{a} + \frac{1}{b}$.
1. Démontrer que h est l'inverse de la moyenne arithmétique des nombres $\frac{1}{a}$ et $\frac{1}{b}$.
2. En utilisant la représentation graphique de la fonction inverse et les points de cette courbe d'abscisses a et b, comparer la moyenne harmonique h et la moyenne arithmétique m de a et b.
3. Démontrer que la différence $h - m$ est négative lorsque a et b sont strictement positifs.
En déduire la comparaison de h et m.

Réactiver les savoirs

➤ Voir les réponses, p. 331

Utiliser la trigonométrie dans un triangle rectangle COLLÈGE

Exercice Soit ABC un triangle rectangle en B tel que AB = 4 et BC = 3.
1. Combien mesure la longueur AC ? Le prouver par le calcul.
2. Déterminer les valeurs exactes de $\sin\widehat{BAC}$ et $\cos\widehat{BAC}$.
3. a. Déterminer à l'aide de la calculatrice une valeur approchée de $\widehat{BAC}$.
   b. En déduire une valeur approchée de $\widehat{ACB}$ (on arrondira ces valeurs au degré près).

➡ Pour vous aider, voir les rappels, p. 316

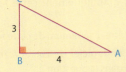

Utiliser des propriétés géométriques COLLÈGE

Vrai ou faux ? On considère un cercle de centre C et de diamètre [AB].
D est un point du cercle distinct de A et B. On sait de plus que CD = 1.

4. Le triangle ADB est rectangle.
5. La longueur de l'arc AB est 2.
6. Le périmètre du cercle est π.
7. Dans le triangle CBD, la mesure de l'angle $\widehat{CBD}$ est 70°.
8. La longueur du segment [BD] est 2.

➡ Pour vous aider, voir les rappels, pp. 315 et 316 et l'Essentiel du collège, Rabat C

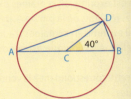

Utiliser le cosinus et le sinus d'un angle COLLÈGE

QCM Choisir la (ou les) bonne(s) réponse(s).
Dans cet exercice, ABC est un triangle équilatéral et BDC est un triangle isocèle rectangle en D. Le segment [AH] est la hauteur issue de A du triangle ABC. On sait de plus que la longueur AB vaut a.

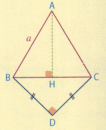

	A	B	C	D
9. AH vaut :	$a\sin(60°)$	$a\dfrac{\sqrt{3}}{2}$	$a\cos(60°)$	$\dfrac{a}{2}$
10. $\cos(\widehat{ACH})$ vaut :	$\sin(\widehat{CAH})$	$\dfrac{AH}{AC}$	0,5	$\dfrac{\sqrt{2}}{2}$
11. BD vaut :	$a\cos(45°)$	$\dfrac{a}{2}$	$0,7a$	$\dfrac{a}{\sqrt{2}}$

➡ Pour vous aider, voir les rappels p. 316

Trigonométrie

CHAPITRE 6

Dans la plupart des jeux vidéo actuels, la trigonométrie est utilisée pour orienter les rayons crépusculaires ou *godrays*, ces raies de lumière semblant provenir d'un unique point dans le ciel. La trigonométrie est la science étudiant les relations entre les longueurs et les angles dans les triangles. Elle a de nombreuses applications en astronomie, navigation (triangulation), électronique, cartographie et dans bien d'autres domaines.

Les notions du chapitre

- ✔ Cercle trigonométrique
- ✔ Enroulement de la droite numérique sur le cercle trigonométrique
- ✔ Cosinus et sinus d'un nombre réel

Logique Notations et raisonnement
p. 140, 141

Algo Les algorithmes
p. 140, 143

TICE Utilisation de logiciels
p. 135, 143

ACTIVITÉS

ACTIVITÉ 1 — Un super entraînement

Objectif
Associer un point d'une droite à un point d'un cercle par enroulement.

Cours 1
Enroulement de la droite numérique sur le cercle trigonométrique.

La Ligue des super-héros décide de tester ses membres à la course à pied. Chacun va courir sur une piste droite d'une longueur de 25 mètres matérialisée par [OP]. Pour augmenter le parcours d'entraînement et tester l'endurance de ses membres, la Ligue crée un appareil circulaire anti-gravitationnel de diamètre intérieur 14 mètres, dans lequel un super-héros peut parcourir la distance qu'il veut.

1. Exprimer en fonction du nombre π la distance parcourue à chaque tour. Donner une valeur approchée du résultat (en arrondissant au décimètre près).

2. L'Homme chauve-souris a parcouru 25 mètres dans l'appareil, à partir du point O. Il se trouve juste après l'un des points marqués sur le cercle. Lequel ?

3. La Femme panthère parcourt 400 mètres. Combien de tours complets a-t-elle fait ?

4. Pour impressionner les autres membres, l'Homme éclair décide de parcourir un kilomètre le plus vite possible dans l'appareil en partant de O. Où va-t-il s'arrêter ?

5. L'Homme-éclair se situe au point L : quelle(s) distance(s) a-t-il pu parcourir ?

ACTIVITÉ 2 — Animation d'un enroulement

Objectif
Visualiser l'enroulement de la droite numérique avec une animation.

Cours 1
Enroulement de la droite numérique sur le cercle trigonométrique.

Fichier logiciel
→ www.bordas-indice.fr

Sur la figure ci-contre se trouvent le cercle trigonométrique $\mathcal{C}$, une droite graduée $\mathcal{D}$ et un point K placé sur la graduation 1 de cette droite.
Dans cette activité, on « enroule » la droite $\mathcal{D}$ sur le cercle $\mathcal{C}$: la demi-droite [IK) s'enroule dans le sens direct (sens contraire des aiguilles d'une montre) et l'autre demi-droite s'enroule dans le sens indirect.

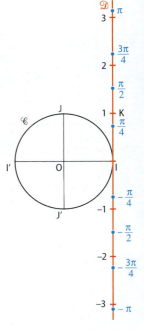

1. Un point N est placé sur la graduation $\dfrac{\pi}{2}$ de cette droite.
En imaginant l'enroulement de cette droite $\mathcal{D}$ sur le cercle $\mathcal{C}$, sur quel point M du cercle le point N vient-il se placer ? Justifier la réponse, puis la vérifier à l'aide de l'affichage obtenu grâce à l'animation.

2. a. Reprendre la question **1** lorsque le point N est placé sur la graduation $-\dfrac{\pi}{2}$ de la droite $\mathcal{D}$. On appelle M' le point obtenu sur le cercle.
b. Quelle remarque peut-on faire sur les positions relatives des deux points M et M' du cercle obtenus aux questions **1** et **2. a** ?

3. Existe-t-il d'autres points de la droite $\mathcal{D}$ qui viennent se confondre avec le point M du cercle obtenu à la question **1** ? Trouver un lien entre les nombres associés aux points ainsi trouvés de la droite $\mathcal{D}$.

4. Reprendre les questions **1** et **3** lorsque le point N est placé sur la graduation $\dfrac{3\pi}{4}$ de $\mathcal{D}$.

ACTIVITÉS

ACTIVITÉ 3 — La Fête du chocolat

Objectif
Associer des angles et des arcs de cercle.

Cours 1
Enroulement de la droite numérique sur le cercle trigonométrique

Lors de la Fête du chocolat, une association organise un jeu pour gagner son poids en chocolat : les participants doivent faire tourner une flèche sur une roue, divisée en secteurs, de centre O et de rayon un mètre. La flèche part toujours de la position initiale (point I), tourne dans le sens inverse des aiguilles d'une montre et doit s'arrêter sur le secteur « chocolat ».

1. Quel est le périmètre de la roue ?

2. a. La flèche fait un demi-tour exactement. Quelle est la longueur exacte de l'arc décrit par le bout M de la flèche ?
Donner l'angle $\widehat{IOM}$ correspondant.
b. Reprendre la question **2. a** lorsque la flèche fait un quart de tour.

3. On admet que la mesure de l'angle $\widehat{IOM}$ et la longueur de l'arc $\overset{\frown}{IM}$ sont proportionnelles. Quel est le coefficient de proportionnalité ?

4. Recopier et compléter le tableau suivant en donnant les valeurs exactes.

Mesure de l'angle	0°	30°	45°	60°	90°	180°	360°
Longueur de l'arc	...	...	...	...	...	...	...

5. Si le bout de la flèche décrit un arc de longueur $\dfrac{7\pi}{10}$, dans quelle zone se retrouve la flèche ?
Quel est l'angle $\widehat{IOM}$ correspondant ?

6. Le bout de la flèche s'est arrêté sur une frontière entre deux secteurs et a parcouru une longueur de $\dfrac{11\pi}{3}$. Où s'est arrêtée la pointe de la flèche ?

ACTIVITÉ 4 — Calcul de cosinus et de sinus d'angles remarquables TICE

Objectif
Découvrir le cosinus et le sinus d'un nombre réel.

Cours 1
Cosinus et sinus d'un nombre réel

Fichier logiciel
www.bordas-indice.fr

On a représenté une partie du cercle trigonométrique. Le point M est le point image d'un réel a par enroulement de la droite numérique et α est la mesure de l'angle $\widehat{IOM}$.

1. On suppose que le réel a est égal à $\dfrac{\pi}{3}$.

a. Dessiner la figure dans ce cas précis.
b. Que vaut l'angle $\widehat{IOM}$? Quelle est la nature du triangle IOM ?
c. Que vaut alors la longueur OH ?
d. En utilisant le théorème de Pythagore, déterminer la longueur MH.
e. Comparer les valeurs de OH et MH avec celles de cos(60°) et sin(60°).

On définit ainsi le cosinus et le sinus de $\dfrac{\pi}{3}$ comme étant l'abscisse et l'ordonnée de M.

2. On suppose que le réel a est égal à $\dfrac{\pi}{4}$.

a. Donner la mesure de l'angle $\widehat{IOM}$. Quelle est la nature du triangle HOM ?
b. À l'aide du théorème de Pythagore, déterminer les longueurs MH et OH.
c. En déduire les valeurs de $\cos\left(\dfrac{\pi}{4}\right)$ et $\sin\left(\dfrac{\pi}{4}\right)$.

3. a. En utilisant une symétrie, justifier que $\cos\left(\dfrac{\pi}{6}\right) = \sin\left(\dfrac{\pi}{3}\right)$.

b. De même, déterminer la valeur de $\sin\left(\dfrac{\pi}{6}\right)$.

Chapitre 6 ■ Trigonométrie   **135**

COURS

Repérage sur un cercle

Définition du cercle trigonométrique

Définition

Dans le plan muni d'un repère orthonormé (O, I, J), le **cercle trigonométrique** est le cercle $\mathscr{C}$ de centre O et de rayon 1 orienté dans le sens inverse des aiguilles d'une montre.

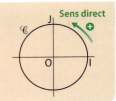

Vocabulaire

Le sens **direct** d'orientation est appelé **sens trigonométrique**, ou sens positif.
Le sens **indirect** (ou négatif) est donc celui des aiguilles d'une montre.

Enroulement de la droite numérique sur le cercle trigonométrique

Dans le plan muni d'un repère orthonormé (O, I, J), on considère le cercle trigonométrique $\mathscr{C}$ et (d) la droite parallèle à (OJ) passant par I. Soit a un nombre réel et le point de coordonnées (1 ; a) appartenant à (d).
À ce point de la droite (d), dite droite numérique, correspond un unique point du cercle trigonométrique par enroulement de la droite (d) sur $\mathscr{C}$.

Vocabulaire

On dit que M est l'**image du réel** a **par enroulement** ou qu'on associe au réel a le point M.

Propriétés

(1) Par **enroulement de la droite numérique** autour du cercle trigonométrique, on peut associer à tout réel un unique point du cercle.
(2) Soit a un réel et M le point du cercle trigonométrique associé au réel a, alors le point M est associé à tous les réels de la forme $a + k2\pi$, k étant un entier relatif.

Remarque : lorsque le réel a appartient à $[0\,;\,\pi]$, la mesure de l'angle $\widehat{IOM}$ est proportionnelle à la longueur de l'arc $\overset{\frown}{IM}$, c'est-à-dire qu'elle est proportionnelle à a.

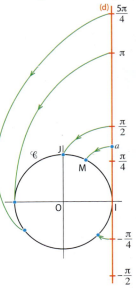

Cosinus et sinus d'un nombre réel

Définitions

Soit M le point du cercle trigonométrique associé à un réel a.
(1) Le **cosinus** du réel a, noté **cos** a est l'**abscisse** du point M.
(2) Le **sinus** du réel a, noté **sin** a, est l'**ordonnée** du point M.

Notations

$\cos(a)$ s'écrit aussi $\cos a$.
Le carré de $\cos a$ peut s'écrire aussi $(\cos a)^2$ ou $\cos^2(a)$.

Propriétés Pour tout réel a :
(1) $-1 \leq \cos a \leq 1$ et $-1 \leq \sin a \leq 1$
(2) $\cos(a + k2\pi) = \cos(a)$ et $\sin(a + k2\pi) = \sin a$ pour k entier
(3) $(\cos a)^2 + (\sin a)^2 = 1$

À noter

Les valeurs de ces angles remarquables ont été découvertes dans l'activité 4, page 135.

Valeurs des cosinus et sinus d'angles remarquables

Angle $\widehat{IOM}$	0°	30°	45°	60°	90°
Réel a	0	$\dfrac{\pi}{6}$	$\dfrac{\pi}{4}$	$\dfrac{\pi}{3}$	$\dfrac{\pi}{2}$
$\cos a$	1	$\dfrac{\sqrt{3}}{2}$	$\dfrac{\sqrt{2}}{2}$	$\dfrac{1}{2}$	0
$\sin a$	0	$\dfrac{1}{2}$	$\dfrac{\sqrt{2}}{2}$	$\dfrac{\sqrt{3}}{2}$	1

LES SAVOIR-FAIRE DU COURS

SAVOIR-FAIRE 1
Voir les exercices 12 et 13, p. 139

Se repérer sur le cercle trigonométrique

On considère le cercle trigonométrique $\mathcal{C}$.
Dessiner ce cercle puis placer les points A, B, C, D et E correspondant par enroulement de la droite numérique aux réels suivants : $\dfrac{\pi}{2}$, $-\pi$, $\dfrac{\pi}{6}$, $\dfrac{13\pi}{6}$, $-\dfrac{5\pi}{4}$.

Solution commentée

- $\dfrac{\pi}{2}$ correspond à un quart de tour dans le sens direct, et on place ainsi le point A.
- π correspondant à un demi-tour sur $\mathcal{C}$, $-\pi$ correspond à un demi-tour dans l'autre sens : on place ainsi le point B.
- Pour $\dfrac{\pi}{6}$, on peut calculer la valeur correspondante de l'angle (en degrés) par proportionnalité. Sachant que 180° correspond à π, on peut écrire $\dfrac{\pi}{6} \times \dfrac{180}{\pi} = 30°$ et ainsi placer le point C.
- Pour $\dfrac{13\pi}{6}$, on remarque que $\dfrac{13\pi}{6} - 2\pi = \dfrac{13\pi}{6} - \dfrac{12\pi}{6} = \dfrac{\pi}{6}$ et donc que $\dfrac{13\pi}{6}$ correspond au même point que $\dfrac{\pi}{6}$.
- Pour $-\dfrac{5\pi}{4}$, on utilise une méthode similaire :
$$-\dfrac{5\pi}{4} + 2\pi = -\dfrac{5\pi}{4} + \dfrac{8\pi}{4} = \dfrac{3\pi}{4} \text{ donc } -\dfrac{5\pi}{4} \text{ et } \dfrac{3\pi}{4}$$
ont la même image sur $\mathcal{C}$. Sachant que $\dfrac{3\pi}{4} = \dfrac{\pi}{2} + \dfrac{\pi}{4}$, on place le point F image de $\dfrac{\pi}{4}$ par enroulement, puis on place le point E.

Méthode
Lorsque le réel a est supérieur à 2π, on peut soustraire 2π à ce réel autant de fois que nécessaire.

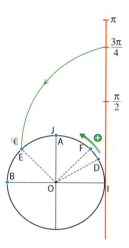

SAVOIR-FAIRE 2
Voir les exercices 36 et 37, p. 140

Faire le lien avec les valeurs des sinus et cosinus des angles remarquables

En utilisant les valeurs des cosinus et sinus d'angles remarquables, déterminer les valeurs des cosinus et sinus des réels suivants : $\dfrac{13\pi}{6}$ et $-\dfrac{5\pi}{4}$.

Conseil
On peut vérifier les résultats obtenus en utilisant la calculatrice en mode *Radian*. Voir pages 326 et 327.

Solution commentée

$\dfrac{13\pi}{6}$ et $\dfrac{\pi}{6}$ ont la même image sur le cercle trigonométrique : le point D (voir **savoir-faire 1**).
On peut donc en déduire que :
$$\cos\left(\dfrac{13\pi}{6}\right) = \cos\left(\dfrac{\pi}{6}\right) = \dfrac{\sqrt{3}}{2} \text{ et } \sin\left(\dfrac{13\pi}{6}\right) = \sin\left(\dfrac{\pi}{6}\right) = \dfrac{1}{2}.$$

$-\dfrac{5\pi}{4}$ et $\dfrac{3\pi}{4}$ ont même image sur le cercle trigonométrique : le point E (voir **savoir-faire 1**).

Or, le point image de $\dfrac{3\pi}{4}$ est le symétrique du point image de $\dfrac{\pi}{4}$ par rapport à l'axe des ordonnées : on en déduit que les points E et F ont leurs abscisses opposées et la même ordonnée.

Ainsi : $\cos\left(-\dfrac{5\pi}{4}\right) = \cos\left(\dfrac{3\pi}{4}\right) = -\cos\left(\dfrac{\pi}{4}\right) = -\dfrac{\sqrt{2}}{2}$
et $\sin\left(-\dfrac{5\pi}{4}\right) = \sin\left(\dfrac{3\pi}{4}\right) = \sin\left(\dfrac{\pi}{4}\right) = \dfrac{\sqrt{2}}{2}$.

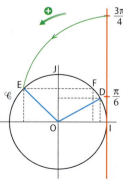

Chapitre 6 ■ Trigonométrie

EXERCICES

Parcours en autonomie (corrections en fin de manuel)
Maîtriser les bases 5 • 9
Préparer le contrôle 14 • 39 • 52

Pour démarrer

Enroulement de la droite numérique sur le cercle trigonométrique

1 En direct du cours !
Tracer le cercle trigonométrique, puis placer les points images de chacun des nombres réels suivants par enroulement de la droite numérique sur le cercle trigonométrique.
a. 0 **b.** $\dfrac{\pi}{2}$ **c.** π **d.** 2π

Pour les exercices 2 à 4, tracer le cercle trigonométrique et placer les points images des réels proposés par enroulement.

2 a. $-\dfrac{\pi}{2}$ **b.** $-\pi$ **c.** -2π **d.** 3π

3 a. $\dfrac{3\pi}{2}$ **b.** $-\dfrac{\pi}{2}$ **c.** $\dfrac{5\pi}{2}$ **d.** $\dfrac{7\pi}{2}$

4 a. $\dfrac{\pi}{4}$ **b.** $-\dfrac{\pi}{4}$ **c.** $\dfrac{3\pi}{4}$ **d.** $\dfrac{5\pi}{4}$

5 On a placé six points A, B, C, D, E et F sur le cercle trigonométrique 𝒞 ci-dessous.

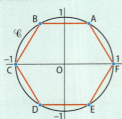

Pour chacun des réels suivants, trouver le point qui est son image par enroulement de la droite numérique.
a. $\dfrac{\pi}{3}$ **b.** $-\dfrac{\pi}{3}$ **c.** $\dfrac{2\pi}{3}$
d. $\dfrac{6\pi}{3}$ **e.** $\dfrac{5\pi}{3}$ **f.** $-\dfrac{4\pi}{3}$

POINT HISTOIRE

Les origines de la trigonométrie remontent aux civilisations antiques.
Hipparque de Nicée (1er siècle av. J.-C.), mathématicien grec, fut le premier à rédiger, pour ses travaux en astronomie, des tables trigonométriques faisant correspondre des angles et des longueurs d'arcs de cercle.

Cosinus et sinus d'un nombre réel

6 En direct du cours !
On a placé sur le cercle trigonométrique suivant le point image M du réel $\dfrac{\pi}{3}$ par enroulement.

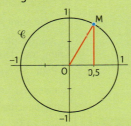

1. Lire graphiquement la valeur du cosinus de ce réel.
2. Donner la valeur exacte du sinus de ce réel.

7 Que vaut $\cos^2(0,3) + \sin^2(0,3)$?

8 1. Sur le cercle trigonométrique, placer de manière approximative les points images par enroulement de la droite numérique des réels suivants.
a. $\dfrac{\pi}{5}$ **b.** $\dfrac{4\pi}{7}$ **c.** $-\dfrac{\pi}{9}$
2. En déduire les signes des cosinus et sinus de chacun de ces réels.

9 Sur le cercle trigonométrique, placer les points images par enroulement de chacun des réels suivants, puis comparer les cosinus et sinus de chacun de ces réels.
a. $\dfrac{\pi}{4}$ et $\dfrac{3\pi}{4}$. **b.** $\dfrac{\pi}{4}$ et $\dfrac{5\pi}{4}$. **c.** $\dfrac{\pi}{4}$ et $\dfrac{7\pi}{4}$.

10 Reprendre les questions de l'exercice précédent avec les réels :
a. $\dfrac{\pi}{3}$ et $\dfrac{4\pi}{3}$. **b.** $\dfrac{\pi}{3}$ et $-\dfrac{4\pi}{3}$. **c.** $\dfrac{\pi}{3}$ et $-\dfrac{\pi}{3}$.

11 🖩 À l'aide du mode **Radian** de la calculatrice, déterminer pour chaque cas suivant une valeur approchée à 10^{-3} près d'un nombre x vérifiant l'égalité proposée.
a. $\cos x = \dfrac{1}{5}$ **b.** $\cos x = 0,8$ **c.** $\cos x = -0,2$
d. $\sin x = \dfrac{3}{7}$ **e.** $\sin x = 1$ **f.** $\sin x = -0,1$

Aide Placer la calculatrice en mode radian
Casio : pour choisir le mode **radian** : SET UP puis, sur la ligne **Angle**, choisir **Rad** (touche F2 puis Exe).
Texas : appuyer sur **mode**, sélectionner **radian** puis appuyer sur entrer.

Parcours en autonomie (corrections en fin de manuel)
Maîtriser les bases 5 · 9
Préparer le contrôle 14 · 39 · 52

EXERCICES

Pour s'entraîner

Repérage sur le cercle trigonométrique

Pour les exercices 12 à 14, tracer le cercle trigonométrique et placer les points images des réels proposés par enroulement.

12 a. $\dfrac{\pi}{3}$ b. $-\dfrac{4\pi}{3}$ c. $\dfrac{5\pi}{3}$ d. $\dfrac{16\pi}{3}$

SAVOIR-FAIRE 1 p.137

13 a. $-\dfrac{\pi}{6}$ b. $\dfrac{4\pi}{6}$ c. $-\dfrac{5\pi}{6}$ d. $\dfrac{25\pi}{6}$

SAVOIR-FAIRE 1 p.137

14 Préparer le contrôle
a. $\dfrac{\pi}{4}$ b. $\dfrac{39\pi}{4}$ c. $-\dfrac{11\pi}{4}$ d. $\dfrac{45\pi}{4}$

EXERCICE RÉSOLU

15 Des points images sur le cercle trigonométrique

Énoncé
Dessiner le cercle trigonométrique, puis placer les points images par enroulement des réels suivants.
a. $\dfrac{3\pi}{5}$ b. $\dfrac{7\pi}{5}$ c. $\dfrac{17\pi}{5}$

Solution commentée
Pour placer le point A image du réel $\dfrac{3\pi}{5}$, on peut calculer par proportionnalité la valeur correspondante en degrés de l'angle $\widehat{IOA}$. Sachant que 180° correspond à π, on en déduit que $\dfrac{3\pi}{5} \times \dfrac{180}{\pi} = 108°$. On place ainsi le point A tel que la mesure de l'angle $\widehat{IOA}$ soit égale à 108°.

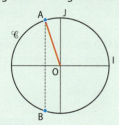

b. Pour placer le point image du réel $\dfrac{7\pi}{5}$, on remarque que $\dfrac{7\pi}{5} - 2\pi = \dfrac{7\pi}{5} - \dfrac{10\pi}{5} = -\dfrac{3\pi}{5}$ donc le point image de ce réel est le symétrique du point A par rapport à l'axe des abscisses : on le nomme B.

c. Pour placer le point image du réel $\dfrac{17\pi}{5}$, on remarque que $\dfrac{17\pi}{5} - 2\pi = \dfrac{17\pi}{5} - \dfrac{10\pi}{5} = \dfrac{7\pi}{5}$ donc le point image par enroulement du réel $\dfrac{17\pi}{5}$ est également le point B.

16 Pour chacun des réels suivants, placer sur le cercle trigonométrique son point image par enroulement.
a. $\dfrac{2\pi}{3}$ b. $-\dfrac{5\pi}{3}$ c. $\dfrac{\pi}{8}$ d. $\dfrac{5\pi}{8}$

17 Reprendre l'exercice 16 avec les réels suivants.
a. 1   b. 2   c. 6   d. −3

18 On enroule une ficelle autour d'un yoyo de rayon un centimètre comme sur la figure ci-contre. La longueur de la ficelle est $\dfrac{15\pi}{2}$ cm.

1. Combien fait-on de tours entiers ?
2. Où se trouve l'autre extrémité de la ficelle enroulée ?

19 On considère les points A, B et C, respectivement images par enroulement de la droite numérique sur le cercle trigonométrique, des réels : $\dfrac{\pi}{6}$; $\dfrac{7\pi}{6}$; $-\dfrac{5\pi}{6}$.
1. Parmi les points A, B et C, lesquels sont confondus ?
2. Donner les réels appartenant à l'intervalle [−3π ; 3π] qui ont pour image par enroulement le point A.
3. Combien y a-t-il de réels de la sorte dans $\mathbb{R}$?

Pour les exercices 20 à 22, on considère le cercle trigonométrique, partagé en quatre parties égales.

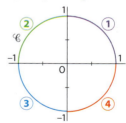

Pour chaque exercice, dire sur quel quart du cercle se trouvent les points images par enroulement des réels donnés.

20 a. $\dfrac{5\pi}{4}$ b. $\dfrac{5\pi}{12}$ c. $\dfrac{7\pi}{12}$

21 a. $\dfrac{4\pi}{9}$ b. $\dfrac{4\pi}{7}$ c. $\dfrac{17\pi}{9}$

22 Dans chaque question, dire si les points images par enroulement des deux réels donnés sont confondus ou non.
1. $\dfrac{3\pi}{2}$ et $-\dfrac{\pi}{2}$.   2. $\dfrac{2\pi}{7}$ et $\dfrac{23\pi}{7}$.

Chapitre 6 ■ Trigonométrie   **139**

EXERCICES

23 Pour chacun des réels suivants, donner un réel de l'intervalle $]-\pi\,;\,\pi]$ qui a le même point image par enroulement que le réel initial.

a. $\dfrac{3\pi}{5}$ **b.** $\dfrac{7\pi}{5}$ **c.** $\dfrac{17\pi}{5}$

24 Reprendre l'exercice **23** avec les réels suivants.

a. $\dfrac{50\pi}{7}$ **b.** $-\dfrac{55\pi}{8}$ **c.** $\dfrac{38\pi}{6}$

25 Donner tous les réels de l'intervalle $]-4\pi\,;\,4\pi]$ qui ont pour image par enroulement le même point du cercle trigonométrique que le nombre $\dfrac{5\pi}{3}$.

26 **Algo** **Comprendre un algorithme**
On considère l'algorithme suivant :

Variable	A est un réel
Entrée	Saisir A
Traitement	**Tant que** A est supérieur ou égal à 2π **faire**
	A prend la valeur $A - 2\pi$
	Fin Tant que
Sortie	Afficher A

1. Si $A = 3\pi$, que va afficher l'algorithme ? et si $A = \dfrac{\pi}{2}$?

2. Si A vaut 2014π, quelle valeur est affichée en fin d'algorithme ?

VRAI - FAUX

*Pour les exercices **27** et **28**, indiquer si les affirmations sont vraies ou fausses, puis justifier.*

27 0 et π ont la même image sur le cercle trigonométrique.

28 $6{,}28$ a pour image le point I de coordonnées $(1\,;\,0)$ sur le cercle trigonométrique.

Cosinus et sinus d'un nombre réel

29 Sachant que $\cos x = -\dfrac{1}{4}$, peut-on avoir :

1. $0 < x < \dfrac{\pi}{2}$?   **2.** $\dfrac{\pi}{2} < x < \pi$?

30 **1.** Montrer que le réel 10 appartient à l'intervalle $\left[3\pi\,;\,3\pi + \dfrac{\pi}{2}\right[$.

2. Indiquer sur quel quart de cercle trigonométrique se trouve le point image du réel 10 par enroulement.

3. En déduire le signe de $\cos 10$ et celui de $\sin 10$.

31 **1.** Tracer le cercle trigonométrique, puis marquer les points associés aux réels x tels que $\sin x = 0{,}5$.

2. Colorer en rouge l'ensemble des points du cercle trigonométrique associés aux réels x tels que $\sin x \geqslant 0{,}5$.

32 **1.** Sur le cercle trigonométrique, marquer les points associés aux réels x tels que $\cos x = 0{,}25$.

2. Colorer en rouge l'ensemble des points du cercle associés aux réels x tels que $\cos x \leqslant 0{,}25$.

3. On sait de plus que $\sin x > 0$. Quel est le point du cercle associé à x ?

33 **Logique**
Soit l'énoncé : « Si $x \in \left]0\,;\,\dfrac{\pi}{2}\right[$, alors $\sin x > 0$. »

1. Dire si cet énoncé est vrai ou faux. Justifier.

2. Écrire l'énoncé réciproque. Est-il vrai ?

VRAI - FAUX

*Pour les exercices **34** et **35**, indiquer si les affirmations sont vraies ou fausses, puis justifier.*

34 Si x est un réel strictement négatif, alors $\sin x < 0$.

35 Si $x \in \left]0\,;\,\dfrac{\pi}{2}\right[$, alors $\cos x > 0$.

Valeurs remarquables de cosinus et sinus

36 Soit A, B et C les points respectivement images par enroulement des réels $\dfrac{\pi}{6}$, $\dfrac{\pi}{4}$ et $\dfrac{\pi}{3}$.

Soit A', B', et C' les points respectivement images par enroulement des réels $-\dfrac{\pi}{6}$, $\dfrac{3\pi}{4}$ et $\dfrac{4\pi}{3}$.

1. Par quelle(s) transformation(s) géométrique(s) obtient-on les points images A', B', C' à partir des points A, B et C ?

2. En déduire les valeurs du cosinus et du sinus de chacun des réels $-\dfrac{\pi}{6}$, $\dfrac{3\pi}{4}$ et $\dfrac{4\pi}{3}$.

SAVOIR-FAIRE 2 p. 137

37 En se référant à des valeurs remarquables, déterminer les valeurs du cosinus et du sinus de chacun des réels suivants.

a. $\dfrac{11\pi}{3}$ **b.** $\dfrac{13\pi}{4}$ **c.** $-\dfrac{7\pi}{6}$

SAVOIR-FAIRE 2 p. 137

38 Calculer, sans utiliser la calculatrice, les expressions suivantes.

a. $\sin\dfrac{\pi}{6} + \sin\dfrac{7\pi}{6}$ **b.** $\cos\dfrac{\pi}{3} - \cos\left(-\dfrac{\pi}{3}\right)$

39 **Préparer le contrôle**
Calculer, sans utiliser la calculatrice, les expressions suivantes.

a. $\cos\dfrac{\pi}{3} + \sin\dfrac{\pi}{6}$ **b.** $\cos\left(-\dfrac{\pi}{4}\right) - \sin\dfrac{\pi}{4}$

c. $\cos\dfrac{17\pi}{4}$ **d.** $\sin\dfrac{\pi}{4} + \sin\dfrac{23\pi}{4}$

EXERCICES

40 Calculer, sans utiliser la calculatrice, les expressions suivantes.

a. $\cos^2\left(-\dfrac{\pi}{4}\right) - \sin^2\left(-\dfrac{\pi}{4}\right)$

b. $\dfrac{\sin\dfrac{\pi}{3}}{\cos\dfrac{5\pi}{6}}$

c. $\cos\dfrac{3\pi}{4} + \sin\dfrac{3\pi}{4}$

41 **Logique**

Soit l'énoncé : « Il existe un réel x tel que $\cos x < 2$. »

1. Dire si cet énoncé est vrai ou faux. Justifier.

2. Écrire la négation de cette proposition. Cette nouvelle proposition est-elle vraie ?

42 **1.** Calculer la valeur exacte des nombres réels A et B.

$A = \cos(0) + \cos\dfrac{\pi}{6} + \cos\dfrac{\pi}{4} + \cos\dfrac{\pi}{3} + \cos\dfrac{\pi}{2}$

$B = \sin(0) + \sin\dfrac{\pi}{6} + \sin\dfrac{\pi}{4} + \sin\dfrac{\pi}{3} + \sin\dfrac{\pi}{2}$

2. Comparer A et B. Comment peut-on l'expliquer ?

43 **1.** Tracer le cercle trigonométrique, puis placer les points de ce cercle d'abscisse $\dfrac{1}{2}$.

2. Déterminer les réels x de l'intervalle $[0\,;2\pi]$ tels que $\cos x = \dfrac{1}{2}$.

44 **1.** Tracer le cercle trigonométrique, puis placer les points de ce cercle d'abscisse $\dfrac{\sqrt{3}}{2}$.

2. Déterminer les réels x de l'intervalle $[0\,;2\pi]$ tels que $\cos x = \dfrac{\sqrt{3}}{2}$.

45 **1.** Tracer le cercle trigonométrique, puis placer les points de ce cercle d'ordonnée $\dfrac{1}{2}$.

2. Déterminer les réels x de l'intervalle $]-\pi\,;\pi]$ tels que $\sin x = \dfrac{1}{2}$.

46 **1.** Placer sur le cercle trigonométrique les points d'ordonnée $\dfrac{\sqrt{2}}{2}$.

2. Déterminer les réels x de l'intervalle $]-\pi\,;\pi]$ tels que $\sin x = \dfrac{\sqrt{2}}{2}$.

VRAI - FAUX

*Pour les exercices **47** et **48**, indiquer si les affirmations sont vraies ou fausses, puis justifier.*

47 $\sin\dfrac{28\pi}{3} = \dfrac{\sqrt{3}}{2}$

48 On sait que $\cos a = 0{,}7$. Alors $\cos(a + 2\pi) = 0{,}7 + 2\pi$.

Propriétés de cosinus et sinus

49 On considère un nombre réel x de $\left[0\,;\dfrac{\pi}{2}\right]$ tel que $\cos x = 0{,}8$.

1. a. Avec la calculatrice, déterminer une valeur approchée de x à 10^{-3} près.

b. En utilisant le résultat précédent, déterminer une valeur approchée de $\sin x$.

2. Quelle relation entre sinus et cosinus permet d'obtenir la valeur exacte de $\sin x$ sans utiliser de calculatrice ?

EXERCICE RÉSOLU

50 **Déterminer une valeur approchée d'un réel**

Énoncé

1. Sachant que :

$$\cos x = 0{,}6 \text{ et que } 0 < x < \dfrac{\pi}{2},$$

calculer $\sin x$, puis déterminer à l'aide de la calculatrice une valeur approchée du réel x.

2. Calculer $\sin x$ sachant que :

$$\cos x = 0{,}6 \text{ et } \dfrac{3\pi}{2} < x < 2\pi.$$

Solution commentée

1. Pour tout réel x, $\cos^2 x + \sin^2 x = 1$ donc :

$$\sin^2 x = 1 - \cos^2 x = 1 - 0{,}6^2 = 0{,}64.$$

Sachant que $0 < x < \dfrac{\pi}{2}$, on a nécessairement $\sin x > 0$ et donc :

$$\sin x = \sqrt{0{,}64} = 0{,}8.$$

En utilisant la calculatrice en mode **Radian**, on trouve $x \approx 0{,}9273$.

2. On procède de la même façon et on trouve $\sin^2 x = 0{,}64$ mais, cette fois, on a $\dfrac{3\pi}{2} < x < 2\pi$. Le sinus est donc négatif et $\sin x = -0{,}8$.

51 Sachant que $\sin x = 0{,}8$ et que $0 < x < \dfrac{\pi}{2}$, calculer $\cos x$ et déterminer avec la calculatrice une valeur approchée du réel x.

52 **Préparer le contrôle**

Sachant que : $\cos x = 0{,}8$ et que $\dfrac{3\pi}{2} < x < 2\pi$, calculer $\sin x$.

53 **Logique**

Soit l'énoncé :

« Pour tout réel x, $\sin(x^2) + \cos(x^2) = 1$. »

1. Dire si cet énoncé est vrai ou faux. Justifier.

2. Écrire la négation de cette proposition. Cette nouvelle proposition est-elle vraie ?

Chapitre 6 ■ Trigonométrie **141**

EXERCICES

54 On a tracé ci-dessous la représentation graphique de la fonction f définie sur $\mathbb{R}$ par :
$$f(x) = (\sin x + \cos x)^2 + (\sin x - \cos x)^2.$$

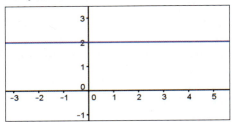

1. Quelle conjecture peut-on faire sur cette fonction f ?
2. Expliquer ce curieux résultat !

> **LE SAVIEZ-VOUS ?**
> **Joseph Fourier** (1768-1830) était un mathématicien français dont les découvertes, utilisant très largement les fonctions cosinus et sinus, ont révolutionné notre quotidien : ses théories sont toujours utilisées dans le traitement du son et de l'image.

55 1. Sur le cercle trigonométrique, placer arbitrairement un point M image d'un réel x choisi entre 0 et $\frac{\pi}{2}$ (on prendra soin d'éviter les cas remarquables).

2. Placer le point N, symétrique de M par rapport à l'axe des abscisses. De quel réel ce point N est-il image par enroulement ?

3. Que peut-on dire des abscisses des points M et N ?

4. Recopier et compléter la propriété suivante :
« Pour tout réel x, $\cos(-x) = \dots$ »

5. Établir une propriété similaire pour $\sin(-x)$.

56 1. Sur le cercle trigonométrique, placer arbitrairement un point M image d'un réel x choisi entre 0 et $\frac{\pi}{2}$ (en évitant les cas remarquables).

2. Placer le point P, symétrique de M par rapport à l'axe des ordonnées. De quel réel ce point P est-il image ?

3. Que peut-on dire des abscisses des points M et P ?

4. Recopier et compléter la propriété suivante :
« Pour tout réel x, $\cos(\pi - x) = \dots$ »

5. Établir une propriété similaire pour $\sin(\pi - x)$.

> **Aide** question 2. On pourra s'aider du point N placé dans l'exercice précédent.

57 1. Tracer le cercle trigonométrique puis placer arbitrairement un point M image d'un réel x choisi entre 0 et $\frac{\pi}{2}$, tout en évitant les cas remarquables.

2. Placer le point Q associé au réel $x + \pi$.

3. Quelle transformation géométrique permet de passer de M à Q ?

4. Que peut-on dire des coordonnées des points M et Q ?

5. Recopier et compléter la propriété :
« Pour tout réel x, $\cos(x + \pi) = \dots$ »

6. Établir une propriété similaire pour $\sin(x + \pi)$.

58 Connaissant l'encadrement de $\sin x$ et celui de $\cos x$, déterminer un encadrement de :
a. $2 \sin x$
b. $\sin x + \cos x$
c. $\sin x - 2 \cos x$

> **VRAI - FAUX**
> Pour les exercices **59** et **60**, indiquer si les affirmations sont vraies ou fausses, puis justifier.

59 Pour tout réel x, $\cos(x + 2\pi) = \cos x$.

60 Pour tout réel x, $\cos x + \sin x = 1$.

TOP CHRONO
Résoudre chacun des exercices suivants en 15 minutes maximum.

61 Sur le cercle trigonométrique, placer le point image par enroulement de chacun des réels suivants.
a. $-\frac{35\pi}{4}$ b. $\frac{13\pi}{8}$ c. $\frac{2014\pi}{3}$

62 Soit x le réel compris entre 0 et π, tel que :
$$\cos x = -\frac{1}{4}.$$

1. Tracer le cercle trigonométrique dans le plan muni d'un repère (O, I, J) où OI = OJ = 4 cm.
Placer le point M image de x par enroulement.

2. Que peut-on dire du signe de $\sin x$?

3. Déterminer la valeur de $\sin^2 x$, puis en déduire la valeur de $\sin x$.

EXERCICES

Pour approfondir

63 **Algo** **Comprendre un algorithme**

Variables	A est un réel, B est un réel, C est un réel
Entrée	Saisir A et B
Traitement et sortie	C prend la valeur $\dfrac{A-B}{2\pi}$
	Si C est un entier
	Alors afficher OUI
	Sinon afficher NON
	Fin Si

1. Si A vaut $\dfrac{57\pi}{9}$ et B vaut $\dfrac{\pi}{3}$, que s'affiche-t-il ?

2. À quoi correspond l'expression affectée à C ?

3. Que retourne cet algorithme ?

64 **1.** Sachant que $\sin\dfrac{\pi}{5} = \sqrt{\dfrac{5-\sqrt{5}}{8}}$, calculer $\cos\dfrac{\pi}{5}$.

2. À l'aide du cercle trigonométrique, en déduire les valeurs de $\cos\dfrac{6\pi}{5}$ et $\sin\dfrac{6\pi}{5}$.

65 **1.** Dans le plan muni d'un repère orthonormé (O, I, J), placer arbitrairement sur le cercle trigonométrique un point M image par enroulement d'un réel a choisi entre 0 et $\dfrac{\pi}{4}$ (éviter les cas remarquables).

2. Tracer la droite d'équation $y = x$.

3. Placer le point R, symétrique du point M par rapport à la droite d'équation $y = x$. Expliquer pourquoi ce point est aussi sur le cercle trigonométrique.

4. Soit b le réel de l'intervalle $\left]\dfrac{\pi}{4}\,;\,\dfrac{\pi}{2}\right[$ dont l'image est le point R. Expliquer pourquoi on a $b = \dfrac{\pi}{2} - a$.

5. En utilisant les propriétés de la symétrie, établir des relations entre $\cos a$, $\sin a$, $\cos b$ et $\sin b$.

6. Recopier et compléter les propriétés suivantes :
« Pour tout réel x, $\cos\left(\dfrac{\pi}{2} - x\right) = \ldots$ et $\sin\left(\dfrac{\pi}{2} - x\right) = \ldots$ ».

66 **1.** Sachant que $\cos\dfrac{\pi}{12} = \dfrac{\sqrt{2}+\sqrt{6}}{4}$, calculer $\sin\dfrac{\pi}{12}$.

2. À l'aide du cercle trigonométrique, en déduire les valeurs de $\cos\dfrac{11\pi}{12}$ et $\sin\dfrac{11\pi}{12}$.

67 **PROBLÈME DE SYNTHÈSE**

Dans le repère (O, I, J), on considère la figure ci-dessous où M est un point du cercle trigonométrique $\mathscr{C}$.

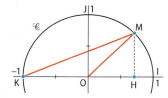

1. Exprimer la mesure de l'angle $\widehat{IOM}$ en fonction de celle de l'angle $\widehat{IKM}$.

2. Soit x un réel dont M est l'image par enroulement. Démontrer que $KM^2 = \sin^2 x + (1 + \cos x)^2$.

3. En déduire que $KM^2 = 2(1 + \cos x)$.

4. En utilisant la trigonométrie du triangle rectangle, prouver que :
$$\cos^2\left(\dfrac{x}{2}\right) = \dfrac{1 + \cos x}{2}.$$

5. **Application** : déterminer la valeur de $\cos\dfrac{\pi}{8}$, puis en déduire la valeur de $\sin\dfrac{\pi}{8}$.

PRISES D'INITIATIVES

68 Soit A le point image par enroulement du réel $\dfrac{\pi}{2}$, B le point image par enroulement du réel $\dfrac{\pi}{2} + \dfrac{\pi}{4}$, C celui de $\dfrac{\pi}{2} + \dfrac{\pi}{4} + \dfrac{\pi}{8}$. Si l'on continue ainsi, de quel point se rapproche-t-on sans jamais l'atteindre ?

69 Résoudre $\sqrt{\cos x} + \sqrt{\sin x} = 1$ dans $[0\,;\,2\pi]$.

70 Résoudre $\cos^4 x + \sin^4 x = 0$ dans $[0\,;\,2\pi]$.

71 Combien vaut la somme :
$\cos\dfrac{\pi}{360} + \cos\dfrac{2\pi}{360} + \cos\dfrac{3\pi}{360} + \ldots + \cos\dfrac{358\pi}{360} + \cos\dfrac{359\pi}{360}$?

72 **Algo** **Programmer un algorithme**

Le cercle trigonométrique est partagé en quatre parties égales.

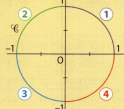

1. Écrire un algorithme demandant de saisir en entrée un réel quelconque et donnant en sortie le quart du cercle trigonométrique dans lequel figure le point associé à ce réel.

2. Programmer cet algorithme sur la calculatrice ou sur un ordinateur.

Chapitre 6 ■ Trigonométrie   **143**

Réactiver les savoirs

➤ Voir les réponses, p. 332

Utiliser un graphique statistique — COLLÈGE

Exercice Les élèves d'une classe de seconde ont été interrogés sur le nombre de véhicules disponibles dans leur foyer. Les résultats obtenus sont donnés dans le graphique ci-contre.

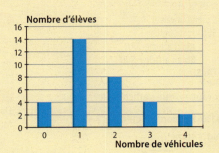

1. Quelle est la population concernée ?
2. Quel est l'effectif de cette population ?
3. Quel est le pourcentage d'élèves disposant d'exactement deux véhicules dans leur foyer ?
4. Quel est le pourcentage d'élèves disposant d'au moins un véhicule dans leur foyer ?
5. Représenter ces données statistiques à l'aide d'un diagramme circulaire.

➤ Pour vous aider, voir les rappels, p. 310 et l'Essentiel du collège, Rabat B

Utiliser un tableur — COLLÈGE

Vrai ou faux ?

On a relevé l'âge de lycéens ayant participé à une compétition d'athlétisme. Les résultats ont été placés dans une feuille de calcul d'un tableur.

6. On peut lire dans la cellule **D1** le nombre de lycéens âgés de 16 ans.
7. Dans la cellule **H2**, la formule saisie peut être =SOMME(B2:G2).
8. La formule =MOYENNE(B1:G1) permet de connaître l'âge moyen des participants.
9. La formule saisie dans la cellule **B3** a été recopiée dans les cellules **C3** à **G3**. Une formule possible est : =B2/$H2.

➤ Pour vous aider, voir fiche TICE, p. 319

Interpréter les données d'une série statistique — COLLÈGE

QCM Choisir la (ou les) bonne(s) réponse(s).

Les salaires mensuels en euros des employés d'une petite maison d'édition sont :
1 000 ; 1 000 ; 1 200 ; 1 200 ; 1 200 ; 1 500 ; 1 500 ; 2 000 ; 2 500 ; 3 100.

	A	B	C	D
10. L'effectif total de cette série est :	11	6	10	16 200
11. Le nombre de salariés dont le salaire est au moins 1 200 € est :	2	3	5	8
12. La fréquence des salariés gagnant moins de 2 000 € est :	30 %	50 %	70 %	80 %
13. Si on représente cette série par un diagramme circulaire, l'angle associé à la valeur 1 200 est :	60°	72°	108°	120°
14. Le salaire moyen en euros est :	1 200	1 350	1 620	2 050
15. Le salaire médian en euros est :	1 200	1 350	1 500	2 050
16. L'étendue de cette série est :	10	1 000	2 100	3 100

➤ Pour vous aider, voir les rappels, p. 313

144

Statistique descriptive

CHAPITRE 7

Des instituts, dont le rôle est d'observer et prévoir l'évolution de certains phénomènes, fournissent les outils nécessaires à des prises de décision. Ainsi, la publication quotidienne de ces résultats issus de nombreuses études statistiques (taux de chômage, évolution du PIB, taux de change entre les monnaies…) peuvent avoir une forte influence sur les cotations en bourse. Nous allons approfondir l'étude des séries statistiques dans ce chapitre.

Les notions du chapitre

- Effectifs – Fréquences
- Effectifs cumulés – Fréquences cumulées
- Représentations graphiques d'une série statistique
- Caractéristiques d'une série statistique : moyenne, médiane, quartiles, étendue

Logique Notations et raisonnement
p. 160, 161

Algo Les algorithmes
p. 160, 167

 Utilisation de logiciels
p. 144, 146, 152, 153, 154, 156, 157, 160, 162, 164, 165, 167

ACTIVITÉS

ACTIVITÉ 1 — Histoire de cartons

Objectif
Découvrir les notions d'effectifs cumulés et de fréquences cumulées.

Cours 1
Effectifs - Fréquences - Représentations

Le diagramme ci-dessous donne le nombre de cartons jaunes distribués à l'Euro 2012 de football.

1. Recopier le tableau ci-dessous et compléter la ligne **Nombre de matchs**.

Nombre de cartons jaunes par match	0	2	3	4	5	6	7	8	9
Nombre de matchs (effectif)									
Effectif cumulé croissant									

2. a. Au cours de combien de matchs l'arbitre a-t-il distribué **aucun** carton jaune ?
Ce nombre est appelé **effectif cumulé croissant** de la valeur 0.

b. Au cours de combien de matchs l'arbitre a-t-il distribué **au plus** 2 cartons jaunes ?
Ce nombre est appelé **effectif cumulé croissant** de la valeur 2.

c. Déterminer l'effectif cumulé croissant de la valeur 3. À quoi correspond cette valeur ?

3. Compléter la ligne **Effectif cumulé croissant** du tableau en justifiant le procédé employé.

4. a. À quoi correspond la valeur dans la case bleue du tableau ?

b. À l'aide du tableau, déterminer le nombre de matchs au cours desquels l'arbitre a distribué **au plus** 7 cartons jaunes.

ACTIVITÉ 2 — Échelle des salaires

Objectif
Travailler sur les caractéristiques de position à l'aide d'un tableur.

Cours 2
Caractéristiques d'une série statistique

Fichier logiciel
→ www.bordas-indice.fr

La feuille de calcul d'un tableur ci-contre donne le salaire de 30 employés d'une entreprise.

1. a. Quelle formule saisie en **C13** permet de déterminer le salaire moyen des employés ? Calculer ce salaire moyen.

b. Quelle formule saisie en **C14** permet de déterminer le salaire médian des employés ? Déterminer ce salaire médian.

c. On saisit dans la cellule **C15** la formule :
$$\text{=MAX(A1:C10)-MIN(A1:C10)}$$
Déterminer à quoi correspond la valeur affichée dans cette cellule.

2. Déterminer le premier et le troisième quartile de cette série statistique. Quelle observation peut-on faire ?

3. a. Expliquer pourquoi le salaire moyen est supérieur au salaire médian.

b. Lors d'une négociation salariale entre un chef d'entreprise et ses employés, lequel de ces indicateurs va utiliser le chef d'entreprise ? Quel est celui que vont utiliser les salariés ?

	A	B	C
1	1100	1600	2100
2	1100	1600	2100
3	1100	1700	2100
4	1100	1700	2400
5	1200	1700	2700
6	1200	1700	3300
7	1300	1800	3800
8	1400	1900	4400
9	1500	2000	4800
10	1500	2000	6000
11			
12	Somme des salaires		63900
13	Salaire moyen		
14	Salaire médian		
15			

ACTIVITÉS

ACTIVITÉ 3 — Des âges en tranches

Objectif
Découvrir les histogrammes et les courbes des fréquences cumulées.

Cours 1
Effectifs - Fréquences - Représentations

Vocabulaire
Statistique vient du latin *status* qui signifie **État**, car les premières statistiques ont consisté à recenser les populations.

Le tableau ci-contre présente la répartition en pourcentages de la population française au 1er janvier 2013 (source : Insee).

1. a. À l'aide des données du tableau, construire l'histogramme de cette série.
b. Au vu du graphique obtenu, quelles observations peut-on faire ?

2. a. Parmi la population, quel est le pourcentage de personnes âgées de moins de 10 ans ?
b. Quel est le pourcentage de personnes âgées de moins de 20 ans ? Ce nombre est appelé **fréquence cumulée croissante** de la valeur 20.

3. Recopier le tableau et compléter la colonne des **fréquences cumulées croissantes**.

Âge révolu (en années)	Intervalle correspondant	Fréquence (en %)	Fréquence cumulée croissante (en %)
Moins de 10	[0 ; 10[	12	12
De 10 à 19	[10 ; 20[	12	24
De 20 à 29	[20 ; 30[	12	...
De 30 à 39	[30 ; 40[	13	...
De 40 à 49	[40 ; 50[	14	...
De 50 à 59	[50 ; 60[	13	...
De 60 à 69	[60 ; 70[	11	...
De 70 à 79	[70 ; 80[	7	...
De 80 à 89	[80 ; 90[	5	...
De 90 à 99	[90 ; 100[	1	...
100 ou plus	[100 ; 110[	0	...

4. Pour construire la courbe des fréquences cumulées croissantes correspondant à cette série, on place les trois premiers points (en bleu) : le point de coordonnées (0 ; 0), le point de coordonnées (10 ; 12) car 12 % des personnes sont âgées de moins de 10 ans, et le point de coordonnées (20 ; 24) car 24 % des personnes sont âgées de moins de 20 ans.
Recopier le graphique ci-contre et compléter la courbe des fréquences cumulées croissantes (on prendra 1 cm pour 10 unités).

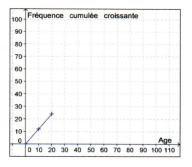

ACTIVITÉ 4 — Des planches à la bonne taille ?

Objectif
Comparer deux séries statistiques.

Cours 2
Caractéristiques d'une série statistique

Suite à la plainte de la gérante d'un magasin de *snowboards*, son principal fournisseur a mesuré un lot de 30 planches de la même série de taille théorique 160 cm. Voici les résultats obtenus triés par ordre croissant :
157,2 – 157,9 – 158,7 – 158,7 – 158,8 – 159 – 159 – 159,3 – 159,3 – 159,4 – 159,5 – 159,5 – 159,6 – 159,6 – 159,6 – 159,8 – 159,8 – 159,9 – 160 – 160 – 160,1 – 160,2 – 160,3 – 160,4 – 160,9 – 161 – 161,2 – 161,2 – 162,2 – 162,2.

1. a. Calculer la moyenne et la médiane de cette série statistique.
b. Calculer l'étendue, ainsi que le premier et le troisième quartile de cette série statistique.

2. Afin de comparer ses résultats, la responsable a appelé un collègue d'un autre magasin pour qu'il mesure lui aussi un lot de 30 planches. Les résultats sont donnés dans le tableau ci-contre.
a. Comparer la moyenne et la médiane de ces deux séries statistiques.
b. Comparer l'étendue, ainsi que les quartiles de ces deux séries statistiques.
c. Quelles observations peut-on faire, sachant que les deux lots proviennent de deux fournisseurs différents ?

Moyenne	159,86
Minimum	158,6
Maximum	160,8
Médiane	159,9
1er quartile	159,6
3e quartile	160,2

Chapitre 7 ■ Statistique descriptive **147**

COURS

1 Effectifs – Fréquences – Représentations

> **À noter**
> Lorsque les valeurs du caractère sont des nombres, le caractère est dit **quantitatif**. Dans le cas contraire, le caractère est dit **qualitatif**.

▶ Effectifs et fréquences

Une étude statistique commence par le recueil de **données** qui concernent un **caractère** des **individus** d'une **population**. Le caractère étudié prend un certain nombre de **valeurs**, qui peuvent être numériques ou non.

Définitions (1) L'**effectif** d'une valeur du caractère étudié est le nombre d'individus de la population ayant cette valeur.
(2) L'**effectif total** est le nombre d'individus de la population étudiée.
(3) La **fréquence** d'une valeur est le quotient de l'effectif de cette valeur par l'effectif total :

$$\text{fréquence} = \frac{\text{effectif de la valeur}}{\text{effectif total}}$$

> **À noter**
> La somme des fréquences est 1 soit 100 %.

Exemple : si on considère la série statistique donnée par le tableau ci-contre, l'effectif de la valeur « 1 » est 6, et sa fréquence est $\frac{6}{20}$, que l'on peut écrire $\frac{3}{10}$ ou 0,3 ou encore 30 %.

Valeur x_i	0	1	2	3	4	Total
Effectif n_i	5	6	3	4	2	20

▶ Effectifs cumulés et fréquences cumulées

On étudie un caractère quantitatif dans une population.
On note $n_1, n_2, \ldots, n_p$ les effectifs respectifs des valeurs $x_1, x_2, \ldots, x_p$ de ce caractère et on rassemble ces résultats dans le tableau ci-contre.

Valeur	x_1	x_2	...	x_p
Effectif	n_1	n_2	...	n_p
Fréquence	f_1	f_2	...	f_p

> **À noter**
> Quand les données sont regroupées en classes, on prend la borne supérieure de la classe comme valeur de x_i.

Définitions (1) L'**effectif cumulé croissant** de la valeur x_i est la somme des effectifs de toutes les valeurs du caractère inférieures ou égales à x_i.
(2) La **fréquence cumulée croissante** de la valeur x_i est la somme des fréquences de toutes les valeurs du caractère inférieures ou égales à x_i.

Exemple : en reprenant l'exemple précédent, l'effectif cumulé croissant de la valeur 2 est 5 + 6 + 3 soit 14.

> **POINT HISTOIRE**
> C'est à **William Playfair**, ingénieur et économiste écossais, que l'on doit l'histogramme (1786) et le diagramme circulaire (1801).

▶ Représentations graphiques

Divers graphiques permettent d'illustrer des données et de comparer deux séries statistiques. À ceux déjà rencontrés au collège (voir l'Essentiel du collège, Rabat B), on peut ajouter :
- le **nuage de points** : chaque couple $(x_i\,;\,n_i)$ correspond à un point sur le graphique ;
- l'**histogramme** : adapté aux valeurs regroupées en classes de même amplitude, il est constitué de rectangles adjacents ayant pour base chacune des classes, et dont la hauteur est égale à l'effectif ou à la fréquence ;
- la **courbe des fréquences cumulées croissantes** : adaptée aux valeurs regroupées en classes, elle est formée de segments reliant les points ayant pour abscisse la borne supérieure x_i de chaque classe, et pour ordonnée la fréquence cumulée croissante F_i de la valeur x_i.

> **À noter**
> De même, la courbe des effectifs cumulés croissants est formée de segments reliant les points ayant pour abscisse la borne supérieure x_i de chaque classe, et pour ordonnée N_i qui est l'effectif cumulé croissant de la valeur x_i.

Exemple : on considère la série statistique donnée par le tableau ci-dessous.
La courbe des fréquences cumulées croissantes est le graphique ci-contre.

Classe	[0 ; 2[	[2 ; 4[	[4 ; 6[	[6 ; 8[
Fréquence f_i	0,1	0,2	0,4	0,3
Fréquence cumulée croissante	0,1	0,3	0,7	1

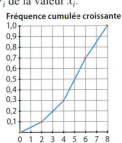

LES SAVOIR-FAIRE DU COURS

SAVOIR-FAIRE 1 — Passer des effectifs aux fréquences
Voir l'exercice 21, p. 156

Le tableau ci-contre donne le nombre de vêtements achetés par les clients d'un magasin de prêt-à-porter. Déterminer l'effectif total, puis les fréquences associées à chacune des valeurs de cette série.

Nombre de vêtements	1	2	3	4	5
Nombre de clients	12	16	8	3	1

Méthode
Pour calculer des fréquences, il faut commencer par déterminer l'effectif total.

Solution commentée
L'effectif total est le nombre total de clients soit $12 + 16 + 8 + 3 + 1 = 40$. La fréquence de clients ayant acheté un seul vêtement est $\frac{12}{40} = \frac{3}{10} = 0{,}3$ soit 30 %.
En procédant de même pour les autres valeurs, on obtient le tableau ci-contre.

Nombre de vêtements	1	2	3	4	5
Fréquence (en %)	30	40	20	7,5	2,5

SAVOIR-FAIRE 2 — Calculer des fréquences cumulées
Voir l'exercice 30, p. 157

Le tableau ci-dessous donne la répartition des élèves d'une classe de Seconde selon leur taille.

Taille (en cm)	[150 ; 160[	[160 ; 170[	[170 ; 180[	[180 ; 190[	[190 ; 200[
Fréquence	0,14	0,43	0,29	0,11	0,03

1. Déterminer les fréquences cumulées croissantes de cette série.
2. Quelle est la fréquence des élèves dont la taille est inférieure à 180 cm ?

Méthode
Pour calculer les fréquences cumulées croissantes, on ajoute à la fréquence d'une classe la fréquence cumulée de la classe précédente.

Solution commentée
1. La fréquence des élèves mesurant moins de 160 cm étant 0,14, cela permet de remplir la première colonne du tableau. Ensuite, on complète comme ci-dessous :

Taille (en cm)	[150 ; 160[	[160 ; 170[	[170 ; 180[	[180 ; 190[	[190 ; 200[
Fréquence	0,14	0,43	0,29	0,11	0,03
Fréquence cumulée croissante	0,14	0,57 (0,43 + 0,14)	0,86 (0,57 + 0,29)	0,97 (0,86 + 0,11)	1 (0,97 + 0,03)

2. La fréquence des élèves dont la taille est inférieure à 180 cm est la fréquence cumulée croissante de la valeur 180, soit 0,86. Ainsi, 86 % des élèves ont une taille inférieure à 180 cm.

SAVOIR-FAIRE 3 — Représenter graphiquement une série
Voir l'exercice 37, p. 157

Tracer la courbe des fréquences cumulées croissantes de la série du *savoir-faire 2*.

Méthode
Pour construire la courbe des fréquences cumulées croissantes, on place les points dont l'abscisse est la borne supérieure de chaque classe et l'ordonnée est la fréquence cumulée croissante correspondante.

Solution commentée
D'après le tableau des fréquences cumulées croissantes :
– la fréquence des élèves mesurant moins de 150 cm est 0 ; le premier point est donc le point A (150 ; 0) ;
– la fréquence des élèves mesurant moins de 160 cm est 0,14 ; le deuxième point est donc le point B (160 ; 0,14) ;
– de même, les points suivants sont les points C (170 ; 0,57), D (180 ; 0,86), E (190 ; 0,97) et F (200 ; 1).

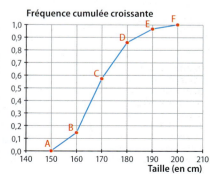

Chapitre 7 ■ Statistique descriptive

COURS

2 Caractéristiques d'une série statistique

Caractéristiques de position

On considère la série statistique donnée par le tableau ci-contre et on note $N = n_1 + n_2 + \ldots + n_p$ l'effectif total.

Valeur	x_1	x_2	...	x_p
Effectif	n_1	n_2	...	n_p

À noter

Pour le calcul de la moyenne, quand les données sont regroupées en classes, on prend les centres des classes comme valeurs.

> **Définition** La **moyenne** est le nombre, noté $\bar{x}$, défini par : $\bar{x} = \dfrac{n_1 x_1 + n_2 x_2 + \ldots + n_p x_p}{N}$.

> **Propriété** Si on note f_i la fréquence de la valeur x_i, on a $f_i = \dfrac{n_i}{N}$ et $\bar{x} = f_1 x_1 + f_2 x_2 + \ldots + f_p x_p$.

À noter

La moyenne est fortement influencée par les valeurs extrêmes de la série, alors que la médiane ne dépend pas de ces valeurs extrêmes.

> **Démonstration** La moyenne étant $\bar{x} = \dfrac{n_1 x_1 + n_2 x_2 + \ldots + n_p x_p}{N}$, on a donc :
>
> $\bar{x} = \dfrac{n_1 x_1 + n_2 x_2 + \ldots + n_p x_p}{N} = \dfrac{n_1}{N} x_1 + \dfrac{n_2}{N} x_2 + \ldots + \dfrac{n_p}{N} x_p = f_1 x_1 + f_2 x_2 + \ldots + f_p x_p$.

Vocabulaire

Quand les données sont regroupées en classes, la classe à laquelle appartient la médiane est appelée **classe médiane**.

> **Définition** On considère une série statistique dont les valeurs sont **ordonnées par ordre croissant**.
> **(1)** Si l'effectif total N est **impair** ($N = 2n + 1$), la **médiane** est la valeur du terme de rang $n + 1$ dans cette série ordonnée.
> **(2)** Si l'effectif total N est **pair** ($N = 2n$), la **médiane** est la demi-somme des valeurs des termes de rang n et $n + 1$ dans cette série ordonnée.

Exemple : on considère la série statistique constituée des 12 valeurs suivantes :
$7 - 7 - 8 - 9 - 10 - 10 - 11 - 11 - 11 - 12 - 14 - 15$. L'effectif 12 est pair et $12 = 2 \times 6$,
donc la médiane est la demi-somme de la 6e et de la 7e valeur soit $\dfrac{10 + 11}{2} = 10,5$.

Caractéristiques de dispersion

À noter

La médiane partage une série ordonnée en deux groupes *sensiblement* de même effectif.

> **Définitions** Soit une série statistique dont les valeurs sont **ordonnées par ordre croissant**.
> **(1)** Le **premier quartile**, noté Q_1, est la plus petite valeur de la série telle **qu'au moins 25 %** des valeurs soient inférieures ou égales à ce nombre Q_1.
> **(2)** Le **troisième quartile**, noté Q_3, est la plus petite valeur de la série telle **qu'au moins 75 %** des valeurs soient inférieures ou égales à ce nombre Q_3.

Remarques : le rang du 1er quartile d'une série d'effectif total N est le plus petit entier supérieur ou égal à $\dfrac{N}{4}$.

Le rang du 3e quartile est le plus petit entier supérieur ou égal à $\dfrac{3N}{4}$.

Exemple : si on reprend les données de l'exemple précédent, l'effectif total étant 12, le 1er quartile est la 3e valeur, soit $Q_1 = 8$. Le 3e quartile est la 9e valeur, soit $Q_3 = 11$.

Médiane et quartiles sont des indicateurs de la répartition des valeurs d'une série statistique :

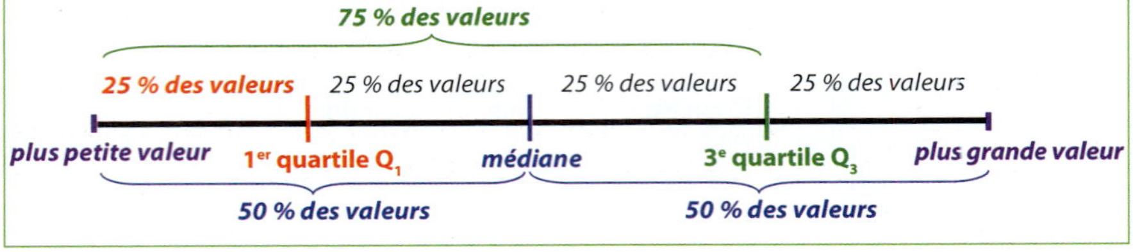

> **Définition** L'**étendue** d'une série statistique est la différence entre la plus grande des valeurs et la plus petite des valeurs de cette série.

Exemple : l'étendue de la série de l'exemple précédent est $15 - 7 = 8$.

150

LES SAVOIR-FAIRE DU COURS

SAVOIR-FAIRE 4
Voir les exercices 49 et 50, pp. 159 et 160

Calculer les caractéristiques d'une série brute

Une association de consommateurs a relevé la masse (en grammes) de 15 tablettes tactiles :
710 – 675 – 601 – 652 – 649 – 600 – 640 – 635 – 586 – 603 – 588 – 597 – 598 – 495 – 590.

1. Déterminer la moyenne de cette série statistique à l'aide de la calculatrice.
2. Déterminer la médiane, le 1er quartile et le 3e quartile de cette série statistique.

Méthode
Pour calculer la médiane et les quartiles, on commence par ordonner les valeurs de la série.

Solution commentée

1. On est dans le cas où la série est une liste de valeurs dont les effectifs sont tous 1. On obtient : $\bar{x} = 614{,}6$.

2. On commence par ordonner la série :
495 – 586 – 588 – 590 – 597 – 598 – 600 – 601 – 603 – 635 – 640 – 649 – 652 – 675 – 710.

L'effectif étant impair, la médiane est la valeur centrale, la 8e valeur, soit 601. On calcule le quart (25 %) de l'effectif : 15/4 = 3,75 ; donc le 1er quartile est la 4e valeur soit $Q_1 = 590$. De même, $3 \times 15/4 = 11{,}25$, le 3e quartile est donc la 12e valeur soit $Q_3 = 649$.

SAVOIR-FAIRE 5
Voir l'exercice 52, p. 160

Calculer les caractéristiques d'une série avec effectifs

Le tableau ci-contre donne la répartition des magasins d'une enseigne de prêt-à-porter en fonction de leur nombre d'employés.

Nombre d'employés	1	2	3	4	5	6	7
Effectif	2	10	48	90	54	14	4

1. Déterminer la moyenne de cette série statistique.
2. Déterminer la médiane, le 1er quartile et le 3e quartile de cette série statistique.

Méthode
Pour calculer la médiane et les quartiles, on peut calculer les effectifs (ou les fréquences) cumulé(e)s croissant(e)s.

Solution commentée

1. On est dans le cas où la série est avec effectifs. Avec la calculatrice, on obtient : $\bar{x} \approx 4{,}09$.

2. On commence par dresser le tableau des effectifs cumulés croissants. L'effectif 222 est pair et $222 = 2 \times 111$, donc la médiane est la demi-somme de la 111e et de la 112e valeur. Ces deux valeurs étant 4, la médiane de la série est 4.

Nombre d'employés	1	2	3	4	5	6	7
Effectif cumulé	2	12	60	150	204	218	222

Un quart (25 %) de l'effectif correspond à : $222/4 = 55{,}5$; donc, le 1er quartile est la 56e valeur soit $Q_1 = 3$. De même, $3 \times 222/4 = 166{,}5$ donc le 3e quartile est la 167e valeur soit $Q_3 = 5$.

SAVOIR-FAIRE 6
Voir les exercices 58 et 59, p. 161

Comparer deux séries statistiques

Lors d'une expérience, en TP de sciences physiques, des élèves ont déterminé l'indice de réfraction d'une plaque de plexiglas. Voici leurs résultats :
1,47 – 1,45 – 1,59 – 1,46 – 1,48 – 1,5 – 1,46 – 1,47 – 1,49 – 1,47 – 1,46 – 1,48.

1. Déterminer la moyenne, la médiane et l'étendue de cette série de mesures.
2. Le professeur estime que la mesure 1,59 est obtenue suite à une erreur expérimentale et décide de la supprimer. Déterminer la moyenne, la médiane et l'étendue de cette nouvelle série de mesures, puis comparer les résultats avec ceux de la question 1.

Conseil
Pour comparer deux séries statistiques, on peut s'aider des valeurs caractéristiques de chacune d'elles.

Solution commentée

1. La moyenne est environ 1,48, la médiane est 1,47 et l'étendue est 0,14.
2. La moyenne est environ 1,47, la médiane est 1,47 et l'étendue est 0,05. La moyenne et l'étendue ont été modifiées de façon significative. Par contre, la médiane est inchangée.

Chapitre 7 ■ Statistique descriptive   **151**

FICHE TICE

Étude d'une série statistique avec une calculatrice

Flasher pour voir les 2 vidéos

On cherche à calculer les différents paramètres de la série statistique ci-contre, puis à tracer le nuage de points correspondant.

Valeur	1	3	4	5	6	8
Effectif	1	5	7	8	5	2

Avec une calculatrice Texas	Avec une calculatrice Casio
Saisie des données	
Accès au mode statistique : touche `Stats`. Choisir le menu **EDIT**, puis sélectionner **1:Edite** suivi de `entrer`. Saisir les valeurs dans une liste, par exemple **L1**, et les effectifs dans une autre liste, par exemple **L2**. Pour passer d'une valeur à l'autre ou pour changer de liste, se servir des flèches du curseur.	Accès au mode statistique : touche `MENU`, sélectionner l'icône STAT puis `EXE`. Saisir les valeurs dans une liste, par exemple **List1**, et les effectifs dans une autre liste, par exemple **List2**. Appuyer sur la touche `EXE` pour passer d'une valeur à l'autre et les flèches pour se déplacer dans les listes.
Calcul de paramètres statistiques – Séries avec effectifs	
À l'aide de la touche `Stats`, choisir le menu **CALC**, puis sélectionner **1: 1-Var Stats** suivi de `entrer`. **1-Vars Stats** apparaît à l'écran. Taper alors : **L1** `,` **L2** puis `entrer` : **L1** et **L2** s'obtiennent à l'aide des touches `2nde` `1` et `2nde` `2`. Les paramètres s'affichent : $\bar{x}$ est la moyenne, Σx est la somme des valeurs, **n** est l'effectif total. On utilise les flèches du curseur pour avoir d'autres résultats. On peut alors lire la médiane (**Med**) les valeurs minimum (**minX**) et maximum (**maxX**) ainsi que les 1er et 3e quartiles (Q_1 et Q_3).	Activer le menu **CALC** (touche `F2`) ; puis le menu **SET** (touche `F6`). Choisir **List1** pour **1Var XList** et **List2** pour **1Var Freq**. **List** s'obtient à l'aide de la touche `F2`, qu'on complète ensuite avec le numéro de la liste, puis on appuie sur `EXE`. Sortir en appuyant sur la touche `EXIT`. Sélectionner le menu **1Var** (touche `F1`). Les paramètres s'affichent. $\bar{x}$ est la moyenne, Σx est la somme des valeurs, **n** est l'effectif total. On utilise les flèches du curseur pour avoir d'autres résultats. On peut alors lire la médiane (**Med**) les valeurs minimum (**minX**) et maximum (**maxX**), ainsi que les 1er et 3e quartiles (Q_1 et Q_3).
Calcul de paramètres statistiques – Série brute	
Quand la série est une liste dont les effectifs sont tous 1, il suffit de saisir les valeurs dans une liste, par exemple **L1**, et de taper **1-Vars Stats L1**.	Quand la série est une liste dont les effectifs sont tous 1, il suffit de saisir les valeurs dans une liste, par exemple **List1** et de choisir **1** pour **1Var Freq**.
Effacement des données	
Placer le curseur sur le nom de la liste à effacer puis utiliser la touche `annul` suivi de `entrer`.	Instruction **QUIT** (touches `SHIFT` `EXIT`). Placer le curseur sur une valeur de la liste à effacer ; taper `F6` puis sélectionner **DEL-A** (touche `F4`).

À noter : les valeurs des quartiles ne sont pas nécessairement les mêmes que celles obtenues avec la méthode utilisée dans le cours.

FICHE TICE

Statistiques et tableur

Flasher pour voir les 3 vidéos

Séries sans effectifs à l'aide d'un tableur

On cherche à calculer les différents paramètres de la série statistique : 8 – 8 – 3 – 9 – 8 – 7 – 5 – 4 – 8 – 5 – 8 – 5 – 9 – 7 – 9 – 10 ; puis à tracer le nuage de points correspondant.

Calcul de paramètres statistiques

On saisit les données (pour notre exemple, dans la zone de cellule **A1:A16**).
On utilise ensuite les instructions données ci-contre.
On obtient les valeurs ci-contre :

C	D
Moyenne	7,063
Médiane	8
1er quartile	5
3e quartile	8,25
Minimum	3
Maximum	10
Étendue	7

	A	B	C	D
1	8		Moyenne	=MOYENNE(A1:A16)
2	8		Médiane	=MEDIANE(A1:A16)
3	3		1er quartile	=QUARTILE(A1:A16;1)
4	9		3e quartile	=QUARTILE(A1:A16;3)
5	8		Minimum	=MIN(A1:A16)
6	7		Maximum	=MAX(A1:A16)
7	5		Étendue	=D6-D5
8	4			
9	8			

Construction d'une représentation graphique

On a dressé un tableau d'effectifs dans la zone **F1:M2**.

1 Sélectionner la zone **G1:M2**.

2 Avec OpenOffice :
• cliquer sur l'icône ⸢ Diagramme ⸥ ;
• choisir ⸢ XY (dispersion) ⸥ comme type de diagramme ;
• cliquer sur ⸢ Points seuls ⸥ puis sur ⸢ Suivant >> ⸥, cocher ⸢ Séries de données en lignes ⸥
puis cliquer sur ⸢ Terminer ⸥.
Avec Excel : ouvrir le menu **Insertion**, puis choisir **Nuage**
et cliquer sur ⸢ Nuages de points avec marqueurs uniquement ⸥.

F	G	H	I	J	K	L	M
Valeur	3	4	5	7	8	9	10
Effectif	1	1	3	2	5	3	1

Séries avec effectifs à l'aide de GeoGebra

Calculer les différents paramètres de la série statistique ci-contre et tracer le diagramme en bâtons correspondant.

Valeur	1	3	4	5	6	8
Effectif	1	5	7	8	5	2

1 Demander l'affichage d'une fenêtre **Tableur** : menu **Affichage** option **Tableur**.
2 Saisir les données dans cette fenêtre.
3 Avec la souris, sélectionner la zone des valeurs (dans la colonne **A**).
4 Cliquer sur le bouton de l'outil **Analyse des données** (*Statistique à une variable*).
Une fenêtre de dialogue **Sources des données** (contenant les valeurs sélectionnées) s'ouvre.
5 Cliquer sur l'icône **Options** et choisir ⸢ Données avec effectifs ⸥.
6 Sélectionner les effectifs dans la colonne **B** de la fenêtre **Tableur**.
7 Retourner dans la fenêtre **Source de données** et cliquer sur l'icône **Ajouter la sélection** de la colonne **Effectif**.
La colonne **Effectif** est alors complétée avec les données sélectionnées.
8 Cliquer sur ⸢ Analyse ⸥ pour ouvrir la fenêtre **Analyse des données**.
On obtient alors une représentation graphique de la série statistique.
9 Cliquer sur l'icône ⸢ Σx ⸥ **Afficher Statistiques** pour afficher la valeur des différents paramètres statistiques.

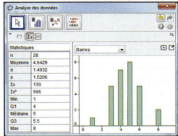

Chapitre 7 ■ Statistique descriptive

EXERCICES

Parcours en autonomie (corrections en fin de manuel)
Maîtriser les bases 4 • 10 • 14 • 18
Préparer le contrôle 22 • 31 • 41 • 56

Pour démarrer

Effectifs et fréquences

1 En direct du cours !
Dans une grande surface, les pantalons sont vendus dans quatre tailles différentes : S, M, L et XL.
Les ventes journalières sont données par ce tableau :

Taille	S	M	L	XL
Vente	12	24	30	14

1. Quelle est la population étudiée ?
2. a. Quel est le caractère étudié ?
b. Ce caractère est-il qualitatif ? quantitatif ? Justifier.
3. Quel est l'effectif total ?
4. Quelles sont les fréquences des valeurs S et L ?

2 On souhaite étudier le parc de véhicules dont dispose une entreprise. La couleur est un caractère qualitatif auquel on peut s'intéresser. Proposer un autre caractère qualitatif et un caractère quantitatif que l'on peut choisir pour cette étude.

3 Dans une classe de 32 élèves, il y a 18 filles.
1. Quelle est la fréquence de filles ?
2. Quelle est la fréquence de garçons ?

4 Un sac contient des bonbons : 75 rouges, 45 roses et 30 verts.
1. Quel est l'effectif total ?
2. Quelle est la fréquence de bonbons verts ?

5 Dans une population, 50 personnes ont eu la grippe, ce qui représente une fréquence de 0,4.
Quel est l'effectif de cette population ?

LE SAVIEZ-VOUS ?
Jusqu'en 1930, la grippe était faussement attribuée à une bactérie. Son origine virale fut confirmée en 1931, par le virologue américain **Richard E. Shope**.

6 Des pièces sont fabriquées par deux machines. La première machine a produit 6 250 pièces dont 23 défectueuses. La seconde machine a produit 7 330 pièces dont 27 défectueuses.
1. Calculer la fréquence de pièces défectueuses pour chacune des deux machines.
2. Quelle machine a la fréquence de pièces défectueuses la plus élevée ?

7  On a recopié les données d'une série statistique dans la feuille de calcul d'un tableur.

	A	B	C	D	E	F	G	H
1	Valeur	10	12	14	16	18	20	Total
2	Effectif	2	7	10	15	9	7	50
3	Fréquence	0,04						

Quelle formule peut-on saisir dans la cellule **B3** pour pouvoir, par recopie vers la droite, obtenir les fréquences correspondant aux valeurs de cette série ?

Effectifs et fréquences cumulés

8 En direct du cours !
On considère la série statistique suivante :

Valeur	20	21	22	23	24	25	26
Effectif	3	5	8	9	6	4	1
Effectif cumulé croissant	3	8	...	...	...	...	...

1. Recopier et compléter le tableau par les effectifs cumulés croissants de cette série.
2. Quel est l'effectif cumulé de la valeur 24 ?

9 On considère la série statistique suivante :

Valeur	10	15	20	25	30
Effectif cumulé croissant	5	9	10	14	17

1. Quel est l'effectif total de cette série ?
2. Déterminer l'effectif cumulé de la valeur 25.
3. À quelle valeur correspond l'effectif cumulé 10 ?

10 On considère la série statistique suivante :

Valeur	2009	2010	2011	2012	2013	2014
Fréquence	0,09	0,12	0,18	0,28	0,21	0,12
Fréquence cumulée croissante	0,09	...	...	...	...	...

1. Recopier et compléter le tableau par les fréquences cumulées croissantes de cette série.
2. Quelle est la fréquence cumulée de la valeur 2011 ?

11 Dans le tableau ci-dessous, on a relevé les notes obtenues à un devoir de mathématiques :

Note	[0 ; 5[	[5 ; 10[	[10 ; 15[	[15 ; 20]
Fréquence	0,13	0,30	0,36	0,21

1. Quelle est la fréquence de notes inférieures à 5 ?
2. Quelle est la fréquence de notes inférieures à 10 ?
3. Recopier et compléter le tableau avec les fréquences cumulées croissantes.

154

EXERCICES

Représentations graphiques

12 En direct du cours !

Le graphique ci-contre est le nuage de points d'une série statistique.
Construire le tableau de valeurs associé à cette série.

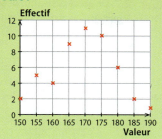

13 À l'issue d'un conseil de classe de seconde, les délégués élèves ont fait la synthèse des orientations proposées à l'aide du graphique suivant :

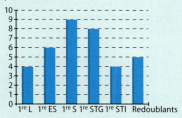

1. **a.** Quelle est la population étudiée ?
b. Quel est le caractère étudié ?
2. Quelle est l'orientation la moins fréquente ?
3. Combien la classe compte-t-elle d'élèves ?
4. Construire le tableau des effectifs associé à cette série.

14 Le gérant d'une salle de cinéma a fait le bilan de la fréquentation de sa salle durant la semaine écoulée. Il a obtenu le graphique suivant.

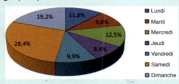

1. Comment nomme-t-on le graphique utilisé ?
2. Quelle est la fréquence des entrées du mercredi ?
3. Quel jour la fréquence a-t-elle été la moins élevée ?
4. Sachant qu'il y a eu en tout 2 500 spectateurs durant la semaine, combien y a-t-il eu de spectateurs le dimanche ?

15 Construire le nuage de points associé à la série statistique suivante.
On pourra prendre 1 cm pour 1 unité sur chacun des axes.

Valeur	50	51	52	53	54	55
Effectif	2	5	4	6	4	3

16 On considère la série statistique suivante.

Valeur	1	2	3	4	5	6
Effectif cumulé croissant	5	8	10	11	15	20

Recopier et compléter la courbe des effectifs cumulés croissants ci-contre.

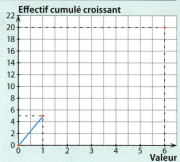

Caractéristiques d'une série

17 En direct du cours !
On considère la série statistique suivante :
$$5 - 6 - 6 - 7 - 8 - 10 - 10 - 11.$$

1. Quel est l'effectif de cette série ?
2. **a.** Calculer la somme des valeurs de cette série.
b. En déduire la moyenne de cette série.
3. **a.** Préciser les valeurs minimale et maximale de cette série.
b. En déduire l'étendue de cette série.

18 On considère la série statistique :
$$10 - 13 - 9 - 12 - 14 - 8 - 11.$$
1. Vérifier, à l'aide de la calculatrice, que la moyenne de cette série est 11.
2. Déterminer, avec la calculatrice, la médiane de cette série.

19 On considère la série statistique :
$$11 - 17 - 15 - 19 - 14 - 12 - 12 - 10 - 18 - 13 - 16.$$
1. Ordonner les valeurs de cette série.
2. **a.** Préciser l'effectif de cette série, puis en déduire le rang de la médiane.
b. Déterminer la médiane de cette série.
3. **a.** Calculer le quart de l'effectif de cette série.
b. En déduire la valeur du 1er quartile de cette série.
4. **a.** Calculer les trois quarts de l'effectif de cette série.
b. En déduire la valeur du 3e quartile de cette série.

20 On considère la série statistique donnée par le tableau ci-contre :

Valeur	0	1	2	3
Effectif	6	4	7	3

1. Vérifier, à l'aide de la calculatrice, que la moyenne de cette série est 1,35.
2. À l'aide de la calculatrice, déterminer la médiane de cette série.

Chapitre 7 ■ Statistique descriptive   155

EXERCICES

Parcours en autonomie (corrections en fin de manuel)
Maîtriser les bases 4 • 10 • 14 • 18
Préparer le contrôle 22 • 31 • 41 • 56

Pour s'entraîner

Effectifs et fréquences

21 Le tableau ci-contre donne la répartition du nombre de personnes par ménage en France métropolitaine.
Source : Insee, recensement 2010.

Personnes par ménage	Nombre de ménages
1	9 216 242
2	8 964 200
3	3 924 237
4	3 308 381
5	1 234 797
6 ou plus	458 660

1. Déterminer l'effectif total de cette série.
2. Calculer à 0,01 près les fréquences associées à chacune des valeurs de cette série.

SAVOIR-FAIRE 1 p. 149

LE SAVIEZ-VOUS ?
Créé par la loi de finances du 27 avril 1946, l'Insee (institut national de la statistique et des études économiques) collecte, produit, analyse et diffuse des informations sur l'économie et la société françaises. Elle organise entres autres le recensement de la population.

22 **Préparer le contrôle**
On a relevé le prix du litre de gazole dans les différentes stations d'une ville.

Prix (en euros)	1,36	1,37	1,38	1,39	1,4	1,41	1,42	1,43
Nombre de stations	3	4	2	3	5	4	3	1

1. Quelle est la population étudiée ?
2. Quel est le caractère étudié ? Ce caractère est-il qualitatif ou quantitatif ? Justifier.
3. Quel est l'effectif total ?
4. Déterminer les fréquences associées à chacune des valeurs de cette série.

23 À l'aide du graphique ci-dessous, déterminer le nombre de musées qui appartiennent à des associations et le nombre de musées qui appartiennent à des collectivités locales, en France en 2012.

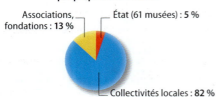
Répartition des musées de France par propriétaire en 2012
Associations, fondations : 13 %
État (61 musées) : 5 %
Collectivités locales : 82 %

24 TICE On a recopié les données d'une série statistique dans la feuille de calcul d'un tableur.

	A	B	C	D	E	F	G	H
1	Valeur	10	12	14	16	18	20	Total
2	Effectif	156						1300
3	Fréquence	0,12	0,15	0,25	0,27	0,14	0,07	1

Quelle formule doit-on saisir dans la cellule **B2** pour pouvoir, par recopie vers la droite, obtenir les effectifs correspondant aux fréquences de cette série ?

EXERCICE RÉSOLU

25 Comparer deux fréquences

Énoncé
Une première entreprise emploie 52 femmes et 83 hommes, une seconde entreprise emploie 372 femmes et 587 hommes. Dans quelle entreprise la fréquence de femmes est-elle la plus élevée ?

Solution commentée
La première entreprise compte 52 + 83 soit 135 employés. La fréquence de femmes dans l'entreprise est donc $\frac{52}{135}$ soit environ 0,385. La seconde entreprise compte 372 + 587 soit 959 employés. La fréquence de femmes y est donc $\frac{372}{959}$ soit environ 0,388. C'est dans la seconde entreprise que la fréquence de femmes est la plus élevée.

26 Le tableau suivant donne la composition des pistes de deux des plus grands domaines skiables de France.

Pistes	Les Trois Vallées	Espace Killy
Vertes	43	20
Bleues	129	67
Rouges	125	41
Noires	33	26

1. Dans lequel de ces domaines skiables la fréquence de pistes noires est-elle la plus importante ?
2. Dans lequel de ces domaines skiables la fréquence de pistes vertes est-elle la plus importante ?

VRAI - FAUX

Pour les exercices 27 à 29, indiquer si les affirmations sont vraies ou fausses, puis justifier.
On s'intéresse à la couleur des tee-shirts sur un présentoir de magasin : il y a 7 tee-shirts rouges, 3 tee-shirts verts, 4 tee-shirts jaunes et 6 tee-shirts bleus.

27 Les couleurs « rouge », « vert », « jaune », et « bleu » constituent la population étudiée.

28 Le caractère étudié est quantitatif.

29 La fréquence de tee-shirts rouges est 0,35.

EXERCICES

Effectifs cumulés / Fréquences cumulées

30 Le tableau ci-dessous regroupe les notes obtenues par les élèves d'un lycée à un devoir commun de mathématiques.

Note	[0 ; 4[	[4 ; 8[	[8 ; 12[	[12 ; 16[	[16 ; 20[
Fréquence	0,02	0,15	0,42	0,32	0,09

1. Déterminer les fréquences cumulées croissantes de cette série.

2. Quelle est la fréquence des élèves ayant une note strictement inférieure à 12 ?

SAVOIR-FAIRE **2** p. 149

31 Préparer le contrôle
Pour 121 portées de souris blanches, on a dénombré les petits souriceaux. Voici les résultats :

Nombre de souriceaux	1	2	3	4	5	6	7	8	9
Effectif	7	11	16	17	26	31	11	1	1

1. Quelle est la population étudiée ?

2. Calculer à 10^{-2} près les fréquences, puis les fréquences cumulées croissantes de cette série.

3. Quelle est la fréquence des portées dont le nombre de souriceaux est au plus 5 ?

EXERCICE RÉSOLU

32 Passer des effectifs cumulés aux effectifs

Énoncé
On considère la série statistique suivante dont on donne les effectifs cumulés croissants.

Valeur	1	2	3	4	5	6
Effectif cumulé croissant	14	30	37	44	50	60

Recopier le tableau et le compléter avec la série des effectifs.

Solution commentée
L'effectif cumulé de la valeur 1 est 14. C'est aussi l'effectif de la valeur 1. L'effectif cumulé de la valeur 2 est 30 ; celui de la valeur 1 étant 14, l'effectif de la valeur 2 est 30 − 14 soit 16. De même, l'effectif de la valeur 3 est 37 − 30 soit 7. On obtient le tableau :

Valeur	1	2	3	4	5	6
Effectif cumulé croissant	14	30	37	44	50	60
Effectif	14	16 (30 − 14)	7 (37 − 30)	7 (44 − 37)	6 (50 − 44)	10 (60 − 50)

33 On a recopié les données d'une série statistique dans la feuille de calcul d'un tableur.

	A	B	C	D	E	F	G	H
1	Valeur	10	12	14	16	18	20	Total
2	Effectif	2	7	10	15	9	7	50
3	Effectif cumulé croissant		2					

1. Quelle formule saisie dans la cellule **H2** a permis d'obtenir l'effectif total ?

2. Quelle formule doit-on saisir dans la cellule **C3** pour pouvoir, par recopie vers la droite, obtenir les effectifs cumulés croissants de cette série ?

34 On considère la série statistique suivante dont on donne les fréquences cumulées croissantes.

Valeur	[0 ; 1[	[1 ; 2[	[2 ; 3[	[3 ; 4[	[4 ; 5[	[5 ; 6[
Fréquence cumulée croissante	0,12	0,29	0,5	0,75	0,9	1

1. Quelle est la fréquence de la classe [2 ; 3[?

2. Recopier le tableau et le compléter avec la fréquence de chacune des classes de la série.

VRAI - FAUX

Pour les exercices **35** *et* **36**, *indiquer si les affirmations sont vraies ou fausses, puis justifier.*

35 Si on multiplie tous les effectifs d'une série statistique par trois, les fréquences ne sont pas modifiées.

36 La somme des fréquences cumulées croissantes d'une série est toujours égale à 1.

Représentations graphiques

37 Pour mieux gérer les demandes de crédits de ses clients, le directeur d'une agence bancaire réalise une étude relative à la durée de traitement des dossiers.

Durée (en minutes)	[0 ; 10[	[10 ; 20[	[20 ; 30[	[30 ; 40[	[40 ; 50[
Nombre de dossiers	5	10	17	12	6

1. Tracer l'histogramme de cette série.

2. Tracer la courbe des effectifs cumulés croissants de cette série.

3. Quel est le pourcentage de dossiers dont l'étude est strictement inférieure à 30 min ?

SAVOIR-FAIRE **3** p. 149

Chapitre 7 ■ Statistique descriptive **157**

EXERCICES

38 À la demande de son professeur de SVT, Charlotte a relevé toutes les trois heures la température dans son jardin :

Heure	0	3	6	9	12	15	18	21	24
Température (en °C)	2,3	2,1	1,6	2,2	5,1	5,9	3,6	2,6	0

Construire le nuage de points associé à cette série. On pourra prendre 1 cm pour 3 h sur l'axe des abscisses et 1 cm pour 1 °C sur l'axe des ordonnées.

POINT HISTOIRE

Le premier thermomètre de l'histoire est le **thermoscope** dont l'invention est attribuée à Galilée en 1597. Il est constitué d'un cylindre contenant un liquide transparent et une série d'objets dont les densités sont conçues pour qu'ils coulent un à un, à mesure que la température du liquide augmente.

39 Le tableau ci-contre donne la répartition des subventions de fonctionnement allouées aux centres dramatiques nationaux et régionaux en 2011.

État	56 %
Régions	9 %
Départements	7 %
Communes	28 %

Source : ministère de la Culture et de la Communication.

1. Construire un diagramme circulaire représentant cette répartition.

2. Sachant que pour 2011 le montant total des subventions s'est élevé à 108,6 millions d'euros, déterminer le montant des subventions allouées par chaque catégorie de collectivités.

40 On veut construire le diagramme circulaire représentant la répartition des élèves d'une école de musique selon l'instrument étudié.

1. On sait que pour la guitare, l'angle du secteur circulaire est 81°. Recopier et compléter le tableau suivant.

Instrument	Saxophone	Guitare	Flûte	Violon	Piano
Effectif	60	…	…	18	…
Fréquence (en %)	…	…	10	7,5	…
Angle (en °)	…	81	…	…	…

2. Tracer le diagramme circulaire représentant cette répartition.

3. Décrire la répartition observée.

41 Préparer le contrôle

Dans le tableau ci-après sont regroupés les résultats d'une étude sur le temps consacré par les Français à regarder la télévision durant la journée.

Nombre d'heures	Fréquence (en %)
Moins de 1	13
Entre 1 et 2	20
Entre 2 et 3	17
Entre 3 et 4	19
Plus de 4	31

1. Tracer l'histogramme de cette série en prenant, pour la dernière classe « Plus de quatre heures », l'intervalle [4 ; 5[.

2. Tracer la courbe des effectifs cumulés croissants de cette série.

3. a. Quel est le pourcentage de personnes qui passent moins de 2 heures par jour devant la télévision ?
b. Quel est le pourcentage de personnes qui passent plus d'une heure par jour devant la télévision ?
c. Quel est le pourcentage de personnes qui passent entre 2 et 4 heures par jour devant la télévision ?

EXERCICE RÉSOLU

42 De l'histogramme à la série

Énoncé
À partir de l'histogramme suivant, retrouver les classes et les effectifs de la série statistique qu'il représente.

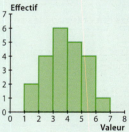

Solution commentée
On peut lire sur l'axe des abscisses que les valeurs 1, 2, 3, 4, 5, 6 et 7 sont les bornes des différentes classes.
Le premier rectangle à gauche correspond à la première classe [1 ; 2[; on peut lire sur l'axe des ordonnées l'effectif correspondant : 2. Le second rectangle correspond à la seconde classe [2 ; 3[; on peut lire sur l'axe des ordonnées l'effectif correspondant : 4.
On procède de même pour les autres rectangles, et on rassemble les résultats dans un tableau.

Valeur	[1 ; 2[	[2 ; 3[	[3 ; 4[	[4 ; 5[	[5 ; 6[	[6 ; 7[	Total
Effectif	2	4	6	5	4	1	22

43 À partir de l'histogramme suivant, retrouver les classes et les effectifs de la série statistique qu'il représente.

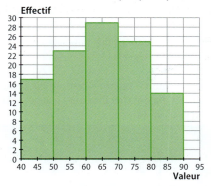

44 Soit la série statistique donnant l'âge des 200 premiers adhérents d'un club de sport. Le graphique ci-dessous est la courbe des effectifs cumulés croissants de la série.

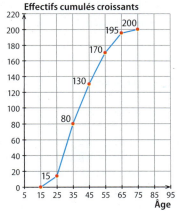

1. À partir de ce diagramme, retrouver les diverses tranches d'âge et leur nombre d'adhérents.

2. Construire l'histogramme de la série.

3. Quelle est la fréquence des adhérents dans la tranche d'âge 25-45 ans ?

45 Lors d'une émission télévisée, un journaliste présente ce graphique et le commente : « On voit bien qu'il y a eu une très forte augmentation du nombre de cambriolages entre 1998 et 1999. » Considérez-vous que l'affirmation du journaliste est une interprétation correcte de ce graphique ? Justifiez la réponse par une explication

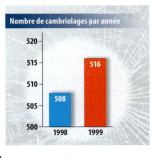

Source : évaluation PISA.

VRAI - FAUX

*Pour les exercices **46** et **47**, indiquer si les affirmations sont vraies ou fausses, puis justifier.*

On considère la série statistique suivante.

Valeur	[5 ; 10[	[10 ; 15[	[15 ; 20[	[20 ; 25[	[25 ; 30[	Total
Effectif	12	16	24	20	8	80

46 Le graphique suivant est la courbe des fréquences cumulées croissantes de cette série.

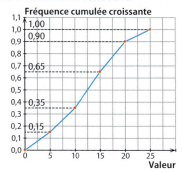

47 Si on ajoute 5 à l'effectif de chaque classe de la série, la courbe des fréquences cumulées croissantes est inchangée.

48 Pour un devoir portant sur l'environnement, des élèves ont recueilli des informations sur le temps de décomposition des différents types de déchets.

Type de déchets	Temps de décomposition
Peau de banane	1 à 3 ans
Pelure d'orange	1 à 3 ans
Boîte en carton	0,5 année
Chewing-gum	20 à 25 ans
Journal	Quelques jours
Gobelet en polystyrène	Plus de 100 ans

Un élève envisage de représenter les résultats de ses recherches sous forme d'un diagramme en bâtons.
Donner une raison pour laquelle le diagramme en bâtons ne conviendra pas pour représenter ces données

Source : évaluation PISA.

Caractéristiques d'une série

49 On considère la série statistique suivante :
12 – 9 – 6 – 13 – 10 – 9 – 8 – 16 – 11 – 17 – 9 – 9 – 16 – 13 – 17 – 9 – 14.

1. Déterminer la moyenne de cette série.

2. Déterminer la médiane, le 1er quartile et le 3e quartile de cette série statistique.

EXERCICES

50 Ce tableau rassemble les temps réalisés par les huit finalistes du 50 mètres nage libre lors des Jeux olympiques d'été de 2012 :

Ligne n°	1	2	3	4	5	6	7	8
Temps (en s)	21,98	21,82	21,78	21,59	21,54	21,61	21,34	21,80

1. Déterminer la moyenne de cette série statistique.
2. Déterminer la médiane, le 1er quartile et le 3e quartile de cette série statistique.

SAVOIR-FAIRE **4** p. 151

51 **Algo** Comprendre un algorithme
On considère l'algorithme ci-dessous.

> Variables M, S et V sont des réels
> Initialisation S prend la valeur 0
> Traitement   Pour K allant de 1 à 4 faire
>   Afficher « Valeur ? »
>   Saisir V
> S prend la valeur $S + V$
>   Fin Pour
> M prend la valeur $S/4$
> Sortie   Afficher M

1. Si l'on saisit successivement $V = 11$, $V = 10$, $V = 12$ et $V = 10$ pour les différentes valeurs en entrée, quel résultat affiche l'algorithme en sortie ?
2. Que détermine cet algorithme ?

52 On a lancé plusieurs fois un dé. Les résultats obtenus sont dans le tableau suivant.

Face	1	2	3	4	5	6
Effectif	11	10	9	13	8	9

1. Déterminer la moyenne de cette série statistique.
2. Déterminer la médiane et les quartiles de cette série.

SAVOIR-FAIRE **5** p. 151

53 Dans une classe de Seconde, les notes de mathématiques des 25 élèves ont été représentées sous la forme de ce diagramme en bâtons.

1. Déterminer la moyenne et l'étendue de cette série.
2. Déterminer la médiane, le 1er quartile et le 3e quartile de cette série statistique. Interpréter ces nombres.
3. Quelles observations peut-on faire sur le graphique concernant la répartition des notes ?

54 **Logique** Dire si chacun des deux énoncés suivants est vrai ou faux. Justifier la réponse.
1. Pour toute série statistique, la moyenne est supérieure à la médiane.
2. Il existe une série statistique pour laquelle la moyenne est supérieure à la médiane.

55 Un club de plongée compte 80 licenciés. Le tableau suivant donne la fréquence des plongées effectuées par plongeur en un an.

Nombre de plongées	[0 ; 10[	[10 ; 20[	[20 ; 30[	[30 ; 40[	[40 ; 50[	[50 ; 60[
Fréquence	0,1	0,2	0,3	0,175	0,125	0,1

1. Quel est le nombre moyen de plongées effectuées par plongeur ?
2. Déterminer la classe médiane de cette série statistique.

56 Préparer le contrôle
Voici la répartition des salaires mensuels (en euros) des employés d'une petite entreprise :
1 650 – 1 650 – 1 200 – 2 100 – 3 500 – 1 650 – 1 200 –
2 100 – 2 400 – 2 100 – 1 650 – 2 100 – 1 650 – 2 400 –
2 100 – 1 650 – 2 400 – 2 400 – 3 500 – 1 650 – 1 200.

1. Construire un tableau donnant les salaires, les effectifs et les effectifs cumulés croissants.
2. Déterminer le salaire moyen d'un employé.
3. Déterminer la médiane de cette série. Quelle est la signification de ce nombre ?
4. Déterminer le 1er quartile de cette série, puis l'interpréter.

57 **TICE** Un élève a calculé à l'aide d'un tableur la moyenne et l'étendue d'une série statistique.

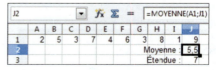

1. En comparant avec ce qu'il obtient à la calculatrice, il constate qu'il y a une erreur dans sa formule de calcul de la moyenne. Quelle est cette erreur ?
2. Le professeur lui fait remarquer qu'il y a aussi une erreur dans sa formule du calcul de l'étendue :

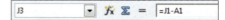

Proposer une formule correcte.

160

EXERCICES

58 Trois concurrents au tir à l'arc ont obtenu les scores suivants, chaque score étant noté sur 20.

Corentin	Gavin	Morgane
12	2	14
12	18	2
11	19	16
13	10	10
12	11	14

1. Pour chaque tireur, calculer le score moyen et l'étendue.

2. Qui est le meilleur tireur ? Justifier la réponse.

SAVOIR-FAIRE **6** p. 151

59 On a relevé les tailles des nouveau-nés dans deux maternités d'une même ville.

1. Dans la première maternité, il y a eu 42 naissances et les tailles sont données dans ce tableau.

Taille (en cm)	47	48,5	49	49,5	50	51	51,5	53
Effectif	2	6	4	7	11	8	3	1

Déterminer la médiane et la moyenne des tailles de ces nouveau-nés.

2. Dans la deuxième maternité, la médiane des tailles est 48,5 et la moyenne 49,2. Interpréter les différences constatées entre les deux maternités.

SAVOIR-FAIRE **6** p. 151

60 Dans le collège de Karima, son professeur de sciences fait passer des contrôles qui sont notés sur 100. Karima a obtenu une moyenne de 60 points pour ses quatre premiers contrôles de sciences. Pour son cinquième contrôle, elle a une note de 80 points. Quelle sera la moyenne des notes de Karima en sciences après les cinq contrôles ?

Source : évaluation PISA.

61 **Logique** **1.** L'affirmation suivante est-elle vraie ou fausse ? « Si toutes les valeurs d'une série statistique augmentent, alors la moyenne augmente. »

2. Énoncer la réciproque de l'énoncé précédent, puis indiquer si cette réciproque est vraie ou fausse.

VRAI - FAUX

*Pour les exercices **62** et **63**, indiquer si les affirmations sont vraies ou fausses, puis justifier.*

62 Si on ajoute 2 à toutes les valeurs d'une série, on augmente l'étendue de 2.

63 Si on augmente toutes les valeurs d'une série de 10 %, on augmente la médiane de 10 %.

TOP CHRONO

Résoudre chacun des exercices suivants en 15 minutes maximum.

64 Le tableau suivant donne la fréquentation (en millions d'entrées) des salles de cinéma, en France durant l'année 2012.

Source : CNC.

Mois	01	02	03	04	05	06
Nombre d'entrées	16,2	17,6	16,4	20,9	16,2	14,6

Mois	07	08	09	10	11	12
Nombre d'entrées	16,9	14,1	11,1	18,0	22,8	18,6

1. Quelle est la population étudiée ?

2. Quel est le caractère étudié ? Ce caractère est-il qualitatif ? quantitatif ?

3. Déterminer les fréquences associées à chacune des valeurs de cette série.

4. Déterminer les effectifs cumulés croissants de cette série.

5. Quel a été le nombre d'entrées durant les six premiers mois de l'année ?

65 Le tableau suivant donne la durée, en minutes, du trajet de 25 élèves pour se rendre au lycée :

Durée	[0 ; 10[	[10 ; 20[	[20 ; 30[	[30 ; 40[	[40 ; 50[	[50 ; 60[
Effectif	2	3	8	3	4	5

1. Représenter cette série par un histogramme.

2. Tracer le diagramme des effectifs cumulés croissants de cette série.

3. Calculer le pourcentage d'élèves qui habitent :
– à moins de 10 minutes du lycée ?
– à moins de 30 minutes ?
– à plus de 20 minutes ?

66 On a noté les prix d'un article dans divers magasins. Les résultats sont représentés par ce diagramme en bâtons.

1. Calculer le prix moyen de l'article.

2. Calculer le prix médian de l'article.

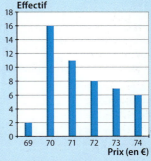

3. Déterminer le 1er quartile et le 3e quartile de cette série statistique.

4. Donner une interprétation des valeurs calculées dans les questions précédentes.

Chapitre 7 ■ Statistique descriptive **161**

EXERCICES

Faire le point

Choisir la (ou les) bonne(s) réponse(s).

Calculer des effectifs et des fréquences

Une pizzeria vend des pizzas à emporter. Les tarifs pratiqués sont donnés dans le tableau extrait d'une feuille de calcul d'un tableur (voir ci-contre).

	A	B	C	D	E	F	G	H	I
1	Prix en euros	8	8,5	9	9,5	10	10,5	11	11,5
2	Nombre de pizzas	1	5	1	7	2	3	2	4

Pour vous aider **SAVOIR-FAIRE 1 et 2** p. 149

	A	B	C	D
① L'effectif total de la série est :	7	8	25	78
② La fréquence de la valeur 10 est :	$\frac{2}{25}$	$\frac{2}{10}$	$\frac{1}{8}$	0,08
③ Une formule permettant de calculer la fréquence de la valeur 10 est :	=F1/SOMME(B1:I1)	=F1/SOMME($B2:$I2)	=F2/SOMME($B2:$I2)	=F2/25
④ La fréquence cumulée de la valeur 9,5 est :	0,56	0,5	$\frac{14}{25}$	$\frac{18}{25}$

Construire et utiliser des graphiques statistiques

Le graphique ci-contre est le diagramme des effectifs cumulés croissants d'une série statistique.

Pour vous aider **SAVOIR-FAIRE 3** p. 149

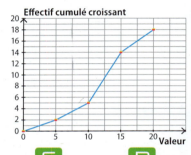

	A	B	C	D
⑤ La série peut être représentée par le graphique :	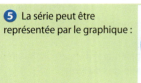	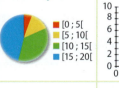		
⑥ On peut affirmer que	la classe [5 ; 10[a un effectif de 5.	la classe [5 ; 10[a un effectif de 3.	la moitié des valeurs sont inférieures à 10.	il y a plus de valeurs entre 15 et 20 que de valeurs entre 10 et 15.

Calculer des paramètres statistiques

On considère la série statistique donnée par le tableau ci-contre.

Valeur	1	2	4	6	7	10	24
Effectif	3	5	15	13	10	3	1

Pour vous aider **SAVOIR-FAIRE 4, 5 et 6** p. 151

	A	B	C	D
⑦ La moyenne de cette série est :	4	5,5	6	8
⑧ L'effectif cumulé en 4 est :	8	15	23	27
⑨ La médiane de cette série est :	4	5,5	6	8
⑩ Le premier quartile de cette série est :	2	3	4	13

Voir les corrigés, page 332

Construire la courbe des fréquences cumulées croissantes

Un exemple : Tracer la courbe des fréquences cumulées croissantes de la série statistique donnée par le tableau ci-contre.

Valeur	[1 ; 3[	[3 ; 5[	[5 ; 7[	[7 ; 9[
Fréquence (%)	8	24	48	20

Les questions à se poser	Des réponses
Que doit-on faire pour démarrer ?	On doit déterminer les fréquences cumulées croissantes de la série. Recopier et compléter le tableau avec les fréquences cumulées croissantes (FCC). | Valeur | [1 ; 3[| [3 ; 5[| [5 ; 7[| [7 ; 9[| | FCC (%) | ... | ... | ... | ... |
Comment continuer ?	On choisit un repère adapté aux données à traiter. On peut prendre 1 cm pour 1 unité sur l'axe des abscisses ; on a alors besoin de 9 cm sur l'axe des abscisses. Si on prend 1 cm pour 10 % sur l'axe des ordonnées, de combien de centimètres a-t-on besoin au-dessus de l'axe des abscisses pour pouvoir placer tous les points ? Construire ce repère.
Quels points faut-il placer pour construire la courbe ?	Le premier point P_1 de la courbe a pour abscisse la borne inférieure de la première classe et pour ordonnée 0 : ses coordonnées sont (1 ; 0). Pourquoi le point P_2 a-t-il pour coordonnées (3 ; 8) ? Déterminer, en opérant de la même façon, les coordonnées des autres points de la courbe.
Comment terminer ?	On trace la courbe des fréquences cumulées croissantes (FCC). Placer les points dans le repère choisi et les joindre par des segments.

Application

 Tracer la courbe des fréquences cumulées croissantes de la série statistique donnée par le tableau suivant.

Valeur	[50 ; 60[	[60 ; 70[	[70 ; 80[	[80 ; 90[	[90 ; 100[
Fréquence (%)	0,32	0,24	0,06	0,16	0,22

Calculer la médiane et les quartiles d'une série statistique

Un exemple : Déterminer la médiane et le premier quartile de la série statistique donnée par le tableau :

Valeur	10	15	20	25	30	35	40
Effectif	12	24	14	16	25	20	14

Les questions à se poser	Des réponses
Que doit-on faire pour démarrer ?	On doit déterminer la série des effectifs cumulés croissants. Recopier et compléter le tableau avec les effectifs cumulés croissants. | Valeur | 10 | 15 | 20 | 25 | 30 | 35 | 40 | | Effectif cumulé | ... | ... | ... | ... | ... | ... | ... |
Comment déterminer la valeur de la médiane ?	On observe que l'effectif total N est impair. Préciser la valeur de N et justifier que la médiane est la 63ᵉ valeur de la série ordonnée. À l'aide du tableau des effectifs cumulés, déterminer la valeur de la médiane de cette série.
Comment déterminer la valeur du 1ᵉʳ quartile ?	On calcule $\frac{N}{4}$, soit un quart de l'effectif total N. En déduire le rang du 1ᵉʳ quartile, puis en utilisant le tableau des effectifs cumulés, montrer que $Q_1 = 15$.

Application

 Déterminer la médiane et les quartiles de la série statistique donnée par le tableau suivant.

Valeur	50	60	70	80	90	100
Effectif	5	8	10	12	9	4

EXERCICES

TP 1 — Une étude des entreprises en région Rhône-Alpes

Utiliser un tableur pour trier et exploiter les données brutes d'une série statistique.

Fichiers logiciels
→ www.bordas-indice.fr

Pour ce TP, on utilise le fichier 07_seconde_TP1. Ce fichier, issu des bases de données de l'Insee, porte sur les entreprises et les organismes en activité au 1er janvier 2012 dont le siège est situé en région Rhône-Alpes. Dans ce fichier, les entreprises ayant des caractéristiques identiques sont regroupées dans un seul enregistrement, leur nombre est indiqué par la variable FREQ.

A Première analyse

Ouvrir le fichier **07_seconde_TP1** dans un tableur. On s'intéresse à la feuille de calcul **Données brutes**.

1. a. Quels sont les caractères étudiés dans les colonnes **B** (DEP) et **F** (COM) ?
b. Citer tous les départements pour lesquels on dispose de données.

2. a. En utilisant la colonne des effectifs **Q** (FREQ), saisir une formule dans la cellule **U2** donnant le nombre d'entreprises dont le siège est situé dans le département de l'Ain.
b. Procéder de la même façon pour compléter la zone de cellules **U3:U9** par le nombre d'entreprises dont le siège est situé dans chacun des départements de la région Rhône-Alpes.
c. Quelle formule peut-on saisir dans la cellule **U10** afin d'obtenir le nombre total d'entreprises de la région Rhône-Alpes ? Compléter la cellule **U10**.

T	U	V
Dép	Effectif	Fréquence
01		
07		
26		
38		
42		
69		
73		
74		
Total		

3. a. Compléter la zone de cellules **V2:V10** par les fréquences correspondantes, puis construire le diagramme en barres des fréquences de la série.
b. Quelles observations peut-on faire concernant la répartition obtenue ?

B Étude d'un caractère qualitatif

On s'intéresse à la feuille de calcul **Rhône**.
Cliquer sur l'onglet **Rhône**. Dans la colonne **O** (ARTISAN), la lettre « A » signifie que les entreprises concernées sont artisanales, sinon c'est la lettre « N » qui s'affiche.

1. Dans la cellule **R2**, saisir la formule :
`=SOMME.SI(O2:O58389;"A";Q2:Q58389)` qui permet d'ajouter tous les nombres de la zone de cellules **Q2:Q58389** lorsque, sur la même ligne, la colonne **O** contient la valeur « A ».

2. À quoi correspond le nombre obtenu ?
3. Déterminer de la même façon le nombre d'entreprises **non artisanales** du département du Rhône dans la cellule **R3**.
4. Calculer les fréquences correspondantes dans les cellules **S2** et **S3**, puis représenter graphiquement ces fréquences à l'aide d'un diagramme circulaire.
5. Quelles observations peut-on faire concernant la répartition obtenue ?

C Étude d'un caractère quantitatif

On s'intéresse à la colonne **L** (TAILLES) de la feuille de calcul **Rhône**.

1. Les valeurs du caractère TAILLE sont des codes, chacun de ces codes correspondant à une classe de la série du nombre de salariés dans l'entreprise. On a saisi ces codes et les classes correspondantes dans la zone de cellules **U2:V16**.
a. En utilisant la fonction **SOMME.SI**, saisir dans la cellule **X2** une formule, destinée à être recopiée vers le bas, donnant le nombre d'entreprises n'ayant pas de salarié.
b. Compléter la zone de cellules **X3:X16** par le nombre d'entreprises correspondant à chaque code TAILLE.

2. La colonne **W** contient le centre de chaque classe.

U	V	W	X	Y	Z
Code	Nombre de salariés	Centre de la classe	Effectifs	Effectifs cumulés	Fréquences cumulées
0	0	0	78607		
1	1 à 2	1,5			
2	3 à 5	4			

a. Utiliser les valeurs de ce tableau pour déterminer le nombre moyen de salariés dans les entreprises du Rhône.
b. Compléter la colonne **Y** par les effectifs cumulés croissants de la série étudiée.
c. Déterminer la médiane et le premier quartile, puis préciser la classe dans laquelle se situe le troisième quartile.
3. Au vu des résultats, quelles observations peut-on faire ?

Aide pour les logiciels

Excel	**A. 3. a.** Sélectionner la zone de cellule **V2:V9** puis choisir [Insertion], [Colonne], [Histogramme 2D]. **B. 4.** Sélectionner les cellules **S2** et **S3** puis choisir [Insertion] et [Secteurs].
OpenOffice	**A. 3. a.** Sélectionner la zone de cellule **U2:V9** puis choisir [Insertion], [Diagramme], [Plage de données] puis cocher [Première colonne comme étiquette] et cliquer sur [Terminer]. **B. 4.** Sélectionner les cellules **S2** et **S3**, choisir [Insertion], puis [Diagramme] et [Secteur].

Voir **FICHE TICE**, page 318

EXERCICES

TP 2 — Étude d'une répartition des salaires

Étudier l'effet du regroupement en classes sur le calcul des paramètres d'une série statistique.

Fichiers logiciels
→ www.bordas-indice.fr

On souhaite étudier la répartition des salaires mensuels bruts des salariés d'une entreprise spécialisée dans la communication et les médias (que ces salariés soient employés à temps plein ou à temps partiel).

A Calcul de paramètres statistiques

Ouvrir le fichier **07_seconde_TP2** et cliquer sur l'onglet **Partie A**.

1. Observer les données placées dans la colonne **A** et préciser l'effectif total de la série étudiée.

2. a. Calculer dans la cellule **D2** le salaire moyen de l'entreprise étudiée.
b. Compléter les cellules **D3** à **D10**.

3. Au vu des résultats, quelles observations peut-on faire ?

	A	B	C	D
1	Salaires (en €)		Paramètres statistiques	
2	5660		Salaire moyen	
3	2020		Minimum	
4	3000		Maximum	
5	2020		Etendue	
6	2000			
7	2000		Salaire médian	
8	3190		1er quartile	
9	2790		3ème quartile	
10	1700		Ecart $Q_3 - Q_1$	
11	1390			

B Avec des classes d'amplitude 2 500

On veut regrouper les valeurs en classes de taille 2 500. Cliquer sur l'onglet **Parties B et C**.

1. Dans la cellule **D2**, la formule `=NB.SI($A$2:$A$94;"<2500")` permet de déterminer le nombre de salariés dont le salaire est strictement inférieur à 2 500 €.
Expliquer à quoi correspondent les valeurs contenues dans les cellules **D3**, **D4** et **D5**.

2. Dans la cellule **H2**, la formule `=D2` permet de déterminer l'effectif de la classe [0 ; 2 500[.
a. Quelle formule, saisie dans la cellule **H3**, permet de déterminer l'effectif de la classe [2 500 ; 5 000[?
b. Déterminer de même l'effectif des autres classes.

3. Au vu du graphique obtenu, quelles observations peut-on faire sur la répartition des salaires dans l'entreprise ?

C Avec des classes d'amplitude 1 000

On veut regrouper les valeurs en classes d'amplitude 1 000.

1. Dans la cellule **K2**, la formule `=NB.SI($A$2:$A$94;"<1000")` permet de déterminer le nombre de salariés dont le salaire est strictement inférieur à 1 000 €. Compléter de même les valeurs des cellules **K3** à **K11**.

2. En s'inspirant de ce qui a été fait dans la **partie B** :
a. Compléter les effectifs des cellules **O2** à **O11**.
b. Calculer, dans la cellule **O12**, l'effectif total.
c. Entrer le centre de chaque classe dans la zone de cellules **N2:N11**.
d. Calculer, dans la cellule **O14**, la somme des salaires.

3. a. Calculer, dans la cellule **O15**, le salaire moyen avec les données rangées en classes de taille 1 000 €.
b. Quelle remarque peut-on faire ?

4. Construire l'histogramme des données ainsi triées. Les observations faites en **B. 3** sont-elles toujours valables ?

D Autre regroupement en classes

En regroupant les valeurs en classes d'amplitude 500, on a obtenu le graphique ci-dessous (voir l'onglet **Partie D**).

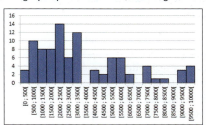

Quelle information sur les données, non visible jusqu'à présent, fait apparaître cette représentation ?

Aide pour les logiciels

Excel et OpenOffice

B. 1. L'instruction **NB.SI** compte le nombre de cellules d'une zone (ici la zone de cellules **A2:A94**) qui répondent à un critère spécifique (ici « < 2 500 »). Sa syntaxe est : `NB.SI(zone;critères)`.

C. 2. d. On peut utiliser la fonction SOMMEPROD dont la syntaxe est `SOMMEPROD(zone1;zone2)`.

Voir **FICHE TICE**, page 318

Chapitre 7 ■ Statistique descriptive **165**

EXERCICES

Pour approfondir

69 Barquettes à la pesée
La pesée automatique de barquettes de framboises emballées a donné les résultats suivants, les masses étant arrondies au gramme :

276 – 253 – 267 – 262 – 247 – 266 – 261 – 268 – 270 – 273 – 268 – 257 – 240 – 227 – 256 – 247 – 252 – 260 – 274 – 271 – 257 – 236 – 257 – 256 – 226 – 258 – 250.

1. Calculer la moyenne de ces valeurs.

2. On regroupe à présent ces valeurs en classes d'amplitude 5, de 225 à 280. Calculer la moyenne $\bar{x}$ de la série ainsi regroupée. Comparer avec le résultat de la question **1**.

3. L'objectif du maraîcher est de produire 75 % de barquettes dont la masse est comprise entre $(\bar{x} - 5)$ grammes et $(\bar{x} + 5)$ grammes. Cet objectif est-il atteint ?

70 Comparaison de prix
Une association de consommateurs a relevé le prix en euros d'un même produit en plusieurs points de vente d'une ville donnée. Les résultats sont donnés dans le tableau ci-dessous.

Prix (en €)	20	21	22	23	24	25	26
Nombre de points de vente	1	4	10	12	7	4	2

1. Déterminer le prix de vente médian, puis le prix de vente moyen de ce produit.

2. L'enquête a en fait oublié 10 points de vente pour lesquels le prix moyen calculé est 22 € et le prix médian 21 €.
a. Quel est le prix moyen de vente sur l'ensemble des points de vente de la ville ?
b. Peut-on calculer le prix médian de vente sur l'ensemble des points de vente ?

71 Moyenne annuelle
Voici le relevé annuel des notes de mathématiques de Malik, élève de Seconde :

1er trimestre	2e trimestre	3e trimestre
7 – 9 – 8	12 – 14 – 11 – 16	11 – 12

Le professeur lui annonce une moyenne annuelle de 10,9, alors qu'il pensait avoir plus de 11. Expliquer ce phénomène.

72 Comparaison de notes
Voici les notes obtenues dans deux classes de Seconde lors d'un devoir de mathématiques.

Classe de 2nde A
Note	3	6	7	8	9	10	12	13	16
Effectif	1	3	1	2	3	5	4	3	2

Classe de 2nde B
Note	5	6	7	8	8,5	11,5	13	18
Effectif	3	3	4	3	1	5	4	3

1. Construire les diagrammes en bâtons pour chacune de ces deux classes. D'après ces diagrammes, quelle caractéristique semble le mieux différencier ces deux classes ?

2. Déterminer l'étendue, la moyenne et la médiane pour chacune de ces deux classes.

3. En regroupant toutes les notes, déterminer la moyenne et la médiane pour l'ensemble de ces notes.

73 Jeu de grattage
Le jeu du « Tac O Tac » est un jeu de loterie instantanée qui offre deux possibilités de gains sous la forme d'un lot de deux tickets indépendants intitulés respectivement « Une chance au grattage » et « Une chance au tirage ».

A. Une chance au grattage
Voici le tableau des gains pour 4 millions de lots.

Gain (en €)	Nombre de lots
50 000	2
5 000	4
100	4 000
15	92 000
5	510 000
0	3 393 994

1. Quel est le gain moyen pour cette première partie de jeu ?

2. Calculer la médiane et les quartiles de cette série. Quelles observations peut-on faire ?

B. Une chance au tirage
Voici le tableau des gains ci-contre. Le ticket « Une chance au tirage » est perdant dans tous les autres cas. Quel est le gain moyen pour cette seconde partie du jeu ?

Gain (en €)	Une chance sur…
50 000	3 838 380
1 000	18 816
30	456
10	32
3	6

C. En tout, quelle chance de gain ?
Chaque lot de 2 tickets étant vendu 3 €, un joueur a-t-il plus de chances de gagner de l'argent ou d'en perdre ?

LE SAVIEZ-VOUS ?

En 2012, la **Française des jeux** a annoncé un chiffre d'affaires de 12,1 milliards d'euros, dont plus de 3 milliards ont été reversés au budget national.

EXERCICES

74 Voyage organisé

Avant de s'inscrire à un voyage organisé en Italie, Claire une jeune femme de 25 ans se renseigne sur l'âge moyen des participants : 26 ans pour le séjour sur les îles Lipari et 31 ans pour le tour de l'Etna. Elle décide de partir avec le groupe dont l'âge moyen est le plus proche de son propre âge. Ce tableau donne la répartition des âges des participants à chacun de ces deux voyages.

Voyage 1

Âge	4	7	10	14	43	49	54	58
Effectif	1	2	1	2	1	1	1	1

Voyage 2

Âge	18	26	30	35	40
Effectif	1	2	2	4	1

1. En calculant l'âge moyen pour chaque cas, identifier le voyage correspondant au séjour sur les îles Lipari.

2. Calculer l'étendue et la médiane de chacune de ces deux séries, puis expliquer pourquoi la connaissance de ces nombres aurait pu permettre à cette jeune femme de faire un meilleur choix pour son voyage.

75 Les décimales de π

1. En utilisant la calculatrice, vérifier que les dix premières décimales de π sont : 1 4 1 5 9 2 6 5 3 5.
Quelle est, dans cette série de décimales, la fréquence d'apparition du chiffre 1 ? celle du chiffre 5 ?

2. Voici les 30 premières décimales de π :
1 4 1 5 9 2 6 5 3 5 8 9 7 9 3 2 3 8 4 6 2 6 4 3 3 8 3 2 7 9.

a. Quel est le chiffre qui apparaît avec la plus grande fréquence ? Quel est celui qui apparaît avec la plus petite fréquence ?

b. Construire le diagramme en bâtons de cette série.

3. Les 707 premières décimales de π sont inscrites tout autour d'une salle du Palais de la découverte de Paris. Les dix chiffres apparaissent avec les effectifs suivants :

Chiffre	0	1	2	3	4	5	6	7	8	9
Effectif	74	78	74	72	71	64	70	53	72	79

a. Calculer la fréquence de chaque chiffre.
b. Construire le diagramme en bâtons associé.

LE SAVIEZ-VOUS ?

Les décimales de π n'ont rien d'aléatoire, mais la distribution des chiffres ou des groupes consécutifs de N chiffres de ses décimales ont cependant les caractéristiques d'un phénomène aléatoire.

76 PROBLÈME DE SYNTHÈSE

On a étudié la fréquence cardiaque au repos (FCR) d'un groupe de 60 sportifs amateurs hommes et femmes. Les résultats sont récapitulés dans le tableau suivant :

42	43	45	45	46	46	46	48	48	48
48	48	49	50	50	50	50	50	50	50
51	51	51	51	52	52	52	52	52	52
52	52	52	53	53	53	53	53	53	53
53	54	54	54	54	54	54	55	55	55
55	55	57	59	59	59	59	59	59	61

1. Déterminer la médiane ainsi que les premier et troisième quartiles de la série des FCR.

2. Calculer la moyenne $\bar{x}$ et l'étendue de la série des FCR.

3. Représenter cette série à l'aide d'un graphique adapté.

4. On souhaite comparer les FCR des sportifs aux FCR d'un deuxième groupe de 60 personnes pratiquant peu d'activité physique. L'étude des FCR des personnes de ce deuxième groupe a donné les résultats suivants :
Moyenne : 59,8   Troisième quartile : 63
Médiane : 60   Valeur minimale : 45
Premier quartile : 57   Valeur maximale : 70

Quelle incidence semble avoir la pratique régulière d'activités sportives sur la FCR d'un individu ?

PRISES D'INITIATIVES

77 Une planète lointaine est constituée de deux populations : les Gibis et les Shadoks. On sait que 80 % des Gibis sont pauvres et que 80 % des pauvres sont des Gibis.
Peut-on dire qu'il y a sur cette planète une discrimination sociale due à la race ?

78 L'inverse de la moyenne des inverses de deux nombres strictement positifs est-elle égale, supérieure ou inférieure à la moyenne de ces nombres ?

79 Si 40 % des habitants d'un pays ont au moins 60 ans, est-il possible que l'âge moyen de la population soit de 30 ans ?

Source : évaluation PISA.

80   **Programmer un algorithme**

1. Écrire un algorithme demandant de saisir en entrée l'effectif total N (N impair) d'une série statistique et donnant en sortie le rang de la médiane et du premier quartile de cette série statistique.

2. Programmer cet algorithme sur la calculatrice ou sur ordinateur.

Chapitre 7 ■ Statistique descriptive **167**

Réactiver les savoirs

➤ Voir les réponses, p. 332

Savoir calculer une fréquence

Exercice Après avoir placé dans un sac des billes de différentes couleurs, on prélève 250 billes. On a obtenu les résultats suivants :

Couleur de la bille	blanche	bleue	jaune	noire	rouge	verte
Effectif	43	25	66	51	35	30

1. Calculer la fréquence des billes de chacune des couleurs.
2. Calculer la somme de ces fréquences.
3. Lors d'un autre prélèvement de 500 billes, la fréquence de billes bleues a été 0,132.
a. Combien a-t-on prélevé de billes bleues ?
b. Quelle est la fréquence de l'événement « ne pas obtenir une bille bleue » ?

➜ Pour vous aider, voir l'Essentiel du collège, Rabat B, et le chapitre 7, p. 148

Utiliser des intervalles

Vrai ou faux ?

4. L'ensemble des réels x tels que $0,4 \leq x \leq 0,7$ est l'intervalle [0,4 ; 0,7].
5. Si f appartient à l'intervalle [$p-0,1$; $p+0,1$], alors p appartient à l'intervalle [$f-0,1$; $f+0,1$].
6. L'intervalle [0,462 ; 0,502] est inclus dans l'intervalle [0,46 ; 0,50].

➜ Pour vous aider, voir le chapitre 1 p. 14

Utiliser un tableur

QCM Choisir la (ou les) bonne(s) réponse(s).

On a lancé 20 fois de suite un dé à six faces. On étudie les résultats de ces lancers dans une feuille de calcul d'un tableur. Pour obtenir les numéros des tirages dans la première ligne, on a saisi `1` dans la cellule **B1**.
Puis on a saisi les numéros des faces obtenues dans la seconde ligne de la feuille de calcul.
Dans la troisième ligne, on fait afficher 1 quand le numéro 6 sort, et 0 sinon. On calcule le nombre de « 6 » obtenus dans la cellule **B4** et la fréquence d'apparition du numéro 6 dans la cellule **B5**.

	A	B	C	D	E	F	G	H	I	J	K	L	M	N	O	P	Q	R	S	T	U
1	Numéro du tirage	1	2	3	4	5	6	7	8	9	10	11	12	13	14	15	16	17	18	19	20
2	Résultat	4	6	3	6	3	5	2	5	1	1	3	5	4	4	4	6	5	1	6	4
3	Recherche des numéros 6	0	1	0	1	0	0	0	0	0	0	0	0	0	0	0	1	0	0	1	0
4	Total des numéros 6 obtenus	4																				
5	Fréquence du numéro 6	0,2																				

		A	B	C	D
7.	La formule saisie en **C1** et recopiée ensuite vers la droite est :	=A1+1	=B1+1	B1+1	B$1+1
8.	La formule saisie en **B3**, destinée à être recopiée vers la droite, est :	=SI(B2=6;1)	=0	=SI(B2=6;1;0)	=SI(6;1;0)
9.	La formule saisie dans la cellule **B4** est :	=SOMME(B3:U3)	=SOMME(3)	=B3+U3	=SOMME(B3àU3)
10.	La formule saisie dans la cellule **B5** est :	=B4/U1	=B4*100/5	=B4/B1	=B4/20

➜ Pour vous aider, voir les fiches Tableurs, p. 318

Échantillonnage

CHAPITRE 8

Le béluga est une petite baleine blanche que l'on trouve dans le golfe du Saint-Laurent, au Québec. En général, dans cette population de bélugas, il y a en moyenne 3 décès de jeunes veaux par an sur 120 naissances. Or, en 2012, on en a enregistré 16.

Peut-on considérer que ce nombre anormalement élevé est dû au hasard, ou bien est lié à d'autres causes comme la pollution du fleuve ?

Les propriétés liées à l'échantillonnage, que nous allons étudier dans ce chapitre, vont nous permettre de donner une réponse à ce type de questions.

Les notions du chapitre

✔ Échantillons
✔ Simulation d'expériences aléatoires
✔ Intervalle de fluctuation d'une proportion à 95 %
✔ Prise de décision sur un échantillon
✔ Estimation d'une proportion
✔ Utilisation de la calculatrice et du tableur pour simuler

Logique **Notations et raisonnement**
p. 180

Algo **Les algorithmes**
p. 170, 173, 176, 179, 182, 184

TICE **Utilisation de logiciels**
p. 171, 173, 176, 177, 178, 182, 183, 184

169

ACTIVITÉS

ACTIVITÉ 1 — Avec une pièce de monnaie

Objectif
Produire et observer des échantillons.

Cours 1
Fluctuation d'échantillonnage

On va répéter l'expérience suivante : on choisit une pièce de monnaie, on la lance et on note le côté visible obtenu, P pour PILE et F pour FACE.

1. a. Répéter dix fois cette expérience en notant les résultats à l'aide de P et F : la série des dix valeurs obtenues se nomme un **échantillon de taille 10** de cette expérience.

b. Compter le nombre de fois où on a obtenu PILE, puis calculer la fréquence de cette issue sur les dix lancers. Donner la fréquence de l'issue FACE.

c. Présenter dans un tableau les fréquences obtenues : on obtient **la distribution des fréquences** de cet échantillon.

2. a. Obtenir quatre autres échantillons de taille 10 de cette expérience.

b. Pour chaque échantillon, présenter dans un tableau la distribution des fréquences associée. Les distributions obtenues sont-elles les mêmes pour chaque échantillon ?

3. a. On vient de former cinq échantillons de taille 10 de l'expérience. En regroupant les résultats de tous ces lancers, obtenir un échantillon de taille 50 de cette expérience.

b. Déterminer la distribution des fréquences pour ce nouvel échantillon.

ACTIVITÉ 2 — Des simulations

Objectif
Découvrir et expérimenter diverses méthodes de simulation.

Cours 1
Fluctuation d'échantillonnage

Fichiers logiciels
→ www.bordas-indice.fr

1. Au lieu de lancer plusieurs fois un dé afin d'obtenir différents tirages, ce qui peut s'avérer fastidieux, on va simuler cette expérience en utilisant des listes de nombres aléatoires. On suppose le dé équilibré, ce qui fait que chaque numéro de face 1, 2, 3, 4, 5, 6 a la même probabilité de sortie. La calculatrice possède une fonction qui donne comme résultat un de ces six numéros de façon aléatoire :
- Sur Casio : . Pour cela, choisir , puis **PROB**, **RAND** et **Int**.
- Sur Texas : . Choisir math , puis **PRB** et **5:entAléat(**.

Utiliser la calculatrice pour obtenir un échantillon de 20 lancers successifs du dé.

2. En utilisant la même fonction de la calculatrice que précédemment, obtenir un échantillon de 10 lancers successifs d'une pièce de monnaie non truquée.

3. Un sac contient 40 billes rouges et 60 billes bleues. Opérer de la même façon que précédemment pour obtenir un échantillon avec 20 tirages successifs en remettant la bille dans le sac après chaque tirage.

4. Afin d'obtenir un échantillon de taille plus importante de l'une de ces expériences, on utilise un algorithme. On simule une des expériences précédentes, puis on compte le nombre de fois où une des issues se réalise dans un échantillon de taille 10. Dans cet algorithme, **Alea(0,1)** renvoie 0 ou 1 de façon équiprobable.

Variables	S et r sont des entiers naturels
Initialisation	S prend la valeur 0
Traitement	**Pour** i variant de 1 à 10 **faire**
	r prend la valeur Alea(0,1) **(L)**
	S prend la valeur $S + r$
	Fin Pour
Sortie	Afficher S

a. Quelle est, parmi les expériences précédentes, celle qui est simulée à la ligne **(L)** ?

b. On suppose que **Alea(0,1)** prend successivement les valeurs 1, 1, 0, 1, 0, 0, 1, 0, 1, 1. Quelle est la valeur de S en sortie ?

c. Programmer cet algorithme sur une calculatrice en l'adaptant afin d'obtenir les résultats sur un échantillon de taille 100.

ACTIVITÉS

ACTIVITÉ 3 — Un sondage pour une mairie

Objectif
Découvrir expérimentalement des intervalles de fluctuation d'une proportion.

Cours 2
Intervalle de fluctuation d'une fréquence

Fichiers logiciels
www.bordas-indice.fr

Lors d'une élection municipale, la liste Dupont et la liste Duchamp se sont affrontées. Les résultats donnent, pour la liste Dupont, une proportion de voix p égale à 0,35.
On veut étudier la fréquence f des individus favorables à la liste Dupont dans un échantillon d'électeurs.
Dans cet objectif, on va simuler avec un tableur plusieurs échantillons d'électeurs de même taille $n = 100$ afin d'observer comment la fréquence f s'éloigne ou non de 0,35 selon l'échantillon : pour cela, on va comparer cette fréquence à $0,35 - \dfrac{1}{\sqrt{n}} = 0,25$ et à $0,35 + \dfrac{1}{\sqrt{n}} = 0,45$.

1. a. On a saisi en **A3** la formule =ENT(ALEA()+0,35). Expliquer le rôle de cette formule.
b. On a recopié vers la droite cette formule jusqu'à la cellule **CV3** afin de former un échantillon d'électeurs de taille 100. Ensuite, on a recopié la plage de cellules **A3:CV3** vers le bas jusqu'à la ligne **402**. Qu'obtient-on à présent ?

2. On saisit en **CW3** la formule =MOYENNE(A3:CV3).
Que calcule cette formule pour le premier échantillon ainsi formé ?

3. a. Dans la colonne **CY**, on affiche 1 lorsque la fréquence calculée dans l'échantillon appartient à l'intervalle $I = [0,25 \,;\, 0,45]$, puis on affiche en **CY404** la somme des éléments de la plage **CY3:CY402**. Que représente cette somme ?
b. La proportion des fréquences des échantillons appartenant à I est affichée en **CY405**. Que constate-t-on quand on simule de nouveaux échantillons ?

4. Dans une nouvelle feuille de calcul, on modifie la valeur de p et on cherche si les fréquences obtenues appartiennent ou non à $[p-0,1\,;\,p+0,1]$. Les résultats précédents sont-ils modifiés ?

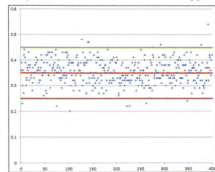

ACTIVITÉ 4 — La disparition

Objectif
Découvrir l'estimation par intervalle.

Cours 2
Intervalle de fluctuation d'une fréquence

LE SAVIEZ-VOUS ?
En 1969, l'écrivain français **Georges Pérec** fait paraître un roman, *La disparition*, qui ne comporte aucune fois la lettre « e » tout au long de ses 304 pages.

On va s'intéresser dans ce qui suit à la proportion p de lettres « e » dans les textes contemporains écrits en langue française.

1. Dans la phrase précédente, compter le nombre total de lettres, puis le nombre de lettres « e » (sans tenir compte de l'accent).
En déduire la fréquence de « e » dans la phrase précédente.

2. Choisir dans un texte 100 lettres consécutives, puis calculer la fréquence f de la lettre « e » dans ce texte.

3. Déterminer l'intervalle $\left[f - \dfrac{1}{\sqrt{n}} \,;\, f + \dfrac{1}{\sqrt{n}} \right]$ pour le texte choisi, où n est le nombre total de lettres. On dit que ***p* est estimé par cet intervalle au seuil de 95 %**.

4. Contrôler cette estimation avec la valeur connue de p (par exemple sur *Wikipédia*).

5. Que donne comme estimation de p une page de 1 225 lettres du livre de Georges Pérec ?

Chapitre 8 ■ Échantillonnage

COURS

1 Fluctuation d'échantillonnage

Échantillon

Quand on étudie un caractère dans une population, il est parfois impossible de connaître la population entière. On travaille alors sur une partie bien choisie de cette population, qu'on appelle échantillon.

Définition Un **échantillon de taille** n est la liste des n résultats obtenus lorsqu'on répète n fois de façon indépendante une même expérience.

Vocabulaire
Répéter une expérience de façon **indépendante** signifie que le résultat de chaque expérience ne dépend pas du résultat de l'expérience précédente.

Exemples : 1. Une boîte contient des lettres A et des lettres B. On tire une lettre de la boîte, on la note, puis on la remet, et ceci cinq fois de suite. On obtient alors un échantillon de taille 5 : par exemple, on peut obtenir l'échantillon A–A–B–A–B.
2. On lance un dé et on note le numéro obtenu sur la face supérieure du dé. Quand on répète dix fois cette expérience, on obtient un échantillon de taille 10. Supposons qu'on obtienne : 1–5–3–1–6–3–4–3–6–2. Cette liste est un échantillon de taille 10.

Définition La **distribution des fréquences** associée à un échantillon est la liste des fréquences des issues de cet échantillon.

À noter
Quand la taille de l'échantillon est négligeable devant l'effectif total, on peut assimiler un tirage sans remise à un tirage avec remise.

Dans l'exemple **2**, on peut calculer les fréquences de chacune des issues 1, 2, 3, 4, 5 et 6 de l'expérience aléatoire. Le tableau ci-contre donne la distribution des fréquences associée à cet échantillon.

Numéro	1	2	3	4	5	6
Fréquence	0,2	0,1	0,3	0,1	0,1	0,2

Fluctuation d'échantillonnage

Propriété Soit plusieurs échantillons de même taille d'une expérience aléatoire. La distribution des fréquences varie d'un échantillon à l'autre : c'est la **fluctuation d'échantillonnage**.

À noter
Lorsque la taille de l'échantillon augmente, les fréquences ont tendance à se stabiliser.

Exemple : en lançant un dé, on peut obtenir un nouvel échantillon de taille 10 : si les résultats sont 2–3–2–5–2–2–6–1–6–1, on peut représenter les distributions de fréquences des deux échantillons obtenus ci-contre.
On observe que les fréquences fluctuent parmi les échantillons de même taille.

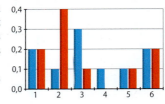

Réalisation d'une simulation

Définition Simuler une expérience aléatoire, c'est la remplacer par une autre expérience qui conduit aux mêmes résultats dans les mêmes conditions.

On peut ainsi tout simplement remplacer une expérience difficile à répéter par une autre expérience, facilement reproductible.

Exemple : l'expérience aléatoire associée à la naissance d'un enfant (fille ou garçon) peut être simulée par le jeu de pile ou face.

On simule généralement une expérience à l'aide de listes de nombres obtenues, soit expérimentalement, soit avec une calculatrice, soit avec un tableur.
Les calculatrices et les tableurs possèdent des fonctions qui génèrent des nombres aléatoires :
– pour générer un nombre aléatoire décimal compris entre 0 et 1, on utilise : **ALEA()** sur tableur, **NbrAléat** sur Texas, **Ran#** sur Casio (voir p. 176) ;
– pour générer un nombre aléatoire entier compris entre a et b (a et b entiers), on utilise : `ALEA.ENTRE.BORNES(a;b)` sur tableur, `entAléat(a,b)` sur Texas, `RanInt#(a,b)` sur Casio (voir p. 176).

Vocabulaire
Les nombres aléatoires générés par un tableur ou une calculatrice sont en général qualifiés de pseudo-aléatoires.

LES SAVOIR-FAIRE DU COURS

SAVOIR-FAIRE 1
Voir les exercices 15 et 16, p. 178

Concevoir et mettre en œuvre une simulation

1. Un sac contient 30 % de jetons rouges et 70 % de jetons bleus. Simuler avec la calculatrice l'expérience consistant à tirer au hasard un jeton du sac et à noter sa couleur.

2. Donner un échantillon de taille 20 de cette expérience, puis la fréquence de jetons rouges dans cet échantillon.

Conseil
Ne saisir la formule affichée qu'une seule fois : on tape ensuite sur `entrer` (ou `EXE`) pour obtenir un nouveau tirage.

Solution commentée

1. On utilise la fonction **Aléa** de la calculatrice qui renvoie un nombre aléatoire décimal compris entre 0 et 1 : alors **Aléa** + 0,3 renvoie un nombre aléatoire décimal compris entre 0,3 et 1,3 et sa partie entière est égale à 1 avec une probabilité de 0,3. Ainsi, quand on obtient 1, on a tiré un jeton rouge. Saisir `ent(NbrAléat+0.3)` pour une calculatrice Texas, et `Int(Ran#+0.3)` pour une calculatrice Casio.

2. En répétant 20 fois cette simulation, on obtient la liste de nombres suivante :
1–0–0–0–1–0–1–0–1–0–0–0–0–0–1–1–0–1–0. On obtient 7 fois le 1 et 13 fois le 0 : cet échantillon contient 7 jetons rouges et 13 jetons jaunes. La fréquence de jetons rouges est 0,35.

SAVOIR-FAIRE 2
Voir les exercices 22 et 23, p. 178

Mettre en œuvre une simulation avec un tableur

On considère l'expérience aléatoire qui consiste à tirer un numéro parmi les numéros 1, 2… 15 d'une loterie.

1. Simuler 100 fois cette expérience aléatoire avec un tableur.

2. Calculer la fréquence du numéro 10 dans cet échantillon

Méthode
Pour déterminer le nombre de fois où apparaît une valeur dans une plage de cellules d'un tableur, utiliser la fonction **NB.SI**.

Solution commentée

1. On saisit dans la cellule **B2** la formule `=ALEA.ENTRE.BORNES(1;15)` puis on la recopie vers la droite jusqu'en **CW2** : on obtient un échantillon de taille 100 de cette expérience.

	A	B	C	D	E	F	G	H
1	Partie	1	2	3	4	5	6	7
2	Résultat	12	13	1	9	4	15	15
3	Nombre de 10	11						
4	Fréquence de 10	0,11						

2. On saisit en **B3** la formule `=NB.SI(B2:CW2;10)` afin de dénombrer les 10 dans la plage de cellules **B2:CW2**. On calcule alors la fréquence du numéro 10 avec la formule `=B3/100` en **B4**.

SAVOIR-FAIRE 3
Voir l'exercice 26, p. 179

Concevoir une simulation avec un algorithme `Algo`

L'algorithme ci-contre simule n lancers d'un dé équilibré à 6 faces.

1. Compléter cet algorithme.

2. Le modifier afin qu'il affiche le nombre de 6 obtenus pour n lancers.

Variables	n, r sont des entiers naturels
Entrée	Saisir n
Traitement et sortie	**Pour** i allant de 1 à n **faire**
	$\quad$ r prend la valeur ……
	$\quad$ Afficher r
	Fin Pour

Méthode
Pour compter dans un algorithme le nombre de « succès » d'une expérience, il faut définir une variable qui vaut 0 en début d'algorithme et qui augmente de 1 à chaque « succès ».

Solution commentée

1. On complète avec `Alea(1;6)` qui renvoie un entier aléatoire entre 1 et 6.

2. On définit d'abord une nouvelle variable entière S qui compte le nombre de 6 : S est initialisée à 0.
À l'intérieur de la boucle « **Pour** », on introduit une instruction conditionnelle : si $r = 6$, alors S est augmentée de 1.
On affiche S en sortie de la boucle « **Pour** ».

Variables	n, r, S sont des entiers naturels
Entrée	Saisir n
Initialisation	S prend la valeur 0
	Pour i allant de 1 à n **faire**
	$\quad$ r prend la valeur Alea(1 ; 6)
	$\quad$ **Si** $r = 6$
Traitement	$\quad\quad$ **Alors** S prend la valeur $S + 1$
	$\quad$ **Fin Si**
	Fin Pour
Sortie	Afficher S

Chapitre 8 ■ Échantillonnage **173**

COURS

2 Intervalle de fluctuation d'une fréquence

Intervalle de fluctuation à 95 %

Dans l'activité 3, on a obtenu par simulation plusieurs échantillons de taille 100 de l'expérience qui consiste à voter pour la liste Dupont à des élections. On se rend compte que les valeurs des fréquences obtenues dans ces échantillons sont proches de 0,35, proportion obtenue par la liste Dupont à l'élection.

Plus précisément, on observe qu'il y a au moins 95 % de ces échantillons pour lesquels la fréquence des électeurs désirant voter pour la liste Dupont est comprise entre 0,25 et 0,45, c'est-à-dire dans l'intervalle [0,35 – 0,10 ; 0,35 + 0,10].

On énonce cette propriété découverte expérimentalement.

> **À noter**
> Plus la taille de l'échantillon est grande, plus l'intervalle de fluctuation est petit.

> **Propriété** Soit un caractère dont la proportion dans la population donnée est p.
> Lorsque $n \geqslant 25$ et $0,2 \leqslant p \leqslant 0,8$, il y a au moins 95 % des échantillons de taille n issus de cette population qui sont tels que la fréquence f du caractère dans l'échantillon appartient à un intervalle de la forme $\left[p - \dfrac{1}{\sqrt{n}} \; ; \; p + \dfrac{1}{\sqrt{n}} \right]$.

> **À noter**
> Ce résultat n'est valable que si $n \geqslant 25$, c'est-à-dire si l'échantillon est de taille suffisamment grande.

> **Définition** L'intervalle $\left[p - \dfrac{1}{\sqrt{n}} \; ; \; p + \dfrac{1}{\sqrt{n}} \right]$ est appelé **intervalle de fluctuation de la fréquence** au seuil de 95 % (ou 0,95) pour un échantillon de taille n.

Prise de décision à partir d'un échantillon

> **À noter**
> Pour obtenir un intervalle de fluctuation, on peut aussi réaliser des échantillons par simulation.

On fait l'hypothèse que la proportion d'un caractère dans une population est p.

À partir d'un échantillon pour lequel la fréquence observée relative à un caractère donné est f, on regarde si cette fréquence est dans l'intervalle de fluctuation à 95 % : si ce n'est pas le cas, on considère que l'observation n'est pas compatible avec l'hypothèse faite.

En effet, avec cette hypothèse, ceci ne s'observerait qu'au plus dans 5 % des échantillons de taille n. On prendra ainsi une décision avec un seuil de risque de 5 % (ou un coefficient de confiance de 95 %).

Estimation d'une proportion

La propriété énoncée plus haut montre qu'il y a une probabilité d'au moins 0,95 que la fréquence f appartienne à $\left[p - \dfrac{1}{\sqrt{n}} \; ; \; p + \dfrac{1}{\sqrt{n}} \right]$. On a : $p - \dfrac{1}{\sqrt{n}} \leqslant f \leqslant p - \dfrac{1}{\sqrt{n}}$.

Or, $p - \dfrac{1}{\sqrt{n}} \leqslant f$ s'écrit aussi $p \leqslant f + \dfrac{1}{\sqrt{n}}$ et $f \leqslant p + \dfrac{1}{\sqrt{n}}$ s'écrit $f - \dfrac{1}{\sqrt{n}} \leqslant p$.

On peut alors estimer p à l'aide de cet intervalle avec un coefficient de confiance de 0,95.

> **Propriété** Au moins 95 % des intervalles de la forme $\left[f - \dfrac{1}{\sqrt{n}} \; ; \; f + \dfrac{1}{\sqrt{n}} \right]$ contiennent la proportion p.

> **À noter**
> Les conditions de validité sont : $n \geqslant 25$ et $0,2 \leqslant f \leqslant 0,8$.

> **Définition** Soit f la fréquence observée d'un caractère dans un échantillon de taille n issu d'une population dans laquelle la proportion de ce caractère est p.
> Alors l'intervalle $\left[f - \dfrac{1}{\sqrt{n}} \; ; \; f + \dfrac{1}{\sqrt{n}} \right]$ est un intervalle de confiance de p au seuil de 95 %.

La proportion p n'appartient pas obligatoirement à cet intervalle.

On peut affirmer cependant que si on pouvait extraire un très grand nombre d'échantillons de taille n, alors p appartiendrait à environ 95 % de ces intervalles.

LES SAVOIR-FAIRE DU COURS

SAVOIR-FAIRE 4
Voir les exercices 34 et 35, p. 180

Prendre une décision à partir d'un échantillon

On sait que 26 % de la population française est allergique aux pollens de fleurs. On veut contrôler si cette proportion est valable dans un département donné. Pour cela, on prélève un échantillon de 400 personnes de ce département.

1. Déterminer un intervalle de fluctuation au seuil de 95 % de la fréquence des personnes allergiques aux pollens de fleurs dans les échantillons de taille 400.

2. Énoncer la règle de décision permettant d'accepter, ou non, l'hypothèse selon laquelle la proportion p de personnes allergiques dans le département est 0,26.

3. On a observé 131 personnes allergiques dans l'échantillon. Que peut-on conclure ?

Solution commentée

1. Ici, $p = 0,26$: on a bien $0,2 \leqslant p \leqslant 0,8$. On a aussi $n = 400$, donc la condition $n \geqslant 25$ est vérifiée. Ainsi, un intervalle de fluctuation au seuil de 95 % de la fréquence des personnes allergiques aux pollens de fleurs dans les échantillons de taille 400 est :

$$\left[p - \frac{1}{\sqrt{n}} \; ; \; p + \frac{1}{\sqrt{n}} \right] = \left[0,26 - \frac{1}{\sqrt{400}} \; ; \; 0,26 + \frac{1}{\sqrt{400}} \right] = \left[0,26 - \frac{1}{20} \; ; \; 0,26 + \frac{1}{20} \right]$$

c'est-à-dire [0,21 ; 0,31].

> **Conseil**
> La règle de décision doit décider de l'acceptation ou du rejet de l'hypothèse faite.

2. On énonce la règle de décision suivante : « si la fréquence observée dans un échantillon de taille 400 appartient à l'intervalle I = [0,21 ; 0,31], on accepte l'hypothèse $p = 0,26$, sinon on la rejette ».

3. La fréquence observée dans l'échantillon est : $f = \frac{131}{400} = 0,3275$.

Cette fréquence n'appartient pas à I : on rejette l'hypothèse selon laquelle 26 % des personnes sont allergiques aux pollens de fleurs au seuil de 95 %.

SAVOIR-FAIRE 5
Voir les exercices 41 et 42, p. 180

Estimer une proportion

Dans une commune comptant plus de 100 000 habitants, un institut réalise un sondage auprès de la population. On note p la proportion d'électeurs qui voteront pour le maire de la commune aux prochaines élections.

1. Sur 100 personnes interrogées, 55 affirment vouloir le réélire. Déterminer une estimation de p par un intervalle de confiance I au seuil de 95 %.

2. Un second sondage portant sur 1 600 personnes indique que 880 personnes désirent voter pour le maire sortant. Déterminer une nouvelle estimation de p par un intervalle de confiance J au seuil de 95 %. Est-il possible qu'il ne soit pas réélu ?

Solution commentée

1. La taille de l'échantillon est $n = 100$. La fréquence observée dans l'échantillon est : $f = \frac{55}{100} = 0,55$. Les conditions de validité sont remplies, puisque $n \geqslant 25$ et $0,2 \leqslant f \leqslant 0,8$.

Un intervalle de confiance au seuil de 95 % de la proportion des habitants désirant voter pour le maire est : $\left[0,55 - \frac{1}{\sqrt{100}} \; ; \; 0,55 + \frac{1}{\sqrt{100}} \right]$, soit I = [0,45 ; 0,65].

> **Conseil**
> La proportion p n'appartient pas obligatoirement à l'intervalle de confiance de p trouvé.

2. La taille de l'échantillon est $n = 1\,600$. La fréquence observée dans l'échantillon est : $f = \frac{880}{1600} = 0,55$. Les conditions de validité sont remplies, puisque $n \geqslant 25$ et $0,2 \leqslant f \leqslant 0,8$.

Un intervalle de confiance au seuil de 95 % de la proportion des habitants désirant voter pour le maire est : $\left[0,55 - \frac{1}{\sqrt{1600}} \; ; \; 0,55 + \frac{1}{\sqrt{1600}} \right]$, soit J = [0,525 ; 0,575].

L'intervalle J indique qu'il est fortement probable que p dépasse 0,5, mais il reste possible que le maire ne soit pas réélu, car p peut ne pas appartenir à l'intervalle J.

Chapitre 8 ■ Échantillonnage

FICHE TICE

Simulations sur calculatrice ou tableur

Flasher pour voir les 4 vidéos

Génération de nombres aléatoires

Toute calculatrice et tout tableur possèdent des fonctions générant des nombres aléatoires. Il existe deux fonctions utiles : l'une donne un nombre aléatoire décimal compris entre 0 et 1, l'autre un nombre aléatoire entier compris entre deux entiers a et b.

Fonction	Calculatrice CASIO	Calculatrice TEXAS	Tableur
	OPTN, puis choisir le menu PROB, puis RAND	Dans le menu math, sélectionner PRB	Se placer dans la cellule voulue
Nombre aléatoire décimal compris entre 0 et 1	Sélectionner Ran# suivi de EXE	Sélectionner 1:NbrAléat, suivi de entrer, puis entrer	Saisir =ALEA(), puis valider
Nombre aléatoire entier compris entre a et b	Sélectionner Int et compléter RanInt#(a,b) puis EXE	Sélectionner 5:entAléat(puis compléter entAléat(a,b) suivi de entrer	Saisir =ALEA.ENTRE.BORNES(a,b) puis valider

Simuler une expérience quand la proportion du caractère est p

On peut :
– soit utiliser la fonction « Partie entière » qui donne la partie entière d'un réel, combinée avec la fonction « Aléa » (la partie entière d'un nombre est le premier entier inférieur ou égal à ce nombre) ;
– soit utiliser une instruction conditionnelle dans un programme (plus simple sur tableur).

Partie entière	OPTN suivi de NUM : commande Int	math suivi de NUM, puis commande 3:ent(	ENT
Exemple : partie entière de 0,78	Int 0.78	ent(0.78)	=ENT(0,78)

Exemple d'un caractère dont la proportion dans la population est 0,2 Algo
On affiche 1 quand l'individu prélevé possède le caractère étudié, et 0 sinon.

Calcul direct	Int(Ran#+0.2)	ent(NbrAléat+0.2)	=ENT(ALEA()+0,2)

Programmation
Si Alea < 0,2
   Alors Afficher 1
   Sinon Afficher 0
Fin Si
	If(Ran# < 0,2)
	Then 1
	Else 0
	IfEnd
		If NbrAléat < 0.2
		Then
		Disp 1
		Else
		Disp 0
		End
			Entrer dans la cellule voulue :
			=SI(ALEA()<0,2;1;0)

Obtenir un échantillon de taille n

Calcul direct	Écrire la séquence de calcul et appuyer n fois sur EXE	Écrire la séquence de calcul et appuyer n fois sur entrer	Recopier la formule nécessaire sur n lignes (ou n colonnes)
Programmation Algo	Utiliser une boucle For … Next	Utiliser une boucle For … End	
Calcul du nombre de succès	On initialise une variable S à 0, on l'incrémente de 1 à chaque succès dans la boucle. On affiche S en sortie.		On utilise la formule : =NB.SI(plage;valeur)

176

Parcours en autonomie (corrections en fin de manuel)
Maîtriser les bases 6 • 12
Préparer le contrôle 21 • 37 • 44

EXERCICES

Pour démarrer

Échantillons

1 En direct du cours !
Obtient-on les mêmes fréquences pour deux échantillons de taille 100 d'une même expérience aléatoire ?

2 Donner un échantillon de taille 5 de l'expérience qui consiste à lancer une pièce de monnaie et à s'intéresser au côté visible de la pièce.

3 Pour un jour donné, on observe s'il pleut ou non. Donner un échantillon de cette expérience aléatoire relatif au mois de janvier.

4 En lançant 50 fois un dé, on a obtenu ces résultats :

Numéro	1	2	3	4	5	6
Effectif	5	7	11	10	8	9

Déterminer la distribution des fréquences associée à cet échantillon.

Simulations

5 En direct du cours !
1. Peut-on simuler certaines expériences sans calculatrice, ni ordinateur ?
2. Comment peut-on simuler avec une calculatrice l'expérience consistant à lancer une pièce de monnaie équilibrée ?

6 Avec une calculatrice, on a généré la liste suivante de 20 chiffres aléatoires :
7–1–1–4–8–9–6–3–3–0–8–7–2–0–1–8–7–7–4–5.
Utiliser cette liste pour simuler 20 fois la naissance d'un enfant. On suppose qu'à la naissance, il y a équiprobabilité d'avoir un garçon ou une fille.

7 **TICE** **Avec un tableur**
Dans une cellule d'un tableur, on saisit la formule :
`=ALEA.ENTRE.BORNES(1;4)`. Donner un exemple d'expérience aléatoire que peut simuler cette formule.

8 Avec une calculatrice, simuler l'expérience aléatoire qui consiste à tirer une carte dans un jeu de 32 cartes et observer si cette carte est un trèfle.

9 **TICE** **Avec un tableur**
Sur une machine à sous d'un des casinos d'Atlantic City, on gagne aléatoirement une partie dans 10 % des cas.
1. On suppose que **ALEA()** renvoie 0,83 avec un tableur. Que renvoie `ENT(ALEA()+0,1)` ?
2. Expliquer pourquoi la formule `=ENT(ALEA()+0,1)` permet de simuler une partie de cette machine à sous.

Intervalle de fluctuation

10 En direct du cours !
Dans un sac de 800 billes, il y a 40 % de billes bleues. On note $I = \left[p - \dfrac{1}{\sqrt{n}} \; ; \; p + \dfrac{1}{\sqrt{n}} \right]$ l'intervalle de fluctuation à 95 % de la fréquence de billes bleues dans un échantillon de 50 billes.
1. Quelle est la valeur de p ? celle de n ?
2. On extrait un échantillon de 50 billes. Est-on sûr que la fréquence de billes bleues appartient à I ?

11 Dans les cas suivants, p représente la proportion d'un caractère dans la population et n la taille de l'échantillon. Dire si on peut, ou non, utiliser la formule donnant l'intervalle de fluctuation de la fréquence à 95 %.
1. $n = 1\,000$ et $p = 0,1$ **2.** $n = 30$ et $p = 0,3$
3. $n = 15\,000$ et $p = 0,85$ **4.** $n = 10$ et $p = 0,7$

12 La proportion d'un caractère dans une population est $p = 0,4$. On extrait un échantillon de taille $n = 100$ de cette population.
1. Calculer $p - \dfrac{1}{\sqrt{n}}$ et $p + \dfrac{1}{\sqrt{n}}$.
2. En déduire l'intervalle de fluctuation à 95 % de la fréquence de ce caractère dans un échantillon de taille 100 issu de cette population.

Estimation

13 En direct du cours !
On estime une proportion d'un caractère donné par un intervalle à partir d'un échantillon. Que doit-on connaître pour cet échantillon ?

14 Dans un échantillon de 100 *followers* d'un musicien inscrit sur Twitter, on a relevé 35 filles.
1. Quelle est la taille n de l'échantillon ?
2. Calculer la fréquence f des filles dans cet échantillon.
3. Calculer $f - \dfrac{1}{\sqrt{n}}$ et $f + \dfrac{1}{\sqrt{n}}$, puis estimer la proportion p de filles dans les followers de cet artiste par un intervalle au seuil de 95 %.

Chapitre 8 ■ Échantillonnage 177

EXERCICES

Parcours en autonomie (corrections en fin de manuel)
Maîtriser les bases 6 · 12
Préparer le contrôle 21 · 37 · 44

Pour s'entraîner

On arrondira les résultats à 0,001 près si nécessaire.

Échantillons – Simulations

15 **1.** Une boîte de chocolats contient 20 % de chocolats noirs et 80 % de chocolats blancs. Simuler avec la calculatrice l'expérience consistant à tirer au hasard un chocolat de la boîte et à noter sa couleur.
2. Donner un échantillon de taille 10 de cette expérience, puis la fréquence de chocolats blancs dans cet échantillon.
SAVOIR-FAIRE 1 p. 173

16 **1.** Un panier de fruits contient 40 % d'abricots et 60 % de pêches. Simuler avec la calculatrice l'expérience consistant à tirer au hasard un fruit du panier.
2. Donner un échantillon de taille 20 de cette expérience, et ensuite la distribution des fréquences pour cet échantillon.
SAVOIR-FAIRE 1 p. 173

17 À la roulette, on choisit le numéro d'une case dans laquelle tombera la boule lancée au hasard par le croupier.
1. Simuler avec la calculatrice une partie de roulette.
2. Donner deux échantillons de taille 30 de cette expérience.
3. La fréquence de sortie d'un numéro pair dans chacun de ces échantillons est-elle constante ? (À la roulette, le zéro n'est ni pair, ni impair !)

LE SAVIEZ-VOUS ?
Apparue en Italie au début du XVIIe siècle, la **roulette** est un jeu de hasard de casinos, dans lequel chaque joueur mise sur un (ou plusieurs) numéro(s), choisis entre 0 et 37. Le tirage du numéro se fait à l'aide d'une bille lancée dans un récipient circulaire qui tourne et qui comporte des cases avec des numéros de différentes couleurs.

18 **1.** Rappeler la fonction qui permet d'obtenir un nombre aléatoire de l'intervalle [0 ; 1[sur votre calculatrice.
2. Avec cette fonction, comment peut-on obtenir un nombre aléatoire :
a. de l'intervalle [0 ; 2[?   **b.** de l'intervalle [2 ; 6[?

19 Un sac contient 3 billes rouges, 5 billes bleues et 2 billes jaunes.
1. Simuler avec la calculatrice l'expérience consistant à tirer au hasard une bille du sac et à noter sa couleur.
2. Donner un échantillon de taille 30 de cette expérience, puis la fréquence de billes rouges, de billes bleues et de billes jaunes dans cet échantillon.

20 Un musicien farfelu compose au hasard un morceau de musique uniquement avec les 7 notes de la gamme tempérée (do, ré, mi, fa, sol, la, si).
1. Simuler avec la calculatrice le choix au hasard d'une note de cette gamme.
2. Avec la calculatrice, composer aléatoirement un morceau de musique de longueur 15 notes.

21 **Préparer le contrôle**
Un autobus se présente à un arrêt donné toutes les quinze minutes.
1. Simuler avec la calculatrice l'expérience consistant à noter le temps d'attente d'un usager se présentant aléatoirement à cet arrêt d'autobus.
2. Donner un échantillon de taille 20 de cette expérience (on arrondira les temps relevés à 0,1 minute).

22 **Avec un tableur**
On considère l'expérience aléatoire qui consiste à lancer un dé cubique bien équilibré et à noter le numéro inscrit sur sa face supérieure.
1. Simuler 200 fois cette expérience aléatoire avec un tableur.
2. Calculer la fréquence d'apparition de la face portant le numéro 1 dans cet échantillon.
SAVOIR-FAIRE 2 p. 173

23 **Avec un tableur**
On considère l'expérience aléatoire qui consiste à tirer au hasard et avec remise une boule dans un sac contenant 1/7e de boules rouges et 6/7e de boules vertes.
1. Donner la formule permettant de simuler cette expérience aléatoire dans une cellule d'un tableur.
2. Simuler 300 fois cette expérience aléatoire avec un tableur.
3. Calculer la fréquence de boules rouges dans cet échantillon.
SAVOIR-FAIRE 2 p. 173

24 **Avec un tableur**
1. Simuler avec un tableur l'expérience suivante : on lance deux pièces de monnaie non truquées et on s'intéresse au nombre de PILE obtenus.
2. À l'aide d'un échantillon de taille 1 000 de cette expérience, estimer la probabilité d'obtenir une seule fois PILE quand on lance deux pièces.

178

EXERCICES

EXERCICE RÉSOLU

25 Estimer une probabilité par simulation

Énoncé
1. Simuler à l'aide d'un tableur l'expérience suivante : on lance deux dés équilibrés et on s'intéresse à la somme des numéros inscrits sur la face supérieure de chacun de ces deux dés.
2. À l'aide d'un échantillon de taille 1 000 de cette expérience, estimer la probabilité d'obtenir la somme 2.

Solution commentée
1. Pour simuler le lancer d'un dé, on utilise la fonction `ALEA.ENTRE.BORNES(1;6)` qui renvoie un entier aléatoire compris entre 1 et 6. On fait de même avec l'autre dé, et on saisit alors dans la cellule **A1** la formule :
`=ALEA.ENTRE.BORNES(1;6)+ALEA.ENTRE.BORNES(1;6)`.
2. Pour obtenir un échantillon de taille 1 000 de cette expérience, on recopie la formule précédente vers le bas jusqu'à la cellule **A1000**. Pour déterminer le nombre de fois où la somme est égale à 2, on saisit en **B1** la formule `=NB.SI(A1:A1000;2)` : ceci permet de dénombrer les « 2 » dans la plage de cellules **A1:A1000**. Si, pour l'échantillon obtenu, on trouve 29 fois la somme 2, alors la fréquence de la somme 2 est $\frac{29}{1000}$, soit 0,029.
La taille de l'échantillon étant importante, la fréquence d'avoir la somme 2 a tendance à se stabiliser autour de la probabilité d'avoir la somme 2 : on estime celle-ci à 0,029.

26 **Algo** **Compléter et modifier un algorithme**
L'algorithme ci-dessous simule n lancers d'une pièce de monnaie non truquée.
1. Compléter cet algorithme.

Variables	n, r sont des entiers naturels non nuls
Entrée	Saisir n
Traitement et Sortie	Pour i allant de 1 à n faire
	$\quad$ r prend la valeur ......
	$\quad$ Afficher r
	Fin Pour

2. Le modifier afin qu'il affiche le nombre de PILE obtenus pour n lancers.

SAVOIR-FAIRE 3 p. 173

27 **Algo** **Compléter et modifier un algorithme**
Dans l'algorithme suivant, Alea(1 ; 6) renvoie un nombre aléatoire entier compris entre 1 et 6.
1. Compléter cet algorithme afin qu'il affiche le nombre de lancers d'un dé (équilibré) effectués jusqu'à l'obtention d'un 6.
2. Modifier cet algorithme pour obtenir un échantillon de taille 100 de cette expérience aléatoire et calculer la moyenne des valeurs obtenues.

Variables	n est un entier naturel
Initialisation	Affecter à n la valeur 1
Traitement	Tant que Alea(1 ; 6) ...... faire
	$\quad$ Affecter à n la valeur ......
	Fin Tant que
Sortie	Afficher n

Aide question 2. Définir une nouvelle variable S, initialisée à 0, et qui compte la somme des valeurs obtenues.

VRAI - FAUX

*Pour les exercices **28** et **29**, indiquer si les affirmations sont vraies ou fausses, puis justifier.*

28 Une expérience aléatoire consiste à extraire un bonbon d'une boîte qui en contient 50. On ne peut pas former un échantillon de taille 100 de cette expérience.

29 La formule saisie dans une cellule d'un tableur `=ENT(ALEA()+0,9)` affiche 0 avec la probabilité 0,9 et 1 avec la probabilité 0,1.

Intervalle de fluctuation

30 Il y a, en France, environ 20 millions de personnes en surpoids (sur 64 millions de Français).
1. Quelle est la proportion de personnes en surpoids en France ?
2. Donner un intervalle de fluctuation au seuil de 95 % de la fréquence des personnes en surpoids dans les échantillons de 400 Français.

31 Un sac contient 68 % de perles rouges et 32 % de perles blanches. On extrait au hasard un échantillon de 400 perles du sac.
Déterminer un intervalle de fluctuation au seuil de 95 % de la fréquence des perles rouges dans l'échantillon.

32 On lance une pièce de monnaie bien équilibrée n fois de suite. Déterminer un intervalle de fluctuation au seuil de 95 % de la fréquence d'apparition de PILE dans chacun des cas suivants :
a. $n = 400$ **b.** $n = 1\,600$ **c.** $n = 10\,000$

33 On tourne une roue de loterie dans laquelle le secteur gagnant est bleu, comme indiqué ci-contre.
1. Déterminer un intervalle de fluctuation au seuil de 95 % de la fréquence de secteurs gagnants obtenus en 100 tours de roue.
2. Déterminer un intervalle de fluctuation au seuil de 95 % de la fréquence de secteurs gagnants obtenus en 1 600 tours de roue.

Chapitre 8 ■ Échantillonnage **179**

EXERCICES

34 Dans un cabinet d'assurance, une étude est réalisée sur la fréquence des sinistres déclarés par les clients ainsi que leur coût. Cette étude montre que 30 % des clients ont déclaré un sinistre au cours de l'année. Un expert indépendant interroge un échantillon de 100 clients choisis au hasard dans l'ensemble des clients du cabinet d'assurance.

1. Déterminer un intervalle de fluctuation au seuil de 95 % de la fréquence des clients ayant déclaré un sinistre au cours de l'année dans les échantillons de taille 100.

2. Énoncer la règle de décision permettant d'accepter, ou non, l'hypothèse selon laquelle la proportion p de clients ayant déclaré un sinistre au cours de l'année est égale à 30 %.

3. L'expert constate que 19 clients ont déclaré un sinistre au cours de l'année. Déterminer, en justifiant, si l'affirmation du cabinet d'assurance : « 30 % des clients ont déclaré un sinistre au cours de l'année » peut être validée par l'expert.

SAVOIR-FAIRE **4** p. 175

35 On estime que 60 % des Anglais ont des yeux de couleur bleue ou verte.
On veut vérifier si cette proportion est valable dans une ville anglaise. Pour cela, on prélève un échantillon de 100 habitants de cette ville.

1. Déterminer un intervalle de fluctuation au seuil de 95 % de la fréquence des Anglais ayant les yeux bleus ou verts dans les échantillons de taille 100.

2. Énoncer la règle de décision permettant d'accepter, ou non, l'hypothèse selon laquelle la proportion p de personnes dont la couleur des yeux est bleue ou verte dans cette ville est 0,6.

3. On a observé 51 personnes ayant les yeux bleus ou verts dans l'échantillon. Que peut-on conclure ?

SAVOIR-FAIRE **4** p. 175

36 Au 1ᵉʳ janvier 2014, la proportion des femmes dans la population française est 51,6 %.

1. Déterminer un intervalle de fluctuation au seuil de 95 % de la fréquence des femmes dans les échantillons de taille 577.

2. À l'Assemblée nationale, en France, il y a actuellement 155 femmes sur les 577 députés. La parité des sexes y est-elle respectée au seuil de 95 % ?

3. En Suède, la proportion de femmes parmi les 349 députés est 44,7 %. Elle est de 50,5 % dans la population totale du pays. La parité est-elle respectée à la Diète Royale suédoise au seuil de 95 % ?

LE SAVIEZ-VOUS ?
En Suède, le parlement ne comporte qu'une seule chambre : la **Diète Royale** ou **Riksdag**.

37 ▸ **Préparer le contrôle**
Dans un slogan publicitaire, une banque affirme que 75 % des demandes de prêts immobiliers qui lui sont adressées sont acceptées. Afin de vérifier le slogan de la banque, l'autorité de régulation professionnelle de la publicité (ARPP) étudie un échantillon de 1 000 demandes de prêts immobiliers choisies au hasard et de façon indépendante.

1. Donner un intervalle de fluctuation au seuil de 95 % de la fréquence de prêts acceptés par la banque dans les échantillons de taille 1 000.

2. Énoncer une règle de décision permettant de valider ou non le slogan publicitaire de la banque, au niveau de confiance 95 %.

3. Sur les 1 000 dernières demandes de prêts effectuées dans cette banque, 600 demandes ont été acceptées. Quel avis va émettre la ARPP ?

38 **Logique** Soit un caractère dont la proportion dans la population est p, et n un entier supérieur ou égal à 25. On considère la proposition : « Tout intervalle de fluctuation de la fréquence de ce caractère au seuil de 95 % dans un échantillon de taille n contient p. »

1. Énoncer la négation de cette proposition.

2. Cette proposition est-elle vraie ?

VRAI - FAUX
Pour les exercices **39** *et* **40**, *indiquer si les affirmations sont vraies ou fausses, puis justifier.*

39 L'intervalle de fluctuation au seuil de 95 % de la fréquence de FACE obtenus quand on lance 100 fois de suite une pièce de monnaie équilibrée est [0,49 ; 0,51].

40 Quand la taille de l'échantillon augmente, l'amplitude de l'intervalle de fluctuation diminue.

Intervalles de confiance

41 Dans un lycée, on note p la proportion des élèves qui empruntent les transports en commun pour se rendre en cours. Pour estimer cette proportion, une fédération de parents d'élèves réalise une enquête.

1. Sur 100 élèves interrogés, 70 affirment venir au lycée en transports en commun. Déterminer une estimation de p par un intervalle de confiance au seuil de 95 %.

2. Est-il possible que $p = 0,5$?

SAVOIR-FAIRE **5** p. 175

42 On note p la proportion des habitants d'un village qui souhaitent avoir un distributeur de billets dans leur village. Pour estimer cette proportion, la banque réalise une enquête.

1. Sur 100 personnes interrogées, 80 désirent qu'il y ait un distributeur bancaire dans le village. Déterminer une estimation de p par un intervalle de confiance au seuil de 95 %.

2. Est-il possible que p soit inférieur à 0,5 ?

SAVOIR-FAIRE **5** p. 175

EXERCICES

EXERCICE RÉSOLU

43 Comprendre un intervalle de confiance

Énoncé
Sur 250 personnes âgées de 35 à 64 ans, on a trouvé 92 personnes ayant un taux anormalement élevé de cholestérol.

1. Donner un intervalle de confiance au seuil de 95 % de la proportion p de personnes ayant un taux anormalement élevé de cholestérol dans la population des 35 – 64 ans.

2. Si on étudie 100 échantillons de 250 personnes âgées de 35 à 64 ans, on peut alors déterminer 100 intervalles de confiance de p au seuil de 95 %. Estimer en moyenne combien de ces intervalles contiennent p.

Solution commentée
1. La fréquence observée f dans l'échantillon de 250 personnes est : $f = \frac{92}{250} = 0{,}368$.

La taille de l'échantillon est $n = 250$.
Les conditions de validité sont remplies, puisque $n \geq 25$ et $0{,}2 \leq f \leq 0{,}8$, donc un intervalle de confiance de p au seuil de 95 % est :
$$\left[f - \frac{1}{\sqrt{n}} \, ; \, f + \frac{1}{\sqrt{n}} \right],$$
soit $\left[0{,}368 - \frac{1}{\sqrt{250}} \, ; \, 0{,}368 + \frac{1}{\sqrt{250}} \right]$.

$0{,}368 - \frac{1}{\sqrt{250}} \approx 0{,}3048$ et $0{,}368 + \frac{1}{\sqrt{250}} \approx 0{,}4312$.

On arrondit la borne inférieure de l'intervalle par défaut, et la borne supérieure par excès, ce qui donne l'intervalle $[0{,}304 \, ; 0{,}432]$.

2. En moyenne, 95 % de ces échantillons contiennent p, c'est-à-dire 95.

44 Préparer le contrôle

Lors d'un sondage avant une élection, on interroge 800 personnes (constituant un échantillon représentatif). 424 d'entre elles déclarent qu'elles voteront pour le candidat H.
Soit p la proportion d'électeurs de la population qui comptent voter pour H.
Déterminer un intervalle de confiance au niveau de confiance de 95 % de la proportion p.

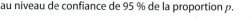

45 On souhaite estimer l'audience du journal télévisé de 20 h d'une chaîne A.
Pour cela, on choisit au hasard un échantillon de 900 personnes regardant la télévision à 20 h, et on demande à chacune si elle regarde le journal de la chaîne A à 20 h : 207 personnes déclarent le regarder.

1. En déduire une estimation de l'audience de ce journal par un intervalle de confiance au seuil de 95 %.

2. Si on étudie 500 échantillons de 90 personnes, on peut alors déterminer 500 intervalles de confiance de cette audience au seuil de 95 %.
Estimer en moyenne combien de ces intervalles contiennent l'audience du journal.

VRAI - FAUX

Pour les exercices **46** *et* **47**, *indiquer si les affirmations sont vraies ou fausses, puis justifier.*

46 Si $[0{,}50 \, ; 0{,}52]$ est un intervalle de confiance de la proportion p au seuil de 95 %, alors p peut être égale à 0,62.

47 Si $[0{,}44 \, ; 0{,}46]$ est un intervalle de confiance au seuil de 95 % d'une proportion p, alors $p = 0{,}45$.

TOP CHRONO

Résoudre chacun des exercices suivants en 15 minutes maximum.

48 On interroge au hasard 1 600 personnes ayant vu un même film au cinéma. Parmi elles, 1 080 disent avoir aimé ce film.
1. Donner un intervalle de confiance au seuil de 95 % de la proportion p des personnes ayant aimé ce film dans la population des Français ayant vu ce film.
2. Est-il possible que p soit égal à 0,675 ?

49 Le directeur d'une entreprise veut vérifier l'hypothèse selon laquelle cette entreprise contient 24 % de fumeurs.

1. Déterminer un intervalle de fluctuation au seuil de 95 % de la fréquence des fumeurs dans les échantillons de salariés de l'entreprise de taille 100.

2. Énoncer la règle de décision permettant d'accepter ou non l'hypothèse selon laquelle la proportion p de personnes de l'entreprise qui fument est 0,24.

3. Parmi 100 salariés choisis au hasard, on a trouvé 13 fumeurs. Que peut-on conclure ?

Chapitre 8 ■ Échantillonnage **181**

EXERCICES

TP 1 — Pollution et sex-ratio

 Utiliser un tableur pour prendre une décision.

Depuis le milieu des années 90, le pourcentage de naissances de garçons dans la communauté indienne Aamjiwnaang, située dans la vallée pétrochimique de Sarnia, au Canada, est anormalement bas.
L'écart anormal constaté depuis plusieurs années entre le nombre de naissances de garçons et de filles dans la réserve Aamjiwnaang se confirme dans les dernières données : entre 1999 et 2003, il est né **132 enfants** dans cette communauté, dont **46 garçons**.
Doit-on s'alarmer, ou bien cet écart est-il uniquement dû à la fluctuation d'échantillonnage ?

Sources : *Science et Vie*, février 2006 – *Environmental Health Perspectives*, octobre 2005.

A Utilisation d'un algorithme *Algo*

On veut dans un premier temps simuler 132 naissances à l'aide d'un algorithme.
On suppose, pour simplifier, qu'il naît en moyenne autant de filles que de garçons.
On donne l'algorithme incomplet suivant, où la variable g affiche en sortie le nombre de garçons.

Variable	g est un entier naturel
Initialisation	g prend la valeur 0
Traitement	Pour i allant de 1 à ...... faire
	$\quad g$ prend la valeur ......
	Fin Pour
Sortie	Afficher g

1. Compléter cet algorithme.

2. Programmer cet algorithme avec un logiciel.

3. Simuler dix fois ces 132 naissances et noter la plus petite valeur de g obtenue. Est-elle proche de 46 ?

B Utilisation du tableur

Dans cette partie, on tient compte des statistiques canadiennes qui indiquent que la proportion de garçons à la naissance est 0,512.

1. Simuler dans la cellule **A1** une naissance de façon à obtenir 1 pour un garçon et 0 pour une fille.

2. Par recopie jusqu'à la colonne **EB**, simuler 132 naissances sur la ligne **1**.

3. Faire afficher dans la cellule **ED1** le nombre de garçons de l'échantillon et, dans la cellule **EE1**, la fréquence de garçons dans cet échantillon.

4. Par recopie vers le bas, simuler 1 000 échantillons de taille 132 et afficher de la même façon le nombre et la fréquence de garçons obtenus.

5. a. Représenter par un nuage de points les fréquences de garçons obtenues.
b. Dans quel intervalle se trouve le plus souvent la fréquence de garçons ?
c. Sur les 1 000 échantillons, combien y en a-t-il pour lesquels la fréquence est inférieure à 0,4 ?

6. Conclure.

C Utilisation d'un intervalle de fluctuation

1. En faisant l'hypothèse que la proportion de garçons à la naissance est 0,512, déterminer un intervalle de fluctuation au seuil de 95 % de la fréquence des garçons dans les échantillons de taille 132 (arrondir à 0,01 près).

2. Énoncer la règle de décision permettant d'accepter ou non l'hypothèse selon laquelle la proportion p de garçons à la naissance est 0,512.

3. Conclure avec les données de la communauté Aamjiwnaang.

Aide pour les logiciels

AlgoBox	**A. 2.** `ALGOBOX_ALEA_ENT(0,1)` renvoie 0 ou 1 de façon équiprobable.
Xcas	**A. 2.** `hasard(2)` renvoie 0 ou 1 de façon équiprobable.
Excel **ou OpenOffice**	**B. 1.** Utiliser les fonctions **ENT** et **ALEA**. **B. 3.** Utiliser la fonction **SOMME**. **B. 5. a.** Sélectionner la colonne des fréquences, puis choisir : – avec Excel : `Insertion`, `Graphiques`, puis `Nuage de points` (avec Excel 2010 : `Insertion`, `Nuage`). – avec OpenOffice : `Insertion`, `Diagramme`, puis `XY Points`.

Voir **FICHES TICE**, pages 318, 324, 325

EXERCICES

TP 2 — Problèmes de dés

Utiliser un tableur pour étudier des lancers de dés, puis résoudre un problème célèbre.

Le tableur va permettre de simuler le lancer de deux dés, puis de quatre dés, et ainsi de résoudre expérimentalement le problème suivant imaginé par le chevalier de Méré : « Est-il avantageux, lorsqu'on joue au dé, de parier sur l'apparition d'un 6 en lançant 4 dés ou de parier sur l'apparition d'un double-six, quand on lance 24 fois deux dés ? »

A Lancer de deux dés

On simule le lancer de deux dés équilibrés, puis on s'intéresse à la somme des numéros inscrits sur les faces supérieures des dés.

1. a. Ouvrir une feuille de calcul d'un tableur.
b. Simuler le lancer du premier dé dans la cellule **A1** et le lancer du second dé dans la cellule **B1**.
c. Calculer la somme des numéros en **C1**.
d. Recopier vers le bas ces formules afin d'obtenir un échantillon de taille 1 000.

2. a. La somme pouvant être égale à 2, 3… 12, saisir ces valeurs dans les cellules **E1** à **O1**.
b. Saisir en **E2** la formule, destinée à être recopiée vers la droite, qui permet d'obtenir le nombre de fois où la somme des numéros vaut 2 dans l'échantillon précédent.
c. En déduire en **E3** le calcul de la fréquence de la somme 2 dans l'échantillon.
d. Recopier ces formules vers la droite afin d'obtenir dans la plage **E3:O3** la distribution de fréquences de cet échantillon.

3. a. Représenter graphiquement cette distribution de fréquences.
b. Faire plusieurs simulations.

B Lancer de quatre dés

On simule le lancer de quatre dés équilibrés afin de calculer la fréquence des lancers pour lesquels on obtient au moins une fois le « 6 » en lançant ces 4 dés.

1. Ouvrir une feuille de calcul dans un deuxième onglet.
2. Simuler le lancer de chaque dé dans les cellules **A1**, **B1**, **C1** et **D1**.

3. On saisit en **E1** la formule : `=SI(MAX(A1;B1;C1;D1)=6;1;0)`.
Expliquer ce que fait cette formule.
4. Recopier vers le bas la plage **A1:E1** afin d'obtenir un échantillon de 1 000 lancers de quatre dés.
5. Calculer dans la cellule **G1** la fréquence de l'événement : « obtenir au moins une fois 6 » pour cet échantillon.

C Le problème du chevalier de Méré

1. On se propose de simuler l'apparition **d'au moins** un double-six lors de 24 lancers de deux dés.
a. Ouvrir une feuille de calcul dans un troisième onglet.
b. On saisit en **A1** la formule :
`=SI(ALEA.ENTRE.BORNES(1;6)+ALEA.ENTRE.BORNES(1;6)=12;1;0)`.
Que peut-on dire des deux dés quand cette formule donne pour résultat « 1 » ?
c. Recopier cette formule jusqu'en **X1** afin de simuler 24 lancers.

2. a. Saisir en **Z1** une formule donnant « 1 » lorsqu'on a obtenu au moins un double-six.
b. Recopier la plage **A1:Z1** vers le bas afin d'obtenir un échantillon de taille 1 000 de cette expérience.

3. Calculer alors en **AB1** la fréquence de l'événement : « obtenir au moins un double-six en 24 lancers de deux dés ».
4. Conjecturer une réponse au problème du chevalier de Méré.

> **POINT HISTOIRE**
> **Antoine Gombaud**, chevalier de Méré (1607-1684), est un écrivain français, connu pour ses essais sur l'*honnête homme*, et par le **« pari du chevalier de Méré »** qui l'opposait à Pascal sur un sujet de probabilités.

Aide pour les logiciels

Excel ou OpenOffice

A. 1. b. Utiliser la fonction **ALEA.ENTRE.BORNES**.
A. 2. b. Utiliser la fonction **NB.SI**.
A. 3. a. – *Avec Excel* : sélectionner la plage **E3:O3**, puis `Insertion`, `Graphiques`, `Colonne`.
Ensuite, cliquer-droit sur le graphique, choisir « Sélectionner les données », puis « Modifier les étiquettes de l'axe horizontal ».
– *Avec OpenOffice* : sélectionner les plages **E1:O1** et **E3:O3**, puis `Diagramme`, `Colonne`.
Dans « Plage de données », sélectionner « Série de données en lignes » et « Première ligne comme étiquette ».
A. 3. b. Utiliser la touche `F9` pour Excel ou la combinaison `Maj` `Ctrl` `F9` pour OpenOffice.
B. 3. `MAX(A;B;C;D)` renvoie la plus grande valeur parmi les nombres A, B, C, D.
C. 2. a. Utiliser un **SI**. On n'obtient pas de double-six quand la somme des nombres de la plage **A1:X1** vaut 0.

Voir **FICHE TICE**, page 319

EXERCICES

Pour approfondir

Si c'est nécessaire, on arrondira les résultats à 0,001.

50 Souris et cancers
Une variété de souris présente des cancers spontanés avec un taux constant, parfaitement connu, de 20 %. Trois chercheurs, qui expérimentent chacun un traitement différent, ont obtenu les résultats suivants : le premier chercheur a décelé 14 cancers sur 100 souris ; le second chercheur a décelé 28 cancers sur 200 souris ; le troisième chercheur a décelé 1400 cancers sur 10 000 souris.
Quels sont les traitements que l'on peut considérer comme positifs au seuil de 95 % ?

51 Échantillon de copies
Le lendemain de l'épreuve de mathématiques au baccalauréat, on corrige un échantillon de 160 copies choisies au hasard parmi l'ensemble des copies.
On observe que 78 copies ont obtenu une note supérieure ou égale à 10.
1. Déterminer la fréquence des copies de l'échantillon ayant obtenu une note supérieure ou égale à 10.
2. Déterminer un intervalle de confiance au seuil de 95 % de la proportion des copies qui obtiendront une note supérieure ou égale à 10 dans l'ensemble des copies.
3. Quelle devrait être la taille de l'échantillon pour obtenir un intervalle de confiance au seuil de 95 % d'amplitude inférieure à 0,04 ?

> **Aide** question 3. Si n est la taille de l'échantillon, l'amplitude de l'intervalle de confiance est $\frac{2}{\sqrt{n}}$.

52 TICE Les bélugas du Saint Laurent
Les 900 bélugas du fleuve Saint Laurent donnent naissance à environ 120 jeunes veaux par an. Pendant des années, on a constaté environ 3 décès de bélugas nouveau-nés par an. En 2012, il y a eu 16 décès. Peut-on considérer que ce nombre anormalement élevé est dû au hasard, ou bien à d'autres causes, comme la pollution du fleuve ? On veut répondre à cette question à l'aide d'une simulation sur tableur. Pour cela, on fait l'hypothèse que la proportion de décès est 0,025.
1. Dans la cellule **A1** d'un tableur, saisir la formule permettant de simuler le décès d'un jeune veau.
2. Simuler un échantillon de taille 120 dans la ligne **A** du tableur, puis calculer la fréquence de décès dans l'échantillon dans la cellule **DR1**.
3. Produire 100 échantillons par recopie vers le bas.
4. Représenter les fréquences obtenues dans ces échantillons à l'aide d'un nuage de points.
5. Répondre à la question posée.

> **Aide** question 1. Le résultat doit être 1 dans le cas d'un décès, 0 sinon. Utiliser les fonctions **ENT** et **ALEA**.

53 Tremblement de terre à Zedville
On a diffusé un documentaire sur les tremblements de terre et la fréquence à laquelle ils se produisent. Ce reportage comprenait un débat sur la prévisibilité des tremblements de terre. Un géologue y affirmait : « Au cours des vingt prochaines années, la probabilité qu'un tremblement de terre se produise à Zedville est de deux sur trois. »
Parmi les propositions suivantes, laquelle exprime le mieux ce que veut dire le géologue ?

A Puisque $\frac{2}{3} \times 20 = 13{,}3$, il y aura donc un tremblement de terre à Zedville dans 13 à 14 ans à partir de maintenant.

B $\frac{2}{3}$ est supérieur à $\frac{1}{2}$, on peut donc être certain qu'il y aura un tremblement de terre à Zedville au cours des 20 prochaines années.

C La probabilité d'avoir un tremblement de terre à Zedville dans les vingt prochaines années est plus forte que la probabilité de ne pas en avoir.

D On ne peut rien dire, car personne ne peut être certain du moment où un tremblement de terre se produit.

Source : évaluation PISA.

54 Algo Compléter et modifier un algorithme
Une puce se déplace sur un axe gradué :
à chaque saut, elle se déplace d'une unité, de manière aléatoire et équiprobable vers la droite ou vers la gauche. Elle part de l'origine et effectue une promenade de 20 sauts.

1. Compléter l'algorithme ci-dessous afin qu'il simule la promenade aléatoire de la puce et affiche la position d'arrivée de celle-ci.

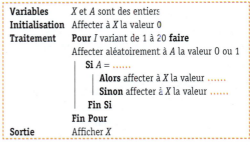

Variables	X et A sont des entiers
Initialisation	Affecter à X la valeur 0
Traitement	**Pour** I variant de 1 à 20 **faire**
	Affecter aléatoirement à A la valeur 0 ou 1
	Si $A = \ldots\ldots$
	Alors affecter à X la valeur $\ldots\ldots$
	Sinon affecter à X la valeur $\ldots\ldots$
	Fin Si
	Fin Pour
Sortie	Afficher X

2. Modifier l'algorithme précédent pour qu'il permette de simuler 100 fois une promenade aléatoire de 20 sauts et affiche la fréquence de la position 0 à l'arrivée.

> **Aide** question 2. Utiliser une boucle **Pour** afin de répéter 100 fois la simulation d'une marche aléatoire.

EXERCICES

55 Taille d'un sondage
Dans une ville de 23 000 habitants, la municipalité souhaite connaître l'opinion de ses concitoyens sur la construction d'une nouvelle piscine. Afin de l'aider dans sa décision, la municipalité souhaite obtenir une estimation de la proportion de personnes favorables à la construction de cette piscine, au niveau de confiance de 95 % par un intervalle d'amplitude inférieure à 8 %. Quel est le nombre minimum de personnes que la municipalité doit interroger ?

56 Opinions favorables au président
Dans un pays, des sondages d'opinion ont été menés pour déterminer la cote de popularité du président en vue de la prochaine élection. Quatre éditeurs de journaux ont chacun mené leur propre sondage d'opinion à l'échelle nationale. Les résultats des quatre sondages sont les suivants :

Journal 1
36,5 % (sondage effectué le 6 janvier sur un échantillon de 500 citoyens ayant le droit de vote, tirés au hasard).

Journal 2
41,0 % (sondage effectué le 20 janvier sur un échantillon de 500 citoyens ayant le droit de vote, tirés au hasard).

Journal 3
39,0 % (sondage effectué le 20 janvier sur un échantillon de 1 000 citoyens ayant le droit de vote, tirés au hasard).

Journal 4
44,5 % (sondage effectué le 20 janvier, sur 1 000 lecteurs qui ont appelé le standard de la rédaction pour voter).

Quel est le journal qui fournit probablement le résultat le plus fiable pour prédire le taux d'opinions favorables au président si les élections se tiennent le 25 janvier ? Donnez deux raisons pour justifier votre réponse.

Source : évaluation Pisa.

57 PROBLÈME DE SYNTHÈSE
Un club d'escalade de 1 400 adhérents comprend 46 % de femmes. Le pourcentage d'adhérents faisant de la compétition est de 25 %. Le comité directeur, sous la pression des sportifs du club les plus compétitifs, organise une enquête auprès de 180 adhérents ; la question posée est : « Doit-on changer de mur d'escalade pour s'entraîner ? »

1. Parmi les adhérents consultés, on compte 75 femmes et 56 compétiteurs.
a. Déterminer un intervalle de fluctuation au seuil de 95 % de la fréquence des femmes dans les échantillons de taille 180 issus de l'ensemble des adhérents.
b. Déterminer un intervalle de fluctuation au seuil de 95 % de la fréquence des compétiteurs dans les échantillons de taille 180 issus de l'ensemble des adhérents.
c. L'échantillon est dit représentatif si, pour chacune de ces deux variables (la première liée au sexe et l'autre à la compétition), la fréquence observée dans l'échantillon appartient à l'intervalle de fluctuation au seuil de 95 %. Montrer que cet échantillon est bien représentatif de la population étudiée.
2. 104 personnes ont répondu « OUI » à la question posée au cours de l'enquête.
a. Déterminer un intervalle de confiance au seuil de 95 % de la proportion des adhérents de l'association désirant changer de mur d'escalade.
b. Au seuil de 95 %, le comité directeur peut-il prendre la décision de changer de mur d'escalade ?

PRISES D'INITIATIVES

58 Discrimination raciale ?
En 1976, dans un comté du Texas, Rodrigo Partida était condamné à 8 ans de prison. Il attaqua ce jugement au motif que la désignation des jurés de ce comté était discriminante à l'égard des Américains d'origine mexicaine. En effet, 79 % de la population de ce comté est d'origine mexicaine et, sur les 870 personnes convoquées pour être jurés lors d'une certaine période de référence, il n'y eut que 339 personnes d'origine mexicaine. Peut-on dire que la constitution des jurys est faite de manière aléatoire ?

59
Par quel nombre doit-on multiplier la taille d'un échantillon afin que l'amplitude A d'un intervalle de fluctuation au seuil de 95 % soit divisée par 10 ?

60 Effet de la publicité
Avant une campagne publicitaire, une société détenait 40 % de part de marché sur un de ses produits. Après la campagne, une enquête portant sur un échantillon de 250 personnes donne 46 % de part de marché pour le produit. Au seuil de 95 %, peut-on dire que cette augmentation est due à la publicité ?

Réactiver les savoirs

➤ Voir les réponses, p. 333

Utiliser un arbre pour dénombrer COLLÈGE

Exercice Lors de sa réservation dans une résidence de vacances, Léa peut choisir le bâtiment et l'étage où se situera sa chambre. Léa a le choix entre les bâtiments A, B et C. Dans le bâtiment A, les vacanciers sont logés aux étages 1, 2 et 3, dans le bâtiment B aux étages 2 et 3 et dans le bâtiment C aux étages 1 et 2.
L'arbre ci-contre représente les choix possibles de Léa.

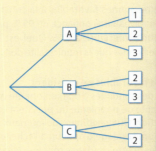

1. Combien de choix Léa a-t-elle ?
2. Combien de choix correspondent à une chambre située à un étage impair ?
3. Léa ne veut être logée ni au premier étage ni dans le bâtiment C. Combien lui reste-t-il de choix ?

Calculer et utiliser des fréquences COLLÈGE

Vrai ou faux ?

4. Un dé est lancé 40 fois et le numéro 6 apparaît 8 fois. La fréquence d'apparition du 6 est 0,2.
5. On tire 20 fois une carte dans un jeu de cartes, en la remettant à chaque fois dans le paquet. Ce jeu comporte 16 cartes rouges : on obtient 12 fois une carte rouge. La fréquence d'apparition d'une carte rouge est 0,75.
6. On donne ci-dessous le résultat d'une enquête auprès de 1 200 étudiants portant sur la participation à deux ateliers artistiques : le chant choral et la danse contemporaine.

	Pratiquant le chant choral	Ne pratiquant pas le chant choral	Total
Pratiquant la danse contemporaine	63	312	375
Ne pratiquant pas la danse contemporaine	357	468	825
Total	420	780	1 200

   a. La fréquence des étudiants pratiquant la danse contemporaine et le chant choral est 0,15.
   b. Parmi les étudiants ne pratiquant pas le chant choral, la fréquence de ceux qui pratiquent la danse contemporaine est 0,4.

➜ Pour vous aider, voir l'Essentiel du collège, Rabat B.

Calculer des probabilités simples COLLÈGE

QCM Choisir la (ou les) bonne(s) réponse(s).

	A	B	C	D
7. On tire au hasard une carte dans un jeu de 52 cartes. La probabilité d'avoir un roi est :	$\frac{1}{4}$	$\frac{4}{52}$	$\frac{1}{52}$	$\frac{1}{13}$
8. On lance un dé bien équilibré. La probabilité d'obtenir un nombre strictement inférieur à 5 est :	0,5	$\frac{5}{6}$	$\frac{2}{3}$	0
9. Dans un sac, il y a trois lettres A, deux lettres B et une lettre C. On tire une lettre au hasard. La probabilité de tirer la lettre C est :	$\frac{1}{3}$	$\frac{1}{6}$	$\frac{1}{2}$	$\frac{2}{3}$

➜ Pour vous aider, voir les rappels p. 3⁻3

Probabilités

CHAPITRE 9

Apophis, un astéroïde de 325 mètres, pourrait percuter la Terre en 2036. La probabilité d'une telle collision est inférieure à 1 pour 200 000 mais, si elle avait lieu, elle libèrerait une puissance supérieure à toutes les armes nucléaires de la planète !

Les notions du chapitre

- ✔ Probabilité d'un événement
- ✔ Interprétation d'un événement de manière ensembliste
- ✔ Réunion et intersection d'événements
- ✔ Utilisation d'un modèle probabiliste

Logique Notations et raisonnement
p. 193, 196, 197, 198

Algo Les algorithmes
p. 194, 205

 TICE Utilisation de logiciels
p. 188, 199, 204

ACTIVITÉS

ACTIVITÉ 1 — Simulation d'un lancer de dé

Objectif
Observer la stabilisation des fréquences.

Cours 1
Vocabulaire des probabilités

Fichiers logiciels
→ www.bordas-indice.fr

On considère l'expérience qui consiste à lancer un dé cubique équilibré dont les faces sont numérotées de 1 à 6, et à noter le numéro de la face supérieure obtenue.

1. Déterminer l'ensemble U des résultats possibles.

2. À l'aide de la calculatrice, on peut simuler un lancer de dé.

Texas	Casio
Utiliser la fonction **entAléat(** (voir p. 176). `entAléat(1,6)` renvoie un entier aléatoire compris entre 1 et 6. Appuyer ensuite sur `entrer` autant de fois que nécessaire pour obtenir le nombre de simulations voulu.	Utiliser la fonction **RanInt#(** (voir p. 176). `RanInt(1,6)` renvoie un entier aléatoire compris entre 1 et 6. Appuyer ensuite sur `EXE` autant de fois que nécessaire pour obtenir le nombre de simulations voulu.

a. Simuler l'expérience 25 fois et recopier le tableau ci-dessous en le complétant.

Numéro de la face	1	2	3	4	5	6
Nombre de fois où cette face a été obtenue						
Fréquence d'apparition de la face						

b. En regroupant les résultats avec ceux d'autres camarades, construire un tableau similaire pour une simulation de 200 lancers.

c. Comparer les fréquences obtenues.

3. À l'aide d'une feuille de calcul d'un tableur, on a simulé le lancer du dé 1 000 fois, 5 000 fois, 10 000 fois… Comment semblent évoluer les fréquences d'apparition de chacune des faces lorsque le nombre de lancers devient très grand ?

ACTIVITÉ 2 — Des points choisis au hasard sur un segment

Objectif
Estimer expérimentalement une probabilité.

Cours 1
Vocabulaire des probabilités

Fichiers logiciels
→ www.bordas-indice.fr

1. a. Représenter un segment [EF] de longueur 10 cm (F étant situé à droite de E).
b. Sur [EF], placer au hasard un point A, puis au hasard un point B à droite de A.

2. Tracer 19 autres segments de dix centimètres et recommencer l'expérience aléatoire précédente.

3. a. Pour chacun des segments, mesurer la longueur du segment [AB] obtenu.
b. Déterminer la fréquence des segments [AB] dont la longueur est strictement supérieure à 5 cm.
c. En regroupant les résultats obtenus avec ceux d'autres camarades, déterminer la fréquence de tels segments [AB] sur un plus grand nombre d'expériences.

4. On souhaite simuler l'expérience précédente à l'aide d'un tableur.
a. La fonction **ALEA** renvoie un nombre réel aléatoire compris entre 0 et 1.
À quel intervalle appartient le nombre aléatoire a défini par $a = 10 \times$ ALEA ? On note A le point de [EF] tel que EA = a.
b. Soit b le nombre aléatoire défini par $b = a + (10 - a) \times$ ALEA et B le point de la demi-droite [EF) tel que EB = b. Justifier que le point B est situé sur le segment [AF].
c. À l'aide d'un tableur, on simule l'expérience précédente 10 000 fois.

En observant les fréquences obtenues pour plusieurs simulations, estimer la probabilité d'obtenir un segment [AB] de longueur strictement supérieure à 5 cm.

ACTIVITÉS

ACTIVITÉ 3 — Rap américain ou rock français ?

Objectif
Découvrir les événements $\bar{A}$, $A \cup B$ et $A \cap B$ et des formules reliant leurs probabilités.

Cours 2
Calculs de probabilités

Parmi les morceaux de musique présents sur le lecteur MP3 de Linda, 30 % sont des morceaux de rap et 60 % sont des morceaux de musique chantés en français.
Le lecteur placé en mode « lecture aléatoire » (*shuffle*) joue au hasard un morceau de musique.
A est l'événement : « le morceau joué est un morceau de rap » et B est l'événement : « le morceau joué est chanté en français ».

1. a. Donner la probabilité de l'événement A.
b. Si l'événement A n'est pas réalisé, on dit que l'**événement contraire** de A, noté $\bar{A}$, est réalisé. Donner la probabilité de l'événement $\bar{A}$. Que vaut $P(A) + P(\bar{A})$?

2. On considère l'événement « A et B », noté $A \cap B$, qui est réalisé lorsque A et B sont réalisés simultanément. Quels sont les morceaux de musique qui réalisent cet événement ?

3. Si le lecteur MP3 joue un morceau de rap, ou s'il joue un morceau en français, on dit que l'événement « A ou B », noté $A \cup B$, est réalisé.
Parmi les morceaux suivants, préciser ceux qui réalisent l'événement $A \cup B$.

① Un morceau de rock en anglais	② Un morceau de pop en français	③ Un morceau de rap en français	④ Un morceau de rap en américain

4. a. Les morceaux de rap chantés en français représentent 5 % des morceaux présents sur le lecteur. À l'aide du diagramme ci-dessous, déterminer la proportion des morceaux qui réalisent l'événement $A \cup B$.

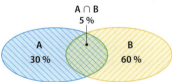

b. Conjecturer une relation reliant $P(A \cup B)$, $P(A \cap B)$, $P(A)$ et $P(B)$.

ACTIVITÉ 4 — Tirages de jetons et équiprobabilité

Objectif
Découvrir la formule de la probabilité d'un événement en situation d'équiprobabilité.

Cours 2
Calculs de probabilités

Une urne contient sept jetons, numérotés de 1 à 7. Les jetons numérotés de 1 à 4 sont rouges et les autres sont bleus. On choisit un jeton au hasard : on note p_1 la probabilité que le jeton choisi soit le jeton numéroté 1, p_2 la probabilité que le jeton choisi porte le numéro 2, etc.

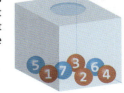

1. a. Quelle est la valeur de la somme :
$$p_1 + p_2 + p_3 + p_4 + p_5 + p_6 + p_7 \;?$$
b. Comme on choisit au hasard le jeton, chaque jeton a la même probabilité d'être choisi, donc :
$$p_1 = p_2 = p_3 = p_4 = p_5 = p_6 = p_7.$$
On dit qu'on est en **situation d'équiprobabilité**. Déterminer alors la valeur de p_1.

2. On considère l'événement A : « le jeton choisi est rouge ».
a. Justifier que la probabilité $P(A)$ de l'événement A est égale à $p_1 + p_2 + p_3 + p_4$.
b. En déduire que $P(A) = \dfrac{4}{7}$.

3. Déterminer la probabilité de l'événement B : « le jeton porte un numéro pair ».

Chapitre 9 ■ Probabilités   **189**

COURS

1 Vocabulaire des probabilités

Expérience aléatoire

Définitions (1) Une expérience **aléatoire** est une expérience pour laquelle il est impossible de prévoir le résultat : celui-ci est soumis **au hasard**.
(2) Les **issues** possibles d'une expérience aléatoire, aussi appelées **éventualités**, constituent un ensemble appelé l'**univers**.
(3) Un **événement** A est un ensemble d'issues : c'est une partie de l'univers U.
On a : $A \subset U$. On lit : « A est **inclus** dans U ».
(4) L'ensemble vide, noté $\varnothing$, est l'**événement impossible** : il ne se réalise jamais.
(5) L'ensemble U est l'**événement certain** : il est toujours réalisé.

À noter
L'univers associé à une expérience aléatoire est souvent noté U ou Ω.

Vocabulaire
Lorsqu'une issue appartient à un événement, on dit qu'elle **réalise** cet événement.

Exemple
On lance un dé cubique dont les faces sont numérotées 1, 2, 3, 4, 5 et 6 et on note le numéro de la face supérieure obtenue.
– On définit ainsi une expérience aléatoire dont l'univers est l'ensemble :
$$U = \{1 ; 2 ; 3 ; 4 ; 5 ; 6\}.$$
– L'événement A : « obtenir un nombre pair » s'écrit $A = \{2 ; 4 ; 6\}$.
– L'événement B : « obtenir un nombre supérieur à sept » ne comporte aucune issue : on a $B = \varnothing$; B est l'événement impossible.

Probabilité d'un événement

POINT HISTOIRE
La théorie des probabilités débute en 1654, lorsque **Pierre de Fermat** et **Blaise Pascal** s'intéressent aux jeux de hasard.

Fermat

Pascal

Propriété On considère une expérience aléatoire dont l'univers est noté $U = \{e_1 ; e_2 ; \ldots ; e_n\}$. Lorsqu'on répète un très grand nombre de fois cette expérience aléatoire, la fréquence f_i de chaque issue e_i **se stabilise** autour d'un nombre p_i que l'on appelle **probabilité de cette issue**.

Remarque
Cette propriété permet d'estimer une probabilité lorsqu'on ne sait pas la calculer.

Définitions (1) Définir une loi de probabilité pour une expérience aléatoire dont l'univers est $U = \{e_1 ; e_2 ; \ldots ; e_n\}$, c'est associer à chaque issue e_i, un nombre p_i de l'intervalle [0 ; 1] tel que
$$p_1 + p_2 + \ldots + p_n = 1.$$
(2) Le nombre p_i est appelé probabilité de l'issue e_i.
(3) La probabilité d'un événement A, notée $P(A)$, est la **somme** des probabilités p_i des issues qui le réalisent.

Exemple
On lance un dé cubique « truqué » dont la loi de probabilité, obtenue à l'aide d'une étude statistique, est donnée ci-dessous :

Issue e_i	1	2	3	4	5	6
Probabilité p_i	0,1	0,4	0,1	0,2	0,1	0,1

– La probabilité de l'issue 4 est 0,2.
– Soit A l'événement : « obtenir un nombre pair ». Comme $A = \{2 ; 4 ; 6\}$, $P(A)$ est la somme des probabilités des issues 2, 4 et 6, donc $P(A) = 0,4 + 0,2 + 0,1$ c'est-à-dire $P(A) = 0,7$.

Propriété Pour tout événement A d'une expérience aléatoire dont l'univers est U, on a :
$$0 \leq P(A) \leq 1, \quad P(U) = 1 \quad \text{et} \quad P(\varnothing) = 0.$$

LES SAVOIR-FAIRE DU COURS

SAVOIR-FAIRE 1

Voir les exercices 21 et 22, p. 196

Interpréter des événements de manière ensembliste

On considère l'expérience aléatoire qui consiste à choisir au hasard un entier compris entre 1 et 20.

1. Déterminer l'univers U associé à cette expérience aléatoire.

2. a. Déterminer les issues qui réalisent l'événement A : « obtenir un multiple de 5 ».
b. En déduire l'écriture de l'événement A sous forme d'un ensemble.

3. Écrire sous forme d'un ensemble l'événement B : « obtenir un diviseur de 12 ».

Méthode

Pour écrire un événement sous forme d'un ensemble, on détermine toutes les issues qui le réalisent.

Solution commentée

1. L'univers est constitué des vingt premiers entiers non nuls.
On a donc U = {1 ; 2 ; 3 ; 4 ; 5 ; 6 ; 7 ; 8 ; 9 ; 10 ; 11 ; 12 ; 13 ; 14 ; 15 ; 16 ; 17 ; 18 ; 19 ; 20}.

2. a. L'événement A est réalisé uniquement pour les issues 5, 10, 15 et 20.
b. L'événement A est constitué des éléments 5, 10, 15 et 20, donc on écrit : A = {5 ; 10 ; 15 ; 20}.

3. Les diviseurs de 12 sont 1, 2, 3, 4, 6 et 12. L'événement B est réalisé lorsque l'on obtient une de ces issues. On a donc : B = {1 ; 2 ; 3 ; 4 ; 6 ; 12}.

SAVOIR-FAIRE 2

Voir les exercices 28 et 29, p. 196

Utiliser un modèle défini à partir des fréquences observées

Lorsque Morgan commence une partie de jeu de combat sur sa console, il est opposé à l'un des sept adversaires suivants :
– K_1 et K_2 sont des karatékas respectivement de niveaux 1 et 2 ;
– J_1 et J_2 sont des judokas respectivement de niveaux 1 et 2 ;
– B_1, B_2 et B_3 sont des boxeurs respectivement de niveaux 1, 2 et 3.
Ayant déjà joué de nombreuses parties, Morgan a déterminé les fréquences avec lesquelles il est opposé à chacun de ses adversaires en début de partie :

Adversaire	K_1	K_2	J_1	J_2	B_1	B_2	B_3
Fréquence	0,1	0,17	0,12	0,2	0,25	0,05	0,11

On considère que ces fréquences ont été déterminées à partir d'un grand nombre de parties, et qu'elles donnent une bonne approximation des probabilités d'apparition de chacun des adversaires au début de chaque partie.
Morgan commence une partie.

1. Déterminer la probabilité de l'événement A = {J_1 ; J_2}.

2. Déterminer la probabilité de l'événement B : « le premier adversaire est de niveau 1 ».

Méthode

Pour déterminer la probabilité d'un événement, on peut faire la somme des probabilités des issues qui le constituent.

Solution commentée

1. La probabilité de l'événement A est la somme des probabilités des issues J_1 et J_2.
La probabilité que le premier adversaire soit J_1 est $p(J_1) = 0{,}12$; la probabilité que le premier adversaire soit J_2 est $p(J_2) = 0{,}2$.
On a alors $P(A) = p(J_1) + p(J_2)$ donc $P(A) = 0{,}12 + 0{,}2$ soit $P(A) = 0{,}32$.

2. Sur les sept adversaires possibles, il y en a exactement trois de niveau 1 : K_1, J_1 et B_1. On a donc B = {K_1 ; J_1 ; B_1}. La probabilité que le premier adversaire soit K_1 est $p(K_1) = 0{,}1$, la probabilité que le premier adversaire soit J_1 est $p(J_1) = 0{,}12$ et la probabilité que le premier adversaire soit B_1 est $p(B_1) = 0{,}25$. La probabilité de l'événement B est donc égale à la somme des probabilités des trois issues K_1, J_1 et B_1 soit $P(B) = p(K_1) + p(J_1) + p(B_1)$, d'où $P(B) = 0{,}1 + 0{,}12 + 0{,}25$ soit $P(B) = 0{,}47$.
La probabilité que le premier adversaire soit de niveau 1 est 0,47.

Chapitre 9 ■ Probabilité **191**

COURS

2 Calculs de probabilités

Opérations sur les événements

On considère deux événements A et B d'un même univers $\mho$.

Définitions

(1) Événement $\overline{A}$: l'événement **contraire** de A, noté $\overline{A}$, est constitué des issues n'appartenant pas à A.

(2) Événement $A \cup B$: l'événement « A ou B », noté $A \cup B$, est constitué des issues qui appartiennent à **au moins** un de ces deux événements.

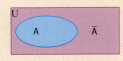

> **A noter**
> A et $\overline{A}$ sont **incompatibles**.

(3) Événement $A \cap B$: l'événement « A et B », noté $A \cap B$, est constitué des issues qui **appartiennent** à ces deux événements.

(4) Événements incompatibles : Les événements A et B sont dits **incompatibles** si $A \cap B$ est l'événement impossible, c'est-à-dire si $A \cap B = \varnothing$.

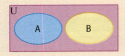

> **A noter**
> Lorsque A et B sont incompatibles,
> $P(A \cup B) = P(A) + P(B)$.

Propriétés (1) $P(A) + P(\overline{A}) = 1$ c'est-à-dire $P(\overline{A}) = 1 - P(A)$.
(2) $P(A \cup B) + P(A \cap B) = P(A) + P(B)$

Situation d'équiprobabilité

> **Le saviez-vous ?**
> Le mot hasard vient de l'arabe *al zhar* (الزهر) qui désigne un dé à jouer.

Définition On dit qu'on est en situation d'**équiprobabilité** lorsque toutes les issues ont la même probabilité.

Exemples : • Le lancer d'un dé cubique (dont les faces sont numérotées de 1 à 6) **équilibré** pour lequel on note le numéro de la face supérieure.
• Le choix **au hasard** d'une carte dans un jeu de 32 cartes.

> **Vocabulaire**
> On dit aussi $P(A) = \dfrac{\text{nombre de cas favorables}}{\text{nombre de cas possibles}}$

Propriétés Soit une expérience aléatoire dont l'univers comporte n éléments. On suppose qu'on est en situation d'équiprobabilité.
(1) La probabilité de chacune des issues est égale à $\dfrac{1}{n}$.
(2) Si l'événement A comporte k issues, alors la probabilité de A est $\dfrac{k}{n}$, c'est-à-dire :

$$P(A) = \dfrac{\text{nombre d'issues de A}}{\text{nombre total d'issues}}$$

Exemple : on lance un dé cubique équilibré, dont les faces sont numérotées 1, 2, 3, 4, 5 et 6 et on note le numéro de la face supérieure obtenue. Puisque le dé est équilibré, on est en situation d'équiprobabilité.
Il y a six issues possibles, donc chaque issue a pour probabilité $\dfrac{1}{6}$.
Si A est l'événement défini par A = {2 ; 5}, alors $P(A) = \dfrac{2}{6}$ soit $P(A) = \dfrac{1}{3}$.

LES SAVOIR-FAIRE DU COURS

SAVOIR-FAIRE 3
Voir les exercices 38 et 39, p. 198

Exploiter la formule $P(A \cup B) + P(A \cap B) = P(A) + P(B)$

Dans une population, la probabilité pour une personne de parler l'anglais est 0,3, de parler l'espagnol est 0,15 et de parler ces deux langues est 0,05.
On choisit une personne au hasard dans la population. On définit les événements A : « la personne parle l'anglais » et B : « la personne parle l'espagnol ».

1. Préciser la probabilité de chacun des événements A et B.
2. Écrire, à l'aide de A et B, l'événement : « la personne parle ces deux langues », puis donner sa probabilité.
3. Décrire par une phrase l'événement $A \cup B$ puis déterminer $P(A \cup B)$.

Méthode
Pour calculer la probabilité $P(A \cup B)$, on peut utiliser la formule du cours :
$P(A \cup B) + P(A \cap B)$
$= P(A) + P(B)$.

Solution commentée

1. D'après l'énoncé, on a $P(A) = 0,3$ et $P(B) = 0,15$.
2. L'événement : « la personne parle ces deux langues » correspond à la réalisation de A et de B ; il s'agit de l'événement $A \cap B$. D'après l'énoncé, $P(A \cap B) = 0,05$.
3. $A \cup B$ est réalisé lorsqu'au moins un des deux événements A ou B est réalisé ; il s'agit de l'événement : « la personne parle au moins une de ces deux langues ». $P(A \cup B) + P(A \cap B) = P(A) + P(B)$ donne $P(A \cup B) + 0,05 = 0,3 + 0,15$ soit $P(A \cup B) = 0,45 - 0,05$ donc $P(A \cup B) = 0,4$.

SAVOIR-FAIRE 4
Voir l'exercice 41, p. 198

Utiliser la négation d'une proposition

Chaque jour, Ilyes reçoit entre 2 et 7 appels sur son téléphone mobile avec une probabilité donnée dans le tableau ci-dessous.

Nombre d'appels	2	3	4	5	6	7
Probabilité	0,05	0,08	0,15	0,37	0,25	0,1

Une journée commence.

1. Déterminer la probabilité de l'événement A : « Ilyes recevra au moins trois appels ».
2. Déterminer la probabilité de l'événement B : « Ilyes recevra au plus cinq appels ».

Méthode
Pour déterminer la probabilité d'un événement, on peut calculer d'abord la probabilité de l'événement contraire.

Solution commentée

1. L'événement contraire de A est défini par la négation de la phrase : « Ilyes recevra au moins trois appels ». Ainsi $\overline{A}$ est l'événement : « Ilyes recevra exactement deux appels ».
D'après le tableau, la probabilité de $\overline{A}$ est 0,05 donc $P(A) = 1 - P(\overline{A}) = 1 - 0,05$ soit $P(A) = 0,95$.
2. L'événement contraire de B est $\overline{B}$: « Ilyes recevra six ou sept appels » soit $\overline{B} = \{6\,;\,7\}$.
On a $P(\overline{B}) = 0,25 + 0,1 = 0,35$ soit $P(B) = 1 - 0,35 = 0,65$.

SAVOIR-FAIRE 5
Voir les exercices 44 et 45, p. 199

Utiliser l'équiprobabilité

On tire au hasard une carte dans un jeu de 32 cartes.

1. Déterminer la probabilité de l'événement A : « on obtient un as ».
2. Déterminer la probabilité de l'événement B : « on obtient un cœur ».

Méthode
En situation d'équiprobabilité, pour déterminer la probabilité d'un événement, on détermine d'abord le nombre d'éléments de l'univers.

Solution commentée

1. Comme la carte est choisie au hasard, on est en situation d'équiprobabilité. L'univers U est l'ensemble des 32 cartes, donc l'univers a 32 éléments. L'événement A est formé des quatre as, donc de quatre issues. Comme on est en situation d'équiprobabilité, $P(A) = \dfrac{\text{nombre d'issues de A}}{\text{nombre total d'issues}}$ donc $P(A) = \dfrac{4}{32}$ soit $P(A) = \dfrac{1}{8}$.
2. Dans le jeu, il y a huit cœurs, donc B est formé de huit issues et $P(B) = \dfrac{8}{32}$ soit $P(B) = \dfrac{1}{4}$.

EXERCICES

Parcours en autonomie (corrections en fin de manuel)
Maîtriser les bases 4 • 8 • 15 • 19
Préparer le contrôle 34 • 48

Pour démarrer

Expérience aléatoire – Événement

1 En direct du cours !
On considère une expérience aléatoire dont les issues sont des noms de fruits : *cerise, pomme, abricot, kiwi, orange* et *fraise*.
1. Préciser le nombre d'éléments de l'univers U.
2. Soit A l'événement : « le nom commence par une voyelle ». Précisez les issues qui le réalisent.

2 On lance une pièce de monnaie. On note P si on obtient « pile » et F si on obtient « face ».
Écrire l'univers U sous forme d'un ensemble.

3 Durant une partie de scrabble, un joueur tire un jeton portant une des lettres de l'alphabet.
1. Parmi les événements ci-dessous, quels sont ceux que l'issue « D » réalise ?
E_1 = {A, B, C} ; E_2 = {W, T, D, E, L, K} ;
E_3 : « on obtient une lettre du mot DODECAEDRE ».
2. Écrire les événements suivants sous forme d'un ensemble.
a. E_4 : « on obtient une lettre du mot VOLUME ».
b. E_5 : « on obtient une lettre du mot SECONDE ».
c. E_6 : « on obtient une lettre du mot ANAGRAMME ».

LE SAVIEZ-VOUS ?
Le jeu de **scrabble** a été inventé en 1931 par l'architecte Alfred Mosher Butts contraint au chômage par la crise économique de 1929.

4 On lance deux fois de suite un dé tétraédrique dont les quatre faces sont numérotées de 1 à 4. On forme ainsi un nombre à deux chiffres. Par exemple, si on obtient 2 au premier lancer et 3 au second, on forme le nombre 23.
1. Parmi les nombres suivants, préciser ceux qui appartiennent à l'univers associé à cette expérience aléatoire : 4 ; 11 ; 14 ; 32 ; 35 ; 41 ; 123.
2. Soit A l'événement : « le chiffre des dizaines du nombre obtenu est 3 ». Décrire l'événement A sous forme d'un ensemble.

5 **Algo** Comprendre un algorithme
L'algorithme suivant simule une expérience aléatoire :

Variable	N est un entier
Traitement	Affecter à N un nombre entier aléatoire compris entre 0 et 7
Sortie	Afficher N

1. Déterminer l'univers U de l'expérience aléatoire.
2. Combien l'expérience aléatoire a-t-elle d'issues possibles ?

Situation d'équiprobabilité

6 En direct du cours !
On considère une expérience aléatoire dont l'univers comporte dix éléments et on suppose qu'on est en situation d'équiprobabilité.
1. Quelle est la probabilité de chacune des issues ?
2. Un événement A comporte trois issues. Quelle est la probabilité de cet événement ?

7 On lance un dé cubique bien équilibré dont les faces sont numérotées de 1 à 6.
1. Pourquoi peut-on affirmer qu'on est en situation d'équiprobabilité ?
2. Déterminer la probabilité de chaque issue.
3. Déterminer la probabilité de l'événement A : « obtenir un nombre inférieur ou égal à 2 ».

8 On lance un dé tétraédrique équilibré dont les faces sont numérotées de 1 à 4.
1. Pourquoi peut-on affirmer que l'on est en situation d'équiprobabilité ?
2. Déterminer la probabilité de l'événement E : « obtenir un multiple de 2 ».

9 La mère de Sacha lui permet de prendre un bonbon dans un sachet opaque. Sacha ne voit donc pas les bonbons. Le nombre de bonbons de chaque couleur contenus dans le sachet est illustré par le graphique ci-dessous.

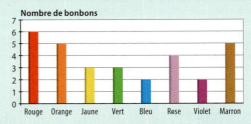

Parmi les réponses suivantes, quelle est la probabilité que Sacha prenne un bonbon rouge ?
a. 0,1   **b.** 0,2   **c.** 0,25   **d.** 0,5
D'après PISA.

10 Une urne contient 20 boules numérotées de 1 à 20. On tire une boule au hasard et on regarde son numéro.
1. Quel mot permet de dire qu'on est en situation d'équiprobabilité ?
2. Quel est le nombre d'issues possibles ?
3. Déterminer la probabilité des événements suivants :
a. A = {2 ; 3 ; 5 ; 7 ; 11 ; 13 ; 17 ; 19} ;
b. B : « obtenir un nombre supérieur ou égal à 18 ».

EXERCICES

11 Un paquet contient 50 bonbons dont 9 sont à la fraise. Emma choisit un bonbon au hasard dans ce paquet.
1. Quel est le nombre d'issues possibles ?
2. Déterminer la probabilité que le bonbon soit à la fraise.

12 Une classe de seconde est constituée de 18 filles et 12 garçons. Le professeur de mathématiques interroge au hasard un élève de la classe.

1. Quel est le nombre d'issues possibles ?
2. Quelle est la probabilité que l'élève interrogé soit un garçon ?

13 À la fin d'un championnat d'athlétisme, on dénombre 130 sportifs : 50 Français, 12 Allemands, 18 Belges, 14 Italiens, 11 Américains, 20 Tunisiens et 5 Canadiens.
On tire au hasard un athlète pour un contrôle anti-dopage.
1. Quel est le nombre d'issues possibles ?
2. Déterminer la probabilité de l'événement A : « le coureur tiré est français ».
3. Déterminer la probabilité de l'événement B : « le coureur tiré est européen ».

Calculs de probabilités

14 En direct du cours !
Soit une expérience aléatoire dont l'univers est noté U.
1. Préciser les valeurs de $P(U)$ et $P(\emptyset)$.
2. Soit e_1 et e_2 deux issues de probabilités respectives 0,1 et 0,3. Déterminer la probabilité de l'événement A défini par $A = \{e_1 ; e_2\}$.

15 On considère une expérience aléatoire dont l'univers est : U = {😇 ; 🙂 ; 😁 ; 😍 ; 😉}. La probabilité de chacune des issues est donnée dans le tableau ci-dessous :

Issue	😇	🙂	😁	😍	😉
Probabilité	0,1	0,3	0,2	0,15	p_5

1. Rappeler la probabilité $P(U)$ et en déduire la valeur de la probabilité p_5 de l'issue 😉.
2. Déterminer la probabilité de l'événement E défini par E = {🙂 ; 😍 ; 😉}.

16 On lance un dé cubique truqué dont la loi de probabilité est donnée par le tableau suivant :

Face	1	2	3	4	5	6
Probabilité	0,2	0,1	0,4	0,15	0,05	0,1

1. Déterminer la probabilité de l'événement $A = \{1 ; 2 ; 3\}$.
2. Déterminer la probabilité de l'événement B : « obtenir un nombre impair ».

17 Un fragment de météorite tombe dans un secteur constitué à 50 % de prairies, 15 % d'étangs, 2 % de cours d'eau, 23 % de champs de maïs et 10 % de champs de betteraves.
1. Déterminer la probabilité que le fragment tombe dans l'eau.
2. Déterminer la probabilité que ce fragment tombe dans une zone de plantation.

LE SAVIEZ-VOUS ?
Le 15 février 2013, des fragments d'une météorite sont tombés dans la région de **Tcheliabinsk**, en Russie. Lors de son impact dans l'atmosphère, le bolide a libéré une énergie équivalente à 30 fois la bombe de Hiroshima, créant une onde de choc qui a détruit des milliers de vitres et de fenêtres (1 600 personnes blessées !).

Événements $\overline{A}$, $A \cup B$ et $A \cap B$

18 En direct du cours !
Une expérience aléatoire a pour univers :
$$U = \{1 ; 2 ; 3 ; 4 ; 5 ; 6 ; 7 ; 8\}.$$
On pose $A = \{1 ; 2 ; 7\}$ et $B = \{1 ; 3 ; 8\}$.
Pour chacune des propositions ci-dessous, une seule est exacte. Indiquer laquelle.
1. L'événement contraire de A est :
a. $\overline{A} = [9 ; +\infty[$ b. $\overline{A} = \{3 ; 4 ; 5 ; 6 ; 8\}$
c. $\overline{A} = \dfrac{5}{8}$
2. a. $A \cup B = U$ b. $A \cup B = \{1\}$
c. $A \cap B = \{1\}$
3. a. $P(A \cup B) = P(A) + P(B)$
b. $P(A \cup B) = P(A) + P(B) - P(A \cap B)$
c. $P(A \cap B) = P(A \cup B) - P(A) - P(B)$

19 On choisit au hasard un joueur d'un club de tennis. On note A l'événement : « le joueur choisi a moins de vingt ans » et B l'événement : « le joueur choisi est une fille ».
1. Décrire par une phrase l'événement $A \cap B$.
2. Décrire par une phrase l'événement $A \cup B$.
3. Le joueur choisi est Maxime, qui a 15 ans. Quels sont parmi les événements A, B, $A \cap B$ et $A \cup B$ ceux qui sont réalisés ?

20 Soit A et B deux événements d'une même expérience aléatoire tels que $P(A) = 0,2$, $P(B) = 0,6$ et $P(A \cap B) = 0,1$.
1. Déterminer $P(\overline{A})$.
2. Exprimer $P(A \cup B)$ en fonction de $P(A)$, $P(B)$ et $P(A \cap B)$.
3. En déduire $P(A \cup B)$.

EXERCICES

Parcours en autonomie (corrections en fin de manuel)
Maîtriser les bases 4 • 8 • 15 • 19
Préparer le contrôle 34 • 48

Pour s'entraîner

Expérience aléatoire et événement

21 On considère l'expérience aléatoire qui consiste à choisir au hasard une lettre du mot VOLTAIRE.

1. Déterminer l'univers U associé à cette expérience.

2. a. Déterminer les issues qui réalisent l'événement E_1 : « obtenir une lettre du mot ROUSSEAU ».

b. En déduire l'écriture de l'événement E_1 sous forme d'un ensemble.

3. Écrire sous forme d'un ensemble l'événement E_2 : « obtenir une lettre du mot MONTESQUIEU ».

SAVOIR-FAIRE **1** p. 191

22 L'entraîneur d'un club de football dispose d'un bac contenant des ballons rouges et des ballons blancs. Il choisit au hasard un ballon qu'il donne à un premier groupe de joueurs, puis un second ballon qu'il donne à un deuxième groupe de joueurs. Pour chacun des ballons obtenus, on note la couleur : par exemple, on écrit BR si le premier groupe a obtenu un ballon blanc et le second groupe un ballon rouge.

1. Déterminer l'univers U associé à cette expérience aléatoire.

2. a. Déterminer les issues qui réalisent l'événement A : « un groupe exactement a obtenu un ballon rouge ».

b. En déduire l'écriture de l'événement A sous forme d'un ensemble.

3. Écrire sous forme d'un ensemble l'événement B : « les deux groupes ont des ballons de la même couleur ».

SAVOIR-FAIRE **1** p. 191

23 Une urne contient trois lettres : M, A et T. On tire successivement, et sans remettre la première lettre, deux lettres de l'urne pour former un mot de deux lettres. L'arbre ci-dessous permet de décrire l'univers associé à cette expérience aléatoire.

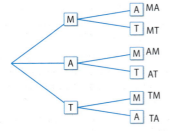

1. Combien cet univers a-t-il d'éléments ?

2. Déterminer les issues qui réalisent l'événement E : « le mot se termine par T ».

3. Déterminer le nombre d'issues qui réalisent l'événement F : « le mot comporte la lettre A ».

24 Logique
Soit l'énoncé : « s'il existe au moins une issue qui réalise deux événements A et B d'une même expérience aléatoire, alors ces deux événements sont confondus. »

1. Dire si cet énoncé est vrai ou faux. Justifier.

2. Écrire l'énoncé réciproque. Est-il vrai ?

Aide question 2. Penser à l'événement impossible.

VRAI - FAUX

Pour les exercices **25** *à* **27**, *indiquer si les affirmations sont vraies ou fausses, puis justifier.*
On lance une pièce de monnaie et un dé tétraédrique dont les faces sont numérotées de 1 à 4. Si on obtient PILE avec la pièce et « 3 » avec le dé, on note le résultat : P3.

25 L'univers a six éléments.

26 L'issue P2 réalise l'événement « obtenir PILE avec la pièce ».

27 L'événement « le nombre obtenu avec le dé est pair » est A = {2 ; 4}.

Utilisation d'un modèle

28 Les responsables d'un parc d'attraction ont réalisé une étude statistique sur la composition des familles venant dans leur parc. Les résultats sont reportés dans le tableau ci-dessous.

Nombre d'enfants par famille	0	1	2	3	4	5 et plus
Fréquence (%)	5	20	35	21	16	3

Une famille se présente aux guichets à l'entrée du parc.

1. Déterminer la probabilité de l'événement A : « la famille a au moins trois enfants ».

2. Déterminer la probabilité de l'événement B : « la famille a entre un et quatre enfants ».

SAVOIR-FAIRE **2** p. 191

29 Chaque semaine à la même heure, Anna va faire ses courses dans le petit supermarché à côté de chez elle. Un grand nombre de relevés statistiques lui ont permis d'établir le tableau ci-dessous portant sur le temps d'attente en caisse.

Durée d'attente (en min)	Moins de 5	Entre 5 et 10	Entre 10 et 15	Plus de 15
Fréquence	0,15	0,45	0,35	0,05

Anna se présente à la caisse.

1. Déterminer la probabilité qu'elle attende moins de 10 minutes.

2. Quelle est la probabilité qu'Anna attende entre 5 et 15 minutes ?

SAVOIR-FAIRE **2** p. 191

EXERCICES

EXERCICE RÉSOLU

30 **Probabilité et proportionnalité**

Énoncé

La roue représentée ci-contre est divisée en cinq secteurs. On réalise l'expérience aléatoire suivante : on fait tourner la roue et on note la lettre du secteur coloré sur lequel la roue s'immobilise.

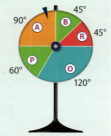

1. Déterminer l'univers associé à cette expérience.

2. La probabilité que la roue s'arrête sur un secteur est proportionnelle à l'angle du secteur. Déterminer la loi de probabilité associée à cette expérience.

3. Calculer la probabilité des événements suivants :
a. E_1 : « on obtient une voyelle » ;
b. E_2 : « on obtient une lettre du mot PROBABILITES » ;
c. E_3 : « la roue s'arrête sur un secteur de couleur verte ».

Solution commentée

1. L'univers est constitué de chacune des lettres situées sur les secteurs colorés : on a donc U = {A ; P ; O ; R ; B}.

2. Pour déterminer la probabilité associée à chacun des secteurs, on peut réaliser un tableau de proportionnalité, sachant qu'un angle de 360° correspond à une probabilité de 1. Le tableau donne alors la loi de probabilité associée à l'expérience aléatoire.

Secteur	A	P	O	R	B	
Angle (en degré)	90	60	120	45	45	360
Probabilité	$\frac{1}{4}$	$\frac{1}{6}$	$\frac{1}{3}$	$\frac{1}{8}$	$\frac{1}{8}$	1

Par exemple, la probabilité du secteur « P » est obtenue par le calcul : $\frac{60 \times 1}{360} = \frac{1}{6}$.

3. a. L'univers contient deux voyelles : A et O, ce qui correspond à l'événement $E_1 = \{A ; O\}$. En utilisant le tableau précédent, on obtient $P(E_1) = P(A) + P(O) = \frac{1}{4} + \frac{1}{3}$ soit $P(E_1) = \frac{1 \times 3}{4 \times 3} + \frac{1 \times 4}{3 \times 4}$ c'est-à-dire $P(E_1) = \frac{7}{12}$.
La probabilité d'obtenir une voyelle est $\frac{7}{12}$.

b. Toutes les lettres de l'univers sont des lettres du mot PROBABILITES : quelle que soit l'issue de l'expérience, l'événement E_2 est réalisé.
Il s'agit donc de l'événement certain : la probabilité d'obtenir une lettre du mot PROBABILITES est 1.

c. Deux secteurs sont verts : le secteur « P » et le secteur « B ». Par conséquent, $P(E_3) = \frac{1}{6} + \frac{1}{8}$ soit $P(E_3) = \frac{1 \times 4}{6 \times 4} + \frac{1 \times 3}{8 \times 3}$ donc $P(E_3) = \frac{7}{24}$. La probabilité que la roue s'arrête sur un secteur vert est $\frac{7}{24}$.

31 On dispose d'un damier constitué de carrés de côté 5 cm. On lance au hasard une pièce de 10 centimes sur ce damier (son rayon est de 1 cm).

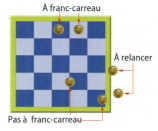

On dit que la pièce est à franc-carreau si elle ne chevauche pas les lignes du quadrillage. Si le centre de la pièce est à l'extérieur du damier, alors le lancer ne compte pas et on recommence.

1. Dans quelle partie du carré doit se situer le centre de la pièce pour que celle-ci soit à franc-carreau ?

2. Quelle est l'aire de cette partie ?

3. En déduire la probabilité que la pièce soit à franc-carreau.

32 **Logique**

Soit l'énoncé : « Si deux événements A et B ont la même probabilité, alors ces deux événements sont égaux. »

1. Dire si cet énoncé est vrai ou faux. Justifier.

2. Écrire l'énoncé réciproque. Est-il vrai ?

33 Le sang humain est classé en 4 groupes distincts : A, B, AB et O selon que les globules rouges du sang contiennent des antigènes de type A, de type B, des deux types ou aucun des deux types d'antigènes A ou B.

Indépendamment du groupe, le sang peut posséder le facteur Rhésus. Si le sang d'un individu possède ce facteur, il est dit de Rhésus positif (Rh+), sinon il est dit de Rhésus négatif (Rh–).

Sur l'ensemble de la population française, les groupes sanguins sont répartis d'après le tableau suivant, les fréquences étant données par rapport à la population totale.

Rhésus	Groupe sanguin			
	O	A	B	AB
Rh+	37 %	39 %	7 %	2 %
Rh–	6 %	6 %	2 %	1 %

On choisit au hasard un individu dans la population française. On suppose que la probabilité de chaque situation correspond à la fréquence de répartition donnée dans le tableau ci-dessus.

1. Quelle est la probabilité que l'individu soit un donneur universel, c'est-à-dire qu'il soit du groupe sanguin O et Rh– ?

2. Quelle est la probabilité pour qu'il soit du groupe sanguin O ?

3. Quelle est la probabilité pour qu'il soit Rh– ?

4. Quelle est la probabilité qu'il soit du groupe sanguin A ?

EXERCICES

34 **Préparer le contrôle**

À partir de l'observation d'un très grand nombre de données issues de domaines très variés, on a établi la fréquence du premier chiffre non nul d'un nombre. Cette répartition est donnée dans le tableau ci-dessous :

1er chiffre	1	2	3	4	5	6	7	8	9
Fréquence (en %)	30,1	17,6	12,5	9,7	7,9	6,7	5,8	5,1	4,6

On choisit un produit dans un supermarché et on note son prix. Déterminer les probabilités des événements suivants :
A : « le premier chiffre est impair » ;
B : « le premier chiffre est supérieur ou égal à 4 » ;
C : « le premier chiffre est un multiple de 3 ».

LE SAVIEZ-VOUS ?
Cette répartition déterminée de façon empirique est connue sous le nom de **loi de Benford**. En 1972, l'économiste **Hal Varian** a proposé d'utiliser cette loi pour détecter la fraude fiscale.

VRAI - FAUX

Pour les exercices **35** *à* **37**, *indiquer si les affirmations sont vraies ou fausses, puis justifier.*
On lance un dé truqué tel que la probabilité de la face numérotée 6 est 0,4 et les faces numérotées de 1 à 5 ont la même probabilité.

35 La probabilité que 1 apparaisse est $\frac{1}{6}$.

36 La probabilité de l'événement A : « obtenir un multiple de 3 » est 0,52.

37 La probabilité de l'événement : « obtenir un nombre entier » est 1.

Opérations sur les événements

38 Lors de la fête du lycée, la probabilité qu'une personne boive du soda est 0,3, celle que la personne boive du jus de fruits est 0,8 et la probabilité qu'elle boive du soda et du jus de fruits est 0,2. On choisit au hasard une personne dans cette assemblée et on note A l'événement : « la personne boit du soda » et B l'événement : « la personne boit du jus de fruits ».

1. Écrire en fonction de A et B l'événement : « la personne boit du soda et du jus de fruits », puis donner la probabilité de cet événement.

2. a. Décrire par une phrase l'événement A ∪ B.
b. Déterminer la probabilité de l'événement A ∪ B.

 SAVOIR-FAIRE **3** p. 193

39 Une industrie coréenne produit des *smartphones* pour le marché européen. Les contrôles effectués en fin de production ont fait apparaître que 5 % des *smartphones* ont un défaut à l'écran tactile et 3 % un défaut à la batterie, tandis que 1 % ont les deux défauts. Un *smartphone* produit par l'entreprise est choisi au hasard. On note E l'événement : « le mobile a un défaut à l'écran » et B l'événement : « le mobile a un défaut à la batterie ».

1. Donner les probabilités de chacun des événements E et B.
2. Déterminer la probabilité que le téléphone n'ait pas de défaut à l'écran.
3. Calculer la probabilité que le téléphone ait au moins un des deux défauts.

 SAVOIR-FAIRE **3** p. 193

40 **Logique**
Soit l'énoncé : « pour tout événement A et tout événement B, $P(A \cup B) = P(A) + P(B)$. »
1. Dire si cet énoncé est vrai ou faux. Justifier.
2. Écrire la négation de cet énoncé.

41 **Logique** Lorsqu'on choisit au hasard un mot du poème *La chanson de l'automne* de Paul Verlaine, on obtient un mot comportant entre 1 et 9 lettres avec une probabilité donnée dans le tableau ci-dessous.

Nombre de lettres	1	2	3	4	5	6	7	8	9
Fréquence	0,12	0,22	0,12	0,10	0,16	0,04	0,12	0,10	0,02

On choisit au hasard un mot de ce poème.
1. Déterminer la probabilité de l'événement A : « le mot comporte au moins deux lettres ».
2. Déterminer la probabilité de l'événement B : « le mot a au plus sept lettres ».

SAVOIR-FAIRE **4** p. 193

VRAI - FAUX

Pour les exercices **42** *et* **43**, *indiquer si les affirmations sont vraies ou fausses, puis justifier.*
Soit une expérience aléatoire dont l'univers est constitué des 26 lettres de l'alphabet.
Soit A l'événement : « obtenir une lettre du mot ALBERT » et B l'événement : « obtenir une lettre du mot EINSTEIN ».

42 A ∪ B est l'événement : « obtenir une lettre du mot INRATABLES ».

43 Si $P(A) = 0,4$, $P(B) = 0,3$ et $P(A \cap B) = 0,1$ alors $P(A \cup B) = 0,8$.

Situations d'équiprobabilité

44 On tire au hasard une carte dans un jeu de 52 cartes. Déterminer la probabilité de chacun des événements suivants :
A : « la carte obtenue est un pique » ;
B : « la carte obtenue est un roi » ;
C : « la carte obtenue est noire ».

SAVOIR-FAIRE 5 p. 193

45 Les adhérents de l'association sportive d'un lycée doivent choisir un sport et un seul parmi les trois proposés : le basket-ball, le ping-pong et la natation.
On donne dans le tableau ci-dessous la répartition des adhérents de cette association suivant le sport choisi et le régime du lycée (externe ou demi-pensionnaire).

	Basket-ball	Ping-pong	Natation	Total
Demi-pensionnaires	30	40	60	130
Externes	36	32	42	110
Total	66	72	102	240

Un adhérent est choisi au hasard parmi les 240 adhérents de l'association sportive. Déterminer la probabilité de chacun des évènements suivants (donner les réponses à 10^{-3} près) :
A_1 : « l'adhérent a choisi le basket-ball » ;
A_2 : « l'adhérent est externe » ;
A_3 : « l'adhérent est externe et a choisi le basket-ball ».

SAVOIR-FAIRE 5 p. 193

46 Avec un tableur TICE

À l'aide de la feuille de calcul d'un tableur ci-dessous, on a simulé 100 fois le lancer d'un dé dodécaédrique régulier et bien équilibré dont les faces sont numérotées de 1 à 12.

1. Préciser, parmi les formules ci-dessous, celle qu'on a saisie dans la cellule **D2** et recopiée vers la droite.

a. `=NB.SI(A2:A101;1)` b. `=NB.SI($A2:$A101;D1)`
c. `=NB.SI(A$2:A$101;D1)` d. `=NB.SI(A2:A101;D1)`

2. Quelle formule destinée à être recopiée vers la droite peut-on saisir dans la cellule **D3** ?

3. Si le nombre de simulations devient très grand, de quelle valeur devrait se rapprocher la fréquence de la face 1 ?

47 Logique

Soit l'énoncé : « Si l'univers d'une expérience aléatoire comporte 10 éléments et si on est en situation d'équiprobabilité, alors chaque issue a pour probabilité 0,1. »

1. Dire si cet énoncé est vrai ou faux. Justifier.
2. Écrire l'énoncé réciproque. Est-il vrai ?

48 Préparer le contrôle

Pour préparer ses œuvres en mosaïque, en prévision d'une « invasion » à Los Angeles, l'artiste urbain *Space Invader* dispose de 1 500 carreaux dont 25 % sont jaunes, les $\frac{2}{5}$ sont bleus et les autres sont rouges.

1. Certains carreaux sont abîmés : ils représentent 4 % des jaunes, 5 % des bleus et 4 % des rouges.
Recopier et compléter le tableau suivant.

Carreaux	Jaunes	Bleus	Rouges	Total
Abîmés	...	...	...	...
Non abîmés	...	...	...	...
Total	...	...	...	1 500

2. L'artiste prend un carreau au hasard, tous les carreaux ayant la même probabilité d'être choisis. On note :
A : l'événement « le carreau est rouge » ;
B : l'événement « le carreau n'est pas abîmé » ;
C : l'événement « le carreau est bleu ».
Calculer les probabilités $P(A)$, $P(B)$ et $P(\overline{C})$.

3. Définir par une phrase les évènements $A \cap B$ et $A \cup B$, puis calculer leurs probabilités.

4. L'artiste choisit au hasard un carreau non abîmé. Quelle est la probabilité pour qu'il soit rouge ? Le résultat sera donné sous forme d'une valeur décimale arrondie à 10^{-2} près.

LE SAVIEZ-VOUS ?
Activiste du *street art*, l'artiste **Space Invader** aurait « envahi » environ 90 villes à l'échelle planétaire, avec plus de 3 000 de ces mosaïques cimentées inspirées d'un jeu vidéo, soit plus de 1,6 million de carreaux colorés !

49 Dans une urne, on a placé 26 cartons sur lesquels ont été peintes en rouge les dix premières consonnes de l'alphabet latin, et en bleu les six voyelles et les 10 dernières consonnes. Tous les résultats seront donnés sous forme de fractions irréductibles.

1. On tire au hasard un carton de l'urne. Soit A l'évènement : « la lettre obtenue est bleue », B l'évènement : « la lettre obtenue est une consonne ».
a. Calculer les probabilités de A et de B.
b. Définir par une phrase l'événement $A \cap B$, puis calculer la probabilité de $A \cap B$.
c. Définir par une phrase l'événement $A \cup B$, puis calculer la probabilité de $A \cup B$.

2. On tire au hasard un carton sur lequel la lettre est peinte en bleu. Quelle est la probabilité qu'on obtienne une consonne ?

3. On tire au hasard un carton sur lequel figure une consonne. Quelle est la probabilité que cette consonne soit bleue ?

EXERCICES

EXERCICE RÉSOLU

50 Probabilités et dénombrement

Énoncé
On dispose au hasard, l'un à côté de l'autre et en ligne, trois drapeaux : français, italien et espagnol.

1. À l'aide d'un arbre, montrer qu'il y a six dispositions possibles.

2. Quelle est la probabilité pour que le drapeau français soit entre les deux autres ?

3. Quelle est la probabilité pour que le drapeau italien soit à une extrémité ?

Solution commentée
1. On dessine un arbre de choix, chaque chemin sur l'arbre correspond à une disposition : il y a donc 6 dispositions possibles.

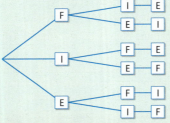

2. Les choix étant faits au hasard, on est en situation d'équiprobabilité. D'après la question précédente, l'univers a 6 éléments. D'après l'arbre, l'événement : « le drapeau français est entre les deux autres drapeaux » est constitué de deux issues IFE et EFI, donc cet événement a pour probabilité $\frac{2}{6}$ soit $\frac{1}{3}$.

3. D'après l'arbre, l'événement : « le drapeau italien est à une des extrémités » est réalisé par quatre issues IEF, IFE, EFI et FEI. Cet événement a donc pour probabilité $\frac{4}{6}$ soit $\frac{2}{3}$.

51 Pour désigner le prix littéraire de la rentrée, un jury composé de 4 jurés votent pour élire un écrivain : soit Guillaume Museau, soit Anna Cavalcade. Un candidat peut être élu au premier tour uniquement s'il obtient la majorité absolue (au moins trois voix). Chacun des jurés doit voter pour un seul des deux candidats. On suppose que tous les votes sont équiprobables.

1. Reproduire et compléter l'arbre ci-dessous.

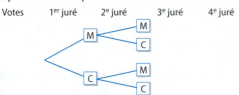

2. On considère les deux événements suivants :
A : « Guillaume Museau est élu au premier tour » ;
B : « Anna Cavalcade est élue au premier tour ».
a. Calculer la probabilité de l'événement A et celle de l'évènement B.
b. Calculer la probabilité de l'événement A ∪ B.
3. Calculer la probabilité de l'événement C : « aucun des écrivains n'est élu au premier tour ».

52 Lors d'un jeu télévisé, le présentateur doit interroger, dans un certain ordre, quatre candidats :
Amine, Betty, Carla et Denis.
Il doit donc établir une liste ordonnée des quatre prénoms.
1. Déterminer le nombre de listes possibles.
2. On suppose que le présentateur tire la liste ordonnée des quatre prénoms au hasard, chaque liste possible ayant la même probabilité.
Pour les questions suivantes, les probabilités seront données sous forme de fractions irréductibles.
a. Déterminer la probabilité de chacun des évènements suivants :
– E : « Betty est interrogée en premier » ;
– F : « Carla est interrogée en dernier » ;
– G : « Denis est interrogé avant Betty ».
b. Définir par une phrase l'évènement E ∩ F et en donner sa probabilité.
c. Définir par une phrase l'évènement E ∪ F et en donner sa probabilité.

> **Aide** question 1. On peut s'aider d'un arbre.

53 Elliot sait que le congélateur de la cuisine renferme un assortiment de cinq cônes glacés de cinq parfums différents : vanille, chocolat, pistache, café et praliné. Gourmand et insomniaque, il décide de se lever en pleine nuit sans allumer la lumière et de prendre, à tâtons et successivement, deux cônes glacés dans le congélateur. On suppose que tous les choix sont équiprobables.

1. À l'aide d'un arbre, déterminer le nombre de couples différents de cônes qu'il peut ainsi déguster.
2. Ses parfums préférés sont pistache et café. Calculer les probabilités pour qu'il obtienne :
a. le cône pistache, puis le cône café ;
b. les cônes de ses parfums préférés dans un ordre quelconque ;
c. un seul de ses parfums préférés ;
d. aucun de ses parfums préférés.

EXERCICES

EXERCICE RÉSOLU

54 Un arbre pondéré

Énoncé

On dispose de deux sacs : le sac A contient 3 boules rouges et 2 boules jaunes ; le sac B contient 1 boule rouge et 4 boules jaunes. On lance une pièce équilibrée. Si on obtient PILE (noté P), on tire une boule du sac A et, si on obtient FACE (noté F), on tire une boule du sac B. On note J si la boule obtenue est jaune et R si elle est rouge.

1. a. Déterminer la probabilité de tirer une boule jaune si l'on a obtenu PILE.

b. Déterminer la probabilité de tirer une boule jaune si l'on a obtenu FACE.

c. Compléter l'arbre pondéré ci-contre.

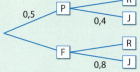

2. Calculer la probabilité d'obtenir une boule jaune.

Solution commentée

1. a. Si on a obtenu PILE, on tire une boule du sac A : ce sac contient cinq boules dont deux jaunes. On est en situation d'équiprobabilité donc, dans ce cas, la probabilité d'obtenir une boule jaune est $\frac{2}{5}$ soit 0,4.

b. Si on a obtenu FACE, on tire une boule du sac B : ce sac contient cinq boules dont quatre jaunes. Dans ce cas, la probabilité d'obtenir une boule jaune est $\frac{4}{5}$ soit 0,8.

c. Comme la pièce est équilibrée, la probabilité d'obtenir FACE est 0,5. On place 0,5 sur la branche qui mène à l'issue F.

Lorsque on a obtenu PILE, la probabilité qu'on tire une boule jaune étant 0,4, celle qu'on tire une boule rouge est 1 − 0,4 soit 0,6. Cette probabilité est placée sur la branche conduisant de P à R.

Lorsque on a obtenu FACE, on détermine de la même façon la probabilité qu'on obtienne une boule rouge : cette probabilité est égale à 1 − 0,8 soit 0,2. On place cette probabilité sur la branche conduisant de F à R.

2. La probabilité de chaque chemin est le produit des probabilités inscrites sur les branches de ce chemin. La probabilité d'obtenir une boule jaune est la somme des probabilités des chemins qui aboutissent à J. Ainsi, la probabilité d'obtenir une boule jaune est égale à $0{,}5 \times 0{,}4 + 0{,}5 \times 0{,}8 = 0{,}6$.

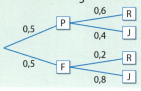

55 Dans une entreprise, un produit P est fabriqué uniquement par deux machines A et B. La machine A assure 65 % de la production. Une fois le produit fabriqué, on lui fait subir un test de conformité. Une étude statistique a permis d'établir que 96 % des produits fabriqués par A satisfont aux normes, et le pourcentage correspondant pour la machine B est de 90 %. En utilisant un arbre pondéré, déterminer la probabilité qu'un produit P choisi au hasard dans la production soit conforme aux normes.

VRAI - FAUX

Pour les exercices **56** *à* **58**, *indiquer si les affirmations sont vraies ou fausses, puis justifier.*

On choisit au hasard une carte dans un jeu de 32 cartes.

56 La probabilité d'obtenir une dame est 0,125.

57 La probabilité d'obtenir un trèfle est 0,25.

58 La probabilité d'obtenir la dame de trèfle est 0,25.

TOP CHRONO

Résoudre chacun des exercices suivants en 20 minutes maximum.

59 Pour mieux satisfaire ses clients, une agence de voyage leur a envoyé un questionnaire. Les 200 réponses reçues sont données dans le tableau ci-dessous.

	Voyage organisé	Club de vacances	Trekking	Total
Part en famille	29	55	26	110
Part seul ou entre amis	54	18	18	90
Total	83	73	44	200

On choisit un client au hasard parmi les deux cents qui ont répondu au questionnaire.

1. Calculer la probabilité des évènements suivants :
A : « le client choisi part en famille » ;
B : « le client choisi préfère le trekking » ;
C : « le client choisi ne part pas en club de vacances ».

2. Calculer les probabilités des événements $A \cap B$ et $A \cup B$.

60 Un couple de futurs parents décide d'avoir trois enfants. On fait l'hypothèse qu'ils auront à chaque fois autant de chances d'avoir un garçon qu'une fille et qu'il n'y aura pas de jumeaux. Calculer la probabilité des événements suivants :
A : « ils auront trois filles » ;
B : « ils auront trois enfants de même sexe » ;
C : « ils auront au plus une fille » ;
D : « ils auront deux filles et un garçon ».

Chapitre 9 ■ Probabilités **201**

EXERCICES

Faire le point

Choisir la (ou les) bonne(s) réponse(s).

Utiliser un modèle

Pour vous aider SAVOIR-FAIRE **1 et 2** p. 191

Pour les exercices ❶ à ❸, on lance un dé truqué à six faces. Le tableau ci-contre donne la probabilité d'apparition de chacune des faces.

Face n°	1	2	3	4	5	6
Probabilité	0,15	0,1	0,2	0,1	0,4	a

On note E l'événement : « la face obtenue porte un numéro impair » et F l'événement : « la face obtenue porte un numéro diviseur de 5 ».

	A	B	C	D
❶ $P(E)$ est égale à :	$\frac{1}{2}$	0,75	0,25	$\frac{3}{6}$
❷ La probabilité a de l'issue « 6 » vérifie :	$a = 0,05$	$a = \frac{1}{6}$	$0,95 + a = 1$	$a = 0,1$
❸ $P(F)$ est égale à :	0	0,4	0,55	$\frac{1}{3}$

Utiliser les opérations sur les événements

Pour vous aider SAVOIR-FAIRE **3 et 4** p. 193

On reprend l'expérience précédente et on note G l'événement : « la face obtenue porte un numéro strictement inférieur à 4 ».

	A	B	C	D
❹ $P(E \cap G)$ est égale à :	$\frac{1}{3}$	$\frac{1}{4}$	0,35	0,85
❺ $P(E \cup G)$ est égale à :	0,85	$P(E) + P(G)$	$P(E) + P(G) - P(E \cap G)$	$\frac{2}{3}$
❻ $P(\overline{G})$ est égale à :	0,5	$\frac{1}{3}$	0,55	0,4
❼ La probabilité d'obtenir une face portant un numéro au moins égal à 2 est :	0,1	0,15	0,85	0,25

Calculer une probabilité

Pour vous aider SAVOIR-FAIRE **5** p. 193

On considère une urne contenant sept jetons bleus numérotés 1, 2, 3, 4, 5, 6, 7 et trois jetons jaunes numérotés 1, 2, 3. Pour les exercices ❽ et ❾, on tire au hasard un seul jeton de l'urne. Pour les exercices ❿ et ⓫, après avoir tiré un jeton au hasard, on le remet dans l'urne et on tire un second jeton.

	A	B	C	D
❽ La probabilité de tirer un jeton bleu est :	0,5	0,7	$\frac{1}{7}$	0,1
❾ La probabilité de tirer un jeton portant un numéro impair est :	$\frac{3}{5}$	$\frac{1}{2}$	$\frac{1}{10}$	$\frac{1}{6}$
❿ La probabilité de tirer deux jetons jaunes est :	$\frac{1}{4}$	0,6	0,09	$\frac{1}{15}$
⓫ La probabilité de tirer deux jetons de la même couleur est :	$\frac{1}{2}$	$\frac{1}{4}$	0,58	$\frac{29}{50}$

Voir les corrigés, page 333

202

EXERCICES

Utiliser les formules de probabilités

Un exemple : Un livreur se rend dans une entreprise. Il sait que la probabilité de l'événement A : « l'entreprise possède un distributeur de boissons » est $P(A) = 0,7$ et que la probabilité de l'événement B : « l'entreprise possède un distributeur de sandwichs » est $P(B) = 0,3$. La probabilité qu'une entreprise possède les deux types de distributeurs est 0,2.
Déterminer la probabilité que l'entreprise possède au moins un des deux types de distributeurs.

Les questions à se poser	Des réponses
Que me demande-t-on ?	➡ On doit déterminer la probabilité d'un événement. Exprimer cet événement à l'aide des deux événements A et B.
Comment faire pour démarrer ?	➡ On identifie les événements dont la probabilité est donnée dans l'énoncé. On a $P(A) = 0,7$ et $P(B) = 0,3$. Préciser l'événement correspondant à la troisième probabilité donnée.
Comment calculer la probabilité demandée ?	➡ On utilise la formule reliant les probabilités de A, B, $A \cap B$ et $A \cup B$. Dans la formule, remplacer $P(A)$, $P(B)$ et $P(A \cap B)$ par leurs valeurs respectives et calculer $P(A \cup B)$. Rédiger ensuite une conclusion.

Application

61 Dans une région donnée, chaque année, la probabilité de l'événement A : « la vigne est touchée par une maladie fongique (champignon) » est $P(A) = 0,4$. La probabilité de l'événement B : « la vigne est touchée par une maladie bactérienne » est $P(B) = 0,3$. La probabilité que la vigne soit touchée par au moins un des deux types de maladie est 0,5. Déterminer la probabilité que la vigne soit touchée par les deux types de maladies.

Calculer une probabilité

Un exemple : Un traiteur prépare des gâteaux pour une réception. Il propose des tartelettes, des charlottes et des macarons, chaque gâteau pouvant être au chocolat ou à la framboise. Le tableau ci-contre donne la répartition des 300 gâteaux préparés. Un invité choisit un gâteau au hasard. Déterminer la probabilité de l'événement A : « le gâteau choisi est une charlotte à la framboise ».

	Chocolat	Framboise	Total
Tartelettes	48	72	120
Charlottes	25	75	100
Macarons	50	30	80
Total	123	177	300

Les questions à se poser	Des réponses
Que me demande-t-on ?	➡ On doit déterminer la probabilité d'un événement. Préciser cet événement et l'expérience aléatoire.
Comment faire pour démarrer ?	➡ On doit reconnaître qu'il s'agit d'une situation d'équiprobabilité. Préciser pourquoi on est en situation d'équiprobabilité.
Quelle formule doit-on utiliser ?	➡ Il s'agit d'une formule faisant intervenir le nombre d'issues de l'univers et celui de l'événement A. Rappeler cette formule du cours.
Comment déterminer le nombre d'éléments de l'univers ?	➡ Il s'agit du nombre d'issues possibles de l'expérience. Chaque choix de gâteau constitue une issue. Préciser le nombre d'éléments de l'univers.
Quel est le nombre d'issues de l'événement A ?	➡ Ce nombre est le nombre de charlottes à la framboise. Déterminer ce nombre et calculer la probabilité demandée.

Application

Pour l'exercice 62, on utilise le tableau de l'exemple ci-dessus.

62 Un invité choisit un macaron au hasard. Déterminer la probabilité de l'événement B : « le macaron est au chocolat ».

Revoir des points essentiels

Chapitre 9 ■ Probabilités **203**

EXERCICES

TP — Le problème du grand-duc de Toscane

Utiliser le tableur pour apporter une réponse à un célèbre problème de probabilité.

Fichiers logiciels
→ www.bordas-indice.fr

Parmi les nombreux jeux de société pratiqués à la cour de Florence au début du XVIIe siècle, l'un d'eux consistait à lancer trois dés et à faire la somme des numéros des faces obtenues. Durant sa jeunesse, Cosme II de Médicis, grand-duc de Toscane, a observé de nombreuses parties : il a remarqué qu'on obtient plus souvent la somme 10 que la somme 9, alors qu'il y a autant de façons d'écrire 10 que 9 en tant que somme de trois entiers compris entre 1 et 6. Ce paradoxe lui a été expliqué par son précepteur, Galilée.

A Simulation à l'aide d'un tableur

1. Créer une feuille de calcul comme ci-dessous en remplissant la première ligne ou ouvrir le fichier fourni.

	A	B	C	D
1	Dé n°1	Dé n°2	Dé n°3	Somme

2. a. Dans chaque cellule **A2**, **B2** et **C2**, saisir une formule permettant de simuler le lancer d'un dé équilibré à six faces numérotées de 1 à 6.
b. Saisir une formule en **D2** permettant d'obtenir la somme des nombres contenus dans les cellules **A2**, **B2** et **C2**.

3. Pour simuler 10 000 fois le lancer de trois dés, recopier la zone de cellules **A2:D2** jusqu'à la ligne **10 001**.

4. a. Compléter les cellules **E1**, **F1** et **G1** comme ci-dessous.

	E	F	G
	Somme égale à :	9	10

b. Saisir dans **F2** une formule destinée à être recopiée vers la droite, donnant le nombre de fois où on obtient la somme 9 dans la zone de cellules **D2:D10 001**.
c. Recopier cette formule dans **G2** pour obtenir le nombre de fois où on a obtenu la somme 10.

5. a. Dans **F3**, saisir une formule destinée à être recopiée vers la droite, donnant la fréquence de la somme 9 pour ces 10 000 lancers.
b. Recopier la formule précédente dans **G3**.
c. Créer un diagramme en bâtons représentant les fréquences obtenues en **F3** et **G3**.

6. Simuler plusieurs fois 10 000 lancers de trois dés. Les observations faites par le grand-duc sont-elles confirmées ?

B Étude théorique du problème

1. Le nombre 9 peut se décomposer de six manières différentes comme étant une somme de trois entiers compris entre 1 et 6 puisque :

$$9 = 1 + 2 + 6$$
$$= 1 + 3 + 5$$
$$= 1 + 4 + 4$$
$$= 2 + 2 + 5$$
$$= 2 + 3 + 4$$
$$= 3 + 3 + 3.$$

Déterminer les six façons différentes d'obtenir 10 en tant que somme de trois entiers compris entre 1 et 6.

2. On cherche à déterminer les probabilités d'obtenir les sommes 9 et 10. Pour cela, on suppose qu'on peut différencier les trois dés.
a. Déterminer le nombre de tirages possibles de lancers de trois dés (on pourra s'aider d'un arbre).
b. Combien y a-t-il de tirages qui donnent les trois entiers 1, 2 et 6 dans un ordre quelconque ?
c. Combien y a-t-il de tirages qui conduisent à une somme égale à 9 ? Déterminer la probabilité d'obtenir cette somme.
d. Procéder de la même façon pour déterminer la probabilité d'obtenir la somme 10.

3. Ces probabilités permettent-elles d'expliquer les observations faites ?

4. Quelle erreur conduit le grand-duc de Toscane à penser qu'il y a un paradoxe ?

5. Lors d'un lancer de trois dés, la probabilité d'obtenir la somme 3 est-elle égale à celle d'obtenir la somme de 4 ?

Aide pour les logiciels

Excel et OpenOffice

A. 2. a. Utiliser la fonction ALEA.ENTRE.BORNES.
A. 4. b. Saisir la formule =NB.SI($D2:$D10001;F1).
A. 5. c. *Pour Excel* : sélectionner la plage de cellules **F3:G3** puis choisir Insertion, Colonne, Histogramme 2D. Cliquer-droit sur le graphique et choisir Sélection des données pour modifier l'étiquette de l'axe des abscisses. *Pour OpenOffice* : sélectionner **F1:G1** et **F3:G3** puis choisir Diagramme, Plage de données et cocher Série de données en lignes et Première ligne comme étiquette.
A. 6. Appuyer sur F9 pour Excel ou simultanément sur Ctrl Maj F9 pour OpenOffice.

Voir **FICHE TICE**, page 318

EXERCICES

Pour approfondir

63 Un rubick's cube en kit

On a démonté un rubick's cube, puis on a placé les petits cubes dans un sac. On tire ensuite au hasard un petit cube du sac en notant le nombre de faces colorées. Déterminer la probabilité des événements suivants :
– A : « le cube n'a aucune face colorée » ;
– B : « le cube a exactement une face colorée » ;
– C : « le cube a exactement deux faces colorées » ;
– D : « le cube a exactement trois faces colorées ».

Aide Le rubick's cube n'a pas de cube central.

64   **Comprendre et compléter un algorithme**

On lance des fléchettes sur une cible carrée ABCD de côté 1 et notée Γ. Cette cible comporte également un quart de disque de rayon 1 noté $\mathcal{D}$.

1. Déterminer les aires de Γ et de $\mathcal{D}$.

2. On admet que la probabilité pour que le point d'impact de la fléchette appartienne à $\mathcal{D}$ est proportionnelle à l'aire de $\mathcal{D}$. Déterminer cette probabilité p.

3. On souhaite simuler N fois l'expérience précédente à l'aide de l'algorithme ci-après et faire afficher la fréquence F de réalisation de l'événement « le point d'impact de la fléchette appartient à $\mathcal{D}$ ». Le point d'impact est associé à ses coordonnées $(x ; y)$ dans le repère (A, B, D).

a. Justifier la condition « $x^2 + y^2 \leq 1$ » dans l'instruction conditionnelle « si… alors ».
b. Compléter l'algorithme.
c. Vers quelle valeur théorique doit se rapprocher la fréquence F si l'entier N devient très grand ?
d. Programmer cet algorithme.

Variables	x, y et F sont des réels
	N et S sont des entiers
Initialisation	S prend la valeur 0
	Entrer la valeur de N
Traitement	Pour I allant de 1 à N faire
	$\quad x$ prend la valeur d'un réel aléatoire de [0 ; 1]
	$\quad y$ prend la valeur d'un réel aléatoire de [0 ; 1]
	$\quad$ Si $x^2 + y^2 \leq 1$
	$\quad\quad$ Alors S prend la valeur $S + 1$
	$\quad$ FinSi
	FinPour
	F prend la valeur ………
Sortie	Afficher F

LE SAVIEZ-VOUS ?

Cette méthode est dite méthode de Monte-Carlo, en référence aux jeux de hasard pratiqués dans les casinos de cette ville.
Elle a été inventée par le physicien **Nicholas Metropolis** en 1947.

65 PROBLÈME DE SYNTHÈSE

Une porte est munie d'une serrure à code secret. La porte a un dispositif portant les touches 1, 2, 3, 4, 5, 6, 7, 8, 9 et les lettres A, B, C, D. Un code est formé de trois chiffres suivis de deux lettres. Les chiffres sont nécessairement distincts et les lettres peuvent être identiques.

1. Combien de codes peut-on former ?

2. Parmi tous les codes possibles, un seul permet d'ouvrir la porte. Si les chiffres frappés sont ceux du code dans le bon ordre ou dans un ordre quelconque, aucune alarme ne se déclenche. On tape un code au hasard.
a. Quelle est la probabilité que ce code ouvre la porte ?
b. Déterminer la probabilité que ce code n'ouvre pas la porte mais ne déclenche pas l'alarme.
c. Déterminer la probabilité que le code tapé déclenche l'alarme.

PRISES D'INITIATIVES

66 Pour décider lequel va plonger le premier dans un lac, Maxence et Minh décident de lancer une poignée de dés et d'adopter la règle suivante :
• si aucun 6 n'apparaît, c'est Maxence qui plonge en premier ;
• si un seul 6 apparaît, c'est Minh qui plonge en premier ;
• si au moins deux 6 apparaissent, alors aucun ne va à l'eau.
Combien de dés doivent-ils lancer pour que la probabilité de plonger en premier soit la même pour chacun d'eux ?

Source : Le kangourou des mathématiques, 2011.

67 Trois points distincts sont pris au hasard parmi les points de la grille ci-dessous. Quelle est la probabilité d'avoir trois points alignés ?

Source : Le kangourou des mathématiques, 2008.

68 Dans une classe de 35 élèves, quelle est la probabilité qu'au moins deux élèves fêtent leur anniversaire le même jour ?

Chapitre 9 ■ Probabilités **205**

Réactiver les savoirs

➤ Voir les réponses, p. 333

Savoir utiliser un repère `COLLÈGE`

Exercice

1. On munit la droite (d) du repère (O, I).
   a. Déterminer dans ce repère l'abscisse de chacun des points O, I, A et B.
   b. Reproduire la figure et placer sur la droite (d) les points C, D, E d'abscisses respectives −1,5 ; 2 et 4.
   c. Calculer les distances OA, DE, CD et AB.
2. a. Où doit-on placer le point J pour que (O, I, J) soit un repère du plan ?
   b. Dans ce repère du plan, quelles sont les coordonnées de I ? de J ?
   c. Placer dans ce repère deux points d'abscisse 2, puis deux points d'ordonnée −1.

➤ Pour vous aider, voir l'Essentiel du collège, Rabat B

Connaître les propriétés des triangles `COLLÈGE`

Vrai ou faux ?

3. On peut construire un triangle de côtés 3 cm, 6 cm et 10 cm.
4. Un triangle rectangle peut être équilatéral.
5. Dans un triangle, les hauteurs et les médiatrices sont parallèles deux à deux.
6. Le cercle circonscrit à un triangle rectangle a pour rayon la moitié de l'hypoténuse.
7. L'orthocentre d'un triangle est toujours situé à l'intérieur du triangle.
8. Le cercle inscrit dans un triangle passe par les milieux des côtés du triangle.
9. La hauteur d'un triangle équilatéral de côté c est égale à $c\sqrt{3}$.
10. Dans un triangle ABC rectangle en A, tel que I et J sont les milieux respectifs des côtés [AB] et [BC], la droite (IJ) est perpendiculaire à (AB).

➤ Pour vous aider, voir l'Essentiel du collège, Rabat C

Connaître les propriétés des quadrilatères `COLLÈGE`

QCM Choisir la (ou les) bonne(s) réponse(s).

	A	B	C	D
11. Si ABCD est un rectangle, alors :	ABCD est un carré	AC = BD	ABCD est un parallélogramme	AB = CD
12. Si un parallélogramme possède un angle droit, alors c'est :	un carré	un losange	un trapèze rectangle	un rectangle
13. Si (AC) et (BD) sont les diagonales d'un losange, alors :	elles sont perpendiculaires	elles sont de même longueur	elles se coupent en leur milieu	elles sont sécantes
14. Si ABCD est un parallélogramme, alors ses angles opposés sont :	supplémentaires	complémentaires	égaux	alternes-internes
15. La diagonale d'un carré de côté c a pour longueur :	$2c$	c^2	$c\sqrt{2}$	$\dfrac{c}{\sqrt{2}}$

➤ Pour vous aider, voir les rappels, p. 314

Repérage et configurations du plan

CHAPITRE 10

Toutes les cartes récentes au 1/25000 qui permettent de randonner comportent un quadrillage bleu. Celui-ci permet de lire les coordonnées GPS d'un point sur la carte. Ces coordonnées sont alors entrées dans le GPS et le randonneur peut alors comparer sur l'écran sa position avec celle du point choisi sur la carte : ces coordonnées sont ainsi très utiles lorsque le brouillard empêche de se repérer.

Les notions du chapitre

- ✓ Repérage dans le plan
- ✓ Propriétés des triangles et des cercles
- ✓ Propriétés des quadrilatères
- ✓ Symétrie axiale et symétrie centrale
- ✓ Utilisation d'un logiciel de géométrie dynamique

Logique **Notations et raisonnement**
p. 209, 210, 212, 213, 214, 219, 222, 223

Algo **Les algorithmes**
p. 218, 220, 225

TICE **Utilisation de logiciels**
p. 208, 209, 216, 221, 228, 229, 230

ACTIVITÉS

ACTIVITÉ 1 — Pavages et repérages du plan

Objectif
Découvrir un repère quelconque du plan.

Cours 1
Coordonnées d'un point dans le plan

On peut paver le plan avec de nombreuses figures géométriques : les artistes ont utilisé toutes ces formes pour les palais ou les édifices religieux.

1. Le pavage le plus simple est formé de carrés.
Rappeler comment on peut définir un repère du plan en utilisant ce pavage.

2. On peut aussi imaginer un pavage utilisant des parallélogrammes. Dans le pavage ci-dessous, afin de repérer tous les pavés, on appelle O le point situé au début du pavage et I et J les extrémités du premier parallélogramme, comme indiqué sur la figure. Ensuite, on repère les points comme pour un pavage formé de carrés, en traçant les parallèles à (OI) et à (OJ).
Par exemple, le point A a pour coordonnées (3 ; 2) dans ce repère.

a. Avec ce système de repérage, quelles sont les coordonnées des points B, C, D et E ?
b. Reproduire la figure et placer alors les points F, G et H de coordonnées respectives (2 ; 4), (4 ; 1) et (5 ; 5).

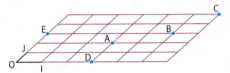

ACTIVITÉ 2 — Distance de deux points TICE

Objectif
Découvrir la formule de la distance dans un repère orthonormé.

Cours 1
Coordonnées d'un point dans le plan

Fichier logiciel
→ www.bordas-indice.fr

1. Le quadrillage GPS des cartes IGN au 1/25 000 est formé de carrés de un kilomètre de côté. En utilisant ce quadrillage, calculer la distance à vol d'oiseau entre la Croix de Dormiaz et le refuge des Arolles (lieux symbolisés par des étoiles sur la carte) à 0,1 km près.

2. Dans le plan rapporté au repère orthonormé (O, I, J), soit les points $A(x_A, y_A)$ et $B(x_B, y_B)$, avec $x_A < x_B$ et $y_A < y_B$. On se propose de calculer la distance AB.
a. La parallèle à la droite (OI) issue de A et la parallèle à la droite (OJ) issue de B se coupent au point C. Donner les coordonnées de C.
b. Justifier que le triangle ABC est rectangle.
c. Justifier que $AC = x_B - x_A$ puis calculer BC.
d. En déduire AB^2, puis AB.

3. Dans cette question, les données sont les mêmes que dans la question **2**, mais $x_A > x_B$ et $y_A < y_B$.
a. Représenter graphiquement cette situation.
b. Avec ces nouvelles hypothèses, que devient la distance AC ?
c. La formule trouvée à la question **2** est-elle modifiée ?

ACTIVITÉS

ACTIVITÉ 3 — Une figure trompeuse ! TICE Logique

Objectif
Introduire divers types de raisonnement en géométrie.

Cours 2
Triangles et cercles

Fichier logiciel
→ www.bordas-indice.fr

Soit un carré ABCD de côté 8. Sur la demi-droite [AB), on place le point E tel que BE = 13. Sur la demi-droite [AD), on place le point F tel que DF = 5. On cherche à savoir si les points C, E et F sont alignés en employant différentes méthodes.

1. Avec le théorème de Thalès
On suppose que C, E et F sont alignés.
a. Pourquoi a-t-on alors $\frac{EB}{EA} = \frac{BC}{AF}$?
b. Calculer ces deux rapports.
c. Conclure.
On dit qu'on a utilisé un raisonnement par l'absurde.

2. Avec des distances
a. Calculer les valeurs exactes de CE, CF et EF.
b. Comparer CE + CF et EF. Conclure.
On dit qu'on a utilisé un raisonnement par contraposée.

3. Avec des aires
Calculer les aires du carré ABCD et des triangles BCE, CDF et AEF. Conclure.

4. Avec un repère du plan
On se place dans le repère orthonormé (A, I, J), où I appartient à [AB] et J à [AD].
a. Quelles sont alors les coordonnées de C, E et F ?
b. Soit f la fonction affine dont (EF) est la représentation graphique.
Montrer que $f(x) = -\frac{13}{21}x + 13$, puis conclure.

ACTIVITÉ 4 — Un isocerfvolant TICE

Objectif
Travailler avec des quadrilatères et des axes de symétrie.

Cours 3
Quadrilatères et symétries

Fichier logiciel
→ www.bordas-indice.fr

Un quadrilatère ABCD est un isocerfvolant en A si l'angle $\widehat{BAD}$ est droit et si la droite (AC) est un axe de symétrie de ce quadrilatère.

1. a. Construire un quadrilatère qui est un isocerfvolant en A.
b. Construire un quadrilatère qui admet un axe de symétrie et qui n'est pas un isocerfvolant.

2. Les affirmations suivantes sont-elles vraies ou fausses ? Justifier la réponse.
a. Tous les carrés sont des isocerfvolants.
b. Tous les rectangles sont des isocerfvolants.
c. Tous les isocerfvolants dont les diagonales se coupent en leur milieu sont des carrés.

3. Soit A, B, D trois points du plan tels que AB = 4 cm et l'angle $\widehat{BAD}$ est droit.
On cherche à placer un point C du plan tel que ABCD soit un isocerfvolant en A et BC = 3 cm.
a. Construire en vraie grandeur les deux quadrilatères répondant à ces hypothèses.
Quelle différence présentent ces deux isocerfvolants ?
b. Calculer la valeur exacte de BD.
c. Calculer l'aire de chacun des triangles ABD et BCD.
d. Calculer la valeur exacte de l'aire des deux isocerfvolants répondant à ces contraintes.

COURS

1 Coordonnées d'un point dans le plan

Repère du plan

Définition Soit O, I et J trois points du plan.
(O, I, J) est un repère orthonormé du plan si OIJ est un triangle rectangle isocèle de sommet O.

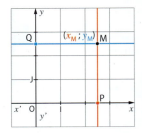

Le point O est l'origine du repère. Soit $(x'x)$ l'axe gradué d'origine O sur lequel I a pour abscisse 1 : $(x'x)$ est l'axe des abscisses.
Soit $(y'y)$ l'axe gradué d'origine O sur lequel J a pour abscisse 1 : l'axe $(y'y)$ est l'axe des ordonnées.

Vocabulaire
On dit aussi que (x_M, y_M) est le couple des coordonnées de M dans le repère (O, I, J).

Définitions Soit (O, I, J) un repère orthonormé du plan et M un point quelconque du plan. La parallèle à (OJ) passant par M coupe l'axe (OI) en P et la parallèle à (OI) passant par M coupe l'axe (OJ) en Q.
L'**abscisse** x_M de M dans le repère (O, I, J) est l'abscisse de P dans le repère (O, I) de l'axe (OI).
L'**ordonnée** y_M de M dans le repère (O, I, J) est l'abscisse de Q dans le repère (O, J) de l'axe (OJ).

Notation
On écrit : M(x_M, y_M)
x_M et y_M sont les coordonnées de M dans le repère (O, I, J).

Remarques : on peut définir d'autres types de repères, selon la nature du triangle OIJ.
• Le triangle OIJ peut être rectangle : le repère est dit orthogonal.
• Le triangle OIJ peut être quelconque : le repère est dit quelconque.

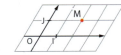

Dans ce repère quelconque (O, I, J), M a pour coordonnées (2 ; 1).

Propriété Deux points sont confondus si et seulement si ils ont les mêmes coordonnées dans un repère du plan.

Distance de deux points dans un repère orthonormé

À noter
La formule donnant la distance n'est valable que dans un repère orthonormé

Propriété Soit deux points A et B de coordonnées respectives (x_A, y_A) et (x_B, y_B) dans un repère orthonormé. Alors : $AB = \sqrt{(x_B - x_A)^2 + (y_B - y_A)^2}$.

Le carré de la distance est donc égal à : $AB^2 = (x_B - x_A)^2 + (y_B - y_A)^2$.

Exemple : soit les points A (0 ; 5) et B (3 ; 1) dans le repère orthonormé (O, I, J). Alors la distance de A à B est : $AB = \sqrt{(3-0)^2 + (1-5)^2} = \sqrt{9+16} = \sqrt{25} = 5$.

Coordonnées du milieu d'un segment dans un repère

À noter
Cette formule est valable dans tout repère du plan.

Propriété Soit deux points A et B de coordonnées respectives (x_A, y_A) et (x_B, y_B) dans un repère du plan. Le milieu de [AB] a pour coordonnées $\dfrac{x_A + x_B}{2}$ et $\dfrac{y_A + y_B}{2}$.

Logique
On étudie tous les cas possibles dans cette démonstration : il s'agit d'un **raisonnement par disjonction des cas**.

Démonstration On suppose que $x_A < x_B$. Soit K le milieu de [AB]. On place le point B' tel que le triangle ABB' soit rectangle en B' avec (BB') parallèle à (OJ) et le point K' qui est le milieu de [AB']. D'après le théorème des milieux, (KK') est parallèle à (BB') donc à (OJ) : ainsi, les points K et K' ont même abscisse x_K.
Puisque K' est le milieu de [AB'] : AK' = K'B'.
Or, on a : AK' = $x_K - x_A$ et K'B' = $x_B - x_K$. D'où : $x_K - x_A = x_B - x_K$ et $2x_K = x_A + x_B$, soit $x_K = \dfrac{x_A + x_B}{2}$. On peut traiter de la même façon les cas $x_A = x_B$ et $x_A > x_B$.

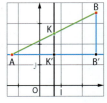

LES SAVOIR-FAIRE DU COURS

SAVOIR-FAIRE 1
Voir l'exercice 53, p. 220

Repérer un point et placer un point de coordonnées connues

Le plan est muni du repère orthonormé (O, I, J).
Dans ce repère, on a placé les points A, B, C, D et E.
1. Déterminer les coordonnées de ces points.
2. Placer dans ce repère les points suivants définis par leurs coordonnées : F (2 ; 0), G (3 ; 2) et H (1 ; 2).

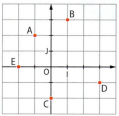

Conseil
Ne pas confondre l'abscisse et l'ordonnée : l'abscisse se lit sur l'axe horizontal, et l'ordonnée sur l'axe vertical.

Solution commentée
1. On lit graphiquement l'abscisse et l'ordonnée de ces points en utilisant le quadrillage.
On obtient : A (–1 ; 2), B (1 ; 3), C (0 ; –2), D (3 ; –1) et E (–2 ; 0).
2. F a pour ordonnée 0, donc il est sur l'axe des abscisses ; son abscisse est 2, donc on le place sur la graduation 2 de cet axe. Pour placer G, on repère 3 sur l'axe des abscisses et 2 sur l'axe des ordonnées, puis on utilise le quadrillage. On opère de même pour H.

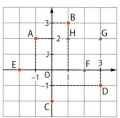

SAVOIR-FAIRE 2
Voir l'exercice 54, p. 220

Calculer la distance de deux points dans un repère

Le plan est muni du repère orthonormé (O, I, J).
Dans ce repère, on donne les points A (–1 ; 2), B (3 ; 3), C (0 ; 6).
1. Calculer les distances AB, AC et BC.
2. Le triangle ABC est-il isocèle ? équilatéral ?

Conseil
Ne pas oublier les carrés dans la formule donnant la distance !

Solution commentée
1. On peut appliquer la formule de la distance car on est dans un repère orthonormé.
$AB = \sqrt{(3-(-1))^2 + (3-2)^2} = \sqrt{4^2 + 1^2} = \sqrt{17}$
$AC = \sqrt{(0-(-1))^2 + (6-2)^2} = \sqrt{1^2 + 4^2} = \sqrt{17}$
$BC = \sqrt{(0-3)^2 + (6-3)^2} = \sqrt{3^2 + 3^2} = \sqrt{18} = 3\sqrt{2}$
2. Le triangle ABC est isocèle de sommet A car AB = AC ; il n'est pas équilatéral puisque AB ≠ BC.

SAVOIR-FAIRE 3
Voir l'exercice 58, p. 220

Calculer les coordonnées du milieu d'un segment

Le plan est muni du repère orthonormé (O, I, J). Dans ce repère, on donne les points A (–4 ; 5), B (–2 ; –1), C (2 ; 1) et D (0 ; 7) ; P est le milieu de [AC] et Q celui de [BD].
1. Calculer les coordonnées des points P et Q.
2. Le quadrilatère ABCD est-il un parallélogramme ?

Méthode
Pour calculer les coordonnées du milieu de deux points, on calcule la moyenne des abscisses et la moyenne des ordonnées de ces points.

Solution commentée
1. Le point P a pour abscisse : $x_P = \dfrac{x_A + x_C}{2} = \dfrac{-4 + 2}{2} = -1$.
Son ordonnée est : $y_P = \dfrac{y_A + y_C}{2} = \dfrac{5 + 1}{2} = 3$. Ses coordonnées sont : (–1 ; 3).
Le point Q a pour abscisse : $x_Q = \dfrac{x_B + x_D}{2} = \dfrac{-2 + 0}{2} = -1$.
Son ordonnée est : $y_Q = \dfrac{y_B + y_D}{2} = \dfrac{-1 + 7}{2} = 3$. Ses coordonnées sont : (–1 ; 3).
2. D'après la question précédente, P et Q sont confondus, donc les segments [AC] et [BD] ont même milieu : ABCD est bien un parallélogramme.

COURS

2 Triangles et cercles

▸ Les triangles

Médiatrice	Hauteur	Médiane	Bissectrice
Droite perpendiculaire à un côté en son milieu.	Droite issue du sommet opposé et perpendiculaire à un côté.	Droite reliant un sommet au milieu du côté opposé	Bissectrice de chaque angle du triangle
Elles se coupent au centre du cercle circonscrit au triangle.	Elles se coupent en l'orthocentre du triangle.	Elles se coupent au centre de gravité du triangle.	Elles se coupent au centre du cercle inscrit dans le triangle.

Vocabulaire
Le cercle **circonscrit** à un triangle passe par les trois sommets du triangle.
Le cercle **inscrit** est tangent aux trois côtés du triangle.

Propriété de Pythagore
Le triangle ABC est **rectangle** en A si et seulement si $BC^2 = AB^2 + AC^2$.

Logique
Cette propriété peut être décomposée en deux parties.
(1) **Si** le triangle ABC est rectangle en A, **alors** $BC^2 = AB^2 + AC^2$: cette propriété est appelée le **théorème de Pythagore**.
(2) **Si** $BC^2 = AB^2 + AC^2$, **alors** le triangle ABC est rectangle en A : cette propriété est la **réciproque** du théorème de Pythagore.
On peut aussi énoncer la propriété suivante :
(3) **Si** $BC^2 \neq AB^2 + AC^2$, **alors** le triangle ABC n'est pas rectangle en A. Cette propriété est vraie. On dit que c'est la contraposée de la propriété (1).
Cette contraposée permet de démontrer qu'un triangle **n'est pas** rectangle.

Logique
La contraposée de l'implication « Si (P) alors (Q) » est l'implication « Si (non Q) alors (non P) ».
Une implication et sa contraposée ont même valeur de vérité : si l'une est vraie, l'autre l'est aussi.

▸ Théorème de Thalès

Propriété Soit les points A, B, C alignés et distincts deux à deux et les points A, B', C' alignés et distincts deux à deux. Si les droites (BB') et (CC') sont **parallèles**, alors : $\dfrac{AB}{AC} = \dfrac{AB'}{AC'} = \dfrac{BB'}{CC'}$.

Réciproque du théorème de Thalès Soit les points A, B, C alignés dans cet ordre, et les points A, B', C' alignés dans le même ordre. Si $\dfrac{AB}{AC} = \dfrac{AB'}{AC'}$, alors les droites (BB') et (CC') sont parallèles.

À noter
Le théorème des milieux est un cas particulier du théorème de Thalès.

▸ Le cercle

Définition Soit r un réel strictement positif. Le point M appartient au cercle de centre O et de rayon r si et seulement si $OM = r$.

Propriété Le point M appartient au cercle de diamètre [AB] privé de A et B si et seulement si le triangle MAB est rectangle en M.

Ainsi, si M appartient au cercle de centre O et de rayon r, alors $OM = r$.
Réciproquement, si $OM = r$, alors M appartient au cercle de centre O et de rayon r.

Ainsi, si M appartient au cercle de diamètre [AB] privé de A et B, alors MAB est rectangle en M. Réciproquement, si MAB est rectangle en M, alors M appartient au cercle de diamètre [AB].

Logique
La locution « si et seulement si » traduit une équivalence.

LES SAVOIR-FAIRE DU COURS

SAVOIR-FAIRE 4 — Utiliser les propriétés des triangles
Voir les exercices 66 et 67, p. 221

ABC est un triangle rectangle en A et H est le pied de la hauteur issue de A. Soit I le milieu de [BH] et K le milieu de [AH].
1. Montrer que les droites (IK) et (AC) sont perpendiculaires.
2. Que représente K dans le triangle ACI ?
En déduire que les droites (CK) et (AI) sont perpendiculaires.

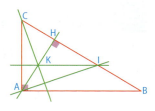

Méthode
Pour montrer qu'une droite est perpendiculaire à une autre, on peut démontrer qu'elle est une hauteur d'un triangle.

Solution commentée
1. On applique le théorème des milieux dans le triangle ABH : K est milieu de [AH] et I est milieu de [BH], donc (IK) est parallèle à (AB). Puisque (AB) est perpendiculaire à (AC), alors (IK) et (AC) sont perpendiculaires.
2. Dans le triangle ACI, les droites (IK) et (AH) sont des hauteurs, donc leur point d'intersection K est l'orthocentre du triangle. Ainsi, (CK) est la troisième hauteur de ce triangle, donc (CK) est perpendiculaire à (AI).

SAVOIR-FAIRE 5 — Démontrer avec un raisonnement par contraposée Logique
Voir les exercices 76 et 77, p. 222

Le triangle ABC est tel que AB = 3, BC = 5 et AC = 3,9. A' est le point de [AB] tel que BA' = 2,5 et C' le point de [BC] tel que BC' = 4.
1. Le triangle ABC est-il rectangle ?
2. Les droites (AC) et (A'C') sont-elles parallèles ?

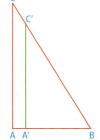

Méthode
Pour montrer qu'une proposition est fausse, on peut utiliser la contraposée d'une implication.

Solution commentée
1. Le plus grand côté est [BC], donc le triangle ABC ne peut être rectangle qu'en A. On a : $BC^2 = 25$ et $AB^2 + AC^2 = 3^2 + 3,9^2 = 24,21$.
Puisque $AB^2 + AC^2 \neq BC^2$, la contraposée du théorème de Pythagore permet d'affirmer que le triangle ABC n'est pas rectangle en A.
2. On calcule les rapports : $\dfrac{BA'}{BA} = \dfrac{2,5}{3} = \dfrac{5}{6}$ et $\dfrac{BC'}{BC} = \dfrac{4}{5} = 0,8$.
Le théorème de Thalès dit : « si (AC) est parallèle à (A'C'), alors $\dfrac{BA'}{BA} = \dfrac{BC'}{BC}$ ».
Sa contraposée est donc : « si $\dfrac{BA'}{BA} \neq \dfrac{BC'}{BC}$, alors (AC) et (A'C') ne sont pas parallèles. »
Ici, on a : $\dfrac{BA'}{BA} \neq \dfrac{BC'}{BC}$ donc les droites (AC) et (A'C') ne sont pas parallèles.

SAVOIR-FAIRE 6 — Utiliser les propriétés du cercle
Voir les exercices 83 et 84, p. 222

Soit $\mathcal{C}$ le cercle de diamètre [AB], avec AB = 4, et D un point de $\mathcal{C}$ tel que AD = 2. Soit O le centre de $\mathcal{C}$.
Le cercle $\mathcal{C}'$ de diamètre [OB] coupe la droite (BD) en E.
1. Montrer que (AD) est parallèle à (OE). En déduire OE.
2. Quelle est la nature du triangle OAD ?

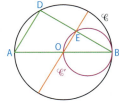

Méthode
Quand un point M est sur un cercle de diamètre donné, on peut repérer un angle droit en M.

Solution commentée
1. D est un point du cercle de diamètre [AB], donc le triangle ABD est rectangle en D. E est un point du cercle de diamètre [OB], donc le triangle OBE est rectangle en E. Ainsi, (AD) est perpendiculaire à (BD) et (OE) est perpendiculaire à (BE), donc à (BD). On en déduit que les droites (AD) et (OE) sont parallèles, car perpendiculaires toutes deux à (BD). O est milieu de [AB], E est milieu de [BD] donc, d'après le théorème des milieux dans le triangle ABD : $OE = \dfrac{1}{2} AD = 1$.
2. Le rayon du cercle $\mathcal{C}$ est 2, donc OD = OA = 2. Puisque AD = 2, le triangle OAD est équilatéral.

Chapitre 10 ■ Repérage et configurations du plan   **213**

COURS

3 Quadrilatères et symétries

Les quadrilatères

Pour chacun des quadrilatères usuels, chacune de ces trois propriétés suffit pour en donner la nature. Réciproquement, chaque quadrilatère possède les propriétés suivantes.

Propriétés

ABCD est un **parallélogramme** si et seulement si :
- (P1) ses côtés opposés sont parallèles deux à deux ;
- (P2) il est non croisé et a deux côtés parallèles et de même longueur ;
- (P3) ses diagonales se coupent en leur milieu.

ABCD est un **rectangle** si et seulement si :
- (R1) c'est un parallélogramme avec un angle droit ;
- (R2) il a trois angles droits ;
- (R3) c'est un parallélogramme dont les diagonales ont même longueur.

ABCD est un **losange** si et seulement si :
- (L1) ses quatre côtés sont de même longueur ;
- (L2) c'est un parallélogramme qui a deux côtés consécutifs de même longueur ;
- (L3) c'est un parallélogramme dont les diagonales sont perpendiculaires.

ABCD est un **carré** si et seulement si :
- (C1) il a quatre côtés de même longueur et un angle droit ;
- (C2) c'est un parallélogramme qui a deux côtés consécutifs perpendiculaires et de même longueur ;
- (C3) c'est un parallélogramme dont les diagonales sont perpendiculaires et de même longueur.

Logique
Chacune de ces propriétés caractérise la figure indiquée : c'est ce qu'indique la locution « si et seulement si ».

Symétries

Vocabulaire
On dit que M a pour image M' par la symétrie d'axe (d), ou que la symétrie transforme M en M'.

Symétrie axiale Soit (d) une droite et M un point du plan.
(1) Si M n'appartient pas à (d), le symétrique de M par rapport à (d) est le point M' tel que (d) est la médiatrice de [MM'].
(2) Si M appartient à (d), il est son propre symétrique.

À noter
Un parallélogramme a un centre de symétrie qui est le point d'intersection de ses diagonales.

Symétrie centrale Soit O un point du plan.
(1) Si M est distinct de O, le symétrique de M par rapport à O est le point M' tel que O est le milieu de [MM'].
(2) Le symétrique de O est lui-même.

Propriétés communes aux symétries
(1) Si M a pour symétrique M', alors M' a pour symétrique M.
(2) Une symétrie conserve les longueurs : si A et B ont respectivement pour symétriques A' et B', alors AB = A'B'.
(3) Une symétrie transforme une droite en une droite, et un segment en un segment de même longueur.
(4) Une symétrie conserve l'alignement : si les points alignés A, B, C ont respectivement pour symétriques A', B', C', alors A', B', C' sont alignés.
(5) Une symétrie conserve les angles, les aires et le milieu d'un segment.

À noter
Un rectangle et un losange ont deux axes de symétrie.
Le carré a quatre axes de symétrie.

LES SAVOIR-FAIRE DU COURS

SAVOIR-FAIRE 7
Voir l'exercice 92, p. 223

Utiliser les propriétés des quadrilatères

Dans un triangle ABC, on place L au milieu du segment [BC], M au milieu de [AB], N au milieu de [AC] et K à l'intersection des droites (AL) et (MN).
Montrer que le point K est le milieu du segment [MN].

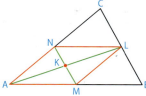

Méthode

Quand des milieux interviennent dans une figure, penser au théorème des milieux pour prouver un parallélisme.

Solution commentée

L est le milieu de [BC] et M est le milieu de [AB] donc, d'après le théorème des milieux, (LM) est parallèle à (AC). De même, L est milieu de [BC] et N est milieu de [AC] donc, d'après le théorème des milieux, (LN) est parallèle à (AB).
Le quadrilatère AMLN a ses côtés opposés parallèles deux à deux : c'est donc un parallélogramme.
Ainsi, ses diagonales [AL] et [MN] se coupent en leur milieu : K est bien le milieu de [MN].

SAVOIR-FAIRE 8
Voir les exercices 109 et 110, p. 224

Utiliser les quadrilatères en géométrie repérée

Dans le plan rapporté au repère orthonormé (O, I, J), soit les points A (−1 ; −2), B (5,5 ; 1) et D (−2,5 ; 5). Le milieu de [BD] est noté E, et C est le symétrique de A par rapport à E.
1. Montrer que les droites (AC) et (BD) sont perpendiculaires.
2. Quelle est la nature du quadrilatère ABCD ?

Méthode

Pour démontrer que des droites sont perpendiculaires, on peut utiliser la propriété de Pythagore.

Solution commentée

1. On cherche à démontrer que ABE est un triangle rectangle en E. On calcule donc AB, AE et EB.

E a pour coordonnées $\left(\dfrac{5,5-2,5}{2} ; \dfrac{1+5}{2}\right)$, soit (1,5 ; 3).

$AB = \sqrt{(5,5-(-1))^2 + (1-(-2))^2} = \sqrt{51,25}$

$AE = \sqrt{(1,5-(-1))^2 + (3-(-2))^2} = \sqrt{31,25}$

$EB = \sqrt{(5,5-1,5)^2 + (1-3)^2} = \sqrt{20}$

$AE^2 + EB^2 = 31,25 + 20 = 51,25 = AB^2$

D'après la réciproque du théorème de Pythagore, (EA) est perpendiculaire à (EB) : ainsi, les droites (AC) et (BD) sont perpendiculaires.

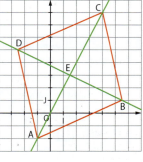

2. D'après l'énoncé, E est milieu de [BD], mais aussi de [AC], puisque C est le symétrique de A par rapport à E. Ainsi, ABCD est un parallélogramme.
Ce parallélogramme a ses diagonales perpendiculaires : c'est donc un losange.

SAVOIR-FAIRE 9
Voir les exercices 100 et 101, p. 224

Utiliser les propriétés des symétries

Soit ABC un triangle isocèle de sommet A. Montrer que les médianes [BB'] et [CC'] issues des sommets B et C ont la même longueur.

Méthode

Dans un triangle isocèle de sommet A, la médiatrice issue de A est un des axes de symétrie du triangle.

Solution commentée

Soit (d) la médiatrice de [BC]. Par la symétrie d'axe (d), B se transforme en C et A se transforme en A. Donc, le segment [AB] se transforme en [AC]. Puisqu'une symétrie axiale conserve les milieux, le milieu C' de [AB] se transforme en B', milieu de [AC].
De même, B' se transforme en C' par cette même symétrie. Le segment [BB'] se transforme en [CC'] donc, par conservation des longueurs, on obtient l'égalité suivante : BB' = CC'.

FICHE TICE

Constructions avec GeoGebra

Cette page présente de manière détaillée quelques constructions géométriques à l'aide du logiciel GeoGebra : celles-ci vont permettre une prise en main efficace des fonctionnalités de ce logiciel utiles en classe de Seconde.

Flasher pour voir les 3 vidéos

Construire une figure et conjecturer en géométrie repérée

1 Dans un repère orthonormé du plan, placer les points A (0 ; –2), B (7 ; –1), C (6,5 ; 2,5) et D (–0,5 ; 1,5).
2 Conjecturer la nature du quadrilatère ABCD.

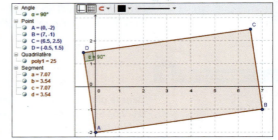

1 On fait apparaître le repère [ ], puis la grille [ ] en cliquant sur l'icône correspondante. Le repère est orthonormé par défaut.
• Pour placer les points, on entre dans la ligne de saisie : `A=(0,-2)` , `B=(7,-1)` , `C=(6.5,2.5)` et `D=(-0.5,1.5)` . On peut aussi placer directement A et B sur la grille avec `Nouveau point` [A].
• On trace ensuite le quadrilatère ABCD : on clique sur `Polygone` [ ] puis sur chaque point, en terminant par le point de départ.

2 Dans la fenêtre **Algèbre**, on constate que les côtés semblent avoir même longueur. On peut conjecturer que l'angle $\widehat{ADC}$ est droit en le calculant avec `Angle` [ ].

Construire le cercle inscrit dans un triangle

Construire un triangle, puis le cercle inscrit dans ce triangle.

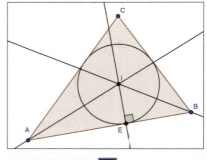

• On construit le triangle ABC avec `Polygone` [ ].
• On construit la bissectrice de l'angle $\widehat{BAC}$: pour cela, on clique sur `Bissectrice` [ ], puis successivement sur B, A, C. On fait de même pour la bissectrice de l'angle $\widehat{ABC}$.
• On place le centre I du cercle inscrit, qui est le point d'intersection des bissectrices, avec `Intersection entre deux objets` [ ].
• On trace la perpendiculaire issue de I sur [AB] : on clique sur `Perpendiculaire` [ ], puis sur I et sur [AB].
• On place le point d'intersection E de (AI) et de [AB].
• On trace le cercle inscrit qui a pour centre I et qui passe par E : on clique sur `Cercle (centre-point)` [ ], puis sur I et sur E.

Construire l'image d'un polygone régulier par une symétrie

1 Construire un hexagone régulier ABCDEF, puis une droite (GH).
2 Construire l'image de ce polygone par la symétrie d'axe (GH).

1 On construit l'hexagone régulier ABCDEF : on clique sur `Polygone régulier` [ ], on place A et B, puis on saisit `6` quand la fenêtre **Points** s'ouvre : l'hexagone s'affiche alors.
2 Cliquer sur `Symétrie axiale` [ ] puis, successivement, sur l'hexagone et sur la droite (GH) : l'hexagone image de ABCDEF par la symétrie d'axe (GH) s'affiche à l'écran.

Parcours en autonomie (corrections en fin de manuel)
Maîtriser les bases 14 • 28 • 43
Préparer le contrôle 62 • 69 • 85 • 95 • 104 • 112

EXERCICES

Pour démarrer

Points dans un repère
Le plan est rapporté au repère orthonormé (O, I, J).

1 En direct du cours !
1. Quelle est l'abscisse de I ? celle de J ?
2. Quelles sont les coordonnées de O ?
3. Que peut-on dire des droites (OI) et (OJ) ?

2 Déterminer par lecture graphique les coordonnées des points A, B, C, D et E.

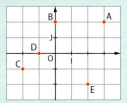

3 Déterminer par lecture graphique les coordonnées des points P, Q, R, S et T.

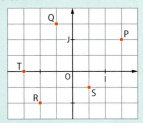

4 Tracer un repère et placer les points suivants définis par leurs coordonnées : A (1 ; 6), B (5 ; −1), C (2 ; 4), D (0 ; 3), E (−3 ; −2) et F (1 ; 3).

5 Que peut-on dire des points du plan dont l'ordonnée est nulle ?

6 Que peut-on dire des points du plan dont l'abscisse est égale à 2 ?

Géométrie repérée

7 En direct du cours !
Soit les points A (x_A, y_A) et B (x_B, y_B).
1. Parmi les formules suivantes, laquelle donne l'abscisse du milieu de [AB] ?
a. $\dfrac{x_A + y_A}{2}$ b. $\dfrac{x_A - x_B}{2}$ c. $\dfrac{x_A + x_B}{2}$
2. Quelle est la formule donnant la distance OA ?
a. $x_A + y_A$ b. $\sqrt{x_A^2 + y_A^2}$ c. $\sqrt{x_A + y_A}$

8 Calculer la distance AB dans chacun des cas suivants.
1. A (1 ; 2) et B (3 ; 3).
2. A (2 ; 4) et B (4 ; 5).
3. A (4 ; 0) et B (5 ; 2).
4. A (−1 ; 2) et B (3 ; 4).

9 Calculer la distance AB dans chacun des cas suivants.
1. A (1 ; 2) et B (−5 ; 3).
2. A (6 ; −1) et B (−2 ; 0).
3. A (3 ; 2) et B (−4 ; −1).
4. A (−2 ; −7) et B (3 ; −3).

10 On donne les points suivants : E (0 ; 2), F (3 ; 4) et G (1 ; 2). Calculer les distances EF, EG et FG.

11 On donne les points A (3 ; 1), B (−1 ; 3) et K (3 ; 6).
1. Calculer les distances AK et BK.
2. Le point K est-il équidistant des points A et B ?

12 Dans chacun des cas suivants, déterminer les coordonnées du milieu de [AB].
1. A (5 ; 9) et B (1 ; −3).
2. A (−3 ; 5) et B (6 ; 7).

13 Même consigne que l'exercice **12**.
1. A (0 ; −4) et B (9 ; −1).
2. A (11 ; −12) et B (45 ; 22).

14 On donne les points A (2 ; 1) et C (−2 ; −2).
1. Calculer la distance AC.
2. Le point A appartient-il au cercle de centre C et de rayon 5 ?

15 Un diamètre du cercle 𝒞 est [PQ], avec P (5 ; 1) et Q (−1 ; 7). Déterminer les coordonnées du centre de ce cercle.

16 Soit les points A (−3 ; 5), B (2 ; −1) et C (−6 ; −2).
Parmi ces trois points, quels sont les deux points les plus éloignés ? Justifier la réponse.

17 On donne les points A (2 ; 0), B (3 ; 1) et C (0 ; 2).
1. Placer ces points dans le repère (O, I, J).
2. Le triangle ABC est-il rectangle ? Justifier la réponse.

18 Soit les points A (1 ; 1) et B (−2 ; 3).
1. Placer ces points dans le repère (O, I, J).
2. Le triangle OAB est-il isocèle ? Justifier la réponse.

Chapitre 10 ■ Repérage et configurations du plan   **217**

EXERCICES

19 *Algo* **Compléter un algorithme**

Compléter l'algorithme ci-après afin qu'il affiche en sortie les coordonnées du milieu du segment [AB], où A a pour coordonnées (x_A ; y_A) et B a pour coordonnées (x_B ; y_B) dans un repère du plan.

Variables	x_A, y_A, x_B, y_B, x, y sont des réels
Entrées	Saisir x_A, y_A, x_B, y_B
Traitement	x prend la valeur ...
	y prend la valeur ...
Sorties	Afficher x, y

20 Soit le cercle 𝒞 de centre O et de rayon 2.
1. Le point I appartient-il à 𝒞 ?
2. Le point A (1 ; $\sqrt{3}$) appartient-il à 𝒞 ?

21 Soit le cercle 𝒞 de centre A (1 ; 1) et passant par le point B (3 ; 2). Calculer le rayon de ce cercle.

22 Déterminer les coordonnées des points symétriques des points A (4 ; 3) et B (5 ; 0) par rapport à l'axe des abscisses.

Triangles et cercles

23 **En direct du cours !**
1. ABC est un triangle non isocèle. Parmi les droites suivantes, lesquelles sont perpendiculaires à (AB) ?
a. La hauteur issue de C. b. La médiane issue de C.
c. La médiatrice de [AB].
2. Comment fait-on pour construire le cercle circonscrit à un triangle ?

24 ABC est un triangle rectangle en A. Deux de ses côtés ont pour longueurs respectives 12 cm et 20 cm.
1. Expliquer pourquoi il existe deux possibilités pour calculer le troisième côté.
2. Effectuer ces deux calculs.

25 On considère un triangle ABC. On pose BC = 2, CA = 2,1 et AB = 2,9. Montrer que le triangle ABC est rectangle en indiquant les hypothèses, le théorème utilisé et la conclusion.

26 Dans chacun des cas suivants, dire si le triangle de côtés a, b et c est un triangle rectangle, ou non (préciser le théorème utilisé).
1. $a = 5$; $b = 12$; $c = 13$.   2. $a = 10$; $b = 40$; $c = 41$.
3. $a = 8$; $b = 24$; $c = 25$.   4. $a = 5\sqrt{2}$; $b = c = 5$.

27 Le triangle ABC est isocèle en A et tel que AB = 5 et BC = 8. Soit H le pied de la hauteur issue de A.
1. Quelle est la nature du triangle ABH ?
2. Calculer la longueur de la hauteur [AH].

28 Le triangle équilatéral ABC a ses côtés de longueur égale à 2.
1. Calculer la longueur de la médiane [AI].
2. Calculer la longueur de la hauteur [BH].

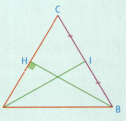

29 Soit I, J, K les milieux respectifs des côtés [AB], [AC] et [BC] d'un triangle ABC. On sait que IJ = 1, JK = 3 et IK = 4. Calculer les côtés du triangle ABC.

30 Dans un triangle ABC, on note I le milieu de [AB] et J le milieu de [AC].
Montrer que (IJ) est perpendiculaire à la médiatrice de [BC].

31 Le triangle ABC est tel que AB = 12 et AC = 18. On définit les points B' sur [AB] et C' sur [AC] tels que AB' = 10 et AC' = 15. Montrer que les droites (BC) et (B'C') sont parallèles.

32 ABCD est un parallélogramme de centre O. La droite parallèle à (CD) et passant par O coupe (AD) en M. Les droites (CM) et (DO) se coupent en R.

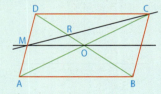

1. Montrer que M est le milieu de [AD].
2. Que représente R dans le triangle ACD ?

33 Un triangle rectangle ABC a pour longueurs des côtés de l'angle droit 8 et 15.
1. Où se trouve le centre du cercle circonscrit à ce triangle ?
2. Calculer le rayon de ce cercle.

34 Les droites (AT) et (AT') sont tangentes en T et T' au cercle de centre O et de rayon 1.

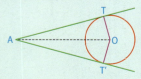

1. Quelle est la nature des triangles OAT et OAT' ?
2. Avec le théorème de Pythagore, montrer que AT = AT'.

35 ABC est un triangle rectangle en A et [AH] est la hauteur issue de A. Montrer que la droite (AC) est tangente au cercle passant par A, B et H.

EXERCICES

Quadrilatères

36 **En direct du cours !**
1. Tout quadrilatère ayant deux angles droits est-il un rectangle ?
2. Existe-t-il des losanges ayant un angle droit ?

37 ABCD est un parallélogramme et (d) est la parallèle à (BD) passant par A.
1. Justifier que les droites (d) et (BC) sont sécantes. On note M leur point d'intersection.
2. Montrer que ADBM est un parallélogramme.

38 Les points A, B, C, D, E et F sont tels que ABCD et DEBF sont deux parallélogrammes.
1. Faire une figure et placer le centre de chaque parallélogramme. Que remarque-t-on ?
2. Montrer que AECF est un parallélogramme.

39 𝒞 et 𝒞' sont deux cercles de même centre O. De plus, les droites (AB) et (CD) sont perpendiculaires en O.
Quelle est la nature du quadrilatère ACBD ?

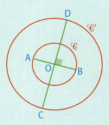

40 EFGH est un losange de centre O ; A est le point tel que EAFO soit un parallélogramme.
Quelle est la nature du quadrilatère EAFO ?

41 Le carré MNPQ a 5 cm de côté. Calculer la valeur exacte de MP en centimètres.

42 Soit un carré dont la diagonale mesure 8 cm. Calculer la valeur exacte de son côté (en centimètres).

43 Les segments [AB] et [CD] sont deux diamètres d'un même cercle. Montrer que ACBD est un rectangle.

44 1. Rappeler les propriétés des diagonales du rectangle.
2. Pourquoi un rectangle possède-t-il un cercle circonscrit ?
3. Un rectangle ABCD est tel que AB = 2 et BC = 1. Calculer le rayon du cercle circonscrit à ce rectangle.

45 ABCD est un parallélogramme.
1. Rappeler la propriété des diagonales d'un parallélogramme.
2. Reproduire la figure et construire la droite (BD) sans sortir du cadre.

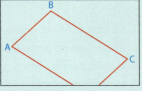

46 **Logique**
Soit ABCD un quadrilatère. On considère la proposition : « Si ABCD est un carré, alors il a quatre côtés égaux ».
1. Cette proposition est-elle vraie ?
2. Écrire la réciproque de cette proposition. Est-elle vraie ?

Symétries

47 **En direct du cours !**
1. Quel est le symétrique de A par rapport à la droite (AB) ?
2. Le point A se transforme en A' par la symétrie de centre O. Comparer OA et OA'.
3. Par la symétrie de centre O, quelle est l'image de l'image du point A ?

48 Tracer un cercle 𝒞 de centre O, puis tracer deux diamètres distincts [AB] et [EF] de 𝒞.
1. Quelles sont les images des points A et E par la symétrie de centre O ?
2. En déduire que les segments [AE] et [BF] sont de même longueur.

49 Dans un triangle ABC, on note I un point du segment [AB], E le symétrique de B par rapport à la droite (AC) et K le symétrique de I par rapport à la droite (AC).
Montrer que les points A, K, E sont alignés.

50 On considère deux droites (d) et (d') sécantes en I et un point A n'appartenant ni à (d), ni à (d').

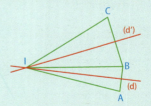

On note B le symétrique de A par rapport à (d) et C le symétrique de B par rapport à (d'). Montrer que IA = IB = IC.

51 Dans le repère orthonormé (O, I, J), soit le cercle 𝒞 de centre O et de rayon 1, et K le symétrique de I par rapport à O.
1. Montrer que [IK] est un diamètre de 𝒞.
2. Soit A un point de 𝒞 autre que I et K. Quelle est la nature du triangle AIK ?

52 Sur un cercle 𝒞 de centre O, on place deux points A et B tels que [AB] n'est pas un diamètre de 𝒞. Le point E est le symétrique de O par rapport au milieu de [AB].
Quelle est alors la nature du quadrilatère AOBE ?

EXERCICES

Parcours en autonomie (corrections en fin de manuel)
Maîtriser les bases 14 · 28 · 43
Préparer le contrôle 62 · 69 · 85 · 95 · 104 · 112

Pour s'entraîner

Calculs dans un repère

Le plan est rapporté au repère orthonormé (O, I, J).

53 On a placé dans ce repère les points A, B, C, D et E.

1. Déterminer par lecture graphique les coordonnées de ces points.

2. Reproduire la figure, puis placer dans ce repère les points suivants définis par leurs coordonnées : F (0 ; 4), G (−1 ; 5), H (4 ; −1).

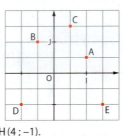

SAVOIR-FAIRE **1** p. 211

54 On donne les points suivants avec leurs coordonnées :
A (−2 ; −4), B (−4 ; 0) et C (2 ; 3).

1. Calculer les longueurs AB, AC et BC.

2. Préciser la nature du triangle ABC.

SAVOIR-FAIRE **2** p. 211

55 On donne les points suivants avec leurs coordonnées :
A (−1 ; 3), B (4 ; 4), C (5 ; −1) et E (2 ; 1).
Montrer que E est le centre du cercle circonscrit au triangle ABC. Quel est le rayon de ce cercle ?

56 On donne les points A (1 ; 2), B (4 ; −1) et C (3 ; 1).

1. Montrer que C est un point de la médiatrice de [AB].

2. Soit le point D (−1 ; −3). Montrer que la droite (CD) coupe le segment [AB] en son milieu.

57 **Algo** Comprendre un algorithme

On donne l'algorithme suivant :

Variables	x_A, y_A, d sont des nombres réels
Entrées	Saisir x_A, y_A
Traitement et sortie	Affecter à d la valeur $\sqrt{x_A^2 + y_A^2}$
	Si $d = 1$
	Alors afficher « OUI »
	Sinon afficher « NON »
	Fin Si

Soit A le point du plan de coordonnées (x_A ; y_A).

1. Quel est l'affichage en sortie avec A (1 ; 2) ? avec A (0 ; −1) ?

2. Où doit se situer le point A dans le plan pour que l'affichage en sortie soit « OUI » ?

58 Soit les points A (−1 ; −1), B (4 ; −3), C (5 ; 0) et D (0 ; 2).
On note E le milieu de [AC] et F le milieu de [BD].

1. Déterminer les coordonnées des points E et F.

2. Le quadrilatère ABCD est-il un parallélogramme ?

SAVOIR-FAIRE **3** p. 211

59 Soit les points A (5 ; 2) et B (−3 ; 7). Déterminer les coordonnées du point C tel que B soit le milieu de [AC].

60 On donne les points A (6 ; −1), B (−4 ; 3) et C (1 ; 5). Déterminer les coordonnées du point D tel que ABCD soit un parallélogramme.

EXERCICE RÉSOLU

61 Dans un repère quelconque

Énoncé
ABCD est un parallélogramme de centre I.

1. Justifier que (A, B, D) est un repère du plan.

2. Quelles sont les coordonnées des points B, C, D et I dans ce repère ?

3. Placer le point E de coordonnées (−1 ; 2) dans ce repère puis déterminer les coordonnées du point F tel que AIEF soit un parallélogramme.

Solution commentée

1. Les points A, B et D ne sont pas alignés car ABCD est un parallélogramme, donc (A, B, D) est un repère du plan.

2. B a pour coordonnées (1 ; 0), D a pour coordonnées (0 ; 1) et C a pour coordonnées (1 ; 1).
Le centre I du parallélogramme est le milieu de [AC] :
il a pour coordonnées $\left(\dfrac{0+1}{2} ; \dfrac{0+1}{2}\right)$, soit $\left(\dfrac{1}{2} ; \dfrac{1}{2}\right)$.

3. Soit (x ; y) le couple des coordonnées de F.
Comme AIEF est un parallélogramme, [AE] et [IF] ont même milieu. Le milieu de [AE] a pour coordonnées $\left(\dfrac{0-1}{2} ; \dfrac{0+2}{2}\right)$, soit $\left(-\dfrac{1}{2} ; 1\right)$.

Le milieu de [IF] a pour coordonnées $\left(\dfrac{x+\frac{1}{2}}{2} ; \dfrac{y+\frac{1}{2}}{2}\right)$,

soit $\left(\dfrac{x}{2}+\dfrac{1}{4} ; \dfrac{y}{2}+\dfrac{1}{4}\right)$. D'où : $\dfrac{x}{2}+\dfrac{1}{4} = -\dfrac{1}{2}$ et $\dfrac{y}{2}+\dfrac{1}{4} = 1$.

On en déduit : $\dfrac{x}{2} = -\dfrac{3}{4}$ et $\dfrac{y}{2} = \dfrac{3}{4}$, soit $x = -\dfrac{3}{2}$ et $y = \dfrac{3}{2}$.

Le point F a pour coordonnées $\left(-\dfrac{3}{2} ; \dfrac{3}{2}\right)$.

62 Préparer le contrôle

Soit les points A (1 ; −2), B (−3 ; −4), C (−1 ; 2), D (3 ; 2) et E (5 ; 0).

1. Montrer que A est le milieu du segment [BE].

2. Montrer que les droites (BC) et (EC) sont perpendiculaires.

3. Montrer que AB = AD.

4. Montrer que le cercle de diamètre [BE] passe par les points C et D.

220

EXERCICES

63 1. En utilisant les informations données dans la figure ci-contre, déterminer les coordonnées des points B, D, F, G, H, K et J dans le repère (A, C, E).

2. Quelles sont les coordonnées des points A, B, C, D et F dans le repère (H, K, E) ?

VRAI - FAUX

Pour les exercices **64** *et* **65**, *indiquer si les affirmations sont vraies ou fausses, puis justifier.*

64 Soit les points A (2 ; 1) et B (6 ; –3). La médiatrice du segment [AB] passe par le point E (10 ; 5).

65 Si M $(x ; y)$ appartient au cercle de centre O et de rayon 2, alors $x^2 + y^2 = 2$.

Triangles

66 Sur un cercle 𝒞 de diamètre [AB], on place deux points K et L tels que K et L soient dans le même demi-plan limité par (AB).

1. Montrer que les triangles AKB et ALB sont rectangles.

2. Les droites (AK) et (BL) se coupent en C et les droites (AL) et (BK) se coupent en H.
Montrer que les droites (AB) et (CH) sont perpendiculaires.

SAVOIR-FAIRE **4** p. 213

67 ABCD est un rectangle. La médiatrice de [AC] coupe la droite (AB) en E et la droite (BC) en F. Démontrer que les droites (CE) et (AF) sont perpendiculaires.

SAVOIR-FAIRE **4** p. 213

68 On appelle G le point d'intersection des droites (AB) et (CD). Montrer que les points E, F et G sont alignés.

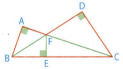

Aide Utiliser l'orthocentre du triangle BCG.

69 Préparer le contrôle
Soit un carré ABCD. Les milieux des côtés [BC] et [CD] sont respectivement I et J.

1. Montrer que les droites (AC) et (IJ) sont perpendiculaires.

2. Soit K le point d'intersection des droites (IJ) et (AD). Montrer que les droites (AJ) et (CK) sont perpendiculaires.

70 𝒞 est un cercle de centre O et A et B sont deux points de 𝒞. On note I le milieu de [AB]. La bissectrice de l'angle $\widehat{OAB}$ coupe le segment [OI] en J.
Montrer que (BJ) est la bissectrice de l'angle $\widehat{ABO}$.

71 TICE Dans un triangle ABC, on construit la hauteur [AH]. Soit I le milieu de [BC]. La parallèle à (AH) passant par I coupe [AB] en E.
Conjecturer la nature du triangle BCE avec un logiciel de géométrie dynamique, puis démontrer cette conjecture.

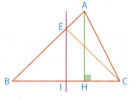

72 ABC est un triangle isocèle en A. Soit (d) la droite passant par A et parallèle à (BC). La perpendiculaire en C à (BC) coupe (AB) en D.

1. Montrer que la droite (d) est la bissectrice de l'angle $\widehat{CAD}$.

2. La bissectrice de l'angle $\widehat{ACD}$ coupe (d) en I. Montrer que la droite (DI) est bissectrice de l'angle $\widehat{BDC}$.

73 Sur chaque rive d'un fleuve se trouve un palmier : leurs pieds sont distants de 15 mètres ; le premier a une hauteur de 9 m et le second une hauteur de 6 m.

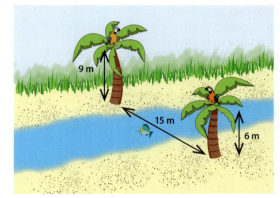

À la cime de chaque arbre se trouve un oiseau. Brusquement, ces deux oiseaux aperçoivent un poisson qui se trouve à la surface du fleuve (position alignée avec les pieds des deux arbres) : ils se jettent sur lui à la même vitesse et l'atteignent au même moment.
À quelle distance du grand palmier se trouve le poisson ?

Aide Construire deux triangles rectangles et les utiliser.

74 TICE Le triangle ABC est rectangle en A et il est tel que AB = 6 et AC = 10. On place un point D sur le segment [AC], distinct de A et de C. La parallèle à la droite (AB) passant par D coupe le segment [BC] en un point E. La parallèle à la droite (AC) passant par E coupe le segment [AB] en un point F.

1. Conjecturer avec un logiciel de géométrie la position du point D pour que le quadrilatère ADEF soit un carré.

2. Prouver cette conjecture.

Aide question 2. Poser AD = x et écrire une équation d'inconnue x.

EXERCICES

75 Soit ABC un triangle tel que BC = a, AC = b et AB = c.
Le centre du cercle inscrit dans ABC est I. On note S son aire, p son périmètre et r le rayon du cercle inscrit.
1. Calculer l'aire du triangle IAB en fonction de r et c.
2. Démontrer l'égalité : $r = \dfrac{2S}{p}$.
3. Soit ABC un triangle rectangle en A.
Exprimer r en fonction de a, b et c.

76 Logique
En utilisant le quadrillage de la figure, dire si le triangle FDC est rectangle.

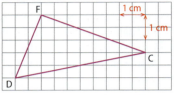

SAVOIR-FAIRE **5** p. 213

77 Logique
Sur la figure ci-contre, on donne :
AM = 1,000001 ;
AB = 1,000002 ;
AC = 1,000001 et AN = 1.
Les droites (MN) et (BC) sont-elles parallèles ?

SAVOIR-FAIRE **5** p. 213

EXERCICE RÉSOLU

78 Raisonnement par l'absurde Logique

Énoncé
Dans la figure ci-contre, on a :
AB = BC = CA = CD
= AF = BE = 1.

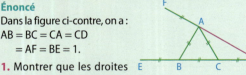

1. Montrer que les droites (AB) et (DF) sont perpendiculaires.
2. Montrer, en raisonnant par l'absurde, que les droites (AB) et (EF) ne sont pas parallèles.

Solution commentée
1. Le triangle ABC est équilatéral, donc $\widehat{BCA} = 60°$ et $\widehat{ACD} = 180° - 60° = 120°$. Le triangle ACD est isocèle, donc $\widehat{CAD} = \widehat{ADC}$. Ainsi, $2\widehat{CAD} + 120° = 180°$, soit $\widehat{CAD} = 30°$.
D'où : $\widehat{BAD} = \widehat{BAC} + \widehat{CAD} = 60° + 30° = 90°$.
Les droites (AB) et (DF) sont bien perpendiculaires.
2. Si (AB) était parallèle à (EF), d'après le théorème de Thalès, on aurait : $\dfrac{DB}{DE} = \dfrac{DA}{DF}$, soit $\dfrac{2}{3} = \dfrac{DA}{DA+1}$. Alors :
$2(DA + 1) = 3DA$, d'où DA = 2. Ceci est absurde, puisque le triangle ACD a deux côtés de mesure 1 : le troisième côté est donc de longueur strictement inférieure à deux, d'après l'inégalité triangulaire. On a ainsi démontré par l'absurde que les droites (AB) et (EF) ne sont pas parallèles.

79 Logique
Lola a réalisé le puzzle suivant. Selon l'arrangement des pièces, elle obtient une aire de 60 ou de 58 : elle a donc perdu deux unités d'aire ! Où sont-elles passées ?

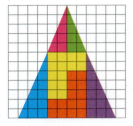 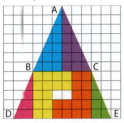

Aide Raisonner par l'absurde en examinant si les points A, B et D sont alignés ou non.

80 Les droites (AB) et (CD) sont sécantes en O, et on a :
OA = 2, OB = 5, OC = 4 et OD = 10.
A-t-on toujours (AC) parallèle à (BD) ?

VRAI - FAUX

*Pour les exercices **81** et **82**, indiquer si les affirmations sont vraies ou fausses, puis justifier.*

81 Les côtés de l'angle droit d'un triangle rectangle isocèle d'hypoténuse 4 sont égaux à $2\sqrt{2}$.

82 Le cercle inscrit dans un triangle est tangent aux côtés du triangle en leurs milieux.

Cercles

83 Soit $\mathcal{C}$ le cercle de diamètre [AB] et E un point de [AB]. Soit $\mathcal{C}'$ le cercle de diamètre [AE] et M un point de $\mathcal{C}$. La demi-droite [AM) coupe $\mathcal{C}'$ en K.
Montrer que les droites (EK) et (BM) sont parallèles.

SAVOIR-FAIRE **6** p. 213

84 Soit A un point d'un cercle $\mathcal{C}$ de centre O et de rayon 5 et B un point tel que :
AB = OA et OB = 7.
Est-ce que la droite (AB) est la tangente au cercle $\mathcal{C}$ en A ?

SAVOIR-FAIRE **6** p. 213

85 Préparer le contrôle
$\mathcal{C}$ est le cercle de centre O et de diamètre BF = 40.
A est un point du cercle $\mathcal{C}$ tel que AB = 24 et E est le point d'intersection de la droite (AF) et de la perpendiculaire à (AF) passant par O.
Calculer EF.

222

EXERCICES

86 Dans un triangle ABC, la hauteur issue de A coupe la droite (BC) en M, la hauteur issue de B coupe la droite (AC) en N et la hauteur issue de C coupe la droite (AB) en P. On appelle H l'orthocentre du triangle ABC.

1. Déterminer l'orthocentre du triangle ABH.

2. Montrer que le cercle de diamètre [CH] passe par les points M et N.

87 À partir de deux sommets opposés d'un carré, on trace deux cercles tangents de même rayon R. À partir des deux autres sommets du carré, on trace deux autres cercles de même rayon r, tangents aux deux grands cercles. Que vaut le rapport $\frac{R}{r}$?

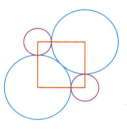

Aide Montrer d'abord que $2(R + r)^2 = (2R)^2$.

88 Sur la figure ci-dessous, C est un point du demi-cercle de diamètre [AB].

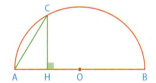

On sait que AB = 4 et AH = 1. Calculer CH, puis AC.

89 Soit ABC un triangle rectangle en A et P un point du segment [AB]. La perpendiculaire à (BC) issue de A coupe (BC) en H, et la perpendiculaire à (HP) issue de H coupe (AC) en R.

1. Montrer que les points A, P, H et R sont sur un même cercle Γ dont on donnera le centre O.

2. Soit A' le point, autre que H, où le cercle Γ coupe (BC). Montrer que les points O, A et A' sont alignés.

3. Quelle est la nature du quadrilatère APA'R ?

Aide question 2. Montrer que H appartient au cercle de diamètre [AA'].

VRAI - FAUX

Pour les exercices 90 et 91, indiquer si les affirmations sont vraies ou fausses, puis justifier.

90 Si A est un point du cercle de centre O et de rayon 3, et T un point de la tangente en A au cercle tel que OM = 5, alors AM = 4.

91 Deux cercles de même rayon r, sécants en A et B, ont leurs tangentes en A perpendiculaires si et seulement si la distance de leurs centres est $r\sqrt{2}$.

Quadrilatères

92 Soit ABC un triangle isocèle et rectangle en A, et D le point tel que C soit le milieu de [AD].
On note I le milieu de [BD], E le symétrique de A par rapport à I et J le symétrique de I par rapport à C.

1. Quelle est la nature du quadrilatère ABED ?

2. Quelle est la nature du quadrilatère AIDJ ?

SAVOIR-FAIRE 7 p. 215

93 Les diagonales d'un quadrilatère ABCD se coupent en O ; on sait de plus que OC = 3 OA et OD = 3 OB. ABCD est-il un trapèze ? un parallélogramme ?

94 **Logique** Soit la proposition suivante : « Si deux angles opposés d'un quadrilatère sont des angles droits, alors ses quatre sommets sont sur un même cercle. »

1. Cette proposition est-elle vraie ?

2. Écrire la réciproque de cette proposition. Est-elle vraie ?

95 **Préparer le contrôle**
Soit ABCD un parallélogramme. On appelle I le milieu de [CD] et E le symétrique de A par rapport à I.

1. Montrer que ACED est un parallélogramme.

2. Montrer que C est le milieu de [BE].

96 On délimite, sur un terrain plat, un parcours de cross avec trois jalons, représentés par les points A, B et C comme indiqué sur le schéma ci-contre. Le départ et l'arrivée de la course se font au point A.

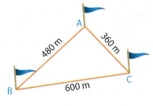

1. Montrer que le triangle ABC est rectangle en A.

2. Pour surveiller la course, on place une personne au point J situé à égale distance des points A, B et C. Préciser la position du point J. Justifier.

3. On place deux autres personnes sur le parcours : l'une au point K, milieu de [AB] ; l'autre au point I, milieu de [AC].

a. Montrer que AKJI est un rectangle.

b. On appelle H le pied de la hauteur issue de A dans le triangle ABC. Deux postes de secours sont installés en A et H. Montrer que si le médecin se déplace sur le segment [KI], il reste à égale distance de ces deux postes.

VRAI - FAUX

Pour les exercices 97 et 98, indiquer si les affirmations sont vraies ou fausses, puis justifier.

97 Les angles opposés d'un parallélogramme ont même mesure.

98 Un quadrilatère ayant ses diagonales perpendiculaires est un losange.

EXERCICES

99 ABCD est un quadrilatère convexe.
Les points M, N, P et Q sont les milieux respectifs des segments [AB], [BC], [CD] et [DA].
1. Démontrer que MNPQ est un parallélogramme.
2. Comment choisir le quadrilatère ABCD pour que MNPQ soit : un rectangle ? un losange ? un carré ?

> **LE SAVIEZ-VOUS ?**
> Un polygone convexe est un polygone dont tous les angles sont saillants (c'est-à-dire inférieurs à 180°).

Symétries

100 ABC est un triangle. On note I le milieu de [BC], A' le symétrique de A par rapport à I et E le symétrique de A' par rapport à la droite (BC). Montrer que AB = CE.

101 Soit ABC un triangle isocèle en A. On note D le symétrique de A par rapport au milieu de [BC].
Quelle est la nature du quadrilatère ABDC ?

102 Soit ABC un triangle. On note A' le milieu de [BC], B' le milieu de [AC] et C' le milieu de [AB]. Par quelle symétrie le triangle AB'C' a-t-il pour image le triangle A'B'C' ?

EXERCICE RÉSOLU

103 Minimisation d'une distance

Énoncé
Ludo habite en moyenne montagne dans la maison A et rend visite à son voisin qui habite en V, mais il doit passer à la rivière (représentée par la droite (d)) pour lui apporter de l'eau. En quel point R doit-il prendre de l'eau afin d'économiser ses pas ?

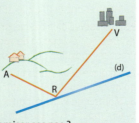

1. Soit A' le symétrique de A par rapport à la droite (d). Quelle est la nature du triangle RAA' ?
2. Construire le point R qui convient.

Solution commentée
1. Par symétrie, RA = RA', donc le triangle RAA' est isocèle.
2. On doit trouver le point R tel que la somme RA + RV soit la plus petite possible.
Or : RA + RV = RA' + RV et la somme RA' + RV est minimale lorsque les points R, A' et V sont alignés. Donc, R est le point d'intersection de la droite (A'V) avec la droite (d).

104 Préparer le contrôle
Le triangle ABC est rectangle en A. Soit K un point de [BC]. On appelle S et T les symétriques du point K par rapport aux droites (AB) et (AC).
1. Montrer que AS = AT.
2. Montrer que $\widehat{SAT}$ = 180°. Que peut-on en déduire ?

105 Soit un triangle ABC et H le pied de la hauteur issue de A. On appelle I et J les milieux respectifs des segments [AB] et [AC]. Montrer que H est le symétrique de A par rapport à la droite (IJ).

106 Le triangle ABC est rectangle en A et tel que AB = 4 et BC = 8. On note O le milieu de [BC] et I celui de [AC].
On note D le symétrique de A par rapport à O et E le symétrique de O par rapport à I.
1. Quelle est la nature du quadrilatère AOCE ?
2. Montrer que le polygone ABDCE admet un axe de symétrie. Calculer son aire.

> **VRAI - FAUX**
> Pour les exercices **107** et **108**, indiquer si les affirmations sont vraies ou fausses, puis justifier.

107 Un rectangle a quatre axes de symétrie.

108 L'image d'une figure par deux symétries axiales successives est toujours l'image de cette figure par une symétrie centrale.

Géométrie repérée

Le plan est rapporté au repère orthonormé (O, I, J).

109 Soit les points A (−4 ; −1), B (−1 ; −3), C (3 ; 3) et D (0 ; 5).
1. Montrer que les droites (AB) et (AD) sont perpendiculaires.
2. Montrer que ABCD est un rectangle.
3. Calculer l'aire du quadrilatère ABCD.

110 On donne les points A (−2 ; −1), B (4 ; −4), C (7 ; 2). Le milieu de [AC] est noté E, et D est le symétrique de B par rapport à E.
1. Montrer que le triangle ABC est rectangle isocèle.
2. Quelle est la nature du quadrilatère ABCD ?
3. Calculer le périmètre du quadrilatère ABCD.

111 La figure ci-contre représente un cercle de diamètre [MN] et un de ses points d'intersection avec l'axe des ordonnées. Calculer h.

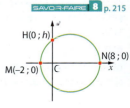

224

EXERCICES

112 Préparer le contrôle
Soit les points A (2 ; 2), B (−1 ; 5) et C (−3 ; 3).
1. Déterminer la nature du triangle ABC.
2. Calculer une valeur approchée de l'angle $\widehat{ACB}$.
3. Calculer les coordonnées du centre du cercle circonscrit $\mathscr{C}$ au triangle ABC, puis le rayon de ce cercle.
4. Le point O appartient-il au cercle $\mathscr{C}$?
5. Quelle est la nature du quadrilatère OABC ?

113 Algo Compléter un algorithme
Compléter l'algorithme suivant, où A, B et C sont les points de coordonnées respectives $(x_A ; y_A)$, $(x_B ; y_B)$ et $(x_C ; y_C)$.

Variables	$x_A, y_A, x_B, y_B, x_C, y_C$, sont des réels
Entrées	Saisir $x_A, y_A, x_B, y_B, x_C, y_C$

Traitement et sortie	Si $x_A + x_C = \ldots$ et $y_A + y_C = \ldots$
	     Alors afficher « OABC est un parallélogramme »
	     Sinon afficher « OABC n'est pas un parallélogramme »
	 Fin Si

114 Les points A et B ont pour coordonnées respectives $(a ; a')$ et $(b ; b')$. Montrer que le triangle OAB est rectangle en O si et seulement si $ab + a'b' = 0$.

115 On donne les points : A (−1 ; 3), B (−4 ; 0) et C (3 ; −1).
1. Calculer AB, AC et BC, puis préciser la nature du triangle ABC.
2. Calculer le périmètre et l'aire du triangle ABC.
3. Calculer les coordonnées du centre K du cercle circonscrit au triangle ABC, ainsi que son rayon.

116 Dans le repère orthonormé (O, I, J), soit les points A (−3 ; 4), B (−5 ; 0) et C (5 ; 0). On note I le milieu de [AC].
1. Montrer que les droites (AB) et (AC) sont perpendiculaires.
2. Calculer les coordonnées du point D, symétrique de I par rapport à O.
3. Quelle est la nature du quadrilatère ABDI ?
4. Montrer que les points A, B, D et I sont sur un même cercle dont on donnera le centre et le rayon.

117 1. À l'aide de la figure ci-contre, donner les coordonnées des points A, B, C, D et M dans le repère orthonormé (O, I, J).

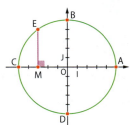

2. Calculer les distances EM, EC et EA.
3. Quelle est la nature du quadrilatère AECF, où F est le symétrique de E par rapport à O ?

VRAI - FAUX

Pour les exercices 118 et 119, indiquer si les affirmations sont vraies ou fausses, puis justifier.

118 M $(x ; y)$ appartient à la médiatrice de [OI] si et seulement si $2x − 1 = 0$.

119 Si $−1 \leq x \leq 1$, alors le point M $(x ; y)$ appartient à un carré de centre O et de côté 2.

TOP CHRONO
Résoudre chacun des exercices suivants en 15 minutes maximum.

120 Dans le plan rapporté au repère orthonormé (O, I, J), soit les points A (−3 ; −4), B (3 ; 2), C (7 ; −2) et D (1 ; −8).
1. Montrer que ABC est un triangle rectangle.
2. Montrer que ABCD est un rectangle et calculer le rayon du cercle circonscrit à ce rectangle.

121 Dans le plan rapporté au repère orthonormé (O, I, J), on donne les points A (2 ; 1), B (−4 ; 3) et E (0 ; −1). On note A' le symétrique de A par rapport à E, et B' celui de B.
1. Déterminer les coordonnées des points A' et B'.
2. Calculer AB et BA'.
3. Quelle est la nature du quadrilatère ABA'B' ?

122 Dans la figure ci-dessous, le triangle ABC est rectangle en B. On a : AC = 11, AJ = 7 et AB = 5.

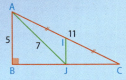

1. Calculer BJ et BC.
2. Les droites (AB) et (IJ) sont-elles parallèles ?

123 Soit $\mathscr{C}$ un cercle de centre I et de rayon 4, [MN] un diamètre de ce cercle et D un point de $\mathscr{C}$ tel que MD = 4. Soit J le milieu de [MD].
1. Montrer que (IJ) est la médiatrice du segment [MD].
2. Quelle est la nature du triangle MDN ?
3. Soit E le symétrique de D par rapport à I. Quelle est la nature du quadrilatère MDNE ?

EXERCICES

Faire le point

Choisir la (ou les) bonne(s) réponse(s).

Calculer dans un repère

Pour vous aider
SAVOIR-FAIRE 1, 2 3 et 8 pp. 211 et 215

Dans le plan rapporté au repère orthonormé (O, I, J), on donne les points A (−2 ; 8), B (−4 ; 2) et C (1 ; −4).

	A	B	C	D
❶ Le milieu de [AC] a pour coordonnées :	(−1 ; 4)	(3 ; −12)	$\left(-\frac{1}{2} ; 2\right)$	$\left(-\frac{3}{2} ; 6\right)$
❷ La distance AB est égale à :	$2\sqrt{34}$	$2\sqrt{10}$	$\sqrt{40}$	40
❸ Le point D, tel que ABCD est un parallélogramme, a pour coordonnées :	$\left(\frac{7}{2} ; 0\right)$	$\left(-\frac{9}{2} ; 2\right)$	$\left(\frac{7}{2} ; 2\right)$	(3 ; 2)
❹ Le symétrique de A par rapport à l'axe des ordonnées a pour coordonnées :	(−1 ; 4)	(−2 ; −8)	(2 ; −8)	(2 ; 8)
❺ Le symétrique de B par rapport à C a pour coordonnées :	(5 ; −6)	(6 ; −10)	(4 ; −2)	(6 ; −6)
❻ Le cercle de centre A passant par C a pour rayon :	5	$\sqrt{17}$	$\sqrt{145}$	$3\sqrt{17}$

Démontrer avec des triangles et des cercles

Pour vous aider
SAVOIR-FAIRE 4, 5 et 6 p. 213

Le cercle 𝒞 a pour centre O et pour rayon 4. Le segment [AB] est un diamètre de 𝒞 ; C et D sont les points du segment [AB] tels que AC = 3 et AD = 6. Le point E est l'un des points d'intersection de 𝒞 et de la droite perpendiculaire en C à [AB]. Le point H est le pied de la hauteur issue de D dans le triangle ADE. On construit ensuite le point F, symétrique de E par rapport à O, et le point G, symétrique de E par rapport à la droite (AB).

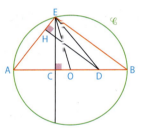

	A	B	C	D
❼ La distance CE est égale à :	$\sqrt{15}$	$\sqrt{17}$	3,9	4
❽ La distance AE est égale à :	4	$2\sqrt{6}$	4,9	$\sqrt{24}$
❾ La distance AH est égale à :	3,7	4	5	$\frac{3}{2}\sqrt{6}$
❿ Les points C, D, E, H appartiennent à un même cercle de rayon :	1,5	$\sqrt{6}$	2	$\frac{5}{2}$

Démontrer avec des quadrilatères et des symétries

Pour vous aider
SAVOIR-FAIRE 7 et 9 p. 215

	A	B	C	D
⓫ Le quadrilatère AEBF :	est un rectangle	est un losange	a pour aire $6\sqrt{15}$	a pour aire $8\sqrt{15}$
⓬ Le quadrilatère AEDG :	est un losange	est un carré	a pour aire $6\sqrt{15}$	a pour aire $8\sqrt{15}$
⓭ La distance FG est égale à :	1	$\sqrt{6}$	$\frac{1}{2}\sqrt{15}$	2

Voir les corrigés, page 334

EXERCICES

Calculer dans un repère

Un exemple : Dans le plan rapporté au repère orthonormé (O, I, J), on donne les points A (−1 ; −3), B (−8 ; 0), C (−5 ; 7) et D (2 ; 4). Montrer que le quadrilatère ABCD est un rectangle.

Les questions à se poser	Des réponses
Que doit-on faire pour démarrer ?	→ On peut placer les points dans un repère. Placer les points et tracer le quadrilatère.
Que me demande-t-on ?	→ On me demande de prouver qu'un quadrilatère est un rectangle. On commence par montrer que c'est un parallélogramme. Pourquoi ? Que suffira-t-il ensuite de démontrer ?
Comment montrer qu'un quadrilatère est un parallélogramme ?	→ On peut utiliser une propriété relative à ses diagonales. Citer cette propriété, puis calculer les coordonnées du milieu de [AC] et celles du milieu de [BD]. Conclure.
Comment continue-t-on ?	→ On peut utiliser la caractérisation d'un rectangle par ses diagonales. Quelle est cette propriété ?
Que doit-on calculer ?	→ Les longueurs AC et BD. Le faire, puis conclure.

Applications

Le plan est rapporté au repère orthonormé (O, I, J).

124 Soit les points A (1 ; 3), B (7 ; 2), C (4 ; −2) et D (−2 ; −1).
Montrer que le quadrilatère ABCD est un parallélogramme.

125 Soit les points A (−2 ; −2), B (5 ; −3), C (0 ; −8) et D (−7 ; −7). Montrer que le quadrilatère ABCD est un losange.

126 Soit les points A (−1 ; 1), B (3 ; −1), C (5 ; 3) et D (1 ; 5). Montrer que le quadrilatère ABCD est un carré.

Calculer en utilisant des propriétés des triangles

Un exemple : Le triangle ABC est isocèle de sommet A, avec AB = 5 et BC = 6. Soit H le pied de la hauteur issue de A, I le milieu de [CH] et K le point d'intersection de (AC) avec la parallèle à (AB) issue de I. Calculer AH et IK.

Les questions à se poser	Des réponses
Que doit-on faire pour démarrer ?	→ On doit faire une figure. Pour cela, que signifie « triangle isocèle en A » ? Comment trace-t-on la hauteur issue de A ?
Que me demande-t-on ?	→ On veut calculer la longueur d'une hauteur. Quel triangle rectangle peut-on utiliser pour ce calcul ? Appliquer le théorème de Pythagore dans ce triangle et montrer que AH = 4.
Que peut-on remarquer pour le second calcul ?	→ On a deux droites parallèles dans un triangle. Quels sont les théorèmes utilisant cette hypothèse ?
Comment continue-t-on ?	→ On peut calculer le rapport $\dfrac{CI}{CB}$. Calculer alors IK.

Applications

127 Soit ABC un triangle équilatéral de côté 2. On note I le milieu de [BC] et J le milieu de [AC]. Calculer AI et IJ.

128 Soit ABC un triangle rectangle en A tel que AB = 2 et AC = 1. Soit I le milieu de [BC].
Calculer BC, puis AI et le rayon du cercle circonscrit au triangle ABC.

129 Soit ABC un triangle isocèle de sommet A tel que AB = 3 et BC = 4. Calculer la longueur de la hauteur [AH] puis l'aire du triangle ABC. En déduire la longueur de la hauteur [BK] en calculant l'aire de ABC à l'aide de cette hauteur.

Revoir des points essentiels

Chapitre 10 ■ Repérage et configurations du plan **227**

EXERCICES

TP 1 — Le trésor des pirates

TICE Utiliser un logiciel de géométrie pour trouver l'emplacement d'un trésor.

Poursuivi par la marine royale, un groupe de pirates des Caraïbes a caché un trésor dans une île. Sur cette île, il y a un arbre mort (noté A), un palmier (P) et un vieux baril de poudre (B). La distance entre l'arbre mort et le baril de poudre est de 60 m, et le palmier se trouve sur le chemin reliant ces deux points, à 10 m du baril. Ce chemin est orienté de l'ouest vers l'est. Le chef des pirates a noté sur un parchemin une façon de découvrir le trésor :

> Le trésor est deux fois plus loin de l'arbre mort que du baril de poudre, il est à égale distance du palmier et du baril et il est au nord du chemin reliant l'arbre mort au baril.

On se propose de découvrir l'emplacement exact du trésor.
Pour cela, on se place dans un repère orthonormé d'origine A et tel que le point B ait pour coordonnées (60 ; 0).

A Recherche expérimentale du trésor

1. Quelles sont les coordonnées du point P ?

2. Ouvrir le logiciel, puis créer les points A, P et B.

3. Quel est l'ensemble $\mathcal{D}$ des points situés à égale distance du palmier et du baril ? Représenter $\mathcal{D}$ à l'aide du logiciel.

4. On veut à présent conjecturer la nature de l'ensemble $\mathcal{S}$ des points M situés deux fois plus loin de l'arbre mort que du baril, c'est-à-dire tels que MA = 2MB.

a. On va utiliser le logiciel pour faire une conjecture sur l'ensemble $\mathcal{E}$ des points M tels que MA > 2MB et sur l'ensemble $\mathcal{F}$ des points M tels que MA < 2MB.
Pour cela, créer un point M, puis ouvrir l'onglet Propriétés par un clic-droit sur le point, et choisir Avancé. Définir alors les conditions requises pour afficher le point M d'une couleur différente suivant si M vérifie l'une ou l'autre des inégalités.

Couleurs dynamiques	
Rouge :	Si[Distance[M, A] ≥ 2Distance[M, B], 1, 0]
Vert :	Si[Distance[M, A] ≤ 2Distance[M, B], 1, 0]
Bleu :	0

b. Activer la trace de M et déplacer ce point dans le plan.
c. Faire une conjecture sur l'ensemble $\mathcal{S}$ en donnant sa nature et ses éléments remarquables.
d. Représenter l'ensemble $\mathcal{S}$.

e. À l'aide des tracés de $\mathcal{D}$ et $\mathcal{S}$, déterminer l'emplacement du trésor en donnant ses coordonnées au décimètre près.

B Recherche géométrique du trésor

1. On a étudié dans la **partie A** l'ensemble $\mathcal{D}$ des points situés à égale distance du palmier et du baril.
À quoi est égale l'abscisse des points de $\mathcal{D}$?

2. On étudie à présent l'ensemble $\mathcal{S}$.
a. Montrer que M appartient à $\mathcal{S}$ si et seulement si :
$$MA^2 = 4MB^2.$$
b. Soit $(x\,;\,y)$ les coordonnées de M dans le plan repéré. Calculer MA^2 et MB^2 en fonction de x et y.
c. Montrer que M appartient à $\mathcal{S}$ si et seulement si :
$$x^2 + y^2 - 160x + 4\,800 = 0.$$
d. Montrer que :
$$x^2 + y^2 - 160x + 4\,800 = (x-80)^2 + y^2 - 1\,600.$$
e. En déduire que M appartient à $\mathcal{S}$ si et seulement si CM = 40, où C est un point dont on donnera les coordonnées.
f. Donner la nature de l'ensemble $\mathcal{S}$.

3. a. À l'aide des questions **1** et **2**, montrer que l'ordonnée du trésor vérifie $y^2 = 975$.
b. En déduire les coordonnées exactes du trésor.

Aide pour le logiciel

GeoGebra

A. 2. Réduire les unités afin que les points A, P et B soient visibles à l'écran.

A. 4. a. Saisir dans la ligne **Rouge** la condition : Si(MA>=2*MB,1,0) qui affiche un point rouge si le point M vérifie la condition MA ≥ 2MB.
Saisir dans la ligne **Vert** la condition : Si(MA<=2*MB,1,0) qui affiche un point vert si le point M vérifie la condition MA ≤ 2MB.

A. 4. b. Activer la trace de M par un clic-droit sur M, en sélectionnant Trace activée. Ne pas hésiter à faire prendre à M un très grand nombre de positions.

Voir **FICHE TICE**, page 321

EXERCICES

TP 2 — La droite d'Euler

Utiliser un logiciel de géométrie pour découvrir une propriété remarquable du triangle.

Pour un triangle quelconque, on va découvrir une propriété liant le centre du cercle circonscrit au triangle, l'orthocentre et le centre de gravité.
Cette propriété a été établie par le mathématicien suisse Leonhard Euler.

POINT HISTOIRE

Leonhard Euler (1707-1783), né en Suisse, est considéré comme l'un des plus grands et des plus prolifiques mathématiciens de tous les temps. Il introduisit la notion de fonction et est aussi connu pour ses travaux en mécanique, en optique et en astronomie !

A Étude d'une configuration du triangle avec un logiciel

1. Ouvrir un logiciel de géométrie dynamique et construire un triangle ABC.

2. Construire les médiatrices des côtés de ce triangle, ainsi que leur point d'intersection O.

3. Construire les médianes de ce triangle, ainsi que leur point d'intersection G.

4. Construire les hauteurs de ce triangle, ainsi que leur point d'intersection H.

5. Tracer les segments [OG] et [GH].

6. En déplaçant les points A, B et C :
a. Que peut-on dire des points O, G et H ?
b. Que peut-on conjecturer sur les longueurs de ces deux segments ?

7. Que se passe-t-il lorsque le triangle ABC est isocèle ? équilatéral ?

B Étude géométrique de la configuration

Dans cette partie, on admet la propriété selon laquelle les médianes d'un triangle se coupent en un point situé aux 2/3 de la médiane en partant du sommet (la preuve de ce résultat est faite dans l'exercice 131, p. 230).
On note D le symétrique du point A par rapport à O.

1. a. Montrer que le triangle ABD est rectangle.
b. En déduire que les droites (CH) et (BD) sont parallèles.

2. a. Quelle est la nature du triangle ADC ?

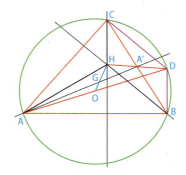

b. En déduire que les droites (DC) et (BH) sont parallèles.

3. Montrer que HBDC est un parallélogramme.

4. Soit A' le milieu de [BC]. Montrer que D est le symétrique de H par rapport à A'.

5. Que représentent les droites (AA') et (OH) dans le triangle ADH ?

6. Que représente alors le point G dans le triangle ADH ?

7. Prouver les deux conjectures faites dans la **partie A**.

Aide pour les logiciels

GeoGebra	**A. 1.** Utiliser l'outil Polygone. **A. 2.** Utiliser l'outil Médiatrice, puis Intersection entre deux objets.
GeoPlan	**A. 1.** Créer les points A, B, C dans le menu Créer, suivi de Point, Point libre et Dans le plan. Puis, dans le menu Créer, choisir Ligne, puis Polygone et Polygone défini par ses sommets. **A. 2.** Dans le menu Créer, choisir Ligne, Droite, puis Médiatrice. **A. 6.** Utiliser le menu Créer, puis Affichage.

Voir **FICHES TICE**, pages 321 et 322

Chapitre 10 ■ Repérage et configurations du plan **229**

EXERCICES

Pour approfondir

130 Des sangakus

On va étudier un premier exemple simple puis, en seconde partie, aborder un sangaku classique : « le problème des trois cercles ».

1. On veut construire deux cercles $\mathscr{C}$ et $\mathscr{C}'$ de centres respectifs A et B, de rayons respectifs R et r, tangents entre eux et tangents à une même droite (d).
On note a la distance CD.

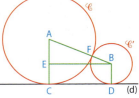

a. Montrer que $(R + r)^2 = (R − r)^2 + a^2$.
b. En déduire la valeur de a en fonction des deux rayons.
c. Effectuer alors la construction dans le cas où $R = 9$ cm et $r = 4$ cm.

2. On va résoudre le problème des trois cercles, illustré par la figure ci-contre.
Pour cela, on va étudier la situation à l'aide de la question **1**, en se basant

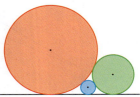

sur les deux cercles tracés de rayons 9 cm et 4 cm.
Soit c le rayon du troisième cercle et I son point de tangence avec la droite (d).
a. À l'aide de la question **1. b**, montrer que $\text{CI}^2 = 36c$ et $\text{DI}^2 = 16c$.
b. En déduire le rapport $\dfrac{\text{CI}}{\text{DI}}$ puis la valeur de CI.
c. Calculer la valeur exacte de c.
d. Effectuer la construction avec un logiciel de géométrie.

> **LE SAVIEZ-VOUS ?**
> Un **sangaku** est une énigme japonaise de géométrie. Apparues entre 1600 et 1900, ces énigmes étaient gravées en couleur sur des tablettes de bois suspendues à l'entrée des temples.

131 Intersection des médianes d'un triangle

Dans un triangle ABC, on note I, J, K les milieux respectifs des côtés [BC], [AC] et [AB] et G le point d'intersection des médianes (CK) et (BJ). Soit P le symétrique de G par rapport à J et Q le symétrique de G par rapport à K.

1. Quelle est la nature des quadrilatères AGBQ, AGCP et BCPQ ?
2. Montrer que les droites (IG) et (BQ) sont parallèles.
3. En déduire que la médiane (AI) passe aussi par G.
4. Montrer que $\text{AG} = \dfrac{2}{3}\text{AI}$.

132 Les amandins

On appelle « amandin » un quadrilatère convexe dont deux angles opposés sont droits.

1. Voici cinq affirmations.
Répondre par vrai ou faux en justifiant la réponse.
a. Un rectangle est un amandin.
b. Tous les trapèzes rectangles sont des amandins.
c. Certains amandins sont des losanges.
d. Un amandin dont les diagonales sont perpendiculaires est un losange.
e. Un amandin dont les diagonales sont de même longueur est un rectangle.

2. On considère l'amandin ABCD dont les angles droits sont en B et en D, tel que : la diagonale [AC] a une longueur de 6 cm ; la hauteur du triangle ABC issue de B mesure 2 cm ; le triangle ADC est isocèle.
a. Construire ABCD en justifiant les tracés.
b. Donner la valeur de AD au millimètre près.
c. Déterminer l'aire de ABCD.

133 Portée des feux de croisement

On contrôle les feux de croisement d'un véhicule. Pour cela, on place le véhicule à 3 mètres de distance d'un mur vertical, phares allumés. La situation peut être représentée par le schéma suivant (non à l'échelle).

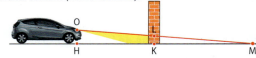

Le point O représente le phare de l'automobile, H est à la verticale de O sur le sol et OH = 0,8 m. La droite (HM) représente le sol et le segment [LK] la partie éclairée du mur.
On a : KH = 3 m. La distance HM est appelée portée des feux de croisement.

> **La consigne de sécurité est la suivante** : la portée des feux de croisement ne doit pas être inférieure à 30 m pour éclairer assez loin et ne doit pas être supérieure à 45 m pour ne pas éblouir les autres conducteurs.

1. Si le coffre est plein, on a LK = 0,76 m. Ce véhicule ainsi chargé va-t-il respecter la consigne de sécurité ?
2. Quelle est la plus grande longueur LK possible (arrondie au cm) qui permet de respecter la consigne de sécurité ?

> **LE SAVIEZ-VOUS ?**
> Depuis le 2 mars 2007, l'allumage des feux de croisement le jour est obligatoire pour l'ensemble des deux-roues motorisés.

EXERCICES

134 Le téléphérique

Une station de sports d'hiver est équipée d'un téléphérique pour permettre aux skieurs d'atteindre un plateau en altitude.

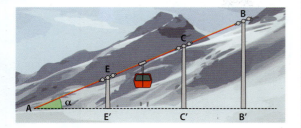

1. Des pylônes sont placés en A, E, C et B pour soutenir le câble que l'on considérera rectiligne.
Le câble mesure 2,48 km.
L'altitude au point A est 2 100 m, l'altitude au point B est 2 620 m. (*Remarque : sur ce schéma, les mesures des longueurs et de l'angle ne sont pas respectées.*)
On définit la pente comme étant le rapport entre la hauteur du dénivelé (BB' sur le dessin) et la distance parcourue à l'horizontale (AB' sur le dessin). Calculer la pente de ce câble et l'exprimer en pourcentage (à 0,1 % près).

2. Entre B et C, le câble mesure 480 m.
a. Démontrer que CC' est égal à 419 m (à 1 m près).
b. Calculer l'altitude au point C (à 1 m près).

3. a. E est le milieu du segment [AC]. Calculer EC.
b. Entre E et C, la cabine progresse à la vitesse constante de 5 m/s.
En combien de temps (en minutes et secondes) la cabine parcourt-elle la distance EC ?

135 Triangle, cercle et angles

Soit ABC un triangle rectangle en A tel que BC = 2 et $\widehat{ACB} = 30°$. Le cercle Γ de diamètre [AC] a pour centre O et il recoupe la droite (BC) au point D.
1. Calculer AB, AC, BD et CD.
2. La perpendiculaire menée de O au côté [BC] coupe le petit arc $\widehat{CD}$ du cercle Γ en E.
Que représente la droite (AE) pour le triangle ACD ?
3. La perpendiculaire menée de O au côté [AC] coupe le petit arc $\widehat{CD}$ du cercle Γ en F.
Que représente la droite (AF) pour le triangle ABC ?
4. a. En déduire les angles du triangle AEF.
b. Calculer les côtés AE et AF du triangle AEF.

Aide questions 2 et 3. Utiliser le théorème de l'angle inscrit.

136 PROBLÈME DE SYNTHÈSE

Dans le plan muni du repère orthonormé (O, I, J), on donne les points $A\left(-4\,;\,-\frac{3}{2}\right)$, $B\left(-2\,;\,\frac{5}{2}\right)$ et $C\left(2\,;\,\frac{1}{2}\right)$.

1. Placer ces points dans le plan.
Cette figure sera complétée tout au long du problème.
2. Soit M (0 ; a), où a est un réel. Déterminer a pour que le triangle ABM soit rectangle en B.
3. Que remarque-t-on pour les points B, M et C ? Justifier.
4. Déterminer les coordonnées du point N tel que le quadrilatère ABNC soit un parallélogramme.
5. Déterminer les coordonnées du point K, symétrique du point A par rapport au point B.
6. Montrer que le triangle BKN est rectangle et isocèle.
7. Quelle est la nature du quadrilatère BCNK ?

PRISES D'INITIATIVES

137 Un terrain de sport a la forme d'un triangle quelconque dont les angles sont aigus. L'épreuve de course de vitesse est la suivante. Le coureur part d'un point de son choix sur l'un des côtés du triangle vers un point de son choix sur un autre côté. De là, il fait de même pour le troisième côté et revient enfin à son point de départ où son temps est relevé.
Bien que courant moins vite que les autres, Boris a remporté l'épreuve car il est le plus malin : il a trouvé le chemin le plus court. Quel est ce chemin ?

Aide Utiliser deux symétries axiales.

138 La balade de l'escargot

Un escargot dressé se déplace dans le premier quadrant d'un repère du plan.
Partant de l'origine, il va d'un point de coordonnées entières à un autre, comme montré sur la figure ci-contre, en se déplaçant d'une unité parallèlement à un des deux axes chaque minute.
Quelles sont les coordonnées du point atteint après deux heures de déplacement ?

139 Le cadran de l'horloge représentée sur la figure ci-contre est rectangulaire.
Quelle est la distance x, en cm, entre les points repérant 1 h et 2 h, sachant que la distance entre les points repérant 8 h et 10 h est 12 cm ?

Source : concours Kangourou 2012.

Réactiver les savoirs

➤ Voir les réponses, p. 334

Représenter graphiquement une fonction affine [COLLÈGE]

Exercice

1. Représenter dans un repère la fonction f définie sur $\mathbb{R}$ par : $f(x) = 2x - 1$.
2. Représenter dans un repère la fonction f définie sur $\mathbb{R}$ par : $f(x) = -0,5x + 2$.
3. La droite tracée sur le graphique ci-contre représente une fonction affine f.
   a. Quelle est l'image de 0 par f ? l'image de 1 par f ?
   b. Quelle est la valeur de $f(3)$?
   c. Quel est l'antécédent de 3,5 par f ?

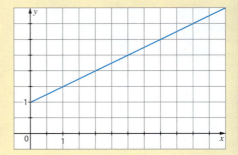

➔ Pour vous aider, voir le chapitre 3, p. 62

Utiliser l'expression d'une fonction affine [COLLÈGE]

QCM Choisir la (ou les) bonne(s) réponse(s).

	A	B	C	D
4. Soit f la fonction affine définie sur $\mathbb{R}$ par : $f(x) = -3x + 1$. L'image de -11 par f est :	-34	-32	4	34
5. Soit f la fonction affine définie sur $\mathbb{R}$ par : $f(x) = 17 - 5x$. L'antécédent de 3 par f est :	$\dfrac{8}{17}$	2	$\dfrac{14}{5}$	4
6. La droite passant par les points A (2 ; 2) et B (6 ; 4) est la représentation graphique de la fonction f définie sur $\mathbb{R}$ par :	$f(x) = -x + 2$	$f(x) = 0,5x + 1$	$f(x) = 0,5x + 0,5$	$f(x) = 6x + 3$
7. La fonction affine f telle que $f(0) = 5$ et $f(1) = 8$ est définie sur $\mathbb{R}$ par :	$f(x) = x + 3$	$f(x) = 3x + 5$	$f(x) = -3x + 5$	$f(x) = 3$

➔ Pour vous aider, voir le chapitre 3, p. 62

Manipuler une expression algébrique [COLLÈGE]

Vrai ou faux ?

8. Si $4x - y = 3$, alors $x = y = 1$.
9. Si $3x - 2y = 6$, alors $y = 1,5x + 3$.
10. La solution de l'équation $3x + 1 = x - 5$ est 3.
11. Le couple (3 ; 2) vérifie l'équation $4x - 3y = 6$.
12. Le couple (3 ; 2) vérifie le système d'équations $\begin{cases} y = x - 1 \\ y = 2x - 4 \end{cases}$

➔ Pour vous aider, voir les rappels, p. 312

232

Droites dans le plan repéré

CHAPITRE 11

Lors du 14 juillet, la Patrouille de France réalise différentes figures toutes plus impressionnantes les unes que les autres, alternant changements de configuration et croisements. Voici la formation «diamant» dans laquelle les trajectoires des avions, matérialisées par des fumigènes aux couleurs du drapeau français, peuvent être représentées dans le plan par des droites parallèles. Dans le cadre de la géométrie repérée du plan abordée dans ce chapitre, nous allons apprendre à caractériser les droites et le parallélisme.

Les notions du chapitre

- ✔ Équations de droites
- ✔ Droites parallèles et droites sécantes

Logique Notations et raisonnement
p. 238, 242, 244, 245

Algo Les algorithmes
p. 240, 241, 242, 244, 246, 253

TICE Utilisation de logiciels
p. 234, 235, 246, 247, 250, 251, 252, 253

ACTIVITÉS

ACTIVITÉ 1 — Droites et fonctions affines

Objectif
Montrer qu'il existe des droites qui ne représentent pas des fonctions affines.

Cours 1
Équation d'une droite

A. D'une fonction affine à une droite

On a vu que toute fonction affine a pour représentation graphique une droite.
Dans un repère orthonormé du plan, tracer les représentations graphiques des fonctions f et g définies sur $\mathbb{R}$ par : $f(x) = 2x - 1$ et $g(x) = 3$.

B. D'une droite à une fonction affine

On se propose de voir si, réciproquement, toute droite du plan est la représentation graphique d'une fonction affine.

1. Placer les points A(0 ; 3), B(1 ; 5) et C(1 ; –2) dans un repère.

2. On cherche, si elle existe, une fonction affine h définie sur $\mathbb{R}$ par :
$$h(x) = ax + b \text{ telle que } h(0) = 3 \text{ et } h(1) = 5.$$
a. À l'aide de la première condition, déterminer b.
b. À l'aide de la seconde condition et du résultat précédent, déterminer a.
c. En déduire l'expression de $h(x)$ pour tout réel x.
d. Soit M$(x ; y)$ un point de la droite (AB). Exprimer y en fonction de x.
On dit que l'on a écrit une équation de la droite (AB).

3. a. Un point M appartient à la droite (BC). Quelle est son abscisse ?
b. Le point D(1 ; 2 014) appartient-il à la droite (BC) ?
c. Réciproquement, si un point M a pour abscisse 1, où se situe-t-il ?
En déduire une équation de la droite (BC).

ACTIVITÉ 2 — Vers le coefficient directeur

Objectif
Découvrir une formule donnant le coefficient directeur d'une droite.

Cours 1
Équation d'une droite

Fichier logiciel
→ www.bordas-indice.fr

On se place dans un repère orthonormé du plan.

1. Soit (d$_1$) la droite d'équation $y = 2,5x + 1$.
a. Justifier que le point A de coordonnées (1 ; 3,5) appartient à (d$_1$).
b. Déterminer le point B d'abscisse 6 appartenant à (d$_1$) puis tracer la droite (d$_1$).

2. Dans le même repère, tracer les droites (d$_2$), (d$_3$) et (d$_4$) d'équations respectives :
$$y = 2,5x - 2 \;;\; y = x + 1 \text{ et } y = 2,5x.$$

3. Où, sur le graphique, peut-on lire la valeur de l'ordonnée à l'origine b pour chaque droite ?

4. On considère un point M de (d$_1$) dont l'abscisse est notée x_M.
a. Recopier et compléter le tableau ci-dessous.

x_M	2	3	4	5	6
$y_M = 2,5x_M + 1$	6	8,5			
$x_M - x_A = x_M - 1$					
$y_M - y_A = y_M - 3,5$					

b. En observant les deux dernières lignes du tableau, que peut-on conjecturer ?
c. Avec un logiciel de géométrie dynamique, on a représenté la droite (d) d'équation $y = ax + b$ où les réels a et b peuvent être modifiés.
Le point A est le point d'abscisse 1 de (d) et M est un point variable de (d).
En observant les valeurs affichées pour différentes positions de la droite (d), conjecturer une formule donnant le coefficient directeur a de (d) en fonction des coordonnées de A et M.

ACTIVITÉS

ACTIVITÉ 3 Le jardin géométrique

Objectif
Découvrir une propriété sur les coefficients directeurs de deux droites parallèles.

Cours 2
Parallélisme et intersection

Fichier logiciel
→ www.bordas-indice.fr

Kilian souhaite planter des arbres dans son jardin : il a représenté celui-ci par le rectangle EFGH dans un repère comme ci-contre. Les points A, B, C et D sont les sommets d'un losange correspondant à une allée de promenade.

1. Kilian plante un arbre au point I d'abscisse –6 de la droite (AD). Il veut planter une rangée d'arbres depuis I jusqu'au point J de la droite (BC) de sorte que les allées (IJ) et (AB) soient parallèles.

a. Déterminer une équation de la droite (AD). En déduire l'ordonnée de I.
b. Quelle est la nature du quadrilatère ABJI ?
c. Déterminer les coordonnées du milieu M de [BI], puis montrer que J a pour coordonnées (2 ; 4,5).
d. Calculer le coefficient directeur de la droite (IJ).
e. Lire graphiquement le coefficient directeur de la droite (AB). Que constate-t-on ?

2. Une fois cette rangée d'arbres plantée, Kilian veut planter un arbre au point P du segment [IJ] de sorte que l'allée (OP) soit parallèle à l'allée (BC).

a. En observant le fichier fourni, aider Kilian à placer cet arbre.
b. Que peut-on dire alors des coefficients directeurs de deux droites parallèles ?

ACTIVITÉ 4 Perdus dans le désert !

Objectif
Faire le lien entre une résolution algébrique et une résolution graphique.

Cours 2
Parallélisme et intersection

Des voyageurs circulent à bord d'une jeep dans le désert de Koborou : ils partent de l'oasis d'Arkout (matérialisée par le point A) et se rendent au village de Sanit (point S).
Pour cela, ils doivent d'abord suivre la piste qui va d'Arkout au village de Tamtou (point T), puis tourner à droite pour suivre la piste allant de l'oasis de Marlaa (point M) au village de Sanit. Mais, avant que les voyageurs aient atteint la bifurcation, une tempête de sable se lève, effaçant les contours
de la piste qu'ils suivent. Comment vont-ils trouver l'endroit précis où ils doivent tourner ?
Dans un repère local lié à la carte, l'unité étant le kilomètre, les différents lieux ont pour coordonnées : A (0 ; –3), M (0 ; 4), S (8 ; 0) et T (4 ; 13).

1. a. Tracer les droites représentant ces deux pistes dans un repère du plan.
b. Donner par lecture graphique, et à 200 m près, les coordonnées du point d'intersection I de ces deux droites.

2. a. Montrer que la droite (AT) a pour coefficient directeur 4. En déduire une équation de (AT).
b. Montrer qu'une équation de la droite (MS) est $y = -0,5x + 4$.

3. On souhaite obtenir les coordonnées exactes $(x\ ;\ y)$ du point I.

a. Montrer que le couple $(x\ ;\ y)$ est solution du système : $\begin{cases} y = 4x - 3 \\ 4x - 3 = -0,5x + 4 \end{cases}$
b. Résoudre la seconde équation de ce système.
c. En substituant la valeur de x dans la première équation, calculer la valeur de y.
d. Donner les coordonnées exactes, puis à 1 m près, du point I où l'on doit changer de piste.

Chapitre 11 ■ Droites dans le plan repéré **235**

COURS

1 Équation d'une droite

On a admis, au chapitre **3**, que la représentation graphique d'une fonction affine est une droite du plan. On étudie ici la réciproque de cette affirmation.

Caractérisation d'une droite

> **À noter**
> Dans un repère, toute droite (d) a une équation soit de la forme $x = c$, soit de la forme $y = ax + b$.

Propriétés et définitions

(1) Soit (d) une droite du plan parallèle à l'axe des ordonnées. Il existe un réel c tel que (d) est l'ensemble des points M $(x\,;y)$ du plan de même abscisse c : $x = c$ est une **équation** de (d).
(2) Soit (d) une droite du plan non parallèle à l'axe des ordonnées. Il existe deux réels a et b tels que la droite (d) est l'ensemble des points M $(x\,;y)$ dont les coordonnées vérifient $y = ax + b$.
On dit que $y = ax + b$ est une **équation** de la droite (d).

> **Vocabulaire**
> Le terme **équation** n'a pas ici le même sens qu'en algèbre : on ne résout pas l'équation, celle-ci caractérise les points d'une droite.

Démonstration

(1) Soit A le point d'intersection de (d) et de l'axe des abscisses. On note c l'abscisse de A. Un point M $(x\,;y)$ du plan appartient à (d) si et seulement si il a la même abscisse que A, c'est-à-dire si et seulement si $x = c$.
(2) On considère les points A $(0\,;y_A)$ et B $(1\,;y_B)$ de (d). On cherche, si elle existe, une fonction f définie par $f(x) = ax + b$ telle que $f(0) = y_A$ et $f(1) = y_B$.
La première condition $f(0) = y_A$ équivaut à $a \times 0 + b = y_A$ soit à $b = y_A$.
La seconde condition $f(1) = y_B$ équivaut à $a \times 1 + b = y_B$ donc à $a + b = y_B$ soit à $a = y_B - y_A$.
Ainsi, la fonction affine f définie par $f(x) = ax + b$ avec $a = y_B - y_A$ et $b = y_A$ vérifie les deux conditions. La droite (d) est la représentation graphique de f donc un point M $(x\,;y)$ appartient à (d) si et seulement si $y = f(x)$ donc si et seulement si $y = ax + b$.

Définition Soit (d) une droite d'équation $y = ax + b$. Le nombre a est appelé **coefficient directeur** de la droite (d) et le nombre b est l'**ordonnée à l'origine** de cette droite.

> **À noter**
> Une droite « horizontale » a pour équation $y = b$.

Coefficient directeur et ordonnée à l'origine

Propriété Dans un repère, soit deux points A $(x_A\,;y_A)$ et B $(x_B\,;y_B)$, avec $x_A \neq x_B$.
Le coefficient directeur de la droite (AB) est : $a = \dfrac{y_B - y_A}{x_B - x_A}$.

Démonstration

Soit a le coefficient directeur de la droite (AB) et b l'ordonnée à l'origine de cette droite.
(AB) a pour équation $y = ax + b$ et, comme A appartient à (AB), on a $y_A = ax_A + b$.
De même, B appartient à (AB) donc $y_B = ax_B + b$. On a alors $y_B - y_A = ax_B + b - (ax_A + b)$
soit $y_B - y_A = ax_B + b - ax_A - b$ donc $y_B - y_A = a(x_B - x_A)$. Comme $x_B - x_A$ n'est pas nul, on obtient, en divisant l'égalité précédente par $x_B - x_A$: $a = \dfrac{y_B - y_A}{x_B - x_A}$.

Interprétation graphique Le point de la droite (d) d'abscisse $x = 0$ a pour ordonnée $y = b$.
Autrement dit, (d) passe par le point de coordonnées $(0\,;b)$.
Lorsque l'on passe d'un point de (d) à un autre point de (d) en augmentant l'abscisse de 1, l'ordonnée varie de a (si $a > 0$, l'ordonnée augmente ; si $a < 0$, l'ordonnée diminue).

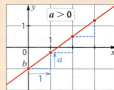

LES SAVOIR-FAIRE DU COURS

SAVOIR-FAIRE 1 — Tracer une droite d'équation donnée

Voir les exercices 43 et 44, p. 242

Soit (d) la droite d'équation $y = 2x - 1$.
1. Tracer (d) dans le plan muni d'un repère.
2. Le point C (2,5 ; 4) appartient-il à (d) ?

Méthode
Pour tracer une droite, on détermine les coordonnées de deux points de cette droite.

Solution commentée

1. On choisit $x = 0$. Le point A d'abscisse 0 de (d) a pour ordonnée $y = 2 \times 0 - 1 = -1$. On choisit $x = 1$. Le point B d'abscisse 1 de (d) a pour ordonnée $y = 2 \times 1 - 1 = 1$. La droite (d) est la droite (AB).

2. L'abscisse du point C est 2,5 et $2 \times 2,5 - 1 = 4$. Comme 4 est l'ordonnée de C, on en déduit que C appartient à la droite (d) d'équation $y = 2x - 1$.

SAVOIR-FAIRE 2 — Déterminer une équation de droite

Voir les exercices 68 et 69, p. 243

Dans le plan muni d'un repère, on considère les points A (2 ; −4), B (12 ; 1) et C (2 ; −9). Déterminer une équation de la droite (AB) et une équation de la droite (AC).

Conseil
On examine d'abord si la droite donnée est parallèle ou non à l'axe des ordonnées.

Solution commentée

La droite (AB) n'est pas parallèle à l'axe des ordonnées car $x_A \neq x_B$.
On cherche alors une équation de (AB) sous la forme $y = ax + b$.
Le coefficient directeur de (AB) est $a = \dfrac{y_B - y_A}{x_B - x_A} = \dfrac{1 - (-4)}{12 - 2} = \dfrac{5}{10} = \dfrac{1}{2} = 0,5$.
Une équation de (AB) est de la forme $y = 0,5x + b$.
Le point A appartient à (AB) donc $-4 = 0,5 \times 2 + b$, soit $-4 = 1 + b$, d'où $b = -5$.
La droite (AB) a pour équation $y = 0,5x - 5$.
Comme $x_A = x_C = 2$, la droite (AC) est parallèle à l'axe des ordonnées et a pour équation $x = 2$.

SAVOIR-FAIRE 3 — Interpréter graphiquement un coefficient directeur

Voir les exercices 82 et 83, p. 243

1. Dans la figure ci-contre, lire graphiquement le coefficient directeur a de la droite (AB).
2. Donner une équation de la droite (AC).

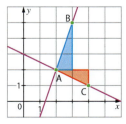

Conseil
Pour lire graphiquement le coefficient directeur d'une droite, on utilise si possible deux points de la droite situés sur des nœuds du quadrillage.

Solution commentée

1. De A vers B, « quand on augmente l'abscisse de **1** unité graphique, on augmente l'ordonnée de **3** unités graphiques. » Donc $a = 3$.

2. De A vers C, « quand on augmente l'abscisse de **2** unités, on diminue l'ordonnée de **1** unité. » Donc le coefficient directeur de (AC) est $a' = -\dfrac{1}{2} = -0,5$.

L'ordonnée à l'origine b' de (AC) est l'ordonnée du point d'intersection de (AC) avec l'axe (Oy) : on lit $b' = 3$. (AC) a pour équation $y = -0,5x + 3$.

COURS

2 Parallélisme et intersection

▶ Parallélisme

> **Logique**
> Il y a équivalence entre le parallélisme des droites et l'égalité de leurs coefficients directeurs.

Propriété Dans un repère, les deux droites (d) et (d') d'équations respectives $y = ax + b$ et $y = a'x + b'$ sont **parallèles** si et seulement si elles ont le **même coefficient directeur**, c'est-à-dire si et seulement si $a = a'$.

Démonstration
La droite (d) passe par les points A$(0\,;\,b)$ et B$(1\,;\,a+b)$; (d') passe par A'$(0\,;\,b')$ et B'$(1\,;\,a'+b')$. (d) et (d') sont parallèles si et seulement si ABB'A' est un parallélogramme. Les coordonnées des milieux de [AB'] et [A'B] sont respectivement $\left(\dfrac{1}{2}\,;\,\dfrac{b+a'+b'}{2}\right)$ et $\left(\dfrac{1}{2}\,;\,\dfrac{a+b+b'}{2}\right)$.
ABB'A est un parallélogramme si et seulement si [AB'] et [A'B] ont le même milieu.
Ceci équivaut à $\dfrac{a+b+b'}{2} = \dfrac{b+a'+b'}{2}$ donc à $a+b+b' = b+a'+b'$ soit $a = a'$.

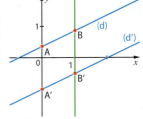

Exemple
On considère les droites (d) et (d') d'équations respectives $y = 4x + 7$ et $y = 4x - 8$.
Elles ont le même coefficient directeur égal à 4. Donc, (d) et (d') sont parallèles.

Propriété Les points A, B et C deux à deux distincts sont alignés si et seulement si les droites (AB) et (AC) ont le même coefficient directeur.

En effet, A, B et C sont alignés si et seulement si (AB) et (AC) sont confondues, ce qui équivaut à dire que ces droites sont parallèles puisqu'elles ont le point A en commun.

▶ Droites sécantes et intersection

Dans un repère du plan, les droites (d) d'équation $x = c$ et (d') d'équation $y = ax + b$ sont sécantes : en effet, (d) est parallèle à l'axe des ordonnées mais pas (d').
Le couple de coordonnées du point d'intersection I de (d) et (d') est l'unique couple solution du système $\begin{cases} x = c \\ y = ax + b \end{cases}$

Exemple
Soit (d) la droite d'équation $x = 2$ et (d') la droite d'équation $y = 2x - 1$.
Le couple $(x\,;\,y)$ des coordonnées de I est solution du système $S \begin{cases} x = 2 \\ y = 2x - 1 \end{cases}$
En substituant la valeur de x dans l'expression de y, on obtient $y = 3$.
Les droites (d) et (d') se coupent donc en I $(2\,;\,3)$.

> **À noter**
> Cette propriété est la conséquence de la propriété sur le parallélisme des droites.

Propriété Dans un repère, les droites (d) d'équation $y = ax + b$ et (d') d'équation $y = a'x + b'$ sont sécantes si et seulement si $a \neq a'$.

Exemple
On considère les deux droites (d) : $y = 5x - 1$ et (d') : $y = -2x + 3$.
Comme $5 \neq -2$, les droites (d) et (d') sont sécantes.

Propriété Si les droites (d) et (d') d'équations respectives $y = ax + b$ et $y = a'x + b'$ sont sécantes, alors le couple des coordonnées de leur point d'intersection I est l'unique couple solution du système $\begin{cases} y = ax + b \\ y = a'x + b' \end{cases}$

LES SAVOIR-FAIRE DU COURS

SAVOIR-FAIRE 4

Voir les exercices 92 et 93, p. 244

Reconnaître des droites parallèles ou sécantes

Dans le plan muni d'un repère, parmi les droites dont on donne une équation, déterminer celles qui sont parallèles entre elles :
$(d_1) : y = x + 4$; $(d_2) : y = 2x + 4$; $(d_3) : y = 2x + 1$; $(d_4) : x = 4$ et $(d_5) : x = -8$.

Conseil

Quand deux droites ne sont pas parallèles à l'axe des ordonnées, on compare leurs coefficients directeurs.

Solution commentée

Comme les droites (d_4) et (d_5) ont une équation de la forme $x = c$, elles sont toutes deux parallèles à l'axe des ordonnées donc parallèles entre elles.
Les coefficients directeurs de (d_1), (d_2) et (d_3) sont respectivement 1, 2 et 2.
On déduit que (d_2) et (d_3) sont parallèles puisqu'elles ont des coefficients directeurs égaux.

SAVOIR-FAIRE 5

Voir les exercices 105 à 108, p. 245

Déterminer le point d'intersection de deux droites sécantes

Dans le plan muni d'un repère, on considère les droites (d) et (d') d'équations respectives $y = -0,5x + 2$ et $y = x - 1$. Montrer que ces deux droites sont sécantes, puis déterminer les coordonnées de leur point d'intersection.

Méthode

Pour résoudre le système $\begin{cases} y = ax + b \\ y = a'x + b' \end{cases}$, on se ramène à une équation en x en égalant les deux expressions de y.

Solution commentée

Le coefficient directeur de (d) est $-0,5$, celui de la droite (d') est 1. Comme leurs coefficients directeurs ne sont pas égaux, (d) et (d') sont sécantes en un point que l'on note I.

Le couple $(x_I ; y_I)$ des coordonnées de I est solution du système $(S) \begin{cases} y = -0,5x + 2 \\ y = x - 1 \end{cases}$

(S) est équivalent à $\begin{cases} y = -0,5x + 2 \\ x - 1 = -0,5x + 2 \end{cases}$ soit à $\begin{cases} y = -0,5x + 2 \\ 1,5x = 3 \end{cases}$ soit à $\begin{cases} y = -0,5x + 2 \\ x = 2 \end{cases}$ donc à $\begin{cases} y = 1 \\ x = 2 \end{cases}$.

L'unique solution du système est (2 ; 1).
Les droites (d) et (d') sont donc sécantes au point I de coordonnées (2 ; 1).

SAVOIR-FAIRE 6

Voir les exercices 115 et 116, p. 245

Établir que trois points sont alignés ou non

Dans un plan muni d'un repère, on considère les points A, B et C de coordonnées respectives A (1 ; −3), B (3 ; 7), C (4 ; 12) et D (2 ; 3).
1. A, B et C sont-ils alignés ?
2. A, B et D sont-ils alignés ?

Méthode

Pour savoir si trois points sont alignés, on teste l'égalité de deux coefficients directeurs, s'ils existent.

Solution commentée

1. Comme A et B n'ont pas la même abscisse, la droite (AB) n'est pas parallèle à l'axe des ordonnées. De même, (AC) n'est pas parallèle à l'axe des ordonnées. Le coefficient directeur de (AB) est $\dfrac{7 - (-3)}{3 - 1} = \dfrac{10}{2} = 5$. Le coefficient directeur de (AC) est $\dfrac{12 - (-3)}{4 - 1} = \dfrac{15}{3} = 5$.
(AB) et (AC) ont le même coefficient directeur, donc les points A, B et C sont alignés.

2. A et D n'ont pas la même abscisse, donc (AD) n'est pas parallèle à l'axe des ordonnées. Le coefficient directeur de (AD) est $\dfrac{3 - (-3)}{2 - 1} = \dfrac{6}{1} = 6$. Les droites (AB) et (AD) n'ont pas le même coefficient directeur, donc les points A, B et D ne sont pas alignés.

Chapitre 11 ■ Droites dans le plan repéré **239**

EXERCICES

Parcours en autonomie (corrections en fin de manuel)
Maîtriser les bases 20 • 30 • 42
Préparer le contrôle 85 • 104 • 131

Pour démarrer

On se place dans un repère orthonormé du plan.

Tracé d'une droite

En direct du cours !

1 La droite (d_1) a pour équation $y = 2x - 1$. Calculer l'ordonnée y du point appartenant à (d_1) d'abscisse $x = 3$.

2 Quelle est la particularité graphique de la droite (d_2) d'équation $x = 1$?

3 Le point A d'abscisse 2 appartient à la droite d'équation $y = 7x + 5$. Quelle est son ordonnée ?

4 **1.** Placer les points de coordonnées A $(-1 ; -1)$, B $(1 ; 3)$ et C $(2 ; 2)$.
2. Tracer les droites (AB), (BC) et (AC).

Pour les exercices 5 et 6, recopier et compléter les tableaux de valeurs permettant d'obtenir les coordonnées de points de la droite donnée, puis la tracer.

5 La droite (d_1) a pour équation :
$$y = 2x - 1.$$

x	0	1
y	...	...

6 La droite (d_2) a pour équation :
$$y = \frac{1}{3}x + 1.$$

x	0	6
y	...	...

7 **1.** Vérifier que les points A $(0 ; -2)$ et B $(2 ; 4)$ appartiennent à la droite (d) d'équation $y = 3x - 2$.
2. Tracer la droite (d).

8 Déterminer le point d'abscisse $x = 3$ appartenant à la droite d'équation $y = 6x - 7$.

Pour les exercices 9 à 12, déterminer deux points de la droite dont une équation est donnée ci-dessous, puis la tracer.

9 $(d_1) : y = 3x - 1$. **10** $(d_2) : y = x$.

11 $(d_3) : y = 2x + 1$. **12** $(d_4) : x = 1$.

13 **Algo** **Comprendre un algorithme**
Soit la droite d'équation $y = 5x + 6$. Pour un point A du plan, on note $(x_A ; y_A)$ ses coordonnées.
On considère l'algorithme suivant :

Variables	x_A et y_A sont des réels
Entrée	Saisir x_A
Traitement	y_A prend la valeur $5 \times x_A + 6$
Sortie	Afficher y_A

1. Si l'on saisit $x_A = 1$ en entrée, quelle valeur affiche l'algorithme en sortie ?
2. Que détermine cet algorithme ?

14 Soit la droite (d) d'équation $y = 1,5x + 5,5$.
1. Montrer que le point A $(1 ; 7)$ appartient à (d).
2. Montrer que le point B $(2 ; 8)$ n'appartient pas à (d).
3. Le point C $(3,5 ; 11,5)$ appartient-il à (d) ?

Équations de droites

En direct du cours !

15 Soit la droite d'équation $y = 7x - 9$. Donner son coefficient directeur et son ordonnée à l'origine.

16 Donner une équation de la droite dont on connaît le coefficient directeur $a = 2$ et l'ordonnée à l'origine $b = 7$.

17 **QCM** Pour cet exercice, indiquer la bonne réponse. Soit les points A $(0 ; 1)$ et B $(2 ; 7)$. Le coefficient directeur de la droite (AB) est :
a. $a = \dfrac{7-1}{2-0}$ **b.** $a = \dfrac{2-0}{7-1}$ **c.** $a = \dfrac{1+7}{2+0}$

18 On donne ci-dessous quatre équations de droites. Indiquer parmi ces droites celles qui ont pour coefficient directeur 3.
a. $y = 3x + 8$ **b.** $y = -3x + 8$
c. $y = \dfrac{1}{3}x + 3$ **d.** $y = 3x + \dfrac{1}{8}$

19 Parmi les quatre droites ci-dessous données par une de leurs équations, lesquelles ont pour ordonnée à l'origine 6 ?
a. $y = 4x + 6$ **b.** $y = 6x + 1$
c. $y = -2x + 6$ **d.** $y = 5x - 6$

Pour les exercices 20 et 21, donner le coefficient directeur a et l'ordonnée à l'origine b de chacune des droites dont on donne une équation.

20 **a.** $y = 3x + 7$ **b.** $y = 5x - 6$

21 **a.** $y = \dfrac{2}{3}x + 4$ **b.** $y = 1$

Pour les exercices 22 et 23, on donne deux équations de droites. Pour chaque droite, indiquer si elle est parallèle ou non à l'axe des ordonnées et donner son coefficient directeur, s'il existe.

22 **a.** $y = x + 1$ **b.** $y = 3$

23 **a.** $y = 7x + 2$ **b.** $x = 5$

240

EXERCICES

QCM

Pour les exercices 24 à 26, on considère les droites (d_1), (d_2) et (d_3) représentées dans la figure ci-dessous. Donner la (ou les) bonne(s) réponse(s).

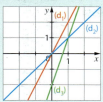

24 Le coefficient directeur de (d_1) est égal à :
a. 0   b. 2   c. 0,5

25 L'ordonnée à l'origine de (d_2) est égale à :
a. 0   b. 1   c. −1

26 L'ordonnée à l'origine de (d_3) est égale à :
a. 0,67   b. 3   c. −2

27 Soit les points A(2 ; 4) et B(4 ; 14).
1. Calculer le quotient $\dfrac{y_B - y_A}{x_B - x_A}$.
2. Que représente ce nombre pour la droite (AB) ?

28 **Algo** **Compléter un algorithme**
Soit les points A$(x_A ; y_A)$ et B$(x_B ; y_B)$.
On donne l'algorithme suivant.

Variables	x_A, y_A, x_B, y_B, a sont des réels
Entrées	Saisir x_A, y_A, x_B, y_B
Traitement	a prend la valeur ....
Sortie	Afficher a

Compléter cet algorithme afin qu'il affiche en sortie le coefficient directeur de la droite (AB).

29 Pour les points A$(x_A ; y_A)$ et B$(x_B ; y_B)$ suivants, identifier x_A, y_A, x_B et y_B puis calculer le coefficient directeur de la droite (AB).
a. A(2 ; 3) et B(5 ; 8).   b. A(1 ; 3) et B(5 ; 11).

30 Soit les points A(1 ; 11) et B(3 ; 19). On cherche une équation de la droite (AB) de la forme $y = ax + b$.
1. Vérifier l'égalité : $a = 4$
2. En utilisant le fait que A appartient à la droite (AB), montrer que l'on a $b = 7$.
3. En déduire une équation de la droite (AB).

31 Soit les points A(1 ; 2) et B(3 ; 14). On cherche une équation de la droite (AB) de la forme $y = ax + b$.
1. Montrer que l'on a : $a = 6$.
2. En déduire b puis une équation de la droite (AB).

Pour les exercices 32 et 33, tracer les droites passant par le point A et de coefficient directeur a.

32 a. A(3 ; −1) et $a = 2$.   b. A(4 ; 1) et $a = 1$.

33 a. A(−2 ; 1) et $a = −1$.   b. A(0 ; 2) et $a = −3$.

Position relative de deux droites

En direct du cours !

34 Soit deux droites d'équations respectives $y = 3x - 1$ et $y = 3x + 9$. Pourquoi ces deux droites sont-elles parallèles ?

35 Les droites (AB) et (AC) ont toutes les deux un coefficient directeur égal à 3. Pourquoi les points A, B et C sont-ils alignés ?

36 Quelle équation en x doit-on résoudre pour obtenir l'abscisse du point d'intersection de la droite d'équation $y = 3x - 1$ et de la droite d'équation $y = -2x + 9$?

37 Dans chaque cas, déterminer les coefficients directeurs des droites données par une de leurs équations et dire si ces droites sont parallèles.
a. $y = 5x - 1$ et $y = -2x + 8$.   b. $y = 4x + 7$ et $y = 5x + 7$.

38 Écrire des équations de quatre droites parallèles à la droite (d) d'équation $y = 0,5x + 4$.

39 Soit les points A(1 ; 2), B(2 ; 8) et C(5 ; 26).
1. Montrer que le coefficient directeur de la droite (AB) est égal à 6.
2. Calculer le coefficient directeur de la droite (AC).
3. Les points A, B et C sont-ils alignés ?

40 Reprendre l'exercice précédent avec les points de coordonnées A(0 ; 5), B(1 ; 11) et C(4 ; 31).

41 Déterminer par lecture graphique les coordonnées des trois points d'intersections des droites tracées ci-contre.

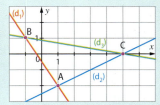

42 Soit la droite (d) d'équation $y = 3x + 2$ et la droite (d') d'équation $y = x - 4$.
1. Pourquoi (d) et (d') ne sont-elles pas parallèles ?
2. Montrer que l'abscisse x_1 du point d'intersection I de ces deux droites est solution de l'équation $3x + 2 = x - 4$.
3. Résoudre cette équation.
4. En déduire les coordonnées de I.

Chapitre 11 ■ Droites dans le plan repéré   **241**

EXERCICES

Parcours en autonomie (corrections en fin de manuel)
Maîtriser les bases 20 · 30 · 42
Préparer le contrôle 85 · 104 · 131

Pour s'entraîner

Le plan est rapporté au repère orthonormé.

Tracé d'une droite

43 Soit (d) la droite d'équation $y = -2x + 1$.
1. Tracer la droite (d).
2. Le point C (2,25 ; −3,5) appartient-il à (d) ?

SAVOIR-FAIRE **1** p.237

44 Soit (d) la droite d'équation $y = 3x - 2$.
a. Tracer la droite (d).
b. Le point C (0,7 ; 0) appartient-il à (d) ?

SAVOIR-FAIRE **1** p. 237

Pour les exercices 45 à 49, tracer les droites (d) et (d') données par une de leurs équations.

45 (d) : $y = 2x + 2$ et (d') : $y = -x + 1$.

46 (d) : $y = x - 4$ et (d') : $y = -2$.

47 (d) : $x = 2$ et (d') : $x = 3$.

48 (d) : $y = \dfrac{3}{4}x$ et (d') : $y = -\dfrac{5}{2}x + 2$.

49 (d) : $y = 2,5x - 1,5$ et (d') : $y = \dfrac{1}{3}x + \dfrac{2}{3}$.

50 🖩 Afficher sur la calculatrice les droites suivantes d'équations données.
a. (d) : $y = 2x + 1$. **b.** (d) : $y = -4x + 3$.

Aide Voir la fiche TICE du chapitre 2, p. 43.

51 **Algo** 🖩 **Compléter un algorithme**
On considère le point A $(x_A ; y_A)$ et la droite (d) d'équation $y = 3x + 2$. Soit l'algorithme suivant :

Variables	x_A et y_A sont des réels
Entrées	Saisir x_A et y_A
Traitement	**Si** ....
et sortie	**Alors** ....
	Sinon afficher « le point A n'appartient pas à la droite (d) »
	Fin Si

1. Recopier et compléter l'algorithme pour qu'il affiche l'appartenance, ou non, de A à la droite (d).
2. Programmer cet algorithme sur la calculatrice.

Pour les exercices 52 à 55, déterminer si le point A appartient à la droite (d) dont on donne une équation.

52 A (3 ; 1) et (d) : $y = -x + 4$.

53 A (5 ; 2) et (d) : $y = 2x + 1$.

54 A (4 ; 3) et (d) : $y = 3$.

55 A (−2 ; −4) et (d) : $y = 3x - 2$.

56 **Logique**
Soit (d) la droite d'équation $y = 4x + 3$ et M $(x ; y)$ un point du plan. Dire, en justifiant la réponse, si chacune des propositions suivantes est vraie ou fausse.
1. Pour tout x et pour tout y, M appartient à (d).
2. Pour tout x, il existe y tel que M appartient à (d).
3. Pour tout y, il existe x tel que M appartient à (d).

Pour les exercices 57 à 59, on donne deux droites (d) et (d') à l'aide d'une de leurs équations. Pour chacune de ces droites, déterminer les coordonnées des points d'intersection avec les axes du repère.

57 (d) : $y = 3x - 5$; (d') : $y = -x + 2$.

58 (d) : $y = \dfrac{3}{4}x - 1$; (d') : $y = -\dfrac{5}{2}x + 2$.

59 (d) : $y = 4$; (d') : $x = 2$.

Équations de droites

60 Déterminer, s'il existe, le coefficient directeur de la droite (AB) dans les cas suivants.
a. A (2 ; 3) et B (6 ; 9). **b.** A (3 ; 1) et B (7 ; 3).

61 Déterminer, s'il existe, le coefficient directeur de la droite (AB) dans les cas suivants.
a. A (1 ; 7) et B (4 ; 19). **b.** A (3 ; 1) et B (3 ; 4).

Pour les exercices 62 à 64, tracer les droites dont on donne le coefficient directeur a et l'ordonnée à l'origine b.

62 **a.** $a = 2$ et $b = -1$. **b.** $a = -0,5$ et $b = 3$.

63 **a.** $a = 1$ et $b = -4$. **b.** $a = 0$ et $b = 2$.

64 **a.** $a = \dfrac{1}{3}$ et $b = 1$. **b.** $a = -\dfrac{1}{4}$ et $b = \dfrac{1}{2}$.

EXERCICES

VRAI - FAUX

Pour les exercices 65 à 67, indiquer si les affirmations sont vraies ou fausses, puis justifier.

65 Le point A (4 ; 1) appartient à la droite d'équation $y = 3x + 1$.

66 La droite d'équation $x = 3$ a un point d'ordonnée égale à $\sqrt{2}$.

67 Tous les points de la droite d'équation $y = -x$ ont une ordonnée négative.

68 On considère les points A (3 ; 9), B (2 ; 4) et C (3 ; –4). Déterminer une équation de la droite (AB) et une équation de la droite (AC).

SAVOIR-FAIRE **2** p. 237

69 On considère les points A (2 ; –3), B (–5 ; 11) et C (2 ; –4). Déterminer une équation de la droite (AB) et une équation de la droite (AC).

SAVOIR-FAIRE **2** p. 237

Pour les exercices 70 à 75, déterminer une équation de la droite (AB).

70 A (1 ; 4) et B (6 ; 11).   **71** A (1 ; 2) et B (–4 ; –2).

72 A (2 ; 1) et B (9 ; 4).   **73** A (–3 ; 7) et B (2 ; 4).

74 A (10 ; 0) et B (0 ; 10).   **75** A (10 ; 30) et B (–50 ; 210).

Pour les exercices 76 à 79, déterminer une équation de la droite (d) passant par le point A et de coefficient directeur a.

76 A (–3 ; 2) et $a = 1$.   **77** A (5 ; –6) et $a = 4$.

78 A (1 ; 2) et $a = 0$.   **79** A (1 ; 1) et $a = 0,5$.

EXERCICE RÉSOLU

80 Une équation d'une médiane

Énoncé

On considère les points A (1 ; 3), B (6 ; 3) et C (0 ; –1). Déterminer une équation de la médiane issue de A dans le triangle ABC.

Solution commentée

Cette médiane est la droite (AI), où I est le milieu de [BC]. I a pour coordonnées $\left(\dfrac{6+0}{2} ; \dfrac{3+(-1)}{2}\right)$, soit (3 ; 1). (AI) n'est pas parallèle à l'axe des ordonnées car $x_A \neq x_I$. On cherche donc une équation de (AI) sous la forme $y = ax + b$. Le coefficient directeur de (AI) est $a = \dfrac{3-1}{1-3} = \dfrac{2}{-2} = -1$. Une équation de (AI) est donc de la forme $y = -x + b$. A appartient à (AI), donc $3 = -1 + b$, d'où $b = 4$. La médiane issue de A dans le triangle ABC a pour équation $y = -x + 4$.

81 On considère les points A (6 ; 3), B (–2 ; 7) et C (4 ; 0). Déterminer une équation de la médiane issue de C dans le triangle ABC.

82 a. Lire graphiquement le coefficient directeur a de la droite (AB).
b. Donner une équation de la droite (AC).

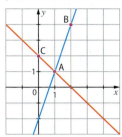

SAVOIR-FAIRE **3** p. 237

Pour les exercices 83 et 84, déterminer par lecture graphique une équation de chacune des droites tracées.

83

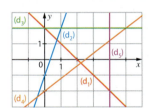

SAVOIR-FAIRE **3** p. 237

84

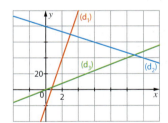

Aide Bien repérer les unités choisies sur les axes.

85 Préparer le contrôle

Dans le repère ci-contre, on a tracé la droite (AB).

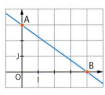

Parmi les équations proposées, déterminer celle qui correspond à la droite (AB) :

a. $y = 3x$ **b.** $y = -3x + 4$ **c.** $y = 3x - 4$

d. $y = -\dfrac{3}{4}x + 3$ **e.** $y = \dfrac{3}{4}x + 3$ **f.** $y = -\dfrac{4}{3}x + 3$

Chapitre 11 ■ Droites dans le plan repéré **243**

EXERCICES

86 *Logique*

1. La proposition suivante est-elle vraie ?
« Si la droite (d) a une équation de la forme $x = c$, alors (d) est parallèle à un des axes du repère. »

2. La propriété réciproque est-elle vraie ?

87 On considère la figure ci-dessous représentant une cocotte. Les points A, B,… H sont placés sur des nœuds du quadrillage. Chaque segment est une partie de droite.

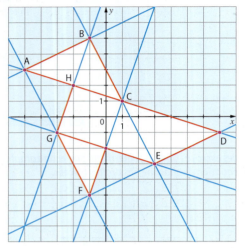

1. Pour chacun des segments [CE] et [DE], indiquer l'intervalle dans lequel l'abscisse varie et donner, par lecture graphique, une équation de la droite portant ce segment.

2. Déterminer le coefficient directeur de chacune des droites (AG) et (EF).

Exemple question 1. Une équation de (GH) est $y = 3x + 8$ et x varie dans $[-3 ; -2]$.

VRAI - FAUX

Pour les exercices **88** à **91**, on considère la figure ci-dessous. Indiquer si les affirmations sont vraies ou fausses, puis justifier.

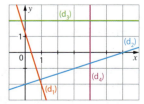

88 Le coefficient directeur de la droite (d_1) est négatif.

89 Le coefficient directeur de la droite (d_2) est 3.

90 Les coefficients directeurs des droites (d_2) et (d_3) sont opposés.

91 Le coefficient directeur de la droite (d_4) est nul.

Parallélisme et alignement

*Pour les exercices **92** et **93**, déterminer, parmi les droites dont on donne une équation, celles qui sont parallèles entre elles.*

92 $(d_1) : y = 3x + 4$; $(d_2) : y = 4$; $(d_3) : x = 3$; $(d_4) : x = 6$; $(d_5) : y = 3x + 12$; $(d_6) : y = 4x + 1$.

SAVOIR-FAIRE **4** p. 239

93 $(d_1) : y = 2x + 5$; $(d_2) : y = 8x + 1$; $(d_3) : x = 5$; $(d_4) : y = 8x + 5$; $(d_5) : x = 2$; $(d_6) : y = 8$.

SAVOIR-FAIRE **4** p. 239

94 *Algo* **Compléter un algorithme**
On considère les points A $(x_A ; y_A)$ et B $(x_B ; y_B)$ avec $x_A \neq x_B$ et la droite (d) d'équation $y = ax + b$.
Recopier et compléter l'algorithme suivant.

Variables	$x_A, y_A, x_B, y_B, a', a$ et b sont des réels
Entrées	Saisir x_A, y_A, x_B, y_B, a, b
Initialisation	Affecter à a' la valeur ………

Traitement et sortie	Si …
	    Alors afficher « les droites (AB) et (d) sont parallèles »
	    Sinon afficher « les droites (AB) et (d) sont sécantes »
	 Fin Si

95 Écrire des équations de quatre droites parallèles à la droite (d) d'équation $y = 2\,015x + 69$.

96 Dans chacun des cas suivants, on donne deux points A et B et une équation d'une droite (d). Déterminer si (AB) est parallèle à (d).
a. A $(3 ; 1)$, B $(2 ; 4)$ et $y = 3x - 3$.
b. A $(5 ; 2)$, B $(3 ; 6)$ et $y = -2x$.
c. A $(3 ; 2)$, B $(3 ; 0)$ et $y = -2x + 10$.

EXERCICE RÉSOLU

97 **Équation d'une parallèle à une droite donnée**

Énoncé
Déterminer une équation de la droite (d') passant par le point A $(3 ; 8)$ et parallèle à la droite (d) d'équation $y = 2x + 1$.

Solution commentée
(d) a pour coefficient directeur 2. Comme (d') est parallèle à (d), (d') a le même coefficient directeur que (d), c'est-à-dire 2. Une équation de (d') est de la forme $y = 2x + b$. Comme A appartient à (d'), $8 = 2 \times 3 + b$ soit $b = 2$.
Donc (d') a pour équation $y = 2x + 2$.

Pour les exercices 98 à 101, déterminer une équation de la droite (d') passant par le point A et parallèle à la droite (d) dont on donne une équation :

98 $y = 3x - 6$ et A (2 ; 4).   **99** $y = -3x + 1$ et A (2 ; 3).

100 $x = -1$ et A (3 ; 2).   **101** $y = 1$ et A (3 ; 0).

102 Soit les points A (3 ; 1), B (1 ; 2) et C (5 ; 4).
Déterminer une équation de la droite (d) parallèle à (AB) et passant par C.

103 Soit les points A (4 ; 1), B (2 ; 3) et C (−1 ; 2).
1. Déterminer une équation de la droite (d) parallèle à (AB) et passant par C.
2. Déterminer une équation de la droite (d') parallèle à (BC) et passant par A.

104 Préparer le contrôle
Soit les points A (1 ; −1), B (3 ; 3) et C (5 ; 2).
1. Déterminer une équation de (AB).
2. Déterminer une équation de la droite (d) parallèle (AB) et passant par C.

105 Soit les points A (2 ; 6), B (4 ; 11), C (8 ; 21) et D (10 ; 25).
1. A, B et C sont-ils alignés ?
2. A, B et D sont-ils alignés ?

 p. 239

Pour les exercices 106 à 108, déterminer si les points A, B et C sont alignés ou non.

 p. 239

106 A (−1 ; − 5), B (0 ; −2) et C (3 ; 11).

107 A (25 ; −10), B (4 ; −1) et C (−3 ; 2).

108 A (2 ; 2), B (0 ; −6) et C (4 ; 15).

109 Déterminer la valeur du réel y pour que les points A (2 ; 5), B (0 ; −5) et C (5 ; y) soient alignés.

110 Logique
On considère quatre points A, B, C et D d'abscisses toutes différentes.
1. La proposition suivante est-elle vraie ?
« Si A, B, C et D sont alignés, alors (AB) et (CD) ont le même coefficient directeur. »
2. La proposition réciproque est-elle vraie ? Justifier.

111 On considère la figure ci-dessous :

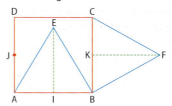

ABCD est un carré. I, J et K sont les milieux respectifs des segments [AB], [AD] et [BC]. Les triangles ABE et BFC sont équilatéraux.
On munit le plan du repère orthonormé (A, I, J).
1. Donner les coordonnées des points A, B, C, D, I, J et K dans ce repère.
2. Calculer les distances EI et FK.
3. En déduire les coordonnées de E et F.
4. Déterminer une équation de la droite (DE).
5. Montrer que D, E et F sont alignés.

VRAI - FAUX

Pour les exercices 112 à 114, indiquer si les affirmations sont vraies ou fausses, puis justifier.

112 Les droites d'équations respectives $x = 1$ et $y = 1$ sont parallèles.

113 Les points O (0 ; 0), A (4 ; 6) et B (6 ; 9) sont alignés.

114 Les points A (1 ; 2), B (1 ; 3) et C (1 ; 5) sont alignés.

Position relative de deux droites

115 Soit les deux droites (d) et (d') d'équations respectives $y = 2x + 3$ et $y = -4x + 6$. Montrer que les droites (d) et (d') sont sécantes, puis déterminer les coordonnées de leur point d'intersection noté I.

 p. 239

116 Même énoncé que l'exercice précédent avec pour équations $y = 3x - 4$ et $y = -4x + 5$.

 p. 239

Pour les exercices 117 à 119, déterminer si les droites (d) et (d') données par une de leurs équations, sont sécantes ou non. Dans le cas où (d) et (d') sont sécantes, déterminer par le calcul les coordonnées de leur point d'intersection.

117 (d) : $y = x + 2$ et (d') : $y = -2x + 3$.

118 (d) : $y = -2x + 1$ et (d') : $y = -2x + 3$.

119 (d) : $x = 5$ et (d') : $y = 3x - 2$.

EXERCICES

Pour les exercices 120 à 123, à l'aide de la calculatrice, tracer les deux droites dont on donne une équation puis lire graphiquement les coordonnées de leur point d'intersection.

120 $y = \frac{2}{3}x + 2$ et $y = -x + 2$.

121 $y = 0,5x - 1$ et $y = -x + 3,5$.

122 $y = 0,5x + 1,5$ et $y = -x + 3$.

123 $y = 10x$ et $y = -10x + 100$.

124 On considère les droites (d) et (d') d'équations respectives $y = -2x + 2$ et $y = \frac{3}{4}x + 3$.
a. Montrer que (d) et (d') sont sécantes.
b. Tracer les droites (d) et (d').
c. Déterminer graphiquement les coordonnées de leur point d'intersection.
d. Vérifier le résultat précédent par le calcul.

125 Algo TICE **Compléter un algorithme**
Soit deux droites (d) et (d') d'équations respectives $y = ax + b$ et $y = a'x + b'$, avec $a \neq a'$.
1. Montrer que l'abscisse de leur point d'intersection I est :
$$x_I = \frac{b' - b}{a - a'}.$$
2. Recopier et compléter l'algorithme suivant :

Variables	a, b, a', b', x_I, y_I sont des réels
Entrées	Saisir a, b, a' et b'
Traitement	x_I prend la valeur ....
	....
Sorties	Afficher x_I et y_I

3. Programmer cet algorithme sur une calculatrice ou un logiciel.
4. Tester cet algorithme dans les cas suivants :
a. Les droites (d) et (d') ont pour équations $y = -0,4x + 40$ et $y = 0,1x + 15$.
b. Les droites (d) et (d') ont pour équations $y = 3x - 3$ et $y = x + 5$.

EXERCICE RÉSOLU

126 Résolution d'un système
Énoncé
Résoudre le système d'équations $\begin{cases} 4x - 3y = 16 \\ -3x + y = -7 \end{cases}$
Solution commentée
La seconde ligne donne $y = 3x - 7$. En substituant cette expression de y dans la première ligne, on obtient $4x - 3(3x - 7) = 16$, d'où $-5x + 21 = 16$ puis $-5x = -5$ soit $x = 1$. On obtient ensuite $y = 3 \times 1 - 7 = -4$. Le système a pour solution le couple $(1 ; -4)$.

127 Résoudre ce système d'équations linéaires :
$\begin{cases} 4x - y = -5 \\ 8x + 5y = 32 \end{cases}$

128 Soit les systèmes d'équations linéaires :

A $\begin{cases} 3x - 2y = 11 \\ y = -4 \end{cases}$ **B** $\begin{cases} 4x + 3y = 16 \\ x = 1 \end{cases}$

C $\begin{cases} y = 1 \\ x = -4 \end{cases}$ **D** $\begin{cases} 4x + 3y = -16 \\ 8x + 5y = -12 \end{cases}$

De quel(s) système(s) le couple $(1 ; -4)$ est-il solution ?

129 Parmi les systèmes d'équations linéaires ci-dessous, déterminer celui que l'on peut résoudre graphiquement à l'aide de cet écran de calculatrice.

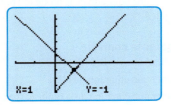

A $\begin{cases} y = -2,5x - 1,5 \\ y = 3x + 4 \end{cases}$ **B** $\begin{cases} y = -2,5x + 1,5 \\ y = 3x - 4 \end{cases}$

C $\begin{cases} y = -2,5x - 1,5 \\ y = 3x - 4 \end{cases}$ **D** $\begin{cases} y = -2,5x + 1,5 \\ y = -3x - 4 \end{cases}$

130 TICE Céline a utilisé un logiciel de calcul formel pour obtenir les coordonnées du point d'intersection de la droite d'équation $y = -2,5x + 1,5$ et de la droite d'équation $y = 3x - 4$.

```
1  Résoudre[{y=-2.5x+1.5,y=3x-4},{x,y}]
   → ( x = 1   y = -1 )
```

1. Vérifier par le calcul cet affichage.
2. À l'aide d'un logiciel de calcul formel, déterminer les coordonnées du point d'intersection des droites (d) d'équation $y = -0,4x + 40$ et (d') d'équation $y = 0,1x + 15$.

Aide question 2. Voir les fiches TICE, pp. 321 et 324.

131 Préparer le contrôle
Soit le triangle ABC avec A$(2 ; 1)$, B$(-3 ; 2)$ et C$(7 ; -3)$.
1. Déterminer une équation de la médiane issue de A, puis celle de la médiane issue de B dans le triangle ABC.
2. En déduire les coordonnées du centre de gravité du triangle ABC.

132 1. Soit (d) la droite coupant l'axe des abscisses au point A (2 ; 0) et l'axe des ordonnées au point B (0 ; 3).
Montrer qu'une équation de (d) s'écrit : $y = -1{,}5x + 3$.

2. Plus généralement, montrer que la droite passant par les points A $(a\ ; 0)$ et B $(0\ ; b)$ avec a et b non nuls, a pour équation $y = -\dfrac{b}{a}x + b$.

3. En utilisant le résultat précédent, écrire une équation des quatre droites portant les côtés du carré CDEF ci-dessous.

133 Soit les points A (–2 ; –2), B (7 ; 1) et C (2 ; 6).
1. a. Montrer qu'un point M du plan appartient à la médiatrice du segment [AB] si et seulement si $MA^2 = MB^2$.
b. Soit M un point de coordonnées $(x\ ; y)$. Donner l'expression de MA^2 et de MB^2 en fonction de x et de y.
c. En déduire qu'une équation de la médiatrice de [AB] est :
$$y = -3x + 7.$$
2. Démontrer de même qu'une équation de la médiatrice de [BC] est : $y = x - 1$.
3. Soit Ω le centre du cercle circonscrit au triangle ABC.
a. Écrire un système de deux équations à deux inconnues de solution les coordonnées de Ω.
b. Déterminer les coordonnées de Ω.

134 Soit (d_1) et (d_2) les droites d'équations respectives :
$$y = 4x \text{ et } y = -3x.$$
1. a. À l'aide d'un logiciel de géométrie dynamique, construire (d_1) et (d_2).
b. Créer un curseur b, puis construire la droite (d_3) d'équation :
$$y = 0{,}5x + b.$$
Que devient (d_3) lorsque b varie ?
c. Construire les points M, N et I tels que :
– M est le point d'intersection des droites (d_1) et (d_3) ;
– N est le point d'intersection des droites (d_2) et (d_3) ;
– I est le milieu du segment [MN].
d. Quelle conjecture peut-on faire sur la position du point I lorsque le réel b varie ?
2. a. Calculer les coordonnées de M et N en fonction du réel b.
b. En déduire les coordonnées de I en fonction de b. La conjecture est-elle vérifiée ?

135 Les droites d'équations $y = ax$ et $y = -x + b$ se coupent en un unique point dont les coordonnées sont strictement négatives. On en conclut que :

A $a > 0$ et $b > 0$ **B** $a > 0$ et $b < 0$;
C $a < 0$ et $b < 0$ **D** $a < -1$ et $b < 0$;
E $a < -1$ et $b > 0$.

Source : concours Kangourou.

TOP CHRONO
Résoudre chacun des exercices suivants en 15 minutes maximum.

136 On considère les points A (1 ; 2), B (3 ; 14) et C (5 ; 9).
1. Déterminer une équation de la droite (AB).
2. Déterminer une équation de la droite (d) parallèle à (AB) passant par C.

137 On considère les deux droites (d) : $y = -1{,}5x + 7$ et (d') : $y = 0{,}5x - 1$.
1. Montrer que (d) et (d)' sont sécantes.
2. Tracer les droites (d) et (d').
3. Lire les coordonnées du point d'intersection.
4. Vérifier le résultat par le calcul.

138 Par lecture graphique, déterminer une équation de chacune des droites suivantes.

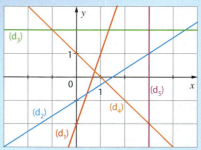

139 1. Résoudre le système d'équations suivant :
$$\begin{cases} y = 7x - 5 \\ y = 3x + 9 \end{cases}$$
2. Interpréter graphiquement ce résultat.

EXERCICES

Faire le point

Choisir la (ou les) bonne(s) réponse(s).

Pour les questions ❶ à ⓫, on se place dans un repère orthonormé.

Utiliser une équation de droite

Pour vous aider SAVOIR-FAIRE **1 et 2** p. 237

	A	B	C	D
❶ Soit les points A (2 ; 1) et B (1 ; 3). La droite (AB) a pour équation :	$y = -2x + 4$	$x = 2$	$y = -2x + 5$	$y = -\dfrac{1}{2}x + 2$
❷ Soit A (2 ; 3) et B (2 ; 5). La droite (AB) a pour équation :	$y = 2x - 1$	$x = 2$	$y = 2$	$y = x + 1$
❸ La droite (d) passant par le point A (1 ; 1) et de coefficient directeur 2 a pour équation :	$y = 2x - 1$	$y = -x + 2$	$y = 2x + 1$	$x = 2$
❹ La droite d'équation $y = 4x - 8$ passe par le point	A (2 ; 0)	B (0 ; 2)	C (−1 ; −12)	D (10 ; 8)

Lire graphiquement une équation de droite

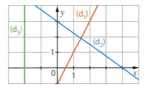

On donne trois droites (d₁), (d₂) et (d₃) représentées dans le repère ci-contre.

Pour vous aider SAVOIR-FAIRE **3** p. 237

	A	B	C	D
❺ La droite (d₁) a pour coefficient directeur :	−2	−1	0,5	2
❻ La droite (d₁) a pour ordonnée à l'origine :	−1	0,5	1	2
❼ La droite (d₂) a pour équation :	$y = \dfrac{3}{4}x + 3$	$y = -\dfrac{4}{3}x + 3$	$y = -\dfrac{3}{4}x + 3$	$y = 3x - \dfrac{3}{4}$
❽ La droite (d₃) a pour équation :	$x = -2$	$y = -2$	$y = -2x$	$x = -2y$

Étudier la position relative de deux droites

Pour vous aider SAVOIR-FAIRE **4 à 6** p. 239

	A	B	C	D
❾ Les droites d'équation $y = 3x - 4$ et $y = 4x - 4$ sont	parallèles	confondues	sécantes	sécantes au point A (0 ; −4)
❿ Soit (d) la droite d'équation $y = 5x - 2$. La parallèle à (d) passant par le point A (2 ; 7) a pour équation :	$y = 5x + 7$	$y = -2x + 11$	$y = 5x - 3$	$y = 5x + 3$
⓫ Soit les points A (−3 ; 2), B (4 ; 3), C (−2 ; −3) D (6 ; −2) et E (74 ; 13).	(AB) et (CD) sont parallèles	A, B et E sont alignés	(AB) et (CD) sont sécantes	(AD) et (BC) sont sécantes en J (1 ; 0)

Voir les corrigés, page 334

248

EXERCICES

Tracer une droite d'équation donnée

Un exemple : Tracer la droite (d) d'équation $y = -2x + 3$ dans un repère orthonormé du plan.

Les questions à se poser	Des réponses
Que me demande-t-on ?	➡ On me demande de tracer une droite donnée par une de ses équations. Préciser cette équation.
Que doit-on faire pour démarrer ?	➡ On détermine un point de la droite (d).
Comment faire pour déterminer un point d'une droite dont une équation est de la forme $y = ax + b$?	➡ On choisit une valeur de l'abscisse x et on calcule l'ordonnée y correspondante. Avec $x = -1$, par exemple, déterminer la valeur de y correspondante et en déduire que A $(-1 ; 5)$ appartient à la droite (d).
Comment terminer ?	➡ La droite (d) n'étant pas parallèle à (Oy), on détermine un deuxième point de (d). Choisir une autre valeur de x pour déterminer un deuxième point de (d) puis tracer cette droite dans un repère.
Peut-on vérifier ?	➡ On peut déterminer un troisième point de la droite (d). Placer ce point et vérifier qu'il appartient à la droite tracée.

Applications

140 Tracer la droite (d) d'équation $y = -3x + 3$.
141 Tracer la droite (d') d'équation $y = 0,5x + 1$.

Déterminer une équation de droite

Un exemple : Déterminer une équation de la droite passant par les points A $(1 ; -1)$ et B $(4 ; 8)$ dans un repère orthonormé.

Les questions à se poser	Des réponses
Que me demande-t-on ?	➡ On me demande de donner une équation de la droite passant par deux points donnés.
Que doit-on faire pour démarrer ?	➡ On identifie la forme de l'équation cherchée. Justifier que l'équation cherchée est de la forme $y = ax + b$.
Quels sont les outils dont on dispose pour obtenir a ?	➡ On utilise une formule du cours. Rappeler cette formule.
À quoi correspondent les réels intervenant dans la formule ?	➡ Le réel x_A est l'abscisse de A, le réel y_A est l'ordonnée de A. Identifier les valeurs de x_A, y_A, x_B et y_B puis vérifier que a est égal à 3.
Comment terminer ?	➡ On doit déterminer le réel b. Justifier l'égalité $y_A = 3x_A + b$ puis remplacer x_A et y_A par leurs valeurs respectives et déterminer b. Rédiger une conclusion.
Comment vérifier ?	➡ On peut utiliser le point B. Remplacer x par x_B dans l'équation obtenue et vérifier que la valeur de y calculée est égale à y_B.

Applications

142 Déterminer l'équation de la droite passant par A $(2 ; -1)$ et B $(6 ; 9)$.
143 Déterminer l'équation de la droite passant par A $(-5 ; 9,5)$ et B $(3 ; -1,7)$.

Revoir des points essentiels

Chapitre 11 ■ Droites dans le plan repéré **249**

EXERCICES

TP 1 — Les bus et le tramway parisiens bientôt saturés ?

Utiliser différentes droites pour effectuer des prévisions sur l'évolution de la fréquentation du réseau de la RATP.

Le tableau ci-dessous indique le nombre de personnes utilisant les transports en commun sur le réseau de surface (bus et tramway) de la RATP à Paris et en banlieue, lors du premier trimestre des années comprises entre 2006 et 2013.

Source : Insee.

Année	2006	2007	2008	2009	2010	2011	2012	2013
Rang i de l'année	1	2	3	4	5	6	7	8
Nombre de voyageurs (en centaines de millions)	7,24	7,39	7,71	7,62	7,85	7,96	8,07	8,28

Dans ce TP, le plan est rapporté à un repère orthogonal. On associe, à chaque année, le point M_i d'abscisse le rang i de l'année et d'ordonnée le nombre de voyageurs au premier trimestre. Ainsi, à l'année 2006, on associe le point $M_1(1 ; 7,24)$. Les coefficients des équations de droites seront arrondis à 0,001 près.

A Construction d'un nuage de points

1. a. Construire les points M_1 ; M_2 ; M_3 … M_8 dans le repère en prenant comme unités : en abscisse, 1 cm pour une année ; en ordonnée, 1 cm pour 0,2 centaine de millions **en commençant la graduation à 7**.
b. Déterminer une équation de la droite (M_1M_8).

2. Dans ce nuage de points, on suppose que la droite (M_1M_8) traduit l'évolution du nombre de voyageurs à partir de 2014.
a. À quel rang correspond l'année 2016 ?
b. À l'aide de l'équation de la droite (M_1M_8), déterminer par le calcul une estimation du nombre de voyageurs au premier trimestre de l'année 2016.
c. Par lecture graphique, contrôler le résultat précédent.

B Estimation avec la droite des points moyens

1. Soit G_1 le point dont l'abscisse est la moyenne des abscisses des quatre premiers points du nuage et dont l'ordonnée est la moyenne des ordonnées de ces quatre points.
G_1 est appelé **point moyen** des points M_1, M_2, M_3 et M_4.
a. Vérifier que G_1 a pour coordonnées (2,5 ; 7,49).
b. Placer G_1 sur le graphique précédent.

2. On définit comme précédemment **le point moyen** G_2 des quatre derniers points M_5, M_6, M_7, M_8 du nuage.
a. Calculer les coordonnées de G_2, puis placer ce point sur le graphique.
b. Déterminer une équation de la droite (G_1G_2).

3. En supposant cette fois que (G_1G_2) traduit l'évolution du nombre de voyageurs, donner une nouvelle estimation de ce nombre pour le premier trimestre 2016.

C Estimation à l'aide du tableur

1. Ouvrir une page d'un tableur au choix.

2. Saisir les abscisses des points du nuage dans la zone de cellules **A1:H1** puis saisir les ordonnées de ces points dans la zone **A2:H2**.

	A	B	C	D	E	F	G	H
1	1	2	3	4	5	6	7	8
2	7,24	7,39	7,71	7,62	7,85	7,96	8,07	8,28

3. a. Faire afficher le nuage de points correspondant à ces données.
b. Faire afficher la droite d'ajustement proposée par le logiciel ainsi que son équation.

4. On suppose que cette droite traduit l'évolution du nombre de voyageurs pour les prochaines années.
Donner une estimation de ce nombre pour le premier trimestre 2016.

5. Comparer les trois estimations obtenues.

Aide pour les logiciels

Excel
C. 3. a. Sélectionner la zone **A1:H2** puis choisir [Insertion], [Nuage de points] et enfin [Nuage de points avec marqueurs uniquement].
C. 3. b. Cliquer-droit sur un des points du nuage, choisir [Ajouter une courbe de tendance] puis [Linéaire] et [Afficher l'équation sur le graphique].

OpenOffice
C. 3. a. Sélectionner la zone **A1:H2**, puis choisir [Insertion], [Diagramme] et [XY]. Cliquer alors sur [Suivant>>] et choisir [Série de données en lignes].
C. 3. b. Double cliquer sur le graphique, cliquer-droit sur un des points du nuage, choisir [Insérer une courbe de tendance…], dans l'onglet [Type] choisir [Linéaire] puis [Afficher l'équat on].

Voir **FICHE TICE**, page 318

EXERCICES

TP 2 — Une condition de perpendicularité

Utiliser un logiciel de géométrie dynamique pour conjecturer une condition de perpendicularité de deux droites.

Dans un repère orthonormé, on considère les droites (d) et (d') d'équations respectives $y = ax + b$ et $y = a'x + b'$ où a, b, a' et b' sont quatre réels.
On cherche à déterminer une condition sur les réels a et a' pour que les droites (d) et (d') soient perpendiculaires.

A Construction et conjecture

1. a. Ouvrir un logiciel de géométrie dynamique.
Créer un curseur a variant entre −5 et 5 et d'incrément 0,1 puis un curseur a' variant de −5 à 5 et d'incrément 0,01.

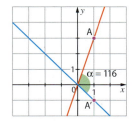

b. Créer la droite (d$_1$) d'équation $y = ax$ puis le point A d'abscisse 1 de (d$_1$).
c. Créer la droite (d'$_1$) d'équation $y = a'x$ puis le point A' d'abscisse 1 de (d'$_1$).

2. a. Créer le point O de coordonnées (0 ; 0).
b. Faire afficher la mesure de l'angle $\widehat{AOA'}$.

3. Dans cette question, on considère $a = 2$.
a. Faire varier le réel a' et conjecturer sa valeur lorsque (d$_1$) et (d'$_1$) sont perpendiculaires.
b. Quelle est alors la valeur du produit aa' ?

4. Reprendre la question **3** pour $a = -0{,}25$ puis pour d'autres valeurs de a.

5. a. Tracer la perpendiculaire (Δ) à (d$_1$) passant par O.
b. Faire afficher le coefficient directeur p de la droite (Δ) puis créer le produit $k = ap$.
c. Faire varier a et observer la valeur de k.
Cela confirme-t-il la conjecture faire précédemment ?

B Démonstration de la conjecture

1. a. Les droites (d$_1$) et (d'$_1$) sont perpendiculaires si et seulement si le triangle AOA' est d'une certaine forme. Laquelle ?
b. Exprimer en fonction de a et de a' les longueurs OA, OA' et AA'.
c. En utilisant le théorème de Pythagore, démontrer la conjecture faite à la partie A.

2. Justifier que la propriété démontrée à la question **1** pour (d$_1$) et (d'$_1$) reste valable pour (d) et (d') d'équations respectives $y = ax + b$ et $y = a'x + b'$.

C Application

On considère les points E (3 ; 5), F (10 ; 7) et G (7 ; 1).

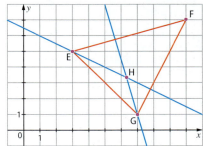

1. a. Déterminer le coefficient directeur de (FG).
b. En déduire le coefficient directeur de la hauteur (h_1) issue de E dans le triangle EFG.
c. Déterminer une équation de (h_1).

2. En procédant de la même façon, déterminer une équation de la hauteur (h_2) issue de G dans le triangle EFG.

3. En déduire les coordonnées de l'orthocentre H du triangle EFG.

Aide pour le logiciel

GeoGebra

A. 2. b. Choisir le menu **Angle** à l'aide de l'icône, puis sélectionner successivement A, O et A'.
A. 5. b. Pour créer le produit k, saisir `k=a*p`.
Pour faire afficher le réel p, choisir le menu **Pente** à l'aide de l'icône puis sélectionner la droite (Δ).

Voir **FICHE TICE**, page 320

Chapitre 11 ■ Droites dans le plan repéré

EXERCICES

Pour approfondir

144 Le stomachion
En utilisant un repère bien choisi, déterminer les équations des droites ayant permis de dessiner le stomachion ci-dessous. (Des points sont placés pour nommer les droites.)

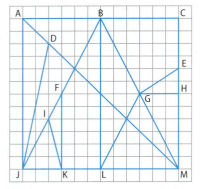

LE SAVIEZ-VOUS ?
Il s'agit de l'un des plus vieux puzzles connus ! Attribué à **Archimède**, il comporte 14 pièces qu'il s'agit de reconstituer en carré. On a dénombré par informatique, aux rotations et aux réflexions près, qu'il y a 536 solutions distinctes.

145 Trois droites concourantes
Sur la figure ci-dessous, ABCD et BEFG sont des carrés de côtés respectifs 2 et 1. En se plaçant dans un repère bien choisi, démontrer que les droites (AG), (CE) et (DF) sont concourantes.

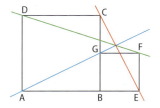

146 Un mélange de café
Un marchand vend du café de deux qualités. Lorsqu'il prend 2 kg de la première qualité et 3 kg de la seconde, le kilogramme de ce mélange vaut 6 €. Lorsqu'il prend 3 kg de la première et 2 kg de la seconde, le kilogramme de ce mélange vaut 6,40 €. Quel est le prix au kilogramme de chaque qualité ?

147 TICE Un point variable sur une droite
Soit m un réel et (d_m) la droite d'équation $y = 3x - 2m$.

1. a. Représenter les droites (d_0) et (d_1) à l'aide d'un logiciel de géométrie dynamique.
b. Construire la droite variable (d_m).
c. Construire les points d'intersection A_m et B_m de la droite (d_m) respectivement avec les axes (xx') et (yy').
d. Construire le milieu I_m du segment $[A_mB_m]$.
e. Que peut-on conjecturer sur la position du point I_m lorsque m varie ?

2. a. Montrer que, pour tout m, les droites (d_0) et (d_m) sont parallèles.
b. Calculer les coordonnées des points A_m et B_m.
c. Déterminer, en fonction de m, les coordonnées du milieu I_m du segment $[A_mB_m]$.
d. Montrer que, pour tout m, le point I_m appartient à une droite fixe.

Aide question 1. b. On pourra créer un curseur.
question 1. e. Activer la trace du point I_m.

148 Trapèze complet
1. a. Dans un repère du plan, placer les points suivants :
A(-2 ; 3), B(0 ; 1), C(-2 ; -9) et D(-8 ; -3).
b. Déterminer la nature du quadrilatère ABCD.
2. a. Écrire une équation de la droite (AC), puis une équation de la droite (BD).
b. Déterminer par le calcul, puis vérifier graphiquement les coordonnées du point K intersection de (AC) et (BD).
3. a. Écrire une équation de la droite (AD), puis une équation de la droite (BC).
b. Déterminer par le calcul, puis vérifier graphiquement les coordonnées du point L, intersection de (AD) et (BC).
4. Écrire une équation de la droite (KL).
5. I est le milieu de [AB], et J celui de [CD]
a. Calculer les coordonnées de I et de J.
b. Montrer que les points I, J, K et L sont alignés.

LE SAVIEZ-VOUS ?
Cet alignement est vrai pour tout trapèze qui n'est pas un parallélogramme.

149 Intersection des médianes d'un triangle
Soit un triangle ABC quelconque. On se place dans le repère (A, B, C).
1. Donner une équation de chaque médiane de ce triangle.
2. Montrer que les médianes sont concourantes en un point dont on donnera les coordonnées.

EXERCICES

150 `Algo` `TICE` **Compléter un algorithme**

On cherche à savoir si trois points distincts $A(x_A ; y_A)$, $B(x_B ; y_B)$ et $C(x_C ; y_C)$ sont alignés.

1. On suppose $x_A \neq x_B$ et $x_A \neq x_C$. On désigne par a le coefficient directeur de la droite (AB) et par a' celui de (AC). Exprimer a et a' en fonction de x_A, y_A, x_B, y_B, x_C et y_C.

2. Donner la condition nécessaire et suffisante sur a et a' pour que A, B et C soient alignés.

3. Montrer que $a = a'$ équivaut à :
$$(y_C - y_A)(x_B - x_A) = (y_B - y_A)(x_C - x_A).$$

4. Compléter l'algorithme suivant :

Variables	$x_A, y_A, x_B, y_B, x_C, y_C$, G et D sont des réels
Entrées	Saisir x_A, y_A, x_B, y_B, x_C et y_C
Initialisation	G prend la valeur $(y_C - y_A)(x_B - x_A)$
	D prend la valeur $(y_B - y_A)(x_C - x_A)$
Traitement et sortie	Si G = D
	Alors ...
	Sinon ...
	Fin Si

5. Programmer cet algorithme sur ordinateur ou calculatrice, puis le tester avec les valeurs suivantes :
a. A (2 ; 35), B (–3 ; –15) et C (4 ; 55) ;
b. A (1 ; 3), B (1 ; 5) et C (2 ; 4).

6. L'algorithme fonctionne-t-il encore lorsqu'au moins l'une des droites (AB) ou (AC) est parallèle à l'axe des ordonnées ?

151 **PROBLÈME DE SYNTHÈSE**
La droite d'Euler
Soit les points A (3 ; 56), B (45 ; 50) et C (21 ; 2). La figure sera complétée au fur et à mesure de l'exercice. Les coordonnées de tous les points demandés sont entières !

1. Placer ces points dans un repère.
2. Calculer les coordonnées des points A', B' et C', milieux respectifs des segments [BC], [AC] et [AB].
3. a. Déterminer une équation de chacune des droites (AA') et (CC').
b. En déduire les coordonnées du point G, centre de gravité du triangle ABC.
4. a. Montrer que l'appartenance d'un point M à la médiatrice de [AB] équivaut à $AM^2 = BM^2$.
b. Montrer qu'une équation de la médiatrice de [AB] est :
$$y = 7x - 115.$$
c. Tracer cette médiatrice.
d. Montrer, de même, qu'une équation de la médiatrice de [BC] est $y = -0,5x + 42,5$.
e. Calculer les coordonnées du point O, centre du cercle circonscrit au triangle ABC.
f. Montrer que le rayon de ce cercle est 30.
5. a. Montrer que la hauteur issue de C est parallèle à la médiatrice du segment [AB].
b. Déterminer une équation de cette hauteur.
c. Déterminer, de même, une équation de la hauteur issue de A.
d. Calculer les coordonnées de l'orthocentre H du triangle ABC.
6. Montrer que les points G, H et O sont alignés. Ils forment la droite d'Euler du triangle.
7. Montrer que OH = 3OG.

> **LE SAVIEZ-VOUS ?**
> Le mathématicien suisse **Leonhard Euler** (1707-1783) établit en 1765 une démonstration de cet alignement dans un ouvrage écrit en latin : *Solutions faciles de problèmes difficiles en géométrie*. Tout un programme !

PRISES D'INITIATIVES

152 Les droites ci-dessous sont-elles concourantes ?

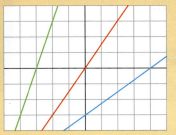

153 On considère les droites (d) et (d'), d'équations respectives $y = x + 1$ et $y = 3x - 1$ et A le point de coordonnées (2 ; 1). Montrer qu'il existe un point M de (d) et un point M' de (d') tels que le milieu du segment [MM'] soit A.

154 Les quatre pièces deux à deux superposables de la figure du haut forment un carré de côté $3 + 5 = 8$ et d'aire $8 \times 8 = 64$. On place maintenant ces pièces dans un rectangle de dimensions 5 et $5 + 8 = 13$ et d'aire $5 \times 13 = 65$ (figure du bas). En comparant les aires, on peut penser qu'on peut en déduire que 64 est égal à 65. Comment expliquer ce résultat ?

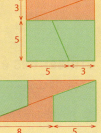

> **LE SAVIEZ-VOUS ?**
> Ce puzzle est attribué à **Lewis Carroll**, de son vrai nom Charles Lutwidge Dodgson (1832-1898), logicien britannique connu pour être l'auteur d'*Alice au pays des merveilles*.

Chapitre 11 ■ Droites dans le plan repéré   **253**

Réactiver les savoirs

➤ Voir les réponses, p. 334

Utiliser un repère du plan

Exercice Dans un repère orthonormé (O, I, J), on a placé les points A, B et F comme ci-contre.

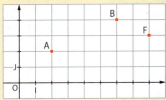

1. Par lecture graphique, donner les coordonnées de A, B et F.
2. Reproduire la figure et placer le point C de coordonnées (1 ; 4).
3. Placer le milieu D du segment [AB] et calculer ses coordonnées.
4. On considère le point E tel que D est le milieu du segment [CE]. Calculer les coordonnées du point E.
5. Quelle est la nature du quadrilatère ACBE ? Justifier la réponse.
6. Montrer que DB = BF. Peut-on en déduire que le point B est le milieu du segment [DF] ?

➜ Pour vous aider, voir le chapitre 10, p. 210

Travailler avec des parallélogrammes et des milieux **COLLÈGE**

Vrai ou faux ?

Dire si chacune des affirmations proposées est vraie **pour tous points** A, B, C et D du plan. Lorsque ce n'est pas le cas, citer l'une des figures ci-dessous en contre-exemple.

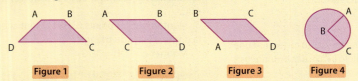

Figure 1   Figure 2   Figure 3   Figure 4

7. Si les droites (AB) et (CD) sont parallèles, alors ABCD est un parallélogramme.
8. Si les segments [AC] et [BD] ont le même milieu, alors ABCD est un parallélogramme.
9. Si la droite (AB) est parallèle à la droite (CD) et si AB = CD, alors ABCD est un parallélogramme.
10. Si ABCD est un parallélogramme, alors les droites (AB) et (CD) sont parallèles.
11. Si AB = BC, alors le point B est le milieu du segment [AC].
12. Si C est le symétrique de B par rapport à A, alors A est le milieu du segment [BC].

➜ Pour vous aider, voir les rappels p. 314 et le chapitre 10 p. 214

Utiliser des équations **COLLÈGE**

QCM Choisir la (ou les) bonne(s) réponse(s).

	A	B	C	D
13. Le nombre x tel que $35x = 49$ est égal à :	14	1,4	$\dfrac{7}{5}$	$\dfrac{35}{49}$
14. k est un nombre qui vérifie $2k = 6$ et $3k = 12$.	$k = 3$	$k = 4$	$k = 3$ ou $k = 4$	k n'existe pas
15. Soit le tableau de proportionnalité :	Il existe un réel p tel que $6 = 2p$ et $9 = 3p$	Il existe un réel k tel que $6 = 2k$ et $x = 4k$	$x = 4 \times 3$	$x = 10$

➜ Pour vous aider, voir les rappels p. 310 et le chapitre 3 p. 66

254

Vecteurs

CHAPITRE 12

Une montgolfière est soumise à l'attraction terrestre qui l'attire vers le sol et, également, à la poussée d'Archimède qui la pousse vers le haut. Les physiciens représentent ces deux forces par des flèches de même direction et de sens opposés. Ces flèches symbolisent ce que l'on appelle des vecteurs, objets mathématiques que nous allons étudier dans ce chapitre.

Poussée d'Archimède

Poids

Les notions du chapitre
- ✔ Translation et vecteurs
- ✔ Vecteurs dans un repère
- ✔ Somme de vecteurs
- ✔ Produit d'un vecteur par un nombre réel
- ✔ Vecteurs colinéaires
- ✔ Parallélisme de droites et alignement de points

Logique Notations et raisonnement
p. 258, 260, 269, 270, 273, 278

Algo Les algorithmes
p. 270, 278

 Utilisation de logiciels
p. 256, 257, 276, 277, 278, 279

255

ACTIVITÉS

ACTIVITÉ 1 — Des points glissants

Objectif
Introduire la notion de vecteur.

Cours 1
Translation et vecteurs

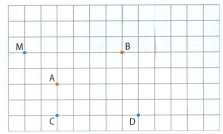

1. a. Reproduire la figure ci-contre et placer le milieu I du segment [BM].
b. Construire le point M' tel que [BM] et [AM'] aient le même milieu. Le point M' ainsi construit est appelé **image de M par la translation qui transforme A en B**.

2. a. Placer le milieu J du segment [BC], puis construire le point C', image de C par la translation qui transforme A en B.
b. Quelle est la nature des quadrilatères ABM'M et ABC'C ?

3. a. Construire le point D' tel que ABD'D soit un parallélogramme.
b. Que peut-on dire des milieux respectifs des segments [BD] et [AD'] ?
c. En déduire l'image du point D par la translation qui transforme A en B.

4. Tracer les quadrilatères MACD et M'BC'D', puis une flèche allant de A jusqu'à B. La translation qui transforme A en B est aussi appelée **translation de vecteur $\vec{AB}$** : elle peut être décrite comme un « glissement » dans la direction de la droite (AB), dans le sens de A vers B et de longueur celle du segment [AB].

ACTIVITÉ 2 — Dans un funiculaire

Objectif
Introduire la notion de coordonnées d'un vecteur, ainsi que le calcul de ces coordonnées.

Cours 2
Vecteurs dans un repère

Fichier logiciel
➜ www.bordas-indice.fr

Dans un repère (O, I, J), on a schématisé la cabine d'un funiculaire au départ par le quadrilatère ORST et, à un certain point du parcours, par le quadrilatère MR'S'T'. Les points R', S' et T' sont les images respectives des points R, S et T par la translation de vecteur $\vec{OM}$.

1. Justifier que les vecteurs $\vec{OM}$, $\vec{RR'}$, $\vec{SS'}$ et $\vec{TT'}$ sont égaux.

2. a. Quelles sont les coordonnées du point M ?
b. Par définition, **les coordonnées du vecteur $\vec{OM}$ sont celles du point M.** Quelles sont les coordonnées de $\vec{OM}$?

3. Par définition, **les coordonnées d'un vecteur sont celles de l'extrémité de son représentant d'origine O.**
a. Quel est le représentant d'origine O du vecteur $\vec{RR'}$?
b. En déduire les coordonnées de $\vec{RR'}$.

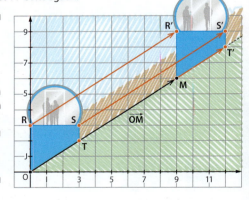

4. a. Recopier et compléter le tableau ci-dessous.

Coordonnées du vecteur	$\vec{OM}$ (9 ; 6)	$\vec{RR'}$ (… ; …)	$\vec{SS'}$ (… ; …)	$\vec{TT'}$ (… ; …)
Coordonnées de l'extrémité	M (9 ; 6)	R' (… ; …)	S' (… ; …)	T' (… ; …)
Coordonnées de l'origine	O (0 ; 0)	R (… ; …)	S (… ; …)	T (… ; …)

b. Soit deux points A et B de coordonnées respectives $(x_A\ ;\ y_A)$ et $(x_B\ ;\ y_B)$. Conjecturer l'expression des coordonnées du vecteur $\vec{AB}$ en fonction de x_A, x_B, y_A et y_B.

5. À l'aide d'un logiciel de géométrie dynamique, on déplace le point M. Les coordonnées des points R, R', S, S' ainsi que celles des vecteurs $\vec{RR'}$ et $\vec{SS'}$ sont affichées. Peut-on confirmer la conjecture faite dans la question **4. b** ?

ACTIVITÉS

ACTIVITÉ 3 — Croisières aux îles d'Hyères

Objectif
Introduire la somme de deux vecteurs et la relation de Chasles.

Cours 3
Somme de vecteurs

Les îles d'Hyères, aussi appelées îles d'Or, sont situées au large de la ville d'Hyères dans le Var. On a schématisé ci-contre certaines liaisons maritimes. Les ports et îles sont représentés par un point nommé H pour le port d'Hyères, P pour l'île de Porquerolles, etc.
Dans cette activité, on appelle *croisière* deux traversées en bateau consécutives. Par exemple, une *croisière* possible est : « L vers C, puis C vers P ».

1. a. Quelle est la *croisière* possible pour aller du port d'Hyères à Port-Cros ?
b. Quelles sont les trois *croisières* possibles pour aller de Porquerolles à Port-Cros ?

2. Quand on fait la croisière « L vers C, puis C vers P », on enchaîne les translations de vecteur $\vec{LC}$ et de vecteur $\vec{CP}$. Cela « correspond » à une translation de vecteur noté $\vec{LC} + \vec{CP}$.
a. Quel est le point de départ de cette *croisière* ? son point d'arrivée ?
b. On définit le vecteur $\vec{LC} + \vec{CP}$ comme le vecteur de la translation qui « fait passer » du point de départ de la *croisière* à son point d'arrivée. À quel vecteur est égal le vecteur $\vec{LC} + \vec{CP}$?
3. a. Quelle somme de vecteurs « correspond » à la *croisière* de la question **1. a** ?
b. À quel vecteur est-elle égale ?

4. À l'aide des réponses apportées à la question **1. b**, compléter de trois façons différentes l'égalité $\vec{P\ldots} + \vec{\ldots C} = \vec{PC}$.

ACTIVITÉ 4 — Un nouveau produit TICE

Objectif
Découvrir le vecteur $k\vec{u}$.

Cours 4
Produit d'un vecteur par un réel

Fichier logiciel
www.bordas-indice.fr

Dans un repère (O, I, J), on considère le vecteur $\vec{u}$ (3 ; 2).

1. a. Calculer les coordonnées des vecteurs $\vec{u} + \vec{u}$ et $\vec{u} + \vec{u} + \vec{u}$.
b. Représenter ces vecteurs.

2. a. Calculer les coordonnées des vecteurs $-\vec{u}, -\vec{u} - \vec{u}$ et $-\vec{u} - \vec{u} - \vec{u}$.
b. Représenter ces vecteurs.

3. À l'aide d'un logiciel de géométrie dynamique, on a créé un curseur k et les vecteurs $\vec{u}$ et $k\vec{u}$.
a. On fait varier k de –3 à 3 avec un pas de 1. En observant les coordonnées du vecteur $k\vec{u}$, dire à quels vecteurs de la forme $k\vec{u}$ sont égaux les vecteurs des questions **1** et **2** ?
b. On fait varier k de –3 à 3 avec un pas de 0,5. Comparer les coordonnées des vecteurs $\vec{u}$ et $k\vec{u}$ pour différentes valeurs de k.
En déduire une conjecture sur l'expression des coordonnées du vecteur $k\vec{u}$ en fonction des coordonnées du vecteur $\vec{u}$.

Chapitre 12 ■ Vecteurs   257

COURS

1 Translation et vecteurs

Translation

POINT HISTOIRE
En 1830, dans sa *Méthode des équipollences*, le mathématicien italien **Giusto Bellavitis** (1803-1880) crée le concept de « vecteur ».

Définition Soit A et B deux points du plan.
Lorsque, à tout point M, on associe l'unique point M' tel que les segments [AM'] et [BM] ont le même milieu, on dit que M' est l'image de M par la **translation** qui transforme A en B.

Remarques
- Par convention, le milieu de [AA] est le point A.
- Pour construire le point M', on peut tracer le parallélogramme (éventuellement aplati) ABM'M :
  – lorsque M n'est pas sur la droite (AB) | – lorsque M est sur la droite (AB)

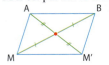 

À la translation qui transforme A en B, on peut associer le **vecteur** $\vec{AB}$.

Définition La translation qui au point A associe le point B est appelée **translation de vecteur** $\vec{AB}$.

Lorsque A et B sont distincts, le vecteur $\vec{AB}$ est représenté par une flèche allant du point A jusqu'au point B.

Égalité de deux vecteurs

A noter
La relation d'égalité pour les vecteurs a les mêmes propriétés que la relation d'égalité pour les nombres.

Définition Soit quatre points A, B, C et D du plan.
Les vecteurs $\vec{AB}$ et $\vec{CD}$ sont égaux signifie que D est l'image de C par la translation de vecteur $\vec{AB}$. On note $\vec{AB} = \vec{CD}$.

Propriétés Soit quatre points A, B, C et D du plan.
(1) $\vec{AB} = \vec{CD}$ si et seulement si les segments [AD] et [BC] ont même milieu.
(2) $\vec{AB} = \vec{CD}$ si et seulement si le quadrilatère ABDC est un parallélogramme.

Logique
On relie deux propositions équivalentes par « si et seulement si » ou « équivaut à ».

Logique Quand on écrit « **si et seulement si** » dans l'énoncé d'une propriété, celui-ci contient une propriété et sa réciproque. Par exemple, le premier énoncé contient les deux propriétés :
« Si $\vec{AB} = \vec{CD}$, alors les segments [AD] et [BC] ont même milieu » et sa réciproque :
« Si les segments [AD] et [BC] ont même milieu, alors $\vec{AB} = \vec{CD}$ ».

Propriété Soit A et B deux points distincts.
Le point I est le milieu du segment [AB] si et seulement si $\vec{AI} = \vec{IB}$.

Vecteur $\vec{u}$

A noter
Un vecteur a une infinité de représentants.

Sur la figure ci-contre, la translation de vecteur $\vec{AB}$ transforme C en D, E en F et G en H. On a donc $\vec{AB} = \vec{CD} = \vec{EF} = \vec{GH}$.
$\vec{AB}, \vec{CD}, \vec{EF}$ et $\vec{GH}$ sont des **représentants** d'un même vecteur que l'on peut appeler par une seule lettre, par exemple $\vec{u}$.
$\vec{AB}$ est le représentant **d'origine** A du vecteur $\vec{u}$.
Son **extrémité** est le point B.
Le vecteur dont les représentants sont $\vec{AA}, \vec{BB}, \vec{CC}...$ est appelé **vecteur nul** : on le note $\vec{0}$.

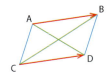

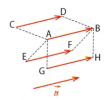

LES SAVOIR-FAIRE DU COURS

SAVOIR-FAIRE 1 — Reconnaître des vecteurs égaux

Voir les exercices 23 et 24, p. 268

Soit ABC un triangle. Les points I et K sont les milieux respectifs des segments [AB] et [AC]. Le point E est le symétrique de K par rapport à A, et le point D est le symétrique de I par rapport à A.

1. Citer deux vecteurs égaux au vecteur $\vec{AI}$.
2. a. Montrer que le quadrilatère IKDE est un parallélogramme.
b. En déduire un vecteur égal au vecteur $\vec{IK}$.

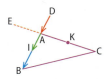

Conseil
Pour démontrer que des vecteurs sont égaux, on peut mettre en évidence des parallélogrammes ou des milieux.

Solution commentée

1. I est le milieu du segment [AB] donc $\vec{AI} = \vec{IB}$.
Le point D est le symétrique de I par rapport à A donc A est le milieu du segment [ID]. Par conséquent, $\vec{AI} = \vec{DA}$.
Les vecteurs $\vec{IB}$ et $\vec{DA}$ sont égaux au vecteur $\vec{AI}$.

2. a. Le point E est le symétrique de K par rapport à A donc A est le milieu du segment [EK].
D'après la question **1**, A est le milieu du segment [ID].
On en déduit que les diagonales [ID] et [EK] du quadrilatère IKDE se coupent en leur milieu. Ainsi, IKDE est un parallélogramme.
b. Le quadrilatère IKDE est un parallélogramme donc $\vec{IK} = \vec{ED}$.

SAVOIR-FAIRE 2 — Démontrer en utilisant des vecteurs

Voir les exercices 28 et 29, p. 268

Sur la figure ci-dessous, les quadrilatères ABIJ, AJML et LJFM sont des parallélogrammes.

1. a. Justifier que $\vec{BI} = \vec{AJ}$.
b. Démontrer que le quadrilatère BIML est un parallélogramme.
2. a. Montrer que $\vec{AJ} = \vec{JF}$.
b. Que peut-on en déduire ?

Conseil
Pour montrer qu'un quadrilatère est un parallélogramme ou qu'un point est le milieu d'un segment, on peut démontrer l'égalité de deux vecteurs.

Solution commentée

1. a. Comme ABIJ est un parallélogramme, on a bien $\vec{BI} = \vec{AJ}$.
b. Pour montrer que le quadrilatère BIML est un parallélogramme, il suffit de montrer que $\vec{BI} = \vec{LM}$.
• D'après la question **a**, $\vec{BI} = \vec{AJ}$.
De plus, AJML est un parallélogramme donc $\vec{AJ} = \vec{LM}$.
$\vec{BI} = \vec{AJ}$ et $\vec{AJ} = \vec{LM}$ donc $\vec{BI} = \vec{LM}$.
• Comme $\vec{BI} = \vec{LM}$, le quadrilatère BIML est un parallélogramme.

2. a. D'après la question **1**, $\vec{AJ} = \vec{LM}$.
De plus, LJFM est un parallélogramme donc $\vec{LM} = \vec{JF}$.
$\vec{AJ} = \vec{LM}$ et $\vec{LM} = \vec{JF}$ donc $\vec{AJ} = \vec{JF}$.
b. Comme $\vec{AJ} = \vec{JF}$, le point J est le milieu du segment [AF].

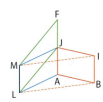

COURS

2 Vecteurs dans un repère

Coordonnées d'un vecteur dans un repère

Vocabulaire
Pour le vecteur $\vec{u}(x\,;y)$, x et y sont respectivement la première et la deuxième coordonnée de $\vec{u}$.

Dans un repère (O, I, J), on considère un vecteur $\vec{u}$ et deux points A et B tels que $\vec{u} = \vec{AB}$.
Il existe un unique représentant d'origine O du vecteur $\vec{u}$. Son extrémité est le sommet M du parallélogramme (éventuellement aplati) ABMO.

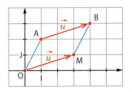

Définition Les coordonnées d'un vecteur $\vec{u}$ dans un repère (O, I, J) sont les coordonnées de l'unique point M tel que $\vec{OM} = \vec{u}$.

À noter
On note également les coordonnées de cette manière : $\vec{u}\begin{pmatrix}x\\y\end{pmatrix}$.

Si $(x\,;y)$ sont les coordonnées du point M, les coordonnées du vecteur $\vec{OM}$ sont également $(x\,;y)$. On note $\vec{u}(x\,;y)$.

Exemple : sur la figure ci-dessus, le point M tel que $\vec{OM} = \vec{u}$ a pour coordonnées (3 ; 1), donc les coordonnées du vecteur $\vec{u}$ sont (3 ; 1).

À noter
Les coordonnées du vecteur nul sont (0 ; 0).

Propriété Dans un repère, on considère les points de coordonnées A$(x_A\,;y_A)$ et B$(x_B\,;y_B)$. Le vecteur $\vec{AB}$ a pour coordonnées $(x_B - x_A\,;y_B - y_A)$.

Démonstration
Les coordonnées du vecteur $\vec{AB}$ sont les coordonnées du point M tel que $\vec{OM} = \vec{AB}$. Les segments [OB] et [AM] ont donc le même milieu. Les coordonnées du milieu de [OB] sont $\left(\dfrac{0+x_B}{2}\,;\dfrac{0+y_B}{2}\right)$; celles du milieu de [AM] sont $\left(\dfrac{x_A+x_M}{2}\,;\dfrac{y_A+y_M}{2}\right)$.
On en déduit que $\dfrac{x_B}{2} = \dfrac{x_A+x_M}{2}$ et $\dfrac{y_B}{2} = \dfrac{y_A+y_M}{2}$ et, ainsi, $x_M = x_B - x_A$ et $y_M = y_B - y_A$.

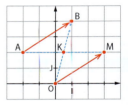

Exemple : dans le repère (O, I, J) ci-dessus, on a A(−2 ; 2) et B(1 ; 4). Le vecteur $\vec{AB}$ a pour coordonnées (1 − (−2) ; 4 − 2), soit $\vec{AB}$(3 ; 2).

Égalité de deux vecteurs

À noter
Deux vecteurs sont égaux si et seulement si ils ont les mêmes coordonnées dans un repère.

Propriété Dans un repère, on considère les vecteurs $\vec{u}(x\,;y)$ et $\vec{v}(x'\,;y')$.
$\vec{u} = \vec{v}$ équivaut à $x = x'$ et $y = y'$.

Exemples : dans un repère (O, I, J), on considère les points E(1 ; 1), F(4 ; 2), G(4 ; 1), H(7 ; 2), M(2 ; 1) et N(5 ; 0).
$\vec{EF}$(4 − 1 ; 2 − 1), soit $\vec{EF}$(3 ; 1).
$\vec{GH}$(7 − 4 ; 2 − 1), soit $\vec{GH}$(3 ; 1).
$\vec{MN}$(5 − 2 ; 0 − 1), soit $\vec{MN}$(3 ; −1).

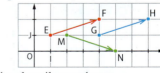

● Les vecteurs $\vec{EF}$ et $\vec{GH}$ ont les mêmes coordonnées, donc ils sont égaux.
● La deuxième coordonnée du vecteur $\vec{EF}$ est différente de la deuxième coordonnée du vecteur $\vec{MN}$, donc les vecteurs $\vec{EF}$ et $\vec{MN}$ ne sont pas égaux.

Logique
On a montré dans le second point de l'exemple que la proposition P_1 : « $x = x'$ et $y = y'$ » est fausse en montrant que la proposition P_2 : « $x \neq x'$ ou $y \neq y'$ » est vraie.
La seconde proposition P_2 est la **négation** de P_1.

LES SAVOIR-FAIRE DU COURS

SAVOIR-FAIRE 3 — Déterminer les coordonnées d'un vecteur

Voir les exercices 37 et 38, p. 269

Dans le repère (O, I, J) ci-contre, on considère les points A (1 ; 2), B (6 ; 3), C (–4 ; 2), D (–1 ; 1), E (–4 ; 3) et F (2 ; 3).
Déterminer les coordonnées des vecteurs $\vec{AB}$, $\vec{CD}$ et $\vec{EF}$ dans le repère (O, I, J) :
a. par le calcul ;
b. par lecture graphique.

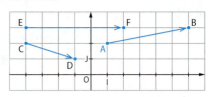

Conseil
On peut vérifier les coordonnées d'un vecteur obtenues par un calcul en faisant une lecture graphique de ces coordonnées.

Solution commentée

a. Le vecteur $\vec{AB}$ a pour coordonnées $(x_B - x_A\ ;\ y_B - y_A)$ avec :
$x_B = 6$ et $y_B = 3$ puisque le point B a pour coordonnées (6 ; 3).
$x_A = 1$ et $y_A = 2$ puisque le point A a pour coordonnées (1 ; 2).
On a donc $\vec{AB}\ (6-1\ ;\ 3-2)$, soit $\vec{AB}\ (5\ ;\ 1)$.
C (–4 ; 2) et D (–1 ; 1) donc $\vec{CD}\ (-1-(-4)\ ;\ 1-2)$, soit $\vec{CD}\ (3\ ;\ -1)$.
E (–4 ; 3) et F (2 ; 3) donc $\vec{EF}\ (2-(-4)\ ;\ 3-3)$, soit $\vec{EF}\ (6\ ;\ 0)$.

b. Pour $\vec{AB}$: on peut tracer le représentant d'origine O du vecteur $\vec{AB}$ et lire les coordonnées de son extrémité M.
On peut également « aller » du point A jusqu'au point B, en suivant la direction des axes.
On se déplace de **5 unités** vers la droite en suivant la direction de l'axe (OI), et d'**une unité** vers le haut en suivant celle de l'axe (OJ).
Avec ces deux méthodes, le vecteur $\vec{AB}$ a pour coordonnées (**5** ; **1**).
De la même façon, on trouve : $\vec{CD}\ (3\ ;\ -1)$ et $\vec{EF}\ (6\ ;\ 0)$.

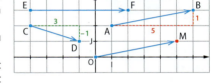

SAVOIR-FAIRE 4 — Démontrer avec des coordonnées

Voir les exercices 42 et 43, p. 269

Dans un repère (O, I, J), on considère les points A (1 ; 2), B (5 ; 4), C (2 ; 1), D (–2 ; –1) et E (6 ; 2).
1. Montrer que le quadrilatère ABCD est un parallélogramme.
2. Calculer les coordonnées du point G tel que le quadrilatère CBEG soit un parallélogramme.

Méthode
Pour calculer les coordonnées d'un point M défini par une égalité vectorielle, on commence par noter $(x\ ;\ y)$ les coordonnées de ce point.

Solution commentée

1. $\vec{AD}\ (-2-1\ ;\ -1-2)$, soit $\vec{AD}\ (-3\ ;\ -3)$.
$\vec{BC}\ (2-5\ ;\ 1-4)$, soit $\vec{BC}\ (-3\ ;\ -3)$.
Les vecteurs $\vec{AD}$ et $\vec{BC}$ ont les mêmes coordonnées donc ils sont égaux.
$\vec{AD} = \vec{BC}$ donc ABCD est un parallélogramme.
Remarque : on aurait pu montrer que $\vec{DA} = \vec{CB}$, $\vec{CD} = \vec{BA}$ ou encore $\vec{DC} = \vec{AB}$.

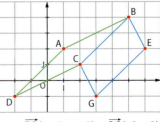

2. On cherche les coordonnées $(x\ ;\ y)$ du point G.
CBEG est un parallélogramme si et seulement si $\vec{EG} = \vec{BC}$. Comme $\vec{EG}\ (x-6\ ;\ y-2)$ et $\vec{BC}\ (-3\ ;\ -3)$,
$\vec{EG} = \vec{BC}$ équivaut à $\begin{cases} x - 6 = -3 \\ y - 2 = -3 \end{cases}$.
On en déduit que $x = -3 + 6 = 3$ et $y = -3 + 2 = -1$.
Ainsi, G a pour coordonnées (3 ; –1).

Chapitre 12 ■ Vecteurs

COURS

3 Somme de vecteurs

Somme de deux vecteurs

Sur la figure de la définition suivante, on a transformé le point A en B par la translation de vecteur $\vec{u}$, puis le point B en C par la translation de vecteur $\vec{v}$.
On a ainsi transformé A en C par l'enchaînement de ces deux translations.

POINT HISTOIRE

Michel Chasles (1793-1880) est un mathématicien français, à qui l'on doit d'importants travaux en géométrie.

Définition Soit $\vec{u}$ et $\vec{v}$ deux vecteurs.
La somme des vecteurs $\vec{u}$ et $\vec{v}$, notée $\vec{u} + \vec{v}$, est le vecteur associé à la translation résultant de l'enchaînement des translations de vecteur $\vec{u}$ et de vecteur $\vec{v}$.

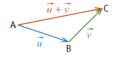

De cette définition, découlent les deux propriétés suivantes :

Propriétés Pour tous points A, B, C et D du plan :
(1) **Relation de Chasles** : $\vec{AB} + \vec{BC} = \vec{AC}$.
(2) $\vec{AB} + \vec{AC} = \vec{AD}$ si et seulement si ABDC est un parallélogramme.

Construction d'un représentant du vecteur $\vec{u} + \vec{v}$

Soit un point A. Pour construire le représentant d'origine A du vecteur $\vec{u} + \vec{v}$, on utilise l'une ou l'autre des deux propriétés précédentes.

À noter

On utilise la règle du parallélogramme lorsque les vecteurs sont représentés à partir d'une même origine.

• **Avec la relation de Chasles**
On construit les points B et C tels que $\vec{AB} = \vec{u}$ et $\vec{BC} = \vec{v}$. Le représentant d'origine A du vecteur $\vec{u} + \vec{v}$ est $\vec{AC}$.

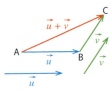

• **Avec la règle du parallélogramme**
On construit les points B et C tels que $\vec{AB} = \vec{u}$ et $\vec{AC} = \vec{v}$, puis le parallélogramme ABDC. Le représentant d'origine A du vecteur $\vec{u} + \vec{v}$ est $\vec{AD}$.

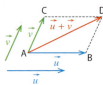

À noter

Propriétés Pour tous vecteurs $\vec{u}$, $\vec{v}$ et $\vec{w}$, on a :
(1) $\vec{u} + \vec{v} = \vec{v} + \vec{u}$ (2) $(\vec{u} + \vec{v}) + \vec{w} = \vec{u} + (\vec{v} + \vec{w}) = \vec{u} + \vec{v} + \vec{w}$ (3) $\vec{u} + \vec{0} = \vec{u}$

Différence de deux vecteurs : d'après la relation de Chasles, $\vec{AB} + \vec{BA} = \vec{AA}$.
Comme $\vec{AA} = \vec{0}$, on a $\vec{AB} + \vec{BA} = \vec{0}$. On dit que le vecteur $\vec{BA}$ est l'opposé du vecteur $\vec{AB}$ et on le note $-\vec{AB}$. Ainsi : $-\vec{AB} = \vec{BA}$.

Définitions Soit $\vec{u}$ et $\vec{v}$ deux vecteurs.
(1) L'**opposé** du vecteur $\vec{u}$ est le vecteur noté $(-\vec{u})$ tel que $\vec{u} + (-\vec{u}) = \vec{0}$.
(2) La différence des vecteurs $\vec{u}$ et $\vec{v}$, notée $\vec{u} - \vec{v}$, est le vecteur $\vec{u} + (-\vec{v})$.

Coordonnées de $\vec{u} + \vec{v}$ dans un repère

À noter

Les coordonnées du vecteur $(-\vec{u})$ sont $(-x ; -y)$.

Propriété
Dans un repère, soit les vecteurs $\vec{u}(x ; y)$ et $\vec{v}(x' ; y')$.
Dans ce repère, le vecteur $\vec{u} + \vec{v}$ a pour coordonnées $(x + x' ; y + y')$.

Exemple : dans un repère, on considère les vecteurs $\vec{u}(2 ; 3)$ et $\vec{v}(4 ; 1)$.
Le vecteur $\vec{u} + \vec{v}$ a pour coordonnées :
$(2 + 4 ; 3 + 1)$, soit $(6 ; 4)$.

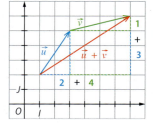

262

LES SAVOIR-FAIRE DU COURS

SAVOIR-FAIRE 5 — Construire la somme de vecteurs
Voir les exercices 54 et 55, p. 270

1. Reproduire la figure et construire le représentant d'origine A du vecteur $\vec{u} + \vec{v}$.

2. Construire le point P défini par $\vec{BP} = \vec{u} - \vec{v}$.

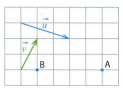

Conseil
Pour construire un représentant de la somme de vecteurs, on commence par tracer « bout à bout » des représentants de ces vecteurs.

Solution commentée

1. En « partant » du point A, on trace « bout à bout » des représentants des vecteurs $\vec{u}$ et $\vec{v}$.
Si on appelle M l'extrémité du dernier vecteur représenté, alors $\vec{u} + \vec{v} = \vec{AM}$.

2. En « partant » du point B, on trace un représentant du vecteur $\vec{u} - \vec{v}$, c'est-à-dire du vecteur $\vec{u} + (-\vec{v})$.
Son extrémité est le point P.

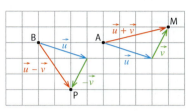

SAVOIR-FAIRE 6 — Utiliser la relation de Chasles
Voir les exercices 58 et 59, p. 271

Soit ABCD un carré de centre O et I, J, K et L les milieux respectifs des segments [AB], [BC], [CD] et [AD].
Déterminer un représentant de chacun des vecteurs $\vec{u}$ et $\vec{v}$ définis par $\vec{u} = \vec{DK} + \vec{KO}$ et $\vec{v} = \vec{AL} + \vec{OB}$.

Méthode
Pour simplifier une somme vectorielle, on peut remplacer un vecteur par un vecteur qui lui est égal afin de pouvoir utiliser la relation de Chasles.

Solution commentée

• $\vec{u} = \vec{DK} + \vec{KO}$ donc, d'après la relation de Chasles, $\vec{u} = \vec{DO}$.
• Comme L est le milieu du segment [AD], $\vec{AL} = \vec{LD}$.
Comme O est le milieu du segment [BD], $\vec{OB} = \vec{DO}$.
On a donc $\vec{v} = \vec{LD} + \vec{DO}$ et d'après la relation de Chasles, $\vec{v} = \vec{LO}$.
Remarque : on aurait pu choisir d'autres vecteurs égaux aux vecteurs $\vec{AL}$ et $\vec{OB}$.
Par exemple, $\vec{v} = \vec{IO} + \vec{OB} = \vec{IB}$.

SAVOIR-FAIRE 7 — Utiliser les coordonnées de la somme
Voir l'exercice 62, p. 271

Dans un repère (O, I, J), on considère le point A (4 ; 3) et les vecteurs $\vec{u}(-1\,;\,-2)$ et $\vec{v}(-2\,;\,3)$.

1. Calculer les coordonnées du vecteur $\vec{u} + \vec{v}$.

2. Calculer les coordonnées du point M défini par $\vec{AM} = \vec{u} + \vec{v}$.

Méthode
Pour calculer les coordonnées d'un point M défini par une égalité de la forme $\vec{AM} = \vec{w}$, on identifie la première et la deuxième coordonnée de chacun des vecteurs $\vec{AM}$ et $\vec{w}$.

Solution commentée

1. $\vec{u}$ a pour coordonnées $(-1\,;\,-2)$ et $\vec{v}$ a pour coordonnées $(-2\,;\,3)$.
Donc $\vec{u} + \vec{v}$ a pour coordonnées $(-1 + (-2)\,;\,-2 + 3)$, soit $(-3\,;\,1)$.

2. On cherche les coordonnées $(x\,;\,y)$ du point M.
$\vec{AM}$ a pour coordonnées $(x - 4\,;\,y - 3)$ et $\vec{u} + \vec{v}$ a pour coordonnées $(-3\,;\,1)$.
Donc $\vec{AM} = \vec{u} + \vec{v}$ équivaut à $\begin{cases} x - 4 = -3 \\ y - 3 = 1 \end{cases}$, soit à $\begin{cases} x = 1 \\ y = 4 \end{cases}$.

Ainsi, M a pour coordonnées (1 ; 4).

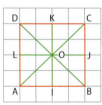

Chapitre 12 ■ Vecteurs **263**

COURS

4 Produit d'un vecteur par un réel

Vecteur $k\vec{u}$

Dans un repère, on considère le vecteur $\vec{u}(x\,;\,y)$.
Le vecteur $\vec{u}+\vec{u}$ a pour coordonnées $(x+x\,;\,y+y)$, soit $(2x\,;\,2y)$. On le note $2\vec{u}$.
Le vecteur $\vec{u}+\vec{u}+\vec{u}$ a pour coordonnées $(x+x+x\,;\,y+y+y)$, soit $(3x\,;\,3y)$.
On le note $3\vec{u}$. De manière générale, on pose la définition suivante :

> **À noter**
> Le vecteur $k\vec{u}$ est indépendant du repère choisi.

Définition Dans un repère, soit le vecteur $\vec{u}(x\,;\,y)$ et k un réel.
$k\vec{u}$ est le vecteur de coordonnées $(kx\,;\,ky)$ dans ce repère.

> **À noter**
> Soit $\vec{u}$ et $\vec{v}$ deux vecteurs et k et k' deux réels.
> $0\vec{u}=\vec{0}$ et $k\vec{0}=\vec{0}$.
> $k(\vec{u}+\vec{v})=k\vec{u}+k\vec{v}$.
> $(k+k')\vec{u}=k\vec{u}+k'\vec{u}$
> $k(k'\vec{u})=(kk')\vec{u}$

Exemple : soit, dans un repère, le vecteur $\vec{u}(4\,;\,1)$. Le vecteur $2\vec{u}$ a pour coordonnées $(2\times 4\,;\,2\times 1)$, soit $(8\,;\,2)$.
Le vecteur $0{,}5\vec{u}$ a pour coordonnées $(0{,}5\times 4\,;\,0{,}5\times 1)$, soit $(2\,;\,0{,}5)$.
Le vecteur $-3\vec{u}$ a pour coordonnées $(-3\times 4\,;\,-3\times 1)$, soit $(-12\,;\,-3)$.

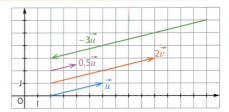

Vecteurs colinéaires

Définition Deux vecteurs non nuls $\vec{u}$ et $\vec{v}$ sont **colinéaires** signifie qu'il existe un réel k tel que $\vec{v}=k\vec{u}$.
Le vecteur nul est colinéaire à tout vecteur.

Dans un repère, pour étudier la colinéarité de deux vecteurs non nuls $\vec{u}(x\,;\,y)$ et $\vec{v}(x'\,;\,y')$, on détermine s'il existe un réel k tel que $x'=kx$ et $y'=ky$.

Remarque : les coordonnées de deux vecteurs colinéaires sont proportionnelles.

Exemples : soit, dans un repère, les vecteurs $\vec{u}(3\,;\,1)$, $\vec{v}(6\,;\,2)$ et $\vec{w}(6\,;\,5)$.
● **Pour $\vec{u}$ et $\vec{v}$:**
Les coordonnées de $\vec{v}$ sont celles de $\vec{u}$ multipliées par 2.
$6=\mathbf{2}\times 3$ et $2=\mathbf{2}\times 1$ donc $\vec{v}=\mathbf{2}\vec{u}$.
Il existe un réel k (égal à 2) tel que $\vec{v}=k\vec{u}$, donc $\vec{u}$ et $\vec{v}$ sont colinéaires.
● **Pour $\vec{u}$ et $\vec{w}$:**
La première coordonnée de $\vec{w}$ est celle de $\vec{u}$ multipliée par 2, alors que la seconde est celle de $\vec{u}$ multipliée par 5.

$6=\mathbf{2}\times 3$ et $5=\mathbf{5}\times 1$: il ne peut pas exister de réel k tel que $\vec{v}=k\vec{u}$ car ce réel devrait être à la fois égal à 2 et à 5, ce qui n'est pas possible.
Donc, $\vec{u}$ et $\vec{w}$ ne sont pas colinéaires.

Applications de la colinéarité des vecteurs

> **À noter**
> Si $\vec{AI}=\frac{1}{2}\vec{AB}$, alors I est le milieu de [AB].

Propriétés Soit A, B, C et D quatre points distincts deux à deux.
(1) Les droites (AB) et (CD) sont **parallèles** si et seulement si les vecteurs $\vec{AB}$ et $\vec{CD}$ sont **colinéaires**.
(2) Les points A, B et C sont alignés si et seulement si les vecteurs $\vec{AB}$ et $\vec{AC}$ sont **colinéaires**.

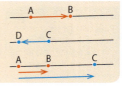

Exemple : soit les points $M(1\,;\,4)$, $N(3\,;\,3)$ et $P(7\,;\,1)$.
$\vec{MN}$ a pour coordonnées $(2\,;\,-1)$ et $\vec{MP}$ a pour coordonnées $(6\,;\,-3)$.
On remarque que $\vec{MP}=3\vec{MN}$.
Donc, les vecteurs $\vec{MP}$ et $\vec{MN}$ sont colinéaires et les points M, N et P sont alignés.

LES SAVOIR-FAIRE DU COURS

SAVOIR-FAIRE 8 — Calculer les coordonnées de $k\vec{u}$

Voir les exercices 69 et 70, p. 272

Dans un repère (O, I, J), on considère les vecteurs $\vec{u}(3\,;1)$ et $\vec{v}(1\,;-2)$.
Calculer les coordonnées des vecteurs $2\vec{u}$, $-3\vec{v}$ et $\vec{w} = 2\vec{u} - 3\vec{v}$.

Conseil
Pour calculer les coordonnées de $k\vec{u} + k'\vec{v}$, on peut commencer par calculer les coordonnées de $k\vec{u}$ et celles de $k'\vec{v}$.

Solution commentée
$\vec{u}$ a pour coordonnées (3 ; 1) donc $2\vec{u}(2 \times 3\,; 2 \times 1)$, soit $2\vec{u}(6\,; 2)$.
$\vec{v}$ a pour coordonnées (1 ; –2) donc $-3\vec{v}(-3 \times 1\,; -3 \times (-2))$, soit $-3\vec{v}(-3\,; 6)$.
$\vec{w} = 2\vec{u} - 3\vec{v} = 2\vec{u} + (-3\vec{v})$.
Comme $2\vec{u}(6\,; 2)$ et $-3\vec{v}(-3\,; 6)$, on a $\vec{w}(6 + (-3)\,; 2 + 6)$, soit $\vec{w}(3\,; 8)$.

SAVOIR-FAIRE 9 — Étudier la colinéarité de deux vecteurs

Voir les exercices 74 et 75, p. 272

Dans chacun des cas suivants, déterminer si les vecteurs $\vec{u}$ et $\vec{v}$ sont colinéaires.
1. $\vec{u}(5\,; 2)$ et $\vec{v}(35\,; 14)$.
2. $\vec{u}(16\,; 3)$ et $\vec{v}(48\,; 6)$.

Conseil
Pour déterminer si des vecteurs $\vec{u}$ et $\vec{v}$ non nuls sont colinéaires, on commence par regarder s'il existe une relation évidente entre les coordonnées de ces vecteurs.

Solution commentée
1. On remarque que $35 = 7 \times 5$ et $14 = 7 \times 2$ donc $\vec{v} = 7\vec{u}$ et $\vec{u}$ et $\vec{v}$ sont colinéaires.
2. On cherche s'il existe un réel k tel que $\vec{v} = k\vec{u}$ et donc tel que $48 = k \times 16$ et $6 = k \times 3$.
Avec la première égalité, on obtient $k = \dfrac{48}{16}$, soit 3.
Avec la seconde égalité, on obtient $k = \dfrac{6}{3}$, soit 2.
Comme $3 \neq 2$, il n'existe pas de réel k tel que $\vec{v} = k\vec{u}$ et les vecteurs $\vec{u}$ et $\vec{v}$ ne sont pas colinéaires.

SAVOIR-FAIRE 10 — Utiliser la colinéarité

Voir les exercices 84 et 86, p. 273

Dans un repère, on considère les points A (0 ; 3), B (– 4 ; 5), C (8 ; –1), D (–5 ; 3) et E (5 ; –2).
1. Les points A, B et C sont-ils alignés ?
2. Les droites (AC) et (DE) sont-elles parallèles ?

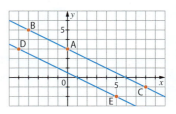

Conseil
Pour déterminer si trois points sont alignés, on commence par calculer les coordonnées de deux vecteurs « formés à partir de ces trois points ».

Solution commentée
1. On calcule les coordonnées des vecteurs $\vec{AB}$ et $\vec{AC}$.
$\vec{AB}(-4 - 0\,; 5 - 3)$, soit $\vec{AB}(-4\,; 2)$ et $\vec{AC}(8 - 0\,; -1 - 3)$, soit $\vec{AC}(8\,; -4)$.
On remarque que $\vec{AC} = -2\vec{AB}$.
On en déduit que les vecteurs $\vec{AB}$ et $\vec{AC}$ sont colinéaires, et les points A, B et C sont alignés.
2. On calcule les coordonnées des vecteurs $\vec{AC}$ et $\vec{DE}$.
$\vec{DE}(5 - (-5)\,; -2 - 3)$, soit $\vec{DE}(10\,; -5)$ et, d'après la question **1**, $\vec{AC}(8\,; -4)$.
On ne voit pas de relation évidente entre les coordonnées de ces deux vecteurs.
On cherche alors s'il existe un réel k tel que $\vec{AC} = k\vec{DE}$ et donc tel que $8 = k \times 10$ et $-4 = k \times (-5)$.
Avec ces deux égalités, on obtient $k = \dfrac{4}{5}$. On en déduit que $\vec{AC} = \dfrac{4}{5}\vec{DE}$.
Les vecteurs $\vec{DE}$ et $\vec{AC}$ sont donc colinéaires, et les droites (DE) et (AC) sont parallèles.

EXERCICES

Parcours en autonomie (corrections en fin de manuel)
Maîtriser les bases 5 . 6 . 10 . 16 . 19
Préparer le contrôle 45 . 61 . 76 . 87

Pour démarrer

Le plan est muni d'un repère (O, I, J).

Translation et vecteurs

1 En direct du cours !
Sur la figure ci-contre les quadrilatères ABCD et DCFE sont des parallélogrammes.
Dire pour chaque affirmation si elle est vraie ou fausse. Justifier la réponse.

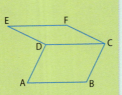

1. L'image du point E par la translation qui transforme A en B est le point F.
2. L'image du point D par la translation de vecteur $\vec{CB}$ est le point A.
3. Les vecteurs $\vec{FC}$ et $\vec{DE}$ sont égaux.
4. $\vec{DB} = \vec{CA}$.

2 On considère un cercle de centre K. Les segments [AB] et [MN] sont deux diamètres de ce cercle.
1. Justifier que les segments [AB] et [MN] ont même milieu.
2. a. Déterminer l'image du point M par la translation qui transforme A en N.
b. En déduire un vecteur égal au vecteur $\vec{AN}$.

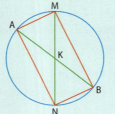

3 Soit AEFD un rectangle et B et C les milieux respectifs des segments [AE] et [DF].

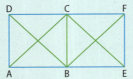

1. Citer trois vecteurs égaux au vecteur $\vec{AB}$.
2. Recopier les égalités suivantes, puis les compléter par un point de la figure.
a. $\vec{AD} = \vec{E...}$
b. $\vec{EC} = \vec{B...}$
c. $\vec{FC} = \vec{B...}$
d. $\vec{FB} = \vec{C...}$

Coordonnées d'un vecteur

4 En direct du cours !
1. Par lecture graphique, donner les coordonnées :
a. du point M ;
b. du vecteur $\vec{OM}$;
c. du vecteur $\vec{u}$.
2. Soit les points A $(x_A ; y_A)$ et B $(x_B ; y_B)$. Quelles sont les coordonnées du vecteur $\vec{AB}$?

5 Par lecture graphique, donner les coordonnées des vecteurs $\vec{u}$, $\vec{v}$ et $\vec{w}$ représentés ci-contre.

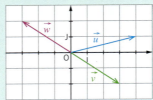

6 Par lecture graphique, donner les coordonnées des vecteurs $\vec{u}$, $\vec{v}$ et $\vec{w}$ représentés ci-contre.

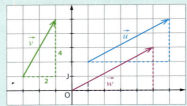

7 Soit les vecteurs $\vec{u}(4 ; 2)$ et $\vec{v}(-2 ; -3)$. On a tracé ci-dessous plusieurs représentants des vecteurs $\vec{u}$ et $\vec{v}$.

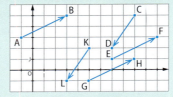

1. Quels sont les représentants du vecteur $\vec{u}$?
2. Quels sont les représentants du vecteur $\vec{v}$?

8 On considère les vecteurs $\vec{u}(5 ; 1)$, $\vec{v}(2 ; -3)$ et $\vec{w}(-5 ; 2)$. Les représenter en choisissant comme origine le point O du repère.

9 Soit les points A $(x_A ; y_A)$ et B $(x_B ; y_B)$. Dans chaque cas, identifier x_A, y_A, x_B et y_B, puis calculer $x_B - x_A$ et $y_B - y_A$. En déduire les coordonnées du vecteur $\vec{AB}$.
a. A $(4 ; 3)$ et B $(5 ; 9)$
b. A $(10 ; 1)$ et B $(0 ; 6)$
c. A $(2 ; 1)$ et B $(6 ; 0)$
d. A $(-7 ; 1)$ et B $(2 ; -1)$

10 Soit les points A $(1 ; 4)$, B $(2 ; 5)$ et C $(3 ; 2)$.
1. Vérifier que le vecteur $\vec{AB}$ a pour coordonnées $(1 ; 1)$.
2. Vérifier que la première coordonnée du vecteur $\vec{AC}$ est 2, puis calculer sa deuxième coordonnée.

11 Soit les points E $(2 ; 5)$, H $(0 ; 1)$ et K $(1 ; 3)$.
1. Montrer que les vecteurs $\vec{EK}$ et $\vec{KH}$ sont égaux.
2. Que peut-on en déduire ?

266

EXERCICES

Somme de vecteurs

12 **En direct du cours !**
Soit les vecteurs $\vec{u}(2\,;2)$ et $\vec{v}(3\,;-3)$.

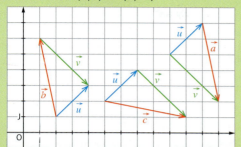

1. Lequel des vecteurs $\vec{a}, \vec{b}$ ou $\vec{c}$ représentés ci-dessus est égal au vecteur $\vec{u}+\vec{v}$?
2. Calculer les coordonnées du vecteur $\vec{u}+\vec{v}$ et vérifier la réponse à la question **1**.

13 **1.** Reproduire la figure ci-dessous.

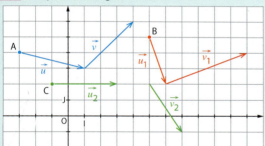

2. Construire :
– le représentant d'origine A du vecteur $\vec{u}+\vec{v}$;
– le représentant d'origine B du vecteur $\vec{u_1}+\vec{v_1}$;
– le représentant d'origine C du vecteur $\vec{u_2}+\vec{v_2}$.

14 **1.** Reproduire la figure ci-contre.
2. Construire le représentant d'origine B du vecteur $\vec{v}$ puis un représentant du vecteur $\vec{u}+\vec{v}$.

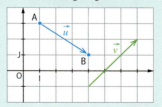

15 Soit A, B et C trois points. Recopier les égalités suivantes, puis les compléter en utilisant la relation de Chasles.
a. $\overrightarrow{AB}+\overrightarrow{...C}=\overrightarrow{AC}$
b. $\overrightarrow{AC}+\overrightarrow{C...}=\overrightarrow{AB}$
c. $\overrightarrow{C...}+\overrightarrow{AB}=\overrightarrow{CB}$
d. $\overrightarrow{...A}+\overrightarrow{AC}=\overrightarrow{BC}$

16 Dans chacun des cas suivants, calculer les coordonnées du vecteur $\vec{u}+\vec{v}$.
a. $\vec{u}(2\,;7)$ et $\vec{v}(1\,;3)$.
b. $\vec{u}(-2\,;4)$ et $\vec{v}(0\,;10)$.
c. $\vec{u}(1\,;-1)$ et $\vec{v}(-1\,;2)$.
d. $\vec{u}(-3\,;-5)$ et $\vec{v}(3\,;-5)$.

Produit d'un vecteur par un réel

17 **En direct du cours !**
Soit les vecteurs $\vec{u}(2\,;3)$, $\vec{v}(5\,;6)$ et $\vec{w}(6\,;9)$.
Dire pour chaque affirmation si elle est vraie ou fausse et justifier la réponse.
1. Le vecteur $2\vec{u}$ a pour coordonnées $(4\,;5)$.
2. Les vecteurs $\vec{u}$ et $7\vec{u}$ sont colinéaires.
3. $\vec{u}=3\vec{w}$
4. Les vecteurs $\vec{u}$ et $\vec{v}$ sont colinéaires.

18 On considère le vecteur $\vec{u}(4\,;1)$.
Calculer les coordonnées des vecteurs suivants :
a. $2\vec{u}$ **b.** $3\vec{u}$ **c.** $0,5\vec{u}$ **d.** $-\vec{u}$ **e.** $-4\vec{u}$

19 Soit le vecteur $\vec{u}(3\,;1)$.
1. Calculer les coordonnées des vecteurs $2\vec{u}$, $3\vec{u}$ et $-\vec{u}$.
2. Attribuer à chaque vecteur $2\vec{u}$, $3\vec{u}$ et $-\vec{u}$ son représentant $\vec{a}, \vec{b}$ ou $\vec{c}$ tracé ci-dessous.

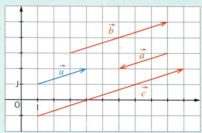

20 Soit les vecteurs $\vec{u}(2\,;3)$, $\vec{v}(10\,;15)$ et $\vec{w}(6\,;12)$.
1. Recopier et compléter les égalités suivantes.
a. $10=...\times 2$ **b.** $15=...\times 3$
2. En déduire le réel k tel que $\vec{v}=k\vec{u}$.
3. Recopier et compléter les égalités suivantes.
a. $6=...\times 2$ **b.** $12=...\times 3$.
4. Les vecteurs $\vec{u}$ et $\vec{w}$ sont-ils colinéaires ?

21 Soit les points A$(-1\,;1)$, B$(2\,;7)$ et C$(0\,;3)$.
1. **a.** Justifier que le vecteur $\overrightarrow{AB}$ a pour coordonnées $(3\,;6)$.
b. Calculer les coordonnées du vecteur $\overrightarrow{AC}$.
2. **a.** Justifier que $\overrightarrow{AB}=3\overrightarrow{AC}$.
b. Les points A, B et C sont-ils alignés ?

22 Soit quatre points A, B, C, D tels que $\overrightarrow{AB}$ a pour coordonnées $(4\,;8)$ et $\overrightarrow{CD}$ a pour coordonnées $(2\,;16)$.
1. Recopier et compléter les égalités suivantes.
a. $2=...\times 4$ **b.** $16=...\times 8$
2. **a.** Les vecteurs $\overrightarrow{AB}$ et $\overrightarrow{CD}$ sont-ils colinéaires ?
b. Les droites (AB) et (CD) sont-elles parallèles ?

Chapitre 12 ■ Vecteurs **267**

EXERCICES

Parcours en autonomie (corrections en fin de manuel)
Maîtriser les bases 5 • 6 • 10 • 16 • 19
Préparer le contrôle 45 • 61 • 76 • 87

Pour s'entraîner

Lorsque c'est nécessaire, le plan est muni d'un repère (O, I, J).

Translation et vecteurs

23 Soit ABCD un parallélogramme. Soit E le symétrique de C par rapport à A et F le symétrique de B par rapport à A.

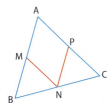

1. Déterminer deux vecteurs égaux au vecteur $\vec{AB}$.
2. a. Justifier que le quadrilatère EFCB est un parallélogramme.
b. Déterminer deux vecteurs égaux au vecteur $\vec{BC}$.

SAVOIR-FAIRE **1** p. 259

24 Soit un triangle ABC et M, N et P les milieux respectifs des segments [AB], [BC] et [AC].
1. Citer, en justifiant la réponse, un vecteur égal au vecteur $\vec{AP}$.
2. a. Justifier que la droite (MN) est parallèle à la droite (AC).
b. Montrer que le quadrilatère MNPA est un parallélogramme.
3. Déduire des questions précédentes deux vecteurs égaux au vecteur $\vec{MN}$.

SAVOIR-FAIRE **1** p. 259

25 Dans un cercle de centre P, on a inscrit un hexagone régulier ABCDEF.
1. Justifier que le quadrilatère ACDF est un parallélogramme.
2. Citer, en justifiant la réponse, trois vecteurs égaux :
a. au vecteur $\vec{AF}$;
b. au vecteur $\vec{PA}$.
3. Quel est le représentant d'origine P :
a. du vecteur $\vec{CD}$?
b. du vecteur $\vec{FP}$?
4. Quel est le représentant d'extrémité P :
a. du vecteur $\vec{FE}$?
b. du vecteur $\vec{PE}$?

LE SAVIEZ-VOUS ?

Dans un **hexagone régulier**, les six triangles ayant pour sommets le centre de l'hexagone et deux sommets consécutifs de l'hexagone, sont équilatéraux.

26 On considère l'hexagone de l'exercice précédent. Recopier et compléter les phrases suivantes.
a. L'image du point P par la translation qui transforme D en C est le point ....
b. L'image du point E par la translation de vecteur $\vec{AB}$ est le point ....
c. Le point B est l'image du point P par la translation de vecteur $\vec{F...}$.

EXERCICE RÉSOLU

27 Construire un représentant d'un vecteur

Énoncé
Soit A, B et C trois points non alignés. Construire le représentant d'origine C du vecteur $\vec{AB}$.

Solution commentée
En notant M l'extrémité de ce représentant, on a $\vec{AB} = \vec{CM}$. On doit donc construire le point M tel que le quadrilatère ABMC soit un parallélogramme.
On trace le cercle de centre C et de rayon AB, et le cercle de centre B et de rayon AC. Ces cercles se coupent en deux points. Le point M cherché est celui des deux points tel que ABMC est un quadrilatère non croisé.

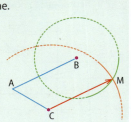

28 Sur la figure ci-contre, ABCD et CABN sont des parallélogrammes et M est le symétrique de B par rapport à A.
1. a. Justifier que $\vec{MA} = \vec{AB}$.
b. Montrer que le quadrilatère CMAN est un parallélogramme.
2. a. Justifier que $\vec{DC} = \vec{CN}$.
b. Que peut-on en déduire ?

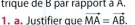
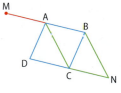

SAVOIR-FAIRE **2** p. 259

29 Sur la figure ci-contre, ABCD est un rectangle et AEBC et ACDF sont des parallélogrammes.
1. a. Justifier que $\vec{BE} = \vec{CA}$.
b. Montrer que le quadrilatère EBDF est un parallélogramme.
2. Justifier que $\vec{FA} = \vec{AB}$. Que peut-on en déduire ?
3. Montrer que le point A est le centre du parallélogramme EBDF.

SAVOIR-FAIRE **2** p. 259

268

EXERCICES

30 Soit MNPQ un parallélogramme.
1. Construire les points A et B tels que $\vec{MA} = \vec{PQ}$ et $\vec{NB} = \vec{QP}$.
2. Montrer que $\vec{MN} = \vec{NB}$. Que peut-on en déduire ?
3. Montrer que le point M est le milieu du segment [AN].

31 **Logique**
1. Dire, en justifiant, si la proposition suivante est vraie pour tous points A, B, C et D du plan : Si $\vec{AB} = \vec{CD}$, alors AB = CD.
2. Énoncer sa proposition réciproque.
Cette nouvelle proposition est-elle vraie ? Justifier.

VRAI - FAUX

Pour les exercices **32** *à* **36**, *indiquer si les affirmations sont vraies ou fausses, puis justifier.*

32 Si le point E est l'image du point D par la translation de vecteur $\vec{AB}$, alors $\vec{ED} = \vec{AB}$.

33 Si le quadrilatère ACED est un parallélogramme, alors $\vec{DA} = \vec{EC}$.

34 Si $\vec{AC} = \vec{BD}$, alors le quadrilatère ACBD est un parallélogramme.

35 Si $\vec{AE} = \vec{BC}$, alors $\vec{EC} = \vec{AB}$.

36 Si $\vec{BA} = \vec{BD}$, alors B est le milieu du segment [AD].

Coordonnées d'un vecteur

37 1. Par lecture graphique, donner les coordonnées des points A, B, C, D et E.
2. Déterminer les coordonnées des vecteurs $\vec{AB}$, $\vec{AC}$, $\vec{AD}$ et $\vec{AE}$:
a. par le calcul ;
b. par lecture graphique.

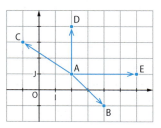

SAVOIR-FAIRE **3** p. 261

38 1. Par lecture graphique, donner les coordonnées des points A, B, C, D, E, F, G et H.

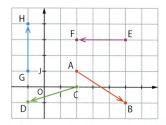

2. Déterminer les coordonnées des vecteurs $\vec{AB}$, $\vec{CD}$, $\vec{EF}$ et $\vec{GH}$:
a. par le calcul ;
b. par lecture graphique.

SAVOIR-FAIRE **3** p. 261

39 Reprendre l'exercice **38** avec la figure ci-dessous.

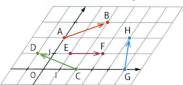

40 Dans chacun des cas suivants, construire le représentant d'origine O du vecteur $\vec{u}$, puis le point M tel que $\vec{AM} = \vec{u}$.
a. A(2 ; 1) et $\vec{u}$(2 ; 3).
b. A(1 ; −1) et $\vec{u}$(−4 ; 1).
c. A(−1 ; 1) et $\vec{u}$(0 ; 2).
d. A(2 ; −1) et $\vec{u}$(3 ; 0).

41 On considère les points E(−5 ; 7), F(6 ; −2), G(11 ; 0), H(0 ; 9) et K(−10 ; 5).
1. Montrer que les vecteurs $\vec{EF}$ et $\vec{HG}$ sont égaux.
Que peut-on en déduire ?
2. Le quadrilatère EGKF est-il un parallélogramme ?

42 Soit les points A(0 ; 3), B(1 ; 5) et P(7 ; 0).
Calculer les coordonnées du point E tel que ABPE soit un parallélogramme.

SAVOIR-FAIRE **4** p. 261

43 Soit les points A(2 ; 5), B(−1 ; 3), C(4 ; −1) et D(7 ; 1).
1. Montrer que le quadrilatère ABCD est un parallélogramme.
2. Calculer les coordonnées du point G tel que ABGC soit un parallélogramme.

SAVOIR-FAIRE **4** p. 261

44 Soit les points A(2 ; 1), B(5 ; 2), C(4 ; 3) et D(0 ; 3).
1. a. Construire le point M tel que $\vec{AM} = \vec{BC}$.
b. Calculer les coordonnées du point M.
2. Montrer que $\vec{AM} = \vec{MD}$. Que peut-on en déduire ?

45 **Préparer le contrôle**

Le repère (O, I, J) est orthonormé. On considère les points A(−4 ; 2), B(1 ; 2), C(−1 ; 6), D(0 ; −1) et E(5 ; −1).
1. a. Montrer que le quadrilatère ABED est un parallélogramme.
b. Calculer les longueurs AB et EB. Que peut-on en déduire ?
2. Calculer les coordonnées du point G tel que ABCG soit un parallélogramme.
3. Le parallélogramme ABCG est-il un losange ? Justifier.

Chapitre 12 ■ Vecteurs **269**

EXERCICES

EXERCICE RÉSOLU

46 Déterminer la nature d'un quadrilatère

Énoncé
Le repère (O, I, J) est orthonormé. On considère les points A (2 ; 3), E (–4 ; 1), M (2 ; –1) et N (8 ; 1).
1. Montrer que le quadrilatère AEMN est un parallélogramme.
2. Calculer les longueurs AE et AN.
Que peut-on en déduire ?

Solution commentée
1. $\vec{AE}(-4-2 ; 1-3)$, soit $\vec{AE}(-6 ; -2)$.
$\vec{NM}(2-8 ; -1-1)$, soit $\vec{NM}(-6 ; -2)$.
$\vec{AE} = \vec{NM}$ donc le quadrilatère AEMN est un parallélogramme.
2. On applique la formule de la distance de deux points dans un repère orthonormé (voir p. 210).
$AE = \sqrt{(x_E - x_A)^2 + (y_E - y_A)^2}$
$AE = \sqrt{(-4-2)^2 + (1-3)^2} = \sqrt{(-6)^2 + (-2)^2} = \sqrt{40}$
$AN = \sqrt{(8-2)^2 + (1-3)^2} = \sqrt{6^2 + (-2)^2} = \sqrt{40}$
AE = AN, donc le parallélogramme AEMN a deux côtés consécutifs de même longueur : AEMN est un losange.

47 Le repère (O, I, J) est orthonormé. On considère les points A (–2 ; 5) , B (2 ; –1) et C (5 ; 1).
1. Montrer que le triangle ABC est un triangle rectangle.
2. Calculer les coordonnées du point D pour que le quadrilatère ABCD soit un rectangle.

48 **Algo** Écrire un algorithme
Écrire un algorithme qui permet d'afficher les coordonnées du vecteur $\vec{AB}$, les coordonnées $(x_A ; y_A)$ du point A et $(x_B ; y_B)$ du point B étant saisies par l'utilisateur.

49 **Logique** Soit les vecteurs $\vec{u}(5 ; 11)$ et $\vec{v}(5 ; x-2)$, où x est un réel. Dire, en justifiant, si les propositions suivantes sont vraies ou fausses.
1. Il existe un réel x tel que $\vec{u} = \vec{v}$.
2. Il existe un réel x tel que $\vec{u} \neq \vec{v}$.
3. Pour tout réel x, $\vec{u} = \vec{v}$.
4. Pour tout réel x, $\vec{u} \neq \vec{v}$.

VRAI - FAUX

Pour les exercices **50** à **52**, indiquer si les affirmations sont vraies ou fausses, puis justifier.
On considère les points A (–10 ; 11), B (3 ; –1), C (–3 ; 5) et D (10 ; –7).

50 $\vec{AC}$ a pour coordonnées (–7 ; 6).

51 $\vec{AC} = \vec{BD}$.

52 Le quadrilatère BACD est un parallélogramme.

Somme de vecteurs

53 On a schématisé ci-dessous le centre de la Terre par le point T et le centre de la Lune par le point L.
Le vecteur $\vec{F_1}$ représente la force d'attraction gravitationnelle exercée par la Lune sur la Terre.

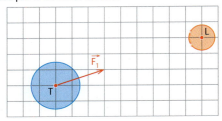

Construire le représentant d'origine L de $\vec{F_2}$, vecteur représentant la force d'attraction gravitationnelle exercée par la Terre sur la Lune, sachant que $\vec{F_2} = -\vec{F_1}$.

POINT HISTOIRE

C'est dans son ouvrage *Philosophiae naturalis principia mathematica* paru en 1687 que le physicien et mathématicien anglais **Isaac Newton** (1643-1727) énonce la loi de la gravitation universelle.

54

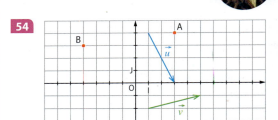

1. Reproduire la figure et construire le représentant d'origine A du vecteur $\vec{u} + \vec{v}$.
2. Construire les points N et P définis par :
$\vec{BN} = \vec{v} + \vec{u}$ et $\vec{BP} = \vec{u} - \vec{v}$.

SAVOIR-FAIRE **5** p. 263

55

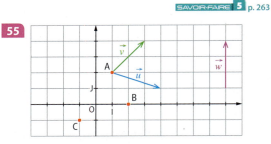

1. Dans un repère, placer les points A, B et C puis construire le représentant d'origine A des vecteurs $\vec{u} + \vec{v}$ et $\vec{u} + \vec{w}$.
2. Construire les points M et N définis par :
$\vec{BM} = \vec{u} + \vec{v}$ et $\vec{CN} = \vec{w} - \vec{v}$.

SAVOIR-FAIRE **5** p. 263

270

EXERCICES

56 Soit ABC un triangle. Construire les points M, N, P et Q définis par $\vec{AM} = \vec{AB} + \vec{AC}$; $\vec{BP} = \vec{CB} + \vec{BA}$; $\vec{AN} = \vec{CA} + \vec{BA}$; $\vec{CQ} = \vec{CA} - \vec{AB}$.

57 On suppose qu'une montgolfière est soumise aux deux seules forces $\vec{F_A}$ (poussée d'Archimède) et $\vec{F_P}$ (force de la pesanteur).
Reproduire la figure et, pour chaque cas, tracer lorsque c'est possible le représentant d'origine M du vecteur $\vec{F_A} + \vec{F_P}$.
En déduire si la montgolfière prend ou non de l'altitude.

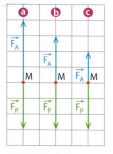

POINT HISTOIRE

Les deux frères **Montgolfier, Joseph** (1740-1810) et **Étienne** (1745-1799) sont des industriels français, inventeurs du ballon à air chaud auquel on a donné leur nom.

58 Sur la figure ci-contre, les quadrilatères ABDC, FACE, FADC et ABCE sont des parallélogrammes.
Remplacer chacune des sommes vectorielles suivantes par un vecteur unique.
a. $\vec{DA} + \vec{AE}$ b. $\vec{DB} + \vec{AE}$
c. $\vec{CA} + \vec{CE}$ d. $\vec{BD} + \vec{CF}$

SAVOIR-FAIRE **6** p. 263

59 Reprendre l'exercice 58 avec les sommes vectorielles suivantes.
a. $\vec{DC} + \vec{AB}$ b. $\vec{EC} + \vec{DA}$
c. $\vec{DA} + \vec{BC} + \vec{EF}$ d. $\vec{FC} + \vec{AB} + \vec{DB}$

SAVOIR-FAIRE **6** p. 263

EXERCICE RÉSOLU

60 Utiliser l'opposé d'un vecteur

Énoncé
Avec la figure de l'exercice 58, remplacer la somme vectorielle $\vec{AB} - \vec{EF}$ par un vecteur unique.

Solution commentée
D'après la définition de la différence de deux vecteurs, $\vec{AB} - \vec{EF} = \vec{AB} + (-\vec{EF})$.
Comme $-\vec{EF} = \vec{FE}$, on a $\vec{AB} - \vec{EF} = \vec{AB} + \vec{FE}$.
Pour pouvoir utiliser la relation de Chasles, on remplace le vecteur $\vec{FE}$ par le vecteur $\vec{BD}$ qui lui est égal et on obtient :
$\vec{AB} - \vec{EF} = \vec{AB} + \vec{BD} = \vec{AD}$.

61 **Préparer le contrôle**
Tous les triangles tracés sur la figure ci-contre sont équilatéraux.

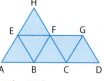

1. Recopier et compléter les égalités suivantes à l'aide des points de la figure.
a. $\vec{AB} + \vec{BE} = \vec{A...}$ b. $\vec{AB} - \vec{FB} = \vec{A...}$
c. $\vec{HE} + \vec{DG} = \vec{F...}$ d. $\vec{FC} - \vec{CB} = \vec{F...}$
2. Remplacer les sommes vectorielles suivantes par un vecteur unique.
a. $\vec{CE} + \vec{AC}$ b. $\vec{EF} - \vec{FC}$
c. $-\vec{BA} + \vec{AC}$ d. $\vec{AB} + \vec{AE} + \vec{BC}$

62 Soit les points A(1 ; 2) et B(3 ; –2) et les vecteurs $\vec{u}(2 ; 5)$ et $\vec{v}(1 ; -2)$.
1. Calculer les coordonnées du vecteur $\vec{u} + \vec{v}$.
2. Calculer les coordonnées des points E et F définis par $\vec{AE} = \vec{u} + \vec{v}$ et $\vec{BF} = \vec{u} + \vec{v}$.

SAVOIR-FAIRE **7** p. 263

63 Soit les points A(–3 ; 1), B(2 ; –3) et C(0 ; 1).
1. Calculer les coordonnées des vecteurs $\vec{AC}$ et $\vec{BC}$.
2. Calculer les coordonnées du point M défini par :
$\vec{AM} = \vec{AC} + \vec{BC}$.

64 Soit les points A(–3 ; 2), B(–1 ; 3), C(1 ; 1) et D(9 ; –1).
1. Placer, sans calculer leurs coordonnées, les points M et N définis par $\vec{AM} = \vec{AB} + \vec{CD}$ et $\vec{BN} = \vec{BA} + \vec{BC}$.
2. Calculer les coordonnées des points M et N.
3. Montrer que le quadrilatère ANDM est un parallélogramme.

65 L'objectif de cet exercice est de démontrer la propriété du cours donnant les coordonnées de la somme de deux vecteurs (voir p. 262).
Soit les vecteurs $\vec{u}(x ; y)$ et $\vec{v}(x' ; y')$.
1. Soit le point M tel que $\vec{OM} = \vec{u}$.
Quelles sont les coordonnées du point M ?
2. Soit le point N tel que $\vec{MN} = \vec{v}$. On note $(x_N ; y_N)$ les coordonnées du point N. Calculer x_N et y_N.
3. a. Justifier que $\vec{ON} = \vec{u} + \vec{v}$.
b. En déduire les coordonnées du vecteur $\vec{u} + \vec{v}$.

VRAI - FAUX

Pour les exercices 66 à 68, indiquer si les affirmations sont vraies ou fausses, puis justifier.
Soit le point A(1 ; 2) et les vecteurs $\vec{u}$, $\vec{v}$ et $\vec{w}$ tels que $\vec{u}(3 ; -11)$, $\vec{v}(-2 ; 5)$ et $\vec{w}(-1 ; 6)$.

66 $\vec{u} + \vec{v}$ a pour coordonnées (1 ; –6).

67 $\vec{u} + \vec{v} + \vec{w} = \vec{0}$

68 Soit le point M tel que $\vec{AM} = \vec{u} + \vec{w}$. Alors M a pour coordonnées (2 ; –5).

Chapitre 12 ■ Vecteurs   **271**

EXERCICES

Produit d'un vecteur par un réel

69 Soit les vecteurs $\vec{u}(3\,;1)$ et $\vec{v}(1\,;-2)$. Calculer les coordonnées des vecteurs : $3\vec{u}$, $-5\vec{v}$ et $\vec{w}=3\vec{u}-5\vec{v}$.

SAVOIR-FAIRE **8** p. 265

70 Soit les vecteurs $\vec{u}(1\,;2)$ et $\vec{v}(-1\,;2)$ et les points A, B, C et D définis par :
$\overrightarrow{OA}=2\vec{u}$; $\overrightarrow{OB}=-3\vec{v}$; $\overrightarrow{OC}=2\vec{u}-3\vec{v}$ et $\overrightarrow{OD}=-\vec{u}+5\vec{v}$.
Calculer les coordonnées des points A, B, C et D.

SAVOIR-FAIRE **8** p. 265

71 Soit les points A(3 ; 1), B(−2 ; 1), C(−3 ; −1) et D(2 ; −1).
1. Calculer les coordonnées des points P, Q, R et S définis par :
$\overrightarrow{OP}=2\overrightarrow{OA}$; $\overrightarrow{OQ}=2\overrightarrow{OB}$; $\overrightarrow{OR}=2\overrightarrow{OC}$ et $\overrightarrow{OS}=2\overrightarrow{OD}$.
2. Montrer que le quadrilatère PQRS est un parallélogramme.

72 Soit les points A(2 ; −1), B(3 ; 7), C(−5 ; 1) et U(11 ; 13).
1. Calculer les coordonnées des vecteurs $\overrightarrow{AB}$ et $\overrightarrow{BC}$, puis celles du vecteur $-\overrightarrow{AB}+2\overrightarrow{BC}$.
2. Calculer les coordonnées du point V défini par :
$\overrightarrow{BV}=-\overrightarrow{AB}+2\overrightarrow{BC}$.
3. Montrer que le quadrilatère CUAV est un parallélogramme.

73 Soit les points M(−2 ; 3), N(1 ; 4) et P(−8 ; 1).

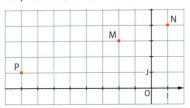

1. Par lecture graphique, émettre une conjecture sur les coordonnées des vecteurs $\overrightarrow{NP}+3\overrightarrow{MN}$ et $\overrightarrow{MP}+2\overrightarrow{MN}$.
2. Vérifier cette conjecture par le calcul.

74 Dans chacun des cas suivants, déterminer si les vecteurs $\vec{u}$ et $\vec{v}$ sont colinéaires :
a. $\vec{u}(-2\,;3)$ et $\vec{v}(-1\,;2)$;   **b.** $\vec{u}(24\,;6)$ et $\vec{v}(8\,;2)$.

SAVOIR-FAIRE **9** p. 265

75 Reprendre l'exercice **74** avec les vecteurs suivants :
a. $\vec{u}(15\,;90)$ et $\vec{v}(1\,;6)$;   **b.** $\vec{u}(20\,;-10)$ et $\vec{v}(-15\,;5)$.

SAVOIR-FAIRE **9** p. 265

76 Préparer le contrôle
Soit les points A(1 ; 5), B(3 ; 8), C(9 ; 17) et D(17 ; 32).
1. a. Calculer les coordonnées des vecteurs $\overrightarrow{AB}$ et $\overrightarrow{AC}$.
b. Montrer que les vecteurs $\overrightarrow{AB}$ et $\overrightarrow{AC}$ sont colinéaires.
2. Les vecteurs $\overrightarrow{AB}$ et $\overrightarrow{AD}$ sont-ils colinéaires ?

EXERCICE RÉSOLU

77 Déterminer un vecteur colinéaire particulier

Énoncé
Soit les vecteurs $\vec{u}(2\,;7)$ et $\vec{v}(6\,;3x)$. Déterminer le réel x tel que les vecteurs $\vec{u}$ et $\vec{v}$ soient colinéaires.

Solution commentée
Les vecteurs non nuls $\vec{u}$ et $\vec{v}$ sont colinéaires s'il existe un réel k tel que $\vec{v}=k\vec{u}$ et, donc, s'il existe un réel k tel que :
$6=2k$ et $3x=7k$.
Avec la première relation, on obtient $k=3$.
En remplaçant k par 3 dans la seconde relation, on obtient $3x=21$, soit $x=7$.
Pour $x=7$, $\vec{u}(2\,;7)$ et $\vec{v}(6\,;21)$. On a $\vec{v}=3\vec{u}$ et les vecteurs $\vec{u}$ et $\vec{v}$ sont colinéaires.

78 Dans chacun des cas suivants, déterminer le réel z pour que les vecteurs $\vec{u}$ et $\vec{v}$ soient colinéaires.
a. $\vec{u}(-3\,;4)$ et $\vec{v}(z\,;2)$.
b. $\vec{u}(5\,;1)$ et $\vec{v}(6\,;3z)$.

79 On a schématisé ci-dessous les rebonds d'une boule de billard. La boule est initialement au point E(1 ; 1). Elle rebondit en F(6 ; 4), puis au point G d'abscisse 8. On cherche à déterminer l'ordonnée du point G.

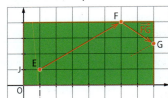

1. Justifier que les coordonnées du vecteur $\overrightarrow{EF}$ sont (5 ; 3).
2. On admet que le vecteur $\overrightarrow{FG}$ est colinéaire au vecteur $\vec{u}$ de coordonnées (5 ; −3) et on note y l'ordonnée du point G. Calculer y pour que les vecteurs $\overrightarrow{FG}$ et $\vec{u}$ soient colinéaires.

80 On considère les points A(−2 ; 3), B(4 ; 7), C(0 ; 1) et D(x ; 3), avec x réel.
Calculer x pour que le quadrilatère ABDC soit un trapèze de base [AB].

VRAI - FAUX

*Pour les exercices **81** à **83**, indiquer si les affirmations sont vraies ou fausses, puis justifier.*
Soit les vecteurs $\vec{u}(21\,;6)$, $\vec{v}(7\,;2)$ et $\vec{w}(3\,;y)$ où y est un nombre réel.

81 $2\vec{u}-5\vec{v}$ a pour coordonnées (7 ; 2).

82 Si $7y=6$, alors $\vec{u}$ et $\vec{w}$ sont colinéaires.

83 Il n'existe pas de réel y tel que $\vec{v}$ et $\vec{w}$ soient colinéaires.

272

Alignement et parallélisme

84 Dans chacun des cas suivants, déterminer si les points A, B et C sont alignés.
a. A (12 ; 15), B (−13 ; 10) et C (16 ; 16).
b. A (10 ; −12), B (−10 ; 28) et C (50 ; −92).

SAVOIR-FAIRE **10** p. 265

85 Dans chacun des cas suivants, déterminer si le point C appartient à la droite (AB).
a. A (10 ; −10), B (−4 ; 4) et C (7 ; −7).
b. A (4 ; 0), B (0 ; 4) et C (4 ; 4).

86 Dans chacun des cas suivants, déterminer si les droites (AB) et (CD) sont parallèles.
a. A (1 ; 1), B (3 ; 11), C (0 ; −1) et D (−1 ; −7).
b. A (3 ; 10), B (0 ; −5), C (1 ; −20) et D (10 ; 25).

SAVOIR-FAIRE **10** p. 265

87 **Préparer le contrôle**
Soit les points A (−1 ; 3), B (5 ; −2) et C (8 ; 6), et le vecteur $\vec{u}$ (−9 ; −10).
1. Calculer les coordonnées du point M défini par $\vec{AM} = \vec{u}$.
2. Les droites (AC) et (BM) sont-elles parallèles ? Justifier.
3. Les points O, M et C sont-ils alignés ? Justifier.

88 On considère les points A (4 ; −4), B (4 ; 4) et S (8 ; 0).
1. Calculer les coordonnées des points P et R définis par :
$\vec{BP} = \dfrac{5}{8} \vec{OB}$ et $\vec{OR} = \dfrac{21}{8} \vec{OA}$.
2. Le point S est-il sur la droite (PR) ? Justifier.

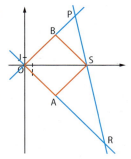

89 On considère les points A (1 ; 3), B (9 ; −1) et C (4 ; −3).
1. Calculer les coordonnées du milieu D du segment [AB] et du milieu E du segment [DB].
2. Calculer les coordonnées du point S défini par :
$\vec{AS} = \dfrac{2}{3} \vec{AC}$.
3. Les droites (EC) et (DS) sont-elles parallèles ? Justifier.

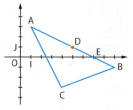

90 Soit les points A (4 ; −2), B (0 ; 5) et C (−6 ; −7), et P le milieu du segment [AB].
1. Calculer les coordonnées du point P.
2. Calculer les coordonnées des points Q et R définis par :
$3\vec{BQ} = \vec{CB}$ et $5\vec{CR} = 4\vec{CA}$.
3. Le point P est-il sur la droite (QR) ? Justifier.

91 **Logique** En justifiant la réponse, dire si les propositions ci-dessous sont vraies pour tous points A, B, C et D du plan.
1. Si les vecteurs $\vec{AB}$ et $\vec{CD}$ sont colinéaires, alors le quadrilatère ABDC est un parallélogramme.
2. Si le quadrilatère ABDC est un trapèze de base [AB], alors les vecteurs $\vec{AB}$ et $\vec{CD}$ sont colinéaires.
3. Si les vecteurs $\vec{AB}$ et $\vec{CD}$ sont colinéaires, alors les points A, B, C et D sont alignés.

VRAI - FAUX

Pour les exercices 92 à 94, indiquer si les affirmations sont vraies ou fausses, puis justifier.

92 Si $\vec{CB} = 3\vec{AC}$, alors les points A, B et C sont alignés.

93 Les points O, P (5 ; 3) et Q (3 ; 5) sont alignés.

94 Soit les points R (1 ; 2), S (5 ; 4) et T (−2 ; 1). Les droites (RS) et (OT) sont sécantes.

TOP CHRONO

Résoudre chacun des exercices suivants en 15 minutes maximum.

95 Soit les points A (2 ; 4), B (−2 ; 2), C (4 ; −2) et D (8 ; 0).
1. Montrer que le quadrilatère ADCB est un parallélogramme.
2. Calculer les coordonnées du point N tel que ABNC soit un parallélogramme.
3. Montrer que C est le milieu du segment [DN].

96 Soit les points A (−3 ; 3), B (1 ; 5) et D (1 ; 1).
1. Calculer les coordonnées du point M défini par $\vec{AM} = \vec{MD}$. Que représente le point M ?
2. a. Calculer les coordonnées du point P défini par :
$\vec{DP} = \vec{DB} + \dfrac{1}{2} \vec{AD}$.
b. Montrer que le quadrilatère AMPB est un parallélogramme.

97 Soit les points A (−1 ; −1), B (2 ; 8), C (−2 ; −4), D (3 ; 3) et E (9 ; 20).
1. Les points A, B et C sont-ils alignés ?
2. Les droites (AB) et (DE) sont-elles sécantes ?

EXERCICES

Faire le point

Choisir la (ou les) bonne(s) réponse(s).

Le plan est muni d'un repère (O, I, J).

Utiliser des égalités de vecteurs

Pour vous aider SAVOIR-FAIRE **1, 2 et 6** pp. 259 et 263

	A	**B**	**C**	**D**
❶ Si ABCD est un parallélogramme, alors :	$\vec{AB} = \vec{CD}$	$\vec{AD} = \vec{BC}$	$\vec{BA} = \vec{CD}$	$\vec{AC} = \vec{DB}$
❷ Si $\vec{MN} = \vec{RS}$, alors :	MNRS est un parallélogramme	MNSR est un parallélogramme	$\vec{MS} = \vec{NR}$	$\vec{FM} = \vec{SN}$
❸ Si B est le milieu du segment [EF], alors :	$\vec{EB} = \vec{BF}$	$\vec{BE} = \vec{BF}$	$\vec{BE} = \vec{FB}$	$\vec{EF} = \vec{FB}$
❹ Pour tous points A, B et C du plan, on peut affirmer que :	$\vec{BA} + \vec{CB} = \vec{AC}$	$\vec{BA} + \vec{AC} = \vec{BC}$	$\vec{AB} + \vec{CA} = \vec{CB}$	$\vec{AB} + \vec{CA} = \vec{0}$

Calculer et utiliser les coordonnées de vecteurs

On considère les vecteurs $\vec{u}(4\,;1)$ et $\vec{v}(-2\,;3)$ et les points A (1 ; 5), B (3 ; 4) et C (2 ; –3).

Pour vous aider SAVOIR-FAIRE **3, 4, 7 et 8** pp. 261, 263 et 265

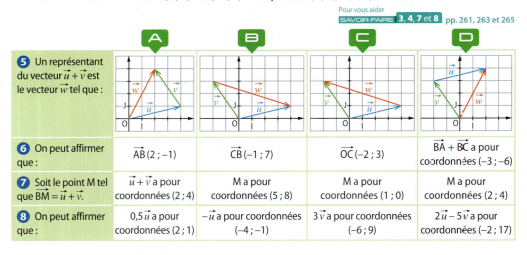

	A	**B**	**C**	**D**
❺ Un représentant du vecteur $\vec{u}+\vec{v}$ est le vecteur $\vec{w}$ tel que :	(figure A)	(figure B)	(figure C)	(figure D)
❻ On peut affirmer que :	$\vec{AB}(2\,;-1)$	$\vec{CB}(-1\,;7)$	$\vec{OC}(-2\,;3)$	$\vec{BA}+\vec{BC}$ a pour coordonnées $(-3\,;-6)$
❼ Soit le point M tel que $\vec{BM} = \vec{u}+\vec{v}$.	$\vec{u}+\vec{v}$ a pour coordonnées (2 ; 4)	M a pour coordonnées (5 ; 8)	M a pour coordonnées (1 ; 0)	M a pour coordonnées (2 ; 4)
❽ On peut affirmer que :	$0{,}5\vec{u}$ a pour coordonnées (2 ; 1)	$-\vec{u}$ a pour coordonnées (–4 ; –1)	$3\vec{v}$ a pour coordonnées (–6 ; 9)	$2\vec{u}-5\vec{v}$ a pour coordonnées (–2 ; 17)

Reconnaître et utiliser la colinéarité

On considère les vecteurs $\vec{u}(4\,;-2)$, $\vec{v}(-2\,;1)$ et $\vec{w}(12\,;-4)$ et les points A (1 ; 5) , B (10 ; 12) et C (4 ; 8).

Pour vous aider SAVOIR-FAIRE **9 et 10** p. 265

	A	**B**	**C**	**D**
❾ On peut affirmer que :	$\vec{u} = -2\vec{v}$	$\vec{v} = -0{,}5\vec{u}$	$\vec{u}$ et $\vec{w}$ sont colinéaires	$\vec{u}$ et $\vec{v}$ sont colinéaires
❿ Soit le point P tel que $\vec{CP} = 2\vec{AB}$.	Les points A, B et C sont alignés	Le point P est sur la droite (AB)	Les droites (CP) et (AB) sont parallèles	Le quadrilatère CPBA est un parallélogramme
⓫ Soit le point N(–4 ; 0).	Les points A, B et N sont alignés	Le point N est sur la droite (AC)	Les droites (OB) et (AN) sont parallèles	Les droites (AC) et (BN) sont sécantes

Voir les corrigés, page 335

274

EXERCICES

Construire un point défini par une égalité vectorielle

Un exemple : On considère quatre points A, B, C et D. Reproduire la figure et construire le point E défini par l'égalité vectorielle : $\vec{AE} = \vec{AC} + \vec{BD}$.

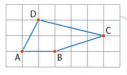

Les questions à se poser	Des réponses
Que me demande-t-on ?	→ On doit construire le point E défini par $\vec{AE} = \vec{AC} + \vec{BD}$. Quelle est l'origine qu'il est judicieux de choisir pour construire un représentant du vecteur $\vec{AC} + \vec{BD}$? Quelle sera l'extrémité de ce représentant ?
Quel vecteur commence-t-on par représenter ?	→ On trace le représentant d'origine A du vecteur $\vec{AC}$. Reproduire la figure et tracer ce représentant. Quelle est son extrémité ?
Que doit-on faire ensuite ?	→ On trace le représentant d'origine C du vecteur $\vec{BD}$. Expliquer pourquoi le point E est l'extrémité de ce représentant. Construire le point E.
Comment peut-on vérifier ?	→ On peut vérifier sur la figure. Vérifier qu' « en partant » du point A, les vecteurs $\vec{AC}$ et $\vec{BD}$ sont bien représentés « bout à bout ».

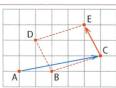

Application

98 Soit quatre points A, B, C et D. Construire les points F, G, H, I et J définis par :
a. $\vec{AF} = \vec{CB}$ **b.** $\vec{CG} = \vec{AD}$ **c.** $\vec{BH} = \vec{BC} + \vec{AB}$ **d.** $\vec{CI} = \vec{BD} + \vec{BC}$ **e.** $\vec{DJ} = \vec{BA} + \vec{BC}$

Calculer les coordonnées d'un point défini par une égalité vectorielle

Un exemple : Dans un repère (O, I, J), on considère les points E (5 ; 2), F (2 ; 1) et G (3 ; 3). Calculer les coordonnées du point M défini par l'égalité vectorielle : $\vec{EM} = \vec{FG}$.

Les questions à se poser	Des réponses
Que me demande-t-on ?	→ On doit calculer les coordonnées du point M défini par $\vec{EM} = \vec{FG}$. Comment peut-on noter les coordonnées du point M ?
Que commence-t-on par calculer ?	→ On calcule les coordonnées des vecteurs $\vec{FG}$ et $\vec{EM}$. Justifier que les coordonnées de $\vec{FG}$ sont (1 ; 2). En notant $(x ; y)$ les coordonnées de M, justifier que la première coordonnée de $\vec{EM}$ est $x - 5$. Donner sa seconde coordonnée.
Quelle propriété utilise-t-on maintenant ?	→ Deux vecteurs sont égaux si et seulement si ils ont les mêmes coordonnées. Justifier que $x - 5 = 1$ et $y - 2 = 2$. Calculer x et y, puis conclure.
Comment peut-on vérifier ?	→ On peut calculer les coordonnées de $\vec{EM}$ ou bien placer les points dans un repère. Vérifier avec les deux méthodes proposées.

Application

99 Dans un repère (O, I, J), on considère les points A (3 ; 0), B (5 ; 1), C (2 ; −4) et D (−1 ; 3).
Calculer les coordonnées des points M, N, P, Q et R tels que :
a. $\vec{AM} = \vec{BC}$ **b.** $\vec{DN} = \vec{BC}$ **c.** $\vec{BP} = \vec{CD}$ **d.** $\vec{QD} = \vec{AB}$ **e.** $\vec{CR} = \vec{AB} + \vec{CD}$

Chapitre 12 ■ Vecteurs   **275**

EXERCICES

TP 1 — La chasse aux trésors

TICE — Utiliser un logiciel de géométrie dynamique pour construire un polygone connaissant les milieux de ses côtés.

Fichiers logiciels
→ www.bordas-indice.fr

Bryan participe à un jeu dont la règle est la suivante : quatre trésors sont placés en I, J, K et L comme sur la figure ci-contre. Chaque joueur doit établir un parcours en forme de ligne brisée ABCDE telle que les segments [AB], [BC], [CD] et [DE] aient respectivement les trésors I, J, K et L en leur milieu.
Le candidat gagne les trésors uniquement si ce parcours le ramène à son point de départ.
Yasmina affirme qu'il est impossible de gagner.
A-t-elle raison ?

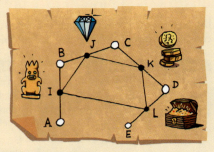

A Une première réponse avec le logiciel

1. a. Ouvrir le fichier **12_seconde_TP1A**.
Les points I, J, K et L ont été créés ainsi qu'un point A.
Construire le point B, symétrique de A par rapport à I.
b. Construire, en utilisant des symétries, les points C, D et E.
c. Construire les segments [AB], [BC], [CD] et [DE].
d. Bryan gagne-t-il les trésors en partant de ce point A ?

2. Bryan dit :
« En partant d'un autre point, je peux gagner. »
Déplacer le point A.
Que peut-on penser de l'affirmation de Bryan ?

3. Yasmina dit :
« Si les trésors avaient été placés autrement, tu aurais pu gagner. »
Déplacer le point L.
Que peut-on penser de l'affirmation de Yasmina ?

4. Bryan répond :
« Mais alors, j'aurais toujours gagné ! »
Placer le point L pour qu'il soit possible de gagner, puis déplacer le point A.
Que peut-on penser de l'affirmation de Bryan ?

B Un calcul pour confirmer

Soit les points I, J, K, L et A.
On note B le symétrique de A par rapport à I, C le symétrique de B par rapport à J, D le symétrique de C par rapport à K et E le symétrique de D par rapport à L.

1. a. Justifier que $\vec{AB} = 2\vec{IB}$.
b. Écrire de même une relation entre les vecteurs $\vec{BC}$ et $\vec{BJ}$.
c. En déduire que $\vec{AC} = 2\vec{IJ}$.

2. Exprimer $\vec{CE}$ en fonction de $\vec{KL}$.

3. Déduire des questions précédentes que $\vec{AE} = 2\vec{IJ} + 2\vec{KL}$.

4. a. Montrer que E est confondu avec A si et seulement si $\vec{IJ} = \vec{LK}$.
b. En déduire une condition nécessaire et suffisante portant sur la nature du quadrilatère IJKL pour que le candidat gagne.

C Avec cinq trésors

Pour que le jeu soit plus équitable, l'organisateur décide de rajouter un trésor en un point M.
Ouvrir le fichier **12_seconde_TP1C** puis déplacer le point A ou bien les points I, J, K, L ou M.
Le jeu paraît-il plus équitable ?

Aide pour les logiciels	
GeoGebra	**A. 1. a.** Pour construire le symétrique de A par rapport à I, utiliser `Symétrie centrale`. Cliquer sur l'icône correspondante puis cliquer sur le point A et ensuite sur le point I. Pour renommer un point, cliquer droit sur ce point, puis choisir `Renommer`.
GeoPlan	**A. 1. a.** Pour construire le symétrique de A par rapport à I : dans le menu **Créer**, choisir `Point` puis `Point image par` puis `Symétrie centrale`.

Voir **FICHES TICE**, pages 320 et 322

EXERCICES

TP 2 — Des vecteurs avec un logiciel de géométrie

Utiliser un logiciel de géométrie dynamique pour étudier une configuration du plan.

Soit un parallélogramme ABCD et un point E situé à l'intérieur de ABCD.
La parallèle à (AB) passant par E coupe (BC) en G et (AD) en I.
La parallèle à (AD) passant par E coupe (AB) en F et (CD) en H.

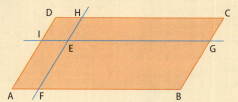

On souhaite étudier le vecteur $\vec{FI} + \vec{GH}$ lorsque l'on déplace le point E, et déterminer s'il existe une ou plusieurs positions du point E pour lesquelles les droites (FI) et (GH) sont parallèles.

A Des conjectures à l'aide du logiciel

1. a. Construire trois points A, B et C non alignés.
b. Construire le vecteur $\vec{BA}$ puis construire son représentant d'origine C. Nommer son extrémité D.
c. Construire le polygone ABCD, puis construire le point E avec l'outil `Point sur Objet`.
d. Construire la parallèle à (AB) passant par E et la parallèle à (AD) passant par E.
e. Construire avec l'outil `Intersection entre deux objets` les points F, G, H et I.

2. a. Construire les vecteurs $\vec{FI}$ et $\vec{GH}$.
b. Avec l'outil `Représentant` effectuer la construction qui permet d'obtenir le représentant d'origine F du vecteur $\vec{FI} + \vec{GH}$.
c. Déplacer le point E. Que peut-on dire du vecteur $\vec{FI} + \vec{GH}$?

3. a. Construire les droites (FI) et (GH).
b. Faire afficher le coefficient directeur de chacune des droites (FI) et (GH).
c. Déplacer le point E. Faire une conjecture sur la position de E pour que les droites (FI) et (GH) soient parallèles.

B Une démonstration

On se place dans le repère (A, B, D) du plan.
On rappelle que, dans ce repère, les coordonnées de l'origine A sont (0 ; 0).

1. a. Quelles sont les coordonnées des points B et D ?
b. Déterminer les coordonnées du point C.
c. On note (a ; b) les coordonnées du point E, où a et b sont deux réels de l'intervalle]0 ; 1[.
Déterminer les coordonnées des points F, G, H et I.

2. a. Justifier que les coordonnées du vecteur $\vec{FI}$ sont ($-a$; b).
b. Calculer les coordonnées du vecteur $\vec{GH}$, puis celles du vecteur $\vec{FI} + \vec{GH}$.
c. Calculer les coordonnées du vecteur $\vec{BD}$ et en déduire une relation entre $\vec{FI} + \vec{GH}$ et $\vec{BD}$.

3. a. Montrer que les vecteurs $\vec{FI}$ et $\vec{GH}$ sont colinéaires si et seulement si $a = b$.
b. En déduire où doit se trouver le point E pour que les droites (FI) et (GH) soient parallèles.

Aide pour le logiciel

GeoGebra

A. 1. b. Utiliser l'outil `Vecteur`, puis cliquer sur le point B, puis sur le point A. Utiliser ensuite l'outil `Représentant`, puis cliquer sur le point C, puis sur le vecteur $\vec{BA}$.

A. 1. c. Utiliser l'outil `Polygone`.
A. 1. d. Utiliser l'outil `Parallèle`.
A. 3. a. Utiliser l'outil `Droite passant par deux points`.

A. 3. b. Utiliser l'outil `Pente`, puis cliquer sur la droite. Dans **Options**, choisir `Arrondi à 1 décimale`.

Voir **FICHE TICE**, page 320

EXERCICES

Pour approfondir

100 **Logique** **Comprendre un algorithme**

On donne ci-dessous un algorithme permettant d'afficher OUI lorsque les vecteurs $\vec{u}(x_u\,;y_u)$ et $\vec{v}(x_v\,;y_v)$ sont égaux, et NON dans le cas contraire.

Variables	x_u, y_u, x_v, y_v sont des réels
Entrées	Saisir x_u, y_u, x_v, y_v
Traitement et sortie	**Si** $x_u = x_v$ et $y_u = y_v$ 　**Alors** Afficher OUI 　**Sinon** Afficher NON **Fin Si**

La partie grisée de cet algorithme peut être remplacée par l'une des parties ci-dessous. Laquelle ?

①
Si $x_u \neq x_v$ et $y_u \neq y_v$
　Alors Afficher NON
　Sinon Afficher OUI
Fin Si

②
Si $x_u \neq x_v$ ou $y_u \neq y_v$
　Alors Afficher NON
　Sinon Afficher OUI
Fin Si

101 **Théorème de Varignon**

Soit un quadrilatère quelconque ABCD et I, J, K et L les milieux respectifs des segments [AB], [BC], [CD] et [DA].

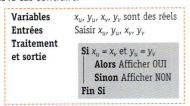

1. a. Justifier que $\vec{AB} = 2\vec{IB}$ et $\vec{BC} = 2\vec{BJ}$.
b. En déduire que $\vec{AC} = 2\vec{IJ}$.
2. Montrer que le quadrilatère IJKL est un parallélogramme.

POINT HISTOIRE

Le mathématicien français **Pierre Varignon** (1654–1722) démontre que la figure obtenue en joignant les milieux des côtés d'un quadrilatère est un parallélogramme.

102 **TICE** **Avec la relation de Chasles**

1. a. Avec un logiciel de géométrie, créer quatre points A, B, C et M, puis construire les vecteurs $\vec{AB} - 2\vec{AC}$ et $\vec{MA} + \vec{MB} - 2\vec{MC}$.
b. Déplacer le point M. Que remarque-t-on ?
2. Montrer que, pour tout point M, on a l'égalité :
$$\vec{MA} + \vec{MB} - 2\vec{MC} = \vec{AB} - 2\vec{AC}.$$

Aide question 1. Utiliser la relation de Chasles pour écrire : $\vec{MB} = \vec{MA} + \vec{AB}$ et $\vec{MC} = \vec{MA} + \vec{AC}$.

103 **Des cercles sécants**

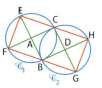

Soit deux cercles $\mathcal{C}_1$ et $\mathcal{C}_2$ de même rayon et de centres respectifs A et D. $\mathcal{C}_1$ et $\mathcal{C}_2$ sont sécants en B et C. [BE] et [CF] sont des diamètres de $\mathcal{C}_1$. [BH] et [CG] sont des diamètres de $\mathcal{C}_2$.

1. Justifier que les quadrilatères ABDC, FBCE et BGHC sont des parallélogrammes.
2. a. Montrer que $\vec{CD} = \vec{EA}$. Que peut-on en déduire ?
b. Montrer que le quadrilatère ABGD est un parallélogramme.
c. Déduire des questions précédentes que $\vec{EC} = \vec{BG}$.
3. Montrer que C est le milieu du segment [EH].
4. Retrouver le résultat de la question précédente sans utiliser les vecteurs.

104 **Dans un nouveau repère**

On considère un triangle ABC. Soit D et E les points définis par $\vec{BD} = 2\vec{AB}$ et $\vec{CE} = 2\vec{AC}$ et K et P les milieux respectifs des segments [BC] et [DE].

1. a. Construire une figure.
b. Que penser des droites (BC) et (DE) et des points A, K et P ?
2. On se place dans le repère (A, B, C).
a. Calculer les coordonnées des points D et E.
b. Montrer que (BC) et (DE) sont parallèles.
c. Montrer que les points A, K et P sont alignés.

Aide question 2. Dans le repère (A, B, C), le point A, origine du repère, a pour coordonnées (0 ; 0) et les points B et C ont pour coordonnées respectives (1 ; 0) et (0 ; 1).

105 **Parallélogramme agrandi**

On considère un parallélogramme ABCD de centre O et les points P, Q, R et S définis par $\vec{BP} = \frac{1}{2}\vec{AB}$, $\vec{CQ} = \frac{1}{2}\vec{BC}$, $\vec{DR} = \frac{1}{2}\vec{CD}$ et $\vec{AS} = \frac{1}{2}\vec{DA}$.

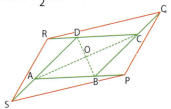

On se place dans le repère (A, B, D) du plan.

1. a. Justifier que les coordonnées de C sont (1 ; 1) et que celles de O sont $\left(\frac{1}{2}\,;\,\frac{1}{2}\right)$.
b. Calculer les coordonnées des points P, Q, R et S.
2. Montrer que le quadrilatère PQRS est un parallélogramme dont on donnera le centre.

EXERCICES

106 **PROBLÈME DE SYNTHÈSE**

On considère un triangle ABC, a un nombre réel ($a \neq 1$ et $a \neq 0$) et D et E les points définis par :
$$\vec{AD} = \vec{AB} + a\vec{AC}$$
et $\vec{AE} = a\vec{AB} + \vec{AC}$.

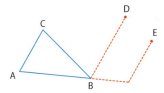

(La figure ci-dessus a été réalisée pour $a = 1,5$.)

A. Cas où $a = -1$
On a ici $\vec{AD} = \vec{AB} - \vec{AC}$ et $\vec{AE} = -\vec{AB} + \vec{AC}$.

1. Construire une figure et placer les points D et E.
2. a. Montrer que $\vec{AD} = \vec{CB}$.
b. En déduire la nature du quadrilatère ADBC.
3. Montrer que le quadrilatère ABCE est un parallélogramme.
4. Montrer que le point A est le milieu du segment [ED].
5. Justifier que les droites (DE) et (BC) sont parallèles.

B. Cas général
On se place dans le repère (A, B, C).
1. a. Justifier que les coordonnées du point D sont (1 ; a).
b. Calculer les coordonnées du point E.
2. Montrer que les droites (DE) et (BC) sont parallèles.
3. Soit K le point tel que ABKC soit un parallélogramme.
a. Calculer les coordonnées du point K.
b. Montrer que les points B, K et D sont alignés, puis que K est le point d'intersection des droites (BD) et (CE).

107 **TICE** **Une rosace**

Le fichier **12_seconde_ex107** (Geoplan) est mis à disposition sur le site compagnon :
➡ **www.indice-bordas.fr**

Soit M un point du plan et $\mathcal{C}$ un cercle de centre M. Soit O_1, O_2, O_3 et O_4 des points distincts se succédant dans cet ordre sur $\mathcal{C}$.
On désigne par $\mathcal{C}_1$, $\mathcal{C}_2$, $\mathcal{C}_3$ et $\mathcal{C}_4$ les cercles passant par M et de centres respectifs O_1, O_2, O_3 et O_4.
On note M_1, M_2, M_3 et M_4 les points d'intersection respectifs de $\mathcal{C}_1$ et $\mathcal{C}_2$, $\mathcal{C}_2$ et $\mathcal{C}_3$, $\mathcal{C}_3$ et $\mathcal{C}_4$, $\mathcal{C}_4$ et $\mathcal{C}_1$ (autres que M).

A. 1. Ouvrir le fichier **12_seconde_ex107**.
Les cercles $\mathcal{C}_1$, $\mathcal{C}_2$ et $\mathcal{C}_3$ ainsi que les points M_1 et M_2 sont déjà construits.

2. a. Construire le cercle $\mathcal{C}_4$ ainsi que les points M_3 et M_4.
b. Construire les segments $[M_1M_2]$, $[M_2M_3]$, $[M_3M_4]$ et $[M_4M_1]$.

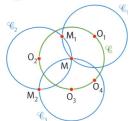

3. a. Déplacer les points O_1, O_2, O_3 ou O_4 (les cercles $\mathcal{C}_1$ et $\mathcal{C}_2$, $\mathcal{C}_2$ et $\mathcal{C}_3$, $\mathcal{C}_3$ et $\mathcal{C}_4$, $\mathcal{C}_4$ et $\mathcal{C}_1$ ne doivent pas être tangents entre eux) et conjecturer la nature du quadrilatère $M_1M_2M_3M_4$.
b. Comment peut-on choisir les points O_1, O_2, O_3 et O_4 pour que le quadrilatère $M_1M_2M_3M_4$ soit un carré ?

B. 1. Quelle est la nature des quadrilatères $M_1O_2MO_1$, $M_2O_3MO_2$, $M_3O_4MO_3$ et $M_4O_1MO_4$?
2. Peut-on confirmer la conjecture faite dans la question **3. a** de la partie **A** ?
3. Peut-on confirmer la conjecture faite dans la question **3. b** de la partie **A** ?

PRISES D'INITIATIVES

108 Soit ABC un triangle et M_0 un point du segment [AB] distinct du milieu de [AB].
M_1 est le point de (AC) tel que (M_0M_1) est parallèle à (BC) ; M_2 est le point de (BC) tel que (M_1M_2) est parallèle à (AB) ; M_3 est le point de (AB) tel que (M_2M_3) est parallèle à (AC) ; M_4 est le point de (AC) tel que (M_3M_4) est parallèle à (BC), etc.
Que peut-on conjecturer sur la suite de points M_0, M_1, M_2… ?
Démontrer cette conjecture.

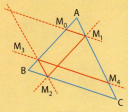

Aide On pourra utiliser des parallélogrammes.

109 Au jeu d'échecs, les huit mouvements possibles du cavalier sont schématisés ci-dessous par les vecteurs $\vec{AM_1}$, $\vec{AM_2}$…, $\vec{AM_8}$.
Le cavalier est en A.
Déterminer toutes les possibilités qui peuvent l'amener :
a. en C en deux coups ;
b. en B en trois coups.

Chapitre 12 ■ Vecteurs   279

Réactiver les savoirs

➤ Voir les réponses, p. 335

Effectuer des calculs dans un solide de l'espace

Exercice ABCDEFGH est un pavé droit tel que AB = 6 cm, AE = 2 cm et AD = 3 cm.
1. Déterminer le volume de ABCDEFGH.
2. **a.** Quelle est la nature du quadrilatère ABCD ?
   b. Déterminer l'aire du quadrilatère ABCD.
   c. Calculer l'aire totale des faces du parallélépipède.
3. Représenter le triangle ABD en vraie grandeur, puis calculer la longueur BD.

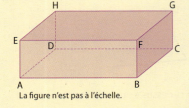
La figure n'est pas à l'échelle.

➔ Pour vous aider, voir l'Essentiel du collège, Rabats C et D et les rappels, p. 316

Reconnaître la section d'un solide par un plan

Vrai ou faux ?
4. La section d'un cylindre de révolution par un plan peut être un rectangle.
5. La section d'une sphère par un plan passant par son centre est un cercle de même centre et de même rayon.
6. La section d'une pyramide régulière de base carrée par un plan parallèle à sa base est un triangle équilatéral.
7. La section d'un cube de côté 1 par un plan parallèle à une de ses faces est un rectangle de côtés 1 et $\sqrt{2}$.

➔ Pour vous aider, voir les rappels, p. 317

Utiliser une représentation d'un solide de l'espace

QCM Choisir la (ou les) bonne(s) réponse(s).

Dans le prisme droit ABCDEFA'B'C'D'E'F', les bases sont des hexagones réguliers et les faces latérales des carrés.

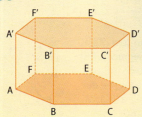

	A	B	C	D
8. Le nombre de faces du solide est :	5	10	8	6
9. Le nombre d'arêtes du solide est :	8	12	18	24
10. La droite (BB') est parallèle à la droite :	(EF')	(BC)	(EE')	(FF')
11. Le quadrilatère FF'C'C est un :	rectangle	losange	carré	parallélogramme
12. Le plan (ABB') est parallèle au plan :	(FEE')	(BCB')	(EDD')	(ECC')

280

Géométrie dans l'espace

CHAPITRE 13

Les solides usuels, et en particulier les pyramides, ont toujours été une source d'inspiration pour les architectes. La Pyramide du Louvre (1989, architecte : Ieoh Ming Pei) abrite le hall d'accueil du Musée du Louvre, à Paris. Elle est composée de 603 losanges et 70 triangles en verre. Dans ce solide, les faces sont portées par des plans sécants selon des droites formant ainsi les arêtes de la pyramide. Chacune des arêtes de la base carrée est parallèle au plan de la face opposée.

Les notions du chapitre
- Solides de l'espace
- Représentation en perspective cavalière
- Positions relatives de droites et plans dans l'espace
- Parallélisme dans l'espace

 Notations et raisonnement
p. 287, 288, 293, 296, 299

 Utilisation de logiciels
p. 282, 283, 290, 302, 303, 306

ACTIVITÉS

ACTIVITÉ 1 — Le Water Cube de Pékin

Objectif
Revoir les principes de représentation en perspective cavalière.

Cours 1
Les solides de l'espace

LE SAVIEZ-VOUS ?
Ce complexe a été construit pour les Jeux olympiques de 2008 : il mesure 177 m en largeur et en longueur, pour une hauteur de 30 m.

Le Centre national de natation de Pékin, appelé également Water Cube, est un complexe sportif aquatique ayant la forme d'un pavé droit de base carrée. On donne ci-dessous une représentation en perspective cavalière d'une maquette de ce bâtiment.

1. Pourquoi les segments [AD], [DC] et [DH] sont-ils représentés en pointillés ?

2. Donner une mesure de l'angle $\widehat{DAB}$ de la figure. En déduire l'angle de fuite de cette perspective cavalière.

3. Que peut-on dire des segments [AB] et [BC] en vraie grandeur ? Mesurer les segments [AB] et [BC] sur la figure, puis en déduire le coefficient de perspective.

4. Quelle est la nature du triangle ABD ?

5. Pourquoi le triangle HAF est-il isocèle en A ?

6. Que peut-on dire du quadrilatère ACGE ?

ACTIVITÉ 2 — La fourmi gourmande

Objectif
Calculer des longueurs dans un solide et utiliser un patron pour optimiser une distance.

Cours 1
Les solides de l'espace

Fichier logiciel
➔ www.bordas-indice.fr

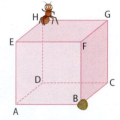

Une fourmi se déplace sur les faces d'une boîte de chocolats en forme de cube de 5 cm de côté. Cette boîte est représentée ci-dessus en perspective cavalière. La fourmi est au sommet H et veut aller manger un éclat de praline tombé au sommet B. On cherche à déterminer le chemin le plus court que pourra emprunter la fourmi pour aller du point H au point B.

1. Déterminer la longueur du chemin le plus court si la fourmi se déplace sur les arêtes du cube.

2. a. Rappeler la nature du quadrilatère EFGH, puis calculer la longueur HF.
b. En déduire la longueur du chemin H-F-B.

3. On note I le milieu du segment [EF].
a. Rappeler la nature du triangle HEI, puis calculer la longueur HI.
b. En déduire la longueur du chemin H-I-B.

4. a. Réaliser un patron du cube ABCDEFGH.
b. En plaçant judicieusement les points H et B sur le patron, construire le chemin le plus court cherché. Quelle est la longueur de ce chemin ?

ACTIVITÉS

ACTIVITÉ 3 — Intersection d'une droite et d'un plan dans un tétraèdre

Objectif
Étudier l'intersection d'une droite et d'un plan.

Cours 2
Droites et plans de l'espace

ABCD est un tétraèdre régulier, c'est-à-dire un tétraèdre dont toutes les faces sont des triangles équilatéraux. On suppose que le segment [AB] mesure 8 cm et on considère le point M du segment [AB] tel que $AM = \frac{1}{4} AB$ et le point N milieu du segment [AC].

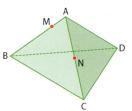

La figure n'est pas à l'échelle.

1. a. Représenter un patron de ce solide.
b. Construire une maquette du tétraèdre ABCD en vraie grandeur.

2. a. Sur le solide construit, nommer les points A, B, C et D et placer les points M et N.
b. Sur une feuille de papier, tracer une droite Δ et placer la face BCD sur cette feuille en positionnant B et C sur Δ.
c. Faire passer une règle par M et N, puis déterminer le point d'intersection S de la droite (MN) et du plan 𝒫 représenté par la feuille.

3. a. Reproduire la figure donnée et construire le point S.
b. Sur la figure, (AC) et (BD) sont représentées par des droites sécantes. Dans l'espace, les droites (AC) et (BD) ont-elles un point commun ? Sont-elles parallèles ?
c. Les droites (AD) et (BC) sont-elles parallèles ?

ACTIVITÉ 4 — La tour du château

Objectif
Étudier des droites et des plans parallèles dans l'espace.

Cours 3
Parallélisme dans l'espace

Fichier logiciel
 www.bordas-indice.fr

Le prisme droit ci-dessous représente la tour hexagonale d'un château.

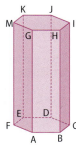

On suppose que l'hexagone ABCDEF est régulier : ses côtés opposés sont donc deux à deux parallèles.

1. a. Citer toutes les droites passant par deux sommets du prisme et parallèles à la droite (BC).
b. Étudier la position relative de chacune des droites précédentes avec le plan (ABC).

2. On souhaite construire un plancher intermédiaire dans cette tour.
On place un point P sur le segment [AG] pour indiquer la position de ce plancher qui sera contenu dans un plan parallèle à la base.
a. Soit L le point de [BH] donnant la position du plancher sur ce segment.
Que dire des droites (PL) et (AB) ?
b. Combien existe-il de plans contenant la droite (PL) ?
c. Comment construire sur le segment [IC], le point R indiquant la position du plancher ?
d. Combien de plans contiennent les trois points P, L et R ? Conclure.

Chapitre 13 ■ Géométrie dans l'espace   **283**

COURS

1 Les solides de l'espace

Représentation en perspective cavalière

Règles de construction La perspective cavalière est un mode de représentation d'un objet de l'espace par une figure plane selon les principes ci-dessous :
(1) Les faces situées dans un plan vertical perpendiculaire à la direction d'observation, appelé **plan frontal**, sont représentées en vraie grandeur.
(2) Deux droites parallèles sont représentées par deux droites parallèles. Sur ces droites, deux segments de même longueur sont représentés par des segments de même longueur.
(3) Une droite perpendiculaire au plan frontal, appelée **fuyante**, est représentée par une droite faisant un **angle** α avec la direction horizontale, appelé **angle de fuite**.
(4) Toute longueur sur une fuyante est multipliée par un coefficient k, avec $0 < k < 1$, appelé **coefficient de perspective**.
(5) Les lignes cachées sont représentées en pointillés et celles qui sont visibles en trait plein.

> **À noter**
> On prend usuellement $\alpha = 30°$ ou $\alpha = 45°$.

> **LE SAVIEZ-VOUS ?**
> La **perspective cavalière** (ou perspective parallèle) était utilisée pour la conception des fortifications militaires. Le « cavalier » est une construction de terre, élevée et située en arrière des fortifications qui permettait de voir par-dessus la ligne des ouvrages de défense. La perspective cavalière était donc la vue que l'on avait du haut du cavalier.

Patrons d'un solide

Définition Un patron d'un solide est un dessin qui permet, après découpage et pliage, de réaliser une maquette de ce solide sans que les parties du dessin ne se superposent.

Exemple : un patron d'un cube.

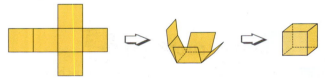

Les solides usuels

Propriété des solides droits Le volume V d'un **solide droit** est donné par la formule : $V = B \times h$, où B est l'aire de la base et h la hauteur du solide.

• Volume d'un **pavé droit** : $V = L \times \ell \times h$.   • Volume d'un **cylindre** : $V = \pi R^2 h$.

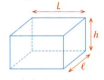

> **Vocabulaire**
> Un **tétraèdre** est un solide dont les quatre faces sont des triangles.

Propriété des pyramides et cônes Le volume V d'une **pyramide** ou d'un **cône** est donné par la formule : $V = \frac{1}{3} B \times h$, où B est l'aire de la base et h la hauteur du solide.

• Volume d'un **cône** : $V = \frac{1}{3} \pi R^2 h$.

> **Vocabulaire**
> Une **boule** est l'ensemble des points situés à l'intérieur d'une sphère.

Propriété des sphères et boules Le volume de la **boule** de rayon r est : $V = \frac{4}{3} \pi r^3$. La surface de la **sphère** de rayon r est : $S = 4\pi r^2$.

LES SAVOIR-FAIRE DU COURS

SAVOIR-FAIRE 1 — Représenter un solide en perspective cavalière

Voir les exercices 35 et 36, p. 294

On considère un pavé droit ABCDEFGH dont les côtés sont tels que AB = 3 cm, AD = 2 cm et AE = 2 cm. Représenter en perspective cavalière le pavé droit ABCDEFGH. La face ABFE est dans un plan frontal, le côté [AB] est horizontal, on choisit pour coefficient de perspective $k = 0,5$ et pour angle de fuite $\alpha = 30°$.

Méthode
Pour représenter un solide en perspective cavalière, on peut commencer par représenter une face située dans un plan frontal en vraie grandeur.

Solution commentée
On représente le rectangle ABFE, la droite (AB) suivant la direction horizontale. Le segment [BC] étant perpendiculaire au plan frontal, la droite (BC) est représentée par une droite faisant un angle de 30° avec (AB). Le segment [BC] est représenté par un segment de longueur : $k \times BC = 0,5 \times BC = 1$ cm : on place C. Deux droites parallèles étant représentées par deux droites parallèles, on trace les représentations des droites, (FG) parallèle à (BC), (CG) parallèle à (BF) et on place G. On construit de la même façon les points D et H. Les côtés [AD], [DC] et [HD] étant cachés, ils sont représentés en pointillés.

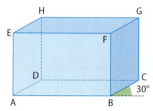

SAVOIR-FAIRE 2 — Construire un patron d'un solide

Voir les exercices 38, 39 et 41, pp. 294 et 295

Soit SABCD une pyramide de sommet S. Sa base est un carré ABCD de côté 5 cm et toutes ses arêtes ont la même longueur. Construire un patron de SABCD.

Conseil
On peut commencer par déterminer le nombre de faces du solide.

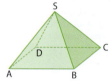

Solution commentée
La pyramide SABCD a cinq faces : le carré ABCD et quatre triangles équilatéraux SAB, SBC, SDC et SDA. On trace le carré ABCD de côté 5 cm puis, à l'extérieur de ce carré, on construit les triangles équilatéraux S_1AB, S_2BC, S_3CD et S_4DA : on obtient un patron de la pyramide SABCD.

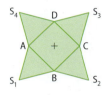

SAVOIR-FAIRE 3 — Calculer des longueurs, des aires et des volumes

Voir les exercices 47 et 48, p. 295

Dans la pyramide SABCD précédente, on note O le centre du carré ABCD.
1. Déterminer la hauteur OS de la pyramide SABCD.
2. En déduire le volume V de la pyramide.

Conseil
Pour calculer des longueurs dans un solide, on peut utiliser un théorème de géométrie plane dans chaque plan de l'espace.

Solution commentée
1. Comme [OS] est une hauteur de la pyramide, le triangle SOA est rectangle en O donc, d'après le théorème de Pythagore, $OS^2 + OA^2 = SA^2$.
Le côté du carré ABCD a pour longueur 5 cm, sa diagonale [AC] mesure donc $5\sqrt{2}$ cm et on a $OA = \frac{1}{2} AC = \frac{5\sqrt{2}}{2}$ cm. On obtient :

$$OS^2 = SA^2 - OA^2 = 5^2 - \left(\frac{5\sqrt{2}}{2}\right)^2 = 25 - \frac{25}{2} = \frac{25}{2}$$

soit $OS = \sqrt{\frac{25}{2}} = \frac{\sqrt{25}}{\sqrt{2}} = \frac{5}{\sqrt{2}} = \frac{5\sqrt{2}}{\sqrt{2} \times \sqrt{2}}$ donc $OS = \frac{5\sqrt{2}}{2}$ cm.

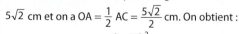

2. La base de la pyramide est le carré ABCD de côté 5 cm : son aire est $\mathcal{A} = 25$ cm². Le volume de cette pyramide est $V = \frac{1}{3} \times \mathcal{A} \times OS$ soit $V = \frac{1}{3} \times 25 \times \frac{5\sqrt{2}}{2}$ donc $V = \frac{125\sqrt{2}}{6}$ cm³.

Chapitre 13 ■ Géométrie dans l'espace **285**

COURS

2 Droites et plans de l'espace

Règles d'incidence

À noter
Un plan se représente usuellement par un parallélogramme.

Propriétés (1) Par deux points distincts de l'espace, il passe une unique droite.
(2) Par trois points non alignés A, B et C, il passe un unique plan noté (ABC).
(3) Si deux points distincts A et B appartiennent à un plan $\mathcal{P}$, alors la droite (AB) est incluse dans le plan $\mathcal{P}$.
(4) Dans chaque plan de l'espace, toutes les règles de la géométrie plane s'appliquent.

Vocabulaire
Des éléments de l'espace situés dans un même plan sont dits **coplanaires**.

Propriétés (1) Deux droites sécantes déterminent un plan.
(2) Deux droites strictement parallèles déterminent un plan.

Positions relatives d'une droite et d'un plan

À noter
Les quatre sommets d'un tétraèdre ne sont pas coplanaires.

Définition Une droite est parallèle à un plan si elle n'a pas de point commun avec le plan ou si elle est incluse dans le plan.

Propriétés Soit Δ une droite et $\mathcal{P}$ un plan de l'espace. La droite Δ peut être :
- **sécante au plan $\mathcal{P}$ en un point M**
- **incluse dans le plan $\mathcal{P}$**
- **strictement parallèle au plan $\mathcal{P}$**

Positions relatives de deux droites

À noter
Deux droites de l'espace n'ayant aucun point commun sont soit strictement parallèles, soit non coplanaires.

Propriétés Dans l'espace, deux droites Δ et Δ' peuvent être **coplanaires** ou **non coplanaires**.
(1) Si Δ et Δ' sont coplanaires, elles sont soit confondues, soit strictement parallèles, soit sécantes.
(2) Si Δ et Δ' sont non coplanaires, elles n'ont pas de point commun.

Propriété Par tout point de l'espace, il passe une unique droite parallèle à une droite donnée.

Positions relatives de deux plans

Définition Deux plans sont parallèles lorsqu'ils sont confondus ou n'ont pas de point commun.

Propriétés Deux plans $\mathcal{P}$ et $\mathcal{Q}$ peuvent être :
- **confondus**
- **strictement parallèles**
- **sécants selon une droite**

Propriété Par tout point de l'espace, il passe un unique plan parallèle à un plan donné.

LES SAVOIR-FAIRE DU COURS

SAVOIR-FAIRE 4
Voir les exercices 56 et 57, p. 296

Déterminer la position relative de deux droites Logique

ABCD est un tétraèdre. Soit I le point de [AB] tel que $AI = \frac{1}{3} AB$ et J le milieu de [AC].

1. Justifier que les droites (IJ) et (BC) sont sécantes.

2. Démontrer à l'aide d'un raisonnement par l'absurde que les droites (AD) et (IJ) ne sont pas parallèles.

Méthode
Pour démontrer que deux droites sont sécantes, on commence par montrer qu'elles sont coplanaires.

Solution commentée

1. Les points I et J appartiennent respectivement aux droites (AB) et (AC) qui sont incluses dans le plan (ABC), donc I et J appartiennent au plan (ABC). Les droites (IJ) et (BC) sont donc coplanaires dans le plan (ABC). Dans le triangle ABC, J est le milieu de [AC] donc si (IJ) était parallèle à (BC), elle couperait [AB] en son milieu. L'intersection I de (IJ) et (AB) n'est pas située au milieu de [AB] donc (IJ) et (BC) ne sont pas parallèles. Les droites (IJ) et (BC) sont coplanaires et non parallèles donc elles sont sécantes.

2. Si (IJ) et (AD) étaient parallèles, (AD) serait incluse dans le plan (AIJ), c'est-à-dire dans le plan (ABC), ce qui est absurde car A, B, C et D ne sont pas coplanaires : (IJ) et (AD) ne sont pas parallèles.

SAVOIR-FAIRE 5
Voir les exercices 60 et 61, p. 297

Construire l'intersection d'une droite et d'un plan

On considère le tétraèdre ABCD du savoir-faire précédent. Déterminer et construire l'intersection des droites (IJ) et (BC), puis l'intersection de la droite (IJ) et du plan (BCD).

Méthode
Pour construire l'intersection d'une droite et d'un plan, on construit l'intersection de cette droite avec une droite du plan.

Solution commentée

Les droites (IJ) et (BC) sont sécantes dans le plan (ABC). Notons K leur point d'intersection. Comme (BC) est incluse dans le plan (BCD), K est un point de ce plan donc K appartient à (IJ) et à (BCD). Comme (IJ) n'est pas incluse dans (BCD), K est le point d'intersection de (IJ) et (BCD).

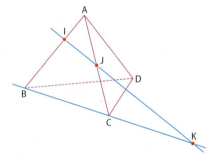

SAVOIR-FAIRE 6
Voir les exercices 66 et 67, p. 297

Construire l'intersection de deux plans sécants

ABCDEFGH est un cube ; P est un point de [BC] distinct de C.

1. Construire l'intersection des droites (GP) et (BF).

2. En déduire l'intersection des plans (ABF) et (APG).

Méthode
Pour déterminer l'intersection de deux plans sécants, on détermine deux points communs à ces deux plans.

Solution commentée

1. Les droites (GP) et (BF) sont coplanaires dans le plan (BFG). Comme le point P est distinct du point C, les droites (GP) et (BF) ne sont pas parallèles. Les droites (GP) et (BF) sont donc coplanaires et non parallèles : elles sont sécantes en un point Q.

2. Le point Q appartient au plan (ABF) puisqu'il appartient à la droite (BF) et Q appartient à (APG) car il appartient à (GP). Comme, de plus, le point A appartient aux deux plans (ABF) et (APG), la droite d'intersection de ces deux plans est la droite (AQ).

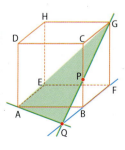

COURS

3 Parallélisme dans l'espace

▸ Parallélisme d'une droite et d'un plan

Propriété Si une droite (d_1) est parallèle à une droite (d_2) d'un plan $\mathcal{P}$, alors la droite (d_1) est parallèle au plan $\mathcal{P}$.

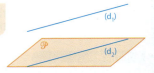

Logique
Ce type de raisonnement est un raisonnement par disjonction de cas.

Démonstration
On distingue deux cas :
- Si la droite (d_1) est incluse dans le plan $\mathcal{P}$, alors elle est parallèle à $\mathcal{P}$.
- Si (d_1) n'est pas incluse dans le plan $\mathcal{P}$, (d_1) et (d_2) sont strictement parallèles et elles définissent un plan $\mathcal{Q}$. La droite (d_2) est donc l'intersection des plans $\mathcal{P}$ et $\mathcal{Q}$. Si la droite (d_1) coupait le plan $\mathcal{P}$ en A, ce point commun à $\mathcal{P}$ et $\mathcal{Q}$ serait commun aux droites (d_1) et (d_2), ce qui contredirait l'hypothèse.

▸ Parallélisme de droites

À noter
Deux droites parallèles à un même plan ne sont pas nécessairement parallèles entre elles.

Propriétés (1) Si deux droites (d_1) et (d_2) sont parallèles à une même droite (d_3), alors les droites (d_1) et (d_2) sont parallèles entre elles.
(2) Si deux plans $\mathcal{P}$ et $\mathcal{Q}$ sont strictement parallèles, alors tout plan $\mathcal{S}$ qui coupe le plan $\mathcal{P}$, coupe le plan $\mathcal{Q}$ et les droites d'intersections sont parallèles.

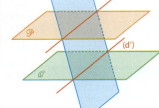

Logique
Dans cette démonstration, on utilise deux raisonnements par l'absurde.

Démonstration de la propriété (2)
On suppose que $\mathcal{S}$ ne coupe pas $\mathcal{Q}$. $\mathcal{S}$ est alors parallèle à $\mathcal{Q}$. Soit A un des points d'intersection de $\mathcal{S}$ et $\mathcal{P}$. Il existe donc deux plans distincts passant par A et parallèles à $\mathcal{Q}$, ce qui est absurde. Les plans $\mathcal{S}$ et $\mathcal{Q}$ sont donc sécants selon une droite (d').
La droite (d) d'intersection de $\mathcal{P}$ et $\mathcal{S}$ et la droite (d') sont coplanaires dans le plan $\mathcal{S}$. Si elles étaient sécantes en un point B, ce point appartiendrait à $\mathcal{P}$ et $\mathcal{Q}$, ce qui est impossible, puisque $\mathcal{P}$ et $\mathcal{Q}$ sont strictement parallèles, donc les droites (d) et (d') sont parallèles.

Logique
Un **raisonnement par l'absurde** consiste à démontrer une proposition en prouvant que la proposition contraire conduit à une absurdité.

▸ Parallélisme de deux plans

Propriété Si deux plans $\mathcal{P}_1$ et $\mathcal{P}_2$ sont parallèles à un même plan $\mathcal{P}_3$, alors les plans $\mathcal{P}_1$ et $\mathcal{P}_2$ sont parallèles entre eux.

Propriété Si un plan $\mathcal{P}$ contient deux droites (d) et (d') sécantes et toutes deux parallèles à un plan $\mathcal{Q}$, alors les plans $\mathcal{P}$ et $\mathcal{Q}$ sont parallèles.

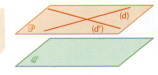

Conséquence Si deux droites sécantes d'un plan $\mathcal{P}$ sont respectivement parallèles à deux droites d'un plan $\mathcal{Q}$, alors les plans $\mathcal{P}$ et $\mathcal{Q}$ sont **parallèles**.

LES SAVOIR-FAIRE DU COURS

SAVOIR-FAIRE 7
Voir les exercices 74 et 75, p. 298

Démontrer qu'une droite est parallèle à un plan

SABCD est une pyramide dont la base ABCD est un parallélogramme. E est le milieu de [SA], F est le milieu de [SB] et G est un point quelconque de [SC]. Démontrer que la droite (DC) est parallèle au plan (EFG).

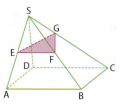

Méthode
Pour démontrer qu'une droite est parallèle à un plan, on peut montrer qu'elle est parallèle à une droite de ce plan.

Solution commentée

Comme ABCD est un parallélogramme, les droites (AB) et (DC) sont parallèles.
Dans le triangle (SAB), E est le milieu de [SA] et F est le milieu de [SB] donc, d'après la propriété de la droite des milieux, on en déduit que les droites (EF) et (AB) sont parallèles.
Les droites (EF) et (DC) étant toutes les deux parallèles à la droite (AB), ces droites sont parallèles entre elles.
La droite (EF) est incluse dans le plan (EFG) et (DC) est parallèle à (EF), donc la droite (DC) est parallèle au plan (EFG).

SAVOIR-FAIRE 8
Voir les exercices 79 et 80, p. 299

Démontrer que deux plans sont parallèles

ABCDEFGH est un parallélépipède rectangle de centre O. Soit I le point du segment [AO] tel que $OI = \frac{1}{3} OA$, J le point de [BO] tel que $OB = 3OJ$ et K le point d'intersection du plan (DCG) et de la parallèle à (BC) passant par J.

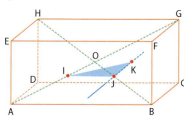

1. Démontrer que les droites (IJ) et (AB) sont parallèles.

2. a. Démontrer que la droite (IJ) est parallèle au plan (ABC).
b. Démontrer que la droite (JK) est parallèle au plan (ABC).
c. En déduire que les plans (IJK) et (ABC) sont parallèles.

Solution commentée

1. Dans le triangle AOB : I appartient à [AO], J appartient à [BO], $\frac{OI}{OA} = \frac{1}{3}$ et $\frac{OJ}{OB} = \frac{1}{3}$ donc :
$$\frac{OI}{OA} = \frac{OJ}{OB}.$$
En appliquant la réciproque du théorème de Thalès, on en déduit que les droites (IJ) et (AB) sont parallèles.

Méthode
Pour démontrer que deux plans sont parallèles, on peut démontrer que deux droites sécantes de l'un des deux plans sont parallèles à l'autre plan.

2. a. La droite (IJ) est parallèle à la droite (AB) et la droite (AB) est incluse dans le plan (ABC) donc la droite (IJ) est parallèle au plan (ABC).
b. Par définition du point K, la droite (JK) est parallèle à la droite (BC) qui est incluse dans le plan (ABC), donc (JK) est parallèle au plan (ABC).
c. Les droites (IJ) et (JK) sont deux droites sécantes du plan (IJK) toutes les deux parallèles au plan (ABC), donc les plans (IJK) et (ABC) sont parallèles.

FICHE TICE

Constructions avec Geospace

Cette page présente de manière détaillée quelques constructions géométriques à l'aide du logiciel Geospace : celles-ci vont permettre une prise en main efficace des fonctionnalités de ce logiciel utiles en classe de Seconde.

Fichier logiciel
➔ www.bordas-indice.fr

Flasher pour voir la vidéo

Créer un patron d'un polyèdre

1 Ouvrir le fichier **13_seconde_TICE** et faire afficher un patron du cube ABCDEFGH.
2 Supprimer l'affichage du cube et visualiser le patron du cube dans le plan (ABC).

1 Pour afficher un patron du cube, on sélectionne le menu `Créer` puis on choisit à l'aide des menus déroulants `Solide` puis `Patron d'un polyèdre`. Pour compléter la fenêtre, on peut cliquer sur le bouton `R` afin d'obtenir le nom utilisé pour le cube. Le coefficient d'ouverture est un réel entre 0 et 1, le patron étant complètement ouvert lorsque le coefficient est égal à 1.
Une fois la fenêtre complétée, on clique sur `Ok`.

2 On supprime l'affichage du cube pour ne laisser que celui du patron en utilisant la boite de styles que l'on ouvre avec le bouton 🎨, on clique ensuite sur le bouton `non dessiné` puis sur le cube.
Pour choisir le plan (ABC) comme plan de face : utiliser le menu `Vue` puis choisir `Vue avec un autre plan de face`.

Construire et observer des intersections d'objets de l'espace

On reprend le fichier précédent.
1 Construire un point M sur le segment [FG].
2 Construire le point d'intersection K de la droite (AG) avec le plan (DEM).
3 Construire la section du cube ABCDEFGH par le plan (DEM) et la faire hachurer en vert.
4 Déplacer le point M et observer les différents polygones obtenus.

1 On utilise le menu `Créer`, on choisit `Point` puis `Point Libre` et `Sur un segment`.
2 On utilise le menu `Créer`, on choisit `Point` puis `Intersection droite-plan`.
3 On utilise le menu `Créer`, on choisit `Ligne` puis `Polygone convexe` et `Section d'un polyèdre par un plan`. Pour hachurer la section en vert, on utilise la boite de style qu'on ouvre avec le bouton 🎨, puis on sélectionne la couleur, l'orientation des hachures et on clique sur la section.
4 Pour déplacer le point **M**, on fait un cliquer-glisser sur le point à l'aide du bouton gauche de la souris. On peut changer le plan de face et faire tourner le cube en faisant un cliquer-glisser à l'aide du bouton droit de la souris.

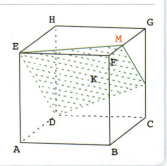

Parcours en autonomie (corrections en fin de manuel)
Maîtriser les bases 3 · 19 · 28
Préparer le contrôle 37 · 51 · 70 · 81

EXERCICES

Pour démarrer

Représentation et construction d'un solide

1 En direct du cours !
On souhaite représenter en perspective cavalière un cube ABCDEFGH de côté 4 cm. L'angle de fuite mesure 60°, le coefficient de perspective est 0,4 et on place la face ABCD dans le plan frontal.
1. Quelle doit être la longueur du segment représentant l'arête [AE] perpendiculaire au plan frontal ?
2. Sur la figure en perspective, quelle doit être la valeur de l'angle $\widehat{CDH}$.

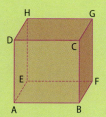

2 On a représenté ci-contre un cube ABCDEFGH.
1. Cette représentation est-elle réalisée en perspective cavalière ?
2. Si la face ABFE est placée dans le plan frontal, quels sont les segments qui doivent être tracés en pointillés pour obtenir une représentation en perspective cavalière ?

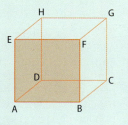

3 On a représenté ci-contre un cube ABCDEFGH.
Cette représentation est-elle réalisée en perspective cavalière ?

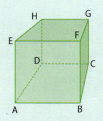

4 On donne ci-contre l'ébauche d'une représentation en perspective cavalière d'un cube. On a placé la face ABFE dans le plan frontal et on a tracé la fuyante passant par B.

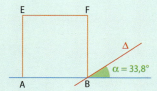

1. Combien mesure l'angle de fuite ?
2. Le segment [AB] est tel que AB = 2 cm. On prend un coefficient de perspective égal à 0,7. Quelle doit être la longueur du segment [BC] sur la droite Δ ?

5 On donne un tracé incomplet d'un cube ABCDEFGH en perspective cavalière.
1. Déterminer le coefficient de perspective.

2. Reproduire et compléter la figure pour obtenir un tracé complet du cube en perspective cavalière en prenant comme angle de fuite 45°.

6 Parmi les patrons suivants, préciser ceux qui sont des patrons d'un cube.

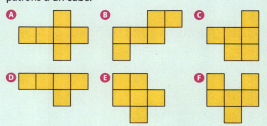

7 Les faces d'un dé cubique sont numérotées de 1 à 6 de sorte que la somme de deux faces opposées soit égale à 7. Parmi les patrons suivants, indiquer ceux qui permettent de construire un tel dé.

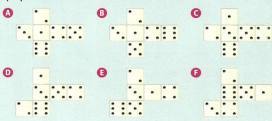

8 Représenter un patron d'un parallélépipède rectangle dont les dimensions (en cm) sont 5, 7 et 4.

9 Amel souhaite réaliser une maquette à l'échelle $\frac{1}{10}$ de son plan incliné de gymnastique.

On lui donne ci-contre un patron inachevé de cette maquette.

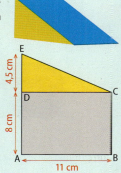

1. Reproduire et compléter le patron à la règle et au compas (la figure n'est pas à l'échelle).
2. Construire la maquette.

Chapitre 13 ■ Géométrie dans l'espace   **291**

EXERCICES

10 On donne ci-dessous le patron d'un tétraèdre.
Les triangles ABC et ABD sont isocèles respectivement en B et D. Les longueurs des segments [AC], [BC] [BD] et [DF] sont indiquées sur la figure.

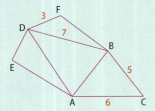

Donner les longueurs des segments [AB], [AD], [AE], [DE] et [BF].

Calculs géométriques dans un solide

11 **En direct du cours !**
1. Déterminer le volume d'un cube dont l'arête mesure 5 cm.
2. Déterminer le volume d'un cône dont la base est un disque de rayon 5 m et de hauteur 12 m.
3. Déterminer le volume d'une pyramide de base 5 cm² et de hauteur 3 cm.

12 Un joueur de sport-boule dispose d'une boule de dix centimètres de diamètre.
1. Déterminer le rayon de cette boule.
2. En déduire le volume de la boule arrondi au centimètre cube.

LE SAVIEZ-VOUS ?
Le **sport-boule** a vu le jour au XVIIIe siècle dans la région de Lyon, d'où son surnom de « boule lyonnaise ».

13 Une bougie a la forme d'un cylindre de hauteur 12 cm et de base un disque de rayon 3 cm. Déterminer le volume en cm³ de cire utilisée pour fabriquer cette bougie.

14 La remorque d'un camion a la forme d'un parallélépipède rectangle de longueur 13 mètres, de largeur 2,5 mètres et de hauteur 3 mètres.

1. Déterminer en m³ le volume de cette remorque.
2. Déterminer l'aire de la surface de la bâche qui recouvre cinq des six faces du parallélépipède.

15 On considère une glace praline-vanille dans un biscuit en forme de cône. La hauteur de ce cône est 15 cm et le rayon de la base est 2,5 cm. Déterminer le volume du dessert.

16 La pyramide du Louvre a une base carrée de côté 35,42 m et a pour hauteur 21,64 m.
1. Déterminer l'aire de la base de cette pyramide.
2. En déduire le volume de la pyramide du Louvre.

Droites et plans de l'espace

17 **En direct du cours !**
1. ABC est un triangle non aplati. Combien de plans contiennent les trois sommets du triangle ?
2. Soit $\mathcal{P}$ un plan, A et B deux points de ce plan. Pourquoi le milieu I de [AB] appartient-il à $\mathcal{P}$?
3. Soit $\mathcal{P}$ un plan, A un point de $\mathcal{P}$ et B un point n'appartenant pas à $\mathcal{P}$. Que peut-on dire de la droite (AB) et du plan $\mathcal{P}$?

18 On considère le cube ABCDEFGH représenté ci-contre. Pour chacun des couples constitués d'une droite et d'un plan, préciser sans démonstration si la droite est sécante au plan, incluse dans ce plan ou strictement parallèle au plan.

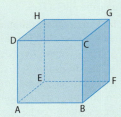

a. (HC) et (ABF). b. (AB) et (ADF). c. (DC) et (ABC).

19 Une droite (d) coupe un plan $\mathcal{P}$ en A. Une droite (d') coupe le plan $\mathcal{P}$ en B. On suppose que A et B sont distincts. Quelle est la position de la droite (AB) par rapport au plan $\mathcal{P}$? Justifier.

20 On reprend le cube de l'exercice 18.
Pour chacun des couples de droites suivants, préciser sans démonstration, si les droites sont sécantes, parallèles, coplanaires ou non coplanaires :
a. (DC) et (CG). b. (AH) et (FC). c. (AH) et (BG).

21 Reprendre l'exercice précédent avec les couples suivants :
a. (HF) et (EG). b. (AD) et (CG). c. (AH) et (HF).

22 ABCDEFGH est un cube. I, J et K sont les milieux respectifs de [AD], [BC] et [AB].
Pour chacun des couples de droites suivants, préciser sans démonstration si les droites sont sécantes, parallèles, coplanaires ou non coplanaires.
a. (HI) et (GJ). b. (CK) et (CF). c. (JK) et (AC).

23 Reprendre l'exercice précédent avec les couples suivants :
a. (HI) et (CK)   **b.** (HI) et (JF)   **c.** (JK) et (GE)

24 ABCDEFGH est un cube de centre O et L est le milieu de [AB]. Dire si les affirmations suivantes sont vraies ou fausses.

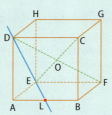

1. Le point E appartient à la droite (DL).
2. Le point O appartient à la droite (EC).

25 Dire si l'affirmation suivante est vraie ou fausse :
« Deux droites de l'espace sont soit sécantes, soit parallèles. »

26 On considère le parallélépipède rectangle ABCDEFGH ci-dessous.

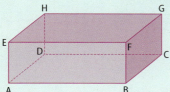

Pour chacun des couples de plans qui suivent, préciser sans démonstration si les plans sont sécants, confondus ou strictement parallèles. Lorsque les plans sont sécants, préciser leur droite d'intersection.
a. (ABF) et (AEG)   **b.** (BFH) et (ADE)   **c.** (ABC) et (FGH)

27 Reprendre l'exercice précédent avec les couples suivants :
a. (EHD) et (AED)   **b.** (HEC) et (BEC)   **c.** (HEC) et (FEC)

28 Soit $\mathcal{P}_1$ et $\mathcal{P}_2$ deux plans sécants selon une droite Δ. Une droite (d_1) du plan $\mathcal{P}_1$ coupe une droite (d_2) du plan $\mathcal{P}_2$ en un point A.

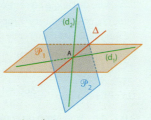

1. Justifier que le point A appartient à $\mathcal{P}_1$.
2. Justifier que le point A appartient à Δ.

29 **Logique** Soit A, B, C et D quatre points non coplanaires. À l'aide d'un raisonnement par l'absurde, démontrer que les points A, B et C ne sont pas alignés. Pour cela, on supposera que les points sont alignés et on aboutira à une absurdité.

30 Soit A, B, C et D quatre points non coplanaires.
1. Justifier que les plans (ABC) et (BCD) sont sécants.
2. Déterminer la droite d'intersection des plans (ABC) et (BCD).

Parallélisme dans l'espace

31 **En direct du cours !**

1. Soit $\mathcal{P}$ un plan, (d_1) une droite de ce plan et A un point non situé sur $\mathcal{P}$. On note (d_2) la parallèle à (d_1) passant par A. Que dire de la droite (d_2) et du plan $\mathcal{P}$?

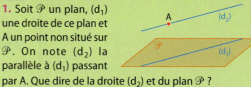

2. Soit $\mathcal{P}$ un plan et A, B et C trois points non alignés n'appartenant pas à $\mathcal{P}$. On suppose que (AB) et (AC) sont toutes les deux parallèles à $\mathcal{P}$. Que peut-on dire des plans $\mathcal{P}$ et (ABC) ?

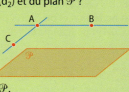

32 Soit ABCD un tétraèdre et E un point de [AB]. On note (d) la parallèle à (BC) passant par E. Justifier que la droite (d) est parallèle au plan (BCD).

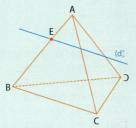

33 ABCDEFGH est un cube. Un plan $\mathcal{P}$ coupe le plan (DCG) selon une droite Δ et le plan (ABF) selon une droite Δ'.

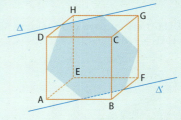

1. Quelle est la position relative des plans (DCG) et (ABF) ?
2. Que peut-on en déduire pour les droites Δ et Δ' ?

34 ABCDE est une pyramide de sommet E et de base le rectangle ABCD. I est un point du segment [DE], J un point du segment [AE] tels que (IJ) est parallèle à (DA). On considère le point K du segment [EB] tel que (JK) est parallèle à (AB).

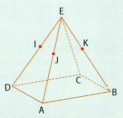

1. Justifier que la droite (IJ) est parallèle au plan (DAB).
2. Que peut-on dire de la droite (JK) par rapport au plan (DAB) ?
3. Que peut-on en déduire pour les plans (IJK) et (DAB) ?

EXERCICES

Parcours en autonomie (corrections en fin de manuel)
Maîtriser les bases 3 · 19 · 28
Préparer le contrôle 37 · 51 · 70 · 81

Pour s'entraîner

Représentation et construction d'un solide

35 On considère un pavé droit ABCDEFGH dont les côtés sont tels que AB = 7 cm, BF = 10 cm et AD = 3 cm. Représenter en perspective cavalière le pavé droit ABCDEFGH. La face ABFE est dans un plan frontal, le côté [AB] est horizontal et on choisit pour coefficient de perspective $k = 0,4$ et pour angle de fuite $\alpha = 30°$.

SAVOIR-FAIRE **1** p. 285

36 On considère une pyramide SABCD dont la base ABCD est un carré de côté 5 cm et de hauteur 3 cm. Représenter en perspective cavalière la pyramide SABCD. Le côté [AB] est horizontal, la droite (BC) est une fuyante et on prend le coefficient de perspective $k = 0,6$ et l'angle de fuite $\alpha = 60°$.

SAVOIR-FAIRE **1** p. 285

37 Préparer le contrôle
On considère un tétraèdre ABCD tel que :
– les triangles ABD et ADC sont rectangles en A et le triangle ABC est rectangle en B ;
– AB = 6 cm, AD = 4 cm et BC = 8 cm.
Représenter en perspective cavalière le tétraèdre ABCD. La face ABD est dans un plan frontal, le côté [AB] est horizontal et on prend le coefficient de perspective $k = 0,4$ et l'angle de fuite $\alpha = 45°$.

38 ABCDEFGH est un pavé droit tel que AE = 3 cm, AB = 6 cm et EH = 4 cm.

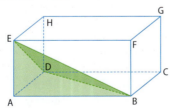

Construire un patron du tétraèdre AEDB.

SAVOIR-FAIRE **2** p. 285

39 Un tétraèdre est dit régulier lorsque chacune de ses faces est un triangle équilatéral. Construire un patron d'un tétraèdre régulier d'arête 5 cm.

SAVOIR-FAIRE **2** p. 285

LE SAVIEZ-VOUS ?
Pour la molécule de méthane, dont la formule chimique est CH_4, les quatre atomes d'hydrogène sont situés aux sommets d'un tétraèdre régulier.

EXERCICE RÉSOLU

40 Un patron d'un cône

Énoncé
Construire un patron d'un cône de hauteur 12 cm et dont la base circulaire a pour rayon 5 cm.

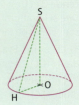

Solution commentée
Le patron comporte un disque de rayon 5 cm qui constitue la base du cône. Notons O le centre de ce disque. Si on découpe la surface latérale en suivant la droite (SH) et qu'on la pose « à plat », on obtient un secteur angulaire comme ci-dessous.

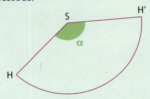

Il s'agit de déterminer la longueur SH et l'angle α.
Le triangle SOH est rectangle en O ; en utilisant le théorème de Pythagore, on a $SH^2 = SO^2 + OH^2$.
Comme SO est la hauteur du cône et OH est le rayon de la base, on a SO = 12 cm et OH = 5 cm. On obtient alors $SH^2 = 12^2 + 5^2 = 169$ d'où SH = 13 cm. La longueur de l'arc $\overset{\frown}{HH'}$ est égale au périmètre de la base, soit (en cm) $2\pi \times 5$ donc 10π cm.
Sur un cercle, la longueur d'un arc est proportionnelle à la mesure de l'angle au centre qui l'intercepte. Pour déterminer α, on utilise cette proportionnalité : $\overset{\frown}{HH'}$ est un arc de longueur 10π d'un cercle de rayon 13 cm.

Angle (en degrés)	360	α
Longueur de l'arc (en cm)	26π	10π

On obtient alors $\alpha = \dfrac{360 \times 10\pi}{26\pi} = \dfrac{1800}{13}$ soit $\alpha \approx 138,5°$ à 0,1° près. Un patron du cône est donc :

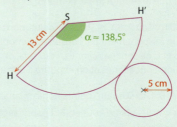

(Ce patron n'est pas réalisé à l'échelle.)

EXERCICES

41 ABCDEFGHIJKL est un prisme droit de base hexagonale tel que les faces latérales sont des carrés de côté 4 cm. Construire un patron de ce solide.

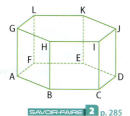

SAVOIR-FAIRE **2** p. 285

42 𝒞 est un cylindre droit de rayon 2 cm et de hauteur 8 cm.

1. Déterminer la longueur de la circonférence de la base circulaire du cylindre.

2. Construire un patron de ce cylindre.

43 ABCDEFGH est un cube de côté 4 cm. Les points I, J et K sont les milieux respectifs des segments [EF], [BF] et [FG].

1. a. Exprimer, en justifiant, la longueur IJ en fonction de EB.
b. En déduire la nature du triangle IJK.

2. Construire un patron du solide ABCDEIJKGH, obtenu en enlevant le tétraèdre IJKF du cube précédent.

VRAI - FAUX

*Pour les exercices **44** à **46**, indiquer si les affirmations sont vraies ou fausses, puis justifier.*

44 En perspective cavalière, deux segments de même longueur sont représentés par deux segments de même longueur.

45 En perspective cavalière, un trapèze est représenté par un trapèze.

46 Il n'existe qu'un seul patron d'une pyramide régulière SABCD dont la base ABCD est un carré.

Calculs géométriques dans un solide

47 ABCDEFGH est un pavé droit tel que :
AB = 4 cm et AE = BC = 2 cm.

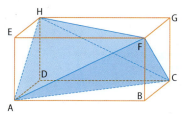

1. Déterminer la longueur des arêtes du tétraèdre AHFC.
2. Calculer le volume du tétraèdre AHFC.

SAVOIR-FAIRE **3** p. 285

48 Un abreuvoir a la forme d'un prisme droit ABCDEFGH dont les bases ABCD et EFGH sont des trapèzes isocèles. Les dimensions intérieures de ce solide sont :
AB = 40 cm, CD = 100 cm, AD = 50 cm et AE = 120 cm.

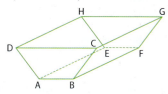

1. Déterminer la hauteur h du trapèze ABCD.
2. En déduire l'aire du trapèze ABCD, puis le volume d'eau maximal que peut contenir cet abreuvoir.

SAVOIR-FAIRE **3** p. 285

49 Une pièce métallique est représentée par le pavé droit ABCDEFGH tel que AB = 6 cm, BC = 6 cm et AE = 4 cm. Dans cette pièce, on perce un trou cylindrique de rayon 2 cm dont l'axe passe par les centres des faces ABFE et DCGH.

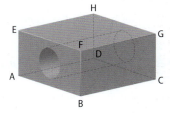

1. a. Déterminer le volume du métal enlevé par le perçage.
b. En déduire le volume de la pièce après le perçage.
2. Pour la protéger contre la corrosion, cette pièce est trempée dans un bain galvanique pour la recouvrir d'une couche de zinc. Déterminer l'aire de la surface qui doit être recouverte.

Aide question 2. Penser à la surface située à l'intérieur du trou.

LE SAVIEZ-VOUS ?

Le procédé consistant à recouvrir une pièce d'une couche de zinc pour la protéger contre la corrosion est appelé **galvanisation**.

50 Un jouet pour enfant de type « culbuto » est constitué d'une demi-sphère de rayon 3 cm surmontée d'un cône de même rayon et de hauteur 7 cm. Calculer le volume de ce jouet.

Chapitre 13 ■ Géométrie dans l'espace **295**

EXERCICES

51 Préparer le contrôle

On considère un hexagone régulier ABCDEF inscrit dans un cercle de rayon 2 m. H est le pied de la hauteur issue de O dans le triangle OAB.

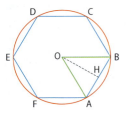

1. a. Rappeler la nature du triangle OAB et en déduire la position de H sur le segment [AB].
b. Calculer la longueur OH, puis l'aire du triangle OAB.
c. En déduire que l'aire de l'hexagone ABCDEF est $6\sqrt{3}$ m².

2. L'intérieur d'une piscine a la forme d'un prisme droit dont la base est un hexagone régulier inscrit dans un cercle de rayon 2 m. La hauteur d'eau dans la piscine est 1,2 m.

Calculer à 0,1 m³ près le volume d'eau contenu dans cette piscine.

52 ABCD est un tétraèdre régulier d'arête a. On note I le milieu du segment [AC].

1. a. Donner la nature des triangles ABC et ACD.
b. En déduire les longueurs IB et ID en fonction de a.
2. Dessiner le triangle IBD en vraie grandeur, avec $a = 5$ cm.
3. Soit J le milieu du segment [BD]. Démontrer que $IJ = \dfrac{a\sqrt{2}}{2}$, puis calculer l'aire de IBD en fonction de a.
4. Calculer une valeur approchée des angles $\widehat{DIJ}$ et $\widehat{DIB}$ à 1 degré près.

> **Aide** question 4. On utilisera la trigonométrie du triangle rectangle.

VRAI - FAUX

Pour les exercices 53 à 55, indiquer si les affirmations sont vraies ou fausses, puis justifier.

53 Si un verre conique est rempli aux $\dfrac{2}{3}$ de sa hauteur, alors le volume du liquide est supérieur à la moitié du volume du verre.

54 La diagonale d'un cube de côté 10 cm mesure 17,3 cm à 0,1 cm près.

55 Si on augmente le rayon d'une sphère de 10 %, alors la surface de cette sphère augmente de 21 %.

Intersection d'une droite avec un plan ou une droite de l'espace

56 **Logique** ABCDEFGH est un cube. Soit L le milieu du segment [AE] et M le milieu du segment [EF].

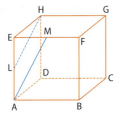

1. Justifier que les droites (LH) et (AD) sont sécantes.
2. À l'aide d'un raisonnement par l'absurde, démontrer que les droites (LH) et (AM) ne sont pas parallèles.

SAVOIR-FAIRE **4** p.287

57 **Logique** ABCDEF est un hexagone d'un plan $\mathcal{P}$ et S un point de l'espace n'appartenant pas au plan $\mathcal{P}$. On note I le point du segment [SF] tel que $SI = \dfrac{1}{4}SF$ et J le point du segment [SB] tel que $SJ = \dfrac{1}{4}SB$.

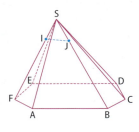

1. Justifier que les droites (IJ) et (BF) sont parallèles.
2. À l'aide d'un raisonnement par l'absurde, démontrer que les droites (BS) et (CD) ne sont pas parallèles.

SAVOIR-FAIRE **4** p. 287

58 ABCDEFGH est un parallélépipède. J est un point du segment [AH] et L un point du segment [HB] distinct du point H.

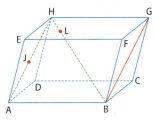

1. Justifier que les points J et L appartiennent au plan (ABG).
2. Démontrer que les droites (JL) et (BG) sont sécantes.

59 SABCD est une pyramide dont la base ABCD est un parallélogramme. On note M et N les milieux respectifs des arêtes [SC] et [SD].

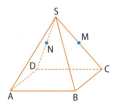

1. a. Justifier que les droites (NM) et (DC) sont parallèles.
b. En déduire la nature du quadrilatère ABMN.
2. Démontrer que les droites (BN) et (AM) sont sécantes.

EXERCICES

60 ABCDEFGH est un cube. Déterminer et construire l'intersection des droites (FC) et (BG), puis l'intersection de la droite (FC) et du plan (EBG).

SAVOIR-FAIRE 5 p. 287

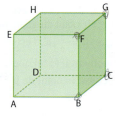

61 ABCD est un tétraèdre. Le point I est le milieu du segment [BC] et le point J est le milieu du segment [AC].

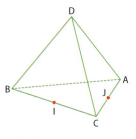

1. Construire l'intersection des droites (AI) et (BJ), puis l'intersection de la droite (AI) et du plan (BDJ).

2. Soit K le milieu du segment [AB]. Quelle est l'intersection de la droite (CK) et du plan (BDJ) ?

SAVOIR-FAIRE 5 p. 287

EXERCICE RÉSOLU

62 Intersections dans une pyramide

Énoncé

SABCD est une pyramide de base ABCD qui est un parallélogramme. Le point I est le milieu du segment [SA] et le point J est le milieu du segment [BD].

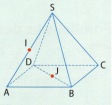

1. Montrer que les points S, A, I, J et C sont coplanaires.

2. Démontrer que (SJ) et (CI) sont sécantes en un point K.

3. Démontrer que la droite (CI) coupe le plan (SBD) en K.

Solution commentée

1. Comme le point I appartient au segment [SA], I appartient au plan (SAC). Puisque ABCD est un parallélogramme, le milieu J du segment [BD] est aussi le milieu du segment [AC] en particulier J appartient au plan (SAC). Les points S, A, I, J et C sont donc coplanaires dans le plan (SAC).

2. Dans le triangle SAC, I étant le milieu de [SA], la droite (CI) est la médiane issue de C ; J étant le milieu de [AC], la droite (SJ) est la médiane issue de S. Les droites (SJ) et (CI) sont donc sécantes en K, centre de gravité du triangle SAC.

3. Le point J est le milieu de [BD] donc J appartient au plan (SBD). La droite (SJ) est incluse dans ce plan et K appartient au plan (SBD).
Comme K appartient également à la droite (CI) qui n'est pas incluse dans le plan (SBD), on en déduit que (CI) coupe le plan (SBD) au point K.

63 ABCDEFGH est un parallélépipède rectangle. Le point N appartient au segment [ED] et le point L appartient au segment [EB]. On suppose que la droite (NL) n'est pas parallèle au plan (ABC).

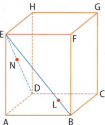

1. Reproduire la figure.

2. Construire, en justifiant, l'intersection de la droite (NL) et du plan (ABC).

VRAI - FAUX

Pour les exercices **64** *et* **65**, *indiquer si les affirmations sont vraies ou fausses, puis justifier.*

64 Soit ABCDEFGH un cube et I le milieu du segment [BF]. L'intersection de la droite (HI) et du plan (ABC) est l'intersection des droites (HI) et (BD).

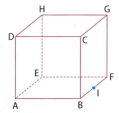

65 Dans un tétraèdre régulier ABCD, la hauteur issue de C du triangle ACD est coplanaire avec la hauteur issue de B du triangle ABD.

Intersection de deux plans

66 ABCDE est une pyramide de sommet E, dont la base ABCD est un quadrilatère n'ayant pas de côtés parallèles.

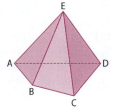

1. Reproduire la figure, puis construire l'intersection des droites (AB) et (CD).

2. En déduire l'intersection des plans (ABE) et (CDE).

SAVOIR-FAIRE 6 p. 287

67 ABCDEFGH est un parallélépipède rectangle.

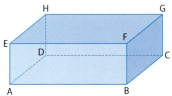

1. Reproduire la figure et construire l'intersection des droites (EB) et (AF), puis l'intersection des droites (FC) et (BG).

2. En déduire l'intersection des plans (EBG) et (AFC).

SAVOIR-FAIRE 6 p. 287

Chapitre 13 ■ Géométrie dans l'espace **297**

EXERCICES

68 Logique Soit $\mathcal{P}$ et $\mathcal{P}'$ deux plans sécants.
Les propriétés suivantes sont-elles vraies ?
1. « Toute droite de $\mathcal{P}$ est sécante à toute droite de $\mathcal{P}'$. »
2. « Il existe une droite de $\mathcal{P}$ sécante à toute droite de $\mathcal{P}'$. »

EXERCICE RÉSOLU

69 Un problème d'alignement

Énoncé
Soit $\mathcal{P}$ un plan et A, B et C trois points non alignés et n'appartenant pas au plan $\mathcal{P}$. On suppose que la droite (AB) coupe le plan $\mathcal{P}$ en C', que la droite (AC) coupe le plan $\mathcal{P}$ en B' et que la droite (BC) coupe le plan $\mathcal{P}$ en A'.

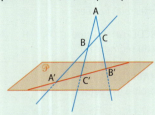

1. Montrer que les points A, B et C définissent un plan et que le point A' appartient à ce plan.
2. En déduire que les points A', B' et C' sont alignés.

Solution commentée
1. Comme les points A, B et C ne sont pas alignés, ils définissent un plan (ABC). Le plan (ABC) est distinct du plan $\mathcal{P}$ puisque le point A appartient à (ABC) mais pas à $\mathcal{P}$. Le point A' appartient à la droite (BC) qui est incluse dans le plan (ABC), donc A' appartient au plan (ABC).
2. Par hypothèse, le point A' appartient au plan $\mathcal{P}$, donc ce plan coupe le plan (ABC) selon une droite (d) passant par A'.
On démontre de la même façon que les points B' et C' appartiennent à l'intersection des deux plans (ABC) et $\mathcal{P}$ donc à la droite (d) : les points A', B' et C' sont donc alignés.

70 Préparer le contrôle
Soit ABCD un tétraèdre. Le point G appartient à la face ABD et le point F appartient à la face ABC.

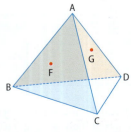

1. Construire l'intersection de la droite (BC) et du plan (AFG).
2. En déduire l'intersection des plans (AFG) et (BCD).

71 ABCDEFGH est un cube. L est le point du segment [EH] tel que $HL = \frac{1}{4} HE$, J est le point du segment [EF] tel que $EJ = \frac{3}{4} EF$ et K est le point de [AB] tel que $AK = \frac{1}{4} AB$.

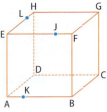

1. Reproduire la figure, puis construire l'intersection des droites (JK) et (AE).
2. En déduire l'intersection des plans (JKL) et (AED).
3. Construire l'intersection des plans (JKL) et (ABC).

Aide question 3. On pourra utiliser l'intersection du plan (JKL) et de la droite (AD).

VRAI - FAUX

Pour les exercices 72 et 73, indiquer si les affirmations sont vraies ou fausses, puis justifier.

72 Soit $\mathcal{P}_1$ et $\mathcal{P}_2$ deux plans sécants. Il existe une droite (d_1) incluse dans $\mathcal{P}_1$ et une droite (d_2) incluse dans $\mathcal{P}_2$ telles que (d_1) et (d_2) soient parallèles.

73 Soit ABCD un tétraèdre et G le centre de gravité du triangle BCD. L'intersection des plans (ABG) et (ACD) est la médiane issue de A dans le triangle ACD.

Parallélisme dans l'espace

74 SABCD est une pyramide telle que la face ABCD est un trapèze de bases [AB] et [CD]. Soit I un point du segment [AS] et K un point du segment [SC] distinct de S. La parallèle à (AB) passant par I coupe le segment [SB] en J. Démontrer que la droite (CD) est parallèle au plan (IJK).

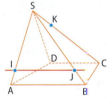

SAVOIR-FAIRE 7 p. 289

75 Le solide ABCDEFA'B'C'D'E'F' est un prisme droit, c'est-à-dire tel que les faces latérales sont des rectangles. Démontrer que la droite (CC') est parallèle au plan (AA'F).

SAVOIR-FAIRE 7 p. 289

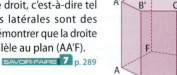

76 Logique 1. La propriété suivante est-elle vraie :
« Si deux plans $\mathcal{P}$ et $\mathcal{P}'$ sont strictement parallèles, toute droite du plan $\mathcal{P}$ est parallèle au plan $\mathcal{P}'$ » ?
2. Énoncer la réciproque de la propriété précédente. Est-elle vraie ?

EXERCICES

77 ABCDEFGH est un cube. Le point I est le point du segment [GH] tel que GI = $\frac{1}{4}$ GH, J est le point du segment [EF] tel que EJ = $\frac{1}{4}$ EF et K est le point du segment [BC] tel que BK = $\frac{1}{4}$ BC.

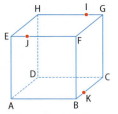

1. Justifier que la droite (IJ) est parallèle au plan (ABC).
2. En déduire l'intersection des plans (IJK) et (ABC).

78 ABCDEFGH est un prisme droit et I est un point de la face ABFE. On note $\mathcal{P}$ le plan passant par I et parallèle au plan (ABC).

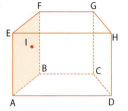

1. Justifier que la droite Δ, intersection des plans $\mathcal{P}$ et (ABF), est parallèle à la droite (AB). Reproduire la figure et construire la droite Δ.
2. Construire l'intersection du plan $\mathcal{P}$ avec chacune des faces du prisme.

79 ABCD est un tétraèdre. Les points I, J et K sont les milieux respectifs des arêtes [BC], [AC] et [CD].

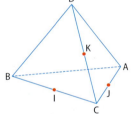

1. a. Démontrer que la droite (IJ) est parallèle à la droite (AB).
b. En déduire que la droite (IJ) est parallèle au plan (ABD).
2. Démontrer que la droite (IK) est parallèle au plan (ABD).
3. En déduire que les plans (IJK) et (ABD) sont parallèles.

SAVOIR-FAIRE 5 p. 289

Aide question 1.a. Penser à la propriété de la droite des milieux.

80 ABCDEFGH est un cube. I est un point du segment [EH] et J est un point du segment [EF]. La droite (FG) coupe le plan (ABI) en L. La parallèle à (IJ) passant par L coupe (HG) en K.

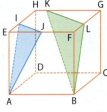

1. a. Que peut-on dire des plans (AEH) et (BFG) ?
b. En déduire que la droite (AI) est parallèle à la droite (BL).
2. a. Démontrer que la droite (IJ) est parallèle au plan (BLK).
b. En déduire que les plans (AIJ) et (BLK) sont parallèles.

SAVOIR-FAIRE 8 p. 289

81 Préparer le contrôle
Soit ABCDEFGH un parallélépipède rectangle.

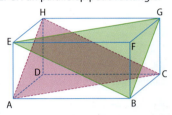

1. Justifier que les droites (AH) et (BG) sont parallèles.
2. Démontrer que les plans (EBG) et (AHC) sont parallèles.

VRAI - FAUX

Pour les exercices 82 et 83, indiquer si les affirmations sont vraies ou fausses, puis justifier.

82 Dans un cube ABCDEFGH, la droite (BF) est parallèle au plan (EGC).

83 Soit ABCDEFGH un cube de centre O et (d) la parallèle à la droite (EG) passant par le milieu I de [BF]. Le plan défini par la droite (d) et le point B est parallèle au plan (EGO).

TOP CHRONO

Résoudre chacun des exercices suivants en 15 minutes maximum.

84 Dans un tétraèdre ABCD, [BH], [CK] et [DL] sont les trois hauteurs du triangle BCD. Démontrer que les plans (ABH), (ACK) et (ADL) ont une droite en commun que l'on précisera.

85 Soit ABCDEFGH un cube, M un point quelconque du segment [EF] et $\mathcal{P}$ le plan passant par M et parallèle au plan (EGB). Représenter l'intersection du plan $\mathcal{P}$ avec chacune des faces du cube.

86 Un parallélépipède rectangle de dimensions 3, 4 et 5 cm est surmonté d'une pyramide, de hauteur x cm.

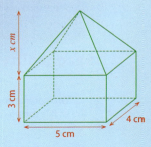

1. Exprimer en fonction de x le volume de ce solide.
2. Déterminer la valeur de x pour que ce volume soit égal à 80 cm^3.

EXERCICES

Faire le point

Choisir la (ou les) bonne(s) réponse(s).

Soit ABCDEFGH un pavé droit de centre O, c'est-à-dire le milieu du segment [BH], et tel que AB = 15 cm, AE = 8 cm et BC = 6 cm. On donne ci-dessous une représentation en perspective cavalière (**figure 1**, pas à l'échelle). Sur cette figure, le segment [BC] est représenté par un segment de longueur 3 cm.
On note P la pyramide BCGFO.

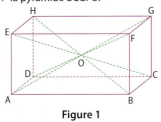
Figure 1

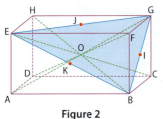
Figure 2

Utiliser la perspective et calculer dans l'espace

Pour vous aider SAVOIR-FAIRE **1, 2 et 3** p. 285

	A	B	C	D
1 Pour la perspective cavalière utilisée :	le coefficient est égal à 0,5	le coefficient est environ égal à 0,67	l'angle de fuite est égal à 90°	l'angle de fuite est égal à 45°
2 Si on représente seulement, et dans la même position, la pyramide ABCDO en perspective cavalière, alors :	le segment [OD] est tracé en pointillés	le segment [AD] est tracé en trait plein	le segment [OC] est tracé en trait plein	le segment [DC] est tracé en pointillés
3 Dans le pavé droit ABCDEFGH :	le volume de P est égal à 240 cm³	un patron de P est constitué de quatre triangles isocèles et d'un carré	l'aire de EBC est égale à 51 cm²	la longueur EC est égale à $5\sqrt{13}$ cm

Étudier des intersections dans l'espace

Pour vous aider SAVOIR-FAIRE **4, 5 et 6** p. 287

	A	B	C	D
4 La droite (CE) est :	sécante à la droite (BF)	non coplanaire avec la droite (BF)	sécante en C à la droite (OC)	sécante avec la droite (AB)
5 La droite (OH) est :	sécante au plan (AOB) en O	incluse dans le plan (DCG)	sécante en B au plan (ADC)	sécante en O au plan (ACG)
6 L'intersection des plans :	(ACG) et (EFG) est la droite (EG)	(AOB) et (HOG) est le point O	(ADG) et (EHB) est une droite passant par O	(EFG) et (EHG) est la droite (HF)

Reconnaître le parallélisme dans l'espace

Pour vous aider SAVOIR-FAIRE **7 et 8** p. 289

On reprend le parallélépipède précédent et on note I le centre de la face BCGF, J le milieu du segment [EG] et K le milieu du segment [EB] (voir **figure 2**, pas à l'échelle).

	A	B	C	D
7 La droite (IJ) est parallèle :	à la droite (EB)	au plan (ACH)	à la droite (AD)	au plan (OHC)
8 Le plan (IJK) est parallèle :	au plan (EGB)	au plan (OCH)	au plan (AGC)	au plan (ACH)

Voir les corrigés, page 335

300

EXERCICES

Revoir des points essentiels

Calculer dans un solide

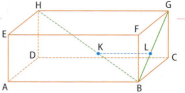

Un exemple : Le parallélépipède rectangle ABCDEFGH est tel que AB = 8 cm, AE = 3 cm et AD = 4 cm. K est le point du segment [BH] tel que BK = 0,4BH et L est le point du segment [BG] tel que BL = 0,4BG. Déterminer la longueur KL (la figure n'est pas à l'échelle).

Les questions à se poser	Des réponses
Que me demande-t-on ?	→ On doit calculer la longueur du segment [KL]. Préciser les informations de l'énoncé concernant les points K et L.
Comment faire pour démarrer ?	→ On se place dans un plan de l'espace dans lequel on peut appliquer des propriétés de géométrie plane. À quel plan défini par trois sommets du solide, les points K et L appartiennent-ils ? et pourquoi ?
Comment faire pour continuer ?	→ On reproduit, à main levée et dans le plan, le triangle BGH en plaçant les points K et L. Calculer les quotients $\frac{BK}{BH}$ et $\frac{BL}{BG}$.
Quelle propriété appliquer ?	→ On doit appliquer la réciproque du théorème de Thalès. Justifier que l'on peut appliquer cette propriété.
Comment terminer ?	→ On détermine la valeur du quotient $\frac{KL}{HG}$. Justifier que $\frac{KL}{HG} = 0,4$ et en déduire la valeur de KL.

Applications

Pour les exercices **87** et **88** on utilise le solide ci-dessus.

87 La parallèle à (AH) passant par K coupe le segment [AB] en J. Calculer la longueur KJ.

88 Calculer la longueur du segment [BD]. En déduire la longueur du segment [BH].

Reconnaître le parallélisme

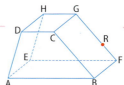

Un exemple : On considère le prisme droit ABCDEFGH tel que ABCD est un trapèze de bases [AB] et [DC]. Le point R appartient au segment [FG]. Démontrer que la droite (AB) est parallèle au plan (CDR).

Les questions à se poser	Des réponses
Que me demande-t-on ?	→ On doit démontrer qu'une droite est parallèle à un plan. Préciser cette droite et ce plan.
Comment faire pour démarrer ?	→ Une propriété du cours permet de démontrer qu'une droite est parallèle à un plan. Citer cette propriété.
Comment poursuivre ?	→ On doit trouver une droite du plan (CDR) qui est parallèle à (AB). Citer une telle droite et justifier qu'elle est parallèle à la droite (AB).
Comment terminer ?	→ On doit rédiger une conclusion. Il ne faut pas oublier de faire référence à la propriété utilisée.

Applications

89 On reprend le solide de l'exemple précédent. On note I et J les milieux respectifs des segments [AD] et [DF].
a. En se plaçant dans le triangle (ADF), démontrer que la droite (IJ) est parallèle à la droite (AF).
b. En déduire que la droite (IJ) est parallèle au plan (ABE).

90 Soit (d) la droite d'intersection de (ADG) et (ABF). Démontrer que (d) est la parallèle à (DG) passant par A.

EXERCICES

TP 1 — La chenille et la feuille de persil

TICE — Utiliser un logiciel de géométrie dans l'espace pour déterminer une longueur minimale.

Fichier logiciel → www.bordas-indice.fr

Une chenille se trouve enfermée dans une boîte formant un pavé droit dont les dimensions sont : AB = 6 cm, AD = 8 cm et AE = 4 cm. La chenille se trouve au point E et une feuille de persil se trouve au point C. On cherche à déterminer le plus court chemin pour qu'elle fasse son repas.

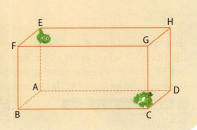

A Calculs des longueurs de certains chemins

1. Déterminer la longueur du chemin lorsque la chenille se déplace sur les arêtes [EF], [FG] et [GC] du pavé.

2. Déterminer la distance parcourue par la chenille lorsque celle-ci se déplace sur le segment [EG], puis sur le segment [GC], suivant ainsi le chemin noté E-G-C.

3. Déterminer la longueur du chemin E-H-C.

4. Soit I le milieu du segment [FG]. Déterminer la longueur du chemin E-I-C.

5. Lequel de ces quatre chemins est le plus court ?

B Recherche à l'aide d'un logiciel de géométrie

1. Ouvrir le fichier 13_seconde_TP1.

2. On va étudier les chemins traversant la face EFGH, puis la face BCGF. Pour cela, on a créé un point libre M sur le segment [FG] et on a tracé les segments [EM] et [MC].

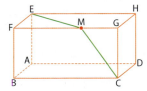

a. Créer la variable numérique x égale à la longueur du chemin E-M-C, puis faire afficher la longueur x.
b. Conjecturer la longueur du chemin le plus court parmi les chemins traversant les faces EFGH et BCGF.

3. On souhaite étudier les chemins traversant la face ABFE puis la face ABCD.
a. Procéder comme à la question **2** en créant un point N sur le segment [AB], puis les segments [EN] et [NC].
b. Faire afficher la longueur y du chemin E-N-C.
c. Conjecturer la longueur du chemin le plus court parmi les chemins traversant les faces ABFE et ABCD.

4. Créer un point Q sur le segment [DH] pour étudier les longueurs z des chemins traversant la face ADHE, puis la face CDHG.

5. Peut-on donner une réponse au problème posé ?

C Recherche avec un patron

1. Faire un patron sur une feuille de papier, puis y placer le point N et déterminer la position N_1 du point N pour laquelle le chemin E-N-C est le plus court. On note a cette longueur.

2. Construire un autre patron permettant de déterminer la position M_1 du point M pour laquelle le chemin E-M-C est le plus court.
On note b cette longueur.

3. Construire un troisième patron permettant de déterminer la position Q_1 du point Q pour laquelle le chemin E-Q-C est le plus court.
On note c cette longueur.

4. a. Calculer les valeurs exactes des réels a, b et c.
b. Il y a trois autres chemins possibles du même type. Les décrire et expliquer pourquoi ces chemins reviennent aux chemins déjà étudiés.
c. Quelle réponse peut-on donner au problème posé ?

Aide pour le logiciel

Geospace
B. 2. a. Pour créer la variable x, choisir [Créer] [Numérique] [Calcul algébrique] puis, pour afficher la valeur de x, choisir [Créer] [Affichage] [Variable numérique déjà définie].
B. 3. a. Pour créer le point N, choisir [Créer] [Point] [Point libre] [Sur un segment].
Pour créer les segments [EN] et [NC], choisir [Créer] [Ligne] [Segment(s)] [Défini par 2 points].

Voir FICHE TICE, page 323

EXERCICES

TP 2 — Le coffret de parfum

TICE — Utiliser un logiciel de géométrie dans l'espace pour optimiser un volume.

Fichier logiciel → www.bordas-indice.fr

Un artiste propose un emballage pour un nouveau produit à une chaîne de parfumerie : un coffret en forme de pavé droit sera placé à l'intérieur d'une pyramide SABCD de sommet S dont la base est le carré ABCD de centre O. La pyramide est telle que SA = SB = SC = SD, la hauteur [OS] mesure 12 cm et la base a pour côté 6 cm. On souhaite déterminer le volume maximal du pavé droit que l'on peut placer dans la pyramide SABCD.

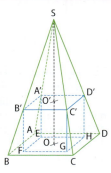

A Construction d'un parallélépipède variable

1. Ouvrir le fichier **13_seconde_TP2**.
2. Créer un point libre O' sur le segment [OS].
3. On note $\mathcal{P}$ le plan parallèle au plan (ABC) et passant par O'.
a. Créer le point A' intersection du plan $\mathcal{P}$ avec le segment [SA].
b. Créer de même les points B', C' et D' intersections respectives des segments [SB], [SC] et [SD] avec le plan $\mathcal{P}$.
4. Les parallèles à (OS) passant respectivement par A', B', C' et D' coupent le plan (ABC) respectivement en E, F, G et H.
a. Construire les points E, F G et H.
b. Construire le pavé droit A'B'C'D'EFGH. On le nommera T.
c. Faire afficher le volume du pavé T.
d. En faisant varier la position du point O', conjecturer le volume maximal de T.

B Expression du volume du parallélépipède

1. **a.** Démontrer que les droites (A'B') et (AB) sont parallèles.
b. Démontrer que le quadrilatère A'B'C'D' est un parallélogramme.
2. Préciser l'intersection des plans (SAC) et (SBD) et en déduire que O' est le centre du parallélogramme A'B'C'D'. On pose SO' = x.
3. **a.** Dans quel intervalle I le réel x varie-t-il ?
b. En utilisant le théorème de Thalès dans le plan (SAC), démontrer l'égalité : $\dfrac{SA'}{SA} = \dfrac{x}{12}$.

c. Justifier l'égalité $\dfrac{SA'}{SA} = \dfrac{A'B'}{AB}$.
d. En déduire l'expression de la longueur A'B' en fonction de x.
4. **a.** On admet que le quadrilatère A'B'C'D' est un carré. Exprimer l'aire de ce carré en fonction de x.
b. On note V la fonction qui, à tout réel x de l'intervalle I associe le volume du pavé T.
Montrer que la fonction V est définie sur I par :

$$V(x) = 3x^2 - \dfrac{1}{4}x^3$$

C Recherche du volume maximal

1. À l'aide d'un logiciel, tracer la courbe représentative de la fonction V.
2. Confirmer ou réfuter la conjecture faite à la question **A. 4. d**. Pour quelle valeur de x le volume semble-t-il être maximal ?
3. **a.** Déterminer l'expression de $V(8) - V(x)$.
b. À l'aide d'un logiciel de calcul formel, factoriser l'expression précédente.
c. En déduire le signe de $V(8) - V(x)$ pour x appartenant à I.
d. Que peut-on conclure quant à la conjecture faite aux questions précédentes ?
e. Quelle est la nature du pavé droit T lorsque le volume est maximal ?

Aide pour les logiciels

Geospace	**A. 2.** Choisir `Créer` `Point` `Point libre` `Sur un segment` . **A. 3. a.** Créer le plan $\mathcal{P}$ en utilisant `Créer` `Plan` `Parallèle à un plan` . Créer ensuite le point A' en utilisant `Créer` `Point` `Intersection droite-plan` . **A. 4. a.** Pour créer la parallèle à une droite passant par un point, utiliser `Créer` `Ligne` `Droite(s)` `Parallèle` . **A. 4. b.** Choisir `Créer` `Solide` `Polyèdre convexe` `Défini par ses sommets` . **A. 4. c.** Choisir `Créer` `Numérique` `Calcul géométrique` `Volume d'un solide` . Faire ensuite afficher le volume en utilisant `Créer` `Affichage` `Variable numérique déjà définie` .
Xcas ou GeoGebra	**C. 3. b.** Saisir `factoriser(1/4x^3-3x^2+64)` .

Voir **FICHES TICE**, pages 321, 323, 324

Chapitre 13 ■ Géométrie dans l'espace **303**

EXERCICES

Pour approfondir

91 La pyramide tronquée
Soit un tronc de pyramide régulière ABCDEFGH de hauteur 10 cm tel que AB = 6 cm, EF = 2 cm, et où ABCD et EFGH sont deux carrés. Dessiner un patron de cette pyramide tronquée.

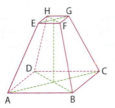

92 Le puzzle de Cardan
L'arête d'un cube en bois a pour mesure $a + b$ cm. Sur ses faces, on a tracé un carré de côté a, un carré de côté b et deux rectangles de côtés a et b. On découpe ensuite ce cube en suivant les traits, de telle sorte que l'on obtienne huit solides.

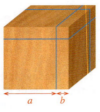

1. Donner la nature, les dimensions, puis le volume de chacun de ces huit solides en fonction de a et de b.
2. En écrivant de deux façons différentes le volume du cube initial, établir la formule :
$$(a + b)^3 = a^3 + 3a^2b + 3ab^2 + b^3.$$

93 La salade et l'escargot
Un escargot situé au point E veut atteindre une salade située au point S. Il doit escalader un muret (supposé sans épaisseur), comme l'exemple de trajet suivant EABCS le montre.

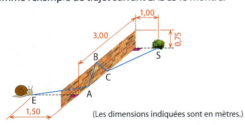

(Les dimensions indiquées sont en mètres.)

1. Déterminer les positions des points A, B et C pour que le chemin de l'escargot soit le plus court possible.
2. La vitesse de l'escargot est constante égale à 5 mètres par heure. Combien de temps au minimum, mettra-t-il pour atteindre son déjeuner ?

> **Aide** question 1. « Déplier » le mur pour représenter à plat le chemin parcouru.

94 Volume d'un parallélépipède
Les faces d'un parallélépipède rectangle sont des rectangles d'aires respectivement égales à 96 cm², 120 cm² et 240 cm².
1. Quel est le volume de ce parallélépipède ?
2. Quelles sont ses dimensions ?

95 Intersections dans un prisme droit
ABCDEF est un prisme droit de base ABC. H est un point du segment [AC] et (d) est une droite du plan (ABD). On note $\mathcal{P}$ le plan qui contient la droite (d) et le point H.

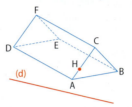

1. a. Quelle est l'intersection des plans $\mathcal{P}$ et (ABD) ?
b. En déduire l'intersection I du plan $\mathcal{P}$ avec la droite (AB) et l'intersection J du plan $\mathcal{P}$ avec la droite (AD).
2. Reproduire la figure puis construire l'intersection des plans $\mathcal{P}$ et (ADC).
3. En déduire l'intersection Δ des plans $\mathcal{P}$ et (DEF) puis l'intersection du plan $\mathcal{P}$ avec l'arête [FC].

96 Intersection dans un tétraèdre
Soit ABCD un tétraèdre. Les points I, J et K appartiennent respectivement aux faces ABC, ACD et ABD. Aucun des points I, J et K n'appartient à une arête du tétraèdre. On suppose que les plans (IJK) et (BCD) ne sont pas parallèles.

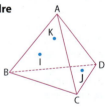

1. Justifier qu'au moins deux des trois droites (IJ), (IK) et (JK) sont sécantes au plan (BCD). On suppose que c'est le cas des droites (IJ) et (IK).
2. Reproduire la figure et construire le point d'intersection I' des droites (AI) et (BC), le point d'intersection J' des droites (AJ) et (DC) et le point K' intersection des droites (AK) et (BD).
3. Justifier que les droites (IK) et (I'K') sont sécantes. Construire le point l'intersection P de ces deux droites.
4. Justifier que le point P appartient à l'intersection Δ des plans (IJK) et (BCD).
5. Construire un deuxième point de la droite Δ, puis tracer la droite Δ.

> **Aide** question 1. On pourra utiliser un raisonnement par l'absurde.
> question 4. On peut commencer par déterminer l'intersection des plans (AIK) et (BCD).

EXERCICES

97 La formule d'Euler-Descartes
Les solides limités par des polygones plans sont appelés **polyèdres**. Le polyèdre est dit convexe si on peut poser n'importe laquelle de ses faces sur une table. On désigne par S le nombre des sommets, par F le nombre des faces et par A le nombre des arêtes d'un polyèdre. Euler a démontré que pour tout polyèdre convexe, on a la relation :
$$S + F = A + 2.$$
Vérifier cette relation pour le cube, un tétraèdre, un prisme droit à base hexagonale.

98 Le cuboctaèdre

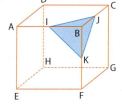

On considère le cube ABCDEFGH de 10 cm d'arête. Soit I le milieu de [AB], J le milieu de [CB] et K le milieu de [BF].

1. a. Calculer la longueur IJ.
b. Démontrer que le triangle IJK est équilatéral, puis calculer son aire.
c. Calculer le volume de la pyramide BIJK. En déduire la hauteur issue de B de cette pyramide.

2. À partir des huit sommets du cube, on peut former huit pyramides, comme cela a été fait au sommet B. Après avoir découpé ces huit pyramides, on obtient un nouveau solide, appelé « cuboctaèdre ».
Soit M le milieu du segment [AE] et N le milieu du segment [EF].
a. Déterminer la nature du quadrilatère MNKI.
b. Calculer l'aire de ce quadrilatère.
c. Préciser, pour le cuboctaèdre, le nombre et la nature des faces, le nombre de sommets et le nombre d'arêtes. La formule d'Euler-Descartes (voir exercice précédent) est-elle vérifiée ?
d. Dessiner un patron du cuboctaèdre.
e. À partir du volume du cube, calculer le volume du cuboctaèdre.
f. Calculer le rapport entre ces deux volumes.

99 L'octaèdre et le cube

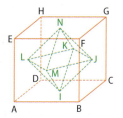

On considère un cube ABCDEFGH de côté a. On nomme I, J, K, L, M et N, les centres respectifs des faces ABCD, BCGF, DCGH, ADHE, ABFE et EFGH.

1. Exprimer la longueur AF en fonction de a.
2. Démontrer que LN = $\dfrac{a\sqrt{2}}{2}$.
3. En déduire que les huit faces du solide IJKLMN sont des triangles équilatéraux.
4. Ce solide est un octaèdre régulier. Comparer les nombres d'arêtes, de sommets et de faces d'un cube et d'un octaèdre régulier.

100 Les solides de Platon
Un polyèdre est dit régulier si chacune de ses faces est un polygone régulier et s'il y a le même nombre d'arêtes qui aboutissent à chaque sommet.
Euclide et Platon (au IVe s. av. J.-C.) connaissaient cinq polyèdres réguliers convexes : le tétraèdre, le cube, l'octaèdre, le dodécaèdre et l'icosaèdre.
À l'aide de la formule d'Euler, on va démontrer que ces cinq polyèdres réguliers convexes sont les seuls possibles.
On considère un polyèdre régulier convexe non croisé.
On note S le nombre de sommets, F le nombre de faces, A le nombre d'arêtes, p le nombre d'arêtes issues de chaque sommet et n le nombre de côtés d'une face.
On rappelle la formule d'Euler-Descartes valable pour tout polyèdre convexe :
$$S + F = A + 2.$$

1. Justifier l'égalité :
$$F \times n = S \times p.$$

2. En utilisant la formule d'Euler-Descartes, démontrer l'égalité suivante :
$$\dfrac{1}{p} + \dfrac{1}{n} = \dfrac{1}{2} + \dfrac{1}{A}.$$

3. En déduire l'inégalité $\dfrac{1}{p} + \dfrac{1}{n} > \dfrac{1}{2}$, puis les cinq valeurs possibles du couples $(n ; p)$.

4. Décrire les cinq polyèdres de Platon, dont on donne ci-dessous des patrons.

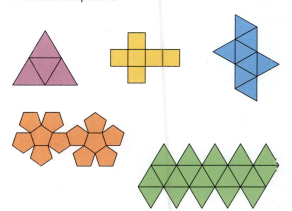

POINT HISTOIRE
Les dessins des cinq polyèdres réguliers ci-dessous représentés ont été dessinés par **Léonard de Vinci** (1452-1519) pour le très beau livre de Luca Pacioli, *La divine proportion*.

EXERCICES

101 Le retour de l'escargot
Pour signaler des travaux sur le bord d'une route, on a placé des cônes. À la base de l'un d'eux se prélasse un escargot. Le soleil devenant trop ardent, il décide de rejoindre le point de base diamétralement opposé en parcourant la plus courte distance, en passant ou non sur le cône.

Le cône a un diamètre de 50 cm, la longueur entre le sommet et le bord du cône est de 60 cm.
Donner, à un millimètre près, la longueur de la trace laissée par l'escargot.

102 PROBLÈME DE SYNTHÈSE
Un fabricant envisage la production de briques de jus de fruit en carton obtenues en découpant des bandes de même largeur dans une feuille carrée. Le côté de la feuille mesure 18 cm et on désigne par x la mesure (en cm) de la largeur des bandes découpées.

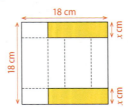

A. Étude d'un cas particulier
Dans cette partie, on suppose que x est égal à 4 cm.
1. Faire un patron de la brique.
2. Construire le solide à l'aide du patron réalisé.
3. Calculer les dimensions de la boîte et son volume lorsque $x = 4$.

B. Étude du cas général
1. **a.** Préciser l'intervalle I dans lequel x peut varier.
b. Exprimer, en fonction de x, les trois dimensions de la brique de jus de fruit.
c. On note V la fonction qui, à tout réel x de l'intervalle I, associe le volume de la brique de jus de fruit.
Démontrer que $V(x) = 2x^3 - 36x^2 + 162x$.

2. **a.** À l'aide de la calculatrice ou d'un logiciel, représenter la fonction V sur l'intervalle I.
b. Déterminer graphiquement la (ou les) valeur(s) de x pour lesquelles le volume est égal à 200 cm³.
c. Déterminer graphiquement la valeur de x pour laquelle le volume est maximal. Quel est ce volume maximal ?

3. **a.** À l'aide d'un logiciel de calcul formel, factoriser l'expression $V(x) - 200$.
b. En déduire les valeurs exactes de x pour lesquelles le volume de la brique est égal à 200 cm³.

4. **a.** À l'aide d'un logiciel de calcul formel, factoriser l'expression $216 - V(x)$.
b. Justifier que, pour tout réel x de I, $V(x) \leq 216$.
c. En déduire le volume maximum de la brique et la valeur de x pour laquelle il est obtenu.

PRISES D'INITIATIVES

103 ABCDEFGH est un cube. Soit K le centre de gravité du triangle EBG.
Déterminer l'intersection de la droite (BK) et du plan (ACE).

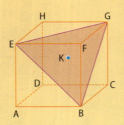

104 Un cube est percé par une droite (d) sur la face supérieure en un point J, et sur la face de droite en un point K.

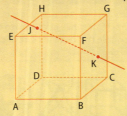

Construire l'intersection de la droite (d) avec le plan (ABC).

105 Un cylindre C a pour hauteur 30 cm et pour rayon 10 cm.
On place dans ce cylindre une boule métallique de rayon 5 cm de rayon, puis on ajoute de l'eau jusqu'à ce que celle-ci effleure le dessus de la boule.
On retire la première boule pour y placer une seconde boule de rayon différent.
La seconde boule est également juste recouverte par l'eau.

1. Montrer que le rayon r de la seconde boule est solution de l'équation :
$$x^2 + 5x - 125 = 0.$$
2. En déduire une valeur approchée du réel r à 0,01 près.

306

Les compléments

Rappels 308

Tableurs Excel et OpenOffice 318

Le logiciel GeoGebra 320

Le logiciel Geoplan 322

Le logiciel Geospace 323

Le logiciel Xcas 324

Le logiciel AlgoBox 325

Calculatrices Casio 326

Calculatrices Texas 327

Corrigés 328

Index 335

RAPPELS

Priorité des opérations

Pour calculer une expression, on effectue dans l'ordre :
– les opérations dans les parenthèses ;
– les calculs avec les puissances ;
– les multiplications et divisions ;
– les additions et soustractions (de la gauche vers la droite).

Exemples.
- $11 - 2 \times 3 = 11 - 6 = 5$
- $12 \div 4 + 5 = 3 + 5 = 8$
- $2 \times 3^2 = 2 \times 9 = 18$
- $1 + (5 - 2)(5 + 1) = 1 + 3 \times 6 = 1 + 18 = 19$
- $7 - (4 - 1)^2 = 7 - 3^2 = 7 - 9 = -2$

Comparaison de nombres

- $a < b$ se lit « a est **strictement inférieur** à b ».
  $a \leqslant b$ se lit « a est **inférieur ou égal** à b ».

- $a - b < 0$ signifie que $a < b$.

- Les nombres $a + c$ et $b + c$, ainsi que les nombres $a - c$ et $b - c$ sont rangés dans le même ordre que a et b.

- Si c est strictement positif, les nombres ac et bc, ainsi que les nombres $\dfrac{a}{c}$ et $\dfrac{b}{c}$ sont rangés dans le même ordre que a et b.

- Si c est strictement négatif, les nombres ac et bc, ainsi que les nombres $\dfrac{a}{c}$ et $\dfrac{b}{c}$ sont rangés dans l'ordre contraire de a et b.

Exemple 1.
Pour comparer deux nombres décimaux positifs, on peut comparer leurs parties entières, puis si elles sont égales, on compare leurs chiffres des dixièmes, puis des centièmes, etc. :
$3{,}460 < 3{,}467$ puisque $0 < 7$.

Exemple 2.
- Comparaison de $-5{,}1$ et $-4{,}9$: $5{,}1 > 4{,}9$ donc $-5{,}1 < -4{,}9$.

  —————•—————•————•——•——
  $-5{,}1-4{,}9 \quad\quad 0 \quad\quad 4{,}9\;5{,}1$

- Comparaison de -5π et -3π :
  $-5 < -3$ et $\pi > 0$ donc $-5 \times \pi < -3 \times \pi$,
  soit $-5\pi < -3\pi$.

Exemple 3.
Soit a un nombre tel que $a < 3$.
- $a < 3$ donc $a + 7 < 3 + 7$, soit $a + 7 < 10$.
- $a < 3$ donc $-5 \times a > -5 \times 3$ (le nombre -5 étant strictement négatif, on change le sens de l'inégalité) donc $-5a > -15$.

Encadrements et valeurs approchées

- **Encadrer** un nombre x, c'est trouver deux nombres a et b tels que : $a \leqslant x \leqslant b$.
  L'**amplitude** de cet encadrement est égale à $b - a$.
- Une **valeur approchée** d'un nombre peut être :
  – une valeur approchée par **défaut**,
  – une valeur approchée par **excès**.
  Lorsque l'on cherche une valeur approchée à l'unité ou au dixième (à 0,1 près) ou au centième (à 0,01 près) …, on peut chercher un nombre ayant respectivement 0 (ou 1 ou 2…) chiffres après la virgule.

Exemple 1.
Soit k un nombre tel que $k \geqslant -3$ et $k \leqslant 5$.
On peut en déduire l'encadrement de k : $-3 \leqslant k \leqslant 5$.

Exemple 2.
Avec une calculatrice, on obtient comme affichage de π : $\boxed{3{,}141592654}$. Un encadrement d'amplitude 0,01 de π est :
$3{,}14 \leqslant \pi \leqslant 3{,}15$.
3,14 est une valeur approchée à 0,01 près par défaut de π.
3,15 est une valeur approchée à 0,01 près par excès de π.

Pour s'exercer

1 Calculer : **a.** $1 - (2 + 3)(2 + 5)$ **b.** $(1 + 3 \times 2)^2 - 9$
c. $2(1 + 3)(1 - 3) + 7$ **d.** $(3 + 5 \times 3) \div 2 + 1$

2 Comparer : **a.** 5,015 et 5,0151 **b.** 0,035 et 0,00351
c. $-0{,}99$ et $-1{,}01$ **d.** $-106{,}22$ et $-107{,}22$

3 Comparer : **a.** $\dfrac{9}{13}$ et $\dfrac{7}{13}$; **b.** $-\dfrac{5}{7}$ et $-\dfrac{4}{7}$.

4 Sachant que x est un nombre tel que $x \leqslant 2$, donner une inégalité vérifiée par les nombres suivants :
a. $7x + 1$ **b.** $3x - 4$ **c.** $-2x$ **d.** $-3x + 2$

5 Soit $A = \dfrac{11}{7}$. Donner des valeurs approchées par défaut et par excès de A :
a. à l'unité **b.** à 0,1 près **c.** à 0,01 près **d.** à 0,001 près

308

RAPPELS

Arithmétique

■ **Multiple – Diviseur – Division euclidienne**

Soit a et b deux entiers naturels avec $b \neq 0$.

Lorsque $a = b \times q$ avec q entier naturel, on dit que a est un **multiple** de b ou que « b est un **diviseur** de a » ou que « a est **divisible** par b ».

Lorsque $a = b \times q + r$ avec $0 \leq r < b$, on dit que r est le **reste** dans la division euclidienne de a par b.

■ **Critères de divisibilité**

Un nombre entier est divisible par 2 s'il est pair.

Un nombre entier est divisible par 3 si la somme de ses chiffres est un multiple de 3.

Un nombre entier est divisible par 5 si son chiffre des unités est 0 ou 5.

■ **Plus grand diviseur commun**

Le **PGCD** de deux entiers naturels non nuls a et b est le Plus Grand Commun Diviseur à ces deux entiers.

On le note PGCD $(a \,;\, b)$.

Soit a et b, deux entiers naturels non nuls avec $a > b$:

    – PGCD $(a \,;\, b)$ = PGCD $(a - b \,;\, b)$;

    – si r est le reste de la division euclidienne de a par b, alors PGCD $(a \,;\, b)$ = PGCD $(b \,;\, r)$.

■ **Entiers premiers entre eux**

Deux entiers naturels non nuls sont **premiers entre eux** lorsque leur PGCD est égal à 1.

Exemple 1.

Comme $42 = 7 \times 6$, 42 est un multiple de 7, 7 est un diviseur de 42 et 42 est divisible par 7.

Comme $43 = 7 \times 6 + 1$ et $0 \leq 1 < 7$, le reste dans la division euclidienne de 43 par 7 est 1.

Exemple 2.

Les diviseurs de 30 sont : 1, 2, 3, 5, 6, 10, 15, 30.

Exemple 3.

516 est divisible par 3 car $5 + 1 + 6 = 12$ et 12 est un multiple de 3.

Exemple 4.

Calcul du PGCD de 280 et 168 avec les deux algorithmes

Algorithme des soustractions successives	Algorithme d'Euclide
$280 - 168 = 112$	$280 = 168 \times 1 + 112$
$168 - 112 = 56$	$168 = 112 \times 1 + 56$
$112 - 56 = 56$	$112 = 56 \times 2 + 0$
$56 - 56 = 0$	
Le PGCD est la dernière différence non nulle, donc PGCD $(280 \,;\, 168) = 56$.	Le PGCD est le dernier reste non nul, donc PGCD $(280 \,;\, 168) = 56$.

Exemple 5.

Les entiers 3 et 22 sont premiers entre eux.

Fractions

■ La fraction $\dfrac{a}{b}$ existe si $b \neq 0$.

■ Une fraction est **irréductible** si son numérateur et son dénominateur sont premiers entre eux.

■ **Égalité** (avec $b \neq 0$ et $c \neq 0$) : $\dfrac{a \times c}{b \times c} = \dfrac{a}{b}$.

■ **Opérations** (avec $b \neq 0$, $c \neq 0$ et $d \neq 0$)

Somme : $\dfrac{a}{d} + \dfrac{b}{d} = \dfrac{a+b}{d}$ $\dfrac{a}{d} - \dfrac{b}{d} = \dfrac{a-b}{d}$

Produit : $a \times \dfrac{b}{d} = \dfrac{a \times b}{d}$ $\dfrac{a}{b} \times \dfrac{c}{d} = \dfrac{a \times c}{b \times d}$

Quotient : $\dfrac{a}{b} \div c = \dfrac{a}{b} \times \dfrac{1}{c}$ $\dfrac{a}{b} \div \dfrac{c}{d} = \dfrac{a}{b} \times \dfrac{d}{c}$

Exemple 1.

La fraction $\dfrac{22}{3}$ est irréductible.

Exemple 2.

$\dfrac{210}{770} = \dfrac{21}{77} = \dfrac{3 \times 7}{11 \times 7} = \dfrac{3}{11}$

Exemple 3.

■ $\dfrac{1}{7} + \dfrac{2}{3} = \dfrac{1 \times 3}{7 \times 3} + \dfrac{2 \times 7}{3 \times 7} = \dfrac{3}{21} + \dfrac{14}{21} = \dfrac{3 + 14}{21} = \dfrac{17}{21}$

■ $5 \times \dfrac{1}{14} = \dfrac{5 \times 1}{14} = \dfrac{5}{14}$

■ $\dfrac{1}{7} \div \dfrac{5}{3} = \dfrac{1}{7} \times \dfrac{3}{5} = \dfrac{1 \times 3}{7 \times 5} = \dfrac{3}{35}$

Pour s'exercer

6 Simplifier chacune des fractions :

$A = \dfrac{1\,800}{1\,200}$; $B = \dfrac{1\,250}{75}$; $C = \dfrac{5 \times 3 + 3}{3 \times 7}$; $D = \dfrac{2 \times 15 + 5}{3 \times 15 - 5}$.

7 Écrire sous la forme d'une seule fraction :

$A = \dfrac{6}{7} - \dfrac{3}{5}$; $B = \dfrac{3}{4} \times \dfrac{2}{15}$; $C = \dfrac{3}{4} \div \dfrac{3}{5}$; $D = \left(\dfrac{4}{3} - \dfrac{2}{5}\right) \times \dfrac{3}{7}$.

8 Soit x un nombre. Écrire sous la forme d'une seule fraction :

$A = \dfrac{x}{7} + \dfrac{5}{3}$; $B = 7 + \dfrac{x}{5}$; $C = \dfrac{x}{7} + \dfrac{x}{2}$; $D = \dfrac{x}{2} + x$.

9 On pose $a = 3$ et $b = 5$. Calculer :

$A = \dfrac{1}{a} + \dfrac{1}{b}$; $B = \dfrac{a}{b} - \dfrac{b}{a}$; $C = \dfrac{1}{A}$; $D = \dfrac{A}{B}$.

RAPPELS

Proportionnalité

■ Définitions

Deux grandeurs sont **proportionnelles** si les valeurs de l'une s'obtiennent en multipliant (ou en divisant) les valeurs de l'autre par un même nombre non nul.

Un **tableau de proportionnalité** est tel que les nombres d'une ligne s'obtiennent en multipliant (ou en divisant) ceux de l'autre ligne par un même nombre non nul.

a	b	c
a'	b'	c'

$\times k$

Le nombre k est appelé « **coefficient de proportionnalité** ».

■ Propriété

Si le tableau ci-contre est un tableau de proportionnalité, alors $a \times d = b \times c$.

a	c
b	d

Cette propriété permet de calculer une quatrième proportionnelle x, en résolvant l'équation (d'inconnue x) :

a	c
b	x

$$a \times x = b \times c.$$

Exemple 1.

Un automobiliste parcourt 150 km en 2 h 30. On va calculer sa vitesse moyenne. Il parcourt :

150 km en 2,5 heures
Donc $150 \div 2,5$ km en 1 heure $\div 2,5$

Or $\frac{150}{2,5} = 60$: la vitesse moyenne est donc de 60 km/h.

Exemple 2.

On considère le tableau ci-contre.

Comme $\frac{3}{2} = \frac{6}{4} = \frac{7,5}{5} = \frac{30}{20} = 1,5$, les

2	4	5	20
3	6	7,5	30

nombres de la 2ᵉ ligne s'obtiennent en multipliant ceux de la 1ʳᵉ ligne par 1,5 : il s'agit d'un tableau de proportionnalité et le coefficient de proportionnalité pour passer de la 1ʳᵉ à la 2ᵉ ligne est égal à 1,5.

Exemple 3.

Sur une carte routière, 4 cm représentent 150 km. On mesure 9 cm entre deux villes. Quelle est la distance réelle x (en km) entre ces deux villes ?
Pour calculer la valeur de x, on peut utiliser l'égalité « des produits en croix » :

4	9
150	x

$4 \times x = 9 \times 150$ donc $x = \frac{9 \times 150}{4}$, soit $x = 337,5$.

Pourcentages

■ Déterminer un **pourcentage**, c'est déterminer une proportion sous la forme d'une fraction dont le dénominateur est égal à 100.

■ Le nombre B représente p % du nombre A si $\frac{B}{A} = \frac{p}{100}$, autrement dit si $B = A \times \frac{p}{100}$.

■ Calculer p % d'un nombre, c'est multiplier ce nombre par $\frac{p}{100}$.

■ Augmenter de t % une quantité, c'est multiplier cette quantité par le nombre $1 + \frac{t}{100}$.

■ Diminuer de t % une quantité, c'est multiplier cette quantité par le nombre $1 - \frac{t}{100}$.

Exemple 1.

Dans une classe de 25 élèves, 10 élèves sont externes et il y a 60 % de filles. Quel est le pourcentage p d'externes dans la classe et le nombre n de filles ?

■ $\frac{10}{25} = 0,40 = \frac{40}{100}$. Donc $p = 40$: il y a 40 % d'externes.

On peut aussi s'aider d'un tableau de proportionnalité :

Nombre d'externes	10	p
Nombre d'élèves	25	100

$p = \frac{10 \times 100}{25} = 40$

■ $n = \frac{60}{100} \times 25 = 15$: il y a 15 filles.

Exemple 2.

Le prix d'un objet est 127 euros.
Si ce prix augmente de 5 %, il est multiplié par $1 + \frac{5}{100}$.
Le nouveau prix est donc $127 \times 1,05 = 133,35$ euros.

Pour s'exercer

10 On suppose qu'un marcheur se déplace à une vitesse moyenne de 6 km/h.
1. Quelle distance parcourt-il en 3 heures ? en 2 h 30 min ?
2. Combien de temps lui faut-il pour parcourir 12 km ? 10 km ?

11 Pierre constate que le robinet de sa baignoire fuit et qu'en 4 heures, il laisse couler 15 litres d'eau.
1. Quel volume d'eau peut-il laisser couler en une journée ?

2. On suppose que le prix moyen du m³ d'eau est de 4,15 euros.
Quel est le coût de la fuite pour une journée ? un mois ?

12 Dans son stock de 3 000 livres, un libraire compte 180 livres de cuisine et 18 % de BD.
1. Quel est le pourcentage de livres de cuisine dans le stock ?
2. Combien y-a-t-il de BD ?
3. Le libraire décide de baisser de 15 % le nombre de livres de cuisine. Combien y en aura-t-il ?

310

RAPPELS

Puissances

Pour n entier naturel non nul et a réel:
- $a^n = a \times a \times \ldots \times a$ produit de n facteurs égaux.
- Pour $a \neq 0$: $a^0 = 1$ et $a^{-n} = \dfrac{1}{a^n}$.
- $(a \times b)^n = a^n \times b^n$ et $\left(\dfrac{a}{b}\right)^n = \dfrac{a^n}{b^n}$ pour $b \neq 0$.
- $a^n \times a^p = a^{n+p}$ et $\dfrac{a^n}{a^p} = a^{n-p}$ pour $a \neq 0$.
- $(a^n)^p = a^{np}$.
- **Écriture scientifique** d'un nombre décimal positif : $a \times 10^n$ où n est un entier relatif et a un nombre décimal tel que $1 \leqslant a < 10$.

Exemple 1. $10^3 = 10 \times 10 \times 10 = 1\,000$

$$10^{-3} = \dfrac{1}{10^3} = \dfrac{1}{1\,000} = 0,001$$

Exemple 2. $(2 \times 3)^5 = 2^5 \times 3^5$

Exemple 3. $2^5 \times 2^3 = 2^{5+3} = 2^8$

Exemple 4. $(2^3)^5 = 2^{3\times5} = 2^{15}$

Exemple 5. $(2^3)^5 \times 2^{-4} = 2^{3\times5} \times 2^{-4} = 2^{15-4} = 2^{11}$

Exemple 6. L'écriture scientifique de 457,3 est $4,573 \times 10^2$.

Exemple 7. L'écriture scientifique de 0,0037 est $3,7 \times 10^{-3}$.

Racines carrées

- Soit a un nombre positif. $\sqrt{a}$ est le nombre positif dont le carré est égal à a : $\left(\sqrt{a}\right)^2 = a$.
- Soit a et b des nombres positifs :
$$\sqrt{a} \times \sqrt{b} = \sqrt{a \times b} \text{ et } \dfrac{\sqrt{a}}{\sqrt{b}} = \sqrt{\dfrac{a}{b}} \text{ pour } b \neq 0.$$
- $\sqrt{a^2} = a$ pour a positif.

Exemple 1. $\sqrt{25} = 5$ car $5^2 = 25$.

Exemple 2. $\sqrt{2} \times \sqrt{8} = \sqrt{2 \times 8} = \sqrt{16} = 4$

Exemple 3. $\dfrac{\sqrt{24}}{\sqrt{6}} = \sqrt{\dfrac{24}{6}} = \sqrt{4} = 2$

Exemple 4. $\sqrt{200} = \sqrt{2 \times 100} = \sqrt{2} \times \sqrt{100} = 10 \times \sqrt{2}$

$\sqrt{200} + \sqrt{72} = 10\sqrt{2} + \sqrt{2 \times 36} = 10\sqrt{2} + 6\sqrt{2} = 16\sqrt{2}$

Calcul littéral

- Une **expression littérale** est une expression contenant des lettres, ces lettres désignant des nombres.
- **Distributivité** : $k(a + b) = ka + kb$ **(1)**
$$k(a - b) = ka - kb \text{ (2)}$$
En particulier :
$$-1(a + b) = -a - b \text{ et } -1(a - b) = -a + b.$$
- **Double distributivité :**
$$(a + b)(c + d) = ac + ad + bc + bd$$
- **Identités remarquables :**
$$(a + b)^2 = a^2 + 2ab + b^2 \text{ (3)}$$
$$(a - b)^2 = a^2 - 2ab + b^2 \text{ (4)}$$
$$(a - b)(a + b) = a^2 - b^2 \quad \text{(5)}$$
Pour développer, on utilise les égalités précédentes de gauche à droite.
Pour factoriser, on utilise les égalités précédentes de droite à gauche.

Exemple 1. $3x^2 + 1$ est une expression littérale. C'est une somme de deux termes : $3x^2$ et 1. Lorsque $x = 2$, alors $3x^2 + 1 = 3 \times 2^2 + 1 = 3 \times 4 + 1 = 12 + 1 = 13$.

Exemple 2. $x(x - 11)$ est une expression littérale. C'est un produit de deux facteurs : x et $(x - 11)$. Lorsque $x = -1$, alors $x(x - 11) = -1 \times (-1 - 11) = -1 \times (-12) = 12$.

Exemple 3. On peut développer des produits :
- Avec **(1)** : $x(x - 11) = x \times x - x \times 11 = x^2 - 11x$
- Avec **(3)** : $(x + 3)^2 = x^2 + 2 \times x \times 3 + 3^2 = x^2 + 6x + 9$
- Avec **(5)** : $(x + 3)(x - 3) = x^2 - 3^2 = x^2 - 9$.

Exemple 4. On peut factoriser des sommes :
- Avec **(1)** : $x^2 + 2x = x \times x + x \times 2 = x \times (x + 2)$
- Avec **(5)** : $x^2 - 4 = x^2 - 2^2 = (x - 2)(x + 2)$.

Pour s'exercer

13 Donner l'écriture décimale :
a. $A = 10^4$; **b.** $B = 10^{-4}$; **c.** $C = 5^2$;
d. $D = 2^4$; **e.** $E = 5^{-1}$; **f.** $F = 2^{-2}$.

14 Écrire sous la forme d'une seule puissance :
a. $A = 10^3 \times 10^2$; **b.** $B = 5^4 \times 5^2 \times 5^3$; **c.** $C = (10^2)^4$.

15 Écrire sans racine carrée :
a. $A = \sqrt{900}$; **b.** $B = \sqrt{7} \times \sqrt{14} \times \sqrt{8}$; **c.** $D = \sqrt{9} + \sqrt{36}$.

16 Écrire sous la forme $a\sqrt{5}$: **a.** $A = 3\sqrt{500}$;
b. $B = \sqrt{5} + \sqrt{500} - \sqrt{180}$; **c.** $C = \sqrt{500} \times \sqrt{180}$.

17 Reconnaître les sommes et les produits, puis calculer la valeur de chacune de ces expressions pour $x = 2$ et $x = -1$:
a. $A = 2x + 9$; **b.** $B = x(x + 4)$; **c.** $C = x^2 + 5$;

18 Développer : **a.** $A = x(x + 6)$; **b.** $B = -1(2x - 9)$;
c. $C = 2x(5 - 3x)$; **d.** $D = (x - 5)^2$; **e.** $E = (2x - 1)(2x + 1)$.

Rappels **311**

RAPPELS

Équations - Inéquations

■ Une **équation** est une égalité qui contient un ou plusieurs nombres inconnus, désignés chacun par une lettre.

■ Une **inéquation** est une inégalité qui contient un ou plusieurs nombres inconnus.

■ **Résoudre** une équation (une inéquation) d'inconnue x, c'est déterminer toutes les valeurs de x pour lesquelles l'égalité (l'inégalité) proposée est vraie.
Ces valeurs sont appelées les **solutions** de l'équation (de l'inéquation).

■ On ne change pas les solutions d'une équation :
– en **ajoutant ou soustrayant** un même nombre aux deux membres de cette équation ;
– en **multipliant ou divisant** par un même nombre non nul les deux membres de cette équation.

■ On ne change pas les solutions d'une inéquation :
– en **ajoutant ou soustrayant** un même nombre aux deux membres de cette inéquation ;
– en **multipliant ou divisant** par un même nombre non nul les deux membres de cette inéquation, **à condition de changer le sens de l'inégalité si ce nombre est négatif**.

Exemple 1.
$(x + 1)(2x - 3) = x^2 - 1$ est une équation d'inconnue x.
Son **premier membre** est $(x + 1)(2x - 3)$ et son **second membre** est $x^2 - 1$.
Le nombre 2 est une solution de cette équation car :
$$(2 + 1)(2 \times 2 - 3) = 3 \quad \text{et} \quad 2^2 - 1 = 3.$$
Par contre, le nombre 3 n'est pas une solution de cette équation car $(3 + 1)(2 \times 3 - 3) = 12$ et $3^2 - 1 = 8$.

Exemple 2.
$-4x + 3 < x - 7$ est une inéquation d'inconnue x.
Le nombre 5 est une solution de cette inéquation car :
$$-4 \times 5 + 3 = -17 ; 5 - 7 = -2 \text{ et } -17 < -2.$$

Exemple 3.
Résolution de l'équation :
$$2x - 4 = 6 \quad \big\rangle + 4$$
$$2x = 6 + 4$$
$$2x = 10 \quad \big\rangle \div 2$$
$$x = \frac{10}{2}$$
$$x = 5$$
La solution de l'équation est donc 5.

Exemple 4.
Résolution de l'inéquation :
$$-2x + 3 \leq 7 \quad \big\rangle - 3$$
$$-2x \leq 7 - 3$$
$$-2x \leq 4$$
$$x \geq \frac{4}{-2} \quad \big\rangle \div (-2)$$
Les solutions de cette inéquation sont tous les nombres supérieurs ou égaux à –2.

Systèmes

■ Un **système** de deux équations du premier degré à deux inconnues x et y peut s'écrire sous la forme :
$$\begin{cases} ax + by = c \\ a'x + b'y = c' \end{cases}$$
avec a, b, c, a', b' et c' qui sont des nombres donnés.
Un **couple** $(x ; y)$ est une **solution** du système si pour ces valeurs de x et de y, les deux égalités du système sont vraies.

■ **Résoudre** un système à deux inconnues x et y c'est déterminer tous les couples solutions de ce système.

■ Il existe plusieurs méthodes pour résoudre un système dont la **méthode par substitution** et la **méthode par addition ou soustraction**.

Exemple.
Résolution du système $\begin{cases} 4x + y = 7 \\ 3x + 2y = 4 \end{cases}$

Par substitution

■ On exprime y en fonction de x dans la 1re équation :
$$y = 7 - 4x.$$
■ On remplace y par cette expression dans la 2e équation :
$$3x + 2(7 - 4x) = 4$$
$$3x + 14 - 8x = 4$$
$$-5x = -10.$$
Donc $x = 2$.
■ On remplace x par 2 dans la 1re équation : $y = 7 - 4 \times 2$
d'où $\quad y = -1$.

Par addition ou soustraction

■ On multiplie les deux membres de la 1re équation par (-2) :
$$\begin{cases} -8x - 2y = -14 \\ 3x + 2y = 4 \end{cases}$$
■ On additionne membre à membre les deux équations. On obtient :
$$-5x + 0y = -10, \text{ d'où } x = 2.$$
■ On remplace x par 2 dans l'une des équations :
$$3 \times 2 + 2y = 4, \text{ soit } 2y = -2$$
d'où $\quad y = -1$.

Après vérification, la solution du système est le couple $(2 ; -1)$.

Pour s'exercer

19 Vérifier que 1 n'est pas une solution de l'équation $x + 4 = x(x - 2)$. Vérifier que 4 et –1 sont des solutions.

20 Vérifier que 2 n'est pas une solution de l'équation $(x + 2)(x + 1) = x^2 - 4$. Vérifier que –2 est une solution.

21 Vérifier que 2 n'est pas une solution de l'inéquation $2x - 7 > 0$. Vérifier que 5 est une solution.

22 Vérifier que le couple $(1 ; 2)$ est une solution du système :
$$\begin{cases} x - 2y = -3 \\ 4x + y = 6 \end{cases}$$

23 Résoudre chacune des équations suivantes :
a. $2x = 0$ **b.** $3x - 5 = 4$ **c.** $10 = 2x + 4$
d. $4 - 3x = 5x$ **e.** $3x - 2 = 2(x - 1)$

Rappels

Statistiques descriptives

- La **fréquence** d'une valeur est le quotient de l'effectif de cette valeur par l'effectif total.
- L'**étendue** d'une série statistique est la différence entre la plus grande valeur et la plus petite valeur de cette série.
- La **médiane** d'une série statistique ordonnée partage cette série en deux parties. Elle est la valeur centrale si l'effectif est impair et la demi-somme des deux valeurs centrales si l'effectif est pair.
- Le **premier quartile** Q_1 d'une série statistique ordonnée est la plus petite valeur de la série pour laquelle au moins un quart des données lui sont inférieures ou égales.
- Le **troisième quartile** Q_3 d'une série statistique ordonnée est la plus petite valeur de la série pour laquelle au moins trois quart des données lui sont inférieures ou égales.

Exemples.
On considère les séries ordonnées suivantes :
Série A : 1 – 2 – 2 – 3 – 6 – 7 – 8 – 8 – 8 – 9 – 10 – 11 – 11 – 11 – 14 – 17 – 18
Série B : 8 – 9 – 12 – 15 – 23 – 27 – 27 – 28 – 28 – 28 – 30 – 32 – 32 – 34

- L'étendue de la **série A** est 18 – 1 = 17, celle de la **série B** est 34 – 8 = 26.
- L'effectif de la **série A** est impair car il est de 17.
La médiane est la valeur centrale, c'est-à-dire la neuvième valeur donc 8.
- L'effectif total de la **série B** est pair car il est égal à 14.
La médiane est la demi-somme des deux valeurs centrales, c'est-à-dire des septième et huitième valeurs qui sont respectivement égales à 27 et 28 donc la médiane est $\frac{27+28}{2} = 27{,}5$.
- Quartiles pour la **série A** :

$\frac{17}{4} = 4{,}25$. Le premier quartile Q_1 est donc la cinquième valeur de la série ordonnée, soit $Q_1 = 6$.

$\frac{3}{4} \times 17 = 12{,}75$. Le troisième quartile Q_3 est donc la treizième valeur de la série ordonnée, soit $Q_3 = 11$.

Probabilités

- Une **expérience aléatoire** est une expérience qu'on peut répéter un grand nombre de fois et pour laquelle on ne peut pas prévoir le résultat à l'avance : elle conduit à des **issues**.

- À chaque issue, on associe un nombre compris entre 0 et 1, appelé **probabilité de l'issue**.

- Lorsque chaque issue a la même probabilité, on dit qu'il y a **équiprobabilité des issues**.

- Dans une situation d'équiprobabilité, la probabilité d'un événement A est :
$P(A) = \frac{\text{nombre d'issues favorables à l'événement}}{\text{nombre d'issues possibles}}$

Exemple.
Une urne contient sept boules :
– quatre boules bleues numérotées de 1 à 4 que l'on note B_1, B_2, B_3 et B_4.
– trois boules rouges numérotées de 1 à 3 que l'on note R_1, R_2 et R_3.

- On considère l'**expérience aléatoire** qui consiste à choisir au hasard une boule de l'urne.
- Comme le choix est fait au hasard, chaque boule a la même probabilité d'être choisie : il y a **équiprobabilité des issues**.
- Soit l'événement A : « le numéro de la boule est pair », les issues qui réalisent cet événement A sont B_2, B_4 et R_2.
Comme on est en situation d'équiprobabilité, qu'il y a **sept** issues possibles et que **trois** de ses issues réalisent l'événement A, la probabilité de A est $P(A) = \frac{3}{7}$.

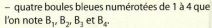

Pour s'exercer

24 On donne ci-après les résultats des treize participants à un concours de lancer de poids :
19,53 – 19,63 – 19,76 – 20,04 – 20,07 – 20,09 – 20,18 – 20,39 – 20,40 – 20,42 – 20,71 – 20,76 – 20,90.
1. Déterminer l'étendue de cette série.
2. Justifier que la médiane est égale à 20,18.
3. Déterminer les quartiles de cette série.

25 Une urne contient 40 boules numérotées de 1 à 40. On tire au hasard une boule de l'urne et on note son numéro. Déterminer la probabilité d'obtenir un numéro multiple de 5.

26 On place dans un sac les huit lettres du mot VERTICAL. On tire au hasard une lettre de ce sac.
1. Déterminer la probabilité d'obtenir une consonne.
2. Déterminer la probabilité d'obtenir une lettre du mot INDICE.

27 Romane lance un dé cubique équilibré dont les faces sont numérotées de 1 à 6.
1. Quelle est la probabilité d'obtenir la face 5 ?
2. Quelle est la probabilité d'obtenir une face de numéro strictement inférieur à 3 ?

RAPPELS

Quadrilatères

■ **Parallélogramme**
Un parallélogramme est un quadrilatère dont les côtés opposés sont parallèles.

Un parallélogramme a ses côtés opposés de même longueur et ses diagonales se coupent en leur milieu.

Un quadrilatère (non croisé) qui a ses côtés opposés de même longueur est un parallélogramme.

Un quadrilatère dont les diagonales se coupent en leur milieu est un parallélogramme.

■ **Rectangle**
Un rectangle est un quadrilatère qui a quatre angles droits.

Les diagonales d'un rectangle ont la même longueur.

Un parallélogramme qui possède deux côtés consécutifs perpendiculaires est un rectangle.

Un parallélogramme dont les diagonales sont de même longueur est un rectangle.

■ **Losange**
Un losange est un quadrilatère qui a quatre côtés de même longueur.

Les diagonales d'un losange sont perpendiculaires.

Un parallélogramme qui possède deux côtés consécutifs de même longueur est un losange.

Un parallélogramme dont les diagonales sont perpendiculaires est un losange.

■ **Carré**
Un carré est un quadrilatère qui a quatre angles droits et quatre côtés de même longueur : un carré est à la fois un rectangle et un losange.

Un parallélogramme qui possède deux côtés consécutifs perpendiculaires et de même longueur est un carré.

Un parallélogramme dont les diagonales sont perpendiculaires et de même longueur est un carré.

Polygones réguliers

Un polygone régulier est un polygone dont tous les côtés ont la même longueur et dont tous les angles ont la même mesure.

Un polygone régulier peut être inscrit dans un cercle.

Exemples de polygones réguliers.

Triangle équilatéral — Carré — Hexagone régulier

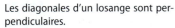

Symétrie axiale

■ Soit (d) une droite et M et M' deux points qui ne sont pas sur la droite (d).
Les points M et M' sont symétriques par rapport à (d) signifie que (d) est la médiatrice du segment [MM'].

■ Le symétrique par rapport à (d) d'un point de (d) est ce point lui-même.

Axes de symétrie
Une droite est un axe de symétrie d'une figure lorsque la figure et son symétrique par rapport à cette droite sont confondus.

Rectangle — Losange — Carré

Symétrie centrale

■ Soit O un point et M et M' deux points distincts de O.
Les points M et M' sont symétriques par rapport à O signifie que le point O est le milieu du segment [MM'].

■ Le symétrique de O par rapport à O est O lui-même.

Centre de symétrie
Un point est le centre de symétrie d'une figure lorsque la figure et son symétrique par rapport à ce point sont confondus. Le centre de symétrie d'un parallélogramme est le point d'intersection de ses diagonales.

Parallélogramme
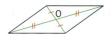

RAPPELS

Cercle-Tangente à un cercle

■ Cercle
Un cercle est l'ensemble des points situés à une même distance d'un point.

■ Tangente à un cercle
La tangente à un cercle en un point est la droite passant par ce point et perpendiculaire au rayon du cercle issu de ce point.

Exemple.
$\mathcal{C}_1$ est le cercle de centre A passant par B et $\mathcal{C}_2$ est le cercle de centre B passant par A. Le point F est un des points d'intersection de $\mathcal{C}_1$ et $\mathcal{C}_2$.
On va montrer que le triangle ABF est équilatéral.
Les points B et F sont sur $\mathcal{C}_1$ donc AB = AF.
Les points A et F sont sur $\mathcal{C}_2$ donc BF = BA.
On en déduit que AB = AF = BF.
Donc le triangle ABF est équilatéral.

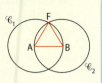

Cercle et triangle rectangle

■ Si un triangle est rectangle, alors le milieu de son hypoténuse est le centre de son cercle circonscrit.

■ Si un triangle est inscrit dans un cercle de diamètre un de ses côtés, alors ce triangle est rectangle.

Exemple.
Le point P est un point du cercle de diamètre [MN] donc le triangle MNP est rectangle en P.
On a donc $\widehat{MPN} = 90°$.

Comme la somme des mesures des angles dans un triangle est égale à 180°, on en déduit que :
$\widehat{MNP} = 180 - 90 - 31$, soit $\widehat{MNP} = 59°$.

Angles

■ Vocabulaire
Deux **angles complémentaires** sont deux angles dont la somme des mesures est égale à 90°.

Deux **angles supplémentaires** sont deux angles dont la somme des mesures est égale à 180°.

■ Propriétés de quelques angles particuliers
Deux **angles opposés par le sommet** ont la même mesure.

Deux **angles alternes-internes** formés par deux droites parallèles et une sécante ont la même mesure.

Deux **angles correspondants** formés par deux droites parallèles et une sécante ont la même mesure.

Si dans un cercle, **deux angles inscrits** interceptent le **même arc**, alors ils ont la même mesure.

Si dans un cercle, un **angle inscrit** et un **angle au centre** interceptent le **même arc**, alors la mesure de l'angle au centre est le double de la mesure de l'angle inscrit.

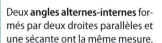

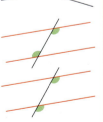

Exemple 1.
On va montrer que dans un parallélogramme, deux angles consécutifs sont supplémentaires et que deux angles opposés sont de même mesure.
Sur la figure ci-contre, les points A, B et F sont alignés dans cet ordre.

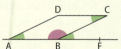

■ B est un point du segment [AF] donc les angles $\widehat{CBA}$ et $\widehat{FBC}$ sont supplémentaires : $\widehat{CBA} + \widehat{FBC} = 180°$.
Or les angles $\widehat{FBC}$ et $\widehat{BAD}$ sont des angles correspondants donc $\widehat{FBC} = \widehat{BAD}$. On en déduit que $\widehat{CBA} + \widehat{BAD} = 180°$.
■ Les droites (AB) et (CD) sont parallèles et les angles $\widehat{FBC}$ et $\widehat{BCD}$ sont des angles alternes-internes donc $\widehat{FBC} = \widehat{BCD}$.
Comme $\widehat{FBC} = \widehat{BAD}$, on en déduit que $\widehat{BCD} = \widehat{BAD}$.

Exemple 2.
Les angles inscrits $\widehat{BDC}$ et $\widehat{BAC}$ interceptent le même arc donc $\widehat{BDC} = \widehat{BAC}$, soit $\widehat{BDC} = 40°$.
L'angle inscrit $\widehat{BAC}$ et l'angle au centre $\widehat{BOC}$ interceptent le même arc donc $\widehat{BOC} = 2\widehat{BAC}$, soit $\widehat{BOC} = 80°$.

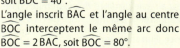

RAPPELS

Trigonométrie : cosinus, sinus, tangente

Soit ABC un triangle rectangle en A.

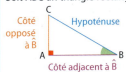

$\sin \hat{B} = \dfrac{\text{côté opposé à } \hat{B}}{\text{hypoténuse}}$

$\cos \hat{B} = \dfrac{\text{côté adjacent à } \hat{B}}{\text{hypoténuse}}$

Exemple.
ABC est un triangle rectangle en A tel que AC = 6 cm et BC = 10 cm.
On peut déterminer la valeur de $\sin \hat{B}$:
$\sin \hat{B} = \dfrac{AC}{BC}$ donc $\sin \hat{B} = \dfrac{6}{10}$, soit $\sin \hat{B} = \dfrac{3}{5} = 0{,}6$.

Théorème de Pythagore

Égalité de Pythagore
Si ABC est un triangle rectangle en A, alors
$AB^2 + AC^2 = BC^2$.

Exemple.
ABC est un triangle rectangle en A tel que AC = 6 cm et BC = 10 cm. On peut déterminer la longueur AB en utilisant l'égalité de Pythagore : $AB^2 + AC^2 = BC^2$.
On a donc $AB^2 + 6^2 = 10^2$, soit $AB^2 = 100 - 36 = 64$.
On en déduit que AB = 8 cm.

Droite des milieux – Théorème de Thalès

■ **Droite des milieux**
Si, dans un triangle, une droite passe par les milieux de deux côtés, alors elle est parallèle au troisième côté.
De plus, si I et J sont les milieux respectifs des segments [AB] et [AC], on a $IJ = \dfrac{1}{2} BC$.

Si dans un triangle, une droite passe par le milieu d'un côté et est parallèle à un deuxième côté, alors elle coupe le troisième côté en son milieu.

■ **Théorème de Thalès**
Si A, M et B sont alignés ainsi que A, N et C et si les droites (BC) et (MN) sont parallèles, alors : $\dfrac{AM}{AB} = \dfrac{AN}{AC} = \dfrac{MN}{BC}$.

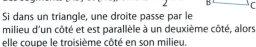

Exemple 1.
Sur la figure ci-contre, les points E et F sont les milieux respectifs des segments [AB] et [BC].
On a EF = 1 cm et on va calculer AC.
Dans le triangle ABC, la droite (EF) passe par les milieux des deux côtés [AB] et [BC] donc la droite (EF) est parallèle à la droite (AC).
De plus, $EF = \dfrac{1}{2} AC$ donc $1 = \dfrac{1}{2} AC$. Ainsi AC = 2 cm.

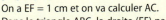

Exemple 2.
Sur la figure ci-contre, les droites (MN) et (BC) sont parallèles, AB = 3, AC = 4 et AM = 1. On cherche AN.
D'après le théorème de Thalès : $\dfrac{AM}{AB} = \dfrac{AN}{AC}$
donc $\dfrac{1}{3} = \dfrac{AN}{4}$. Ainsi $AN = \dfrac{4}{3}$.

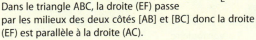
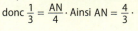
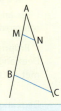

Médiatrice – Bissectrice

■ La **médiatrice** d'un segment est la droite perpendiculaire à ce segment et qui passe par son milieu.

Si un point appartient à la médiatrice d'un segment, alors il est à égale distance des extrémités de ce segment.

Si un point est à égale distance des extrémités d'un segment, alors il appartient à la médiatrice de ce segment.

■ La **bissectrice** d'un angle est la demi-droite qui partage cet angle en deux angles de même mesure.

Exemple.
Soit MAB un triangle isocèle en M et I le milieu de [AB]. La droite (MI) est une médiane de ce triangle et on va démontrer qu'elle est aussi une médiatrice et une bissectrice.
Par définition de I, on a IA = IB. De plus le triangle MAB est isocèle en M donc MA = MB. Ainsi, I et M sont deux points de la médiatrice de [AB].
La droite (MI) est donc la médiatrice de [AB].
Les triangles MBI et MAI sont donc symétriques par rapport à la droite (MI), d'où $\widehat{BMI} = \widehat{AMI}$.
Donc la droite (MI) est la bissectrice de l'angle $\hat{M}$.

RAPPELS

Sections planes d'un pavé droit

- La section d'un pavé droit par un plan **parallèle à l'une de ses arêtes** est un rectangle.

- La section d'un pavé droit par un plan **parallèle à l'une de ses faces** est un rectangle ayant les mêmes dimensions que cette face.

- Cas particulier: la section d'un cube par un plan parallèle à l'une de ses faces est un carré.

Section d'un pavé droit

 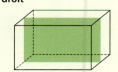

Section d'un cube

Sections planes d'un cylindre

- La section d'un cylindre de révolution par un plan perpendiculaire à son axe est un disque de même rayon que le disque de base.

- La section d'un cylindre de révolution par un plan parallèle à son axe est un rectangle.

Plan perpendiculaire à son axe   Plan parallèle à son axe

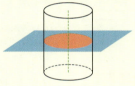

Sections planes d'un cône ou d'une pyramide

- La section d'un cône de révolution par un plan parallèle à sa base est un disque qui est une réduction du disque de base.

- La section d'une pyramide par un plan parallèle à sa base est un polygone qui est une réduction du polygone de base.

Section d'un cône de révolution   Section d'une pyramide

Sections planes d'une sphère

- La section d'une sphère par un plan est un cercle ou un point si le plan est tangent à la sphère.

- La section d'une boule par un plan est un disque ou un point si le plan est tangent à la boule.

Plan sécant à la sphère   Plan tangent à la sphère

TICE-TABLEUR

Cet aide-mémoire pour l'utilisation d'un tableur fait référence à deux tableurs d'usage courant : le tableur **Excel de Microsoft** et **le tableur de la suite OpenOffice**.

Flasher pour voir les 9 vidéos

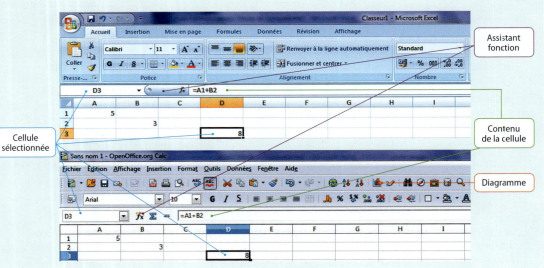

Outils et menus les plus utilisés

Pointeur	Actionné par la souris, il peut prendre plusieurs aspects : – flèche (permet de déplacer le contenu d'une cellule vers une autre cellule) ; – croix noire (permet de faire glisser une formule). Pour sélectionner : Croix blanche sur Excel, Flèche sur OpenOffice.
Repérage d'une cellule	**D3** : lettre de la colonne et numéro de la ligne
Écrire dans une cellule	■ Placer le pointeur dans la cellule. On peut écrire : – un texte, des mots, un calcul ; – un calcul, précédé du signe = ; – une formule de calcul, sans oublier le signe =. Indice =56+43 =4*A1+B3^2 ■ Valider avec la touche Entrée du clavier ou passer à une autre cellule avec les flèches du clavier. ■ Après validation, le résultat du calcul apparaît dans la cellule que l'on quitte.
Sélectionner	■ Pour sélectionner une cellule, cliquer sur la cellule. ■ Pour sélectionner plusieurs cellules, les mettre en surbrillance en déplaçant la souris, bouton gauche appuyé, de la première à la dernière cellule. ■ Pour sélectionner des cellules non contigües, sélectionner la première zone, appuyer sur la touche Ctrl, puis se déplacer avec la souris jusqu'aux cellules suivantes et les sélectionner.
Effacer une cellule ou une zone	Sélectionner la cellule ou la zone de cellules (celle-ci se met en surbrillance), et cliquer sur la touche Suppr du clavier.
Modifier le contenu d'une cellule	Pour changer tout le contenu de la cellule, cliquer dessus, puis taper le nouveau contenu. Pour modifier le contenu, cliquer deux fois sur la cellule, puis faire les corrections nécessaires.
Trier des données	Pour classer des données d'une zone, on la sélectionne. Dans le menu Données Trier (ou Trier et filtrer pour Excel 2007), on choisit la colonne dont on veut ranger les éléments, puis on sélectionne l'ordre croissant ou décroissant.

TICE-TABLEUR

▶ Calculer avec un tableur

Opérations élémentaires	Les signes sont tapés au clavier : `+` , `−` , `*` (multiplié), `/` (divisé), `^` (exposant).
Choisir des cellules pour un calcul	Pour choisir les cellules sur lesquelles porte une fonction, on peut désigner : – une zone de cellules consécutives, par exemple `B1:B12` ; – des cellules non consécutives, par exemple `B4;B6;B9` .
Choisir un nombre de décimales	Pour choisir un nombre donné de décimales pour le résultat : – *Excel* : Cliquer sur 🔢 ou 🔢 – *OpenOffice* : Cliquer sur l'une des icônes 🔢 ou 🔢
Fonctions	On a accès aux fonctions en cliquant sur l'assistant fonction (icône f_x ou f_x). En particulier, **SOMME(), MAX() et MIN()** donnent respectivement la somme, le plus grand élément et le plus petit élément des nombres figurant dans la zone de cellules indiquée entre parenthèses.
Fonctions logiques	**SI(C;a;b) :** C étant une condition portant sur la comparaison de deux nombres, si C est vraie, alors *a* s'affiche, sinon *b* s'affiche. **NB.SI(zone;critère) :** nombre de cellules d'une zone vérifiant un critère donné.
Fonctions liées aux statistiques	**MOYENNE(Zone) :** calcule la moyenne des valeurs d'une zone de cellules. **MEDIANE(Zone) :** calcule la médiane des valeurs d'une zone de cellules. **QUARTILE(Zone;1) :** calcule le premier quartile des valeurs d'une zone. **QUARTILE(Zone;3) :** calcule le troisième quartile des valeurs d'une zone. **ALEA() :** nombre aléatoire de l'intervalle [0 ; 1[. **ALEA.ENTRE.BORNES(a;b) :** nombre aléatoire entier compris entre *a* et *b*.
Recopier	■ **La poignée de recopie** : pour recopier une formule de façon incrémentée, on place le pointeur sur le coin inférieur droit de la cellule (une croix noire apparaît), puis on tire vers le bas (ou à droite) jusqu'à la fin de la zone de recopie en maintenant le bouton gauche de la souris enfoncé. ■ Créer une suite de nombres, à partir d'un nombre d'une cellule sélectionnée : – *Excel :* 📋 ou `Edition` `Remplir` ou `Edition` `Remplissage` , puis `Série` . On complète selon la suite voulue. – *OpenOffice :* sélectionner la zone où on crée la suite de nombres, choisir `Edition` `Remplir` `Série` et compléter.

▶ Autres outils du tableur

Assistant graphique	On sélectionne la (ou les) séries de données que l'on veut représenter. – *Excel :* dans le menu `Insertion` `Graphiques` , on choisit le type de graphique pour construire des diagrammes statistiques. Pour représenter une fonction, choisir le type `Nuage de points` , puis `reliés par une courbe lissée` . – *OpenOffice :* on clique sur `Diagramme` 📊 ou `Insertion` `Diagramme` pour construire des diagrammes statistiques. Pour représenter une fonction, choisir `XY` `Points et lignes` , avec `ligne lisse` .
Référence absolue	Une référence de cellule de la forme **A1**, **B6**, **C3**, **D12**, … est une **référence relative** : lorsqu'on la recopie, cette référence change. ■ Quand on recopie vers le bas une formule contenant la référence **A1**, celle-ci se recopie en **A2**, **A3**, … Pour fixer le numéro de ligne **1** de la référence **A1**, on écrit `A$1` : **A$1 est une référence absolue pour le numéro de ligne**. ■ Quand on recopie vers la droite une formule contenant la référence **A1**, celle-ci se recopie en **B1**, **B2**, … Pour fixer le numéro de colonne **A** de la référence **A1**, on écrit `$A1` : **$A1 est une référence absolue pour le numéro de colonne**. Quand on veut fixer le numéro de ligne et le numéro de colonne de la référence **A1**, on écrit `$A$1` : c'est une **référence absolue**.

Fiches TICE **319**

TICE-GEOGEBRA

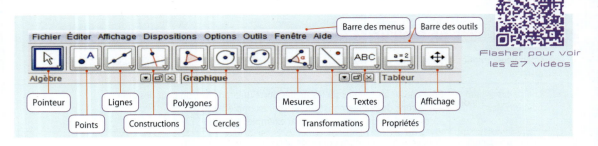

Présentation

L'écran est partagé en plusieurs parties :
- la barre des menus ;
- la barre des outils ;
- la fenêtre « **Algèbre** » ;
- la fenêtre « **Graphique** » ;
- le **champ de saisie** ;
- la liste des **fonctions**

et celle des commandes.

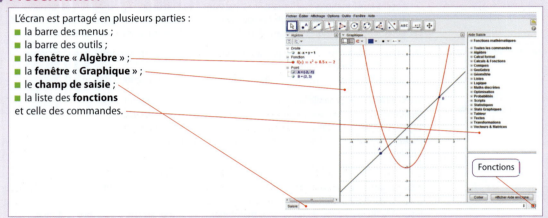

Menu déroulant de chaque icône

Lorsque l'on clique sur le petit triangle blanc situé en bas à droite d'une icône, on obtient le menu déroulant de cette icône. Les différents outils contenus dans cette icône apparaissent.

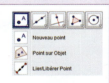

Utiliser les aides du logiciel

- En s'approchant d'objets déjà construits, le logiciel affiche un **message** concernant cet objet.
- Le logiciel affiche à droite des icônes une **aide** qui indique comment utiliser l'outil.

- En utilisant l'outil   Parallèle , le message est « **Droite parallèles** Point [créé ou non] et segment , droite , demi-droite ou vecteurs [créés] ». On peut alors faire un clic gauche sur un point, puis sur une droite : la droite parallèle à la première droite et passant par ce point se construit.

Le menu contextuel

Tous les objets créés possèdent un menu contextuel : on l'ouvre par un clic droit sur l'objet, soit dans la fenêtre « Graphique », soit dans la fenêtre « Algèbre ».
- On peut **afficher ou cacher** l'objet.
- On peut afficher ou cacher son nom.
- On peut activer la **trace** de l'objet : il laisse une trace en se déplaçant.
- On peut **supprimer** l'objet avec Effacer .
- On peut modifier la taille, la couleur… de l'objet avec Propriétés .

320

TICE-GEOGEBRA

Construire un curseur

- Le curseur permet de faire varier un nombre ou un angle.

- Pour créer un curseur, sélectionner l'outil [..] de la boîte des propriétés, puis cliquer n'importe où sur le graphique.

- Dans la fenêtre qui s'ouvre, on peut définir les paramètres de ce curseur. L'incrément est le pas selon lequel augmente la variable de min à max.

Utilisation du tableur de GeoGebra

Fenêtre tableur	■ Pour afficher le tableur, sélectionner [⊞] Tableur dans le menu Affichage .
Reporter des données du graphique dans le tableur	■ Quand le tableur est affiché, le menu contextuel des points propose : [⊞] Enregistrer dans un tableur . Si le point A est mobile et « enregistré dans le tableur », ses abscisses x(A) et ses ordonnées y(A) successives apparaissent dans le tableau dans les colonnes A et B.
Utiliser le tableur pour des calculs	Dans le tableur, on peut effectuer des calculs faisant appel aux résultats reportés dans d'autres cellules et « étirer » la formule.

Le calcul formel avec GeoGebra

Fenêtre de calcul formel	■ Pour travailler en calcul formel, sélectionner [x=] Calcul formel dans le menu Affichage . ■ Une nouvelle ligne de saisie s'ouvre : on peut y saisir une expression algébrique ou une équation. ■ Une barre d'icônes permet de choisir la commande voulue pour l'expression saisie : évaluer, factoriser, développer, résoudre…

Commandes utiles en classe de Seconde

Arrondi	Dans le menu Options , cette commande permet de préciser le nombre de décimales ou de chiffres significatifs affichés à l'écran.
Saisir l'expression d'une fonction	Pour entrer la fonction telle que $f(x) = x^2$, saisir f(x)=x^2 . Pour entrer la fonction g définie sur l'intervalle [1 ; 5] par $g(x) = x^4$, saisir g(x)=Fonction[x^4,1,5] .
Créer un point défini comme intersection de deux courbes	Sélectionner [⊠] Intersection entre deux objets dans l'icône Points , ensuite cliquer sur l'un, puis sur l'autre des objets dont le point est l'intersection.
Créer un polygone régulier	[⬠] Polygone régulier dans l'icône Polygones crée un polygone régulier à partir de deux sommets déjà définis et du nombre de côtés.

Fiches TICE

TICE-GEOPLAN

Barre de menus et barre d'outils du logiciel GeoplanW :

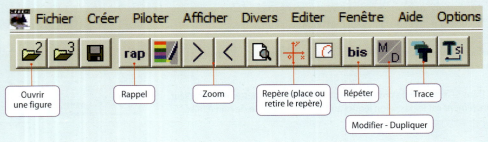

Des boutons utiles de la barre d'outils

bis	Répéter	Permet de répéter l'opération précédemment effectuée pour un autre objet : très utile pour créer plusieurs points.
rap	Rappel des objets	Permet de relire et de vérifier les objets qui ont été dessinés.
M/D	Modifier/Dupliquer	Permet de modifier les caractéristiques d'un objet (par exemple quand on s'est trompé).

Les menus les plus utiles

Le menu Créer est le plus utilisé : il permet de construire un objet de la géométrie (point, droite, cercle…).
Ce menu donne accès à d'autres menus déroulants, les plus utilisés sont les suivants.

Point	Placer un point quelconque dans le plan	Point Point libre dans le plan
	Placer un point fixe dans le repère	Point Point repéré dans le plan
	Placer un point repéré sur un cercle	Point Point repéré sur un cercle
	Placer le milieu d'un segment	Point Milieu
Ligne	Tracer une droite passant par les points A et B	Ligne Droite(s) Définies par deux points
	Tracer un segment [AB]	Ligne Segment(s) Définies par deux points
	Tracer un cercle de centre et de rayon donnés	Ligne Cercle Défini par centre et rayon
Angle	Construire un angle à partir de (Ox)	Point Point repéré sur un cercle
Vecteur	Définir un vecteur	Vecteur Expression vectorielle
Numérique	Définir un réel x quelconque	Numérique Variable réelle libre
	Calculer une longueur, un angle, une aire…	Numérique Calcul géométrique
	Effectuer un calcul algébrique	Numérique Calcul algébrique
Affichage	Afficher la valeur d'une variable dans un bandeau	Affichage Variable numérique déjà définie
	Les coordonnées d'un point déjà défini	Affichage Coordonnées d'un point
	L'équation d'une droite	Affichage Équation d'une droite

Piloter au clavier
■ Pour piloter un point libre ou un réel libre au clavier, il faut le sélectionner avec le menu Piloter Piloter au clavier : les flèches de défilement permettent de déplacer le point ou de modifier le réel.
■ On peut modifier le pas du pilotage par le menu Piloter Modifier paramètres de pilotage au clavier .
■ On peut créer une commande de pilotage d'un point ou d'un réel par l'appui sur une touche du clavier avec le menu Créer Commande Sélection .

TICE-GEOSPACE

Geospace est un logiciel de géométrie dynamique dans l'espace permettant de créer des figures dynamiques. Il a le même type de fonctionnement que **Geoplan**. Tous les objets créés dans Geospace le sont dans un repère orthonormé prédéfini : *Roxyz*.

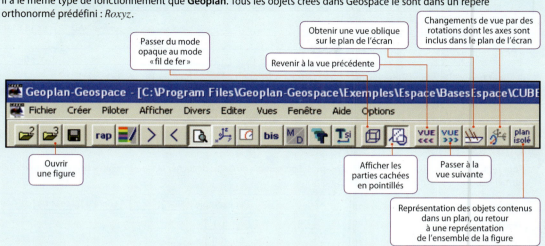

Visualisation des parties cachées en pointillés

- On rend d'abord le solide opaque.
Pour cela, on ouvre la boite de styles à l'aide du bouton, on clique sur le bouton, puis sur le solide à opacifier.
- On clique ensuite sur le bouton. Les parties cachées apparaissent alors en pointillés.
- Pour visualiser un solide en mode « fil de fer », on clique sur le bouton.

Changer de vues

- Pour prendre (xOy) comme plan de face : menu Vues , puis Vue standard avec oxy de face (ou bien F8).
- Pour mettre un plan de face : menu Vues , puis Vue avec un autre plan de face .
- Pour revenir à la vue initiale : menu Vues , puis Vue initiale (ou appuyer simultanément sur les touches Ctrl et F1).
- Pour mettre un plan de face et isolé : cliquer sur le bouton.
- Pour revenir en arrière, cliquer à nouveau sur le bouton, puis appuyer simultanément sur les touches Ctrl et F1 .

Afficher un patron d'un polyèdre

- Sélectionner le menu Créer .
- Choisir à l'aide des menus déroulants Solide , puis Patron d'un polyèdre .
- Compléter la fenêtre, puis Ok : le coefficient d'ouverture est un réel compris entre 0 et 1, le patron étant complètement ouvert lorsque le coefficient est égal à 1.
- Supprimer l'affichage du polyèdre pour ne laisser que celui du patron en utilisant la boîte de styles : cliquer ensuite sur le bouton non dessiné , puis sur le polyèdre.

Rotation d'une figure

Pour faire tourner une figure dans l'espace :
- Avec le clavier : on utilise la touche de mise en majuscule (⇧), ainsi que les flèches du clavier.
- Avec la souris : faire un cliquer-glisser avec le bouton droit de la souris.
- Si on veut faire tourner la figure autour de l'axe frontal de l'écran, cliquer d'abord sur le bouton.

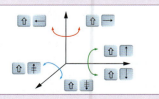

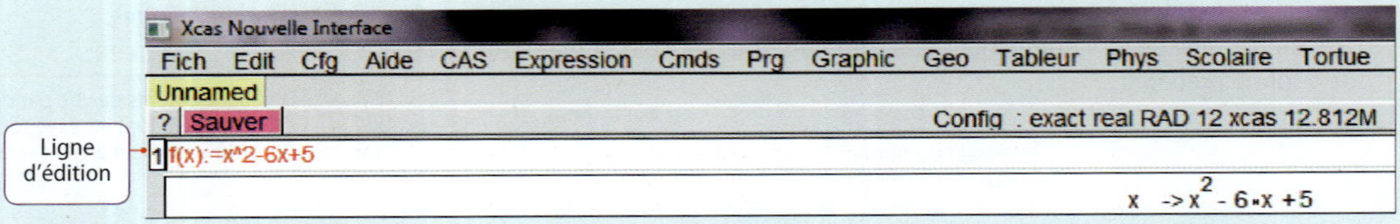

TICE-XCAS

Xcas Nouvelle Interface												
Fich	Edit	Cfg	Aide	CAS	Expression	Cmds	Prg	Graphic	Geo	Tableur	Phys	Scolaire	Tortue

Unnamed

? Sauver   Config : exact real RAD 12 xcas 12.812M

Ligne d'édition → 1 f(x):=x^2-6x+5

$$x \rightarrow x^2 - 6 \cdot x + 5$$

On peut trouver les commandes décrites ci-dessous dans le menu Scolaire ou dans l'index du menu Aide .

Calculs

Pour régler les modes de calcul, choisir Cfg , puis Configuration du CAS : décocher la case approx si l'on veut faire du calcul formel et éviter les écritures décimales des nombres.

On fait les calculs dans la ligne d'édition	Par exemple : 56*7 , 5^7 , cos(45) , 1+3+1/4 ...
Racine carrée d'un réel x	sqrt(x)
Partie entière d'un nombre n	floor(n)
Nombre aléatoire de l'intervalle [0 ; 1[	rand(0,1)
Nombre aléatoire entier compris entre 0 et $n-1$	hasard(n)

Commandes de calcul formel

Développer une expression	Développer $(x+3)(x-1)$	developper((x+3)*(x-1))
Factoriser une expression	Factoriser (x^2-4)	factoriser(x^2-4)
Simplifier une expression	$\dfrac{1}{x} + \dfrac{1}{x-1}$	simplifier(1/x+1/(x-1))
Résoudre une équation	Résoudre $x^2-4=0$	resoudre(x^2-4=0)
Résoudre un système d'équations	Résoudre $\begin{cases} x+3y=-1 \\ 3x+2y=4 \end{cases}$	resoudre([x+3*y=1,3*x+2*y=4],[x,y])
Résoudre une inéquation	Résoudre $4x^2-9 \leqslant 0$	resoudre(4*x^2-9<=0)
Fixer une variable dans un intervalle	Fixer x dans $[0 ; +\infty[$	supposons(x>0)

Commandes de géométrie

Pour ouvrir l'écran graphique, sélectionner Nouvelle figure 2d dans le menu Geo .

Définir un point A de coordonnées (2 ; 5)	A:=point([2,5])
Distance de deux points A et B	distance(A,B)
Tracer la droite d'équation $y = 3x + 1$	droite(y=3x+1)
Tracer la représentation graphique d'une fonction f sur $[a ; b]$	graphe(f(x),x=a..b)

324

TICE-ALGOBOX

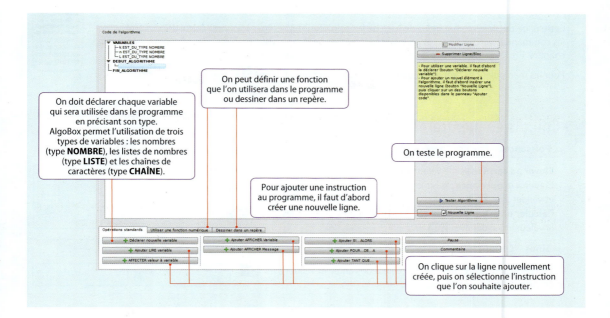

Calculs et fonctions

Racine carrée de x	sqrt(x)
x à la puissance n	pow(x,n)
π	Math.PI
Partie entière de x	floor(x)
Nombre aléatoire compris entre 0 et 1	random()
Entier aléatoire compris entre a et b	ALGOBOX_ALEA_ENT(a,b)

Copier, coller et couper une ligne ou un bloc de l'algorithme

Avec le menu Edition, il est possible de copier/coller/couper :
– une ligne du type
　　　　…PREND_LA_VALEUR…,
　　　　AFFICHER…
– un bloc du type
　　　　POUR … DE … A,
　　　　SI … ALORS
　　　　et
　　　　TANT QUE…

Pour copier et couper tout le contenu de ce type de bloc, il faut se placer sur la première ligne du bloc en question.

⚠ Pour **coller** une ligne ou un bloc de code, il faut d'abord créer une nouvelle ligne.

Expressions conditionnelles

Tester si $x = 1$	x==1
Tester si $x \neq 1$	x!=1
Tester si $x \leq 1$	x<=1
Tester si $x \geq 1$	x>=1
Tester si $1 < x < 3$	x>1ETx<3
Tester si $x = 3$ ou $x = 5$	x==3OUx==5

Commandes de boucles

Instructions	Une fois la boîte de dialogue ouverte	Remarques
SI … ALORS	On saisit une expression conditionnelle.	On peut ajouter l'instruction **SINON** en cochant la case correspondante dans la fenêtre de dialogue.
POUR … DE … A	On choisit la variable de type **NOMBRE** utilisée grâce au menu déroulant et on renseigne les valeurs de début et de fin.	La valeur de cette variable est automatiquement augmentée de 1 à chaque boucle.
TANT QUE …	On saisit une expression conditionnelle.	La condition peut porter sur une ou plusieurs variables des trois types **NOMBRE**, **CHAÎNE** ou **LISTE**.

Fiches TICE **325**

TICE-CASIO

Cette page décrit les commandes de base de la Casio GRAPH 35+. Pour les autres calculatrices Casio, les commandes varient peu. Ces pages complètent les pages que vous trouverez dans certains chapitres : chapitre 1 (p. 19), chapitre 2 (p. 43), chapitre 7 (p. 152) et chapitre 8 (p. 176).

Pour les manipulations proposées dans cette page, sélectionner l'icône  puis valider avec EXE.

Calculs élémentaires

■ Puissances – Racines Carrées

Élever au carré : saisir la valeur, puis utiliser la touche x^2 et valider avec EXE.
Élever à la puissance : saisir la valeur, utiliser la touche ^, puis saisir la puissance et valider avec EXE.
Calculer une racine carrée : utiliser l'instruction $\sqrt{\ }$ (touches SHIFT x^2), saisir la valeur et valider avec EXE.

■ Sinus – Cosinus

Touche sin ou cos, puis saisir la valeur de l'angle et valider avec EXE.
On peut régler l'unité d'angle avec le menu SETUP.

Utilisation des mémoires

Dans certains cas, il est pratique de conserver en mémoire un résultat qui sera réutilisé plusieurs fois. On utilise pour cela des mémoires.

■ Mise en mémoire

Pour stocker une valeur en mémoire, utiliser la touche →.
Les mémoires utilisables pour stocker des réels sont désignées par des lettres.
Par exemple : Pour stocker 5 dans la mémoire A, taper : 5 → A.
Pour stocker 2 dans la mémoire B, taper : 2 → B.
Pour obtenir **A**, on tape ALPHA X,θ,T ; pour obtenir **B**, taper ALPHA LOG ...

■ Utiliser des valeurs mises en mémoire

Pour utiliser un nombre stocké dans une mémoire, écrire le calcul souhaité en utilisant le nom de la mémoire. Par exemple :
Pour afficher le contenu de la mémoire A, taper : **A** et valider avec EXE.
Pour calculer les valeurs de 3A et A + B, taper : 3 × A EXE, puis A + B EXE.

Le menu « SET UP »

Ce menu permet de modifier certains paramétrages de la calculatrice.
Pour accéder au menu SETUP, utiliser les touches SHIFT MENU.

■ Choisir le mode d'affichage « notation scientifique »

À l'aide des flèches, sélectionner *Display*, puis choisir F2 (*Sci*).
Préciser le nombre de chiffres significatifs souhaités et valider avec EXE. Revenir à l'écran de calcul avec la touche EXIT.

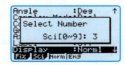

■ Choisir le mode d'affichage « normal »

À l'aide des flèches, sélectionner *Display*, puis choisir F3 (*Norm*).
Utiliser la touche EXIT pour retrouver l'écran de calcul.

TICE-TEXAS

Cette page décrit les commandes de base de la TI-83 Plus.fr. Pour les autres calculatrices Texas, ces commandes varient peu. Ces pages complètent les pages que vous trouverez dans certains chapitres : chapitre 1 (p. 19), chapitre 2 (p. 43), chapitre 7 (p. 152) et chapitre 8 (p. 176).

Calculs élémentaires

■ Puissances – Racines Carrées

Élever au carré : saisir la valeur, puis utiliser la touche `x²` et valider avec `entrer`.

Élever à la puissance : saisir la valeur, utiliser la touche `^`, puis saisir la puissance et valider avec `entrer`.

Calculer une racine carrée : utiliser l'instruction $\sqrt{\ }$ (touches `2nde` `x²`), saisir la valeur et valider avec la touche `)`, et valider avec `entrer`.

```
9²
              81
9³
             729
√9
               3
```

■ Sinus - Cosinus

Utiliser la touche `sin` ou `cos`, puis saisir la valeur de l'angle, ensuite appuyer sur la touche `)`, et valider avec `entrer`.

*On peut régler l'unité d'angle avec le menu « **mode** ».*

```
sin(30)
              .5
cos(30)
      .8660254038
```

Utilisation des mémoires

Dans certains cas, il est pratique de conserver en mémoire un résultat qui sera réutilisé plusieurs fois. On utilise pour cela des mémoires.

■ Mise en mémoire

Pour stocker une valeur en mémoire, utiliser la touche `sto►`.

Les mémoires utilisables pour stocker des réels sont désignées par des lettres.

Par exemple : Pour stocker 5 dans la mémoire A, taper : `5` `sto►` `A`.

Pour stocker 2 dans la mémoire B, taper : `2` `sto►` `B`.

Pour obtenir **A**, on tape `alpha` `math` ; pour obtenir **B**, taper `alpha` `apps` …

```
5→A
               5
2→B
               2
```

■ Utiliser des valeurs mises en mémoire

Pour utiliser un nombre stocké dans une mémoire, écrire le calcul souhaité en utilisant le nom de la mémoire. Par exemple :

Pour afficher le contenu de la mémoire A, taper : **A** et valider avec `entrer`.

Pour calculer les valeurs de 3A et A + B, taper : `3` `×` `A` `entrer`, puis `A` `+` `B` `entrer`.

```
A
               5
3*A
              15
A+B
               7
```

Le menu « mode »

Ce menu permet de modifier certains paramétrages de la calculatrice. Pour y accéder, utiliser la touche `mode`.

■ Choisir un mode d'affichage

Mode « notation scientifique » : Touche `mode`, puis à l'aide des flèches, sélectionner *Sci* et valider avec `entrer`.

```
NORMAL SCI ENG        1200
FLOAT 0123456789            1.2E3
RADIAN DEGREE         0.0012
FUNC PAR POL SEQ           1.2E-3
CONNECTED DOT
```

Mode « normal » : Touche `mode`, puis à l'aide des flèches, sélectionner *Normal* et valider avec `entrer`.

Dans les deux cas, utiliser `annul` pour retrouver l'écran de calcul.

```
NORMAL SCI ENG        1200
FLOAT 0123456789            1200
RADIAN DEGREE         .0012
FUNC PAR POL SEQ           .0012
CONNECTED DOT
```

■ Choisir le nombre de décimales affichées

Touche `mode` puis, sur la 2ᵉ ligne, sélectionner le nombre de décimales souhaité et valider avec `entrer`.

```
1200
        1200.000
.0012
            .001
```

Pour retrouver un affichage « normal » du nombre de décimales, sélectionner *Flott* sur la 2ᵉ ligne du menu « mode ».

Fiches TICE **327**

CORRIGÉS

Retrouvez les corrigés détaillés des pages Réactiver les savoirs et Faire le point sur www.bordas-indice.fr

Chapitre 1 Fonctions

Réactiver les savoirs

Exercice
1. 36 gigawattheures
2. 36 gigawattheures
3. 18 h
4. À 8 h, 12 h, 16 h et 20 h.
5.

Heure	0	4	10	18	22
Conso	33	28	38	39	32

Vrai ou faux ?
6. Vrai 7. Faux 8. Vrai 9. Faux
10. Vrai 11. Vrai 12. Vrai

QCM
13. D ; 14. C ; 15. B ; D.

Exercices

9 L'aire du carré de côté 21 cm est égale à 21^2 cm² soit 441 cm². L'aire du triangle isocèle rectangle de côté x cm est égale en cm² à $\frac{1}{2}x^2$ donc l'expression de l'aire de la surface colorée en bleu en fonction de x est égale en cm² à $441 - \frac{1}{2}x^2$.

12 1. L'ensemble de définition de la fonction f est l'intervalle $[-2 ; 2]$.
2. Par lecture graphique l'image de -1 par f est égale à 1,5.
3. Le nombre 1,5 n'appartient pas à l'ensemble $\mathbb{Z}$.

15 1. La consommation du scooter pour un trajet de 300 km est $2{,}6 \times 3$ soit 7,8 litres.
2. **a.** $f(x) = \frac{2{,}6}{100}x$ soit $f(x) = 0{,}026x$.
b. $f(300)$ est le nombre de litres consommés par ce scooter pour un parcours de 300 km.

27 **a.** $[1 ; +\infty[$
b. $]2 ; +\infty[$
c. $[10 ; 11[$

38 1. D'après le théorème de Pythagore dans le triangle ABC rectangle en A :
$AC^2 + AB^2 = BC^2$ soit $x^2 + 9 = h^2$.
Donc $h = \sqrt{x^2 + 9}$.
2. Pour $x = 4$ on a $h = \sqrt{16 + 9} = \sqrt{25} = 5$.

48 1. **a.** L'image de -1 par f est égale à 1 d'après le tableau de valeurs.
b. $f(-1) = (-1)^3 - 2 \times (-1) = -1 + 2 = 1$
L'image de -1 par f est égale à 1.
2. $f(2) = 2^3 - 2 \times 2 = 8 - 4 = 4$ et
$f(-2) = (-2)^3 - 2 \times (-2)$
donc $f(-2) = -8 + 4 = -4$

56 **a.** Au réel 4 on associe le réel -2 d'après le tableau et la courbe donc l'image de 4 par f est égale à -2 soit $f(4) = -2$.
b. Le réel 1 est associé au réel -1 d'après le tableau et la courbe donc un antécédent de 1 par f est égal à -1 ; on a donc l'égalité : $f(-1) = 1$.
c. Au réel 2 on associe le réel 1 d'après le tableau et la courbe donc l'image de 2 par f est égale à 1 soit $f(2) = 1$.

63 1.

x	-1	0	1	2	3
$f(x)$	-5	0	3	4	3

2.

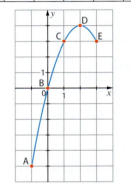

3. $f(2{,}5) = 2{,}5 \times (4 - 2{,}5)$
$f(2{,}5) = 2{,}5 \times 1{,}5 = 3{,}75$ donc le point L(2,5 ; 3,75) appartient à la courbe représentative de la fonction f.

69 1. L'image de -1 par la fonction j est égale à -8 ; l'image de 2 par la fonction j est égale à 4.
2. $h(-1) = 1$ et $h(4) = 2$
3. L'équation $j(x) = 4$ admet deux solutions : les nombres 2 et 3.
4. L'équation $h(x) = j(x)$ admet trois solutions : les nombres 0, 1 et 4.

Faire le point
❶ A et C ; ❷ A, B et C ; ❸ A, C et D ; ❹ A et B ;
❺ A, C et D ; ❻ A et D.

Chapitre 2 Variations d'une fonction

Réactiver les savoirs

Exercice
1. $f(4) = 1$ et $f(5) = -2$.
2. L'image de 1 par f est -2.
3.

x	0	1	2	3	4
$f(x)$	-3	-2	1	2	1

4. Non, car aucun point de la courbe n'a une ordonnée supérieure à 4.

5. Les réels 2 et 4 ont la même image par f.

Vrai ou faux ?
6. Vrai 7. Faux 8. Vrai 9. Faux
10. Vrai 11. Vrai 12. Faux

QCM
13. B ; 14. B et C ; 15. B.

Exercices

5 1. Sur l'intervalle $[-1 ; 2]$, la fonction f est croissante.
2. Sur l'intervalle $[2 ; 6]$, la fonction f est décroissante.

9 1. L'ensemble de définition de f est l'intervalle $[-2 ; 3]$.
2. Sur $[-2 ; 3]$, la fonction f est croissante.
3. **a.** $f(-2) = 0$ et $f(3) = 4$.
b. Les points de coordonnées $(-2 ; 0)$ et $(3 ; 4)$ sont deux points de la courbe.

11 1. Le maximum de f sur $[-1 ; 4]$ est égal à 1. Il est atteint pour $x = 0$.
2. Le minimum de f sur $[-1 ; 4]$ est égal à -3. Il est atteint pour $x = -1$.

18 1.

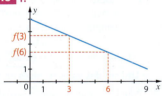

2. $f(3) \geqslant f(6)$.

24 1. La fonction f est décroissante sur $[-4 ; -2]$ et sur $[2 ; 4]$, et croissante sur $[-2 ; 2]$ et sur $[4 ; 7]$.
2.

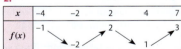

41 1.

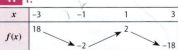

2. Sur l'intervalle $[-3 ; 3]$, f admet un maximum égal à 18 pour $x = -3$, et un minimum égal à -18 pour $x = 3$.
3. **a.** Si $1 \leqslant x \leqslant 3$, alors $-18 \leqslant f(x) \leqslant 2$.
b. Si $x \in [-3 ; 3]$, alors $f(x) \in [-18 ; 18]$.

54 1. **a.** Les solutions sont -1 et 1.
b. La solution est 2.

CORRIGÉS

c. Les solutions sont −1 et 2.

2. a. On repère les abscisses des points de $\mathcal{C}_f$ qui ont une ordonnée inférieure ou égale à 2 : l'ensemble des solutions est $[-2;-1] \cup [1;4]$.
b. On repère les abscisses des points de $\mathcal{C}_g$ qui ont une ordonnée strictement supérieure à 1 : l'ensemble des solutions est l'intervalle $[-2;2[$.
c. On repère les abscisses des points de la partie de $\mathcal{C}_f$ qui est strictement au-dessus de $\mathcal{C}_g$: l'ensemble des solutions est l'intervalle $]-1;2[$.
d. L'ensemble des solutions est $[-2;-1] \cup [2;4]$.

72 a. Les réels −7 et −2 appartiennent à l'intervalle $[-10;3]$. Sur cet intervalle, f est décroissante, donc f change l'ordre : comme $-7 \leq -2$, on a $f(-7) \geq f(-2)$.
b. Les réels 6 et 8 appartiennent à l'intervalle $[3;10]$. Sur cet intervalle, f est croissante, donc f conserve l'ordre : comme $6 \leq 8$, on a $f(6) \leq f(8)$.
c. La fonction f n'est pas monotone sur l'intervalle $[0;5]$: on ne peut pas comparer les réels $f(0)$ et $f(5)$.

Faire le point
❶ B ; ❷ B et D ; ❸ B et D ; ❹ A, C et D ; ❺ A ; ❻ A et C ; ❼ B ; ❽ A et C ; ❾ B, C et D.

Chapitre 3 Problèmes du premier degré

Réactiver les savoirs
Exercice
1. f est décroissante sur $\mathbb{R}$ et g est croissante sur $\mathbb{R}$.
2. $f(x) = 0$ pour $x = 4$ et $g(x) = 0$ pour $x = 1$.
3. Pour x appartenant à l'intervalle $]4;+\infty[$.
4. Pour x appartenant à l'intervalle $]-\infty;1[$.
5. $f(2) = 1$ $f(0) = 2$ et $f(-2) = 3$.
6. $f\left(\dfrac{10}{7}\right) = g\left(\dfrac{10}{7}\right) = \dfrac{9}{7}$

Vrai ou faux ?
7. Faux   **8.** Vrai   **9.** Faux   **10.** Faux
11. Faux   **12.** Vrai

QCM
13. C et D ;   **14.** A ;   **15.** C ;   **16.** B et C.

Exercices
4 **1.** $a = -1$; $b = 2$.
2. $a = 1$; $b = 4$.
3. $a = 0$; $b = 3$.
4. $a = 5$; $b = -1$.

10 **1.** f est décroissante sur $\mathbb{R}$ $(a = -5)$.
2. g est croissante sur $\mathbb{R}$ $\left(a = \dfrac{1}{2}\right)$.
3. h est décroissante sur $\mathbb{R}$ $\left(a = -\dfrac{3}{5}\right)$.
4. i est croissante sur $\mathbb{R}$ $(a = 1)$.

16 **1.** $2x - 6 = 0$ pour $x = 3$.
2. $a = 2$ $(a > 0)$ d'où le tableau :

Valeurs de x	$-\infty$		3		$+\infty$
Signe de $2x-6$		−	0	+	

36 **1.** $f(x) = \dfrac{10}{5}x + \dfrac{20}{5}$, soit $f(x) = 2x + 4$; f est donc une fonction affine.
2. $g(x) = x^2 - x - x^2$, soit $g(x) = -x$. g est donc une fonction linéaire ; c'est aussi une fonction affine.
3. $h(x) = x^2 - 1$: h n'est donc pas une fonction affine.
4. $i(x) = -\dfrac{1}{2}x - \dfrac{4}{2}$ soit $i(x) = -\dfrac{1}{2}x - 2$: i est donc une fonction affine.

55 **1.** f est une fonction affine de la forme $f(x) = ax + b$ avec $a < 0$ $(a = -2)$, d'où :

Valeurs de x	$-\infty$	$+\infty$
Variations de f		

g est une fonction affine de la forme $g(x) = ax + b$ avec $a > 0$ $(a = 2)$, d'où :

Valeurs de x	$-\infty$	$+\infty$
Variations de g		

2. $f(0) = 0$ et $f(-3) = 6$: la représentation graphique de f est la droite passant par $A(0;0)$ et $B(-3;6)$. $g(0) = 8$ et $g(-3) = 2$: la représentation graphique de g est la droite passant par $C(0;8)$ et $D(-3;2)$.

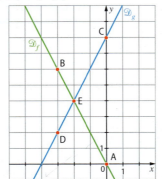

3. L'abscisse du point d'intersection est solution de l'équation $f(x) = g(x)$, soit $x = -2$. Le point $E(-2;4)$ est donc point d'intersection.

65 **1.** $f(x) = 0$ pour $x = \dfrac{3}{2}$. Le coefficient de x étant négatif $(a = -2)$, on obtient le tableau suivant :

Valeurs de x	$-\infty$		$\dfrac{3}{2}$		$+\infty$
Signe de $-2x+3$		+	0	−	

$g(x) = 0$ pour $x = -2$. Le coefficient de x étant positif $\left(a = \dfrac{1}{2}\right)$, on obtient le tableau :

Valeurs de x	$-\infty$		-2		$+\infty$
Signe de $\dfrac{1}{2}x+1$		−	0	+	

2. $f(0) = 3$ et $f(2) = -1$: la représentation graphique de f est la droite passant par $A(0;3)$ et $B(2;-1)$. $g(0) = 1$ et $g(4) = 3$: la représentation graphique de g est la droite passant par $C(0;1)$ et $D(4;3)$.

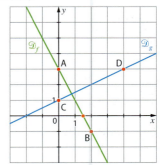

3. Les abscisses des points d'intersection sont les solutions des équations $f(x) = 0$ et $g(x) = 0$. On obtient $x = \dfrac{3}{2}$ et $x = -2$.

87 **1.** $f(x) = 3x^2 - 21x + 30$ et $f(x) = 3(x-5)(x-2)$.
2. $g(x) = 3x^2 - 16x + 5$ et $g(x) = (x-5)(3x-1)$.
3. $f(0) = 3 \times 0^2 - 21 \times 0 + 30 = 30$
$f(5) = 3(5-5)(5-2) = 0$
$g(\sqrt{3}) = 3\sqrt{3}^2 - 16\sqrt{3} + 5 = 14 - 16\sqrt{3}$

95 a. On obtient $2x^2 - x = x + 2x^2 + 1$ soit $-2x = 1$, et ainsi $x = -\dfrac{1}{2}$.
b. On obtient $2x + 3 = 0$ ou $4 - 7x = 0$, soit $x = -\dfrac{3}{2}$ ou $x = \dfrac{4}{7}$.
c. En factorisant, on obtient $(x+2)(x-4) = 0$ soit $x = -2$ ou $x = 4$.
d. En factorisant, on obtient $(2x-1)(-2x+6) = 0$ soit $x = \dfrac{1}{2}$ ou $x = 3$.

Faire le point
❶ A et D ; ❷ A et C ; ❸ C et D ; ❹ B ; ❺ C et D ; ❻ B et D ; ❼ A et D ; ❽ B ; ❾ C ; ❿ D ; ⓫ A ; ⓬ A et D.

Chapitre 4 Problèmes du second degré

Réactiver les savoirs
Vrai ou faux ?
1. Vrai   **2.** Faux   **3.** Vrai   **4.** Faux
5. Vrai   **6.** Vrai   **7.** Vrai

QCM
8. C ;   **9.** B. et C. ;   **10.** B.

Exercice
11. L'algorithme 1 affiche « le nombre est plus petit que 50 », alors que l'algorithme 2 retourne la valeur 8.
12. L'algorithme 1 sert à déterminer si un nombre positif donné est inférieur ou égal à

Corrigés **329**

CORRIGÉS

50, ou strictement supérieur à 50 et inférieur ou égal à 100. Si le nombre est strictement supérieur à 100, l'algorithme ne retourne rien. L'algorithme 2 détermine le quotient dans la division euclidienne du nombre a par 5 (on peut le rapprocher de l'algorithme des soustractions successives).

Exercices

8 a.

b.

c.

24 1. $f(x) = x(1-x) + 3 = -x^2 + x + 3$ donc f est bien une fonction polynôme du second degré avec $a = -1$, $b = 1$ et $c = 3$.
2. $g(x) = x(x^2 + 2x + 1) + 2 = x^3 + 2x^2 + x + 2$ donc g n'est pas une fonction polynôme du second degré car il y a le terme x^3.

36 1. $A(1) < 0$ et $A(-5) > 0$.
2. D'après le tableau de signes, $A(x) < 0$ pour x strictement compris entre -4 et 2 donc l'ensemble solution est $]-4 ; 2[$.
3. D'après le tableau de signes, $A(x) > 0$ pour $x < -4$ ou $x > 2$ donc l'ensemble solution est $]-\infty ; -4[\cup]2 ; +\infty[$.

43 a. Sur l'intervalle $]1 ; 4[$, la fonction carré est croissante : elle range donc les images dans le même ordre que les nombres, ainsi on obtient l'encadrement $1 < x^2 < 16$.
b. Sur l'intervalle $]-5 ; -2[$, la fonction carré est décroissante : elle range donc les images dans l'ordre inverse des nombres, ainsi on obtient l'encadrement $4 < x^2 < 25$.
c. Dire que $-4 < x < 1$, c'est dire que $-4 < x \leq 0$ ou $0 \leq x < 1$ et, en procédant comme dans les questions précédentes, on obtient les encadrements $0 \leq x^2 \leq 16$ ou $0 \leq x^2 < 1$. On conserve l'encadrement le plus large : $0 \leq x^2 < 16$. On peut aussi utiliser une lecture graphique pour trouver ce résultat.

47
a. La portion de la parabole concernée est celle au-dessous de la droite (AB). Les abscisses correspondantes sont entre $-\sqrt{3}$ et $\sqrt{3}$:
$-\sqrt{3} < x < \sqrt{3}$.

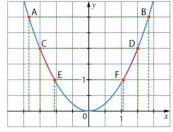

b. Les deux portions de parabole concernées sont entre les droites (CD) et (EF). Les abscisses correspondantes sont entre $-\sqrt{2}$ et -1 et entre 1 et $\sqrt{2}$: $-\sqrt{2} < x < -1$ ou $1 < x < \sqrt{2}$.

67 1. $\mathscr{C}$ est une parabole.
2. $a > 0$ donc f est d'abord décroissante, puis croissante. Elle admet donc un minimum atteint pour $x = -\dfrac{b}{2a} = -\dfrac{4}{2 \times 1} = -2$.
Ce minimum vaut $f(-2) = 4 - 8 + 1 = -3$.

3. $f(x) = 1 \Leftrightarrow x^2 + 4x = 0 \Leftrightarrow x(x+4) = 0$
$\Leftrightarrow x = 0$ ou $x = -4$.
Ces abscisses sont celles des points d'intersection de la parabole avec la droite d'équation $y = 1$, et ces points sont symétriques l'un de l'autre par rapport à l'axe de symétrie de la parabole : leur milieu de coordonnées $(-2 ; 1)$ appartient à l'axe de symétrie qui a donc pour équation $x = -2$.
4.
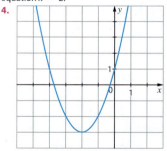

88 1.
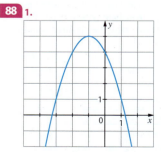

2. On obtient les valeurs approchées $-3,2$ et $1,2$.

91 1. $-3(3 + 4x)(x - 6) = 0 \Leftrightarrow 3 + 4x = 0$ ou $x - 6 = 0$ donc $x = -\dfrac{3}{4}$ ou $x = 6$.

2.

x	$-\infty$		$-\dfrac{3}{4}$		6		$+\infty$
-3		$-$		$-$		$-$	
$3 + 4x$		$-$	0	$+$		$+$	
$x - 6$		$-$		$-$	0	$+$	
$-3(3+4x)(x-6)$		$-$	0	$+$	0	$-$	

3. D'après le tableau de signes précédent, l'ensemble solution est $\left[-\dfrac{3}{4} ; 6\right]$.

Faire le point
❶ B et C ; ❷ A et B ; ❸ C ; ❹ D ❺ B ; ❻ D ; ❼ B et D ; ❽ B et D ; ❾ A et C ; ❿ B et D ; ⓫ B.

Chapitre 5 Fonction inverse

Réactiver les savoirs

Exercice
1. $f\left(\dfrac{1}{7}\right) = \dfrac{3}{7} - \dfrac{7}{7} = \dfrac{-4}{7}$ et
$g\left(\dfrac{1}{7}\right) = \dfrac{-1 + 3 \times 7}{7} = \dfrac{20}{7}$.
2.

x	$-\infty$		$\dfrac{1}{3}$		3		$+\infty$
$f(x)$		$-$	0	$+$		$+$	
$g(x)$		$+$		$+$	0	$-$	
$f(x) \times g(x)$		$-$	0	$+$	0	$-$	

3. $f(x) = g(x) \Leftrightarrow 3x - 1 = -x + 3$ soit $4x = 4$. Donc cette équation admet une solution : le nombre 1.
$f(x) \times g(x) = 0 \Leftrightarrow 3x - 1 = 0$ ou $-x + 3 = 0$. Donc cette équation admet deux solutions $\dfrac{1}{3}$ et 3.
4. $3,7$ appartient à $]3 ; +\infty[$ donc $f(3,7)$ est positif et $g(3,7)$ est négatif.
Le quotient est donc négatif.

Vrai ou faux ?
5. Faux **6.** Vrai **7.** Faux **8.** Vrai
9. Vrai **10.** Faux

QCM
11. C ; **12.** B et D ; **13.** B ; **14.** A, C et D

Exercices

3 1.

x	-4	-2	-1	2	3	4	5
$\dfrac{1}{x}$	$-0,25$	$-0,5$	-1	$0,5$	$\dfrac{1}{3}$	$0,25$	$0,2$

2. -2 est l'antécédent de $-0,5$ par la fonction inverse.
3. 4 est l'antécédent de $0,25$ par la fonction inverse.

9 1. a. $\dfrac{1}{5} = 0,2$ donc A appartient à la représentation graphique de la fonction inverse (notée ici $\mathscr{C}$).
b. $\dfrac{1}{-1} = -1$ donc le point B appartient à $\mathscr{C}$.
c. $\dfrac{1}{-4} = -0,25$ donc le point C appartient à $\mathscr{C}$.
2. a. $\dfrac{1}{2} = 0,5$ et $0,5 \neq -2$ donc le point D n'appartient pas à $\mathscr{C}$.

330

CORRIGÉS

b. $\frac{1}{-5} = -0{,}2$ et $-0{,}2 \neq 0{,}2$ donc le point E n'appartient pas à $\mathcal{C}$.

c. $\frac{1}{3} \neq 0{,}3$ donc le point F n'appartient pas à $\mathcal{C}$.

17 a. $2 + \frac{1}{x} = \frac{2x+1}{x}$

b. $\frac{1}{x} - 3 = \frac{1-3x}{x}$

c. $5 - \frac{4}{x} = \frac{5x-4}{x}$

24 a. $2{,}17 < 2{,}18$ et la fonction inverse est décroissante sur $]0\,;+\infty[$ donc $\frac{1}{2{,}17} > \frac{1}{2{,}18}$.

2. $-2{,}5 > -2{,}9$ et la fonction inverse est décroissante sur $]-\infty\,;0[$ donc $\frac{1}{-2{,}5} < \frac{1}{-2{,}9}$.

3. $0{,}01 > 0{,}009$ et la fonction inverse est décroissante sur $]0\,;+\infty[$ donc $\frac{1}{0{,}01} < \frac{1}{0{,}009}$.

4. $-10^3 > -10^4$ et la fonction inverse est décroissante sur $]-\infty\,;0[$ donc $\frac{1}{-10^3} < \frac{1}{-10^4}$.

43 1.

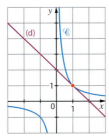

2. L'ordonnée du point de la représentation graphique de la fonction inverse d'abscisse 2 est 0,5.

3. $\frac{1}{1} = 1$ donc le point de coordonnées (1 ; 1) appartient à la représentation graphique de la fonction inverse. $f(1) = 2 - 1 = 1$ donc le point de coordonnées (1 ; 1) appartient à la représentation graphique de la fonction f. Ce point appartient donc aux deux représentations graphiques.

63 1. $x + 4 = 0 \Leftrightarrow x = -4$ donc l'ensemble de définition de la fonction f est :
$$]-\infty\,;-4[\,\cup\,]-4\,;+\infty[.$$

2. $f(2) = \frac{5 \times 2 - 2}{2+4} = \frac{8}{6} = \frac{4}{3}$

3. $5 - \frac{22}{x+4} = \frac{5 \times (x+4) - 22}{x+4} = \frac{5x-2}{x+4}$
donc $5 - \frac{22}{x+4} = f(x)$.

73 1. $D =]-\infty\,;-4[\,\cup\,]-4\,;+\infty[$

2. Sur D, $f(x) = 0 \Leftrightarrow x - 2 = 0$ donc, cette équation admet une solution : le nombre 2.

3. a. $g(x) = \frac{x-2}{4+x} - 1 = \frac{x-2-(4+x)}{4+x}$
donc $g(x) = \frac{x-2-4-x}{4+x} = \frac{-6}{4+x}$

b.

x	$-\infty$		-4		$+\infty$
-6		$-$		$-$	
$4+x$		$-$	0	$+$	
$g(x)$		$+$	∥	$-$	

Faire le point

❶ C et D ; ❷ C et D ; ❸ B et D ; ❹ D ;
❺ C et D ; ❻ A et C ; ❼ A ; ❽ A, C et D ;
❾ B ; ❿ C ; ⓫ A ; ⓬ D.

Chapitre 6 Trigonométrie

Réactiver les savoirs

Exercice
1. La longueur AC vaut 5.
2. $\sin(\widehat{BAC}) = \frac{3}{5}$ et $\cos(\widehat{BAC}) = \frac{4}{5}$.
3. a. $\widehat{BAC} \approx 37°$.
b. $\widehat{ACB} \approx 53°$.

Vrai ou faux ?
4. Vrai **5.** Faux **6.** Faux
7. Vrai **8.** Faux

QCM
9. A et B ; **10.** A et C ; **11.** A et D.

Exercices

5 Les points A, B, C, D, E et F forment un hexagone qui divise le cercle trigonométrique en 6 parties égales. Le point A est donc image par enroulement de la droite numérique du réel $\frac{\pi}{3}$, B est l'image de $\frac{2\pi}{3}$, etc…
On en déduit les correspondances suivantes :

Réel	Point image
$\frac{\pi}{3}$	A
$-\frac{\pi}{3}$	E
$\frac{2\pi}{3}$	B
$\frac{6\pi}{3}$	F
$\frac{5\pi}{3}$	E
$-\frac{4\pi}{3}$	B

9 On place tout d'abord les points images par enroulement de la droite numérique des réels donnés :

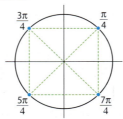

a. Ainsi les points images par enroulement des réels $\frac{\pi}{4}$ et $\frac{3\pi}{4}$ sont symétriques par rapport à l'axe des ordonnées. Ces réels ont donc même sinus et des cosinus opposés.

b. Les points images par enroulement des réels $\frac{\pi}{4}$ et $\frac{5\pi}{4}$ sont symétriques par rapport à l'origine du repère. Ces réels ont donc des sinus et des cosinus opposés.

c. Les points images par enroulement des réels $\frac{\pi}{4}$ et $\frac{7\pi}{4}$ sont symétriques par rapport à l'axe des abscisses. Ces réels ont donc même cosinus et des sinus opposés.

14 En remarquant que :
$$\frac{39\pi}{4} = \frac{40\pi}{4} - \frac{\pi}{4} = -\frac{\pi}{4} + 5 \times 2\pi$$
$$-\frac{11\pi}{4} = -\frac{3\pi}{4} - \frac{8\pi}{4} = -\frac{3\pi}{4} - 2\pi$$
$$\frac{45\pi}{4} = \frac{48\pi}{4} - \frac{3\pi}{4} = -\frac{3\pi}{4} + 6 \times 2\pi$$

on en déduit la figure suivante :

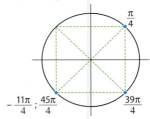

$-\frac{11\pi}{4}\,;\frac{45\pi}{4} \qquad \frac{39\pi}{4}$

39 a. $\cos\left(\frac{\pi}{3}\right) + \sin\left(\frac{\pi}{6}\right) = \frac{1}{2} + \frac{1}{2} = 1$

b. $\cos\left(-\frac{\pi}{4}\right) - \sin\left(\frac{\pi}{4}\right) = \frac{\sqrt{2}}{2} - \frac{\sqrt{2}}{2} = 0$
car $\cos\left(-\frac{\pi}{4}\right) = \cos\left(\frac{\pi}{4}\right) = \frac{\sqrt{2}}{2}$ par symétrie par rapport à l'axe des abscisses.

c. $\cos\left(\frac{17\pi}{4}\right) = \cos\left(\frac{\pi}{4} + \frac{16\pi}{4}\right)$
$= \cos\left(\frac{\pi}{4} + 2 \times 2\pi\right)$
$= \cos\left(\frac{\pi}{4}\right) = \frac{\sqrt{2}}{2}$

d. $\sin\left(\frac{\pi}{4}\right) + \sin\left(\frac{23\pi}{4}\right) = \frac{\sqrt{2}}{2} + \sin\left(\frac{24\pi}{4} - \frac{\pi}{4}\right)$
$= \frac{\sqrt{2}}{2} + \sin\left(-\frac{\pi}{4}\right)$
$= \frac{\sqrt{2}}{2} - \frac{\sqrt{2}}{2} = 0.$

52 Puisque $\cos x = 0{,}8$, on a $\cos^2(x) = 0{,}64$. Or, pour tout x, on sait que $\cos^2(x) + \sin^2(x) = 1$. On en déduit donc : $\sin^2(x) = 1 - 0{,}64 = 0{,}36$. Donc soit $\sin x = 0{,}6$, soit $\sin x = -0{,}6$. Or, d'après l'énoncé, $\frac{3\pi}{2} < x < 2\pi$, ce qui correspond au quart inférieur droit du cercle trigonométrique. Le sinus étant l'ordonnée du point image sur le cercle trigonométrique, on en déduit que ce sinus est négatif et on conclut : $\sin x = -0{,}6$.

Corrigés **331**

CORRIGÉS

Chapitre 7 Statistique descriptive

Réactiver les savoirs

Exercice

1. La population concernée est l'ensemble des élèves de la classe.

2. L'effectif total est 4 + 14 + 8 + 4 + 2 soit 32.

3. Le pourcentage cherché est $\frac{8}{32}$ soit 25 %.

4. Le pourcentage d'élèves ne disposant pas de véhicules est $\frac{4}{32}$, soit 12,5 %, donc le pourcentage d'élèves disposant d'au moins un véhicule est 100 % − 12,5 %, soit 87,5 %.

5. Nombre de véhicules

■ : 0
■ : 1
■ : 2
■ : 3
■ : 4

Vrai ou faux ?

6. Faux   **7.** Vrai   **8.** Faux   **9.** Vrai

QCM

10. C ; **11.** D ; **12.** C ; **13.** C ; **14.** C ; **15.** B ; **16.** C.

Exercices

4 **1.** L'effectif total est 75 + 45 + 30 soit 150.

2. La fréquence de bonbons bleus est $\frac{30}{150}$ soit 0,2.

10 **1.**

Valeur	2009	2010	2011	2012	2013	2014
Fréquence	0,09	0,12	0,18	0,28	0,21	0,12
Fréquence cumulée croissante	0,09	0,21	0,39	0,67	0,88	1

2. La fréquence cumulée de la valeur 2011 est 0,39.

14 **1.** Le graphique est un diagramme circulaire.

2. La fréquence est 12,5 %, soit 0,125.

3. C'est le jeudi que la fréquence a été la moins élevée (8,4 %).

4. $2\,500 \times \frac{19,2}{100} = 480$. Le dimanche, il y a eu 480 spectateurs.

18 **1.** On obtient bien une moyenne de 11.

```
1-Var Stats
x̄=11
minX=8
Q1=9
Med=11
Q3=13
maxX=14
```

2. La médiane est 11.

22 **1.** La population étudiée est l'ensemble des stations de la ville.

2. Le caractère étudié est le prix du litre de gazole. C'est un caractère quantitatif car ses valeurs sont des nombres.

3. L'effectif total est 25.

4.

Valeur (prix)	1,36	1,37	1,38	1,39	1,4	1,41	1,42	1,43
Fréquence	0,12	0,16	0,08	0,12	0,20	0,16	0,12	0,04

31 **1.** La population étudiée est l'ensemble des 121 portées de souris.

2.

Nbre de souriceaux	1	2	3	4	5	6	7	8	9
Effectif	7	11	16	17	26	31	11	1	1
Fréquence	0,06	0,09	0,13	0,14	0,21	0,26	0,09	0,01	0,01
FCC	0,06	0,15	0,28	0,42	0,63	0,89	0,98	0,99	1

3. La fréquence des portées dont le nombre de souriceaux est au plus 5 est 0,63.

41 **1.**

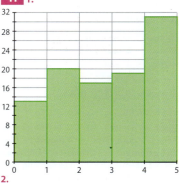

2.

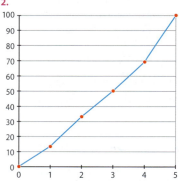

3. a. 33 % des personnes passent moins de 2 heures par jour devant la télévision.

b. 87 % des personnes passent plus d'une heure par jour devant la télévision.

c. 36 % des personnes passent entre 2 et 4 heures par jour devant la télévision.

56 **1.**

Salaires (€)	1 200	1 650	2 100	2 400	3 500
Effectifs	3	7	5	4	2
Effectifs cumulés	3	10	15	19	21

2. Le salaire moyen est 2 011,90 € à 0,01 € près.

3. La médiane est la 11ᵉ valeur de la série ordonnée, soit 2 100. Cela signifie qu'au moins la moitié des employés gagnent 2 100 € ou moins.

4. Puisque $\frac{21}{4} = 5,25$, le 1ᵉʳ quartile est la 6ᵉ valeur de la série ordonnée, soit 1 650. Cela signifie qu'au moins 25 % des employés gagnent 1 650 € ou moins.

Faire le point

1 C ; **2** A et D ; **3** C et D ; **4** A et C ; **5** D ; **6** B ; **7** B ; **8** C ; **9** C ; **10** C.

Chapitre 8 Échantillonnage

Réactiver les savoirs

Exercice

1. Fréquence des billes de couleur blanche : $\frac{43}{250} = 0,172$.

Pour les autres couleurs, on trouve de la même façon : 0,1 (bleue) ; 0,264 (jaune) ; 0,204 (noire) ; 0,14 (rouge) ; 0,12 (verte).

2. La somme des fréquences est 1.

3. a. Si n est le nombre de billes bleues : $\frac{n}{250} = 0,132$, soit $n = 0,132 \times 500 = 66$.

b. C'est $\frac{467}{500} = 0,868$ puisqu'il y a 467 billes qui ne sont pas bleues.

Vrai ou faux ?

4. Vrai   **5.** Vrai   **6.** Faux

QCM

7. B et D ; **8.** C ; **9.** A ; **10.** A et D.

Exercices

6 On convient qu'un chiffre pair simule la naissance d'un garçon et un chiffre impair celle d'une fille.

On obtient donc : F-F-F-G-G-F-G-F-F-G-G-F-G-G-F-G-F-F-G-F, soit 9 garçons et 11 filles.

12 **1.** $p - \frac{1}{\sqrt{n}} = 0,4 - \frac{1}{\sqrt{100}} = 0,3$

et $p + \frac{1}{\sqrt{n}} = 0,4 + \frac{1}{\sqrt{100}} = 0,5$.

2. L'intervalle de fluctuation à 95 % de la fréquence de ce caractère dans un échantillon de taille 100 est [0,3 ; 0,5].

21 **1.** On utilise la fonction de la calculatrice qui donne un nombre aléatoire compris entre 0 et 1, et on multiplie le résultat donné par 15.

Pour une Casio : Ran# × 15.

Pour une Texas : NbrAléat × 15.

2. Un échantillon de taille 20 possible : 12,6-5,8-6,9-11,9-12,7-12,1-12,3-3,5-9,8-5,8-8,1-4-14,8-10,2-1,8.

37 **1.** Ici, $n = 1\,000$ et $p = 0,75$, donc les conditions $n \geq 25$ et $0,2 \leq p \leq 0,8$ sont respectées.

332

CORRIGÉS

Un intervalle de fluctuation à 95 % de la fréquence des prêts acceptés dans les échantillons de taille 1 000 est :

$$\left[0{,}75 - \frac{1}{\sqrt{1000}} \; ; \; 0{,}75 + \frac{1}{\sqrt{1000}}\right],$$

soit [0,718 ; 0,782], en arrondissant la borne inférieure par défaut et la borne supérieure par excès.

2. Règle de décision : « si la fréquence des demandes de prêts acceptées dans un échantillon de taille 1 000 appartient à l'intervalle I = [0,718 ; 0,782], on valide le slogan de la banque, sinon on le rejette au seuil 95 % ».

3. La fréquence observée est : $f = \dfrac{600}{1\,000} = 0{,}6$.

Puisque f n'appartient pas à I, l'avis du BVP sera défavorable.

43 Ici, $n = 800$, et la fréquence observée est : $f = \dfrac{424}{800} = 0{,}53$. Les conditions $n \geqslant 25$ et $0{,}2 \leqslant f \leqslant 0{,}8$ sont respectées, donc un intervalle de confiance au seuil de 95 % de la proportion d'électeurs comptant voter pour H est

$$\left[0{,}53 - \frac{1}{\sqrt{800}} \; ; \; 0{,}53 + \frac{1}{\sqrt{800}}\right],$$

soit [0,494 ; 0,566], en arrondissant les bornes à 0,001.

Chapitre 9 Probabilités

Réactiver les savoirs

Exercice

1. Chaque branche complète de l'arbre correspondant à un choix, Léa a sept choix.

2. Il y a quatre branches qui mènent à un numéro impair, donc il y a quatre choix qui correspondent à une chambre située à un étage impair.

3. Les branches qui correspondent à un choix possible sont A-2, A-3, B-2 et B-3. Il reste donc quatre choix à Léa.

Vrai ou faux ?

4. Vrai   **5.** Faux   **6.a.** Faux   **6.b.** Vrai

QCM

7. B et D ;   **8.** C ;   **9.** B

Exercices

4 **1.** Les nombres de l'univers sont les nombres de deux chiffres dont l'écriture décimale ne comporte aucun autre chiffre que « 1 », « 2 » « 3 » et « 4 » : il s'agit parmi les nombres proposés de 11, 14, 32 et 41.

2. Il y a quatre nombres de l'univers dont le chiffre des dizaines est 3, d'où : A = {31, 32, 33, 34}.

8 **1.** Il y a équiprobabilité car le dé est équilibré.

2. Il y a trois multiples de 2 qui sont : 2 ; 4 et 6. Donc $P(E) = \dfrac{3}{6} = 0{,}5$.

15 **1.** $P(U) = 1$
donc $0{,}1 + 0{,}3 + 0{,}2 + 0{,}15 + p_5 = 1$
soit $p_5 = 0{,}25$.

2. $P(E) = 0{,}3 + 0{,}15 + 0{,}25 = 0{,}7$

19 **1.** L'événement $A \cap B$ est : « Le joueur choisi est une fille de moins de vingt ans »

2. L'événement $A \cup B$ est : « Le joueur choisi est une fille ou a moins de vingt ans ».

3. Maxime est un garçon de moins de vingt ans : les événements réalisés sont : A et $A \cup B$.

34 A = {1 ; 3 ; 5 ; 7 ; 9}
donc $P(A) = P(1) + P(3) + P(5) + P(7) + P(9)$
    = 0,609.
Puisque B = {4 ; 5 ; 6 ; 7 ; 8 ; 9}, on obtient :
$P(B) = 0{,}398$.
C = {3 ; 6 ; 9}, donc on obtient $P(C) = 0{,}238$.

48 **1.** On obtient le tableau suivant :

Carreaux	Jaunes	Bleus	Rouges	Total
Abîmés	15	30	21	66
Non abîmés	360	570	504	1 434
Total	375	600	525	1 500

2. On est en situation d'équiprobabilité.

$P(A) = \dfrac{525}{1\,500} = 0{,}35$

$P(B) = \dfrac{1\,434}{1\,500} = 0{,}956$

$P(\overline{C}) = 1 - P(C) = 1 - \dfrac{2}{5} = 0{,}6$

3. $A \cap B$ est l'événement : « Le carreau choisi est rouge et non abîmé. »
$A \cup B$ est l'événement : « Le carreau est rouge ou non abîmé. »

$P(A \cap B) = \dfrac{504}{1\,500} = 0{,}336$

$P(A \cup B) = P(A) + P(B) - P(A \cap B) = 0{,}97$

4. La probabilité est $\dfrac{504}{1\,434}$ soit 0,35 à 10^{-2} près.

Faire le point

❶ B ; ❷ A et C ; ❸ C ; ❹ C ; ❺ A et C ; ❻ C ;
❼ C ; ❽ B ; ❾ A ; ❿ C ; ⓫ C et D.

Chapitre 10 Repérage et configurations du plan

Réactiver les savoirs

Exercice

1. a. Les abscisses de O, I, A, B sont respectivement 0, 1, 3, −3.

b.

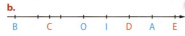

c. OA = 3 ; DE = 2 ; CD = 3,5 ; AB = 6.

2. a. On trace la perpendiculaire en O à (d) et on place J sur cette droite, distinct de O.

b. I a pour coordonnées (1 ; 0) et J(0 ; 1).

c.

Vrai ou faux ?

3. Faux   **4.** Faux   **5.** Vrai   **6.** Vrai
7. Faux   **8.** Faux   **9.** Faux   **10.** Vrai

QCM

11. B, C et D ; **12.** C et D ; **13.** A, C et D ; **14.** C ;
15. C.

Exercices

14 **1.** $AC = \sqrt{(-2-2)^2 + (-2-1)^2}$
    $= \sqrt{25} = 5$

2. La distance du centre C au point A est égale au rayon (5), donc le point A appartient bien à ce cercle.

28 **1.** La médiane [AI] est aussi hauteur, donc le triangle ABI est rectangle en I. D'après le théorème de Pythagore : $AB^2 = AI^2 + IB^2$.
AB = 2 et IB = $\dfrac{1}{2}$ BC = 1, donc :
$AI^2 = 2^2 - 1^2 = 3$, soit $AI = \sqrt{3}$.

2. Les hauteurs [BH] et [AI] ont même longueur car le triangle ABC est équilatéral, d'où $BH = \sqrt{3}$.

44 Puisque [AB] et [CD] sont des diamètres d'un même cercle de centre O, ces deux diagonales du quadrilatère ACBD ont même milieu O : ACBD est donc un parallélogramme. De plus, AB = CD, donc ces diagonales ont même longueur : ainsi, ACBD est un rectangle.

62 **1.** Le milieu de [BE] a pour coordonnées $\left(\dfrac{-3+5}{2} \; ; \; \dfrac{-4+0}{2}\right)$, soit (1 ; −2).

2. On calcule $CB^2 = 2^2 + 6^2 = 40$, puis $CE^2 = 6^2 + 2^2 = 40$ et $EB^2 = 8^2 + 4^2 = 80$. Puisque $EB^2 = CB^2 + CE^2$, le triangle CBE est rectangle en C, donc les droites (BC) et (EC) sont perpendiculaires.

3. $AB = \sqrt{4^2 + 2^2} = \sqrt{20}$; $AD = \sqrt{20}$, donc AB = AD.

4. Puisque CBE est rectangle en 𝒞, le cercle de diamètre l'hypoténuse [BE] passe par C. Il passe aussi par D, car AD = AB = AC.

69 **1.** D'après le théorème des milieux dans BCD, (IJ) est parallèle à (BD). Dans le carré ABCD, les diagonales (AC) et (BD) sont perpendiculaires. Ainsi, (IJ) est perpendiculaire à (AC).

CORRIGÉS

2. Dans le triangle ACK, (CD) et (KJ) sont des hauteurs donc J, point d'intersection des hauteurs, est l'orthocentre de ce triangle : la troisième hauteur (AJ) est perpendiculaire au côté [CK].

85 D'après le théorème des milieux dans le triangle ABF : AB = 24, donc OE = 12. Le théorème de Pythagore dans le triangle OEF donne : $OF^2 = OE^2 + EF^2$, soit $EF^2 = 20^2 - 12^2 = 256$, d'où EF = 16.

95 **1.** Le point I est milieu de [AE] et de [CD], donc le quadrilatère ACED a ses diagonales qui se coupent en leur milieu : c'est un parallélogramme.
2. Puisque ACED est un parallélogramme, (AD) est parallèle à (CE). On sait aussi que (AD) est parallèle à (BC) car ABCD est un parallélogramme. Donc, (BC) et (CE) sont parallèles : les points B, C, E sont donc alignés. De plus, BC = AD et AD = CE, soit BC = CE.
On en déduit que C est le milieu de [BE].

104 **1.** Par la symétrie d'axe (AB), A a pour image A et K a pour image S, donc AK = AS car une symétrie conserve les distances.
Par la symétrie d'axe (AC), A a pour image A et K a pour image T, donc AK = AT. On en déduit : AS = AT.
2. $\widehat{SAT} = \widehat{SAB} + \widehat{BAK} + \widehat{KAC} + \widehat{CAT}$.
Or, $\widehat{SAB} = \widehat{BAK}$ et $\widehat{KAC} = \widehat{CAT}$ car une symétrie conserve les angles.
D'où : $\widehat{SAT} = 2\widehat{BAK} + 2\widehat{KAC} = 2\widehat{BAC}$
$= 2 \times 90° = 180°$.
Ainsi, les points S, A et T sont alignés et AS = AT, donc A est le milieu de [ST].

112 **1.** $AB = \sqrt{3^2 + 3^2} = \sqrt{18}$;
$AC = \sqrt{5^2 + 1^2} = \sqrt{26}$; $BC = \sqrt{2^2 + 2^2} = \sqrt{8}$.
Puisque $AB^2 + BC^2 = AC^2$, le triangle ABC est rectangle en B.
2. Dans le triangle rectangle ABC :
$\sin\widehat{ACB} = \dfrac{AB}{AC} = \dfrac{\sqrt{18}}{\sqrt{26}}$, d'où : $\widehat{ACB} \approx 56°$.
3. Le centre Ω du cercle circonscrit au triangle ABC est le milieu de l'hypoténuse de ce triangle : il a pour coordonnées $\left(-\dfrac{1}{2} ; \dfrac{5}{2}\right)$.
Le rayon de $\mathscr{C}$ est $\dfrac{1}{2} AC = \dfrac{1}{2}\sqrt{26}$.
4. $O\Omega = \sqrt{\left(\dfrac{1}{2}\right)^2 + \left(\dfrac{5}{2}\right)^2} = \sqrt{\dfrac{26}{4}} = \dfrac{1}{2}\sqrt{26}$: $O\Omega$ est égal au rayon de $\mathscr{C}$, donc O appartient à $\mathscr{C}$.
5. On remarque que Ω est le milieu de [OB] ; puisqu'il est aussi milieu de [AC], OABC est un parallélogramme. Comme OABC a un angle droit en B, c'est un rectangle.

Faire le point
❶ C ; ❷ B et C ; ❸ D ; ❹ D ; ❺ B ; ❻ D ;
❼ A ; ❽ B et D ; ❾ D ; ❿ B ; ⓫ A et D ;
⓬ A et C ; ⓭ D.

Chapitre 11   Droites dans le plan repéré

Réactiver les savoirs

Exercice
1. *f* est représentée par une droite passant par les points de coordonnées (0 ; −1) et (1 ; 1).
2. *f* est représentée par une droite passant par les points de coordonnées (0 ; 2) et (2 ; 1).
3. a. L'image de 0 par *f* est 1 ; l'image de 1 par *f* est 1,5.
b. $f(3) = 2,5$
c. L'antécédent de 3,5 est 5.

QCM
4. D ; **5.** C ; **6.** B ; **7.** B.

Vrai ou faux ?
8. Faux   **9.** Faux   **10.** Faux   **11.** Vrai
12. Vrai

Exercices

20 **a.** $a = 3$ et $b = 7$.
b. $a = 5$ et $b = -6$.

30 **1.** Le coefficient directeur de (AB) est
$a = \dfrac{y_B - y_A}{x_B - x_A} = \dfrac{19 - 11}{3 - 1} = \dfrac{8}{2} = 4$.
2. Une équation de la droite (AB) est de la forme $y = 4x + b$. A appartient à la droite (AB) donc $11 = 4 \times 1 + b$. D'où $b = 11 - 4 \times 1 = 7$.
3. Une équation de la droite (AB) est donc $y = 4x + 7$.

42 **1.** Le coefficient directeur de (d) est 3 et celui de (d') est 1. Comme $3 \neq 1$, les droites (d) et (d') sont donc sécantes.
2. Le couple $(x_I ; y_I)$ des coordonnées de I est solution du système (S) $\begin{cases} y = 3x + 2 \\ y = x - 4 \end{cases}$, qui est équivalent à $\begin{cases} 3x + 2 = x - 4 \\ y = x - 4 \end{cases}$.
Donc x_I est bien solution de l'équation $3x + 2 = x - 4$.
3. L'équation est équivalente à $3x - x = -4 - 2$, soit à $2x = -6$, soit à $x = -3$.
4. Comme $x_I = -3$, on a $y_I = x_I - 4 = -7$. D'où I(−3 ; −7).

85 De A vers B, « on augmente l'abscisse de 4 unités graphiques » et « on diminue l'ordonnée de 3 unités graphiques » : *a* vaut donc $-\dfrac{3}{4}$. L'ordonnée à l'origine *b* est l'ordonnée du point de (AB) d'abscisse 0, qui est A : on lit $b = 3$. D'où une équation de la droite (AB) : $y = -\dfrac{3}{4}x + 3$. (Réponse **d.**)

104 **1.** (AB) n'est pas parallèle à l'axe des ordonnées car $x_A \neq x_B$. Déterminons une équation de (AB) sous la forme $y = ax + b$. Le coefficient directeur de (AB) est $a = \dfrac{3 - (-1)}{3 - 1} = 2$. Une équation de la droite (AB) est de la forme

$y = 2x + b$. A appartient à la droite (AB) donc $-1 = 2 \times 1 + b$. D'où $b = -1 - 2 \times 1 = -3$. Une équation de la droite (AB) est donc $y = 2x - 3$.
2. (d) et (AB) sont parallèles et ont donc le même coefficient directeur. Une équation de (d) est de la forme $y = 2x + k$. C appartient à (d) donc $2 = 2 \times 5 + k$. D'où $k = 2 - 2 \times 5 = -8$. Une équation de la droite (d) est donc $y = 2x - 8$.

131 **1.** La médiane issue de A est la droite (AI), où I est le milieu de [BC]. I a pour coordonnées $\left(\dfrac{-3 + 7}{2} ; \dfrac{2 - 3}{2}\right)$, soit (2 ; −0,5).
On a $x_A = x_I$. La droite (AI) est parallèle à l'axe des ordonnées ; une équation est donc $x = 2$.
La médiane issue de B est la droite (BJ), où J est le milieu de [AC]. J a pour coordonnées $\left(\dfrac{2 + 7}{2} ; \dfrac{1 - 3}{2}\right)$, soit (4,5 ; −1). Le coefficient directeur de (BJ) est $\dfrac{-1 - 2}{4,5 - (-3)} = \dfrac{-3}{7,5} = -0,4$.
Une équation de (BJ) est donc de la forme $y = -0,4x + b$. Comme B appartient à (BJ), on a $2 = -0,4 \times (-3) + b$. D'où $b = 0,8$. Une équation de la médiane issue de B est donc $y = -0,4x + 0,8$.
2. Soit G le centre de gravité de ABC, point d'intersection des médianes de ABC.
Le couple $(x ; y)$ des coordonnées de G est solution du système $\begin{cases} x = 2 \\ y = -0,4x + 0,8 \end{cases}$.
Par substitution de la valeur de x dans la seconde équation, on trouve $y = -0,4 \times 2 + 0,8 = 0$.
Le point G a donc pour coordonnées (2 ; 0).

Faire le point
❶ C ; ❷ B ; ❸ A ; ❹ A et C ; ❺ D ; ❻ A ;
❼ C ; ❽ A ; ❾ C et D ; ❿ C ; ⓫ B et C.

Chapitre 12   Vecteurs

Réactiver les savoirs

Exercice
1. A(2 ; 2), B(6 ; 4) et F(8 ; 3).
2. Voir figure ci-après.
3. Les coordonnées du milieu de [AB] sont $\left(\dfrac{2 + 6}{2} ; \dfrac{2 + 4}{2}\right)$. Donc D(4 ; 3).
4. D est le milieu du segment [CE] donc $4 = \dfrac{1 + x_E}{2}$ et $3 = \dfrac{4 + y_E}{2}$. On en déduit que E(7 ; 2).
5. D est le milieu des segments [AB] et [CE], donc les diagonales du quadrilatère ACBE se coupent en leur milieu : ACBE est un parallélogramme.
6. $DB = \sqrt{(6 - 4)^2 + (4 - 3)^2} = \sqrt{5}$
$BF = \sqrt{(8 - 6)^2 + (3 - 4)^2} = \sqrt{5}$
Donc DB = BF. On ne peut pas en déduire que B est le milieu du segment [DF].

334

CORRIGÉS

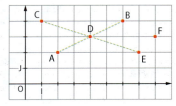

Vrai ou faux ?
7. Faux **8.** Vrai **9.** Faux **10.** Vrai
11. Faux **12.** Vrai

QCM
13. B et C ; **14.** D ; **15.** A, B et C.

Exercices

5 $\vec{u}(4\,;1)$, $\vec{v}(3\,;-2)$ et $\vec{w}(-3\,;2)$.

6 $\vec{u}(5\,;3)$, $\vec{v}(2\,;4)$ et $\vec{w}(5\,;3)$.

10 **1.** $\vec{AB}(2-1\,;5-4)$, soit $\vec{AB}(1\,;1)$.
2. La première coordonnée du vecteur $\vec{AC}$ est :
$x_C - x_A = 3 - 1 = 2$.
La seconde coordonnée du vecteur $\vec{AC}$ est :
$y_C - y_A = 2 - 4 = -2$.

16 Le vecteur $\vec{u} + \vec{v}$ a pour coordonnées :
a. (3 ; 10) **b.** (−2 ; 14) **c.** (0 ; 1) **d.** (0 ; −10)

19 **1.** $2\vec{u}(6\,;2)$; $3\vec{u}(9\,;3)$ et $-\vec{u}(-3\,;-1)$.
2. Le vecteur $2\vec{u}$ a pour représentant $\vec{b}$, le vecteur $3\vec{u}$ a pour représentant $\vec{c}$ et le vecteur $-\vec{u}$ a pour représentant $\vec{a}$.

45 **1. a.** $\vec{AB}(5\,;0)$ et $\vec{DE}(5\,;0)$.
$\vec{AB} = \vec{DE}$ donc ABED est un parallélogramme.
b. $AB = \sqrt{(1-(-4))^2 + (2-2)^2} = \sqrt{25} = 5$
$EB = \sqrt{(1-5)^2 + (2-(-1))^2} = \sqrt{25} = 5$
On en déduit que le parallélogramme ABED est un losange.
2. ABCG est un parallélogramme si et seulement si $\vec{AB} = \vec{GC}$. On pose G(x ; y).
Comme $\vec{AB}(5\,;0)$ et $\vec{GC}(-1-x\,;6-y)$,
$\vec{AB} = \vec{GC}$ équivaut à $5 = -1 - x$ et $0 = 6 - y$.
Donc G(−6 ; 6).
3. $BC = \sqrt{(-1-1)^2 + (6-2)^2} = \sqrt{20}$
AB ≠ BC donc ABCG n'est pas un losange.

61 **1. a.** $\vec{AB} + \vec{BE} = \vec{AE}$
b. $\vec{AB} - \vec{FB} = \vec{AB} + \vec{BF} = \vec{AF}$
c. $\vec{HE} + \vec{DG} = \vec{FB} + \vec{BE} = \vec{FE}$
d. $\vec{FC} - \vec{CB} = \vec{FC} + \vec{BC} = \vec{FC} + \vec{CD} = \vec{FD}$
2. a. $\vec{CE} + \vec{AC} = \vec{AC} + \vec{CE} = \vec{AE}$
b. $\vec{EF} - \vec{FC} = \vec{EF} + \vec{CF} = \vec{EF} + \vec{FH} = \vec{EH}$
c. $-\vec{BA} + \vec{AC} = \vec{AB} + \vec{AC} = \vec{AB} + \vec{BD} = \vec{AD}$
d. $\vec{AB} + \vec{AE} + \vec{BC} = \vec{AB} + \vec{BF} + \vec{FG} = \vec{AG}$

76 **1. a.** $\vec{AB}(2\,;3)$ et $\vec{AC}(8\,;12)$.
b. $\vec{AC} = 4\vec{AB}$ donc les vecteurs $\vec{AB}$ et $\vec{AC}$ sont colinéaires.
2. $\vec{AB}(2\,;3)$ et $\vec{AD}(16\,;27)$.
$16 = 8 \times 2$ mais $27 \neq 8 \times 3$: il n'existe pas de réel k tel que $\vec{AD} = k\vec{AB}$. Donc les vecteurs $\vec{AB}$ et $\vec{AD}$ ne sont pas colinéaires.

87 **1.** On pose M(x ; y). $\vec{AM} = \vec{u}$ équivaut à
$\begin{cases} x - (-1) = -9 \\ y - 3 = -10 \end{cases}$. Donc M(−10 ; −7).
2. $\vec{AC}(9\,;3)$ et $\vec{BM}(-15\,;-5)$. $\vec{BM} = -\dfrac{5}{3}\vec{AC}$,
donc les vecteurs $\vec{AC}$ et $\vec{BM}$ sont colinéaires. Par conséquent, les droites (AC) et (BM) sont parallèles.
3. $\vec{OM}(-10\,;-7)$ et $\vec{OC}(8\,;6)$. On cherche s'il existe un réel k tel que $\vec{OC} = k\vec{OM}$ et donc tel que $8 = -10k$ et $6 = -7k$.
Avec la première relation, on obtient $k = -\dfrac{8}{10}$
et avec la seconde relation, on obtient $k = -\dfrac{6}{7}$.
Comme $-\dfrac{8}{10} \neq -\dfrac{6}{7}$, il n'existe pas de réel k tel que $\vec{OC} = k\vec{OM}$: les vecteurs $\vec{OM}$ et $\vec{OC}$ ne sont pas colinéaires. Donc les points O, M et C ne sont pas alignés.

Faire le point
❶ B et C ; ❷ B et D ; ❸ A et C ; ❹ B et C ;
❺ A et D ; ❻ A et D ; ❼ A et B ; ❽ B et C ;
❾ A, B et D ; ❿ C ; ⓫ B et D.

Chapitre 13 Géométrie dans l'espace

Réactiver les savoirs
Exercice
1. Le volume V du pavé droit ABCDEFGH est
$V = AB \times AE \times AD$, soit $V = 6 \times 2 \times 3$, donc
$V = 36$ cm^3.
2. a. ABCD est une face d'un pavé droit donc ABCD est un rectangle.
b. L'aire de ABCD est égale à $AB \times AD = 6 \times 3$ soit 18 cm^2.
c. L'aire du rectangle ABFE est égale à $6 \times 2 = 12$ cm^2 ; l'aire du rectangle ADHE est égale à $3 \times 2 = 6$ cm^2. L'aire totale des faces du parallélépipède est $2 \times (18 + 12 + 6)$ soit 72cm^2.
3. La figure n'est pas réalisée à l'échelle.

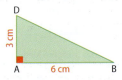

Le triangle ABD est rectangle en A. En utilisant le théorème de Pythagore, on obtient
$BD^2 = AB^2 + AD^2$ soit $BD^2 = 6^2 + 3^2 = 45$: on en déduit BD $= \sqrt{45} = 3\sqrt{5}$.

Vrai ou faux ?
4. Vrai **5.** Vrai **6.** Faux **7.** Faux

QCM
8. C ; **9.** C ; **10.** C et D ; **11.** A et D ; **12.** C.

Exercices
3 La représentation n'est pas réalisée en perspective cavalière car dans le cube ABCDEFGH, les droites (BC) et (AD) sont parallèles, mais sur la figure ces droites ne sont pas représentées par deux droites parallèles.

19 La droite (AB) est incluse dans le plan $\mathcal{P}$ car les points A et B appartiennent tous les deux au plan $\mathcal{P}$.

28 **1.** A est un point de la droite (d$_1$) qui est incluse dans le plan $\mathcal{P}_1$ donc A appartient à $\mathcal{P}_1$.
2. A est un point de la droite (d$_2$) qui est incluse dans le plan $\mathcal{P}_2$ donc A appartient à $\mathcal{P}_2$. Le point A appartient donc à l'intersection des plans $\mathcal{P}_1$ et $\mathcal{P}_2$, c'est-à-dire à Δ.

37

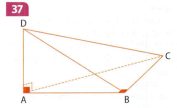

La figure n'est pas à l'échelle.

51 **1. a.** OAB est un triangle équilatéral, donc la droite (OH) est à la fois une hauteur du triangle et une médiatrice, donc le point H est le milieu de [AB].
b. En utilisant le théorème de Pythagore dans le triangle OHA rectangle en H, on obtient OH $= \sqrt{3}$ m puis $\sqrt{3}$ m^2 pour l'aire de OAB.
c. L'aire de ABCDEF est égale à la somme des aires de six triangles équilatéraux de côté 2 m donc d'aire $\sqrt{3}$ m^2. L'aire de ABCDEF est donc $6\sqrt{3}$ m^2.
2. Le volume est $7,2\sqrt{3}$ soit 12,5 m^3 à 0,1 m^3 près.

70 **1.** L'intersection de (BC) et (AFG) est l'intersection K de (BC) et (AF).
2. Soit L l'intersection de (AG) et (BD). L'intersection de (AFG) et (BCD) est la droite (KL).

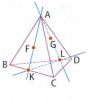

81 **1.** ABGH est un parallélogramme donc (AH) et (BG) sont parallèles.
2. Les droites (EG) et (AC) sont parallèles, car AECG est un parallélogramme. Les droites (EG) et (BG) sont deux droites sécantes du plan (EBG) respectivement parallèles à deux droites du plan (AHC), donc (EBG) et (AHC) sont parallèles.

Faire le point
❶ A et D ; ❷ B, C et D ; ❸ C et D ; ❹ B ; ❺ C et D ; ❻ A et C ; ❼ A, B et C ; ❽ A et D.

Corrigés **335**

INDEX

A
Affectation (algorithmique) IV
ALEA et ALEA.ENTRE.BORNES
(tableur) 176, 319
Amplitude (d'un intervalle) 92
Angle de fuite 284
Antécédent 12

B
Boucle POUR XII
Boucle SI … ALORS X
Boucle TANT QUE XIV

C
Caractère (qualitatif – quantitatif) 148
Centre de gravité d'un triangle 212
Centre du cercle circonscrit à
un triangle 212
Centre du cercle inscrit dans
un triangle 212
Cercle trigonométrique 136
Coefficient de perspective 284
Coefficient directeur (d'une droite) 62, 236
Complémentaire (d'un ensemble) .... 42, XX
Connecteurs ET, OU XX
Contraposée .... 212, XXIII
Contre-exemple .... 38, 40, XXIII
Coordonnées d'un point 210
Coordonnées d'un vecteur 260
Coplanaires 286
Cosinus et sinus d'un nombre réel 136
Courbe des effectifs cumulés
croissants 148
Courbe représentative d'une fonction 16

D
Développer 64
Dichotomie (Algorithme de) 92
Différence de deux vecteurs 262
Distance de deux points dans
un repère orthonormé 210
Distribution des fréquences 172
Droites parallèles –
Droites sécantes 238, 286

E
Échantillon 172
Effectif – Effectif cumulé croissant –
Effectif total 148
Enroulement de la droite numérique
sur le cercle trigonométrique 136
Ensemble .... 18, XX
Ensemble de définition d'une fonction 12
Ensemble des nombres réels 12
Entrées – Sorties (algorithmique) VI
Équation de droite 236
Équations 66, 116, 312
Équation d'une courbe 16
Équiprobabilité 192
Équivalence (entre deux énoncés) .. 66, XXII
Estimation d'une proportion 174
Étendue (d'une série statistique) 150

Événement 190
Événement contraire –
Événements incompatibles 192
Événement A et B –
Événement A ou B 192
Expérience aléatoire 190
Extremum (d'une fonction) 38

F
Facteurs (d'un produit) – Factoriser 64
Fluctuation d'échantillonnage 172
Fonction affine 62
Fonction carré 88
Fonction constante 36
Fonction croissante – Fonction
décroissante – Fonction monotone 36, 40
Fonction homographique 116
Fonction inverse 114
Fonction linéaire 62
Fonction polynôme du second degré 90
Fractions 309
Fréquence – Fréquence cumulée
croissante 148
Fuyante (droite) 284

G
Graphique (sur tableur) 68, 319

H
Hauteur d'un triangle 212
Histogramme 148

I
Identité remarquable 64
Image d'un nombre par une fonction 12
Implication XXII
Inclusion 42
Inéquations 66, 116, 312
Intersection (de deux ensembles) .... 42, XX
Intervalles 12
Intervalle de confiance d'une
proportion 174
Intervalle de fluctuation de la
fréquence d'un caractère 174
Issue (d'une expérience aléatoire) 190

L
Loi de probabilité 190

M
Maximum et minimum
(d'une fonction) 38
MAX et MIN (tableur) 153, 319
Médiane 150, 153, 319
Médiane d'un triangle – Médiatrice 212
Moyenne 150, 153, 319

N
NB.SI (tableur) 165, 319
Négation (d'une proposition) .... 260, XXI
Nuage de points 148

O
Ordonnée à l'origine (d'une droite) .. 62, 236
Orthocentre 212

P
Parallélisme dans l'espace 286
Parallélogramme 214, 314
Patron d'un solide 284
Perspective cavalière 284
Plan – Plans parallèles 286
Pourcentages – Proportionalité 310
Prise de décision sur un échantillon 174
Probabilité 190
Programmation d'un algorithme ... VIII, XVI
Puissances entières 311

Q
Quantificateurs .... 38, XXI
Quartiles 150, 153, 319

R
Racine carrée d'un réel 311
Raisonnement
par disjonction de cas .... 288, XXIV
Raisonnement
par l'absurde .... 31, 88, 288, XXIV
Réciproque (d'un énoncé) .... 16, XXII
Recopie (tableur) 319
Référence (d'une cellule)
et référence absolue 319
Règle des signes 92
Règle du parallélogramme 262
Relation de Chasles 262
Repère du plan 210
Représentant d'un vecteur 258
Résolution graphique d'équations 16
Réunion (de deux ensembles) .... 42, XX

S
Sens de variation (d'une fonction) 36
SI (tableur) 319
Simulation 172, 176
Somme de vecteurs 262
SOMME (tableur) 319
Symétrie axiale –
Symétrie centrale 214, 314

T
Tableau de signes 62
Tableau de valeurs d'une fonction ... 14, 68
Tableau de variation (d'une fonction) 36
Théorème de Pythagore – Théorème
de Thalès 212, 316
Translation 258
Trigonométrie (du triangle rectangle) 316

V
Valeurs approchées d'un réel 308
Variable (en algorithmique) IV
Vecteur – Vecteurs égaux –
Vecteur nul 258
Vecteurs colinéaires 264

Édition : Malik Agina **Composition et schémas :** Soft Office **Recherche iconographique :** Clémence Zagorsky
Conception graphique : Frédéric Jély   **Illustrations :** Camille Burger   **Fabrication :** Jean-Philippe Dore
Couverture : Véronique Lefebvre

N° projet : 10203985
Dépôt légal : avril 2014
Imprimé en Italie
par Grafica Veneta

Crédits photographiques

Couverture ht gauche ph © Ostill*; **m gauche** © Zia Mary*; **m m** © Ozger Aybike Sarikaya*; **m bas** © Jaimie Duplass*; **bas droit** © grynold*; **PII ht** ph © Kimberly Reinick**; **PII bas** ph © Michel Poncy 8/9 ph © Antal Andras/DR; **18 ph** © RICHARD TERMINE/The New York Times-REDUX-REA; **20 ph** © iStockphoto*; **22 ph** © Shaun Egan/John Warburton-Lee/Photononstop; **23** © SSPL/Science Museum/Leemage; **27 ph** © Photo12/Alamy; **32/33 ph** © Pascal Tournaire; **34 ph** © CAVIGLIA Denis \ hemis.fr; **40 g et droit** BIS/ Ph coll Archives Larbor; **44 ph** © Sylvain Perrier; **49 ph** © strixcode**; **50 ph** © Sergey Nivens**; **54 ph** © Grecaud Paul**; **56 ht** ph © Simon Coste**; **56 bas** BIS/ Ph coll Archives Larbor; **57 gauche** ph © ILYA AKINSHIN**; **57 droit** tsach**; **58/59 ph** © image-broker / hemis.fr; **61 ph** © FotolEdhar**; **64 ht** ph © Michel Poncy; **64 bas** ph © Costa/Leemage; **70 ph** © volff**; **72 ph** © ghoststone**; **74 g** ph © Roberto** 74 droit ph © seewhatmitchsee**; **75 ph** © Tesgro Tessieri**; **77 ph** © javier brosch**; **81 ph** © ellenamani**; **82 g** ph © dawna-moore**; **82 droit** ph © Rabatti - Domingie/akg-images; **84/85 ph** © Lucas Jackson / Reuters; **88 ph** © dannywilde**; **99 ph** © Marek**; **108 g** ph © passpun jinota**; **108 droit** ph © poplasen**; **109** ph © Aleksei Demitsev** **110/111 ph** © Michel Moch/Niemeyer Oscar/Artedia/Leemage; **114 ph** © MP/Leemage; **123 ph** © Mi Ti**; **125 ph** © ecco**; **129 ph** © kostasaletras**; **130 ht** ph © Dudarev Mikhail**; **130 m** ph © Baronb**; **130 bas** ph © Roland and Sabrina Michaud / akg; **132/133** © Photobank**; **138 ph** © Leemage; **139 ph** © Sina Blanke**; **142** BIS/ph coll Archives Larbor; **144/145 ph** © Julien Eichinger**; **146** © Laurent CERINO/REA; **147** © Piai**; **154 ph** © bulles-decitron**; **157 ph** © anyaivanova**; **158 ht** ph © Fototeca/Leemage; **158 bas** La Gorda**; **160 ph** © Tan Kian Khoon**; **164 ph** © Tomfry**; **164 ph** © Francois HENRY/REA; **166 ph** © Sailorr**; **168/169 ph** © Luna Vandoorne**; **170 ph** © Steve Murez /The Image Bank/Getty Images; **171 ph** © Unclesam** **177 ph** © sabineschoenfe**; **178 g** ph © Sashkin**; **178 droit** BIS/ ph Coll Archives Bordas; **180 ph** © MAURITZ ANTIN/epa/Corbis; **181** © Thibault Renard**; **182 ph** © Joseph Sohm/CORBIS/T; **183 g** ph © mjaud**; **183 droit** Coll. Jonas/Kharbine-Tapabor; **185 ph** © Pavel Losevsky**; **186/187 ph** © Mike Agliolo/Corbis; **188/291 ph** © Renlow**; **189 ph** © Mika/Corbis; **190 g et droit** BIS/Ph coll Archives Larbor; **194 ph** © Martin Richard Gardner/DR; **195 g** ph © Drivepix**; **195 droit** ph © Krasilnikov Stanislav/ITAR-TASS Photo/Corbis; **198** © Taras Livyy**; **199 ph** © Marta NASCIMENTO/REA; **200 ph** © guy**; **204 ph** © DeAgostini/Leemage; **205 ph** © Mircea Maties**; **206/207 ph** © Europhoton**; **208 ht** Petair**; **208 bas** Extrait de la carte IGN 3532 OTR / © IGN-2014 /Autorisation n°80-1417; **209 ph** © pict rider**; **229** DR; **230** Momotarou2012/DR; **232/233 ph** © mattei**; **252** Ph © Uwimages**; **253 m** Ph coll Archives Larbor; **253 bas** © British Library/Robana/Leemage; **254/255 et p 271** ph © Mark Newman - Rainbow/Science Faction/Corbis; **258 ph** © Fototeca/Leemage; **262 ph** © © DeAgostini/Leemage; **268** marjory duc**; **270** BIS/Ph coll Archives Larbor; **278 ph** © Lee/leemage; **280/281 ph** © tavernier nicolas/thuillier jean/rea; **282 ht** ph © Marcel Lam/Arcaid/Corbis; **282 bas** ph © Denis Tabler**; **283** © GIAVA**; **292 ht** ph © Jack Jelly**; **292 m** ph © Laurent CERINO/REA; **292 bas** ph © Alexandr Mitiuc**; **306 ph** © Fabien**

* Shutterstock
** Fotolia

Les éditions Bordas tiennent à remercier particulièrement
les sociétés Aplusix, Casio et Texas Instruments pour leur aide et leur collaboration
à l'élaboration de ce manuel.

GÉOMÉTRIE

Triangles

	Triangles particuliers		
La **somme** des mesures des **angles** d'un triangle est égale à **180°**.	Triangle **isocèle en A** 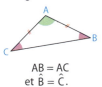 AB = AC et $\hat{B} = \hat{C}$.	Triangle **équilatéral** AB = AC = BC et $\hat{A} = \hat{B} = \hat{C}$.	Triangle **rectangle en A** 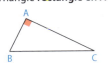 $\hat{A} = 90°$. [BC] est l'**hypoténuse**.

Inégalité triangulaire : la longueur de n'importe quel côté d'un triangle est inférieure à la somme des longueurs des deux autres côtés.

Droites remarquables d'un triangle

Médiatrice	Médiane	Hauteur	Bissectrice
	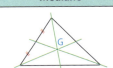		
Médiatrice : droite perpendiculaire à un côté en son milieu. Le point **O** d'intersection des médiatrices, est le **centre du cercle circonscrit** au triangle.	**Médiane** : droite reliant un sommet au milieu du côté opposé. Le point **G** d'intersection des médianes, est appelé le **centre de gravité** du triangle.	**Hauteur** : droite passant par un sommet et perpendiculaire au côté opposé. Le point **H** d'intersection des hauteurs, est appelé l'**orthocentre** du triangle.	**Bissectrice** : demi-droite partageant un angle du triangle en deux angles adjacents de même mesure. Le point **I** d'intersection des bissectrices, est le **centre du cercle inscrit** dans ce triangle.

Longueurs

Périmètre d'un carré	Périmètre d'un rectangle	Périmètre d'un cercle	Diagonale d'un carré
$P = 4 \times a$	$P = 2 \times (\ell + L)$	$P = 2\pi R$	$d = a\sqrt{2}$

Changements d'unités : 1 m = 10 dm = 100 cm ; 1 km = 1 000 m.

Aires

Carré	Rectangle	Triangle	Parallélogramme	Disque
$A = a^2$	$A = \ell \times L$	$A = \frac{1}{2} b \times h$	$A = a \times h$	$A = \pi R^2$

Changements d'unités : $1 m^2 = 100 dm^2 = 10\,000 cm^2$; $1 ha = 1 hm^2 = 10\,000 m^2$.

Rabat C